Wohnen heißt zu Hause sein

Handbuch für die Praxis gemeindenahen Wohnens von Menschen mit geistiger Behinderung

herausgegeben von der
Bundesvereinigung Lebenshilfe
für geistig Behinderte e.V.

Lebenshilfe-Verlag Marburg 1995

Die Deutsche Bibliothek — CIP-Einheitsaufnahme

Wohnen heißt zu Hause sein : Handbuch für die Praxis gemeindenahen Wohnens von Menschen mit geistiger Behinderung / hrsg. von der Bundesvereinigung Lebenshilfe für Geistig Behinderte e.V.
[Red. Bearb.: Roland Böhm ...]. — 1. Aufl. — Marburg : Lebenshilfe-Verl., 1995
ISBN 3-88617-117-5
NE: Bundesvereinigung Lebenshilfe für Geistig Behinderte; Böhm, Roland [Red.]

Herausgeber: Bundesvereinigung Lebenshilfe für geistig Behinderte e.V.
Raiffeisenstr. 18, 35043 Marburg
Telefon: (06421) 491-0
Telefax: (06421) 491-167

Lektorat und redaktionelle Bearbeitung: Roland Böhm, Regina Humbert, Klaus Kräling, Hans-Volker Wagner

Umschlagentwurf: Schröder, Tellmann Design Consulting, Mönchengladbach

Titelbild: Florian Mihm, gezeichnet im Rahmen eines Seminars beim Lebenshilfe-Kongreß »Ich weiß doch selbst was ich will!« Duisburg 1994.

Druck:
Ostfriesische Beschützende Werkstätten GmbH,
Föhrstraße 4, 26725 Emden
Telefon (04921) 899333
Telefax (04921) 899312

1. Auflage Juni 1995

Inhaltsverzeichnis

Vorwort

Wohnen heißt zu Hause sein, so steht es in unserem Grundsatzprogramm.

> »Wohnen bedeutet nicht nur Versorgung, Unterkunft und Verpflegung, sondern Geborgenheit und Eigenständigkeit, Privatheit und Gemeinschaft, die Möglichkeit des Rückzugs und Offenheit nach außen. Menschen mit geistiger Behinderung sollen so normal wie möglich leben können und dazu jede Hilfe bekommen, die sie brauchen«.

Ganz bewußt zitiere ich diesen einleitenden Text des Grundsatzprogramms der Lebenshilfe.

Denn alle Planungen haben sich diesen Grundsätzen unterzuordnen. Wer das Grundsatzprogramm zur Hand nimmt, kann dort weiterlesen: »Aus dieser Forderung ergibt sich die Notwendigkeit eines differenzierten Wohnangebotes«, d. h. Wohnen in — möglichst kleinen — Gruppen, als Paare oder auch einzeln und jeweils mit der Möglichkeit, sich auf sein eigenes Zimmer zurückziehen zu können. Ist es einem größeren Kreis der sogenannten Normalverbraucher, die ja über ihre Steuerabgaben diese Angebote mitfinanzieren, verständlich zu machen, daß z. B. schöne, helle Doppelzimmer eigentlich ungenügend sind, weil sie diese Intimsphäre nicht zulassen? Und dies lebenslang! Ich meine, diese Grundgedanken zum Wohnen versteht jeder Mensch und wir, die wir Wohnhäuser, Wohngemeinschaften und Wohnmöglichkeiten einrichten wollen, müssen dieses immer wieder im Namen der Menschen mit geistiger Behinderung nach außen vertreten.

Jeder geistig behinderte Mensch, auch der mit schwerer Körperbehinderung und der mit sogenannten auffälligen Verhaltensweisen, hat dieses Anrecht auf Wohnen in menschenwürdigen Formen. Kein Mensch auf dieser Welt, auch der schwerbehinderte nicht, wird geboren, um sein Leben in psychiatrischen Anstalten oder in einer kommerziellen Großeinrichtung zu verbringen. Jeder Mensch hat das Grundrecht auf menschenwürdiges Wohnen.

Die meisten geistig behinderten Menschen können dieses Grundrecht nicht persönlich »einklagen«. Wir, die Eltern, die Lebenshilfe-Vorstände, sind dazu aufgerufen, für jeden behinderten Menschen wirklich ein »Zuhause« einzurichten.

In diesem Handbuch gibt es dazu viele Anregungen. Diese beziehen sich auf das pädagogische Konzept wie auch auf die Gestaltung. Auch der älter werdende und alte behinderte Mensch hat in diesen Wohnangeboten seinen Platz. Viele Wohnplätze sind noch zu schaffen, der Bedarf ist noch groß, denn die Mehrheit der behinderten Erwachsenen wohnt immer noch zu Hause.

Wir bedanken uns bei allen Autorinnen und Autoren für das Zurverfügungstellen ihrer Beiträge und hoffen, daß sie den Lesern die Hilfen bringen, die sie suchen.

Es ist mein Wunsch, daß alle Menschen, die sich mit dem Thema Wohnen für Menschen mit geistiger Behinderung befassen wollen und dieses Handbuch in die Hände nehmen, die hier niedergelegten Grundsätze zur Maxime ihres Handelns machen.

Maren Müller-Erichsen

Einleitung

Wohnen, zu Hause sein, gewinnt in unserer Gesellschaft immer mehr an Bedeutung. Auch für Menschen mit geistiger Behinderung wird dieser Lebensbereich immer wichtiger: Die im Grundsatzprogramm der Lebenshilfe 1990 formulierte Forderung, Menschen mit geistiger Behinderung sollen so normal wie möglich leben können und dazu jede Hilfe bekommen, die sie brauchen, hat hier sozusagen eine Wende eingeleitet. Der Blick geht jetzt hin zu einer genaueren Beachtung der Wünsche und Lebensvorstellungen der Menschen mit geistiger Behinderung selbst. In diesem Zusammenhang wird heute der Bedarf an gemeindeintegrierten Wohnplätzen in der Bundesrepublik Deutschland nach Ansicht von Fachleuten auf ca. 45.000 bis 50.000 Plätze geschätzt — bei einem derzeitigen Angebot von etwa 15.000 Wohnplätzen.

Aus diesen Überlegungen ergibt sich Handlungsbedarf für die Lebenshilfe auf allen ihren Ebenen, sowohl in inhaltlicher als auch in quantitativer Hinsicht. Mit dem vorliegenden Handbuch wird erstmalig im deutschsprachigen Raum der Versuch unternommen, allen für die innere und äußere Planung, Organisation und Gestaltung des Wohnbereichs verantwortlichen Zielgruppen eine Zusammenstellung von Texten an die Hand zu geben, die ihnen eine Standortbestimmung des gemeindeintegrierten Wohnens erleichtert und praktische Arbeitshilfen vermittelt. Die Beiträge haben vorwiegend programmatischen Charakter und ermöglichen in Aussage und Auswahl, wesentliche Entwicklungslinien in der praktischen Ausgestaltung rund um das Thema Wohnen zu erkennen.

Das Handbuch wendet sich vor allem an hauptamtliche Mitarbeiter/-innen in Wohneinrichtungen, an Eltern, Vertreter der Träger von Wohneinrichtungen, Geschäftsführer/-innen und für den Bereich des Wohnens zuständige Vorstandsmitglieder örtlicher Lebenshilfe-Vereinigungen, an erwachsene Menschen mit geistiger Behinderung selbst, an Mitarbeiter/-innen in Behindertenorganisationen und nicht zuletzt an Studierende in Ausbildungsstätten für sozialpädagogische Berufe, die sich in ihrer Ausbildung auf ein Tätigwerden im Bereich des Wohnens für Menschen mit geistiger Behinderung vorbereiten.

Um ein möglichst preiswertes Nachschlagewerk herauszugeben, wurde — abgesehen von der aus aktuellem Anlaß besonders wichtig erscheinenden Empfehlung »Geistig behinderte Menschen mit auffälligem Verhalten in Wohnstätten« — auf den Abdruck grundsätzlicher Empfehlungstexte der Lebenshilfe zum Bereich des Wohnens verzichtet. Fachleute werden diese Grundsatzaussagen in der Regel ohnehin in ihrem Literaturbestand haben. Natürlich können interessierte Leser/-innen diese Texte über die Vertriebsabteilung der Bundesvereinigung Lebenshilfe beziehen.

Die differenzierte Gliederung dieses Handbuches wird es der Leserschaft erleichtern, Beiträge zu bestimmten Sachverhalten jederzeit auch rasch aufzufinden.

Aufgrund der aktuellen und sich ständig weiterentwickelnden Fachdiskussion sind über die Texte im Handbuch hinaus zukünftig weitere Leitlinien stärker zu beachten, so zum Beispiel die sich wandelnden Rollen der Menschen mit geistiger Behinderung selbst sowie, damit verbunden, die der hauptamtlichen Mitarbeiter/-innen in Wohneinrichtungen (Stichwort »Assistenz«).

Die derzeitige Sparpolitik der öffentlichen Haushalte und die für das System eines gemeindeintegrierten Wohnens damit verbundenen Gefahren bilden einen weiteren Hintergrund, dieses Handbuch zum gegenwärtigen Zeitpunkt herauszubringen. Es muß unser Anliegen sein, bisher erreichte Qualitätsstandards in diesem Lebensfeld sichern zu helfen.

Die sich immer stärker abzeichnende Diskussion im Rahmen des Pflegeversicherungsgesetzes und zu den prospektiven Kostensätzen (§§ 93 und 94 Bundessozialhilfegesetz) sowie die damit auf den

Gesamtbereich der Hilfen für Menschen mit Behinderungen zukommenden Probleme finden sich in diesem Handbuch nur ansatzweise — bitte beachten Sie zu dieser Thematik auch die anderen Publikationen sowie Periodika der Bundesvereinigung Lebenshilfe, die Sie ständig über den Fortgang dieser sozialpolitischen Diskussion informieren. Zu den aktuellen Entwicklungen im Bereich des Wohnens sei an dieser Stelle besonders auf den Fachdienst und den Rechtsdienst hingewiesen.

Der Vorsitzenden des Ausschusses »Wohnen« der Bundesvereinigung Lebenshilfe, *Andrea Umlauff,* Gießen, sei an dieser Stelle gedankt, daß sie daran mitgewirkt hat, die Zusammenstellung der Beiträge zu qualifizieren.

Es ist vorgesehen, das vorliegende Kompendium entsprechend der inhaltlichen Weiterentwicklung fortzuschreiben. Dazu bittet das für diese Publikation verantwortliche Projektteam um entsprechende Hinweise, Kritik und Anregungen aus dem Kreis der Nutzer/-innen.

Klaus Kräling

Leiter des Fachgebietes Wohnen der
Bundesvereinigung Lebenshilfe

A Grundsätze des Wohnens

Wohnen heißt zu Hause sein

Auszug aus dem Grundsatzprogramm der Lebenshilfe

Geistig behinderte Erwachsene haben Anspruch auf ein eigenes Zuhause. Sie müssen die Möglichkeit haben, ihr Elternhaus im selben Alter zu verlassen wie andere junge Leute auch. Wohnen bedeutet nicht nur Versorgung, Unterkunft und Verpflegung, sondern Geborgenheit und Eigenständigkeit, Privatheit und Gemeinschaft, die Möglichkeit des Rückzugs und Offenheit nach außen.

Menschen mit geistiger Behinderung sollen so normal wie möglich leben können und dazu jede Hilfe bekommen, die sie brauchen. Aus dieser Forderung ergibt sich die Notwendigkeit eines differenzierten Wohnangebots: Dabei kann es sich um möglichst kleine Gruppen in einem Haus, einzelne Wohngemeinschaften oder Wohnungen für Paare und gelegentlich auch Einzelpersonen handeln. In der Wohnstätte sind grundsätzlich Einzelzimmer zu schaffen. Betreuungsbedarf, Grad der Selbständigkeit und persönliche Wünsche sind ausschlaggebend für die Wahl der Wohnform. Die Zusammenfassung in einem Verbund erleichtert z. B. bei wachsender Selbständigkeit den Umzug in eine Wohnform mit abnehmender Betreuung.

Die Nachfrage erfordert, die Gesamtzahl der Plätze deutlich zu erhöhen. Dabei ist der tatsächliche Bedarf zugrunde zu legen und nicht z. B. ein Bruchteil der in einer Region eingerichteten Werkstattplätze.

Im Rahmen ihrer Wohnraumplanung und Preisgestaltung müssen Städte und Gemeinden die Gruppe der geistig behinderten Menschen berücksichtigen.

Vorgaben der Kostenträger dürfen nicht dazu führen, daß Wohnstätten gebaut werden, die z. B. wegen zu vieler Plätze nicht den Bedürfnissen geistig behinderter Menschen entsprechen und deshalb der Wohnkonzeption der Lebenshilfe entgegenstehen. Der einzelne muß seine Wohnsituation weitgehend mitgestalten können. Das betrifft Mitspracherechte ebenso wie die Möglichkeit, allein zu sein oder mit einem Partner zusammenzuleben. Es müssen in Zukunft auch mehr Möglichkeiten geschaffen werden, außerhalb von Einrichtungen zu wohnen und die notwendige Hilfe und Begleitung zu erhalten.

Unabhängig von Art und Schwere der Behinderung und unabhängig davon, ob die Eltern die Betreuung noch leisten können, soll jeder, der nicht mehr in seiner Familie leben kann oder möchte, die Möglichkeit haben, seinen Wünschen entsprechend in einer Gemeinde mit guter Infrastruktur zu wohnen und dort sein ganzes Leben zu bleiben.

Vermehrt ist die Möglichkeit kurzfristiger Betreuung zu schaffen, z. B. für den Fall, daß die Familie Entlastung braucht. Insgesamt besteht heute noch ein großer Bedarf an zusätzlichen Wohnangeboten.

Weil diese Wohnstätten auch Menschen mit schwerer geistiger Behinderung, Mehrfachbehinderung, Pflegebedürftigkeit und Verhaltensauffälligkeiten aufnehmen und gleichzeitig den unterschiedlichen Bedürfnissen aller Bewohner gerecht werden müssen, sind die personellen und materiellen Rahmenbedingungen zu verbessern: Wichtig sind dabei insbesondere die Qualifikation der Mitarbeiterinnen und Mitarbeiter, eine akzeptierende Einstellung und die Zusammenarbeit der Beteiligten sowie die Solidarität aller Eltern.

...

B Konzeptionelle Grundlagen

Grundsätzliche Überlegungen

Beschreibung örtlicher und regionaler Wohnkonzepte

Spezifische Konzepte

B

Gemeindenahes Wohnen

Bedenkenswerte Aspekte einer Konzeption

Andrea Umlauff

Vor der schriftlichen Erstellung einer Konzeption müssen im Vorfeld die entscheidenden Prozesse zur Umsetzung abgeschlossen sein. An dieser Stelle sollen einige Aspekte aufgeführt werden, welche bei der Erarbeitung einer neuen oder auch eigenen Konzeption für den Bereich des gemeindenahen Wohnens einbezogen werden sollten.

Warum Konzeptionsentwicklung?

Gründe für Konzeptionen können sein:

Schaffung einer Wohneinrichtung

In diesem Fall wird die Konzeption unter Umständen eine entscheidende Grundlage bei den Verhandlungen mit den Sozialhilfeträgern zur finanziellen Absicherung und somit zur Realisierung sein. Sie dient als Legitimation nach außen.

Definition der eigenen Ziele

In diesem Fall dient die Konzeption als Hilfe zur Identifikation mit der Einrichtung. Darüberhinaus bildet die Formulierung der Ziele die wichtigste Grundlage zur Überprüfung und gegebenenfalls Veränderung selbiger.

Einblick in die derzeitige Arbeit

Zielgruppen sind in diesem Fall Eltern, neue Mitarbeiter, tangierende Einrichtungen usw. Eine wohldurchdachte Konzeption ist meist nicht mit ein paar Worten auszudrücken, dennoch stellen häufig die hier aufgezählten Personengruppen Fragen zur Konzeption. Nach Kenntnisnahme der Konzeption werden Diskussionen hierzu in aller Regel von einer neuen Qualität geprägt sein.

Konsensherstellung mit dem Personal

Die Umsetzung einer Konzeption ist abhängig von der Zusammenarbeit der Mitarbeiter/-innen und deren Verhalten gegenüber den behinderten Menschen. Es ist daher wichtig, daß alle an der Umsetzung Beteiligten eine gemeinsame Basis haben. Diese kann auch mit Hilfe einer Konzeption hergestellt werden.

B

Wer erarbeitet wie eine Konzeption?

Voraussetzung zur Erarbeitung einer Konzeption ist die Klärung des »Warum« und des »Für wen«. Hierzu besteht die erste Aufgabe in der Auflistung dessen, was vorhanden ist (Ist-Stand-Analyse). Dabei wird festgestellt, welche konzeptionellen Gedanken bereits umgesetzt sind, welche Faktoren verändert werden müssen und welche Bereiche bisher unbearbeitet geblieben bzw. nicht bedacht worden sind. Erst im nächsten Schritt geht es darum,

- sich mit weiteren bestehenden Konzepten auseinandersetzen,
- evtl. ähnliche Einrichtungen zu besichtigen,
- mögliche oder gewünschte Inhalte stichpunktartig zu sammeln.

Sicherlich wird es von Vorteil sein, wenn zur Erstellung einer Konzeption eine Arbeitsgruppe oder ein Gremium gebildet bzw. beauftragt wird. Es wäre durchaus vorstellbar, verschiedene Personengruppen einzubinden (Trägervertreter, Leitung, Mitarbeiter/-innen, Eltern, Bewohner/-innen bzw. Heimbeirat).

Inhalte einer Konzeption

Zielsetzung

Jede Einrichtung muß Ziele definieren. Dies ist möglich in einem Gesamtziel (z. B. lebenslanges Wohnen oder Kurzzeitwohnen) und/oder in Teil- bzw. Einzelzielen (z. B. Beschreibung eines differenzierten Wohnangebotes, eines Wohnverbundes).

B

Personenkreis

Es ist wichtig, klar zu definieren, für wen diese Einrichtung konzipiert ist und für wen nicht. Hierzu gehören folgende Kriterien:
— Personengruppe,
— Alter,
— Einzugsbereich,
— Aufnahmeverfahren.

Aufgabe der Einrichtung/Pädagogisches Vorgehen/Arbeitsmethode

In diesem Punkt spiegelt sich das Leistungsangebot der Einrichtung bzw. des Trägers. Von daher wird die inhaltliche Ausgestaltung dieses Punktes variieren, die folgende Aufzählung kann nur beispielhaft sein:
— Was beinhaltet Wohnen? Ausgangspunkte der pädagogischen Arbeit,
— Strukturen des Alltags,
— Hilfen zur Verselbständigung,
— Tagesstrukturierung/berufliche Förderung,
— Gruppenverbund,
— Außenkontakte und Freizeit,
— Öffentlichkeitsarbeit,
— Grenzen der pädagogischen Arbeit.

Räumliche Bedingungen und Standort

Es ist wichtig, im Vorfeld klare Aussagen zur Lage und Größe der Einrichtung zu machen. Dies wird auch vom aufzunehmenden Personenkreis abhängig sein. Unabhängig von allen hiermit verbundenen, möglichen Schwierigkeiten sollten bei den konzeptionellen Aussagen hierzu die Grundsatzaussagen der Bundesvereinigung Lebenshilfe Beachtung finden. Daher sei an dieser Stelle ein Querverweis auf die Empfehlung »Gemeindenahes Wohnen« der Bundesvereinigung Lebenshilfe gestattet, dort sind aussagekräftige Aspekte zu diesem Punkt im Detail aufgeführt.

Zusammenarbeit mit ...

Unter diesem Punkt können alle tangierenden Einrichtungen und Gremien erwähnt werden, welche in direktem Kontakt bzw. unmittelbarer Beziehung zur Einrichtung stehen, u. a.:
— Werkstatt für Behinderte,
— Elternarbeit und Elternbeirat,
— Heimbeirat,
— Fachdienste.

Mitarbeiter

In diesem Abschnitt werden die pädagogischen Zielvorstellungen noch einmal aufgegriffen, wobei es hier um Rahmenbedingungen und Aussagen geht, welche die Mitarbeiter in ihrer Arbeit benötigen. Hierzu gehören:
— Allgemeine Voraussetzungen/Qualifikation,
— Rolle des Mitarbeiters,
— Zusammensetzung des Teams,
— Personalschlüssel.

Organisationsstruktur

Sicherlich ist es für alle Beteiligten hilfreich, wenn eine klare Organisationsstruktur innerhalb der Einrichtung besteht. Diese schafft Transparenz, aber auch Verbindlichkeit. Mögliche Unterpunkte sind:
— Aufgabenverteilung und Kompetenzen,
— Leitungsstruktur,
— Stellenbeschreibungen,
— Organigramm der Einrichtung.

Grenzen einer Konzeption

Jede schriftlich verfaßte Konzeption gibt Aussagen über den zum Zeitpunkt der Erstellung bestehenden Kenntnis- und Entwicklungsstand. Von daher kann eine einmal erstellte Konzeption nur eine begrenzte Zeit Gültigkeit haben.

Auch eine noch so gute Konzeption hat ihre Grenzen und bedarf der Überprüfung, sobald sich die in der ursprünglichen Planung beschriebenen Faktoren verändern. Entscheidend für die Umsetzung einer wohl durchdachten Konzeption ist von daher nicht die einmalige Festschreibung, sondern die ständige Auseinandersetzung mit ihr.

Andrea Umlauff
Brunnenweg 14
35394 Gießen

Wohnen heißt zu Hause sein

Gemeindeintegriertes Wohnen erwachsener Menschen mit geistiger Behinderung in Deutschland

*Klaus Kräling**

Bedeutung des Wohnens

»Geistig behinderte Erwachsene haben Anspruch auf ein eigenes Zuhause. Sie müssen die Möglichkeit haben, ihr Elternhaus im selben Alter zu verlassen wie andere junge Leute auch. Wohnen bedeutet nicht nur Versorgung, Unterkunft und Verpflegung, sondern Geborgenheit und Eigenständigkeit, Privatheit und Gemeinschaft, die Möglichkeit des Rückzugs und Offenheit nach außen. Menschen mit geistiger Behinderung sollen so normal wie möglich leben können und dazu jede Hilfe bekommen, die sie brauchen. Aus dieser Forderung ergibt sich die Notwendigkeit eines differenzierten Wohnangebotes« so der Beginn des Kapitels »Wohnen heißt zu Hause sein« des 1990 von der Mitgliederversammlung verabschiedeten Grundsatzprogramms der Lebenshilfe.

Solche Forderungen nach möglichst normalen Wohnbedingungen für Menschen mit geistiger Behinderung werden noch nicht allzulange mit dieser Selbstverständlichkeit erhoben. Jahrhundertelang wurden sie in isolierenden großen Anstalten und sonstigen Einrichtungen »untergebracht« und »verwahrt«. Diese isolierenden Einrichtungen entsprachen der nahezu ausschließlich geltenden Absonderungstendenz innerhalb der Gesellschaft der nicht Betroffenen.

Heute ist es wohl unbestritten — und hier haben die Lebenshilfe, aber auch andere Verbände, die sich die Förderung des geistig behinderten Mitmenschen zum Ziel gesetzt haben, einen erheblichen Anteil daran —, daß auch geistig behinderte Menschen ein Anrecht auf ein menschenwürdiges und möglichst eigenständiges Wohnen haben. Dafür ist es erforderlich, geeignete Wohneinrichtungen, beispielsweise gemeindeintegrierte Wohnformen für erwachsene Menschen mit geistiger Behinderung zu schaffen.

Wünschenswert sind solche gemeindeintegrierten Wohnformen darüber hinaus auch als Ergänzung zu den vorangegangenen Maßnahmen der pädagogischen, medizinischen und beruflichen Rehabilitation, sei es auf dem Gebiet der Frühförderung oder in den Bereichen Kindergarten, Schule oder Werkstatt für Behinderte (WfB).

Bevor jedoch auf die gemeindeintegrierten Wohnformen näher eingegangen wird, zuvor ein kurzer Überblick über die vorhandenen Grundwohnformen für erwachsene Menschen mit geistiger Behinderung in der Bundesrepublik Deutschland.

Formen des Wohnens

In der Bundesrepublik Deutschland unterscheidet man in der Regel *vier Grundwohnformen* (KRÄLING 1990) für geistig behinderte Erwachsene. Es handelt sich hierbei um

— das Elternhaus;

— Großeinrichtungen mit pädagogischer Orientierung, überwiegend in konfessioneller oder staatlicher Trägerschaft;

— Dorfgemeinschaften auf anthroposophischer Grundlage (Camphill-Bewegung);

— gemeindeintegrierte Wohnformen (z. B. in Trägerschaft örtlicher Lebenshilfe-Vereinigungen).

Bewußt nicht aufgeführt sind in diesem Zusammenhang psychiatrische Krankenhäuser, Großeinrichtungen mit primär medizinischer Orientierung, Pflegeheime sowie Einrichtungen der

*) Aktualisierte Fassung eines unveröffentlichten Referates, gehalten beim Seminar »Offene Wohnformen für (erwachsene) Menschen mit geistiger Behinderung« der Lebenshilfe Österreich in Graz vom 24.—26. November 1993.

B

Altenhilfe, in denen auch heute noch geistig behinderte Erwachsene fehlplaziert »untergebracht« sind.

Im weiteren Verlauf möchte ich nunmehr ausschließlich gemeindeintegrierte Wohnformen näher beschreiben. Zunächst soll daher der Begriff »gemeindeintegrierte Wohnformen« und die Vielfalt unterschiedlicher Wohnmöglichkeiten, die diesem Begriff aus der Sicht der Lebenshilfe zugeordnet sind, näher erläutert werden — als Grundvoraussetzung für ein humanes Wohnen von erwachsenen Menschen mit geistiger Behinderung.

Gemeindeintegrierte Wohnformen aus Sicht der Lebenshilfe

Einrichtungen

Gemäß § 39 in Verbindung mit § 100 Bundessozialhilfegesetz (BSHG) werden diese in verschiedenen Formen vom *überörtlichen Träger der Sozialhilfe* als stationäre Eingliederungshilfe im Rahmen eines Pflegesatzes finanziert. Bei dieser Finanzierungsart sind folgende Wohnformen möglich:

Gruppengegliedertes Wohnen

Beim gruppengegliederten Wohnen (z. B. Wohnheime, Wohnstätten, Wohnhäuser) sind kleine Einrichtungen anzustreben (maximal drei Gruppen). In einer Gruppe sollten nicht mehr als sechs bis acht Bewohner leben. Die Betreuung ist rund um die Uhr zu gewährleisten.

Gruppenwohnungen

Hier sollten nicht mehr als sechs Bewohner leben. Die Betreuung erfolgt nach den Bedürfnissen der Bewohner/-innen, gegebenenfalls rund um die Uhr.

Einzelwohnungen/Paarwohnungen

Es handelt sich hierbei um eine Wohnform, die organisatorisch an gruppengegliederte Wohnformen angebunden ist. Es findet eine regelmäßige Betreuung statt.

Eltern-Kind-Wohnungen

Geistig behinderte Eltern (Mutter und/oder Vater) leben mit ihrem Kind in einer entsprechenden Wohnung.

Ambulant betreutes Einzelwohnen und Wohngemeinschaften

Hierbei handelt es sich um Wohnformen außerhalb von Einrichtungen und in *finanzieller Zuständigkeit des örtlichen Sozialhilfeträgers* gemäß § 99 BSHG, sofern durch Sozialhilferichtlinien keine zusätzliche Beteiligung des überörtlichen Sozialhilfeträgers geregelt ist.

Beide Wohnformen — Einrichtungen und ambulante Formen — können im Einzugsbereich des Trägers einen sogenannten *Wohnverbund* bilden.

Prinzipien der Arbeit

Die Arbeit in gemeindeintegrierten Wohneinrichtungen wird im wesentlichen durch drei Prinzipien (BANK-MIKKELSEN 1972; GRUNEWALD 1981; NIRJE 1975) geprägt:

- Der geistig behinderte Mensch hat — gemäß der UNO-Erklärung von 1971 — Anspruch auf die Zubilligung der allgemeinen Menschenrechte. Die Unterbringung in Wohnstätten darf daher mit keinen unnötigen Einschränkungen verbunden sein. Sie muß (soweit wie irgend möglich) die Menschenwürde achten, Persönlichkeitsrechte des einzelnen respektieren und seine Entscheidungsfreiheit stärken.
- Ausgehend vom Normalisierungsprinzip ist der geistig behinderte Mensch ein normaler bzw. zu »normalisierender« Mitbürger. Wobei Normalisierung keineswegs bedeutet, daß man die Behinderung leugnet, sondern in möglichst vielen Bereichen ein normales Verhalten des geistig Behinderten erstrebt. Die Wohnstätten sind daher den Wohn- und Le-

bensverhältnissen der Nichtbehinderten anzupassen.

— Menschen mit geistiger Behinderung sind lern- und entwicklungsfähige Persönlichkeiten. Wohnstätten müssen daher eine weitestgehende Ausschöpfung des vorhandenen Entwicklungspotentials zulassen, um die Altersfertigkeiten und das Sozialverhalten etwa durch Selbständigkeits- und Wohntrainingsprogramme zu erhöhen. Daraus ergibt sich die Notwendigkeit eines abgestuften und Übergänge ermöglichenden Angebots an Wohnstättenplätzen.

Welche Wohnform für wen?

Gemeindeintegriertes Wohnen kommt für alle Menschen mit geistiger Behinderung — unabhängig von Art und Schwere der Behinderung — in Betracht.

Mögliche Anlässe können sein:

- der Wunsch, das Elternhaus zu verlassen;
- Erreichen des Erwachsenenalters;
- Krankheit, Alter oder Tod der Eltern;
- pädagogische oder psychologische Gründe;
- Notwendigkeit einer Familienentlastung;
- Aufnahme von geistig behinderten Menschen, die bisher in (z. B. psychiatrischen, klinischen und pflegerischen) Großeinrichtungen lebten.

Bei ausreichend frühem Auszug aus dem Elternhaus ist noch Unterstützung durch Eltern und Angehörige und größtmögliche Lernfähigkeit des Menschen mit geistiger Behinderung gegeben.

Grundsätzlich sind gemeindeintegrierte Wohnformen ein Angebot für alle Menschen mit geistiger Behinderung. Sie können dort ihr Leben lang bleiben. Unterschiedliche Wohnmöglichkeiten in einer Region bieten die Chance, auf die individuellen Interessen, Behinderungsarten, Behinderungsgrade, Altersstufen und die sich verändernde Selbständigkeit der Bewohner eingehen zu können.

Innerhalb des Wohnverbundes finden auch Menschen mit schwerer und/oder mehrfacher Behinderung, Menschen mit Problemverhalten (z. B. mit ausgeprägter Weglauftendenz, hochgradigem aggressiven Verhalten sowie Selbst- und/oder Fremdgefährung) sowie alte Menschen mit geistiger Behinderung ihren Platz. Den jeweiligen Bedürfnissen entsprechend sind unterschiedliche Wege intensiver Betreuung denkbar.

Der Träger steht in der Verantwortung, durch Ausbau und Erweiterung seiner Wohnangebote diesem Anspruch gerecht zu werden, z. B. in Form von personeller und räumlicher Ausstattung, Qualifizierung der Mitarbeiter/-innen, Sicherstellung von Krisenintervention.

Eine Aufnahme erfolgt, wenn die Voraussetzungen des BSHG gegeben sind. Bei der Aufnahme sind Bewohner, Elternbeirat, Heimbeirat und Mitarbeiter einzubeziehen (siehe Exkurs: Beziehungsgeflecht von Heimbeirat, Elternbeirat und sonstigen Gremien). Vor der Aufnahme ist das Leistungsangebot des Trägers schriftlich festzulegen.

Mitarbeiter/-innen

Die Arbeit der Mitarbeiter/-innen in den gemeindeintegrierten Wohnformen orientiert sich an den Bedürfnissen und Interessen der Bewohner/-innen. Sie fördern ihre Selbständigkeit und Autonomie, unterstützen sie dabei, ihr Leben so normal wie möglich führen zu können und gestalten den Alltag so, daß sich die Menschen mit geistiger Behinderung zu Hause fühlen.

Für Mitarbeiter/-innen eröffnen sich in den gemeindenahen Wohnformen die Aufgabenbereiche *Pädagogik, Sozialarbeit, Psychologie* sowie Hausarbeit und Verwaltung.

Diesen drei Bereichen sind die sogenannten Begleitenden Dienste (durchgeführt u. a. von Sozialarbeitern, Sozialpädagogen, Heilpädagogen oder Psychologen) zuzuordnen. Hier ist jedoch kritisch anzumerken, daß diese Dienste in der Regel für Wohnstätten bislang noch nicht vorhanden sind.

Leiter/-innen gemeindeintegrierter Wohnformen und Gruppenleiter/-innen sollten möglichst eine Qualifikation als Heilerziehungspfleger, Erzieher oder Sozialpädagoge usw. besitzen bzw. berufsbegleitend erwerben.

Grundsätzlich richtet sich der Bedarf an Personal nach der Größe gemeindeintegrierter Wohnformen und dem Grad der Behinderung ihrer Bewohner. Tatsächlich aber zeigt sich immer wieder, daß seitens der Kostenträger der Sozialhilfe nur ein Minimum an qualifiziertem Personal bewilligt wird. Durch vielerorts vorgegebene Personalschlüssel ist daher eine qualifizierte Förderung — insbesondere schwer geistig behinderter und alter geistig behinderter Menschen — nicht möglich.

Entwicklung, Kapazitäten und zukünftiger Bedarf

Nach bewährten Beispielen aus Skandinavien (Dänemark, Schweden) und Holland wurden in der Bundesrepublik Deutschland seit Mitte der 60er Jahre bis heute ca. 700 gemeindenahe Wohnformen mit knapp 15.000 Plätzen geschaffen — davon viele in Trägerschaft örtlicher Lebenshilfe-Vereinigungen.

Die Abbildung (Seite 25) zeigt die Entwicklung der Wohnstätten für geistig behinderte Erwachsene in der Bundesrepublik Deutschland von 1970—1994, wobei einschränkend anzumerken ist, daß bei diesen gemeindeintegrierten Wohnformen nicht zwischen den einzelnen Subformen unterschieden wurde (alle Angaben beruhen auf lebenshilfeinternen Zahlen).

Die rasche Entwicklung sollte jedoch nicht darüber hinwegtäuschen, daß die vorhandenen Kapazitäten bei weitem nicht ausreichen. Bereits auf der erwähnten Studientagung der Lebenshilfe 1981 in Aachen wurde schon ein ad-hoc-Fehlbedarf von mehr als 10.000 Wohnplätzen festgestellt.

Nach heutigen Berechnungen der Bundesvereinigung Lebenshilfe beläuft sich — ausgehend von einer Versorgungsquote von 50 % der WfB-Plätze zu den Wohnplätzen — der Fehlbedarf an gemeindeintegrierten Wohnplätzen z. Z. auf ca. 45.000 bis 50.000 Plätze. Grundsätzlich ist daher ein verstärkter Ausbau von weiteren, differenzierten Wohn-Verbundsystemen zu fordern.

Finanzierung

Bei der Frage der Finanzierung ist zu unterscheiden zwischen der *Investitionsfinanzierung* und der *laufenden Finanzierung.*

Ohne auf die unterschiedliche Verwaltungsstruktur und Wohnstättensituation in den einzelnen Bundesländern näher einzugehen, sind als Finanzierungsquellen für die Investitionskosten u. a. die Länder, die Kommunen, die Deutsche Behindertenhilfe Aktion Sorgenkind sowie die Träger gemeindeintegrierter Wohnformen selbst zu nennen. Ergänzend hierzu seien noch die Ausgleichsabgabemittel nach dem Schwerbehindertengesetz erwähnt.

Die *Investitionskosten* je Platz bewegen sich derzeit beim Neubau einer gemeindeintegrierten Wohnform zwischen 71.000,— und 110.000,— DM, ohne Berücksichtigung der Kosten für Grunderwerb und Erschließung.

Für die *laufende* Finanzierung gemeindeintegrierter Wohneinrichtungen wird auf die Kurzdefinitionen auf S. 22 sowie auf die Ausführungen des Abschnitts »Rechtliche Grundlagen« (S. 26) verwiesen.

Bauliche Gestaltung und Raumprogramm

Für den geistig behinderten Menschen muß die bauliche Umwelt so gestaltet sein, daß sie für ihn das Lernen von Lebensfertigkeiten zuläßt und besonders ihre tägliche Anwendung nicht nur ermöglicht, sondern erforderlich macht. Demzufolge sind gemeindeintegrierte Wohnformen — wie bereits der Name zum Ausdruck bringt — nicht auf der »grünen Wiese«, sondern inmitten von Wohngebieten in verkehrsgünstiger Lage zu errichten, überdies sollten sie nicht in unmittelbarer Nähe einer WfB gebaut werden.

Der Vorteil möglichst kleiner gemeindeintegrierter Wohnformen liegt darin, daß sie in den Wohngebieten leichter als Nachbar angenommen werden.

Jeder geistig behinderte Mensch hat das Anrecht auf ein Einzelzimmer. Die Zimmer sollten gemeinsam mit den Bewohnerinnen und Bewohnern wohnlich und individuell eingerichtet und gestaltet werden.

Die Bedürfnisse von Rollstuhlfahrerinnen und Rollstuhlfahrern müssen entsprechend den Vorschriften DIN 18024 Teil I und 18025 Teil I und II und entsprechenden Landesbauordnungen beachtet werden: Das bedeutet z. B. Rampen statt

*Abb. 1: Entwicklung gemeindeintegrierter Wohnformen für erwachsene Menschen mit geistiger Behinderung in der Bundesrepublik Deutschland von 1970 — 1994**

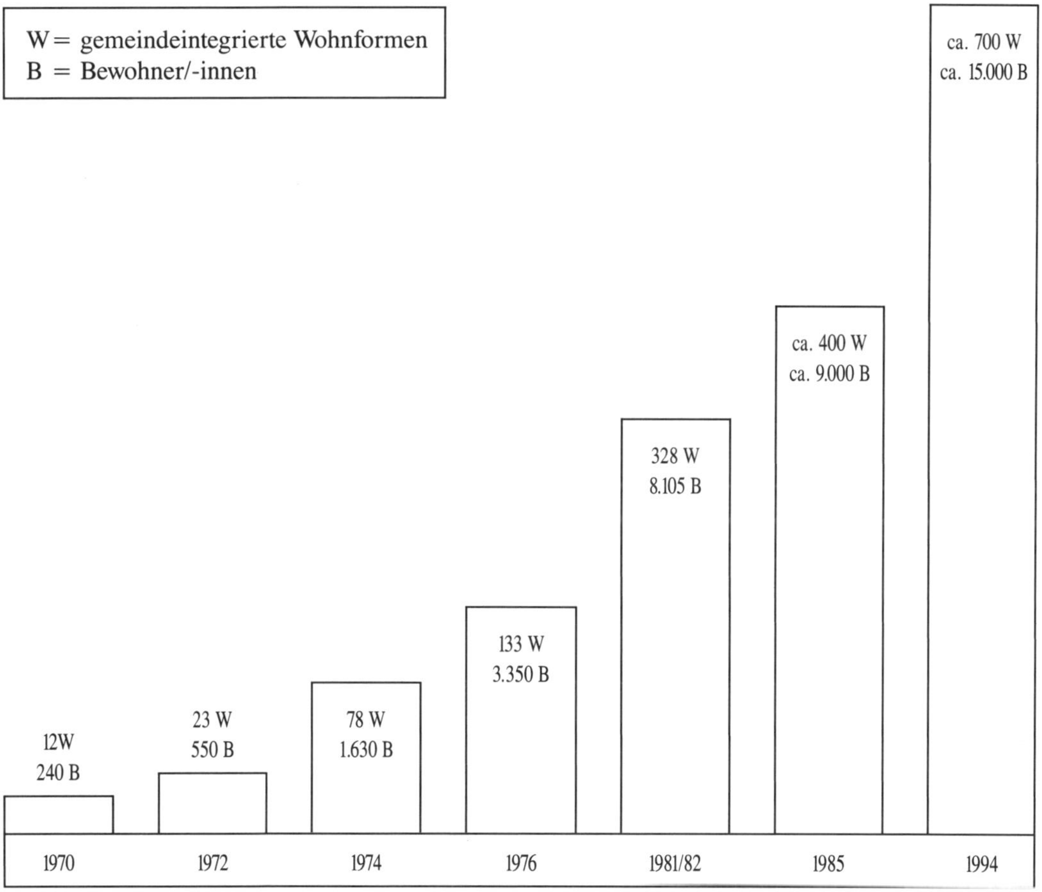

*) Bei den gemeindeintegrierten Wohnformen wurde nicht zwischen gruppengegliederten Wohneinrichtungen, Gruppenwohnungen und Einzelwohnungen differenziert. Bei den Angaben handelt es sich um Lebenshilfe-internes Zahlenmaterial.

Treppenstufen, schwellenlose Übergänge, Aufzug, Vergrößerung und angepaßte Ausstattung von Wohn- und Schlafräumen, Küchen, Eßplätzen, Toiletten, Badezimmern und Duschräumen.

Für eine *Wohneinheit von sechs bis acht Personen* ergibt sich folgender *Raumbedarf:*

— Einzelzimmer (möglichst mehr als 14 m²);
— Sanitärbereich: je nach Bedarf
    — integrierte Naßzellen oder Waschbecken im Zimmer,
    — Duschen,
    — Freistehende Badewannen (ggf. Hubbadewanne),
    — Toiletten (getrennt von den Duschen),
    — technische Hilfsmittel;
— Wohnzimmer;
— Eßbereich;
— Küche;
— Garderobe;
— Dienstzimmer (auch für Nachtbereitschaft).

Bei *gruppengegliederten Wohnformen* sind je nach Bedarf *zusätzliche Funktionsräume* zu berücksichtigen wie z. B.

— Vorratsraum,
— Büro für Leiter/-in,
— Gästezimmer,
— Hobbyräume,
— Waschküche und
— Abstellräume.

In der Regel können Gruppen- oder Einzelwohnungen ohne besondere Umbauten in üblichen Wohnungen eingerichtet werden. Die Raumprogramm-Richtlinien und Finanzierungsmöglichkeiten der einzelnen Ländern sind zu beachten (Heimmindestbauverordnung)!

Rechtliche Grundlagen

Bei den gemeindeintegrierten Wohnformen handelt es sich überwiegend um Einrichtungen, für die nach § 100 Bundessozialhilfegesetz (BSHG) der überörtliche Träger der Sozialhilfe sachlich zuständig ist. Dieser gewährt den Personen, die dort wohnen, Eingliederungshilfen nach den Vorschriften der §§ 39—47 BSHG, indem er die Kosten der Unterbringung übernimmt.

In diesen Vorschriften ist auch geregelt, unter welchen Umständen die Bewohner in den Wohnstätten oder die Eltern bzw. Sorgeberechtigten zu einem Kostenbeitrag zur Unterbringung herangezogen werden können.

Seit 1974 gibt es das Heimgesetz (novelliert 1990), das auch für die gemeindeintegrierten Wohnformen Anwendung findet. In diesem Zusammenhang sind folgende Verordnungen zu beachten:

— *Heimmitwirkungsverordnung* (novelliert 1992): Für die Mitwirkung der Heimbewohner in Angelegenheiten des Heimbetriebes hat der Ausschuß »Wohnen« der Bundesvereinigung Lebenshilfe im Frühjahr 1993 eine entsprechende *Mustersatzung für Elternbeiräte* erarbeitet;
— *Heimpersonalverordnung* (1993);
— *Heimsicherungsverordnung:* regelt die Verwaltung von Wertgegenständen und die Entgegennahme von Leistungen;
— *Heimbuchführungsverordnung:* die Buchführungs- und Meldepflichten der Träger;
— *Heimmindestbauverordnung:* regelt die baulichen Mindestanforderungen.

Darüber hinaus wurden in einzelnen Bundesländern Richtlinien der Sozialverwaltungen erlassen. Sie befassen sich mit dem Personenkreis (z. B. Anbindung an eine gleichzeitige Tätigkeit in einer WfB), dem Standort, der Größe der gemeindeintegrierten Wohnformen, den Personalkosten, der Raumaufteilung usw. Diese Richtlinien haben den Charakter einer Empfehlung, können aber im Einzelfall auch rechtlich überprüft werden, wenn sie den Bedürfnissen der Wohnstätten nicht genügen.

Die Rechtsbeziehung zwischen den Bewohnern und dem Träger der Wohneinrichtung werden durch einen Heimvertrag gestaltet, der nach dem

Heimgesetz zwingend vorgeschrieben ist. In diesem Vertrag sind u. a. die Leistungen des Trägers sowie die Rechte der Wohnstättenbewohner gegenüber dem Heimträger (z. B. Kündigungsschutz) festgelegt. Der Ausschuß »Wohnen« der Bundesvereinigung Lebenshilfe hat hier ebenfalls eine entsprechende *Musterwohnstättenverordnung* (1993) erarbeitet.

Bei den *ambulant betreuten Einzel- und Gruppenwohnungen* tauchen häufig Schwierigkeiten bei der laufenden Finanzierung und der damit verbundenen Frage des unzureichenden Personalschlüssels auf; hier sind insbesondere folgende Forderungen zu erheben:

- Ein Rechtsanspruch auf Wohnen in ambulant betreuten Wohngruppen oder Einzelwohnungen sollte in das BSHG — Eingliederungshilfeverordnung — aufgenommen werden. Bisher ist dort nur das »vollstationär« betreute Wohnen in gruppengegliederten Wohnheimen geregelt.
- Bis eine solche Neuregelung durch das zuständige Bundesministerium für Familie und Senioren erfolgt, sollen die Sozialhilfeträger Richtlinien für das ambulant betreute Wohnen zur Sicherstellung der entsprechenden Personalkosten erlassen.
- Wenn behinderte Menschen beim ambulant betreuten Wohnen Hilfe zum Lebensunterhalt erhalten (Zuständigkeit des örtlichen Sozialhilfeträgers), dürfen die Eltern ab dem 21. Lebensjahr ihres Kindes nicht mehr zu einem Unterhaltsbeitrag herangezogen werden (Anwendung der Härteklausel des § 91, Abs. 3 BSHG, die bisher nur für vollstationäres Wohnen gilt).

Bundesweite Probleme

Zu nennen sind hier insbesondere:

- Sehr viele Wohneinrichtungen sind zu groß.
- Es sind zu wenig Plätze vorhanden. So fehlen insbesondere gemeindenahe Wohnplätze für
  - alte Menschen mit geistiger Behinderung,
  - geistig behinderte Menschen mit »auffälligem« Verhalten,
  - »psychiatrisierte« Menschen mit geistiger Behinderung sowie
  - schwer geistig/mehrfach behinderte Menschen.
- Rigorose Sparpolitik der öffentlichen Haushalte. Diese, der Fehlbedarf von 45—50.000 gemeindeintegrierten Wohnplätzen sowie die damit verbundene enorme Menge investiver Gelder, die aufgewandt werden müßten, machen es dringend erforderlich, unabhängig von öffentlichen Zuwendungen Lösungsvorschläge zu entwickeln, wie die notwendigen Eigenmittel der örtlichen Lebenshilfe-Vereinigungen durch Privatvermögen, z. B. von Eltern und Angehörigen, zukünftig sichergestellt und für Investitionsvorhaben, besonders den Bau von Wohnstättenplätzen verstärkt nutzbar gemacht werden könnten.
- Die Mitsprache geistig Behinderter bzw. ihrer Eltern und Sorgeberechtigten ist — aufgrund des novellierten Heimgesetzes von 1990 und der novellierten Heimmitwirkungsverordnung von 1992 — z. Z. relativ zufriedenstellend geregelt.
- Mancherorts wehren sich die Nachbarn gegen die Errichtung einer gemeindeintegrierten Wohnform.
- Personalprobleme durch unzureichend qualifiziertes Personal, zu wenig Personal sowie relativ große Fluktuationen (Stichwort: Betreuungsnotstand!).
- Trotz der veränderten rechtlichen Situation gibt es immer noch Probleme mit der sogenannten Koppelung von WfB- mit Wohnplätzen.
- Fragestellungen im Zusammenhang mit Qualitätsentwicklung und -sicherung sind in gemeindenahen Wohneinrichtungen noch nicht sehr verbreitet (z. Z. wird im Rahmen eines Forschungsprojektes LeWo = Lebensqualität in Wohnstätten, ein eigenes Lebenshilfestandardsystem erarbeitet).

B

— Die Auswirkungen des Pflegeversicherungsgesetzes auf den Bereich der Hilfen, Dienste und Einrichtungen für Menschen mit geistiger Behinderung. Die intensiven Erörterungen der Lebenshilfe darüber haben gezeigt, daß insbesondere das Verhältnis zwischen Eingliederungshilfe nach dem BSHG und den Pflegeleistungen nach dem Pflegeversicherungsgesetz trotz einiger Vorgaben des Gesetzgebers noch weitgehend ungeklärt ist.
— Die Einführung prospektiver Entgelte in der Behindertenpolitik birgt die Gefahr, daß sie vom Träger der Sozialhilfe ausschließlich als Kostendämpfungsinstrument benutzt werden.

Ausblick

Vor diesem Hintergrund stellt sich heute immer stärker die Frage, wie denn in Zukunft ein geeignetes Wohnangebot für den geistig behinderten Erwachsenen nicht nur sichergestellt, sondern auch weiter ausgebaut werden kann.

Ein wichtiger Ansatz dabei ist die verstärkte Schaffung ausdifferenzierter Wohneinrichtungen, die den individuellen Bedürfnissen der geistig behinderten Mitbürger/-innen entsprechen und zwar im Rahmen eines regional gegliederten Systems von Hilfen, Diensten und Einrichtungen unter Beteiligung aller vor Ort ansässigen Organisationen und Verbände auf Basis eines regionalen Pflichtversorgungsauftrages.

Um ein solch vernetztes Hilfeangebot realisieren zu können, sind alle gesellschaftlichen Kräfte und Gruppierungen wie Staat, Kommunen, Parteien und Vereine — aber auch Verbände wie die Lebenshilfe als Trägerorganisation gemeindeintegrierter Wohneinrichtungen — aufgerufen, aktiv an der Schaffung humaner Wohn- und Lebensformen für den geistig behinderten Mitmenschen mitzuwirken.

Klaus Kräling
Leiter des Fachgebietes Wohnen der
Bundesvereinigung Lebenshilfe
Raiffeisenstr. 18

35043 Marburg

Literatur:

BANK-MIKKELSEN, N. E. 1972): Das Normalisierungsprinzip. In: Sozialpädagogik 6, 265 ff.
Bundesvereinigung Lebenshilfe für geistig Behinderte e.V. (Hrsg.) (1992): Gemeindenahes Wohnen: Konzeption, Planung und Realisierung. Marburg (Sonderdruck).
Bundesvereinigung Lebenshilfe für geistig Behinderte e.V. (Hrsg.) (1991): Grundsatzprogramm der Lebenshilfe. Marburg.
GRUNEWALD, K. (1981): Die geistig Behinderten in Schweden. Stockholm.
KRÄLING, K. (1990): Was verstehen wir unter Wohnstätten für erwachsene Menschen mit geistiger Behinderung? In: JASPERT, B. (Hrsg.): Familie, Wohnstätte, Gemeinde. Hofgeismar, 8—32.
NIRJE, B. (1975): Das Normalisierungsprinzip und seine Wirkung auf den Behinderten. In: Lebenshilfe 2, 65—71.

Konzeption »Wohnstätten der Lebenshilfe für Menschen mit geistiger Behinderung Bremen e.V.« — Kurzfassung

Lebenshilfe Bremen

Es ist Selbstverständnis der Lebenshilfe für Menschen mit geistiger Behinderung Bremen e.V., Menschen so zu stützen, daß sie ihr Leben — eingebunden in die Gesellschaft — möglichst selbstbestimmt führen können. Die dazu notwendigen materiellen und pädagogischen Hilfen sind sicherzustellen.

Wohnen ist eines der Grundelemente des Lebens. Die erforderlichen Angebote im Wohnbereich müssen daher im besonderen Maße auf die Gesamtpersönlichkeit der jeweiligen Bewohner ausgerichtet sein. Das Wohnangebot muß geistig behinderten Menschen ein soziales Beziehungssystem bieten, das ihnen Geborgenheit vermittelt und ihre Persönlichkeitsentwicklung sichert und fördert. Nach unseren Erfahrungen ist dies nur in kleinen, überschaubaren, in den Ortsteil integrierten Wohnstätten möglich.

Im nachfolgenden Text sollen vor allem Familien mit geistig behinderten Familienangehörigen Orientierungshilfen über bestehende Wohnformen finden.

Bewohner

Die Wohnstätten der Lebenshilfe Bremen werden grundsätzlich für geistig und mehrfachbehinderte Menschen angeboten. Dies schließt geistig behinderte Menschen mit psychischen Störungen und/oder starken Verhaltensauffälligkeiten ein.

Die Lebenshilfe Bremen bemüht sich jedoch um eine klare Abgrenzung zum Personenkreis lernbehinderter und psychisch kranker Menschen.

Die Wohnstätten stehen allen, auch schwerstbehinderten Menschen offen, sofern sie nicht einer ständigen medizinischen Versorgung bedürfen, die ambulant nicht gesichert werden kann.

Sollte sich im Einzelfall unter Berücksichtigung einer längeren Gewöhnungsphase herausstellen, daß keine adäquate Wohnstätte verfügbar ist, ist selbstverständlich die Lebenshilfe Bremen aufgerufen, eine geeignete Wohnmöglichkeit zu finden bzw. selbst zu schaffen. Es kann nicht Aufgabe der Familien sein, dieses Problem zu lösen. Damit sind sie nach unseren Erfahrungen überfordert.

Zur Zeit gilt bei der Lebenshilfe Bremen für den Bereich Wohnen, daß geistig behinderte Menschen erst nach Vollendung des 18. Lebensjahres in eine Wohnstätte aufgenommen werden können. Weitere Einschränkungen gibt es nicht.

Bei der Versorgung im *Alter* geht die Lebenshilfe Bremen davon aus, daß alle Bewohner der Wohngemeinschaften lebenslang in ihrer gewohnten Umgebung bleiben können, sofern nicht vom Arzt aus medizinischen Gründen eine Verlegung (z. B. auf eine Pflegestation) angeordnet wird. Die Einrichtung einer eigenen, besonderen Pflegestation wird nicht angestrebt, da allein eine altersbedingte Pflege in der Regel keiner anderen Versorgungsform bedarf. Bei Bewohnern aus den Wohngruppen sowie aus dem externen Wohnbereich kann ein Umzug im Alter, aufgrund wachsender Gebrechlichkeit, in eine Wohnform mit günstigeren baulichen Gegebenheiten (z. B. Fahrstuhl, Parterre-Wohnung) und/oder mit einem günstigeren Personalschlüssel erforderlich werden. Danach gelten die gleichen Kriterien wie in der Wohngemeinschaft.

Eltern*

Die Lebenshilfe Bremen ist vorrangig ein Elternverein, d. h. eine vertrauensvolle Zusammenarbeit mit Eltern ist für die Lebenshilfe bei allen Aufgaben grundsätzlich selbstverständlich und unerläßlich. Aufgrund des langen, intensiven,

*) Hier sind immer auch Sorgeberechtigte gemeint.

B

gemeinsamen Weges mit einem geistig behinderten Familienangehörigen im Familienverbund muß gerade hier im Interesse des geistig behinderten Bewohners, der Bewohnerin eine enge Zusammenarbeit mit Eltern wichtigstes Kriterium sein.

Der Ablösungsprozeß ist aus dieser besonderen Situation heraus verständlicherweise nicht einfach. Das Ziel der Mitarbeiter, geistig behinderte Menschen im Rahmen ihrer individuellen Möglichkeiten im Alltag zu mehr Selbständigkeit und Verantwortung für sich und ihre Mitbewohner zu führen, ist nur in Zusammenarbeit mit den Eltern möglich. Das setzt entsprechendes Eingehen auf die Eltern voraus und bedarf einer sensiblen Stützung, damit die Veränderung der Lebenssituation, die alle Familienmitglieder betrifft, gemeinsam aufgearbeitet werden kann.

Die Mitarbeiter

Die Lebenshilfe Bremen ist bei der Realisierung des hier formulierten Anspruchs auf einen Mitarbeiter/-innenstamm angewiesen, welcher diese Grundkonzeption mitträgt. Nur so ist sinnvolle Arbeit möglich und leistbar.

Im pädagogischen Dienst ist daher eine entsprechende Ausbildung Grundvoraussetzung, um den gestellten Anforderungen gerecht werden zu können. Folgende Qualifizierungen sind Grundlage:

Hausleitung: Sozialpädagoge, Sozialpädagogin.

Weitere Mitarbeiter im pädagogischen Dienst: Heilerziehungspfleger/-innen, Erzieher/-innen oder vergleichbare Qualifikation. Die nächtliche Versorgung wird je nach Wohnform und Bedarf von geeigneten bzw. im pflegerischen Bereich ausgebildeten Nachtwachen oder von einer Nachtbereitschaft übernommen.

Je nach Bedarf gibt es in den verschiedenen Wohnformen entsprechendes hauswirtschaftliches Personal für die Aufgabengebiete Reinigung, Wäscherei, Näherei und Küche.

Mitwirkungsgremien

Die Lebenshilfe Bremen legt in hohem Maße Wert auf Mitwirkung und hat somit auf der Grundlage des Heimgesetzes entsprechende Mitwirkungsgremien aufgebaut.

Bewohner/-innen-Beirat

Die Bewohner der einzelnen Wohnstätten sowie die Bewohner der externen Wohnungen als Gruppe wählen Bewohnersprecher und jeweils einen Stellvertreter.

Die gewählten Vertreter bilden den Bewohner/-innen-Beirat.

Er trifft sich monatlich mit der Leitung des Fachbereiches »Wohnstätten«. Bei Bedarf wird zudem die Geschäftsführung eingeladen.

Der Bewohner/-innen-Beirat vertritt die Interessen der Bewohner/-innen. Die in diesem Gremium diskutierten Anliegen und Probleme umfassen alle das Zuhause der Bewohner/-innen betreffenden Belange, auch z. B. das — aus der Sicht der Bewohner — unangemessene Verhalten der beim Verein beschäftigten Mitarbeiter.

Die Ergebnisse und Beschlüsse des Bewohner/-innen-Beirates werden in Protokollen festgehalten.

Eltern-Beirat

Eltern der in den verschiedenen Wohnstätten lebenden Bewohner (einschließlich externe Wohnungen) wählen einen Sprecher sowie einen Stellvertreter.

Die Amtszeit beträgt vier Jahre.

Dieses Gremium tagt in Abständen von zwei Monaten, auf Wunsch unter Teilnahme der Geschäftsführung bzw. weiterer Gäste. »Die Bereichsleitung Wohnstätten unterstützt den Eltern-Beirat auf Wunsch organisatorisch«*.

Der Eltern-Beirat vertritt ergänzend die Interessen der in den einzelnen Wohnstätten lebenden Bewohner, da diese sich nicht selbst umfassend vertreten können. Ebenso vertritt er die Interes-

*) Zitat aus der Satzung des Wohnstätten-Eltern-Beirates.

sen der Eltern und Sorgeberechtigten gegenüber dem Träger Lebenshilfe.

Der Eltern-Beirat hat das Recht auf Information und Mitwirkung vor wesentlichen Entscheidungen, soweit sie die Bewohner bzw. deren Eltern betreffen und berät den Träger und dessen ausführende Organe.

Beide Mitwirkungsgremien tagen zweimal jährlich gemeinsam.

Betriebsrat

Die Einrichtungen der Lebenshilfe für geistig Behinderte Bremen sind sogenannte Tendenzbetriebe. Das Betriebsverfassungsgesetz findet entsprechende Anwendung. Daraus folgt die Wahl eines Betriebsrates.

Arbeitgeber und Betriebsrat arbeiten unter Beachtung der geltenden Gesetze und Bestimmungen vertrauensvoll und zum Wohle der Arbeitnehmer und des Betriebes zusammen.

Wohnstätten

Allgemeines

Die Lebenshilfe Bremen hält im Interesse aller geistig behinderten Menschen ein — aufgrund langjähriger Erfahrungen entwickeltes — differenziertes Wohnangebot vor. Der Anspruch, geistig behinderten Menschen einen möglichst hohen Anteil an Selbstbestimmung und Selbstverantwortung ohne gleichzeitige Überforderung zu ermöglichen, setzt voraus, daß die Bewohner ihren Alltag im Rahmen ihrer Möglichkeiten mitgestalten können. Eine alles umfassende Versorgung ohne entsprechende Abstufungen könnte diesem Anspruch nicht gerecht werden. Vielmehr würden noch vorhandene Fähigkeiten verkümmern und neue könnten nicht aufgebaut werden. Dadurch wäre die Lebensqualität geistig behinderter Menschen erheblich beeinträchtigt.

Die Durchlässigkeit zwischen den auf die unterschiedlichen Bedürfnisse der Bewohner abgestimmten Wohnformen ist wichtige Voraussetzung, um ihren speziellen Bedürfnissen gerecht werden zu können.

Die ständige Weiterentwicklung bereits vorhandener Wohnangebote sowie die Umsetzung gemachter Erfahrungen für neue Wohnformen ist selbstverständlich.

Da ein Umzug aus der Familie in eine Wohngemeinschaft in den meisten Fällen eine Entscheidung von Dauer ist, muß gewährleistet sein, daß neue Bewohner ihr Zimmer weitestgehend selbst gestalten können. Das Aussuchen von Mobiliar, Gardinen, Lampen usw. wird bereits vor dem Einzug gemeinsam mit einem Mitarbeiter der Einrichtung und unter Einbeziehung der Eltern als Einstieg zum Vertrautwerden mit der bevorstehenden Veränderung der Lebenssituation genutzt. Es wird von den zukünftigen Bewohnern als große Hilfe erlebt, in eine Wohngemeinschaft einzuziehen, für die sie ihre eigenen Möbel ausgesucht haben oder mitbringen können.

Selbstverständlich leben in den unterschiedlichen Wohnstätten Frauen und Männer. Die Erfahrungen haben gezeigt, daß die mit einem Umzug aus dem Elternhaus oftmals verknüpfte Weiterentwicklung der Persönlichkeit, verbunden mit einer größeren Selbständigkeit, auch eine Ausweitung bzw. Erkennung individueller Bedürfnisse beinhaltet. Dazu gehören natürlich auch sexuelle Bedürfnisse. Die weitverbreitete Tabuisierung der Sexualität geistig behinderter Menschen macht es oft schwer, eine Veränderung der Bedürfnisse in diesem Lebensbereich mit den Betroffenen sowie mit den Eltern aufzuarbeiten. Es gehört viel Sensibilität und Einfühlungsvermögen dazu, hier hilfreich beraten und stützen zu können. Partnerschaft ist ein selbstverständlicher Teil menschlichen Lebens, und es gehört zum Selbstverständnis in den Wohngemeinschaften, entstehende Beziehungen zu stützen und den Bewohnern beratend zur Seite zu stehen.

Die Tagesstrukturierung in den einzelnen Wohnformen ist unterschiedlich. Grundsätzlich besteht der Anspruch, allen Bewohnern — unabhängig von der Schwere der Behinderung oder vom Alter — zumindest stundenweise ein Angebot außer-

B

halb der Wohnstätte anzubieten. Bei der Beschreibung der Wohnform wird auf die einzelnen Möglichkeiten eingegangen. Auch therapeutische Maßnahmen, Sport und andere Freizeitangebote sollen außerhalb des Hauses genutzt werden. Sie sind als wichtiger Bestandteil der Integration geistig behinderter Menschen in die Gesellschaft zu sehen.

Wohngemeinschaften

Größe der Gruppen

In Wohngemeinschaften leben zur Zeit maximal 16 Bewohner überwiegend in Einzelzimmern. In älteren Häusern noch vorhandene Doppelzimmer werden bei sich bietenden Möglichkeiten aufgelöst. Zukünftige Wohngemeinschaften werden für maximal zehn Bewohner geplant.

Bewohnerstruktur

Hier leben geistig und mehrfach behinderte Menschen, die eine 24stündige Betreuung benötigen.

Tagesstrukturierung

Alle Bewohner, die noch nicht im Rentenalter sind, gehen in der Regel tagsüber einer Beschäftigung nach.

Die werkstattfähigen Bewohner arbeiten in der »Werkstatt für Behinderte« (WfB), z. T. halbtags. Mobilere Bewohner benutzen, nach einem entsprechenden Training, öffentliche Verkehrsmittel selbständig.

Die nichtwegefähigen Bewohner werden mit dem hauseigenen Bus zur WfB gefahren und zurückgebracht.

Bewohner im Rentenalter können künftig Angebote der Tagesstätten, die derzeit in fünf Regionen der Stadtgemeinde Bremen entstehen oder bereits entstanden sind, stundenweise — ihren Bedürfnissen und Möglichkeiten entsprechend — wahrnehmen.

Die Eigenverantwortung und Übernahme von Pflichten innerhalb der Gruppe wird im Alltag, den Fähigkeiten und Möglichkeiten der Bewohner entsprechend, gefördert. Der Freizeitbereich wird offen und flexibel gestaltet. Er ist den Bedürfnissen entsprechend sehr vielseitig.

Mitarbeiterstruktur

In den Wohngemeinschaften sind je nach Schwere der Behinderung der Bewohner z. Z. sechs bis zehn pädagogische Mitarbeiter einschließlich Hausleitung beschäftigt, die Betreuung in Früh-, Spät- und Wochenenddiensten gewährleisten. Hinzu kommt die hauswirtschaftliche Versorgung. Die nächtliche Versorgung wird in den Wohngemeinschaften je nach Bedarf mit Nachtbereitschaftsdienst oder mit Nachtwachen wahrgenommen.

Wohngruppen

Größe der Gruppen

In den Wohngruppen leben, je nach baulichen Gegebenheiten, sechs bis acht Bewohner.

Bewohnerstruktur

Hier leben geistig und mehrfach behinderte Menschen, die nach einer Eingewöhnungsphase von *ein bis eineinhalb Jahren* ohne Nachtbereitschaft auskommen können und in der Lage sind, in Notfällen telefonisch Hilfe anzufordern. Außerdem müssen die Bewohner tagsüber gegebenenfalls über mehrere Stunden ohne Anwesenheit eines Betreuers zurechtkommen können. Sie müssen in der Lage sein, sich so verkehrsgerecht zu verhalten, daß sie ihren Weg zur Werkstatt mit öffentlichen Verkehrsmitteln ohne Begleitung bewältigen können. Für einzelne Bewohner wird diese Wohnform als Übergang zu einer weiteren Verselbständigung über Wohntraining gesehen.

Tagesstrukturierung

Alle Bewohner arbeiten in einer WfB. Die spätere Betreuung im Rentenalter ist offen und wird den heute noch nicht übersehbaren Gegebenheiten angepaßt werden müssen. Außer Zweifel steht jedoch, daß angemessene tagesstrukturierende Angebote genutzt oder geschaffen werden müssen.

Hinführung zu Eigenverantwortung mit Anleitung zur Übernahme von Pflichten im Haushalt gehört zur Wohnkonzeption.

Das Heranführen an Freizeitangebote läuft gezielt mit dem Anspruch an die Bewohner, diesen Lebensbereich auf lange Sicht möglichst eigeninitiativ gestalten zu können.

Mitarbeiterstruktur

In der Wohngruppe arbeiten durchschnittlich zwei pädagogische Mitarbeiter (je nach Stärke der Gruppe bis zu drei Mitarbeiter), verteilt auf Spätschichten und Wochenenddienste. Den Frühdienst versieht eine Hauswirtschaftskraft, welche morgens bei Bedarf stützend den Tagesbeginn der Bewohner begleitet.

Hauptaufgabe der Hauswirtschaftskraft ist die Reinigung des Hauses, die Versorgung der Wäsche sowie die Pflege der Außenanlagen, soweit dies nicht von den Bewohnern geleistet wird.

Die pädagogischen Mitarbeiter sind, wie an anderer Stelle beschrieben*, für die Förderung der Bewohner zuständig. Darüber hinaus wird bei dem hier lebenden, mobileren Bewohnerkreis angestrebt, daß ein hoher Anteil der im Alltag anfallenden hauswirtschaftlichen Tätigkeiten unter Anleitung von ihm selbst übernommen wird.

Jede neu eingerichtete Wohngruppe hat für ein Jahr eine Nachtbereitschaft, welche jedoch dann allmählich — längstens über die Spanne eines halben Jahres — ganz abgebaut wird.

Wohntraining

Dieses Wohnangebot ist grundsätzlich eine Übergangswohnform mit dem Ziel, in einer externen Wohnung mit ambulanter Betreuung nach Bedarf leben zu können. Die Dauer des Aufenthaltes in der Trainingswohnung hängt von der individuellen Entwicklung der einzelnen Bewohner ab. Nach den bisherigen Erfahrungen kann dabei von durchschnittlich etwa 24 Monaten ausgegangen werden.

Größe der Gruppen

Es leben jeweils sechs Bewohner in einer Gruppe. Der gesamte Trainingsbereich umfaßt derzeit zwei Gruppen.

Bewohnerstruktur

Bei den Bewohnern der Wohntrainingsgruppe sind die für Wohngruppen benannten Kriterien Voraussetzung, gekoppelt mit hoher Mobilität im lebenspraktischen Bereich. In dieser Wohnform müssen die einzelnen Fähigkeiten der zukünftigen Bewohner in ihrem Interesse besonders sorgfältig hinterfragt werden, verbunden mit einer Abklärung des Persönlichkeitsbildes. Eine permanente Überforderung kann eine Weiterentwicklung eher verhindern und zu psychischen Störungen führen, zum Teil auch ausgelöst durch die Angst, daß man gezwungen werden könnte, irgendwann allein zurechtkommen zu müssen. Im Zweifelsfall wird den Familien vorgeschlagen, zur besseren Abklärung und weiteren Stabilisierung die Wohngruppe als möglichen Zwischenschritt zu akzeptieren.

Tagesstrukturierung

Alle bisherigen Bewohner arbeiten in der WfB. Eine Beschäftigung in der freien Wirtschaft ist ebenfalls denkbar. Grundsätzlich sind alle Bewohner der Wohntrainingsgruppe nur halbtags beschäftigt, um am Nachmittag intensiv und gezielt unter Anleitung ihren Alltag selbständig zu gestalten.

Dazu gehören:

- ○ Zuverlässige Körperpflege, einschließlich Sexualhygiene;
- ○ zuverlässige, wetterbedingte Auswahl der Kleidung;
- ○ zuverlässiger, regelmäßiger Wechsel der Kleidung;
- ○ Umgang mit Geld;

---

*) Ausführungsgrundsätze für Mitarbeiter/-innen der Lebenshilfe Bremen.

- Einteilung des Haushaltsgeldes;
- Richtiges Abschätzen der benötigten Nahrungsmittel-Mengen;
- Erstellen von Einkaufslisten;
- Selbständiges Einkaufen mit Preisvergleich;
- Erarbeiten von Rezepten;
- Zubereiten von Mahlzeiten;
- Wohnung sauber und in Ordnung halten;
- Waschen und Bügeln der Kleidung;
- Selbständiges Aussortieren von Kleidung für Reinigung bzw. Ausbesserung;
- Zeitempfinden und Pünktlichkeit;
- Regelmäßige selbständige Arzt- bzw. Zahnarztbesuche;
- Einüben von Behördengängen;
- Selbstbeschäftigung bzw. Selbstgestaltung der Freizeit.

Mitarbeiterstruktur

Im Wohntraining sind sechs pädagogische Mitarbeiter, zwei Sozialpädagoginnen und vier Erzieher/-innen bzw. Heilerziehungspfleger/-innen beschäftigt. Beide Sozialpädagoginnen sind in die Arbeit des Wohntrainings eingebunden. Eine Kraft begleitet schwerpunktmäßig gleichzeitig die Mitarbeiter im externen Wohnbereich, welcher dem Wohntraining in der Verantwortlichkeit zugeordnet ist.

Je Gruppe ist eine Hauswirtschaftskraft beschäftigt. Sie hat, wie in den Wohngruppen, die Aufgabe, die Bewohner morgens stützend zu begleiten und danach ergänzend die noch zu erledigenden hauswirtschaftlichen Tätigkeiten zu verrichten.

Die pädagogischen Mitarbeiter arbeiten an Wochentagen überwiegend ab mittags und sind am Wochenende nur stundenweise zur Anleitung beim Kochen der Mahlzeiten anwesend. Ihr Aufgabenbereich liegt in der Vermittlung der unter »Tagesstrukturierung« beschriebenen Fertigkeiten und im Ausarbeiten entsprechender Lernschritte, individuell bezogen auf die jeweiligen Bewohner. Die nur stundenweise Betreuung am Wochenende ist Teil der Konzeption. Die an den Wochentagen erarbeiteten Möglichkeiten der Freizeitgestaltung sollen hier in ersten Schritten selbständig realisiert werden.

Externe Wohnungen

Es handelt sich um Wohnungen, die die Lebenshilfe Bremen in dem von den Bewohnern gewünschten Stadtteil anmietet.

Die Größe bestimmt sich aus der Anzahl der Bewohner.

Jeder Bewohner hat ein eigenes Zimmer, und es gibt ein gemeinsames Wohnzimmer.

Größe der Gruppen

Die Bewohner im externen Wohnbereich suchen sich ihre Mitbewohner selbst oder ziehen auf Wunsch allein in eine Wohnung.

Bewohnerstruktur

Die Bewohner der externen Wohnungen kommen fast ausschließlich über das Wohntraining der Lebenshilfe in diese Wohnform.

Von dieser Regelung sollte nur in sehr konkret hinterfragten Ausnahmefällen abgewichen werden, da die bisherigen Erfahrungen, Bewohner ohne Wohntraining und nur aufgrund entsprechender persönlicher Einschätzung von Partnern aus dem externen Wohnbereich in eine gemeinsame Wohnung einzugliedern, fast ausschließlich negativ verlaufen sind.

Alle im externen Bereich lebenden Bewohner benötigen in bestimmten Bereichen, die bei den verschiedenen Bewohnern auf sehr unterschiedlichen Ebenen liegen, die Unterstützung durch eine ihnen vertraute Person.

Tagesstrukturierung

Die Bewohner der externen Wohnungen gestalten ihr Leben völlig selbständig. Sie sind zur Zeit alle im arbeitsfähigen Alter und arbeiten überwiegend in der WfB.

Die Auszahlung des Haushaltsgeldes erfolgt, je nach den individuellen Möglichkeiten, über Konto oder Barauszahlung durch die begleitende Bezugsperson.

Die Versorgung der Wäsche erfolgt, je nach persönlichen Möglichkeiten, in Eigeninitiative oder in einer für diese Gruppe vorhandenen Wäscherei zentral. Bei Schwierigkeiten im Bereich der Sauberhaltung der Wohnungen (trotz Anleitung durch die Mitarbeiter), besteht die Möglichkeit einer halbjährlichen Grundreinigung durch Hauswirtschaftspersonal.

Mitarbeiterstruktur

Die im externen Bereich arbeitenden pädagogischen Fachkräfte sind ausschließlich teilzeitbeschäftigt, da eine Stützung der Bewohner überwiegend ab dem späten Nachmittag sowie an den Wochenenden nötig ist. Im Vordergrund steht hier Hilfe bei persönlichen Problemen, einschließlich sexueller Fragen.

Weitere Aufgaben:

- Unterstützung bei ärztlicher Versorgung;
- Unterstützung bei sozialen, rechtlichen und finanziellen Fragen;
- Hinterfragen der Ernährung;
- Anleitung betreffs Sauberkeit und Ordnung in der Wohnung;
- Unterstützung bei der Organisation von Freizeit und Urlaubsunternehmungen.

Die gemeinsamen Dienstbesprechungen werden vom für den externen Wohnbereich zuständigen Sozialpädagogen begleitet. Ergänzend gibt es für das Team die Möglichkeit der Supervision.

Zur Finanzierung

Alle bisher beschriebenen Einrichtungen werden über Pflegekostensätze finanziert. Der zuständige Sozialhilfeträger, das Land Bremen, überprüft die vorgelegten Kostenberechnungen und genehmigt dann Pflegesätze.

Mögliche Kostenträger außerhalb Bremens schließen sich den mit dem Bremischen Kostenträger getroffenen Vereinbarungen an.

Betreutes Wohnen

Bei besonders mobilen geistig behinderten Erwachsenen besteht unter der Voraussetzung eines stabilen Umfeldes evtl. die Möglichkeit, die benötigte Hilfe nicht in Form eines Pflegesatzes zu organisieren, sondern nach den Kriterien des »Betreuten Wohnens«. Hier nimmt der/die Hilfeempfänger/-in Hilfe zum Lebensunterhalt (HLU) in Form von Regelsätzen in Anspruch. Hinzu kommen die einzelnen, nachzuweisenden Kosten der Miete, Einrichtung usw. sowie ein zu beantragendes Stundenkontingent für Betreuung (Beratung und Begleitung).

Versicherungen/Haftpflichtfragen

Als Träger von Einrichtungen hat die Lebenshilfe Bremen für umfassenden Versicherungsschutz gesorgt. So sind in ausreichendem Umfang Gebäude- und Inventarversicherungen abgeschlossen. Selbstverständlich ist auch Haftpflicht-Versicherungsschutz gewährleistet. Eine besondere Haftpflichtversicherung für die Wohnstätten richtet sich nach der Zahl der Bewohner und der Mitarbeiter. Auch die von Bewohnern und Mitarbeitern in die Wohnstätten eingebrachten Sachen sind weitestgehend versichert.

Lebenshilfe Bremen
Waller Heerstr. 55

28217 Bremen

B

Das Wohnen geistig behinderter Erwachsener

Konzeption der Lebenshilfe für geistig Behinderte e.V. Bad Dürkheim

*Siegmund Crämer**

Diese Konzeption ist das einstweilige Ergebnis fast zwanzigjähriger Arbeit in unserem Heilpädagogischen Zentrum, die uns unter anderem mit der Aufgabe konfrontierte, erwachsenen geistig behinderten Mitmenschen eine Form des Wohnens zu ermöglichen, die ihren Ansprüchen und Bedürfnissen an ihr Leben gerecht werden kann.

Bevor wir diese Aufgabe so verstanden haben, mußten wir die anfänglich noch eingenommene Position des »Wir wissen, was für Euch gut ist« aufgeben und lernen, sie selbst nach ihren eigenen Vorstellungen zu befragen.

Dieses Umlernen verdanken wir der Erfahrung, daß uns in jedem geistig behinderten Mitmenschen durch alle Behinderungen hindurch eine unzerstörbare Persönlichkeit gegenübertritt, die sich sehr wohl artikulieren kann, wenn auch manchmal mit sehr leisen Signalen. So haben wir gelernt, den geistig behinderten Mitmenschen als unseren eigentlichen »Auftraggeber« zu verstehen und unsere Lösungsversuche von ihm her zu durchdenken.

Geschichtliche Entwicklung

Die allgemeinen Vorstellungen über das Leben und Wohnen geistig behinderter Erwachsener haben in den letzten 20 Jahren einen starken Wandel erfahren. Sie waren anfänglich noch vollständig geprägt vom klassischen Anstaltsbild des 19. Jahrhunderts. Das bedeutete für diese Menschen die Aussonderung aus dem allgemeinen gesellschaftlichen Leben in eine Anstaltswelt mit völlig eigenen Lebensgesetzen.

Die Lebenshilfe setzte dagegen ihr familienzentriertes Bild, das ein Wohnen im Heim nur als Ausnahme beziehungsweise Ergänzungsmaßnahme ansah. Dafür aber stand am Anfang nur das Modell Anstalt zur Verfügung und wurde darum zunächst auch relativ unreflektiert übernommen. Auch heute noch dürfte es manchenorts seinen normativen Charakter nicht verloren haben. Inzwischen sind aber beide Vorstellungen fragwürdig geworden, also sowohl der Verbleib des erwachsenen geistig Behinderten in der Familie, in die er hineingeboren worden ist, als auch die klassische Form des Heimes als der einzigen angemessenen Wohnalternative dazu.

Die Ursache dafür ist vor allem in der Tatsache zu suchen, daß die von der Lebenshilfe in Gang gebrachte intensive Beschäftigung mit dem geistig behinderten Menschen als einer eigenständigen (!) Aufgabe für die Sozialarbeit die Entdeckung seiner Personalität zur Folge hatte.

Alles, was in unserer örtlichen Lebenshilfe-Vereinigung inzwischen unter den Begriffen Normalisierung und Integration diskutiert wird, beruht auf dieser für uns im Grunde beschämend neuen Erfahrung, die wir beim täglichen Umgang mit den geistig behinderten Menschen in unseren Einrichtungen machen konnten. Wir haben dabei einen bis heute noch nicht abgeschlossenen Lernprozeß durchlaufen. Unsere konzeptionellen Vorstellungen sind heute jedoch so weit ausgereift, daß wir die finanziellen Konsequenzen ihrer baulichen Umsetzung auch langfristig verantworten können.

Anthropologische Grundlagen

Der Leitgedanke der Normalisierung erfordert, daß wir unsere konzeptionellen Vorstellungen nicht auf der Grundlage behinderungsspezifischer Kategorien aufbauen, — das wäre zu kurz gegriffen! — sondern auf dem Grund eines vollständigen Menschenbildes, eben des Normalen, in dem die Behinderung »nur« eine spezielle Variante darstellt.

---

*) Erstveröffentlichung in: Geistige Behinderung 3/1990, S. 167 ff.

Das Schema (siehe Abb. 1) zeigt den Entwurf dieses Menschenbildes, aus dem wir unsere Handlungsperspektiven ableiten. Es beruht auf der Idee der Gotteskindschaft und dem darin wurzelnden abendländischen Denken. In einer pluralistischen Gesellschaft müssen wir uns darauf beschränken, sie als unsere Position zu beschreiben.

Für eine konzeptionelle Entscheidung genügt es nicht, den geistig behinderten Menschen als Individuum zu akzeptieren, was mancherorts gewiß auch heute noch als ein Fortschritt angesehen werden könnte, denn das würde zunächst nur die Anerkennung seiner Vereinzelung in der Natur bedeuten, also das Zurkenntnisnehmen alles dessen, was sein Erscheinungsbild von anderen unterscheidet.

Die qualitative Akzeptanz liegt in dem Schritt von der numerischen Vereinzelung zur Einmaligkeit. Sie beruht auf der Personalität des Individuums. Dieser Begriff erschöpft sich weder in psychologischen Kategorien, wie etwa den Schichtenmodellen von ROTHACKER, WELLECK und LERSCH, noch in pädagogischen oder soziologischen. Was wir meinen, ist jene darüber hinausweisende, in sich selbst ruhende geistige Wesenheit, die sich im Grunde jeder erschöpfenden Definition entzieht und die Kant darum als »Zweck an sich selbst« umschreibt. In der Personalität liegt die Transzendenz der Individualität.

Aus dieser Tatsache leiten sich Menschenwürde und Menschenrechte ab. Sie sind darum nichts Gewährtes, sondern existentiell Vorgegebenes. Durch sie ist der Mensch souverän. Dieser komplexe Sachverhalt ist hier vereinfachend mit »individualer Souveränität« umschrieben.

Charakter und Physis sind jene Teile der Individualität, die die individuellen Bedingungen (Möglichkeiten) umschreiben, unter denen die Personalität ihre Realisation in der Welt der sichtbaren Erscheinungen verwirklichen kann. Sie sind gewissermaßen die Instrumente, mit denen die Personalität ihren permanenten Dialog mit der Umwelt führen kann, ohne den der Prozeß der Individuation nicht möglich ist.

Umwelt repräsentiert sich über die reine Natur hinaus in Staat und Gesellschaft als eine eigenständige, d. h. aus sich begründete Souveränität (Kompetenz—Kompetenz des Staates!), die die Individualität übergreift. Dieser komplexe Sachverhalt wird hier der Anschaulichkeit halber vereinfacht »gesellschaftliche Souveränität« genannt.

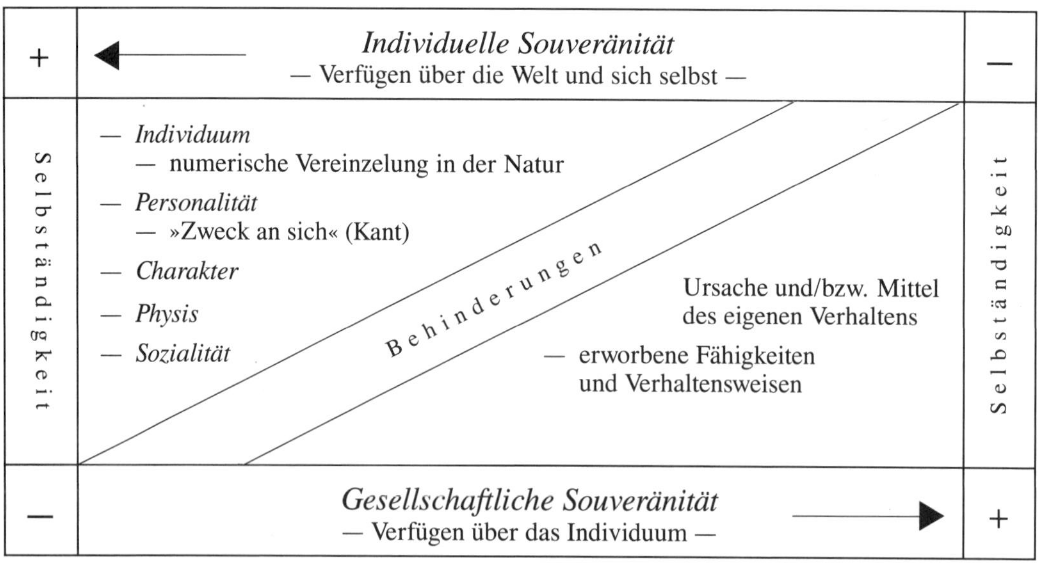

Abb. 1: Kräfteparallelogramm individueller und gesellschaftlicher Souveränität

Die Verfügung des Individuums über sich selbst einerseits und ihre gleichzeitige Verfügbarkeit durch die Gesellschaft andererseits bilden einen unaufhebbaren Widerspruch. Durch ihn entsteht jenes polare Spannungsfeld, in dem sich der permanente Dialog zwischen individualer und gesellschaftlicher Souveränität in ebenso unaufhebbarer Zwangsläufigkeit abspielt.

Trotz aller Verfügungsgewalt der Gesellschaft (Staat) über das Individuum handelt dieses dabei kraft seiner Personalität grundsätzlich aus der Position der Souveränität nach dem Prinzip der Freiheit. Im Spannungsfeld dieses Dialoges bestimmen Charakter und Physis zwar die Möglichkeiten und Grenzen der Realisierung der eigenen Souveränität innerhalb des gesellschaftlich vorgesehenen Rahmens, keinesfalls aber bedeutet das ihre substantielle Minderung oder Mehrung, denn diese Souveränität ist als Ausdruck der Personalität transzendent und damit für menschliches Handeln letztlich unerreichbar.

Behinderung als spezieller Individuationsfaktor

Es erhebt sich nun die Frage, welchen Standort und Stellenwert geistige Behinderung in diesem Individuationsprozeß hat. Findet er überhaupt statt, und, wenn ja, ist er ein eigenständiger Vorgang neben dem des Normalen und anders als dieser ablaufend, oder ist er nur eine Variante des Normalen?

In diesem Zusammenhang ist uns die Begegnung mit der Personalität geistig Behinderter zur zentralen Erfahrung geworden. Auch durch die stärkste Behinderung hindurch tritt sie uns täglich in ihrer ganzen Unzerstörbarkeit durch menschliches Handeln gegenüber. Gerade in dieser Begegnung ist uns der Begriff Menschenwürde deutlich geworden und hat uns einen respektvollen Umgang mit diesen Menschen auf der Ebene der Gleichheit gelehrt. Das bewahrt uns davor, den geistig behinderten Menschen als verfügbare und verplanbare Größe anzusehen.

Seine Behinderung bedeutet »lediglich« eine nach Art, Grad und Umfang unterschiedlich starke Beeinträchtigung der Mittel, mit denen er seine Souveränität gegenüber der Welt wahrnehmen und damit seinen Individuationsprozeß verwirklichen kann. Die durch sie bedingte Reduzierung seiner Möglichkeiten zur Souveränitätsverwirklichung kann durch Ausdehnung des gesellschaftlichen Handelns an ihm ausgeglichen werden. Seine personale Souveränität jedoch bleibt dadurch unverändert. So ist unser stellvertretendes Handeln an ihm und für ihn immer nur als Auftrag dieses Souveräns zu verstehen. — In seiner unzerstörbaren Personalität liegt die Normalität des Menschen mit geistiger Behinderung begründet!

Individuation und Wohnen

Der Wohnplatz ist als Ort maximaler individualer Souveränität neben dem Arbeitsplatz wohl der wichtigste Ort der personalen Individuation. Damit ist seine Bedeutung umrissen. Er ist gewissermaßen das ins Räumliche erweiterte Ich und als solcher der Schutzraum der personalen Integrität, der jene Sphäre der Intimität schafft und sichert, in dem der Mensch im intimen Umgang mit sich selbst und jenen Menschen, die an seiner Intimität teilhaben, den innersten Prozeß seiner Individuation vollziehen kann, nämlich den Dialog mit sich selbst als dem permanenten Orientierungs- und Verhaltenskorrektiv in seinem Dialog mit der Welt.

Alle anderen Funktionen des Wohnens, wie Selbstversorgung (Wirtschaften), Selbstverwaltung (Recht), Selbstgestaltung im zweckfreien Raum (Kultur) usw. sind Funktionen dieser dialogischen personalen Selbstverwirklichung im selbstverantworteten Handlungsbereich.

Die Möglichkeiten und Formen der Befriedigung dieser personalen Ansprüche durch das Wohnen sind so vielfältig und differenziert wie die Gesellschaft, in der sie sich verwirklichen, und der Status, den das Individuum darin erworben hat.

Immer aber muß das Wohnen den Grundanspruch auf Souveränität zur individuell möglichen personalen Selbstverwirklichung gewähren!

B

Anforderungen an das Wohnen geistig Behinderter

Dieser Anspruch gilt grundsätzlich auch für das Wohnen geistig Behinderter. Das bedeutet dann zunächst den Anspruch auf Selbständigkeit in

— der wirtschaftlichen Versorgung,
— der Gestaltung der Freizeit innerhalb und außerhalb des eigenen Wohnbereiches,
— der Wahrnehmung nachbarschaftlicher und sonstiger zwischenmenschlicher Kontakte,
— der Wahl seiner Intimpartner und der Art seines Zusammenlebens mit ihm,
— der Wahrnehmung des Hausrechtes sowie aller mit dem Wohnen und Leben verbundenen Rechte.

Das alles ist gewöhnlich in der Herkunftsfamilie nicht zu verwirklichen, da dort alle Beteiligten bewußt oder unbewußt dazu beitragen, daß der geistig Behinderte die Rolle des Unmündigen nicht überwinden kann.

Aus dieser Tatsache resultiert der Anspruch des erwachsenen geistig Behinderten auf ein Wohnen in Selbständigkeit außerhalb seiner angestammten Familie, wie es für jeden anderen Menschen selbstverständlich ist. Gerade darin dokumentiert sich seine Normalität! Da seine Behinderung jedoch die Möglichkeiten zur Wahrnehmung dieses Anspruchs graduell unterschiedlich beeinträchtigt, bedarf er zum Ausgleich dieses Mangels gesellschaftlicher Hilfen zur Realisierung seines Wohnbedürfnisses. Bau und Betrieb von Wohnstätten ist eine dieser Möglichkeiten. Diese stehen jedoch als eine Form des veranstalteten (institutionalisierten) Wohnens grundsätzlich im Widerspruch zum Anspruch auf Normalität.

In der Aufhebung bzw. Reduzierung dieses Widerspruches auf das individuell mögliche Maß liegt die eigentliche konzeptionelle Aufgabe eines Wohnheimträgers.

Das wird möglich in dem Maße, in dem alle Maßnahmen bestimmt sind von der Respektierung und Stützung des Eigenlebens in Selbständigkeit und Selbstverantwortung auf Lebenszeit. Alle dazu notwendigen Hilfen müssen bei schwerster Behinderung von dem Respektieren der Personalität bestimmt sein!

Das Wohnkonzept der Lebenshilfe Bad Dürkheim

Es versucht den Leitgedanken der individualen Souveränität des geistig Behinderten unter dem Kriterium der Selbständigkeit in Beachtung folgender Prinzipien zu verwirklichen:

Jeder soll die Möglichkeit zur maximalen Verwirklichung seiner individualen Souveränität durch maximal mögliche Selbständigkeit in allen Lebensbereichen erhalten. Individualisierung ist ein lebenslanger Prozeß und darum dauernden Veränderungen unterworfen.

Individualisierung erfordert ein differenziertes System des Wohnens, das jedem individuellen Bedürfnis gerecht werden kann.

Der Prozeßcharakter erfordert die Organisation eines differenzierten Wohnens in Stufen, die den Aufstieg in selbständigere und den Rückgriff auf betreuungsintensivere Wohnformen ermöglichen.

Alle Organisationsformen müssen sich veränderten Bedürfnissen anpassen können. Sie sind also grundsätzich ein offenes System, das nicht die Anpassung des Menschen an das System, sondern des Systems an den Menschen verfolgt.

Es begleitet alle Wohnformen und -stufen als Veränderung bewirkendes dynamisches Prinzip.

Das Schema (siehe Abb. 2, S. 41) soll die Verwirklichung dieser Prinzipien in einem Stufenmodell verdeutlichen.

Stufen des Wohnens

Stufe I: Betreuungsintensives Wohnen

Betreuungsintensives Wohnen ist die Grundstufe, aus der sich alle anderen Stufen entwickeln und mit der sie auch dauerhaft (lebenslang) verbunden bleiben (Prinzip »Mutterhaus«).

Ihre Arbeit ist gekennzeichnet durch die Dominanz des Faktors gesellschaftliche Souveränität gegenüber dem der individualen Souveränität. Trotzdem bleibt er jedoch auch schon in dieser Stufe eine auf das Individuum bezogene variable, d. h. nach Möglichkeit abnehmende Größe. So ist die Grundstufe selbst noch einmal als ein in sich gestuftes System zu verstehen, in dem jeder einzelne seinen individualen Stellenwert hat.

Das wird ermöglicht durch tagtägliches und immer wieder neues Lernen von Selbständigkeit als allgemeines Lebensprinzip und in besonderer Weise durch unsere Wohnschule als dessen institutionalisierte Form.

Personenkreis

Er läßt sich in Bezug auf den Grad der jeweils realisierten Selbständigkeit wie folgt gliedern:

Nicht-Können bzw. Wenig-Können

Behinderte, die bei der Bewältigung ihres eigenen Lebens dauerhaft auf praktische Hilfen (Pflege) und/oder Führung (Pädagogik) in größerem Umfang angewiesen sind. Dazu gehören auch alle sogenannten schwer geistig Behinderten. Sie bilden keine eigenständigen Gruppen.

Noch-Nicht-Können

Behinderte, die durch Lernen einen höheren Selbständigkeitsgrad erreichen können, den sie dann nach dem jeweils erreichten Grad entweder in dieser oder in einer selbständigeren Wohnstufe realisieren. Die meisten Neuaufnahmen zählen grundsätzlich zu diesem Personenkreis.

Vorübergehendes Nicht-Mehr-Können

Behinderte, die aus verschiedenen Gründen ihren erreichten Selbständigkeitsstatus nicht mehr aufrechterhalten können und sich deshalb in den Schutz der betreuungsintensiven Stufe zurückziehen, um ihn wiederzugewinnen.

Nicht-Mehr-Können

Behinderte, die durch Alter, physischen und/oder mentalen Abbau eine höhere Selbständigkeitsstufe nicht mehr aufrechterhalten können.

Organisationsformen

Die Heimgruppe ist die organisatorische Grundeinheit dieser Stufe. Sie ist als solche zwar integriert in die gruppenübergreifende Organisationsform Wohnheim, dem auch alle anderen Stufen zugeordnet sind. Da dieses aber vorwiegend

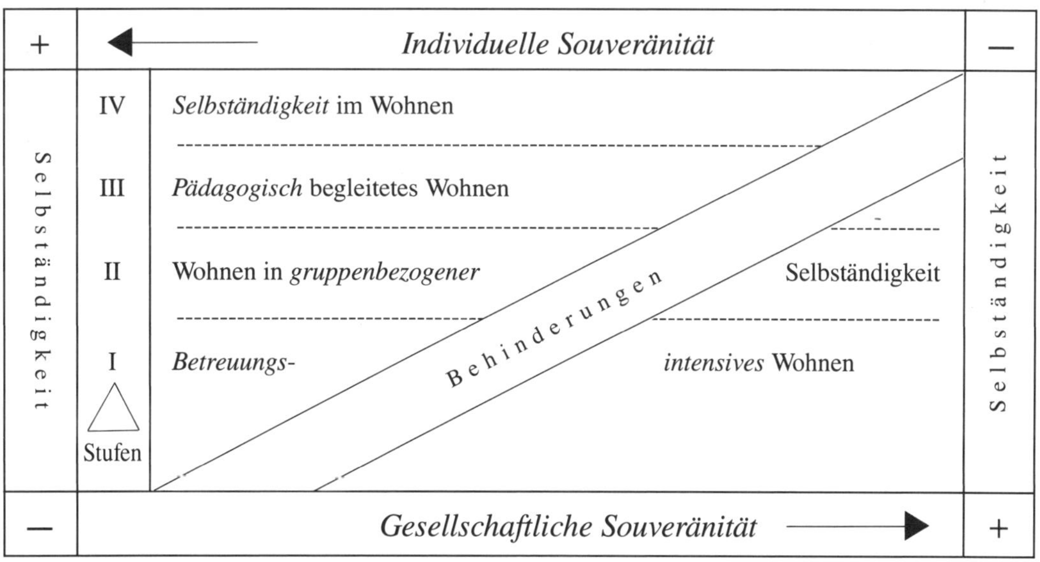

Abb. 2: Individualisierungsadäquate Wohnangebote

die konzeptionelle und verwaltungsmäßige Vertretung nach innen und außen repräsentiert, ist die Gruppe der eigentliche Vollzugsträger der Konzeption dieser Stufe. Da sie auch alle Schwerbehinderten betreut, gibt es keine besonderen Schwerbehindertengruppen.

Funktionen

Die Heimgruppe repräsentiert als personenübergreifende gesellschaftliche Souveränität alle Stützungs- und Ergänzungsfaktoren der beeinträchtigten individualen Souveränität des geistig Behinderten durch:

- gegenseitiges Helfen und gemeinsames Handeln ihrer Mitglieder;
- (mit)helfendes, führendes und stellvertretendes Handeln der Betreuer;
- Schutz- und Filterfunktion gegenüber den Umwelteinwirkungen auf den einzelnen;

bei der Bewältigung der Aufgaben des täglichen Lebens durch:

- Selbstversorgung durch gemeinsames Wirtschaften (Einkauf, Kochen, Essen, Reinigen, Wäscheversorgung usw.);
- gemeinsames Planen und Durchführen gemeinsamer Freizeitveranstaltungen;
- Wahrnehmung aller die einzelne Person betreffenden Rechts- und Selbstbehauptungsangelegenheiten.

Zur Erfüllung dieser Aufgaben muß die Zahl der Gruppenmitglieder relativ klein sein. Das gewährleistet die Überschaubarkeit des Lebensbereiches der Gruppe und die Vertrautheit der personalen Beziehungen. Es wird dadurch ein Abbau des Konfliktpotentials, das mit wachsender Anonymisierung ansteigt, bewirkt wie auch eine Stabilisierung der Persönlichkeit durch Stärkung des Selbstvertrauens und Erfahrung der Sicherheit. — Der erhöhte Betreuungsaufwand bei Gruppen mit Schwerbehinderten muß durch Reduzierung der Gruppe ausgeglichen werden.

Die Position der individualen Souveränität in der Gruppensouveränität

Ihre Beziehung ist kontrapunktisch. Das bedeutet: Trotz ihrer Dominanz kann die Gruppensouveränität in den Handlungsvollzügen die individuale Souveränität nicht aufheben. Sie bezieht vielmehr ihren Auftrag von ihr, d. h. alles Gruppenhandeln ist auf die individuale Souveränität bezogen und leitet sich von ihr ab. So bleibt auch in der betreuungsintensivsten Form die individuale Souveränität der Kern des Wohnens.

Sein physikalischer Ort ist das eigene Zimmer jedes Gruppenmitglieds. Es ist als personales Hoheitsgebiet die Tabuzone für das Gruppenhandeln. Diese Schutzzone sichert die Intimität des Personalen im Umgang mit sich selbst (alles eigenständige Handeln aus eigener Entscheidung in Abwesenheit anderer), mit Intimpartnern eigener Wahl, mit Nachbarn (Besuchern).

Dieser von der Gruppe geschützte und respektierte Intimbereich ist Entfaltungs-, Stabilisierungs-, Rückzugs- und Erholungsbereich der Personalität im Umgang mit der Gruppe und der Umwelt.

Aus ihr heraus und unter Rückgriff auf ihren Schutz kann sich der Behinderte dem Einfluß der Gruppensouveränität stellen und seinen Beitrag zum Gruppenleben leisten. Das Gruppenhandeln ist also genau betrachtet ein dialogischer Prozeß zwischen individualer und Gruppensouveränität, der sich auf drei Ebenen abspielt, die sich in der Praxis permanent durchdringen und beeinflussen: Die Ebene des gemeinsamen Handelns im Pflichtbereich nimmt den Behinderten in Anspruch. Dabei kann er seine Souveränitätsmöglichkeiten einbringen durch gleichberechtigte Beteiligung an Entscheidungsprozessen (z. B. Speiseplan) und eigenverantwortliches Handeln bei der Verwirklichung der Gruppenaufgaben (z. B. Einkauf und Kochen).

Bei der Ebene des gemeinsamen Handelns im freiwilligen Bereich handelt es sich gewöhnlich um Fragen der Lebensgestaltung (z. B. die gemeinsame Planung eines gemeinsamen Urlaubs). Daran kann jedes Gruppenmitglied kraft eigener Entscheidung teilnehmen. Es kann aber auch an der Gruppe vorbei eigene Entscheidungen fällen und ohne diese realisieren, wenn es dazu willens und in der Lage ist.

Die Ebene des stellvertretenden Handelns durch Betreuer realisiert sich gewöhnlich bei der Wahrnehmung individualer Rechte eines Mitglieds. Hier dominiert die Gruppensouveränität zwar eindeutig, aber auch dann hat sie vor Entscheiden und Handeln alles zu versuchen, um das Einvernehmen herzustellen.

Bei aller Dominanz des Gruppenhandelns gegenüber dem einzelnen Mitglied markiert seine Handlungsbeteiligung aus der Position der eigenen Souveränität heraus doch den entscheidenden Unterschied zur familiären Versorgung.

Die Wohnschule

Innerhalb der Stufe des betreuungsintensiven Wohnens mit seinem Prinzip des permanenten Lernens von Selbständigkeit bildet die Wohnschule eine durch ihre Institutionalisierung herausgehobene Form des gezielten Vermittelns von Souveränitätskompetenz. Durch praktisches Training übt sie alle zum selbständigen Leben erforderlichen Fähigkeiten, Fertigkeiten und Verhaltensweisen, ihre Arbeit zielt grundsätzlich auf Verlassen des betreuungsintensiven Gruppenbereiches. Die erhöhte Souveränitätskompetenz am Ende dieser Schulung findet u. a. ihren Ausdruck in einem reduzierten Pflegesatz.

Durch ihre besondere, zeitlich begrenzte Aufgabenstellung stellt die Wohnschule zwar eine Sonderform, aber keine eigenständige Stufe des Wohnens dar.

Stufe II: Wohnen in gruppenbezogener Selbständigkeit

Die individuale Souveränität hat einen Grad erreicht, der ein weitgehendes Heraustreten aus der Gruppensouveränität, aber noch nicht die volle Ablösung von ihr ermöglicht. Darum bleiben alle Behinderten dieser Stufe weiterhin Mitglied ihrer Gruppe.

Personenkreis

— Absolventen der Wohnschule, die den beschriebenen Selbständigkeitsstatus erreicht haben;
— Behinderte, die durch Nicht-Mehr-Können aus einem höheren Selbständigkeitsstatus zurückgenommen werden müssen, weil sie mehr Pflege und/oder Führung benötigen, als dort möglich ist;
— Behinderte, die durch besondere Lebensumstände einerseits einen größeren selbständigen Lebensraum brauchen, andererseits aber gerade dadurch im besonderen Maße und auf besondere Weise Hilfen und Führung in Anspruch nehmen müssen (z. B. Ehepaare mit und ohne Kind).

Organisationsformen

Einzel-, Kleingruppen- und Paarwohnen in einem eigenen, abgeschlossenen Wohnbereich innerhalb von Gebäuden auf dem Wohnheimgelände und in unmittelbarer Nachbarschaft dazu.

Funktionen

Die erweiterte individuale Souveränität dokumentiert sich in einem Mehr an Selbständigkeit bei der eigenen Versorgung und bei der Gestaltung der eigenen Freizeit. Zugleich besteht dauernde Rückgriffsmöglichkeit auf die Hilfe der Gruppe bei praktischen Problemen der Selbstversorgung, bei Pflegebedarf, Bedürfnis nach Teilnahme am Gruppenleben oder bei Beratungs- und Führungsbedarf in allen Entscheidungssituationen, die die eigene Kompetenz überfordern.

Ohne die permanent gegebene Möglichkeit des Rückgriffs auf die Hilfe der Gruppe ist der erreichte Grad der Selbständigkeit auf Dauer nicht aufrechtzuerhalten.

Gerade für den besonderen Fall des Paarwohnens mit Kind ist diese Wohnform ideal, da sie einerseits das Erlebnis der eigenen Familie in der eigenen Wohnung vermitteln kann, andererseits aber auch ständig alle Hilfen für Eltern und Kind verfügbar hält, etwa zur Betreuung oder bei Krankheit von Eltern oder Kind.

Stufe III: Pädagogisch begleitetes Wohnen

Die individuale Souveränität hat einen Grad erreicht, der die volle Herauslösung aus der Gruppensouveränität ermöglicht. Der Bedarf an pflege und praktischer Hilfe ist deutlich reduziert, es

B

besteht jedoch weiterhin ein wesentlicher Bedarf an pädagogischer Führung zur Sicherung des erreichten Selbständigkeitsgrades.

Die geistig Behinderten gehören darum auch weiterhin zum Personenkreis der Heimbewohner. Die Finanzierung erfolgt darum noch immer durch Eingliederungshilfen für Behinderte nach § 39 BSHG. Der erreichte Selbständigkeitsgrad drückt sich jedoch schon in einem deutlich reduzierten Pflegesatz aus.

Personenkreis

Absolventen der Wohnschule, die den oben beschriebenen Selbständigkeitsgrad erreicht haben und langfristig aufrechterhalten können.

Organisationsformen

Einzel- und (Ehe-)Paarwohnen in einem eigenen, abgeschlossenen Wohnbereich in der Stadt, also auch räumlich abgelöst vom Wohnheim:

- in nachbarschaftlicher Hausgemeinschaft mit anderen Behinderten innerhalb eines gemeinsam bewohnten Hauses;
- in Wohngemeinschaft mit anderen Behinderten innerhalb einer abgeschlossenen Etagenwohnung eines Wohnhauses in Hausgemeinschaft mit Nichtbehinderten.

Wohnungseigentümer bzw. Mieter bleibt der Heimträger.

Funktionen

Die erreichte individuale Souveränität dokumentiert sich in der Selbständigkeit durch eigenverantwortliche beziehungsweise mitverantwortliche Haushaltsführung nach den selbstgegebenen Regeln der Wohngemeinschaft und auch durch eigenbestimmte Lebensführung im Freizeitbereich.

Ihre Begrenzung und Absicherung erfährt diese individuale Souveränität in der pädagogischen Begleitung der Eigenständigkeit durch eine pädagogische Fachkraft, ohne deren ständige Begleitung im Hintergrund die erreichte Selbständigkeit nicht aufrechterhalten werden kann. Sie kann bei jeder Art von persönlichem Bedarf durch den Behinderten in Anspruch genommen werden.

Die Fachkraft wird aber grundsätzlich von sich aus auf dem Hintergrund einer behutsam beobachtenden, die Eigenständigkeit der Behinderten respektierenden permanenten Wachsamkeit in folgender Weise tätig:

- beratend und helfend in allen Situationen, die das eigene Vermögen des Behinderten offensichtlich überfordern (z. B. Rechtsfragen, Behördenkontakte, praktische Probleme der Haushaltsführung);
- ausgleichend und konfliktlösend bei anhaltenden und tiefgreifenden Beziehungsproblemen, die aus eigener Kraft offensichtlich nicht mehr gemeistert und dadurch für die Eigenständigkeit des Behinderten gefährlich werden können;
- eingreifend in allen Situationen, die eine ernsthafte Gefahr für den Behinderten darstellen (z. B. drohende Verschuldung, Eingehen von überfordernden Verpflichtungen, Verführung und Mißbrauch durch andere);
- schützend und abschirmend nach außen (z. B. Hausverbot für Vertreter, Mißbrauch von behinderten Vereinsmitgliedern durch den Verein oder einzelne Mitglieder);
- pflegend bei kurzfristigem Bedarf (z. B. Krankheit).

Die Tätigkeit der pädagogischen Fachkraft ist vorwiegend unterstützend und nur in Grenzsituationen eingreifend und stellvertretend handelnd mit der grundsätzlichen Tendenz, eine abnehmende Größe zu sein.

Über die Beziehung zur pädagogischen Fachkraft hinaus verbleiben alle Behinderten dieser Wohnstufe in der alle Teilbereiche übergreifenden Wohngemeinschaft. Das gewährt ihnen nicht nur alle administrativen Hilfen, sondern auch eine starke, ihre Selbständigkeit sichernde emotionale Stabilisierung durch Teilnahme an Festen, Feiern, kulturellen Veranstaltungen, Freizeiten und Urlaubsreisen.

Stufe IV: Selbständigkeit im Wohnen

Die individuelle Souveränität hat einen Grad erreicht, der das Ausscheiden des Behinderten aus dem Kreis der Heimbewohner ermöglicht. Grundsätzlich verlassen wir mit dieser Stufe also den Bereich des institutionalisierten (Behinderten-)Wohnens. Deshalb erfolgt die Finanzierung dieses Wohnens nunmehr durch »Hilfen zum Lebensunterhalt« nach dem BSHG.

Personenkreis

Absolventen der Wohnschule bzw. Behinderte der Wohnstufe III, die den oben beschriebenen Selbständigkeitsgrad erreicht haben und langfristig aufrechterhalten können. Gewöhnlich handelt es sich hier um Behinderte im Grenzbereich zwischen geistiger und Lernbehinderung.

Organisationsformen

Dem Selbständigkeitsgrad entsprechend erfolgt das Wohnen unter »normalen«, den persönlichen Bedürfnissen und finanziellen Möglichkeiten entsprechenden Bedingungen.

Der Mietvertrag wird abgeschlossen

- durch den/die Behinderten selbst,
- durch Vormund oder Pfleger (bestellt nach gegenwärtigem Recht) [heute: Betreuer; Anm. d. Red.],
- durch den Heimträger (in Ausnahmefällen, wenn der Vermieter den Abschluß des Vertrages davon abhängig macht).

Funktionen

Der erreichte Selbständigkeitsgrad dokumentiert sich in der »Normalität« des Wohnens durch grundsätzlich eigenverantwortliche Haushaltsführung und eigenbestimmte Lebensführung.

Eine Einschränkung dieser Selbständigkeit erfolgt nur noch in den Fällen, wo durch beschränkte Geschäftsfähigkeit aus rechtlichen Gründen stellvertretendes Handeln anderer zwingend geboten ist. Hier tritt entweder der bestellte Rechtspfleger oder die Institution Wohnheim in dessen Auftrag in Aktion. Im praktischen Alltagsleben und auch gegenüber der unmittelbaren Umwelt des Behinderten soll das für Außenstehende jedoch so wenig wie möglich in Erscheinung treten.

Über diesen rechtlich vorgegebenen Rahmen hinaus erfolgt eine Betreuung durch die Institution Wohnheim nur noch auf ausdrücklichen Wunsch des Behinderten selbst. Gewöhnlich ist das der Fall

- bei praktischen Problemen des Alltags, die er nach eigener Einschätzung ohne fremde Hilfe nicht meistern kann;
- bei allen praktischen Rechtsproblemen und Behördenkontakten, die seine intellektuellen und kulturtechnischen Möglichkeiten (Lesen, Schreiben usw.) überfordern;
- bei dem Bedürfnis nach Gemeinschaft, die ihm aus seiner Arbeit in der Werkstatt für Behinderte und dem Wohnheim vertraut ist.

Das Tätigwerden des Heims auf Wunsch schließt ein behutsames Beobachten des geistig Behinderten durch Besuche und eventuelles Eingreifen nicht aus. Durch das jahrelange Miteinander auf dem Wege der Entwicklung zur Selbständigkeit ist eine dauerhafte Beziehung zwischen Behinderten und Betreuern entstanden. Sie kann im Krisenfall auch sofort wieder intensiviert werden.

Mischformen des Wohnens

Die Mischung der einzelnen Wohnstufen in einer eigenständigen Wohnform ist eine Sonderform unserer Konzeption. Sie ist bedingt durch unsere Konzeption für das Arbeiten geistig behinderter Menschen in den Teilbereichen Landwirtschaft und Weinbau unserer WfB. Hier erfordert die Arbeit die Einheit von Arbeiten und Wohnen.

Da jedoch die Vielseitigkeit der Arbeit in diesen Bereichen die Beschäftigung von Behinderten aller Leistungsgrade möglich und damit auch erforderlich macht, diese unterschiedlichen Leistungsgrade aber für gewöhnlich mit den Selbständigkeitsgraden des Wohnens weitgehend deckungsgleich sind, ist die Organisation des Wohnens dieser Menschen in gemischten Selbständigkeitsstufen erforderlich.

B

Die Einheit von Arbeiten und Wohnen ist eine eigenständige Qualität von so starker, das gesamte Leben dieser Menschen prägender Kraft, daß sie das Stufenmodell des Wohnens dominiert.

Institution und konzeptioneller Auftrag

Der Grundgedanke unserer Konzeption tritt spätestens bei der Beschreibung der Stufe des selbständigen Wohnens deutlich hervor: Die Beziehung dieser Behinderten zur Institution Wohnheim mag über viele Jahre hinweg nur mit einem dünnen, aber zähen Faden vergleichbar sein. Dieser kann jedoch jederzeit wieder zu einem starken Strang werden, aus dem evtl. sogar ein festes Netz wird, das ihn wieder auffängt, wenn seine Lebenssituation es erfordert.

Hier wird deutlich, daß die Institution Wohnheim nicht vergleichbar ist mit anderen gesellschaftlichen Institutionen wie etwa Krankenkassen, Krankenhäusern oder auch Wohnheimen mit anderen Aufgaben, die alle immer nur Teilbereiche eines Menschenlebens in einem per Gesetz inhaltlich abgegrenzten, zeitlich befristeten und damit auch ausschließenden Rahmen erfassen. Der Anspruch an unsere Institution Wohnheim hingegen betrifft das ganze Leben des geistig behinderten Menschen von dem Moment an, in dem er erstmals die Schwelle überschreitet.

Die Beziehung zwischen Institution und dem behinderten Menschen ist dabei stets polarer Natur im Spannungsfeld zwischen Bindung und Freiheit oder — um in unserer Terminologie zu bleiben — zwischen gesellschaftlicher rund individualer Souveränität.

Für die Institution Wohnheim ist die Existenz eines ihr einmal anvertrauten geistig behinderten Menschen ein totaler, d. h. sein ganzes Leben begleitender Auftrag. Er ist nicht begrenzbar und nicht delegierbar.

Die klassische Definition der Abgrenzung einer Institution durch das »Dafür sind wir nicht zuständig«, hat hier also keine Gültigkeit. Das geht darum weit über das hinaus, was ihr durch Heimaufsicht oder irgendein Gesetz zugeschrieben werden kann. Das gilt so lange, wie kein anderer diese Aufgabe übernimmt oder sie aus anderen Gründen überflüssig wird.

Dieses totale Aufgabenverständnis meint aber nicht die totale Vereinnahmung des geistig Behinderten durch die Fürsorge der Institution. Ganz im Gegenteil — und darin liegt die Polarität —, denn dagegen steht der Souveränitätsanspruch des behinderten Menschen selbst. In der Erfahrung des Behinderten muß daher die Institution Wohnheim gleichbedeutend sein mit der Gewißheit von Geborgenheit, Schutz und Hilfe einerseits, aber auch dem Wissen und dem Recht auf straflose Ablösung und Modifizierung der Beziehung aus eigener Entscheidung andererseits, kurz, mit der Gewißheit von Heimat.

Dieses umfassende Aufgabenverständnis der Institution kann daher immer nur Aufgabenbereitschaft bedeuten, die jederzeit im angemessenen Umfang mit angemessenem Mittel aktivierbar sein muß. Das erfordert eine hohe Flexibilität und Lernfähigkeit der institutionellen Organisation, das heißt letztendlich Lebendigkeit.

Diesen Auftrag kann ein Wohnheim als reine Institution nicht erfüllen, denn Institution bedeutet grundsätzlich auch Begrenzung und Abgrenzung. Sie bedarf dazu der Einbettung in die, genauer in unsere Lebenshilfe, die immer mehr auf dem Wege zu einer großen Lebens- und Schicksalsgemeinschaft aller Menschen ist, die in ihr zusammengefunden haben, und die damit längst die Grenzen rein sozialpädagogischer und sozialpflegerischer Kategorien hinter sich gelassen hat. In dieser Tatsache liegt die Berechtigung des Subsidiaritätsprinzips begründet.

Siegmund Crämer
Vorsitzender der Lebenshilfe Bad Dürkheim
Dr.-Kaufmann-Str. 12

67098 Bad Dürkheim

Literatur

LERSCH, P. (1962): Aufbau der Person. München.

ROTHACKER, E. (1947): Die Schichten der Persönlichkeit. München.

WELLECK, A. (1950): Die Polarität im Aufbau des Charakters. Bern.

Normalisierte Wohnformen für Menschen mit geistiger Behinderung

Auswirkungen auf die Bewohnerinnen und Bewohner*

Michael Kief

Fragestellung der Untersuchung

Die Arbeit mit und für Menschen mit geistiger Behinderung wird seit fast zwei Jahrzehnten mehr und mehr vom Normalisierungsprinzip (NIRJE 1974) bestimmt. Normalisierung beinhaltet acht wesentliche Elemente:

- normaler Tagesrhythmus,
- räumliche Trennung von Wohnen, Arbeit und Freizeit,
- normaler Jahresrhythmus,
- normaler Lebenslauf,
- Orientierung an den Wünschen und Bedürfnissen der betroffenen Menschen,
- Leben in einer zweigeschlechtlichen Welt,
- normaler wirtschaftlicher Standard,
- angemessener Standard der Einrichtungen.

Die Bereitstellung neuer Wohnformen für den Personenkreis der Menschen mit geistiger Behinderung sollte sich folglich daran ausrichten, daß die zukünftigen Bewohnerinnen und Bewohner »so normal wie möglich« leben können. »Normal« für Erwachsene in unserer Gesellschaft ist das Wohnen als Einzelperson, als Paar, als Familie oder als Wohngemeinschaft. Dies bedeutet, daß große Wohnheime und -gruppen durch kleinere Wohneinheiten ersetzt werden sollten. Hinter diesen Überlegungen steht die Annahme, daß »normaleres« Wohnen gegenüber dem Leben in herkömmlichen Einrichtungen für die Bewohnerinnen und Bewohner eine Verbesserung darstellt. Wenn diese Hypothese stimmt, sollte sich die angestrebte Steigerung der Lebensqualität empirisch nachweisen lassen.

Durch eine Vergleichsstudie (KIEF 1990) wurde versucht, die postulierte Verbesserung der Lebenssituation am Beispiel der zwei Kriterien *Selbständigkeit* und *Zufriedenheit* zu überprüfen. Zu untersuchen war, ob Bewohnerinnen und Bewohner in normalisierten Wohnverhältnissen selbständiger sind und ob sie mehr Zufriedenheit mit ihrem Leben äußern als vergleichbare Bewohnerinnen und Bewohner herkömmlicher Wohnformen. Ein Querschnittsvergleich kann diese Frage zwar beantworten, ergänzend müßte jedoch untersucht werden, ob dieselben Bewohnerinnen und Bewohner durch den Wechsel aus traditionelleren in normalere Wohnformen mit der Zeit selbständiger und zufriedener werden (Längsschnittuntersuchung als wissenschaftliche Begleitung eines Normalisierungsprojektes).

Untersuchungsstichprobe

Der Wohnstättenverbund der Lebenshilfe Heidelberg hat ein vierstufiges Modell zur Normalisierung des Wohnens konzipiert (HÖSS 1983), das ergänzend zu dem bestehenden Wohnheim mit 40 Plätzen die Errichtung von Außenwohngruppen, gemischten Wohngruppen (Zusammenleben von Menschen mit und ohne geistige Behinderung) und betreuten Doppel- und Einzelapartments vorsieht. Zum Zeitpunkt der Untersuchung (Frühjahr 1989) lebten 16 Bewohnerinnen und Bewohner in drei Außenwohngruppen und zwölf Bewohnerinnen und Bewohner in sieben Apartments. Die gemischten Wohngruppen (dritte Stufe des Modells) waren 1985 aufgrund großer Startschwierigkeiten aufgegeben worden. Um ausreichend große Stichproben zu erhalten, wurden die Bewohnerinnen und Bewohner der beiden normalisierten Wohnformen (Außenwohngruppen und Apartments) zusammengefaßt und mit

*) Zuerst veröffentlicht in: Zeitschrift für Heilpädagogik und ihre Nahbereiche, VHN (1994), Heft 1, 33—45.

den Bewohnerinnen und Bewohnern des Wohnheims verglichen. *Tabelle 1* charakterisiert den Normalisierungsgrad der unterschiedlichen Wohnsituationen anhand einiger Bewertungskriterien.

Das Heidelberger Wohnheim liegt mitten in einer Wohngegend, aber in relativer Nähe zur Werkstatt (Entfernung etwa 500 m), in der fast alle Bewohnerinnen und Bewohner arbeiten. Im Wohnheim leben 40 Menschen mit geistiger Behinderung. Sie sind auf vier Gruppen verteilt, welche recht unabhängig in verschiedenen, klar voneinander getrennten Flügeln des Hauses wohnen. Jede Gruppe verfügt neben der Gruppenküche, die eine partielle Unabhängigkeit von der Zentralversorgung ermöglicht, über einen Gemeinschaftsraum als Wohn- und Eßzimmer sowie über Bad, Toiletten und einen Raum für Mitarbeiterinnen und Mitarbeiter. Die sechs Einzel- und zwei Doppelzimmer der Bewohnerinnen und Bewohner sind möbliert, auf Wunsch können eigene Möbel mitgebracht werden.

In jeder Gruppe arbeiten zwei Mitarbeiterinnen und/oder Mitarbeiter (meist Erzieherinnen und Erzieher oder Heilerziehungspflegerinnen und Heilerziehungspfleger), die teilweise von Praktikantinnen und Praktikanten bzw. Zivildienstleistenden unterstützt werden. Bei den vielfältigen Angeboten zur Freizeitgestaltung innerhalb des Wohnheims (Disco, Basteln, verschiedene Sportarten, Gruppenspiele usw.) wirken weitere haupt- und ehrenamtliche Helferinnen und Helfer mit. In der zentralen Versorgung, die für die Zubereitung von Mahlzeiten (Abendessen, Pausenbrote, Verpflegung am Wochenende), die Kleiderpflege (Waschen, Bügeln, Reparaturen) und das Einkau-

Kriterium	Wohnheim	Außenwohngruppen und Apartments
Lage	in einem Wohngebiet, nahe der Werkstatt	verteilt in Wohngebieten der Stadt und des Umlandes
Größe	viermal zehn Bewohnerinnen und Bewohner in einem großen Haus	fünf bzw. sechs Bewohnerinnen und Bewohner in eigenen Wohnungen bzw. Häusern sowie Einzelpersonen oder Paare in eigenen Wohnungen
Zimmer	identische Einzel- und Doppelzimmer	individuell gestaltete Einzel- und Doppelzimmer
Versorgung	zentrale Versorgung durch Küche und Wäscherei	Einkäufe, Kochen und Waschen werden weitgehend selbst erledigt
Freizeit	viele hausinterne Angebote, klar strukturiert	Teilnahme an Wohnheimangeboten und/oder allgemeinen Angeboten; Notwendigkeit, selbst zu strukturieren
Betreuung	intensiv, permanente Anwesenheit von Betreuerinnen und Betreuern	unterschiedlich intensiv, regelmäßige Besuche der Betreuerinnen und Betreuer nach Bedarf
Gruppen	heterogene, eher zufällig entstandene Zusammensetzung, gemischtgeschlechtlich	homogene Zusammensetzung unter Berücksichtigung von Wünschen, Zusammenleben als Paar möglich
Arbeitsplatz	sehr nahe	z. T. weit entfernt, Benutzung des öffentlichen Nahverkehrs notwendig

Tabelle 1: Kriterien für den Normalisierungsgrad der Wohnformen

fen zuständig ist, arbeiten weitere hauptamtlich Beschäftigte. Die Mitarbeiterinnen und Mitarbeiter im Gruppendienst sind von 6.30 bis 8.30 Uhr und von 15.30 bis 21.00 Uhr anwesend. Am Wochenende beginnt der Dienst erst um 8.00 Uhr und endet um 21.00 Uhr. Eine Nachtbereitschaft wird aufrechterhalten.

Der Tagesablauf im Wohnheim läßt sich etwa wie folgt gliedern: Um 6.30 Uhr wird geweckt. Bis zum Frühstück um 7.00 Uhr muß die Morgentoilette erledigt, das Zimmer aufgeräumt und die passende Kleidung angezogen sein. Sämtliche Routinearbeiten werden nach einem Dienstplan abwechselnd von den Gruppenmitgliedern erledigt. Die bzw. der Diensthabende deckt vor dem Frühstück den Tisch und spült danach das Geschirr. Um 7.30 Uhr können die Vesperschnitten in der Zentralküche abgeholt werden. Um etwa 7.45 Uhr gehen die Bewohnerinnen und Bewohner zur Arbeit in die nahe Werkstatt, wo sie auch das Mittagessen einnehmen. Von dort kehren sie kurz nach 16.00 Uhr zurück. Es folgt ein kleiner Imbiß (meist Kaffee und Kuchen), der von den Mitarbeiterinnen und Mitarbeitern vorbereitet wurde. Bis 18.00 Uhr steht die Zeit zur freien Verfügung. Nach dem Abendessen sind Hausarbeiten (Spülen, Aufräumen, Staubsaugen, Staubwischen usw.) zu erledigen. Ab 19.00 Uhr gibt es verschiedene Freizeitangebote. Dazu gehören auch Besuche von Veranstaltungen und ein regelmäßiger »Stammtisch« in einer Gaststätte. Um 21.00 Uhr ist Schlafenszeit. Der Tagesablauf am Wochenende ist nicht so fest gegliedert, und es besteht Gelegenheit zu größeren Unternehmungen allein oder mit der Gruppe. Viele Bewohnerinnen und Bewohner besuchen auch ihre Eltern oder andere Verwandte bzw. Freundinnen und Freunde.

Gemessen an den acht Elementen der Normalisierung (NIRJE 1974) zeigt sich, daß bei dieser Wohnform einige nicht vollständig realisiert sind: Es gibt weder die Möglichkeit eines individuellen Tagesrhythmus, noch sind Arbeit, Freizeit und Wohnen in ausreichendem Maße getrennt. Eine Orientierung an den Bedürfnissen der Bewohnerinnen und Bewohner wird zwar versucht, das Wohnen in Gruppen von zehn Personen macht aber allzuviel Individualität sehr schnell zum »Störfall«. Zum ökonomischen Standard ist anzumerken, daß die Bewohnerinnen und Bewohner des Wohnheims nur über ein geringes Taschengeld selbständig verfügen können und die meisten Anschaffungen zentral geregelt werden. Die Ausstattung des Hauses und die Versorgung sind allerdings zum größten Teil den Umständen entsprechend vorbildlich.

Im Jahre 1977 wurde die erste Wohngruppe außerhalb des Wohnheimgebäudes probeweise eingerichtet. Dieser Versuch mit vier jungen Frauen mit geistiger Behinderung gelang so gut, daß in den folgenden Jahren weitere Außenwohngruppen eröffnet wurden. Zum Untersuchungszeitpunkt gab es insgesamt drei Wohnungen mit 16 Plätzen. Eine davon (mit sechs Bewohnerinnen und Bewohnern) liegt in einer Gemeinde in der Nähe von Heidelberg, direkt neben der Zweigstelle der Werkstatt. Die zwei anderen Gruppen (mit je fünf Bewohnerinnen und Bewohnern) befinden sich mitten in einem Stadtteil von Heidelberg, mehr als fünf Kilometer von Werkstatt und Wohnheim entfernt. Zudem wurden zwischen 1984 und 1989 fünf Doppel- und zwei Einzelapartments eingerichtet, in denen insgesamt zwölf Menschen mit geistiger Behinderung leben. Die Wohnungen liegen in Wohnblocks bzw. Reihenhäusern im selben Wohnviertel wie das Wohnheim. Alle Außenwohngruppen und Apartments sind nach dem jeweiligen Geschmack der Bewohnerinnen und Bewohner eingerichtet und unterscheiden sich folglich sehr voneinander. Auch die Größe der Wohnungen ist sehr verschieden, z. T. ist die Wohnungs- und Zimmerfläche erheblich geringer als im Wohnheim. Auch die Ausstattung mit sanitären Anlagen ist in einigen Wohnungen eher schlechter.

Im Gegensatz zum Wohnheim müssen die Bewohnerinnen und Bewohner der Außenwohngruppen und Apartments selbständig aufstehen, sich pflegen und anziehen, aufräumen, Frühstück und Abendessen zubereiten, einkaufen (dazu steht eine Haushaltskasse zur Verfügung, für deren Verwaltung die Betreuerin bzw. der Be-

B

treuer verantwortlich ist), putzen und waschen sowie ihre Freizeit gestalten. Der Tagesablauf läßt sich deshalb nicht einheitlich darstellen. Von Person zu Person sind die Aufsteh- und Schlafenszeiten sehr unterschiedlich. Es ergibt sich im Schnitt folgende Gliederung:

- 6.30 bis 7.30 Uhr: Morgenroutine (Waschen, Anziehen, Frühstück);
- 7.30 bis 16.30 Uhr: Weg zur Arbeit, Berufstätigkeit in der Werkstatt und Rückweg;
- 16.30 bis 17.00 Uhr: Gruppengespräch zur Planung von Vorhaben und zur Besprechung des Dienstplanes sowie anstehender Probleme (entfällt teilweise in den Apartments);
- 17.00 bis 20.00 Uhr: Einkäufe, Hausarbeiten, Freizeit, Zubereitung und gemeinsames Abendessen;
- ab 20.00 Uhr: Zeit zur freien Verfügung.

Für die professionellen Helferinnen und Helfer (eine bzw. einer pro Gruppe, zeitweise unterstützt durch Praktikantinnen, Praktikanten oder Zivildienstleistende) beginnt die Arbeitszeit in den Außenwohngruppen um 16.00 Uhr und dauert bis 21.00 Uhr. Als Ausgleich für den Wochenenddienst dienen freie Tage, so daß die Gruppen tageweise völlig ohne Betreuung leben. Für die Apartments gilt die Regelung, daß die Mitarbeiterinnen und Mitarbeiter nur etwa jeden zweiten Tag regelmäßig (bei Bedarf öfter) in den Abendstunden (unterschiedlich lange) anwesend sind und dann mit Rat und Tat zur Verfügung stehen. Eine Helferin bzw. ein Helfer ist jeweils für sechs Bewohnerinnen und Bewohner und somit für drei bzw. vier Apartments zuständig. Die Bewohnerinnen und Bewohner der Außenwohngruppen und Apartments verbringen wesentlich mehr Zeit ohne Betreuerinnen und Betreuer als die Bewohnerinnen und Bewohner des Wohnheims.

Die Normalisierung im Sinne der acht Elemente (NIRJE 1974) ist in den Außenwohngruppen und Apartments weitergehend realisiert als im Wohnheim. So verbringen die Bewohnerinnen und Bewohner dieser Wohnformen einen großen Teil ihrer Freizeit außerhalb der Wohnung, und die Entfernung zur Arbeitsstätte ist bei den meisten erheblich größer als bei den Wohnheimbewohnerinnen und -bewohnern. Da es keine festgelegten Aufsteh-, Essens- und Schlafenszeiten gibt, kann jede Bewohnerin und jeder Bewohner einen individuellen Tagesrhythmus finden. Die geringe Anzahl der Gruppenmitglieder ermöglicht im sozialen Zusammenleben eine stärkere Berücksichtigung individueller Bedürfnisse. Noch deutlicher wird diese Ausrichtung an den individuellen Bedürfnissen in den Doppel- und Einzelapartments. Außerdem haben die Bewohnerinnen und Bewohner der normaleren Wohnformen ohne umfassende Zentralversorgung wesentlich mehr Eigenverantwortung bei der Grundversorgung zu tragen.

Um zu vergleichbaren Untersuchungsgruppen zu kommen, mußten einige Bewohnerinnen und Bewohner beider Wohnformen aus den Stichproben ausgeschlossen werden. Gründe dafür waren: starke körperliche Behinderungen, die Auswirkungen auf das Erleben der Wohnsituation haben können; psychische Probleme, die eine Teilnahme an der Untersuchung nicht zuließen; starke Beeinträchtigungen der Kommunikationsfähigkeit (Taubstummheit).

Der verbleibenden Stichprobe von 18 Bewohnerinnen und Bewohnern der Außenwohngruppen und Apartments wurde eine Stichprobe von 17 Bewohnerinnen und Bewohnern des Wohnheims zugeordnet, die hinsichtlich ihres Behinderungsgrades mit den Personen der ersten Stichprobe vergleichbar waren. Diese Vergleichbarkeit der intellektuellen Potentiale wurde mit Hilfe der Columbia Mental Maturity Scale (CMM, BURGEMEISTER et al. 1954) kontrolliert, die mit allen befragten Personen durchgeführt wurde. Allen Untersuchungsteilnehmerinnen und -teilnehmern war ich bereits vor Durchführung der Untersuchung persönlich bekannt. Diese Vertrauensbasis ermöglichte die bereitwillige und offene Mitwirkung der Bewohnerinnen und Bewohner.

Untersuchungsmethoden

Zur Erfassung der Selbständigkeit wurde die Version 2 des PAC (Pädagogische Analyse und Curriculum, GÜNZBURG 1977) verwendet. Die notwendigen Tests und Befragungen führte ich mit den Teilnehmerinnen und Teilnehmern selbst durch, und ich befragte auch ihre Betreuerinnen und Betreuer selber. *Tabelle 2* zeigt die Aufgliederung des PAC 2 in Haupt- und Teilbereiche.

Um zu einem statistisch vergleichbaren Selbständigkeitswert zu kommen, entwickelte ich folgendes Auswertungsverfahren: Jede im PAC beschriebene Verhaltensweise, die bei einer Person beobachtet werden konnte, wurde — je nach Zuordnung zu den drei Fähigkeitsstufen — mit einem, zwei oder drei Punkten bewertet. Bei jedem der 17 Teilbereiche (die Ratingskalen zur Einschätzung der Arbeitsleistung wurden gesondert ausgewertet) konnten maximal zwölf Punkte erreicht werden. Die Maximalpunktzahl 204 entsprach somit einer Selbständigkeit von 100 %, und die erreichte Punktzahl einer Person wurde dazu in Relation gesetzt. Hatte eine Person zum Erwerb und/oder zur Ausführung einer Fähigkeit »keine Gelegenheit« (kG), so wurden die nicht erreichbaren Punktwerte bei der Ermittlung des Prozentwertes berücksichtigt, indem unter Abzug der kG-Punkte eine neue Maximalpunktzahl (204 — x) als Bezugswert 100 % gesetzt wurde. Die spezielle Auswertungskategorie kG sagt etwas über den Anregungscharakter einer Wohnumwelt aus.

Über direkte Befragungen von Menschen mit geistiger Behinderung liegen so gut wie keine wissenschaftlichen Erfahrungen vor. Um die Zufriedenheit der Untersuchungsteilnehmerinnen und -teilnehmer zu erfassen, erwies sich eine Ratingskala mit unterschiedlich traurig bzw. fröhlich aussehenden Gesichtern (FLÖRCHINGER et al. 1987) als gut geeignet. *Tabelle 3* zeigt diese Skala und die Liste berücksichtigter Lebensbereiche.

Hauptbereich	Teilbereiche
Selbsthilfe	Tischmanieren, Sauberkeit, Kleidung, Beweglichkeit, Gesundheit.
Verständigungsvermögen	Sprache, Geld, Zeiten/Maße, Schreiben, Lesen.
Sozialanpassung	Einkaufen, Höflichkeit, Mithilfe im Haus, Umgang mit Geld, soziale Initiative.
Beschäftigung	manuelle Tätigkeiten, Freizeitbeschäftigung, Arbeitsleistung.

Tabelle 2: Haupt- und Teilbereiche des PAC 2

angesprochene Aspekte:	Arbeit	Wohnung/Zimmer
	Freizeit	Betreuerin/Betreuer
	Gesundheit	Wohngruppe
	Partnerin/Partner	soziale Beziehungen
	Leben insgesamt	

Sehr unzufrieden — Sehr zufrieden

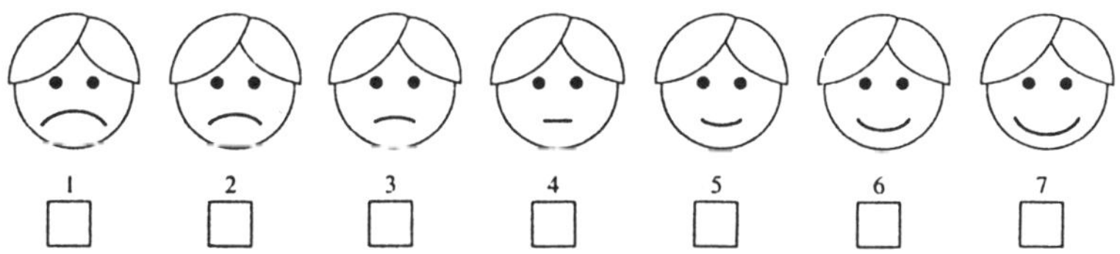

Tabelle 3: Aspekte der Lebenszufriedenheit mit Gesichterskala

Die befragten Personen brauchten lediglich im Gespräch mit dem Untersuchungsleiter auf das Gesicht zu zeigen, das ihre Zufriedenheit mit dem jeweiligen Aspekt ihres Lebens am besten ausdrückte. Außer den differenzierten Fragen zu Teilbereichen wurde abschließend die Frage nach der allgemeinen Lebenszufriedenheit gestellt. Da im Vorfeld der Zufriedenheitsbefragung ein ausführliches Interview mit Hilfe eines Gesprächsleitfadens durchgeführt wurde, waren die zu beurteilenden Lebensbereiche bereits angesprochen und entsprechende Erfahrungen aktiviert worden. *Tabelle 4* zeigt die Themen des verwendeten Gesprächsleitfadens.

Ergebnisse der Untersuchung

Die Auswertung der CMM-Ergebnisse zeigte, daß sich die beiden Stichproben hinsichtlich ihrer kognitiven Potentiale nicht bedeutsam voneinander unterschieden. Einem Mittelwert von 52,3 bei den Bewohnerinnen und Bewohnern des Wohnheims stand ein Mittelwert von 53,3 bei den befragten Personen aus den Außenwohngruppen und Apartments gegenüber. Da die Behinderungsgrade der Stichproben vergleichbar waren, ließen sich ermittelte Unterschiede in der Selbständigkeit nicht auf evtl. verschiedene kognitive Startvoraussetzungen zurückführen, sondern sind als Auswirkungen der Lebenssituation interpretierbar.

Thema	Fragen
Lage der Wohnung	Entfernung von der Werkstatt für Behinderte, Arbeitsweg.
soziale Zusammensetzung der Wohngruppe	Mitbewohnerinnen und Mitbewohner, Problemlösung in der Gruppe, Umgang mit Konflikten.
Wohnungsausstattung	Gestaltung der Zimmer, Nutzung der Gemeinschaftsräume, Umfeld der Wohnung.
Alltagsgestaltung	Einteilung der anfallenden Hausarbeiten, Wochenablauf, Tagesabläufe, finanzielle Situation der Wohngruppe.
Freizeitgestaltung	Art und Häufigkeit der Freizeitaktivitäten, Urlaubsreisen, Wochenenden.
Eigenständigkeit	Verantwortung für die eigene Wohnung, Besprechungen der Wohngruppe, Selbstbestimmung über das Zimmer.
Außenkontakte	Kontaktpersonen, Häufigkeit und Art der Kontakte.
Wohngeschichte	vorherige Wohnformen, Wohnerfahrungen.
Zukunftsperspektiven	Wünsche bzgl. der Wohnform, Verbesserungsvorschläge, Wünsche bzgl. der Mitbewohnerinnen und Mitbewohner.

Tabelle 4: Themen und Fragen des Gesprächsleitfadens

Das Ergebnis der Selbständigkeitserfassung bestätigte die Annahme, daß eine normalisierte Wohnsituation mit einer höheren Selbständigkeit einhergeht. Die Bewohnerinnen und Bewohner des Wohnheims erreichten einen durchschnittlichen Selbständigkeitswert von 51,4 %. Die Bewohnerinnen und Bewohner der Außenwohngruppen und Apartments wiesen dagegen eine Selbständigkeit von durchschnittlich 66,9 % auf und unterschieden sich somit erheblich von der Wohnheimstichprobe. *Tabelle 5* zeigt, auf welche Teilbereiche des PAC 2 dieser Unterschied vor allem zurückgeführt werden konnte. Interessant ist, daß die sogenannten Kulturtechniken eher eine gegenläufige Tendenz aufweisen und ebenso wie die Arbeitsleistungen offenbar keinen großen Einfluß auf die allgemeine lebenspraktische Selbständigkeit haben.

Deutlich fällt auch der Vergleich der beiden Stichproben in der Kategorie »keine Gelegenheit« aus. Durchschnittlich elf Punkte des PAC 2 konnten von den Bewohnerinnen und Bewohnern des Wohnheims aufgrund äußerer Umstände nicht erreicht werden (gegenüber etwas mehr als zwei Punkten bei der Vergleichsstichprobe). Ihre

PAC 2-Bereich	Mittelwert Wohnheim	Mittelwert Außenwohngruppen/Apartments
Selbsthilfe:		
— Tischmanieren	83,8	100
— Sauberkeit	70,7	89,8
— Kleidung	57,8	93,1
— Beweglichkeit	73,4	81,9
— Gesundheit	74,8	87,3
Verständigungsvermögen:		
— Sprache	37,5	48,9
— Geld	36,3	38,9
— Zeiten/Maße	21,5	23,6
— Schreiben	26	22,7
— Lesen	42,1	18,9
Sozialanpassung:		
— Einkaufen	43,8	75,9
— Höflichkeit	77,6	91,6
— Mithilfe im Haus	42,8	92,5
— Umgang mit Geld	21,1	36,9
— soziale Initiative	67,2	85,7
Beschäftigung:		
— manuelle Tätigkeiten	46,4	83,4
— Freizeitbeschäftigung	67,1	69,8
— Arbeitsleistung (Ratingskala von 1—3)	1,96	2,22
Gesamtselbständigkeit	51,4	66,9
»keine Gelegenheit« (kG, nicht erreichbare Punkte)	11	2,28

Tabelle 5: Selbständigkeit der Stichproben im Vergleich (in %)

B

Wohnsituation ist somit wesentlich anregungsärmer als die normalisierte Lebenswelt der Außenwohngruppen und Apartments. Dies ist ein weiterer Hinweis darauf, daß die Qualität der Wohnumwelt entscheidend dafür ist, ob eine Person ihre Potentiale in mehr lebenspraktische Selbständigkeit umsetzen kann oder nicht. Der hohe Zusammenhang zwischen kognitiver Ausstattung und Selbständigkeit in der Außenwohngruppen-/Apartments-Stichprobe (Korrelationskoeffizient von .85 gegenüber .46 bei der Wohnheim-Stichprobe) zeigt ebenfalls, daß unter verbesserten Umweltbedingungen Unterschiede in den Potentialen deutlicher zum Tragen kommen.

Beide Untersuchungsstichproben sind mit ihrer Lebenssituation erfreulicherweise hoch zufrieden. Die leicht geringere Zufriedenheit der Bewohnerinnen und Bewohner der normalisierten Wohnform (Mittelwert der allgemeinen Lebenszufriedenheit von 6,11 gegenüber 6,29 bei der Vergleichsstichprobe) deutet darauf hin, daß diese ihre Situation kritischer und differenzierter einschätzen als die Personen aus dem Wohnheim. Dieser Befund konnte auch in den Gesprächen bestätigt werden. *Tabelle 6* zeigt die Zufriedenheitswerte der beiden Stichproben mit den unterschiedlichen Lebensaspekten.

Aus den Gesprächen wurde deutlich, daß die Normalisierung der Wohnform Fortschritte in der Entwicklung möglich macht. Zum Beispiel sind die Bewohnerinnen und Bewohner der Außenwohngruppen und Apartments eher dazu in der Lage, ihre Probleme selbst zu lösen und werden dadurch unabhängiger von ihren Betreuerinnen und Betreuern. Außerdem entwickeln sie differenzierte Vorstellungen über ihre Lebensgestaltung und haben mehr Sozialkontakte zu Menschen außerhalb der Einrichtung als die Bewohnerinnen und Bewohner des Wohnheims. Die niedrige absolute Zahl dieser Kontakte zeigt allerdings, daß von einer erfolgreich vollzogenen Integration in die Gesellschaft noch nicht die Rede sein kann. Insbesondere bei der Freizeitgestaltung macht sich dies bemerkbar. Die Angebote des Wohnheims werden von den Bewohnerinnen und Bewohnern der Außenwohngruppen und Apartments immer noch gerne genutzt und nur selten durch eigene Initiativen ersetzt. Das Fernsehen am Abend (Verlegenheitslösung oder Normalisierung?) steht bei ihnen wesentlich höher im Kurs als im Wohnheim.

Interpretationen und Schlußfolgerungen

Die berichteten Ergebnisse der vorliegenden Vergleichsstudie zeigen, daß Menschen mit geistiger Behinderung, die in einer dem Normalisierungsprinzip eher entsprechenden Wohnform (Außenwohngruppen und betreute Apartments) leben,

Zufriedenheit mit (Skala von 1 bis 7)	Mittelwert Wohnheim	Mittelwert Außenwohngruppen/Apartments
Arbeit	6,29	5,56
Wohnung/Zimmer	6	5,28
Freizeit	6,06	5,89
Betreuerin/Betreuer	5,47	5,78
Gesundheit	5,41	4,5
Wohngruppe	5	4,21
Partnerin/Partner	6,82	6,08
soziale Beziehungen	6	6,3
Leben insgesamt	6,29	6,11

Tabelle 6: Zufriedenheit der Stichproben im Vergleich

selbständiger sind als die Bewohnerinnen und Bewohner in einem traditionellen Wohnheim. Diese erhöhte Selbständigkeit äußert sich vor allem in den Bereichen »Selbsthilfe« und »Sozialanpassung«, kaum dagegen beim »Verständigungsvermögen« und im Bereich »Beschäftigung/Arbeitsleistung«. Selbständigkeit kann als Folge der normalisierteren Wohnumgebung angesehen werden, stellt also keine Voraussetzung für das Wohnen in den Außenwohngruppen bzw. Apartments dar, denn die beiden Untersuchungsgruppen unterscheiden sich hinsichtlich ihrer kognitiven Fähigkeiten nicht bedeutsam voneinander, weisen also etwa gleiche Behinderungsgrade auf.

Es zeigt sich somit, daß die kognitiven Potentiale eines Menschen mit geistiger Behinderung für die Normalität seiner Lebensgestaltung weniger entscheidend sind als die Umwelt, auf die er mit diesen Potentialen trifft. Ermöglicht diese Umwelt mehr Lernerfahrungen, so ist ein höherer Grad an Selbständigkeit erreichbar. Im Gegensatz zu der Stichprobe der Außenwohngruppen und Apartments zeigte sich bei der Wohnheimstichprobe wesentlich häufiger, daß zum Erwerb und/oder zur Ausübung bestimmter Verhaltensweisen und Fertigkeiten keine Gelegenheit besteht. Im Wohnheim bestehen aufgrund der umfassenden Zentralversorgung und Betreuung klar umgrenzte Freiräume, es ist nur ein bestimmter Grad an Selbständigkeit möglich. Die vorhandenen kognitiven Potentiale können nicht vollständig zur Entfaltung kommen, da viele Tätigkeiten gar nicht erlernt und ausgeübt werden können.

Die Lebenszufriedenheit aller Bewohnerinnen und Bewohner der Einrichtungen des Heidelberger Wohnstättenverbundes ist sehr hoch. Die Untersuchungsstichproben unterscheiden sich hinsichtlich ihrer Zufriedenheit mit den verschiedenen Lebensaspekten nicht bedeutsam voneinander. Bei diesem Ergebnis ist allerdings zu bedenken, daß Menschen oft, unabhängig von ihrer objektiven Lebenssituation und in Anbetracht mangelnder Alternativen oder Vergleichsstandards, eine hohe Zufriedenheit äußern, da sie sich mit der sie umgebenden Umwelt (zwangsläufig) arrangieren.

Bei den Gesprächen mit den Untersuchungsteilnehmerinnen und -teilnehmern hat sich gezeigt, daß die geäußerte Zufriedenheit mit dem Lebensbereich »Wohnen« (Wohnung, Wohngruppe, Betreuerinnen und Betreuer) davon abhängt, ob bereits andere Wohnerfahrungen oder andere realisierbare Wohnmöglichkeiten (Existenz von Vergleichsstandards) vorliegen. Dies trifft häufiger bei den Bewohnerinnen und Bewohnern der Außenwohngruppen und Apartments zu und könnte deren leicht kritischere Einstellung zu ihrer Lebenssituation erklären, zumal diese Personen auch sonst mehr Kritik übten, klarere Zukunftsvorstellungen äußerten und höhere Ansprüche stellten.

Sowohl von den Bewohnerinnen und Bewohnern des Wohnheims als auch der Außenwohngruppen wurde in den Gesprächen häufig das Fehlen ausreichender Rückzugsmöglichkeiten und die starke Belästigung durch Mitbewohnerinnen und Mitbewohner bemängelt. Wenngleich die Vielfalt von Kontaktmöglichkeiten beider Wohnformen zum Teil als angenehm erlebt und von einigen Apartmentbewohnerinnen und -bewohnern im nachhinein vermißt wird, so führt das Gruppenleben, unabhängig vom Grad der Normalisierung, doch auch zu ausgeprägten Kontaktzwängen, die von den Betroffenen als unangenehm erlebt werden.

Bei beiden Stichproben ist die Fixierung auf die Betreuerinnen und Betreuer unvermindert stark. Als Vertrauenspersonen fungieren laut Auskunft von mehr als der Hälfte aller Untersuchungsteilnehmerinnen und -teilnehmer die direkt zugeordneten professionellen Helferinnen und Helfer. Allerdings haben diese in den Außenwohngruppen und Apartments wohl eher eine partnerschaftliche Vorbildfunktion, während sie im Wohnheim eher als Vorgesetzte empfunden werden. Die größere Unabhängigkeit von den Betreuerinnen und Betreuern und deren seltenere Anwesenheit in den Außenwohngruppen und Apartments wird von den Bewohnerinnen und Bewohnern als angenehm erlebt. Dies belegt auch die leicht höhere Zufriedenheit dieser Personen mit ihren Betreuerinnen und Betreuern.

B

Bei den Interviews mit den Bewohnerinnen und Bewohnern der Außenwohngruppen und Apartments wurde immer wieder erwähnt, daß die größeren Anforderungen, die mehr Selbständigkeit ermöglichen, einerseits als hilfreich, andererseits aber auch als belastend empfunden werden. Intensive und als belastend erlebte Auseinandersetzungen mit den Mitbewohnerinnen und Mitbewohnern scheinen eine Folge der größeren Freiräume für die Persönlichkeitsentfaltung zu sein, da jedes Gruppenmitglied mit seiner gesteigerten Selbständigkeit auf ebenfalls selbständigere Mitbewohnerinnen und Mitbewohner trifft. Dies führt bei der Beurteilung der jeweiligen Wohngruppe und/oder der direkten Partnerin bzw. des direkten Partners wohl auch zu dem relativ niedrigen Zufriedenheitswert bei den Bewohnerinnen und Bewohnern der Außenwohngruppen und Apartments.

Ambivalent ist auch das Verhältnis zur nicht behinderten Umwelt. Einerseits gelingt durch die Normalisierung des Wohnens ansatzweise eine Integration, andererseits kommt es zu intensiveren Konfrontationen mit den eigenen Grenzen und Mängeln in der Auseinandersetzung mit nichtbehinderten Menschen. Den Bewohnerinnen und Bewohnern der Außenwohngruppen und Apartments fehlen oft geeignete Strategien, um mit Konflikten adäquat umgehen zu können. Sie haben durch die oft langjährige intensive Abhängigkeit von den professionellen Helferinnen und Helfern nicht gelernt, selbst mit Problemen zurechtzukommen. Dies macht es mitunter nicht leicht, in der normalisierten Situation schadlos zu bestehen.

Die vorliegende Untersuchung kann nur eine erste Annäherung an die Konsequenzen der Normalisierung im Lebensbereich Wohnen darstellen. Um differenziertere Aussagen machen zu können, müßte bei zukünftigen Untersuchungen zwischen den Wohnformen »Außenwohngruppe« und »betreute Apartments« unterschieden werden. Außerdem sind längsschnittliche Beobachtungen unbedingt notwendig, um den Einfluß der Normalisierung auf die Selbständigkeitsentwicklung zweifelsfrei nachweisen zu können. Es ist jedoch bereits bei diesem Querschnittsvergleich deutlich geworden, daß normalisierte Wohnformen große Chancen eröffnen. Die ausführlichen persönlichen Gespräche zeigten darüber hinaus, daß Gruppenmittelwerte und ihr Vergleich eine Beurteilung der Auswirkungen von Normalisierung nur verkürzt darstellen können. In Einzelschicksalen wurde deutlich, daß je nach Bedürfnislage und gesammelten Erfahrungen die eine oder andere Wohnform besser für ein möglichst gutes und normales Leben geeignet ist. Die Chance zum Wechsel zwischen verschiedenen Wohnformen sollte deshalb grundsätzlich gewahrt bleiben.

Michael Kief
Diplompsychologe
Anstalt Stetten

71 394 Kernen i.R.

Literatur

BURGEMEISTER, B.B.; BLUM, L.H.; LORGE, I. (1954): C.M.M. Scale. Yonkers-on-Hudson.

FLÖRCHINGER, E.; SCHULZE, C.; REES, U. (1987): Belastung durch und Bewältigung von Alltagsproblemen. Eine Längsschnittuntersuchung. Unveröffentlichte Diplomarbeit. Heidelberg.

GÜNZBURG, H. C. (1977): Pädagogische Analyse und Curriculum der sozialen und persönlichen Entwicklung des geistig behinderten Menschen. Stratford-upon-Avon.

HÖSS, H. (1983): Die vier Ebenen des Wohnens im offenen Bereich. In: Geistige Behinderung 22. Marburg, S. 136—141.

KIEF, M. (1990): Selbständigkeit und Zufriedenheit als psychosoziale Aspekte der Wohnsituation geistig behinderter Erwachsener. Unveröffentlichte Diplomarbeit. Heidelberg.

NIRJE, B. (1974): Das Normalisierungsprinzip und seine Auswirkungen in der fürsorgerischen Betreuung. In: KUGEL, R. B.; WOLFENSBERGER, W. (Hrsg.): Geistig Behinderte — Eingliederung oder Bewahrung? Stuttgart, S. 33—46.

Konzeption für das Wohnnest Münster

Lebenshilfe Münster

Im Dezember 1973 wurde das Wohnnest Münster als Kurzzeitheim aus dem Zusammenschluß der Lebenshilfe für geistig Behinderte e. V. Münster und der Stadt Münster gegründet.

Der Grundgedanke hierbei war, Eltern für ihre in den Familien lebenden geistig behinderten Kinder Hilfe in Notsituationen anzubieten. Neben der kurzfristigen Entlastung von Familien mit behinderten Kindern war zu Beginn deren Versorgung in akuten Notfällen (plötzlicher Krankenhausaufenthalt oder sonstige zwingende Abwesenheit der ständigen Bezugsperson, meist der Mutter) primärer Aufnahmegrund.

Aus diesen Anfangserfahrungen und aus der Notwendigkeit heraus, den Verbleib des behinderten Kindes in der Familie sicherzustellen, haben sich die Gründe für die Aufnahme im Wohnnest mittlerweile verschoben.

Heute werden die meisten Kinder, Jugendlichen und jungen Erwachsenen im Rahmen der Eingliederungshilfe aufgenommen.

Das Wohnnest ist jetzt ein Kurzzeitheim für geistig und mehrfachbehinderte Kinder und Jugendliche. Der größte Anteil der Kinder wird regelmäßig, d. h. zwei- bis dreimal jährlich über Jahre hinweg im Rahmen der Eingliederungshilfe (§§ 39 bis 43 BSHG) aufgenommen.

Der kleinere Teil kommt, weil z. B. die Mutter ins Krankenhaus muß. Hierbei wird ein Teil der Kosten über die Krankenkassen (§ 38 SGB V) abgewickelt. Nach § 56 SGB V kann ein weiterer Teil der Kosten dann über die Krankenkassen abgerechnet werden, wenn die Versorgung und Pflege des behinderten Kindes wegen Erholungsurlaubs nicht erbracht werden kann.

Der gesetzliche Tatbestand »Erholung der Pflegeperson« ist unter bestimmten Voraussetzungen auch dann als erfüllt anzusehen, wenn die Unterbringung im Wohnnest der Entlastung der Pflegeperson dient.

Funktionen des Wohnnests

Die drei wichtigen Funktionen des Wohnnests sind:

Aufnahme im Rahmen der Eingliederungshilfe als

— gezielte Unterstützung im lebenspraktischen Bereich,

— Weiterentwicklung der sozialen Fähigkeiten,

— allmähliche Ablösung vom Elternhaus,

— Vorbereitung auf spätere Lebensbezüge.

Psychosoziale Entlastung der Familien

Eltern behinderter Kinder dürfen mit der Sorge um ihre Kinder nicht allein gelassen werden, sondern brauchen Unterstützung, Pausen zum Atemholen und Kräftesammeln. Nur so kann eine vorzeitige Heimunterbringung eines Kindes vermieden werden. Besonders die zunehmende Zahl der Alleinerziehenden benötigt dringend die Möglichkeit, ihre Kinder immer wieder für eine bestimmte Zeit außerhalb der Familie unterzubringen, vor allem in den langen Ferienzeiten. Das Wohnnest Münster stellt so mit seinem familienbegleitenden Dienst sicher, daß das Kind möglichst lange in der Familie verbleiben kann. Allerdings darf die Wirkung der Kurzzeitunterbringungen nicht auf äußere Aspekte wie Vermeidung von Heimunterbringung eingeengt werden. Auch wenn dies in vielen Fällen erreicht werden kann, liegt der hauptsächliche Wert vielmehr darin, Menschen mit geistiger Behinderung und ihren Familien Unterstützung hinsichtlich eines Bündels von Problemen zu bieten, mit denen sie konfrontiert sind.

Versorgung in Notsituationen bei

— plötzlicher Krankenhauseinweisung der ständigen Bezugsperson,

- kurzfristig anberaumtem Kuraufenthalt der Bezugsperson,
- sonstigen akuten Notsituationen in der Familie, die einen Wohnnestaufenthalt erforderlich machen,
- Vorbereitung auf spätere Lebensbezüge.

B

Einzugsgebiet, Aufnahmekapazität und Personenkreis

Das Einzugsgebiet des Wohnnestes erstreckt sich auf die Stadt Münster und die angrenzenden Kreise Steinfurt, Coesfeld, Hamm, Warendorf und Borken. Es kann bis zu elf Plätze anbieten. Zusätzlich steht noch ein Platz für akute Notfälle zur Verfügung. Das Wohnnest Münster ist darauf eingerichtet, behinderte Kinder, Jugendliche und junge Erwachsene (im Sinne § 39 BSHG) im Alter von *vier Jahren* bis zum Zeitpunkt der *Schulentlassung* aufzunehmen, und zwar

- geistig behinderte Kinder, Jugendliche und junge Erwachsene, ungeachtet des Schweregrades ihrer Behinderung;
- mehrfachbehinderte Kinder, Jugendliche und junge Erwachsene, bei denen die geistige Behinderung einen Teilaspekt ihrer gesamten Beeinträchtigung ausmacht;
- geistig behinderte Kinder, Jugendliche und junge Erwachsene, bei denen Verhaltensauffälligkeiten im Vordergrund stehen.

Aufnahmekriterien

Es muß medizinisch abgesichert sein, daß die gesundheitliche Verfassung der Aufzunehmenden ein Leben im Wohnnest zuläßt. Entscheidend ist auch die Gruppenzusammensetzung zum Zeitpunkt einer beabsichtigten Aufnahme, d. h. es kann immer nur eine bestimmte Anzahl betreuungsintensiver Kinder, Jugendlicher und junger Erwachsener aufgenommen werden, denn nur so ist eine angemessene individuelle Betreuung im Wohnnest zu gewährleisten. Eine Gruppe nur mit schwerstbehinderten oder verhaltensauffälligen Mitgliedern ist pädagogisch nicht sinnvoll und überfordert die Arbeitskapazität des Hauses. Die Gruppe soll möglichst immer so gemischt sein, daß Kinder, Jugendliche und junge Erwachsene in ihr auch Partner finden können.

Aufnahmeverfahren

Das Erstgespräch: Vor der Aufnahme sind genaue Informationen über Art und Schwere der Beeinträchtigung sowie die Besonderheit des aufzunehmenden Kindes, Jugendlichen oder jungen Erwachsenen notwendig. Diese Informationen werden in einem Erstgespräch (Vorstellungsgespräch) zwischen Eltern und der Heimleiterin ausgetauscht. Zum ersten gegenseitigen Kennenlernen sollte das Kind die Eltern begleiten. Die Eltern erhalten dabei alle notwendigen Informationen über das Wohnnest sowie genaue Hinweise bezüglich der Formalitäten.

Die gezielte Anbahnung: Unter der gezielten Anbahnung verstehen wir *mehrere* aufeinanderfolgende *Kurzaufenthalte* mit dem Ziel, dem Kind die fremde Umgebung und die Mitarbeiterinnen und Mitarbeiter vertraut zu machen. Eine gezielte Anbahnung empfehlen wir bei Kindern,

- die zum ersten Mal im Wohnnest aufgenommen werden;
- die noch nie von ihren Eltern getrennt waren;
- von denen die Eltern wissen, daß sie starkes Heimweh entwickeln.

Das Aufnahmegespräch: Zwischen dem Erstgespräch und der Aufnahme können einige Wochen oder sogar Monate liegen. Daher findet bei der Aufnahme ein weiteres ausführliches Gespräch mit den Eltern statt. Damit möchten wir möglichst viele und genaue Informationen über die jeweilig aufzunehmenden Kinder, Jugendlichen oder jungen Erwachsenen vertiefen, weil sie zur Gewährleistung einer guten Betreuung zwingend notwendig sind.

Das Abschlußgespräch: Nach Beendigung des Aufenthaltes werten Eltern und Wohnnestmitarbeiter/-innen den Verlauf des Aufenthaltes sorgfältig aus. Hierbei werden Beochtungen und Erfahrungen ausgetauscht, man versucht, gemeinsame Ansatzpunkte für weitere Entwicklungsschritte sowie zur Lösung spezifischer Probleme zu finden.

Personal und Arbeitsweise

Das Personal: Das Team des Wohnnestes setzt sich zusammen aus Sozialpädagoginnen und Sozialpädagogen, Erzieherinnen und Erziehern, Erzieherinnen und Erziehern mit heilpädagogischer Zusatzausbildung, Praktikantinnen und Praktikanten, Zivildienstleistenden und hauswirtschaftlichem Personal. Als begleitende Berater stehen der Einrichtung ein Kinderarzt, eine Psychologin und eine Krankengymnastin zur Verfügung.

Die Arbeitsweise: Die ersten Aufenthalte (gezielte Anbahnung) sollen dazu dienen, das Kind, den Jugendlichen oder den jungen Erwachsenen mit der neuen Umgebung, mit den Mitarbeiterinnen und Mitarbeitern und mit den anderen Bewohnern vertraut zu machen.

Für das Team bieten diese Zeiten die Möglichkeit, die Persönlichkeit des Kindes zu erleben und zu erfahren sowie Vertrauen zu ihm aufzubauen. Wesentliches Ziel aller Aufenthalte ist das Wohlbefinden des Bewohners. Nach diesen Aufenthalten erarbeiten die Betreuer aufgrund der gemachten Beobachtungen und Erfahrungen ein Förderkonzept, in dem Schwerpunkte für die weiteren Aufenthalte festgelegt werden. Dabei steht die Unterstützung im lebenspraktischen und im sozialen Bereich immer im Vordergrund. Der Alltag des Wohnnestes bietet hierzu ein gutes natürliches Lernfeld.

Je nach Gruppensituation, Behinderung der einzelnen Kinder, Jugendlichen und jungen Erwachsenen und ihrer Bedürfnislage bieten wir Einzel- bzw. Gruppenformen der Zusammenarbeit mit ihnen an. Speziell bei schwerstbehinderten Kindern wenden wir zusätzlich Elemente der basalen Stimulation und der heilpädagogischen Übungsbehandlung an. Nach Bedarf erfolgt ärztlich verordnete krankengymnastische Behandlung durch eine ausgewiesene Krankengymnastin.

Schlußbemerkung

Das Wohnnest ist mittlerweile ein nicht mehr wegzudenkender Bestandteil der Behindertenarbeit in Münster. Jährlich werden hier ca. 130 behinderte Kinder und Jugendliche betreut. Konkret bedeutet das, daß ca. 300 Aufnahmen pro Jahr durchgeführt werden. Die langjährigen Erfahrungen des Wohnnests haben gezeigt, daß im Laufe der Jahre die Zahl schwerstmehrfachbehinderter und verhaltensauffälliger Kinder und Jugendlicher immer mehr zunahm. Gerade die Familien dieser Kinder benötigen aufgrund der mannigfaltigen Probleme Unterstützung in ihrer täglichen Arbeit. Wir glauben, daß die verschiedenen Angebote der Kurzzeitunterbringung, wie das Wohnnest sie seit Jahren leistet, für viele Familien in Münster und Umgebung eine wichtige Hilfestellung ist.

Lebenshilfe Münster
Wohnnest
Melchersstr. 55

48 149 Münster

Konzeption »Kurzzeitunterbringung und Kinderheime für geistig behinderte Kinder und Jugendliche in Nordrhein-Westfalen«

Lebenshilfe Nordrhein-Westfalen

Zur Wohnsituation geistig behinderter Kinder und Jugendlicher in Nordrhein-Westfalen*

Unzureichende Versorgung

Über die Situation von Familien, in denen behinderte Kinder leben, ist der Öffentlichkeit wenig bekannt.

Eltern widmen sich in der Regel mit Hingabe und Aufopferung der Förderung und Erziehung ihrer behinderten Kinder. Dabei tritt — bedingt durch unterschiedliche Anforderungen — zeitweise oder auch generell eine Überforderung der Eltern auf. Wenn diese Überforderung auf Dauer nicht durch Beratung und Entlastung ausgeglichen werden kann, können einzelne oder massive Dauerprobleme auftreten.

Aufgrund der Fortschritte in der Kinderheilkunde (Pädiatrie) konnte die Säuglingssterblichkeitsrate um ein Vielfaches reduziert werden. Diese Fortschritte haben u. a. zur Folge, daß die Zahl der schwerst- und schwerstmehrfachbehinderten Säuglinge zunimmt.

Durch den Ausbau z. B. der Frühfördereinrichtungen und Kindergärten sollte man annehmen, daß sich die familiäre Situation, in der ein behindertes Kind lebt, entspannt hat. Die Wirklichkeit hält jedoch diesem oberflächlichen Eindruck nicht stand.

Die Nachfrage nach Heimplätzen für behinderte Kinder und Jugendliche hat zugenommen.

Angehörige suchen zum Teil verzweifelt nach einem Heimplatz für ihr behindertes Kind, insbesondere für schwerstbehinderte und verhaltensauffällige Kinder, deren Familien in der Regel besonders belastet sind.

Lösungsansätze

Ausbau von Beratung und Familienentlastung: Vorrangiges Ziel aller Bemühungen muß es sein, familien- und gemeindenahe Beratungs- und Entlastungsdienste für Familien mit behinderten Kindern zu schaffen. Effektive Beratung, Unterstützung und Entlastung der Familie kann eine Heimunterbringung als letzten Ausweg aus einer belasteten Familiensituation möglicherweise verhindern.

Paragraph 3 Bundessozialhilfegesetz (BSHG) zeigt zwar auf, daß ambulante Hilfen Vorrang vor stationärer Hilfe haben sollen; wie jedoch die ambulanten Hilfen von örtlichen Sozialhilfeträgern finanziert werden, ist in Nordrhein-Westfalen landesweit uneinheitlich und zumeist völlig unbefriedigend geregelt.

Familien mit schwerstbehinderten Kindern können z. Z. von dem vorhandenen Netz ambulanter Dienste kaum profitieren.

Sozialstationen sind völlig ausgelastet und können dem besonderen Betreuungsbedarf geistig behinderter Kinder und Jugendlicher nicht gerecht werden. Ihre Zielgruppen sind andere und ihre Arbeitszeiten entsprechen vielfach nicht den Bedürfnissen von Familien mit behinderten Kindern.

Damit Eltern mit ihrem behinderten Kind nicht weiter aus dem Netz familienunterstützender Maßnahmen herausfallen und der Verbleib der Kinder in ihren Familien möglich ist, ist eine landesweit einheitliche und finanziell gesicherte Regelung im Rahmen eines Ausführungsgesetzes zum BSHG erforderlich.

---

*) Warendorfer Empfehlung, Beschluß der Landesdelegiertenversammlung des Landesverbandes der Lebenshilfe Nordrhein-Westfalen vom September 1991.

B

Kurzzeitunterbringung: Eine Kurzzeitunterbringung ist nicht nur darauf zu beschränken, Eltern eine zeitweise Trennung von ihrem Kind zu ermöglichen, sondern den Eltern Hilfestellung zu geben, neue Kraft und Energie zu schöpfen für ihren Alltag. Gleichzeitig muß die optimale Betreuung und Förderung des Kindes gesichert sein.

Gründe zur Aufnahme in eine Kurzzeiteinrichtung sind häufig:

- Erziehung zur Selbständigkeit,
- schwierige familiäre Situationen,
- schwieriges Verhalten des Kindes,
- Besinnung auf eigene Bedürfnisse und Vorbereitung auf die eigene Zukunft der Eltern und des behinderten Kindes,
- Unterstützung des Ablösungsprozesses vom Elternhaus.

Schätzungen aufgrund von Befragungen in Kurzzeitheimen ergaben, daß ca. ein Drittel der Eltern, deren Kinder aufgenommen wurden, erklären, sie hätten ihr Kind zu einem früheren Zeitpunkt in ein Heim geben müssen, hätte es diese Kurzzeiteinrichtung nicht gegeben.

Wohneinrichtungen für geistig behinderte Kinder und Jugendliche: Mit der Möglichkeit zur Kurzzeitunterbringung ist es allein nicht getan. Trotz der ambulanten Bemühungen kann es sein, daß ein Kind oder Jugendlicher in eine Wohneinrichtung für mehrere Jahre oder auf Dauer aufgenommen werden muß. Erfahrungen machen deutlich, daß dies insbesondere für schwerstbehinderte und verhaltensauffällige Kinder und Jugendliche zutrifft. Deshalb ist es zum Wohle des Kindes und auch zum Schutz der Familie vor dem völligen Auseinanderbrechen mitunter unvermeidlich, die Kinder aus der Familie herauszulösen und in einer Pflegefamilie oder in einer Wohneinrichtung unterzubringen.

Der Landesverband der Lebenshilfe Nordrhein-Westfalen geht davon aus, daß eine erhebliche Zahl geistig behinderter Kinder und Jugendlicher in Heimen (Großeinrichtungen, Einrichtungen der Psychiatrie, Anstalten) unangemessen untergebracht ist. Die Frage, welche Wohnform die geeignete ist, muß unter Berücksichtigung der örtlichen Gegebenheiten geprüft werden.

Als Beispiele seien genannt:

- Unterbringung in einer Wohngruppe, die einer Wohnstätte für geistig behinderte Erwachsene angegliedert ist;
- Internate;
- Unterbringung in Kinderheimen für behinderte Kinder und Jugendliche.

Konsequenzen und Schlußempfehlung: Daraus ergibt sich, daß folgende Maßnahmen zur Stützung der Familien umgehend einzuleiten sind:

1. Schaffung und Ausbau von Beratungsstellen und Familienentlastenden Diensten;
2. Schaffung von Kurzzeitunterbringungsmöglichkeiten für behinderte Kinder und Jugendliche;
3. Errichtung von familienähnlichen Wohnformen für geistig behinderte Kinder und Jugendliche in allen Regierungsbezirken Nordrhein-Westfalens.

Die Lebenshilfe in Nordrhein-Westfalen muß sich neben dem Wohnen für geistig behinderte Erwachsene auch verstärkt um die Schaffung dezentraler Wohnformen für behinderte Kinder und Jugendliche bemühen.

Im Frühjahr 1993 wurde vom Landesverband und 20 Lebenshilfe-Vereinigungen die »Lebenshilfe Wohnen gGmbH NW« zwecks Errichtung von Kinderheimen und Kurzzeitunterbringungsplätzen gegründet.

Zur Situation von Familien mit geistig behinderten Kindern und Jugendlichen

Eltern geistig behinderter Kinder und Jugendlicher sind im besonderen Maße belastet und bedürfen vielfältiger — u. a. auch institutionalisierter — Hilfen. Institutionelle Hilfen gewinnen zunehmend an Bedeutung vor dem Hintergrund gesellschaftlicher Veränderungen, andererseits ist eine Zunahme des Anteils von Kindern mit sehr schweren Behinderungen zu verzeichnen.

Eine in den verschiedensten Bereichen notwendige Beratung sowie ein vielfältiges Angebot an Familienentlastenden Diensten tragen entscheidend dazu bei, ein familiäres Leben in sozialer Gemeinschaft führen zu können.

Erfahrungsgemäß zeigen Eltern behinderter Kinder ein hohes Engagement, das nicht selten zu einer dauerhaften individuellen und familiären Überforderung führt. Dies gilt insbesondere für alleinstehende Elternteile, deren Zahl in unserer Gesellschaft steigt.

Das Fehlen praktischer Hilfen in den Familien führt häufig zu einer Verstärkung der familiären Belastungssituation bzw. zu einer ungünstigen Entwicklung des behinderten Kindes und häufig auch der Geschwister; nicht selten entwickeln sich daraus akute Krisensituationen.

Neben diesen familiären Krisensituationen können — wie in allen anderen Familien auch — zerrüttete bzw. geschiedene Ehen, schwere Erkrankungen oder Tod der Eltern bzw. eines Elternteils sowie gravierendes erzieherisches Fehlverhalten der Eltern eine außerfamiliäre Erziehung des behinderten Kindes dringend notwendig machen.

Während für nichtbehinderte Kinder und Jugendliche ein vollstationäres Angebot existiert, gibt es für geistig bzw. schwerstbehinderte Kinder und Jugendliche keine entsprechende Hilfen.

Die einzige Möglichkeit, die z. Z. real verbleibt, ist die Aufnahme in eine kinder- und jugendpsychiatrische Klinik bzw. in eine größere Behindertenanstalt.

Grundsätzlich ist aber festzustellen — und hier gibt es einen hohen pädagogischen, pädiatrischen, psychologischen und auch psychiatrischen Konsens —, daß es viele geistig und schwerstbehinderte Kinder und Jugendliche gibt, die für ihre positive Persönlichkeitsentwicklung einen Wohnplatz in einem familienstrukturierten Kinderhaus benötigen, wenn die Familie als Ort zum Leben kurz- oder langfristig ausfällt.

In Nordrhein-Westfalen gibt es nur wenige familienähnliche Einrichtungen, die behinderte, insbesondere geistig bzw. schwerstbehinderte Kinder und Jugendliche aufnehmen.

Die Unterbringung ist zudem meist mit einem Wechsel der Schule und somit *aller* Bezugspersonen und des Wohnortes verbunden.

Das erklärte Ziel der Lebenshilfe in Nordrhein-Westfalen ist es, die aufgenommenen Kinder nach Möglichkeit in ihre Herkunftsfamilien zurückzuführen. Während der frühkindlichen Sozialisation ist der enge Bezug zur Herkunftsfamilie bedeutend und soll deshalb weitestgehend unterstützt werden. Nur eine wohnortnahe Unterbringung ermöglicht die Pflege des Kontaktes zur Familie. Der Kontakt zwischen Kind und Herkunftsfamilie wird dadurch auch bei einer dauerhaften Unterbringung des Kindes unterstützt und gefördert.

Der Grund für die Aufnahme in einem Wohnheim ist die Behinderung des Kindes gemäß §§ 39 ff. BSHG.

Die Möglichkeit einer Kurzzeitunterbringung besteht für Kinder bis heute nur in wenigen Städten in Nordrhein-Westfalen.

Einer auf Dauer angelegten Unterbringung eines behinderten Kindes außerhalb der eigenen Familie sollten immer familienunterstützende Maßnahmen und Handlungen vorausgehen. Ambulante und teilstationäre Hilfeangebote, insbesondere die Angebote von Frühförderung, Kindergärten, Familienentlastenden Diensten und Beratungsstellen (der Lebenshilfe) leisten hier wichtige unterstützende Familienarbeit. Mit dieser Hilfestellung gelangen die Eltern und Familien oft erst in eine realistische Position zur Annahme der Behinderung und damit zu einer emotionalen Annahme des behinderten Kindes. Die positive emotionale Beziehung zum Kind ist die wichtigste Grundlage für ein zufriedenes Zusammenleben in der Familie.

Die Zusammenarbeit mit Eltern und Familien sowohl im ambulanten Bereich als auch in der Wohneinrichtung für Kinder ist ein wichtiger Bestandteil der täglichen Arbeit. Aus diesem

Grunde ist es erforderlich, daß für die Eltern- und Familienarbeit eine Position im Stellenplan vorgesehen wird.

Diese Forderung gilt insbesondere für die Kurzzeitunterbringung, da hier die große Möglichkeit besteht, auf die Familien positiv einzuwirken und das Familienleben auch mit einem behinderten Kind lebbar zu machen. Fehlt hier die Möglichkeit der Begleitung, besteht die Gefahr, daß aus der Kurzzeitunterbringung eine Dauerunterbringung erwächst.

In Nordrhein-Westfalen bieten kinder- und jugendpsychiatrische Kliniken stationäre und ambulante *Behandlungs*angebote. Sie können aber kein Angebot für die behinderten Kinder und Jugendlichen machen, die eine familienstrukturierte und nicht medizinisch-therapeutisch orientierte Unterbringung bzw. Erziehung benötigen.

Konzeptionelle Grundgedanken für ein Kinderheim mit Kurzzeitunterbringung

Personenkreis

Aufnahme finden grundsätzlich alle geistig behinderten Kinder und Jugendlichen bis zum Ende ihrer Schulzeit. Ein hoher Bedarf an Aufnahme besteht bei Kindern mit schwerer geistiger Behinderung, mit zusätzlichen Körperbehinderungen und Auffälligkeiten im Verhalten bei Pflegebedürftigkeit.

Dies gilt auch für behinderte Kinder und Jugendliche, die nicht oder noch nicht in eine Pflegefamilie vermittelt werden können, die kurzzeitig untergebracht werden müssen (pädagogische Krise, medizinische Indikation bei den Erziehungsberechtigten usw.), zusammen mit ihren nichtbehinderten Geschwistern, wenn dies notwendig ist.

Die Betreuung erfolgt in familienähnlichen Strukturen, dies heißt in der konkreten Umsetzung: Bei erwachsenen Bezugspersonen Sicherheit, Geborgenheit und Lebenszutrauen zu finden und in einer festen, kleinen Gemeinschaft mit Erwachsenen und Kindern (unterschiedlichen Alters und Geschlechts) aufwachsen und sich als Persönlichkeit entwickeln und entfalten zu können sowie in einem Wohnhaus inmitten eines Wohngebietes, in einer Gemeinschaft mit Nachbarn, Freunden und vielen Bürgern und Kindern der Stadt zu leben.

Über die Aufnahme entscheidet ein Aufnahmegremium.

Zielsetzung

Das Kinderheim wird für die Kinder und Jugendlichen nicht ihr gewohntes Zuhause sein. Dennoch wird versucht, eine Erziehung zu bieten, die sich am Alltagsgeschehen einer Familie orientiert. Dazu gehören neben den notwendigen Freiräumen für die Kinder auch die Übernahme alltäglicher Pflichten, soweit ihnen dies möglich ist.

Die Einrichtung versucht zwar einerseits ein »zweites Zuhause« zu werden, verliert aber andererseits dabei nicht aus den Augen, das aufgenommene Kind nach Möglichkeit in die Herkunftsfamilie zurückzuführen.

Familienähnliche Erziehung bietet dem einzelnen Kind die Möglichkeit, seine in einer Familie gewonnenen Lebenserfahrungen in den neuen Lebensraum einzubringen, intensive sozial-emotionale Beziehungen aufzubauen und sich als Persönlichkeit zu verwirklichen.

Das in einem Wohngebiet liegende Kinderheim hat aus sich heraus schon eine gesellschaftliche Integration zur Folge. Sozial lebensbedeutsame Verhaltensweisen werden in diesem Lebensraum erworben bzw. können weiterentwickelt werden.

Soweit es pädagogisch sinnvoll erscheint und mit den Bedürfnissen des Kindes übereinstimmt, lassen sich über Beratung und erste Begegnungen Kontakte zu solchen Eltern aufbauen, die grundsätzlich bereit sind, geistig behinderte Kinder als Pflege- oder Adoptivkinder in ihre Familie aufzunehmen. Die Gewißheit, auch nach der Aufnahme des Kindes Beratung, Entlastung und praktische Hilfen im Kinderheim zu finden, könnte die Entscheidung der zukünftigen Pflege- und Adoptiveltern positiv beeinflussen.

Pädagogische Grundgedanken

Dauer- und Kurzzeitwohnen in einem Haus

Unter Kurzzeitunterbringung soll hier die zeitlich befristete Aufnahme außerhalb der Familie in einer Wohneinrichtung verstanden werden. Die Kurzzeitunterbringung kann in besonderen Situationen bis zu einem Jahr dauern. Hier ist die Rückkehr in die Herkunftsfamilie oder in eine andere Einrichtung vorgesehen.

Auch bei der Daueraufnahme eines Kindes wird das Ziel, diese Kinder in die Ursprungsfamilie zurückzuführen bzw. die Kontakte dorthin aufrechtzuerhalten, durch Eltern- und Familienarbeit dauerhaft verfolgt.

Dauer- und Kurzzeitwohnen unter einem Dach schließen sich nicht aus. Wurden Kinder bisher in Einrichtungen der Kurzzeitunterbringung aufgenommen, so war in vielen Fällen auch ein Wechsel des Wohnortes damit verbunden. Dies hatte gleichzeitig eine Reihe unerwünschter Konsequenzen, wie z. B.

- Unterbrechung des Besuchs des Kindergartens oder der Schule am Ort bzw. Wechsel;
- Unterbrechung pädagogischer therapeutischer Fördermaßnahmen;
- Abbruch der Kontakte zu allen wichtigen Bezugspersonen (Eltern, Lehrer, Erzieher, Mitschüler usw.);
- Aufnahme in eine sich ständig verändernde Gruppe.

Das Netz der Wohneinrichtungen soll flächendeckend ausgebaut werden, um die Kinder und Jugendlichen wohnort- und familiennah unterbringen zu können. Diese Lebensform hat den entscheidenden Vorteil, daß die aufgebauten Beziehungen zu Bezugspersonen weitestgehend erhalten bleiben und nicht wie bisher einen radikalen Abbruch finden. Ebenso bleiben die Lebensfelder außerhalb der Familie erhalten.

Kurzzeitwohnen wird zum Wohle des Kindes und der Erziehungsberechtigten geplant und pädagogisch vorbereitet. Akute Krisensituationen können hierdurch vermieden bzw. aufgefangen werden.

Pädagogische Nachteile für die ständig im Haus Lebenden erscheinen vertretbar, da die Kinder und Jugendlichen sich in der Regel aus den Bildungseinrichtungen bzw. aufgrund vorangegangener Aufenthalte kennen.

Durch bauliche Maßnahmen besteht zusätzlich die Möglichkeit der räumlichen Trennung von Dauer- und Kurzzeitgruppen.

In der hier vorgestellten konzeptionellen Einbindung wird das Kurzzeitwohnen für das Kind und für Erziehungsberechtigte eine bedeutsame Hilfe zur Erhaltung der familiären Lebenssituation. Die wohnortnahe Dauerunterbringung ermöglicht einen viel engeren Kontakt zwischen Kind und Eltern und eine wesentlich bessere Beratungssituation.

Häufig ist die Aufrechterhaltung der familiären Beziehung des Kindes zu seinen Eltern bzw. Angehörigen für die Entwicklung des Kindes, für die psychische Situation der Eltern und letztendlich für eine mögliche Rückkehr in das Elternhaus von entscheidender Bedeutung.

Kinderheim und Pflegeelternhilfe

Die Erfahrung hat gezeigt, daß für geistig behinderte Kinder und Jugendliche, bis auf sehr wenige Ausnahmen, Pflegeeltern nicht leicht zu finden sind.

Eine Ursache mag darin liegen, daß grundsätzlich zur Pflegschaft bereite Eltern die damit verbundene langfristige Verantwortung und Belastung nur sehr schwer einschätzen können.

In einer sich aufbauenden Zusammenarbeit zwischen Pflegeeltern und Kinderheim werden Beratung und konkrete Hilfen z. B. durch Kurzzeitaufnahmen in besonderen Situationen zur Grundlage einer verantwortungsbewußen Pflegschaft.

Neben der Unterbringung bei Pflegeeltern oder im Kinderheim ist es das Ziel der Lebenshilfe in Nordrhein-Westfalen, differenzierte Wohnformen für Kinder zu schaffen. Dabei ist es durchaus denkbar, daß Wohnformen, wie sie für den Erwachsenenbereich bereits bestehen, an den Kinder- und Jugendbereich angepaßt und übernommen werden.

B

Vernetzung der Kurzzeitunterbringung im System offener Hilfen

Die Wohneinrichtungen für Kinder und Jugendliche müssen aktiv mit Eltern, anderen Institutionen und Einrichtungen vor Ort zusammenarbeiten.

Durch eine rechtzeitige und kompetente Beratung, durch das Angebot Familienentlastender Dienste sowie über ein gezieltes Kurzzeitwohnangebot werden Kinder in ihren Familien verbleiben können oder erst zu einem wesentlich späteren Zeitpunkt in ein Kinderheim oder in eine Wohnstätte für Erwachsene einziehen. Das wird von Eltern bestätigt, die die Entlastungsangebote erfahren haben.

Vor allem in der Familienarbeit ist es notwendig, eng mit den Mitarbeiterinnen und Mitarbeitern des Kindergartens bzw. der Schule zusammenzuwirken. Auch städtische Stellen wie z. B. Jugendamt, Sozialamt, allgemeiner Sozialdienst und Gesundheitsamt sind wichtige Kontakte und Informationsstellen vor und während der Unterbringung in einer Wohneinrichtung.

Zur Errichtung von Kinderheimen

Größe des Kinderheimes

In Abwägung pädagogischer Gründe und wirtschaftlicher Notwendigkeiten ergeben sich Kinderheime aus zwei bis drei Gruppen mit je sechs bis acht Kindern und einer Kurzzeitunterbringung mit insgesamt zwei bis vier Kurzzeitplätzen. Weitere Differenzierungen, die sich den unterschiedlichen Bedürfnissen der behinderten Kinder anpassen, können realisiert werden.

Standort

Das Kinderheim sollte gemeindenah liegen. Es sollte die Möglichkeit bestehen, zu Fuß oder mit öffentlichen Verkehrsmitteln alle zur Versorgung erforderlichen Einrichtungen des täglichen Lebens erreichen zu können. Dies gilt insbesondere für die Nähe zur Schule für geistig Behinderte. Es ist sicherzustellen, daß die Kinder der Einrichtung nicht durch lange Anfahrtszeiten belastet werden. Die Beschulung in der Einrichtung ist abzulehnen, um den Bezug der Kinder zu anderen Lebensfeldern aufrecht zu erhalten.

Die Möglichkeit z. B. zum Besuch sportlicher Veranstaltungen und zur Teilnahme am Vereinsleben muß gegeben sei. Eine Konzentration von Einrichtungen für behinderte Menschen auf engem Raum, in kleinen Orten oder in einzelnen Stadtteilen muß vermieden werden.

Eine positive Grundstimmung der Bevölkerung zum geplanten Kinderheim sollte angestrebt werden, um einen dauerhaften guten Kontakt untereinander zu ermöglichen.

Das Kinderheim soll über ausreichende Freiflächen zur Freizeitgestaltung und Erholung verfügen, die dem Bewohnerkreis entsprechend ausgestaltet und ausgestattet sind.

Muster-Raum-Programm, Ausstattung

Das Muster-Raum-Programm für erwachsene behinderte Menschen sollte analog auch für Kinderheime angewandt werden.

Die Planung eines Neubaus sollte in Anlehnung an das Musterprogramm des Landesverbandes der Lebenshilfe für geistig Behinderte Nordrhein-Westfalen e.V. erfolgen und die gültigen Wohnheimbestimmungen sowie die DIN-Normen DIN 276 (Teil 3, Kosten für Hochbauten) und DIN 18024/18035 (Bauen für Behinderte) beachten. Die in der Heimmindestbau-Verordnung vorgegebenen Größen dürfen nicht unterschritten werden; für jede Gruppe ist zusätzlich ein Spielzimmer und ein Therapieraum vorzusehen. Die baulichen Gegebenheiten müssen an den Bedürfnissen insbesondere der schwerstbehinderten und pflegebedürftigen Kinder orientiert sein.

Das Kinderheim für Behinderte soll in der Regel als Neubau errichtet werden, wobei aber durchaus auch die Möglichkeit besteht, vorhandene Gebäude als Kinderheim zu nutzen oder aber diese in ein Kinderheim um- und auszubauen.

Folgende Punkte sind besonders zu beachten:

a) Prüfung der vorhandenen Grundrißkonzeption auf Eignung für den beabsichtigten Zweck;

b) Prüfung des Zustandes der vorhandenen Bausubstanz (Konstruktion, Materialstandard, technische Ausrüstung) durch Baubegehung.

Das Inventar (Möbel, Spiele, therapeutisches Material) muß kind- und behindertengerecht sein.

Personelle Rahmenbedingungen

Der Personalbedarf ist abhängig von den Bedürfnissen und Bedingungen der Kinder und Jugend-

B

Raumprogramm	**Soll**	**Anzahl**	**Bemerkungen**
Wohnschlafräume als Einzelzimmer	12 bis 14 qm	bis 20 % der Plätze	Zwei Einzelzimmern ist eine Naßzelle zuzuordnen.
Wohnschlafräume als Doppelschlafzimmer	22 qm	ca. 80 % der Plätze	Ein Doppelzimmer ist als Einzelzimmer für Rollstuhlfahrer nutzbar. Einem Doppelzimmer ist eine Naßzelle zuzuordnen.
Naßzelle	4,5 qm	50 % der Plätze	Die Anzahl ergibt sich aus der Platzzahl.
Gemeinsamer Wohnraum	4 qm pro Platz	1	
Kinderspielzimmer	5 qm pro Platz	1	
Küche und Eßbereich	2,5 qm pro Platz		Lagerraum für Lebensmittel
Pflegeraum/Pflegebad	10 qm	1	Zuzüglicher Lagerraum
Hausarbeitsraum	8 qm	1	Mit Schrank und Regalfächern für Wäsche, Schuhe, Koffer, Sommer- oder Winterkleidung
Personaldienstzimmer (Betreuerzimmer)	14 qm	je Gruppe	Einschließlich Naßzelle, ein Betreuerzimmer
Abstellraum für Putz- und Reinigungsgeräte	2 qm	1	
Kurzzeitunterbringung	14 qm	1 bis 2	Ein bis zwei Naßzellen
Abstell-/Lagerraum	14 qm	1	Windeln, Pflegematerialien, Rollstühle, verschiedene Betten usw.

Tab. 1: Musterprogramm zur Errichtung von Kinderheimen (pro Gruppe bezogen auf 6 bis 8 Kinder)

B

lichen sowie der Gruppenstruktur im einzelnen, z. B.:

- ○ von dem Grad und der Art der Behinderung der Kinder;
- ○ von dem individuellen Betreuungsbedarf.

Bei acht Kindern und Jugendlichen pro Gruppe (sechs bis sieben sowie ein bis zwei Kurzzeitplätze) wird von einer Personalgrundrelation von ca. 1:1 ausgegangen. Bei dieser Personalausstattung ist auch die notwendige Betreuung während der Nacht enthalten.

Über einen weiteren personellen Betreuungsbedarf ist auf der Grundlage pädagogischer bzw. pflegerischer Notwendigkeiten zu entscheiden.

Die Betreuung sollte durch ein Team erfolgen, in dem pädagogische, pflegerische und kreative Ausbildungen und Fähigkeiten vorhanden sind.

Weitere Fachdienste sind als *Personal* erforderlich. Spezielle Therapien können über *externe* Fachleute bzw. Therapeuten angeboten und durchgeführt werden.

Die Heimleitung ist vom betreuenden Dienst freizustellen. Für zusätzliche Verwaltungsaufgaben ist ein(e) Mitarbeiter(in) (Schlüssel 1:40) einzustellen. Darüber hinaus sind für den gesamten hauswirtschaftlichen Bereich Mitarbeiter/-innen notwendig (1:12).

Landesverband Lebenshilfe für geistig Behinderte Nordrhein-Westfalen e.V.
Abtstr. 21

50354 Hürth

Raumprogramm	Soll	Anzahl	Bemerkungen
Therapieraum	14 qm	1	Mit verschiedenem Inventar und Therapiematerialien
Verwaltungsraum (Heimleiter)	14 qm	1	In Nähe des Haupteingangs
Technik	Keller/DG		
Rollstuhlraum	12 qm	1	Abstellraum/Batterieladeraum, Rollstuhlwechselplatz
Waschen/Bügeln	20 qm	1	
Besprechungsraum	20 qm	1	Bestuhlung usw.
Sportraum/Allzweckraum		1	Abstellräume für Sportgeräte usw. Größe abhängig von der Größe der Einrichtung.
Aufzug (bei Zweigeschossigkeit)		1	

Tab. 2: Zusätzliches Raumprogramm für je zwei Gruppen

Eine Wohngemeinschaft wie jede andere

Geistig behinderte und nichtbehinderte Erwachsene leben zusammen

*Rudi Sack**

Die Gruppe und ihre Entstehung

Seit September 1989 bewohnen fünf geistig behinderte und vier nichtbehinderte Erwachsene gemeinsam eine Villa in München-Neuhausen. Die behinderten Bewohner/-innen (bB) sind Beschäftigte in Werkstätten für Behinderte. Eine Bewohnerin ist schwer mehrfach behindert.

Die nichtbehinderten Bewohner/-innen (nbB) sind zumeist Studierende. Sie verpflichten sich zu einem mindestens zweijährigen Bleiben in der Wohngemeinschaft (WG). Sie beteiligen sich an der Begleitung der bB und zahlen als Gegenleistung keine Miete für ihr Zimmer.

Neben den Bewohner/-innen (B) sind für die WG zwei Angestellte tätig — ein Sozialpädagoge und ein Zivildienstleistender (ZDL). Diese wohnen selbst nicht in der WG. Sie sind für besondere Aufgaben zuständig. Beim ZDL liegen diese vor allem im organisatorischen Bereich (z. B. größere Einkäufe), der Sozialpädagoge kümmert sich u. a. um die finanzielle Absicherung und Verwaltung, die Vertretung der WG nach außen, die Zusammenarbeit mit den Eltern, die Behördenangelegenheiten der bB, die medizinische Versorgung und die pädagogische Begleitung der Gruppenprozesse innerhalb der WG.

Bezüglich ihrer Entstehung ist die WG ein typisches Eigeninitiativeprojekt. Junge nichtbehinderte Menschen, die in Freizeitaktivitäten der Offenen Behindertenarbeit (OBA) Kontakte und Freundschaften mit geistig behinderten Altersgenossen geknüpft hatten, stellten Anfang der 80er Jahre fest, daß sie sich ein gemeinsames Wohnen als Fortführung ihrer Erfahrungen aus dem Freizeitbereich gut vorstellen könnten. Die lange Zeitspanne von der ersten Idee bis zu ihrer Verwirklichung (fast sieben Jahre), das zähe Ringen, das zur Realisierung dieses neuartigen Projekts nötig war, auch das ist wohl leider typisch für die Erfahrungen von privaten Initiativen im Sozialbereich.

Die Entstehungsgeschichte ist für die Gestaltung der WG äußerst bedeutsam, und zwar aus folgenden Gründen:

- Die Konzeption wurde nicht von Fachleuten geschrieben, sondern entstand aus der persönlichen Betroffenheit junger Menschen.
- Die Herkunft aller Gründungsmitglieder der WG aus den Aktivitäten der Offenen Behindertenarbeit (genauer gesagt waren es die Freizeitclubs der Evangelischen Jugend München) hat zur Folge, daß die Konzeption nicht von der Ideologie einer stationären Einrichtung, sondern vom Gedankengut der OBA geprägt ist (Partnerschaft, Gleichberechtigung, Miteinander statt Betreuung usw.).
- Alle Behinderten kannten sich vorher. Die Zusammenstellung einer WG — also einer intimen Lebensgemeinschaft — nach Wartelisten ist für behinderte und nichtbehinderte Menschen gleichermaßen unerträglich.
- Der nach wie vor enge Kontakt zur OBA ist ein Garant für den Fortbestand. Die Zahl nichtbehinderter Interessenten für evtl. freiwerdende Plätze übersteigt bei weitem die Kapazität der WG. Eine zweite Gruppe ist in Planung.

Der Leitgedanke der WG

Konzeptionelles Vorbild für das Modell sind jene WG, wie sie heute zwischen jungen Menschen, vor allem Studenten, immer häufiger werden. Es

*) Zuerst veröffentlicht in: Zeitschrift Theologia Practica 1993, Heft 1, S. 4—8, früher: Chr.-Kaiser-Verlag, München, jetzt Gütersloher Verlagshaus, Gerd Mohn, Gütersloh.

geht — wie die Konzeption ausführt — um ein »partnerschaftliches Zusammenleben mit Rücksicht auf die Bedürfnisse und Möglichkeiten des einzelnen«. Wir bemühen uns vor allem um eine Auflösung des klassischen Verhältnisses »Behinderte = Betreute« und »Nichtbehinderte = Betreuer«.

Als Hauptziele unserer Arbeit sind zu nennen:

- für geistig behinderte Erwachsene Wohnplätze zu schaffen, die den Forderungen des Normalisierungsprinzips entsprechen;
- die Integration einer schwer mehrfachbehinderten Bewohnerin, um der allgemeinen Tendenz einer Segregration auch innerhalb der Gruppe der geistig behinderten Menschen entgegenzuwirken;
- die Schaffung eines neuen Lernfelds für geistig behinderte und nichtbehinderte Menschen.

Ziele, Erfahrungen und Probleme

Neben einer Konkretisierung der Ziele sollen die bisherigen Erfahrungen und im besonderen die dabei auftauchenden Probleme dargestellt werden.

Die Praxis vollzieht sich immer in einem Spannungsfeld. Nichts läuft hier so eindeutig ab, wie es die Theorie oder eine Konzeption »vorschreibt«. Darum wird im folgenden eine Standortbeschreibung der WG in Form von Begriffspaaren vorgenommen, die die zahlreichen Ambivalenzen im praktischen Handeln beleuchten sollen:

Partnerschaft und Verantwortung

Das erste Begriffspaar bezieht sich auf das Verhältnis der nichtbehinderten zu ihren behinderten Mitbewohnern. Der Konflikt zwischen dem Anspruch, behinderte Menschen als gleichberechtigte Partner zu betrachten und nicht zu bevormunden auf der einen Seite, und der Tatsache, daß sie mit der Übernahme von Aufgaben in der WG konkret Verantwortung für Menschen übernehmen, die in einigen Bereichen auf Hilfe und Orientierung angewiesen sind, auf der anderen Seite, ist für die nbB oft nicht auflösbar.

Viele Menschen mit geistiger Behinderung haben aufgrund einschlägiger Erfahrungen in allen Lebensbereichen die Bevormundung durch Nichtbehinderte internalisiert. Sie lehnen sich nicht dagegen auf, und oft fordern sie sie sogar heraus. Sobald aber kein Nichtbehinderter in der Nähe ist, werden oft ungeahnte Fähigkeiten und ein hochgradiges Verantwortungsgefühl entwickelt. Dafür gibt es in der Geschichte der WG zahlreiche Beispiele. Andererseits kommen Menschen mit geistiger Behinderung nicht ganz ohne Hilfen und ohne Orientierung an ihnen nahestehenden Nichtbehinderten aus. Wenn man sie völlig sich selbst überläßt, verlieren sie u. U. den Überblick.

Die nbB in unserer WG nehmen die Gefahren auf beiden Seiten wahr und haben ihre Probleme damit. Das Dilemma ist aber m. E. letztendlich nicht aufzulösen.

Zugehörigkeit und Unabhängigkeit

Die Zugehörigkeit zu einer Gruppe ist ein elementares menschliches Bedürfnis. Es ist uns in der WG wichtig, eine »familienähnliche« Geborgenheit herzustellen, den B ein Gefühl der Zugehörigkeit zu ermöglichen. — Andererseits soll der einzelne auch die Möglichkeit haben, in der Gruppe seine Individualität ausleben zu können. Die Abläufe in der WG müssen von den Bedürfnissen jedes einzelnen strukturiert werden und nicht nach einem übergeordneten »Gruppenziel«. Salopp könnte man sagen: »Wir machen nicht auf Gruppe«, d. h. es gibt keine verpflichtenden Gruppenveranstaltungen, gemeinsame Aktivitäten sind immer nur Angebote.

Erwachsensein und Erwachsenwerden

Auf die mir häufig gestellte Frage, ob es unser Ziel sei, die bB zu mehr Selbständigkeit zu erziehen, antworte ich beharrlich mit »nein«. Während es früher vieler Mühen bedurfte, ein Recht auch geistig behinderter Kinder und Jugendlicher auf Erziehung zu erkämpfen, so scheint es heute eher notwendig zu sein, ein »Recht auf Nichterzogenwerden« geistig behinderter Erwachsener anzumahnen. Wir gehen davon aus, daß sie Erwachsene *sind.*

Im Widerspruch dazu steht die Erfahrung, daß sie in einigen Bereichen noch nicht den Grad der Selbständigkeit erreicht haben, der ihnen möglich ist. So kann man fragen: Muß man nicht eine Förderung der Selbständigkeit anstreben, um ihnen die Chance zu geben, erwachsen zu *werden.*

De facto haben die bB in den vergangenen zweieinhalb Jahren enorm an Selbständigkeit — und vor allem an Selbstbewußtsein — gewonnen, und das ohne integrierende Förderung. Sie lernen selbst, weil sie sich als Erwachsene ernstgenommen fühlen, und so, wie eben Erwachsene lernen: aus eigenem Antrieb, durch das Sammeln eigenständiger Erfahrungen, ohne gezielte Lenkung.

Intimität und Offenheit

Es gehört zu den Grundsätzen unserer Konzeption, daß die WG ein offenes Haus sein soll. Die grundsätzliche Aufgeschlossenheit gegenüber Besuchern aller Art (z. B. die Eltern der bB), rege Kontakte zur Nachbarschaft, zur OBA usw. sind Elemente dieser Offenheit.

Im Widerspruch dazu steht aber oft der legitime Wunsch der B, daß die Intimität ihres Wohnbereichs geachtet wird. Vor allem die nbB empfinden allzu häufige Elternbesuche, »Besichtigungen« der WG durch Außenstehende (z. B. interessierte Kollegen, Politiker u. ä.) als Angriff auf ihre Privatsphäre. »Wir sind doch kein Museum!«, bekomme ich dann oft zu hören, und sie haben natürlich recht. Wenn sich die bB wesentlich weniger dagegen auflehnen, dann liegt das vermutlich daran, daß sie sich an die Situation des »Ausgestelltwerdens« in den verschiedensten Lebensbereichen gewöhnt haben.

Ich sehe darin ein klassisches Beispiel dafür, daß wir behinderten Menschen oft Dinge ganz unreflektiert zumuten, die wir uns selbst nicht gefallen lassen würden. Die Nichtbehinderten in der WG stellen hier ein lehrreiches Korrektiv dar.

Ablösung und Kontinuität

Ich komme nun zum vielleicht schwierigsten Spannungsfeld unserer Arbeit — es geht um das Verhältnis der WG zu den Eltern.

Natürlich wird eine Ablösung der bB von ihren Eltern *und* der Eltern von ihren behinderten »Kindern« intendiert. Ich betone dabei den zweiten Teil sehr, weil er mir der wesentlich schwierigere zu sein scheint.

Ich möchte nach unseren Erfahrungen behaupten, daß den bB die Ablösung nicht wirklich schwerfällt. Wenn sie heute »zuhause« sagen, dann ist klar, daß die WG gemeint ist. Aber für die Eltern — vor allem für die Mütter, denen die Fürsorge für ihre behinderten »Kinder« jahrzehntelang der alles bestimmende Lebensinhalt war — stellt die Ablösung ein massives psychisches Problem dar. Ihr Leid, so meine Interpretation, äußert sich dann in vielfacher Unzufriedenheit über die WG.

In unserer Konzeption ist eine enge Zusammenarbeit mit den Eltern und die uneingeschränkte Möglichkeit gegenseitiger Besuche eigens erwähnt — und ich meine, aus gutem Grund. Ablösung als plötzlicher Bruch entspricht nicht der Normalität.

Mit der regelmäßigen Präsenz der Eltern in der WG setzen wir uns freiwillig Konflikten aus, die in anderen Einrichtungen außen vor gelassen (allerdings dadurch auch nicht gelöst) werden. Meinungsverschiedenheiten darüber, wie ordentlich ein Haushalt zu sein hat, sind noch das geringere Problem.

Schwerer wiegen Eifersüchteleien, wer denn nun besser wisse, wie man mit dem einen oder anderen umgehe. Allein die Tatsache, daß manches anders läuft als früher »zuhause«, stellt für die Eltern oft eine Kränkung dar: »Soll das heißen, daß wir es falsch gemacht haben?«. Aber auch die Nichtbehinderten in der WG haben Schwierigkeiten, das Verhalten der Eltern gegenüber ihren Söhnen und Töchtern zu akzeptieren. Es kommt ja hinzu, daß sie selbst im Ablösungsprozeß stecken und daß so zwangsläufig Übertragungen stattfinden.

B

B

Chaos und Struktur

Mit diesem letzten Begriffspaar möchte ich noch einmal auf den Versuch eingehen, die bB nicht im klassischen Sinne zu »betreuen«. sondern als gleichwertige Partner zu akzeptieren.

Wohl jeder junge Mensch, der aus seinem Elternhaus auszieht, durchläuft eine Phase des relativen Chaos. Die Haushaltsführung ist dabei nur ein Aspekt. Die neugewonnene Freiheit muß ausprobiert, das eigenständige Tragen von Verantwortung erlernt werden. Ich habe oft das Gefühl, daß wir nicht die Geduld haben, dieses zwangsläufige Chaos bei geistig behinderten Menschen zu ertragen. Wenn bei ihnen etwas schiefgeht, denken wir sofort »Ich habe sie überfordert, meine Aufsichtspflicht verletzt, nicht verantwortlich gehandelt« usw. Viele Lernprozesse, die auch Nichtbehinderte durchlaufen müssen, können dann gar nicht stattfinden, weil wir vorbeugend intervenieren.

Andererseits wäre es unrealistisch, die Gefahr wirklicher Überforderung gänzlich zu leugnen. Menschen mit geistiger Behinderung brauchen eine gewisse Strukturierung des Alltags, um nicht »im Chaos zu versinken«. Die Grenze zwischen Überforderung durch Chaos und Bevormundung durch Strukturierung ist fließend. Wir sind ständig in Gefahr, sie in der einen oder anderen Richtung zu überschreiten.

Rudi Sack
Fachberater Pädagogik bei
Landesverband Baden-Württemberg
der Lebenshilfe für Menschen mit
geistiger Behinderung e.V.
Birkenwaldstraße 42 B

70 191 Stuttgart

C Personenkreis

C

Lesehinweis der Redaktion:

Weitere Hinweise und Ratschläge enthalten die — wegen Platzmangel hier nicht abgedruckten — Empfehlungen der Bundesvereinigung Lebenhilfe »Altwerden mit geistiger Behinderung» und »Geistig behinderte Menschen mit auffälligem Verhalten — Eine Aufgabe für Eltern und Mitarbeiter am Beispiel der Wohnstätten«, die Sie gegen Erstattung der Portokosten bei der Bundesvereinigung Lebenshilfe anfordern können. Zur Auseinandersetzung über Großeinrichtungen siehe die Kontroverse zwischen GAEDT und HAACK in: Geistige Behinderung H. 2, 1992, 94—105 und H. 3, 1992, 234—238.

C

Über 1000 Menschen mit geistiger Behinderung fehlplaziert ...

Ergebnisse einer Studie zur Wohnsituation von Menschen mit geistiger Behinderung in Berlin

*Monika Seifert**

Ausgangslage und Zielsetzung

Seit Ende der 70er Jahre ist in Berlin — speziell im Westteil der Stadt — ein differenziertes Wohnangebot für Menschen mit geistiger Behinderung entstanden, das Wohnmöglichkeiten mit unterschiedlicher Betreuungsintensität bietet: Wohnheime, betreutes Wohnen in Form von Wohngemeinschaften, Einzel- oder Paarwohnen und Eltern-Kind-Wohnen sowie Kurzzeitheime. Die Plätze reichen jedoch nicht aus. Vor allem Menschen mit schwerer geistiger und mehrfacher Behinderung sind bei den Bemühungen um Normalisierung der Lebensbedingungen bislang weitgehend vergessen worden.

Immer wieder kommt es vor, daß Eltern keinen geeigneten Wohnplatz für ihre erwachsen gewordenen schwer geistig behinderten Töchter und Söhne finden, wenn die Familie die Betreuung nicht mehr leisten kann. Im Notfall ist die psychiatrische Klinik oder ein Pflegeheim noch allzu oft der einzige Ausweg.

Der Mangel an Wohnplätzen ist unter anderem auf das Fehlen konkreter Daten über die Lebenssituation der Menschen mit geistiger Behinderung zurückzuführen. Es gibt in Berlin keine brauchbaren Aussagen über Anzahl und Altersstruktur dieses Personenkreises. Auch fehlen Angaben darüber, wieviele von ihnen im Erwachsenenalter noch in ihren Familien leben und wieviele in Krankenhäusern und pflegerischen Einrichtungen fehlplaziert sind.

Diese unbefriedigende Situation war Anlaß für eine Untersuchung, die im Rahmen der BERLIN-FORSCHUNG am Arbeitsbereich Geistigbehindertenpädagogik der Freien Universität Berlin durchgeführt wurde. Zielsetzung der Studie:

— quantitative und qualitative Bestandsaufnahme der Wohnsituation von Menschen mit geistiger Behinderung in Berlin, unter besonderer Berücksichtigung der Personen mit hohem Betreuungsbedarf;

— Bedarfsschätzung für die weitere Planung von Wohnplätzen für Menschen mit geistiger Behinderung;

— Empfehlungen für eine Weiterentwicklung bzw. Veränderung des gegenwärtigen Wohnangebots zu einem Betreuungssystem, das auch Menschen mit schwerer geistiger Behinderung entwicklungsanregende Lebensräume bietet.

Methode

Zur Erhebung der Daten wurden quantitative und qualitative Untersuchungsinstrumente verwandt: Fragebögen für Einrichtungen, in denen Menschen mit geistiger Behinderung betreut werden, und problemzentrierte Interviews mit ausgewählten Gruppen- bzw. Stationsmitarbeiterinnen und -mitarbeitern in Wohnheimen und Kliniken. Da die Analyse der Interviews noch nicht abgeschlossen ist, beschränkt sich die Darstellung der Ergebnisse auf die Auswertung der Fragebögen.

Es wurden zwei Fragebogentypen entwickelt: Fragebogen Typ I betrifft die Wohn- und Lebenssituation von Menschen mit geistiger Behinderung in Berliner Wohnheimen, Krankenhäusern, Krankenheimen sowie Alten- und Pflegeheimen. Die überwiegend geschlossenen Fragen dieses

*) Zuerst erschienen in: Zeitschrift Geistige Behinderung 33, 1/(1994), 4—17.

Erhebungsbogens wurden jeweils unter thematischen Schwerpunkten zusammengefaßt:

- Angaben zur Einrichtung,
- Personen mit geistiger Behinderung,
- Struktur der Gruppen und Stationen,
- Räumliche Bedingungen,
- Personalsituation,
- Tagesstruktur,
- Aktivitäten,
- Kontakt zu Angehörigen, Freunden, Bekannten,
- Krisenintervention,
- Probleme und Veränderungsbedarf,
- Konzeption.

Adressaten des Fragebogens Typ I waren 362 Einrichtungen: Wohnheime, Kurzzeitheime, Krankenhäuser, Krankenheime, Krankenpflegeheime, Alten- und Pflegeheime. Die Rückmeldequote liegt bei 98 %. Von diesen Einrichtungen haben 166 mitgeteilt, daß sie auch Personen mit geistiger Behinderung betreuen.

Mit Fragebogen Typ II sollte — im Hinblick auf den künftigen Wohnplatzbedarf — die Zahl und das Alter der in Familien lebenden Personen mit geistiger Behinderung ermittelt werden. Zugleich wurde bei den Jugendlichen und Erwachsenen nach der vermutlich geeigneten Wohnform nach Verlassen des Elternhauses gefragt. Dieser Fragebogen wurde an 85 Adressaten geschickt: Jugendämter (Abt. Behindertenhilfe), Sonderschulen, Jugendwerkheime, Werkstätten, Beschäftigungstagesstätten und Tagesförderstätten. Die Rückmeldequote liegt bei 100 %.

Im folgenden werden ausgewählte Ergebnisse der Studie dargestellt; alle Daten beziehen sich auf den Stand von Ende 1991.

Wohnorte von Menschen mit geistiger Behinderung in Berlin

Nach den Ergebnissen der Untersuchung leben in Berlin ca. 8000 Menschen mit geistiger Behinderung, davon 52 % in Berlin-West und 48 % in Berlin-Ost. Das sind 0,23 % der Berliner Bevölkerung. Die Zahl ist als Mindestzahl zu werten, da vor allem im Erwachsenenalter von einer nicht einschätzbaren Dunkelziffer auszugehen ist.

Im Vergleich zu der in Dänemark und Schweden über einen längeren Zeitraum relativ konstanten Gesamtprävalenz für geistige Behinderung von 0,43 bzw. 0,41 % erscheint der Berliner Wert gering. Eine Differenzierung des Gesamtanteils dieses Personenkreises an der Berliner Bevölkerung nach Lebensalter ergibt ein genaueres Bild: 0,44 % im Kindes- und Jugendalter und 0,16 % im Erwachsenenalter. Für den niedrigen Wert im Erwachsenenalter sind u. a. folgende Gründe zu nennen:

- Es liegen nicht für alle ermittelten Personen mit geistiger Behinderung präzise Altersangaben vor.
- Die wegen Wohnplatzmangels in der Stadt außerhalb Berlins untergebrachten Berliner Bürger/-innen mit geistiger Behinderung sind nicht berücksichtigt.
- Bei den noch in der Familie lebenden Personen mit geistiger Behinderung konnten — bis auf wenige Ausnahmen — nur die ermittelt werden, die tagsüber eine Einrichtung besuchen.
- »Ausfälle« im Erwachsenenbereich wegen des Euthanasie-Programms in der NS-Zeit.
- Vor Einführung der Behandlung mit Antibiotika in den 50er Jahren hatten Menschen mit schwerer geistiger Behinderung eine geringere Lebenserwartung als heute.

Abbildung 1 (Seite 83) gibt einen Überblick über die Wohnorte von Menschen mit geistiger Behinderung in Berlin: Fast ein Drittel von ihnen lebt in Wohnheimen und Formen des betreuten Wohnens, über die Hälfte in der Familie und 17 % in klinischen und pflegerischen Einrichtungen.

Ein Vergleich der Situation in West und Ost zeigt, daß der Anteil der in den Familien lebenden Personen mit geistiger Behinderung in beiden Stadthälften annähernd gleich groß ist. Ein deutlich höherer Anteil ist in Berlin-Ost bei den in klinischen und pflegerischen Einrichtungen untergebrachten Personen festzustellen. Dies ist auf gesundheits- und sozialpolitische Richtlinien in der ehemaligen DDR zurückzuführen. In den während der 80er Jahre errichteten Heimen für geschütztes Wohnen wurden nur leichter behinderte Menschen mit relativ geringem Betreuungsbedarf, auch Milieugeschädigte und Alkoholkranke, aufgenommen. Schwerer geistig und mehrfach behinderte Menschen (»Komplexgeschädigte«, »nicht förderungsfähige Pflegefälle«) fanden in den staatlichen Einrichtungen keinen Platz. Nur kirchliche Heime nahmen auch diesen Personenkreis auf. Da die Plätze nicht reichten, wurden viele von ihnen in Kinderkliniken, psychiatrischen Einrichtungen oder Pflegeheimen untergebracht, wo sie über Jahre nur pflegerisch versorgt und kaum oder nicht gefördert wurden.

Betrachtet man die Zahl der in Krankenhäusern, Krankenheimen oder Alten- und Pflegeheimen untergebrachten Personen mit geistiger Behinde-

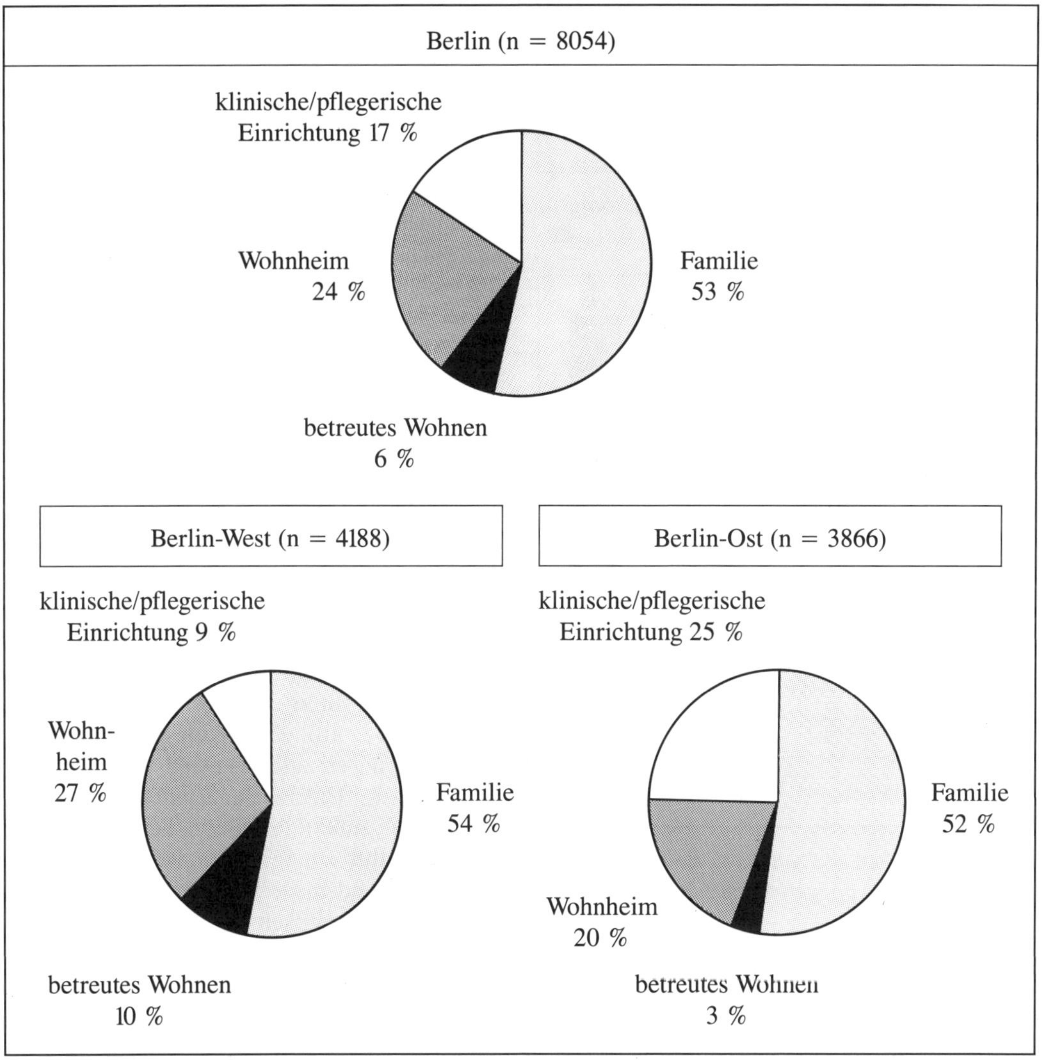

Abb. 1: Wohnorte von Menschen mit geistiger Behinderung in Berlin

rung nach Einrichtungstyp und West/Ost differenziert, ergibt sich folgendes Bild:

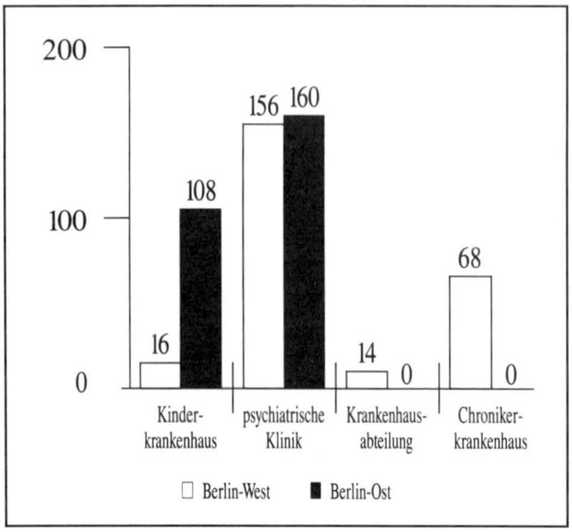

Abb. 2: Personen mit geistiger Behinderung in Berliner Krankenhäusern

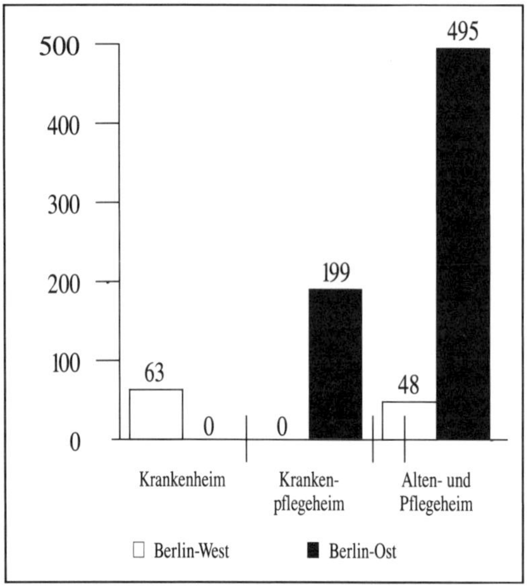

Abb. 3: Personen mit geistiger Behinderung in Berliner pflegerischen Einrichtungen

Prüfkriterium: Lebensqualität

Neben der quantitativen Bestandsaufnahme liegt ein weiterer Schwerpunkt der Studie in der Untersuchung der Wohnsituation von Menschen mit (schwerer) geistiger Behinderung in den verschiedenen Einrichtungen. Prüfkriterium ist ein Modell von Lebensqualität, das in sechs Dimensionen die Zielsetzung der pädagogisch-andragogischen Arbeit im Wohnalltag beschreibt. In diesem Modell wird Lebensqualität als abhängig vom Grad der Berücksichtigung der individuellen Bedürfnisse durch die sozialökologischen Gegebenheiten der Umwelt definiert. Abbildung 4 (Seite 85) zeigt die sechs — miteinander in Wechselbeziehung stehenden — Dimensionen, die für eine bedürfnisorientierte Lebensgestaltung von Menschen mit schwerer geistiger Behinderung relevant sind.

Die aufgeführten Aspekte entfalten sich von innen nach außen: angefangen bei den sozialen Beziehungen innerhalb des Wohnbereichs — über die materiellen Bedingungen in der Einrichtung und im Umfeld — über das soziale Netzwerk, das sich auf persönliche Beziehungen auch außerhalb des Wohnbereichs bezieht, bis hin zur Gemeinde, in der der einzelne — integriert oder isoliert — lebt. Alles überspannend, weil für die Gestaltung von Lebensqualität für Menschen mit geistiger Behinderung in Einrichtungen entscheidend, die Arbeitssituation der Mitarbeiter/-innen. Die sechs Dimensionen können an dieser Stelle nur kurz erläutert werden.

Objektive Kriterien allein sind kein Gradmesser für Lebensqualität; entscheidend ist die subjektive Einschätzung der Lebenssituation durch das Individuum. Da Menschen mit schwerer geistiger Behinderung, um deren Alltagssituation es in dieser Studie geht, in der Regel kaum in der Lage sind, verbal zu artikulieren, ob sie mit ihren Lebensbedingungen zufrieden sind, können sie im Rahmen dieser Untersuchung nicht selbst befragt werden. Sie äußern ihre Befindlichkeit in ihrem Verhalten. Ihre Umgebung sollte darauf reagieren können, indem sie Bedingungen schafft, die Zufriedenheit bewirken.

Interaktion im Wohnbereich

Zentrales Kriterium für die Lebensqualität und — untrennbar damit verbunden — die Persönlichkeitsentwicklung von Menschen mit schwerer

Lebensqualität
individuelle Bedürfnisse/sozialökologische Bedingungen

Dimension 1: **Interaktion** im Wohnbereich

Indikatoren:
- Bedürfnisse/Wohlbefinden
- Kommunikation/Beziehung
- Kompetenz/Selbständigkeit
- Abhängigkeit/Autonomie

Dimension 2: **Materielle Struktur** des Wohnbereichs und des Umfelds

Indikatoren:
- räumliche Gestaltung
- Ausstattung
- Einrichtungsstruktur
- Lage der Einrichtung
- Infrastruktur des Wohnumfelds

Dimension 3: **Soziales Netzwerk**

Indikatoren:
- Mitbewohner
- Angehörige, Freunde, Bekannte
- Nachbarschaft
- Fachleute (Betreuer, Therapeuten, Psychologen Lehrer, Ärzte u. a.)

Dimension 4: **Teilnahme am allgemeinen Leben**

Indikatoren:
- Aktivitäten außerhalb
- Arbeit/Beschäftigung

Dimension 5: **Akzeptanz** durch die Bevölkerung

Indikatoren:
- soziale Rolle der Bewohner
- Verhalten der Umwelt

Dimension 6: **Arbeitszufriedenheit der Mitarbeiter**

Indikatoren:
- Rahmenbedingungen
- fachliche Kompetenz
- fachliche Unterstützung
- Kooperation
- Autonomie
- pädagogisches Konzept
- Bedürfnisse/Belastung
- Fluktuation

Abb. 4: Lebensqualität für Menschen mit geistiger Behinderung in Wohneinrichtungen

C

geistiger Behinderung ist die Qualität der Interaktion im Wohnbereich. Auf dem Hintergrund der gegenwärtigen wissenschaftlichen Diskussion und vorliegender empirischer Befunde sind folgende Indikatoren bedeutsam:

— Wohlbefinden ermöglichen durch Berücksichtigung der individuellen Bedürfnisse;
— Aufbau einer elementaren, d. h. an den Grundbedürfnissen des Individuums ansetzenden Beziehung durch Kommunikation auf unterschiedlichen vom Stand der individuellen Entwicklung bestimmten Ebenen;
— Entwicklung von Selbständigkeit durch Förderung der Kompetenz in gemeinsamer Tätigkeit mit dem Ziel eines Zuwachses an Realitätskontrolle in Bereichen, die für den Alltag des Individuums Bedeutung haben:
— Stärkung der Autonomie des Individuums durch Abbau von Abhängigkeit.

Materielle Struktur

Lebensqualität kann nicht losgelöst von den materiellen Bedingungen betrachtet werden. Die räumliche Gestaltung und die Ausstattung müssen dem pädagogischen Anspruch entsprechen, die individuellen Bedürfnisse zu berücksichtigen, Kommunikation zu ermöglichen sowie Selbständigkeit und Autonomie zu fördern. Die Struktur und die Lage der Einrichtung sollten entwicklungsfördernd sein. Die Infrastruktur des Wohnumfelds sollte alle Angebote umfassen, die für eine Normalisierung der Lebensbedingungen notwendig sind, z. B. medizinische und therapeutische Versorgung, Bildungs- und Beschäftigungsangebote, Freizeitmöglichkeiten, öffentliche Verkehrsmittel.

Soziales Netzwerk

Der Mensch ist ein soziales Wesen, von Anfang an. Er braucht zu seiner Entwicklung und seinem psychischen Wohlbefinden Kontakte zu anderen Menschen. Die Quantität und Qualität der Begegnungen mit Menschen aus der alltäglichen sozialen und räumlichen Umgebung sind Indikator für den Grad der sozialen Integration eines Menschen mit schwerer geistiger Behinderung und für den Grad der Erfüllung seines elementaren Bedürfnisses nach Zugehörigkeit, Anerkennung und Kontakt. Das soziale Netzwerk ist gekennzeichnet durch

— Kontakt zu Mitbewohnern;
— Kontakt zu Angehörigen, Freunden und Bekannten;
— Kontakt zur Nachbarschaft;
— Kontakt zu Fachleuten (Betreuer, Therapeuten, Psychologen, Lehrer, Ärzte u. a.).

Teilnahme am allgemeinen Leben

Teilnehmen am Leben der Gemeinschaft zählt zu den Grundbedürfnissen jedes Menschen. Dazu gehören Aktivitäten außerhalb des Wohnbereichs und der Lebensbereich Arbeit und Beschäftigung. Auch wenn Menschen mit schwerer geistiger Behinderung in der Regel in Sondereinrichtungen beschäftigt sind, bringt der tägliche Wechsel vom Wohnbereich in den Arbeitsbereich neue Anregungen und neue Kontakte. Um der in unserer Gesellschaft üblichen Trennung der Bereiche Wohnen, Arbeit und Freizeit möglichst nahezukommen, sollte der Arbeits- bzw. Beschäftigungsplatz außerhalb der Einrichtung liegen.

Akzeptanz durch die Bevölkerung

Akzeptanz bezeichnet den Grad der Bereitschaft der Umwelt, Menschen mit von der Norm abweichendem Verhalten als gleichberechtigte Bürger in das allgemeine Leben zu integrieren. Dabei ist die soziale Rolle von Bedeutung, die der behinderte Mensch in seinem Umfeld hat. Ist er der Nachbar, dem ich täglich begegne, oder ist er Bewohner einer Großeinrichtung am Rand der Stadt oder Patient einer Klinik, dessen Leben mir fremd ist und der meine Lebenszusammenhänge nicht kennt? Die Akzeptanz durch die Nachbarschaft ist notwendig, wenn Integration gelingen soll.

Arbeitszufriedenheit der Mitarbeiter

Von der Arbeitssituation der Mitarbeiter/-innen hängt es letztlich ab, ob Lebensqualität für die

Menschen mit schwerer geistiger Behinderung in einer Einrichtung realisiert werden kann: von den Rahmenbedingungen, unter denen sie arbeiten (z. B. Gruppengröße und -zusammensetzung, Personalbesetzung, Dienstplangestaltung, Bezahlung), von ihrer fachlichen Kompetenz und der fachlichen Unterstützung, die sie erhalten, von der Zusammensetzung des Teams, der Kooperationsbereitschaft und -fähigkeit der Mitarbeiter/-innen und den Möglichkeiten, weitgehend autonom zu arbeiten. Ein gemeinsam erarbeitetes und von allen getragenes pädagogisches Konzept sichert Kontinuität in der Arbeit mit den Bewohnerinnen und Bewohnern.

Die Arbeitszufriedenheit von Mitarbeiterinnen und Mitarbeitern ist nicht allein durch objektive Kriterien erfaßbar. Ob der einzelne seine Arbeitsbedingungen als belastend oder seinen Bedürfnissen entsprechend erlebt, hängt immer von der subjektiven Wahrnehmung ab, die ihrerseits durch Persönlichkeitsmerkmale und individuelle Erfahrungen geprägt ist. Ein weiterer — mit den zuletzt genannten Aspekten in Zusammenhang stehender — Indikator für Arbeitszufriedenheit ist die Fluktuation. Hierbei ist allerdings zu berücksichtigen, daß bei einem Wechsel des Arbeitsplatzes oftmals auch andere Gründe als Unzufriedenheit mit den Arbeitsbedingungen eine Rolle spielen, z. B. im privaten Bereich. Unabhängig von den jeweiligen Ursachen ist dennoch festzuhalten, daß jeder Wechsel der Betreuungspersonen Auswirkungen auf die Beziehungsstruktur im Wohnbereich und auf die Qualität der Betreuung hat.

Alle die Arbeitszufriedenheit der Mitarbeiter/-innen betreffenden Aspekte sind untrennbar mit den ersten fünf Dimensionen verknüpft, die Aspekte der Lebensqualität der Bewohner/-innen beschreiben. Auch dies ist ein Wechselprozeß.

Situation in Berliner Wohnheimen

Im folgenden werden wesentliche Ergebnisse der Untersuchung zur Wohnsituation von Menschen mit schwerer geistiger Behinderung zusammengefaßt.

Die Untersuchung der Wohnsituation in Wohnheimen beschränkt sich auf 44 Einrichtungen, in denen (auch) Personen mit schwerer geistiger Behinderung betreut werden, weil bei diesem Personenkreis der Handlungsbedarf am größten ist. Eine Ausweitung der Untersuchung auf alle Bewohner/-innen mit geistiger Behinderung in Wohnheimen hätte diese besonderen Probleme verdeckt.

Von den in Berliner Wohnheimen lebenden Personen mit geistiger Behinderung gelten 32 % als schwer geistig behindert (ca. 600 Personen, überwiegend Erwachsene). Ein großer Teil von ihnen hat zusätzliche Beeinträchtigungen: Problemverhalten (z. B. selbstverletzendes oder fremdaggressives Verhalten, Schreien), psychische Erkrankung, erhebliche Körper- oder Sinnesbehinderung und/oder hohe Pflegebedürftigkeit. Ihre Lebensbedingungen sind sehr verschieden; in vielen Einrichtungen — vor allem im Ostteil der Stadt — kann ihrem individuellen Betreuungsbedarf nur unzureichend Rechnung getragen werden.

Einrichtungsgröße, Gruppenstruktur, räumliche Bedingungen

Die Forderung des Normalisierungsprinzips nach kleinen und überschaubaren Einrichtungen ist nur teilweise erfüllt: Die Größe der Wohnheime liegt zwischen sechs und 120 Plätzen, wobei die Hälfte der Heime mehr als 33 Plätze hat. In einem Viertel der Wohnheime leben jeweils über 30 Personen mit schwerer geistiger Behinderung. Diese Konzentration von schweren Behinderungen beeinträchtigt die Qualität der Betreuung und kann sich nachteilig auf die Akzeptanz dieses Personenkreises durch die Nachbarschaft auswirken.

Gruppengrößen, die einer individuellen Berücksichtigung der Bedürfnisse von Menschen mit schwerer geistiger Behinderung dienlich sind, gibt es bislang in nur etwa einem Drittel der Wohnheime: Die durchschnittliche Gruppengröße liegt bei acht Personen. Im Ostteil Berlins ist der Anteil der Gruppen mit mehr als acht Plätzen (bis zu 18 Plätzen) größer als im Westteil.

C

Die räumlichen Bedingungen sind in den Wohnheimen in Berlin-West insgesamt recht gut: Mehr als die Hälfte der Zimmer sind Einbettzimmer, 29 % Zweibettzimmer, die Höchstzahl liegt bei sechs Betten pro Zimmer. Alle Gruppen haben einen eigenen Gemeinschaftsraum, jeder Bewohner und jede Bewohnerin verfügt über einen eigenen Schrank, fast allen Gruppen steht eine Küche zur Verfügung. Die sanitären Anlagen werden allerdings von etwa einem Drittel der Einrichtungen als nicht zufriedenstellend bezeichnet. — In den Ost-Berliner Gruppen sieht die Situation ungünstiger aus: Es gibt mehr Mehrbettzimmer (bis zu sechs Betten), ein eigener Gemeinschaftsraum und eine der Gruppe zur Verfügung stehende Küche sowie ein eigener Schrank für jede/-n Bewohner/-in sind noch nicht selbstverständlich. Vor allem die sanitären Anlagen sind in mehr als der Hälfte der Wohnheime veränderungsbedürftig. Die Unzulänglichkeiten in der Raumausstattung beeinträchtigen das Wohlbefinden der Bewohner/-innen und die Arbeit der Mitarbeiter/-innen in den Gruppen.

Personalsituation

Die Arbeitsbedingungen der Betreuer/-innen von Menschen mit schwerer geistiger Behinderung machen ein Eingehen auf die individuellen Bedürfnisse der Bewohner/-innen mit schwerer geistiger Behinderung häufig unmöglich. Etwa 70 % der Wohnheime halten den Personalschlüssel in den Gruppen und 75 % die Vertretungsmittel nicht für ausreichend. In der realen Situation ist allzu oft nur ein Mitarbeiter in der Gruppe anwesend. Es besteht ein großes Defizit an pädagogisch ausgebildetem Personal. Fast 70 % der Einrichtungen halten die Supervisionsmöglichkeiten für nicht ausreichend. Die unzulängliche Personalsituation stellt sich im Ostteil Berlins noch schärfer dar als im Westteil der Stadt.

Tagesstruktur

Über 70 % der Wohnheime halten das Förderangebot (Therapie, Bildung, Arbeit, Beschäftigung) für die Bewohner/-innen mit schwerer geistiger Behinderung nicht für ausreichend. Dieser Mangel führt dazu, daß Fähigkeiten nicht weiterentwickelt werden und die Abhängigkeit von der Hilfe anderer größer wird. Der Forderung des Normalisierungsprinzips nach einer Trennung von Wohnen und Arbeiten bzw. Beschäftigung wird bei weniger als der Hälfte dieses Personenkreises Rechnung getragen. Es fehlen Beschäftigungsplätze in Tageseinrichtungen. 13 % der Bewohner/-innen mit schwerer geistiger Behinderung erhalten keine zusätzliche Förderung, wobei der Anteil in Berlin-Ost höher ist als in Berlin-West.

Teilnahme am allgemeinen Leben, soziales Netzwerk

Aktivitäten außerhalb des Wohnheims — z. B. Spazierengehen, Einkaufen, öffentliche Verkehrsmittel benutzen oder einen Ausflug machen — sind bei Menschen mit schwerer geistiger Behinderung nur möglich, wenn genügend Personal in der Gruppe ist. Einige Bewohner/-innen mit besonderem Betreuungsbedarf nehmen selten oder nie an Unternehmungen teil. Das bedeutet: Einschränkung von Lebensqualität und einen Verlust an Entwicklungsanregungen durch Teilnahme am allgemeinen Leben wegen mangelnden Personals.

Das soziale Netzwerk von schwer geistig behinderten Menschen besteht überwiegend aus Personen, die professionell mit ihnen zu tun haben, z. B. als Gruppenbetreuer, Therapeut, Psychologe, Arzt. Annähernd die Hälfte von ihnen bekommt selten oder nie Besuch. Das Grundbedürfnis nach Kontakt und verläßlicher Beziehung zu nahestehenden Personen wird nicht erfüllt.

Krisenintervention

Die Praxis der Krisenintervention in Wohnheimen umfaßt ein weites Spektrum von Gesprächen und Spaziergängen bis hin zu Bedarfsmedikation, Festhalten und zeitweisem Ausschluß aus der Gruppe. Etwa 70 % der Wohnheime halten die ihnen zur Verfügung stehenden Maßnahmen für Krisenintervention für unzureichend. Es fehlt an vorbeugenden Maßnahmen, etwa therapeutischer Unterstützung im Alltag, präventiver Praxisberatung und Supervision. Das Personal ist für den Umgang mit Krisen der Bewohner/-innen nicht ausreichend qualifiziert, es fehlt an fachlicher Unterstützung (interdisziplinäre Zusammenarbeit) und Fortbildungsangeboten. Notwendige Personalverstärkung in Krisensituationen ist unter den gegenwärtigen Rahmenbedingungen kaum möglich. Fast ein Viertel der Personen mit schwerer geistiger Behinderung bekommt Neuroleptika.

Handlungsbedarf

Der Handlungsbedarf ist in den Einrichtungen, in denen Menschen mit schwerer geistiger Behinderung betreut werden, unterschiedlich groß — besonders dringlich im Ostteil der Stadt. Dies ist bei der folgenden Zusammenstellung der Problemfelder jeweils zu berücksichtigen:

- Anhebung des Personalschlüssels;
- Verbesserung der Qualifikationsstruktur des Personals;
- mehr Beratungs-, Fortbildungs- und Supervisionsangebote;
- Verkleinerung der Gruppen (max. sechs Personen);
- Auflockerung der Gruppenstruktur durch Mischung der Behinderungsgrade;
- Auflösung geschlechtshomogener Gruppen;
- Erweiterung des Angebots an tagesstrukturierenden Maßnahmen, vor allem an Arbeits- und Beschäftigungsplätzen außerhalb des Wohnheims;
- Verbesserung der baulichen und räumlichen Bedingungen;
- Einrichtung von interdisziplinär besetzten Beratungs- und Kriseninterventionsdiensten.

Situation in Berliner Krankenhäusern und pflegerischen Einrichtungen

Im Unterschied zu den Wohnheimen wurden bei der Untersuchung in den klinischen und pflegerischen Einrichtungen alle Personen mit geistiger Behinderung einbezogen, weil — unabhängig von der Schwere der Behinderung — bei allen eine Verbesserung der Lebenssituation notwendig ist.

Rund 1300 Personen mit geistiger Behinderung werden in Krankenhäusern und pflegerischen Einrichtungen Berlins betreut. Über die Hälfte von ihnen ist schwer geistig behindert, wobei der Anteil in den Krankenhäusern höher ist als in pflegerischen Einrichtungen. Viele haben neben der geistigen Behinderung zusätzliche Beeinträchtigungen (Problemverhalten, psychische Erkrankung, erhebliche Körperbehinderung usw.), etwa die Hälfte bekommt Neuroleptika. Mehr als 100 der in Krankenhäusern und pflegerischen Einrichtungen lebenden Personen sind im Kindes- und Jugendalter. Die durchschnittliche Aufenthaltsdauer liegt bei Kindern und Jugendlichen zwischen zwei und zwölf Jahren (längstens 18 Jahre), bei Erwachsenen zwischen vier und 20 Jahren (längstens 40 Jahre).

Die Bestandsaufnahme der Situation hat gezeigt, daß die meisten von ihnen unter Bedingungen leben, die nicht ihren elementaren Bedürfnissen entsprechen und ihre Entwicklung beeinträchtigen: Unzureichende Personalbesetzung auf großen Stationen, fehlende Qualifikation der Mitarbeiter/-innen und zum Teil desolate räumliche Bedingungen machen ein individuelles Eingehen auf die Personen mit geistiger Behinderung unmöglich. Das zu geringe Therapie- und Beschäftigungsangebot läßt Entwicklungspotential brachliegen; Aktivitäten außerhalb der Einrichtung, die neue Erfahrungen und Anregungen vermitteln könnten, sind oft nur für die Selbständigeren möglich.

Die Lebensumstände dieser Menschen erfordern sofortiges Handeln. Das heißt konkret:

Ausgliederung geistig behinderter Personen in geeignete Wohneinrichtungen und Bereitstellung adäquater Arbeits- und Beschäftigungsmöglichkeiten — sofern sie nicht krankenhausbehandlungsbedürftig oder wegen ihres Alters, altersbedingter Krankheit oder Gebrechlichkeit auf

Betreuung in einer pflegerischen Einrichtung angewiesen sind.

Da angesichts der großen Zahl fehlplazierter Menschen ein Verlassen der Einrichtungen nur in einem Zeitraum von mehreren Jahren realisierbar ist, ist — parallel zu den Bemühungen um Ausgliederung — eine Humanisierung der gegenwärtigen Lebensbedingungen notwendig, um die Zeit bis zum Verlassen der Einrichtung erträglicher zu gestalten. Das heißt: Trennung der Personen mit geistiger Behinderung von pflegebedürftigen, dementen, psychisch kranken Menschen und Alkoholikern durch Bildung eigenständiger kleiner Betreuungsgruppen. Die Rahmenbedingungen sollten sich an den oben genannten Verbesserungsvorschlägen für Wohnheimgruppen orientieren. Zwischenlösungen im Sinne einer Verbesserung der Lebensbedingungen dürfen allerdings nicht dazu führen, daß das Ziel Ausgliederung keine Perspektive mehr ist!

Bedarf an zusätzlichen Wohnplätzen

Die Ergebnisse der Studie zeigen einen hohen Bedarf an zusätzlichen Wohnplätzen auf. Allein für die in der Familie lebenden über 30jährigen und die in Kinder- und Jugendheimen bereits erwachsen gewordenen Personen mit geistiger Behinderung werden mindestens 600 Wohnplätze benötigt. Bei einer konsequenten Ausgliederung der in Krankenhäusern und pflegerischen Einrichtungen betreuten Personen mit geistiger Behinderung sind ca. 800 weitere Wohnplätze vorzusehen.

Dem Anspruch, auch Menschen mit schwerer geistiger Behinderung in Wohneinrichtungen der Behindertenhilfe zu betreuen, kann nur entsprochen werden, wenn die notwendigen personellen und materiellen Rahmenbedingungen sowie begleitende Dienste (z. B. für Krisenintervention, Praxisberatung) gewährleistet sind. Als flankierende Maßnahme ist parallel zur Einrichtung neuer Wohnplätze für ein ausreichendes Angebot an Arbeits- oder Beschäftigungsmöglichkeiten zu sorgen, speziell auch für Personen mit schwerer geistiger und mehrfacher Behinderung.

Der Forschungsbericht macht konkrete Vorschläge zur Struktur regionaler Versorgungssysteme in Berlin, die niemanden wegen Art und Schwere seiner Behinderung ausschließen. Probleme bei der Realisierung gemeindeintegrierter umfassender Versorgungsmodelle ergeben sich aus dem Wohnraummangel in der Stadt, der schlechten Finanzlage und dem drohenden Betreuungsnotstand in Einrichtungen der Behindertenhilfe. Der aktuelle Handlungsbedarf ist groß. Die politisch Verantwortlichen sind gefordert, Planungsaussagen zum quantitativen und qualitativen Ausbau regionaler Versorgungssysteme zu formulieren.

Monika Seifert
Humboldt-Universität
Institut für Rehabilitationswissenschaften
Fachabteilung Geistigbehindertenpädagogik
Prenzlauer Promenade 149—152

13 189 Berlin

Literatur:

SEIFERT, M. (1993): Zur Wohnsituation von Menschen mit geistiger Behinderung in Berlin unter besonderer Berücksichtigung der Personen mit hohem Betreuungsbedarf. Bestandsaufnahme und Perspektiven. — Freie Universität Berlin: Berlin-Forschung (12. Ausschreibung).

Wohnen im Stadtteil für Erwachsene mit schwerer geistiger Behinderung

Ein neues Wohnmodell in Berlin

Ute Fischer, Bernhard Klingmüller

Im Juni 1986 gründeten Eltern von 18 Besuchern einer Tagesstätte in Berlin-Charlottenburg eine Initiative mit dem Ziel, die Realisierung eines Wohnplatzes für ihre erwachsen gewordenen Töchter und Söhne mit schwerer geistiger Behinderung außerhalb von Großeinrichtungen durchzusetzen. In einem langen Diskussionsprozeß entwickelten sie genauere Vorstellungen und eine Konzeption vom Wohnen für ihre erwachsenen Kinder.

Es wurden Kontakte zur Lebenshilfe als Träger und zur Senatsverwaltung für Soziales hergestellt, die das Anliegen unterstützten. Bei der Entstehung des Wohnprojekts waren mehrere Faktoren und Interessengruppen maßgeblich beteiligt:
— extreme Belastungen in Herkunftsfamilien,
— das Engagement von betroffenen Eltern in einer Elterninitative,
— die allgemeine Diskussion um Deinstitutionalisierung und Fehlplazierung,
— die Sozialverwaltung und
— der Träger.

Im Vorfeld konnte sich die Elterninitiative in vielen Bereichen wirkungsvoll in die Planungen einbringen. Zusätzlich nahmen die Eltern Kontakt auf mit dem Arbeitsbereich Geistigbehindertenpädagogik (Prof. M. Th. Hahn) der Freien Universität Berlin, da sie an einer wissenschaftlichen Begleitung interessiert waren. In Kooperation mit der Lebenshilfe Berlin e.V. und finanziert vom Bundesministerium für Familie und Senioren konnte so im August 1991 das Projekt WISTA ins Leben gerufen werden.

Wohnsituation

In Berlin-Neukölln wurde 1991/92 eine neue Wohnanlage für insgesamt etwa 600 Menschen mit ca. 300 Wohneinheiten im sozialen Wohnungsbau fertiggestellt. Unter dem Motto »Mehrgenerationenwohnen« leben in einer kinder- und behindertenfreundlichen Umgebung junge und alte Menschen, Einzelpersonen, Paare, Familien mit Kindern und Alleinerziehende. Darunter etwa 90 Menschen mit unterschiedlichen Behinderungsarten.

Diese Wohnanlage umfaßt außerdem eine Tagesförderstätte der Lebenshilfe für Menschen mit schwerer geistiger Behinderung sowie eine Integrations-Kindertagesstätte. Alle Häuser sind viergeschossig. Im Erdgeschoß gibt es Maisonette-Wohnungen mit kleinen Vorgärten für kinderreiche Familien. Zur Anlage gehören Grünflächen, Spielmöglichkeiten und ein Grillplatz. In unmittelbarer Nachbarschaft befinden sich ein Kanal mit Parkanlage und breitem Spazierweg sowie ein »Erlebnis-Schwimmbad«. Eine belebte Hauptstraße mit diversen Einkaufsmöglichkeiten, Buslinien und einem Ärztehaus ist nicht weit entfernt.

In diesem Wohnkomplex mietete die Lebenshilfe als Träger zwei Wohnungen für je sechs Erwachsene mit schwerer geistiger Behinderung. Die Wohnungen liegen nebeneinander in der zweiten Etage eines der Wohnblocks. Sie sind verbunden durch eine Zwischentür, haben jedoch separate Zugänge durch verschiedene Treppenhäuser. In jedem Haus gibt es einen Fahrstuhl.

Ausstattung der Wohnungen

Die Wohnfläche beider Wohnungen beträgt ca. 300 m². Jede Wohnung verfügt über sechs Einzelzimmer mit ca. 17 bis 25 m², einen breiten Flur mit Handläufen, ein Pflege- und ein Duschbad, jeweils mit Toilette (in einer Wohnung mit Metalltoilette). Zusätzlich gibt es eine Mitarbeiter- und Gästetoilette, zwei Abstellräume, ein kleines

C

Mitarbeiterzimmer für Büroarbeiten und Schlafmöglichkeit für die Nachtbereitschaft.

Der geräumige Wohnbereich — mit gemütlicher Sitzecke und großem Eßplatz — ist zur Küche hin offen. Balkontür und Fenster sind aus Sicherheitsgründen verschließbar und teilweise aus Sicherheitsglas. Die Gemeinschaftsräume haben die Mitarbeiter/-innen der Wohngruppen möbliert (in Absprache mit Eltern und Leitung); die Zimmer der Bewohner/-innen wurden individuell durch die Eltern eingerichtet.

Bewohner/-innen

Die Bewohner/-innen der beiden Wohngruppen sind die zwölf Töchter und Söhne der Eltern, die sich seit 1986 um eine stadtteilintegrierte Wohnmöglichkeit für ihre Kinder bemüht hatten. Aus dieser Vorgeschichte ergab sich, daß für sie die bestmögliche Gruppenzusammensetzung gefunden werden mußte. Die Geschlechterverteilung ist nicht gleichgewichtig: es gibt drei Frauen und neun Männer im Alter von 21—46 Jahren in den beiden Gruppen. Dies entspricht jedoch etwa der epidemiologischen Verteilung von Menschen, die als schwer geistig behindert gelten.

Alle Bewohner/-innen gehören zwar zum Personenkreis der Menschen mit schwerer geistiger Behinderung, aber dennoch kann von einer homogenen Gruppenstruktur nicht die Rede sein: Nach kurzer Zeit des Zusammenlebens konnten große individuelle Unterschiede festgestellt werden, so daß die Zusammensetzung doch als heterogen — im Rahmen der schweren geistigen Behinderung — zu bezeichnen ist.

Die Mehrzahl der Bewohner/-innen verfügt über Sprachverständnis im Bereich alltagspraktischer Lebenszusammenhänge. Einige sprechen in Ein- bis Fünf-Wort-Sätzen. Es gibt Bewohner/-innen mit selbst- und fremdverletzendem Verhalten und mit autistischen Zügen. Einige zeigen extreme Stimmungsschwankungen und Ängste. Die Mitarbeiter/-innen müssen sich auch mit Einnässen, Einkoten und Kotschmieren auseinandersetzen. Mehrere Bewohner/-innen haben Anfallsleiden mit unterschiedlich starker Ausprägung. Einige sind auf ganzheitliche Versorgung bzw. ständige Anleitung angewiesen, die übrigen benötigen leichte Unterstützung bis hin zu intensiver Hilfestellung in allen lebenspraktischen Bereichen. Drei Personen sind auf den Rollstuhl angewiesen.

Personal

Aus der Bewohnerstruktur ergibt sich ein intensiver Betreuungsbedarf rund um die Uhr für die Menschen, die in besonderer Weise auf die Unterstützung durch andere angewiesen sind: auf qualifizierte und erfahrene Mitarbeiter/-innen zur Bewältigung ihres Alltags, zur Förderung ihrer Stärken, zur Unterstützung ihrer weiteren Entwicklung und zum professionellen Umgang mit ihrer jeweiligen Problematik.

Es stehen pro Gruppe insgesamt so viele Mitarbeiterstunden zur Verfügung, daß sich rechnerisch eine bessere Betreuung als 1:1 ergibt. Morgens, im Frühdienst, arbeiten zwei Mitarbeiter/-innen pro Gruppe, zusammen mit der Nachtwache bzw. Nachtbereitschaft. Am Nachmittag und Abend sind zeitlich gestaffelt i. d. R. zwei bis drei Mitarbeiter/-innen im Dienst, so daß getrennte Unternehmungen und Betreuung möglich sind.

Wohnalltag

Der Alltag ist ähnlich wie in Wohngemeinschaften organisiert, selbstverständlich jedoch unter Berücksichtigung der schweren Behinderungen der Bewohner/-innen. Sie besuchen alle eine Tagesförderstätte und kommen gegen 15.00 Uhr nach Hause. Nachmittags gibt es individuelle oder gruppenbezogene Freizeitangebote, wobei genügend Freiraum zur Entspannung bleibt. Soweit möglich, werden die Bewohner/-innen in kleinere Haushaltstätigkeiten miteinbezogen.

Ein wichtiges Ziel im Umgang mit den Bewohnerinnen und Bewohnern ist, ihre jeweiligen Selbstbestimmungsmöglichkeiten — in Abhängigkeit vom Grad ihrer Behinderung — zu erweitern und auf individuelle Bedürfnisse einzugehen, soweit es der Gruppenalltag zuläßt.

Bisheriger Verlauf und individuelle Entwicklungen

Für die Bewohner/-innen gab es eine dreimonatige Vorbereitungsphase unter Beteiligung der ersten zukünftigen Mitarbeiter/-innen und des WISTA-Teams (wissenschaftliche Begleitung). In der vorläufigen Gruppenzusammensetzung fanden wöchentlich verschiedene Aktivitäten zum gegenseitigen Kennenlernen statt. Nach und nach richteten sich die Unternehmungen auf Erfahrungen aus, die im neuen Wohnumfeld und den zukünftigen Wohnungen gemacht werden konnten.

Zur Vorbereitung des Umzugs konnten bereits bekannte individuelle Reaktionsweisen berücksichtigt werden. Bei einigen der zukünftigen Bewohner/-innen empfahl sich eine lange Vorbereitungszeit, bei anderen war man aufgrund anderweitiger Erfahrungen darauf orientiert, nur kurze Zeit (maximal eine Woche) zwischen Erstankündigung und tatsächlichem Umzug verstreichen zu lassen.

Der Einzug bedeutete neben dem Auszug aus dem Elternhaus auch gleichzeitig den Wechsel der Tagesstätte. Diese doppelte Belastung konnte durch verschiedene Faktoren etwas gemildert werden: Die neue Tagesstätte wurde erst einen Monat nach Ersteinzug eröffnet. Zudem wurde der konkrete Einzug der Bewohner/-innen zeitlich auf zwei Monate verteilt.

Angesichts der grundlegenden Umstellung ihrer gesamten Lebenssituation nach dem Einzug verlief die Eingewöhnung während der Anfangsphase überwiegend problemlos. Inzwischen ist der Alltag eingekehrt. Es gab und gibt bis heute bei einzelnen Bewohnerinnen und Bewohnern Problemverhalten, Heimweh und Regressionsphasen. Im Verlauf ist jedoch eine überwiegend positive Entwicklung zu verzeichnen.

Vorrangiges Ziel der Arbeit im ersten Jahr war die Eingewöhnung in die neue Lebenssituation. Während der Vorbereitungsphase wurden vom Projekt WISTA die Bedürfnisstruktur und bisherige Lebenssituation der einzelnen Bewohner/-innen recherchiert. Auf dieser Grundlage konnten die neuen Mitarbeiter/-innen deren Vorgeschichte berücksichtigen und individuell auf sie eingehen. Dies erleichterte ihnen das Einleben. Alle Bewohner/-innen konnten in abgesprochenen Abständen Kontakt zu ihren Eltern haben, um die vertrauten Beziehungen zu erhalten, sich nicht plötzlich »entwurzelt« zu fühlen. Das neue Lebensumfeld war für die meisten zunächst äußerst interessant, bot Abwechslung und neue Anregungen, sodaß sich das Heimweh in Grenzen hielt.

Ein weiterer Schwerpunkt dieser ersten Phase war der Aufbau der Kontakte und Beziehungen unter den Bewohnerinnen und Bewohnern: die Zusammenführung der Gruppe.

Inzwischen haben viele Bewohner/-innen Interesse aneinander und an den sehr unterschiedlich eingerichteten Zimmern gefunden. Soweit sie dazu in der Lage sind, bewegen sie sich selbständig in der ganzen Wohnung, pendeln zwischen dem eigenen Zimmer und dem Gruppenraum, besichtigen die Zimmer der Mitbewohner und halten sich dort eine Zeitlang auf. Einige besuchen mit Vorliebe und aus Interesse an bestimmten Dingen auch die Nachbarwohnung, wenn die Verbindungstür offensteht.

Der Aufenthalt im gemeinsamen Wohnbereich ist für die meisten zur Selbstverständlichkeit geworden und wird zunehmend genutzt. Hier trifft man sich nicht nur bei den Mahlzeiten, sondern auch zur Entspannung zwischendurch auf dem Sofa. Die Bewohner/-innen beschäftigen sich in der gemeinsamen Sitzecke auch mit ihren persönlichen Dingen, spielen, hören Musik, sehen fern oder beobachten die Aktivitäten der anderen. Durch die offene Verbindung zur Küche können sie sich an den Essensvorbereitungen aktiv oder passiv durch Beobachten beteiligen. Ein Bewohner etwa, der sich nicht selbständig fortbewegen und nicht hören kann, hat einen festen Platz auf einer Matratze im Gemeinschaftsraum gefunden, von dem aus er das tägliche Geschehen auf seine Art wahrnehmen und miterleben kann.

Im täglichen Miteinander hat sich die Toleranz gegenüber den Verhaltensweisen und Bedürfnissen der Mitbewohner/-innen oder gegenüber lau-

C

C

ten Geräuschen vergrößert. Wartesituationen können vielfach besser ertragen werden als früher. Einige Eltern berichten, daß die wachsende Toleranz sich auch bei Besuchen im Elternhaus erfreulich bemerkbar macht. Autistische Verhaltensweisen haben sich verringert; bestimmte Gewohnheiten, die im Elternhaus zwingend waren, haben sich in der Wohngruppe bald verändert oder sind in dem Maße und in der Art und Weise nicht aufgetreten. Andererseits wird beobachtet, daß beim Wochenendbesuch im Elternhaus frühere Verhaltensmuster und Gewohnheiten wieder auftauchen, die in der Wohngruppe sonst nicht mehr vorkommen.

Vielfältige Lernprozesse sind zu verzeichnen: Es gibt einzelne, die sich im Gegensatz zu früher deutlicher gegen andere Bewohner/-innen abgrenzen und zur Wehr setzen können. Sie treffen inzwischen selbständige Entscheidungen oder zeigen Trotzreaktionen, die man früher nicht an ihnen kannte. Sie haben in einigen Bereichen des täglichen Lebens an Selbständigkeit gewonnen, wie auch die Eltern bestätigen. Die Sprache hat sich bei einzelnen bereits etwas verbessert, der Wortschatz verändert und teilweise erweitert.

Bei einem Bewohner haben die für ihn typischen Drohungen mit Autoaggressionen nachgelassen; bei anderen entstehen autoaggressive oder aggressive Verhaltensweisen vereinzelt in subjektiv empfundenen Streßsituationen, die im Gruppenleben unvermeidbar sind. Es läßt sich bis heute jedoch feststellen, daß alle Bewohner/-innen ihr neues Zuhause als solches akzeptieren, sie sich hier auf ihre Weise erkennbar wohlfühlen und nach einem Wochenendbesuch bei den Eltern gern in ihre neue Wohnung zurückkehren.

Verbindung von Wohnprojekt und Forschungsprojekt

Das Forschungsprojekt WISTA hat das Ziel, zur bestmöglichen Realisierung des Wohnprojekts beizutragen und den Prozeß der Verwirklichung urbanen Wohnens von Erwachsenen mit schwerer geistiger Behinderung zu dokumentieren. Als methodischer Ansatz wurde auf Konzepte der Handlungs- und der Praxisforschung zurückgegriffen. Dadurch sind die Mitarbeiter/-innen des WISTA-Teams, die alle über verschiedene praktische Vorerfahrungen mit geistig behinderten Menschen verfügen, zeitweise auch stärker in die Praxis einbezogen als in einem Forschungsdesign, das nur auf Beobachtung orientiert ist. Die Brauchbarkeit der Methode muß sich in der Alltagspraxis zeigen und erfordert die Berücksichtigung langer Zeiträume in ihrer Prozeßhaftigkeit.

Die Normalisierung der Lebenswelt von Menschen mit schwerer geistiger Behinderung bedeutet methodisch, einen hohen Anteil an nicht sprachlich und begrifflich formulierten Interessen und Bedürfnissen zu verstehen und zu berücksichtigen, also in sehr starkem Maß auf direkte Wahrnehmungen von Verhaltensweisen und -änderungen der Bewohner/-innen und auf von anderen Personen gesammelte Erfahrungen und Wissen angewiesen zu sein. Quelle dieser Informationen sind vor allem die Ausssagen von Eltern und Mitarbeiterinnen und Mitarbeitern der Wohngruppen und der Tagesstätte.

Vom WISTA-Team wurden u. a. Raster entwikkelt, mit denen konkrete Beobachtungen systematisiert werden konnten. Es wurden beispielsweise für die Vorbereitungsgruppen festgehalten, welche Aktivitäten durchgeführt worden waren, wie die zukünftigen Bewohner/-innen darauf reagierten, wie sie aufeinander reagierten und was künftig beachtet werden sollte.

Bei Interviews mit den Eltern bestand die Zielsetzung zunächst darin, den gewohnten Tagesablauf der zukünftigen Bewohner/-innen im Elternhaus aufzuzeichnen. Dabei spielten im Hinblick auf eine Kontinuität der Lebenswelt insbesondere Fragen nach den Bedürfnissen und Vorlieben eine Rolle. In einem zweiten Schritt wurden Informationen zum Lebenslauf und zur Entwicklungsgeschichte der Bewohner/-innen gesammelt.

Eine weitere Form der Dokumentation waren Videoaufnahmen von den zukünftigen Bewohnerinnen und Bewohnern, sowohl in der Tagesstätte als auch in den meisten Herkunftsfamilien. Die Zielsetzung war, damit konkrete alltagspraktische Fähigkeiten der zukünftigen Bewohner/-innen festzuhalten, um eine Grundlage für Vergleichsmöglichkeiten zu gewinnen.

Soweit die Informationen aufgearbeitet wurden, sind sie den Mitarbeiterinnen und Mitarbeitern für ihre eigene Arbeit zur Verfügung gestellt worden. Noch während der Vorbereitungszeit wurden vom WISTA-Team Elterngesprächsgruppen zur Ablösungsproblematik durchgeführt.

Seit dem Einzug nimmt WISTA begleitend und beratend in abgesprochenen Sequenzen an den Mitarbeiterbesprechungen teil. Darüberhinaus gibt es Fortbildungsangebote zu speziellen Themen. Es fand eine Erhebung statt zum Entwicklungsverlauf der Bewohner/-innen nach eineinhalb Jahren. Weiterhin wurde ein Fragebogen zur Arbeitssituation der Mitarbeiter/-innen entwickelt.

Zwischenbilanz

Nach der Halbzeit der Begleitung des Wohnprojektes (zum bisherigen Verlauf siehe Schaubild auf Seite 90) lassen sich einige vorläufige Erkenntnisse zusammenfassen:

- ○ Es war dem Träger nicht möglich, zwei Wohnungen im Erdgeschoß zu bekommen, da hier Maisonettewohnungen für kinderreiche Familien eingerichtet wurden. Hier haben sich die Eltern auf einen Kompromiß eingelassen, der sich bald als nachteilig herausstellte: Lärmbelästigungen für die darunterliegenden Wohnungen sind unvermeidlich und belasten unnötig die Nachbarn. Die von den Eltern immer wieder betonte Notwendigkeit sehr guter baulicher Isolierungsmaßnahmen wurde nicht zufriedenstellend ausgeführt, so daß es vereinzelt Probleme mit den betroffenen Nachbarn gibt.
- ○ Die örtliche Nähe der Wohnungen zur Tagesförderstätte, die die meisten Bewohner/-innen besuchen, wird unterschiedlich beurteilt:
  - — Die Nähe und das relativ gefahrlose Überqueren der Anliegerstaße gibt einigen Bewohnern nach kurzer Trainingsphase die Möglichkeit, selbständig dorthin zu gehen bzw. nach Hause zurückzukehren.
  - — Der kurze Arbeitsweg bietet zu wenig Distanz zum Wohnbereich und weniger Abwechslungen und Erfahrungen, die bei einem längeren Weg oder einer Busfahrt zur Arbeitsstelle möglich wären.
- ○ Um ein Übergewicht von Bewohnern mit schwerer geistiger Behinderung in einem Haus zu vermeiden, war die »Tandem«-Situation beider Wohnungen ursprünglich nicht gewünscht. Sie scheint sich jedoch nicht nur wegen der nächtlichen Betreuung als günstig zu erweisen. Die Bewohner/-innen suchen beispielsweise immer wieder auch Kontakte über die eigene Gruppe hinaus.
- ○ Leider konnten nicht nur pädagogisch und pflegerisch ausgebildete Mitarbeiter/-innen mit Vorerfahrungen bei diesem Personenkreis eingestellt werden. Der Arbeitsmarkt ließ keine andere Stellenbesetzung zu. In den Gruppen arbeiten neben einem Heilerziehungspfleger, voll ausgebildeten Pflegekräften und Erziehern eine Reihe von Angestellten im Erziehungsdienst, sowohl Studenten wie auch Personen mit unterschiedlicher Berufsausbildung. Das direkte Engagement in der Arbeit ist jedoch relativ unabhängig von der jeweiligen Qualifikation. Wünschenswert sind für die besonders schwierige Aufgabe speziell beruflich vorgebildete Mitarbeiter/-innen.
- ○ Interessant ist, daß sich bisher keine der unvermeidlichen Schwierigkeiten im Alltag so zuspitzte, daß es zu einer psychiatrischen Notfallsituation kam. Die pädagogischen und betreuerischen Mittel (einschließlich gelegentlicher spezieller Supervision oder Fortbildungen zu besonderen Themen) zeigten sich der Situation weitgehend gewachsen. Bei zukünftigen Wohnprojekten empfiehlt es sich dennoch, auf eine heterogenere Zusammensetzung zu achten, bezogen auf Problemverhalten wie auch auf den Schweregrad der Beeinträchtigungen. Die psychiatrische Grundversorgung ist gegeben, praktikable Möglichkeiten zur niedrigschwelligen Krisenintervention sind längerfristig notwendig.

C

Zur Rolle der Eltern

Das Engagement der Eltern ist bei diesem neuen Wohnmodell besonders hervorzuheben. Heute existiert ein aktiver Elternbeirat, bestehend aus zwei Müttern, die in engem Kontakt zu den anderen Eltern und zur Leitung der Einrichtung die Belange der Wohngruppe und ihrer Bewohner/-innen unterstützen. Die Eltern haben ihre Verantwortung für ihre erwachsenen Töchter und Söhne nicht »abgegeben«. Sie begleiten diese weiterhin auf ihrem Lebensweg.

Ute Fischer, Bernhard Klingmüller
Humboldt-Universität
Institut für Rehabilitationswissenschaften
Fachabteilung Geistigbehindertenpädagogik
Prenzlauer Promenade 149—152
13 189 Berlin

C

Überblick zu den bisherigen Wista-Aktivitäten (Stand: Februar 1993)

	Eltern	Bewohner	Mitarbeiter (Ma)	Sonstige
Vorfeld	1986: Gründung der Elterninitiative 1989: Erster Kontakt zwischen der Elterninitiative und dem Arbeitsbereich Geistigbehindertenpädagogik			
Einstieg August 1991 bis Dezember 1991	Teilnahme an den Treffen der Elterninitiative, 1. Runde Hausbesuche und Interviews mit den Eltern	Kennenlernen der künftigen Bewohner/-innen: Hospitationen in bisheriger Tagesförderstätte (TaFö), Gespräche mit den Ma der TaFö		Kontaktgespräche mit dem Träger (Lebenshilfe e.V. Berlin), Einstellung der Leiterin (November 1991)
Vorbereitung Januar 1992 bis März 1992	Teilnahme an den Treffen der Elterninitiative, 2. Runde Hausbesuche und Interviews mit Eltern, Elterngesprächsgruppen zur Ablösung	Bunte Gruppen: Fallgespräche mit den Ma der bish. TaFö und den ersten neuen Ma der Wohngruppen; Videoaufnahmen in der TaFö und bei den Eltern	Einbeziehung der vorab eingestellten Ma in die Bunten Gruppen; Einbeziehung in Bewohner-Fallbesprechungen; Gespräche mit der Leitung	
Einleben in die neue Wohnsituation ab April 1992	Teilnahme an Treffen der Elterninitiative, den Elterntreffs je Wohngruppe, diverse Elternkontakte, Teilnahme an Familiennachmittagen	Hospitationen in den Wohngruppen, Diskussion von Fördermöglichkeiten	Teilnahme an Teamsitzungen, Fortbildungsangebote, Gespräche mit der Leitung	wiss. Exkursion: Schweden; Familienfreizeit für alle (Herbst 1992); wiss. Exkursionen: Hamburg, Bremen; Experten-Hearing (Februar 1993)

Ausgliederung geistig behinderter Menschen aus der Psychiatrie

Internationale Entwicklungen, zur Lage in den neuen Bundesländern und zu Reformen in der alten Bundesrepublik

Georg Theunissen

Blick in das benachbarte Ausland

Gegen Ende der 60er Jahre wurde das System Psychiatrie heftig kritisiert und angegriffen. Eingeleitet wurde diese international weit verbereitete Auseinandersetzung durch Arbeiten von BLATT/KAPLAN (1967), BASAGLIA (1974; 1981), GOFFMAN (1972) und SZASZ (1960), die die Symptomatik und Ideologie der psychiatrischen Orthodoxie schonungslos aufgezeigt hatten. Auch wenn das Interesse an der Veränderung der Lage geistig Behinderter in der Psychiatrie gegenüber der Situation psychisch Kranker vielerorts nur gering war, gab es weitgehend Übereinstimmung darin, daß Menschen mit geistiger Behinderung in psychiatrischen Einrichtungen, Pflegeheimen oder klinisch kontrollierten und organisierten Großanstalten fehlplaziert seien. Seit dieser Zeit steht die rehabilitative Behindertenarbeit im Zeichen der Entmedizinierung, Deinstitutionalisierung, Normalisierung und Integration.

Welche Reformen in bezug auf die Rehabilitation Erwachsener mit geistiger Behinderung im benachbarten Ausland durchgeführt worden sind und welche Tendenzen sich heute abzeichnen, soll im folgenden kurz anskizziert werden.

Italien

Hier ist vieles von dem, was etwa vor 20 Jahren unter dem Stichwort der »Antipsychiatrie« scharfsinnig herausgearbeitet wurde, z. B. die Wirkweise der »totalen Institution« (Goffman), der therapeutische Nihilismus und die Subjektvergessenheit oder die polititsche Botmäßigkeit des psychiatrischen Modells, nur ansatzweise reformerisch aufgegriffen worden (vgl. zusammenfassend THEUNISSEN 1987, 12 ff.). Bis heute ist es (auch im Norden des Landes) keineswegs — wie manche immer wieder behaupten — zu einer völligen Auflösung psychiatrischer Anstalten und einer damit verknüpften gesellschaftlichen Integration geistig behinderter Erwachsener gekommen. Vielmehr ist in den Anstalten stets ein »harter Kern« an sozial benachteiligten, psychosozial auffälligen, armen, verwahrlosten und hospitalisierten Menschen mit geistiger Behinderung übrig geblieben, die dort z. T. ein recht trostloses Leben fristen. Ferner hat man im Zuge der Reformen all jene schwerst- und mehrfachbehinderten Menschen, die traditionell zu den Stiefkindern der Psychiatrie zähl(t)en und auf geschlossenen Stationen untergebracht waren, nicht — wie Menschen mit einer leichten kognitiven Beeinträchtigung — in Gemeinden (wieder-)eingegliedert, sondern (im Gegenteil) erneut ausgegrenzt und isoliert — diesmal in sogenannte casa di cura (private Pflegeheime), häufig auf dem Lande oder an den Rändern größerer Städte gelegen. Vor einigen Jahren hatte ich Gelegenheit, ein solches Haus kennenzulernen. Die Situation war erschreckend, schwerst geistig- und mehrfachbehinderte Menschen wurden wie Schafe zusammengepfercht in Tagesräumen aufbewahrt; eine pädagogische Förderung gab es nicht. Man sprach von nicht integrierbaren »Pflegefällen«.

Frankreich

Die Entwicklung in Frankreich erscheint widersprüchlich und z. T. undurchschaubar (vgl. THEUNISSEN 1987, 28 ff.). Hier ist zu beobachten, daß sich die Leitprinzipien der Entpsychiatrisierung, Normalisierung und Integration eher auf Menschen mit leichter geistiger Behinderung und insbesondere auf die sogenannten Lernbehinderten erstrecken, die häufig unter dem Personenkreis der »Oligophrenen« subsumiert werden. Fragt man nach der Versorgung schwerst- und mehrfachbehinderter Erwachsener sowie nach geistig behinderten Menschen mit Verhaltensauffälligkeiten, so stößt man in der Regel auf Pflegeheime oder (psychiatrische) Anstalten, die für diesen Personenkreis als zuständig erachtet werden. Gemeindenahe differenzierte Wohnformen für intensiv betreuungsbedürftige geistig behinderte Menschen sind kaum zu verzeichnen und ohne private Initiativen überhaupt nicht denkbar.

Niederlande

Die Betreuung geistig behinderter Menschen in Holland wird oft als vorbildlich erachtet. In der Tat gibt es dort weit entwickelte Konzepte im Bereich der Rehabilitation, Integration und Selbstbestimmung geistig behinderter Menschen (z. B. gemeindeintegriertes Wohnen; berufliche Rehabilitation; Erwachsenenbildung; psychosoziale Dienste und ambulante Psychotherapie; »people first«-Bewegung). Allerdings hält man in bezug auf die Versorgung sogenannter schwerst- und mehrfachbehinderter Personen sowie geistig behinderter Menschen mit Verhaltensauffälligkeiten (Hospitalisierungssymptomen) am klinisch orientierten Anstaltswesen fest. Eine Ausgliederung und Integration dieser Menschen ist sowohl fachlich als auch politisch nicht gewollt. Somit lebt die große Mehrheit dieses Personenkreises in sozialen Großsystemen, in denen man sich permanent um eine Verbesserung der Lebensbedingungen (Humanisierung) bemüht (z. B. durch kleine, häusliche Wohngruppen; Snoezelen als Freizeitangebot).

Dänemark

Ein vergleichbarer Ansatz ist im vielgepriesenen Dänemark zu verzeichnen. Auch hier lebt die Mehrheit der sogenannten schwerst geistig- und mehrfachbehinderten Menschen nicht in psychiatrischen Kliniken, wohl aber in großen Zentraleinrichtungen, die je nach Leitung ein sehr unterschiedliches Gepräge aufweisen (vgl. THEUNISSEN 1987, 42 ff.). Weit entwickelt und vorbildlich ist dagegen die Theorie und Praxis der Rehabilitation von Menschen mit leichter geistiger Behinderung (Entstigmatisierung durch Verzicht auf den Behinderungsbegriff; subjektzentrierte Pädagogik anstelle einer Besonderung durch Heilpädagogik; Prinzip der Nähe und kleinen Wohngruppen; Kurzzeitwohnen; Erwachsenenbildung; peer-support, selfadvocacy).

Schweiz

In der Schweiz gibt es seit einigen Jahren Bemühungen, alle Menschen mit geistiger Behinderung aus den psychiatrischen Kliniken auszugliedern (BÖKER, BRENNER 1991; EGLI, HÜSSY 1991; BONDERER, EGLI 1992). Insgesamt betrachtet war (ist) der Anteil psychiatrisch untergebrachter Menschen mit geistiger Behinderung recht hoch. Deswegen besteht großer Handlungsbedarf. In der Regel vollzieht sich die Reform in zwei Etappen: Zuerst werden auf dem Gelände der psychiatrischen Anstalten organisatorisch unabhängig geführte heilpädagogische Wohnheime gebildet, die durch ein gezieltes Wohntraining und durch komplementäre Angebote (z. B. Beschäftigungstherapie; Tagesförderstätte) eine Enthospitalisierung bewirken sollen. Im zweiten Schritt geht es um die Schaffung gemeindeintegrierter Wohnformen, die in private Trägerschaften überführt werden sollen. Praxisberichte zeigen, daß nach einer sorgfältig durchgeführten Vorbereitungsphase nicht nur hospitalisierte Menschen mit leichter geistiger Behinderung, sondern auch schwerst- und mehrfachbehinderte Erwachsene zusammen mit anderen Behinderten in kleinen Wohngruppen gesellschaftlich integriert wohnen können. Leider scheint derzeit die Reform zu stagnieren, da immer mehr Kantone (Kostenträger) die finanziellen Mittel zur Bildung von Außenwohngruppen kürzen.

Österreich

Dringender Handlungsbedarf besteht auch in Österreich (vgl. LINGG, THEUNISSEN 1993, 13 f., 119 ff.). Im Unterschied zu den o. g. Ländern und zur Bundesrepublik, die es nicht über unverbindliche Empfehlungen hinausbrachten, trat in Österreich am 1. 1. 1991 ein neues Gesetz in Kraft, das geistige Behinderung nicht als psychische Krankheit betrachtet und die Unterbringung geistig behinderter Menschen in psychiatrischen Anstalten nur bei wirklichen psychischen Krankheiten und/oder schwerer Selbst- oder Fremdgefährdung legitimiert. Unter dem Druck des Gesetzes ist es zu ganz verschiedenen Reaktionen gekommen: so lassen sich z. B. verstärkte Aktivitäten zur Schaffung von Rehabilitationsstationen unter z. T. heilpädagogischer Leitung in den psychiatrischen Krankenhäusern verzeichnen; überdies bemüht man sich um die Einrichtung extramuraler Wohngruppen, die in die Trägerschaft der örtlichen Behindertenhilfe (in der Regel Lebenshilfe) überführt werden sollen. Mancherorts ist es aber nur zu einer rein organisatorischen Ausgliederung der Oligophrenie-Bereiche gekommen, ohne tiefgreifende Veränderungen. Einige psychiatrische Kliniken setzen auf Einzelintegration. Eine weitere Reaktion auf das Gesetz ist der Versuch, geistig behinderten Menschen eine psychiatrische Diagnose »aufzupfropfen«, um seinen Forderungen wenigstens formell gerecht zu werden. Alles in allem ist viel in Bewegung geraten und man darf gespannt sein, ob sich die fortschrittlichen und erfolgreichen Entwicklungen (z. B. in Vorarlberg) langfristig und flächendeckend durchsetzen werden.

Schweden

Zum Schluß unseres Überblicks möchte ich noch auf die Entwicklung in Schweden hinweisen. Schweden gilt auf dem gesamten Gebiete der Rehabilitation von Menschen mit geistiger Behinderung am fortschrittlichsten. Seit 1985 gibt es ein Betreuungsgesetz, welches besagt, »daß alle geistig Behinderten in der Gesellschaft integriert leben und wohnen sollen, wie schwer die Behinderung im einzelnen Falle auch sein mag« (WALLNER 1987, 32). Infolgedessen sollen auf Dauer alle Anstalten abgeschafft werden — ein Prozeß, der seit einigen Jahren »voll im Gange ist«. Nur 30 % aller erwachsenen geistig Behinderten in Schweden lebten 1987 noch in Einrichtungen mit Anstaltscharakter. Diese Wohn- und Pflegeheime sind jedoch — verglichen mit den Einrichtungen der Bundesrepublik — schon immer sehr klein gewesen. Nur 22 von insgesamt 124 dieser Heime hatten 1987 noch zwischen 100 und 200 Betten. Größere Einrichtungen gibt es in Schweden seit langem nicht mehr (ebd., 35; vgl. auch THEUNISSEN 1987, 60 ff.).

Diese Hinweise sollen genügen, um aufzuzeigen, welche Reformen der (Wohn-)Versorgung geistig behinderter Menschen international angestrebt und als sinnvoll erachtet werden. Auffällig ist das anscheinend sehr »enge« Verständnis von Integration, welches zwischen »integrierbaren« Menschen mit geistiger Behinderung und »Pflegefällen« — den schwerst- und mehrfachbehinderten Menschen — differenziert, die kaum in den Blickpunkt der Reformen gelangen. Diese Zweiteilung ist fachlich betrachtet höchst umstritten, ja unhaltbar und sollte auf das Schärfste zurückgewiesen werden. Sie ignoriert den Etikettierungs- oder Zuschreibungsaspekt von Behinderung, vernachlässigt die Erkenntnis, daß Grenzen zwischen schwerer, mittlerer und leichter geistiger Behinderung fließend sind und übersieht, daß alle Menschen mit geistiger Behinderung ein Recht auf ein gesellschaftlich integriertes Leben haben. Der (drohenden) Produktion einer »Restgruppe« an »nicht integrierbaren« geistig behinderten Personen, den sogenannten Pflegefällen, muß durch ein umfassendes regionales Versorgungssystem und -netz sozialer (gemeindeintegrierter) Hilfen wirksam begegnet werden. Gerade hier steht die international weit verbreitete Integrationsbewegung auf dem Prüfstand. Scheitert sie an diesem Anspruch, so ist die Gefahr groß, daß sie der »neuen Behindertenfeindlichkeit« (Theunissen) oder Euthanasiebewegungen unfreiwillig zuarbeitet.

Während im benachbarten Ausland (z. B. Holland, Frankreich, USA) das Thema der Euthanasie (schon) recht unbefangen diskutiert wird und utilitaristisch präformierte, inhumane Strömungen an Einfluß gewinnen, ist die bundesdeutsche Reaktion noch eher verhalten. Anscheinend haben wir aus unserer Geschichte gelernt, wachsam zu sein gegenüber gesellschaftlichen Tendenzen, die sich gegen das Leben von behinderten, schwerkranken oder auch alten Menschen richtet. Dieses sensitive, kritische Bewußtsein hilft uns, Widersprüche auf dem Gebiete der Integration aufzuspüren, zu orten und warnend zu verdeutlichen. Wir wissen, daß von gesellschaftlichem Fortschritt nicht die Rede sein kann, wenn die Normalisierung der Lebensbedingungen vor intensiv betreuungsbedürftigen Menschen halt macht. Ebenso wissen wir um die Gefahren und Probleme, wenn durch integrative Maßnahmen neue Schwerstbehindertenzentren produziert werden. Deswegen tun wir gut daran, Reformen anzumahnen und umzusetzen, die eine Verbesserung der Lebensbedingungen durch Ausgliederung, Normalisierung, Deinstitutionalisierung und Integration aller fehlplazierten (psychiatrisch untergebrachten) Menschen mit geistiger Behinderung zum Ziele haben. Hierzu gibt es inzwischen in der Bundesrepublik verschiedene Beispiele, die von hohem Erfahrungswert und wegweisend sind. Bevor wir darauf näher eingehen, soll zunächst die Situation in den neuen Bundesländern angesprochen werden, weil hier das Interesse an diesen Reformen besonders groß ist.

Lage in den neuen Bundesländern

Mit dem Zusammenbruch und den Umwälzungen in der ehemaligen DDR haben uns fast täglich Meldungen erreicht, die uns sprachlos machten: So berichtet der »Stern« (vom 7. 6. 1990), daß institutionalisierte geistig behinderte Kinder in Velgast bei Stralsund an Betten gefesselt oder in Käfigen verwahrt worden sind. Einem ebenso schockierenden Bild begegnen wir in der Lebenshilfe-Zeitung vom Juni 1990, in der über die Zustände im Kreispflegeheim Hilbersdorf geschrieben steht: »Gehfähige Kinder lagen angebunden tagtäglich nur im Bett. ... Kinder, die aus den Betten durften, wurden wie in einen Zwinger gesteckt und mit Medikamenten vollgepumpt«. Betroffen macht auch ein Ende Mai 1991 erschienener Artikel in der Frankfurter Rundschau, der das Desinteresse des DDR-Staates an einem menschenwürdigen Leben schwer und schwerst geistig behinderter Menschen in aller Deutlichkeit belegt. Das wohl erschütterndste Dokument hat uns Ernst Klee mit seinem Film »Die Hölle von Ueckermünde« (1993) vor Augen geführt.

In der Tat ist die Lebenssituation für viele geistig behinderte Menschen in den neuen Bundesländern katastrophal. Dies gilt insbesondere für den Personenkreis der sogenannten Schwerst- und Mehrfachbehinderten, die in der DDR weder als schulbildungs- noch als förderungsfähig galten (vgl. TROGISCH, TROGISCH, 1977). Aus behördlicher Sicht handelte es sich hier um die sogenannten rehabilitations- oder förderungsunfähigen intellektuell Geschädigten, d. h. ausschließlich um »Pflegefälle«, für die nur eine (Massen-)Unterbringung in Pflegeheimen, großen Anstalten oder psychiatrischen Kliniken, eine Versorgung »mit einem Minimum an gesellschaftlichem Aufwand« (WICHT 1990, 1915) in Betracht gezogen wurde. Nach STRÜMPFEL (1986; 1987) kann man in den neuen Bundesländern bei einer Gesamtzahl von ca. 50.000 Menschen mit geistiger Behinderung mit ungefähr 9.700 schwer oder schwerst geistig behinderten Personen rechnen. Zwei Drittel dieser Behinderten sind Erwachsene, die überwiegend in Pflege-, Feierabend- oder Altenheimen sowie in klinisch orientierten Anstalten der Behindertenfürsorge »verwahrt« werden. Wie notdürftig sich die Versorgung im Einzelfalle darstellt, ist dem soeben vorgelegten Bericht zur Lage der Psychiatrie in der ehemaligen DDR (LdP) zu entnehmen.

> *«Bei den großen Pflegeheimen sind die Gebäude z. T. hundert bis zweihundert Jahre alt. Ein großes Heim war mitten im Winter tagelang ohne Heizung. ... Sicherheitsvorkehrungen für den Brandfall sind z. T. insbesondere unter Berücksichtigung der Hilflosigkeit schwer- und mehrfachbehinderter Bewohner (manche sind dauernd bettlägerig) und der schlechten Personalbesetzung unzureichend bis unverantwortlich. Die Möblierung der Zimmer und die Bekleidung der Bewohner sind meist besonders ärmlich. In einem Heim wurden viele Bewohner nachts in ihren Zimmern eingeschlossen; der Flur zur Toilette war damit versperrt, statt dessen wurde ein Nachtstuhl in die Zimmer gestellt. Andere Be-*

wohner wurden fixiert, einige befanden sich in Dauerfixierung. ... Für bettlägerige Patienten gab es außer der grundpflegerischen Versorgung keine weiteren gezielten Hilfen, mit dem Waschen wurde schon um 3.30 Uhr morgens begonnen — das Personal in diesen Heimen ist völlig überfordert und allein gelassen.« (LdP 1991, 24 f.; vgl. auch 123 f.)

Ähnlich katastrophal stellt sich die Situation für viele geistig behinderte Menschen auch in den psychiatrischen Kliniken der ehemaligen DDR dar. Experten schätzen, daß 6.000—9.000 Menschen mit geistiger Behinderung in psychiatrischen oder klinischen Einrichtungen — häufig zusammen mit psychisch kranken Langzeitpatienten auf großen Stationen, z. T. mit 60 und mehr Plätzen, fehlpaziert sind (vgl. ebd. 13, 185). Auch WICHT (1990, 1916) dokumentiert, daß schwer oder schwerst geistig behinderte Erwachsene in psychiatrischen Einrichtungen »auf überbelegten Stationen in drängender Enge, in wenig geeigneten Räumlichkeiten mit mangelhafter Ausstattung untergebracht sind. Häufig genug stehen nur zwei Betreuungspersonen für 35—40 geistig Schwer- und Schwerstbehinderte pro Schicht zur Verfügung.«

Daß solche Lebensbedingungen psychische Störungen oder massive Verhaltensauffälligkeiten (Stereotypien, Selbststimulationen, Tics, Fremd- oder Autoaggressionen, Apathie, Depressionen) provozieren, die für die Betroffenen selbst spezifische Anpassungsleistungen an die Isolation, also ein sinnvolles, entwicklungslogisches Problemlösungsmuster darstellen, ist allzu bekannt. Häufig wurde in der Vergangenheit gerade diese sozial bedingte Problematik ignoriert und als ein individuelles, krankheitsbedingtes Phänomen ausgelegt, indem die Verhaltensstörung nicht als Hospitalisierungseffekt, sondern als unmittelbarer Ausdruck der geistigen Behinderung gedeutet wurde. So wurde aus dem ursprünglich sozialen Konflikt ein medizinisches, »primär neuropsychiatrisches Problem« (LdP 1991, 37) gemacht, das man mit klinischer Behandlung (Medikalisierung) und/oder mit Hilfe individualistisch-disziplinierender Zwangsmethoden (Schutzjacke, Bauchgurt etc.) zu kontrollieren und zu bewältigen versuchte. Solche terroristisch anmutende Maßnahmen sind bis heute überall gescheitert. Auch in der ehemaligen DDR hat sich die psychiatrische Orthodoxie als ein Irrweg entpuppt.

In Anbetracht dessen sind tiefgreifende Veränderungen auf dem Gebiete der Versorgung geistig behinderter Menschen, vor allem die Verbesserung der Lebensbedingungen durch eine »Enthospitalisierung« der gesamten Betreuung, dringend erforderlich. Nach Ansicht der Expertenkomission (LdP 1991, 12) ist hierbei die Lage der hospitalisierten (psychiatrisch untergebrachten) geistig behinderten Menschen in der ehemaligen DDR vergleichbar mit den Verhältnissen in den alten Bundesländern Anfang der 70er Jahre.

Es ist aber eine völlig offene Frage, ob es allen neuen Bundesländern gelingt, die Lebensbedingungen erwachsener geistig behinderter Menschen in klinisch organisierten Institutionen durch strukturelle, materielle und personelle Verbesserungen wirksam zu verbessern. Beispielhaft ist diesbezüglich die Entwicklung in Brandenburg. In letzter Zeit mehren sich Stimmen, die in absehbarer Zeit mit tiefgreifenden Veränderungen kaum rechnen und allenfalls einen »gedämpften Optimismus« verbreiten. Zum einen wird die Realisierung notwendiger Reformen und innovativer Maßnahmen durch die wirtschaftliche Situation der sozialen Großsysteme, der Wohlfahrtsverbände sowie der Kostenträger erheblich erschwert. Zum anderen zeigt selbst die Entwicklung in der alten Bundesrepublik auf, daß es hier keineswegs zu einem flächendeckenden Veränderungsprozeß gekommen ist.

Reformen in der alten Bundesrepublik

Die durch die »anti-« und sozialpsychiatrische Bewegung eingeleitete »Krise der Psychiatrie« hatte zur Folge, daß in der BRD zu Beginn der 70er Jahre eine intensiv geführte Grundsatzdiskussion einsetzte, in der u. a. auch die Theorie und Praxis der Versorgung geistig behinderter Menschen in der Psychiatrie thematisiert wurde.

Mit der Psychiatrie-Enquete (1975) wurde ein umfassendes Gutachten vorgelegt, welches tiefgreifende Veränderungen auf dem Gebiete der Versorgung geistig behinderter Menschen in der Psychiatrie bewirken sollte. Nach Schätzungen der Experten lebten damals ca. 18.000 Menschen mit geistiger Behinderung in psychiatrischen Krankenhäusern. Eine der wichtigsten Empfehlungen der Enquete-Komission war die Trennung der Versorgung psychisch kranker und geistig behinderter Menschen sowie die Schaffung eigenständiger Behinderteneinrichtungen außerhalb der Krankenhäuser. Diese Empfehlung wurde zuerst im Rheinland, wo der Anteil psychiatrisch untergebrachter geistig behinderter Menschen im Vergleich zu den anderen Bundesländern am größten war, aufgegriffen und umgesetzt.

C

Die heilpädagogischen Heime im Rheinland (HPH)

Ende der 70er Jahre faßte der Landschaftsverband Rheinland als Träger großer psychiatrischer Einrichtungen den Beschluß, in fünf Landeskliniken (Bonn, Bedburg-Hau, Düren, Langenfeld, Viersen) eigenständige Behindertenbereiche zu schaffen, die später (1980/81) herausgelöst und als auf oder neben dem Gelände der Kliniken gelegene heilpädagogische Heime für geistig behinderte Menschen verselbständigt wurden. In der rheinischen Landesklinik Düsseldorf wurde diese Reform aufgrund innerbetrieblicher Widerstände erst vor wenigen Jahren vollzogen.

Wirft man einen Blick auf die Konzeption der heilpädagogischen Heime, so ist festzustellen, daß die Verwirklichung des »Normalisierungsprinzips« (nach NIRJE 1974) die wichtigste Rolle spielt (vgl. GAERTNER 1983). Betrachtet man ihre Entwicklung von 1980 bis 1993, so sind zweifellos erkennbare Fortschritte zu konstatieren (z. B. pädagogische oder psychologische Leitung der Einrichtungen; Einstellung von Erziehern, Sozial- oder Heilpädagogen; Umbauten ehemaliger Psychiatriestationen zu Wohngruppen für acht bis zwölf Behinderte; gemischtgeschlechtliche Gruppen; Beschäftigungsangebote für Bewohner mit mittlerer und leichter geistiger Behinderung; differenzierte Freizeitangebote für die große Mehrheit der Bewohner; Abbau hoher, sedierender Arzneigaben und spezifischer Zwangsmethoden).

Dem Gedanken der gesellschaftlichen Integration stand man in den Heimen zunächst eher skeptisch gegenüber. Diese Vorbehalte hingen im wesentlichen mit der zu Beginn der 80er Jahre noch weit verbreiteten Auffassung zusammen, daß für die große Mehrheit der in den heilpädagogischen Heimen betreuten Menschen aufgrund der Hospitalisierungssymptome und Schwere der geistigen Behinderung das auf oder neben dem Gelände gelegene heilpädagogische Heim ein endgültiges Zuhause sei. Daher lag der Akzent der konzeptionellen Arbeit weitgehend bei der »Humanisierung« der Lebensbedingungen. Dies führte aber zu einer deutlichen »Stabilisierung des Heimsektors« (BRADL, SCHÄDLER 1986) mit typischen Merkmalen eines Klinikbetriebes (z. B. zentrale Versorgung mit Essen, Wäsche; zentrale Verwaltung, bürokratische Regelung menschlicher Bedürfnisse durch Zentraleinkäufe; mehrstufige Entscheidungshierarchie).

Der damit verknüpften Gefahr einer Verfestigung der Institution war sich der Träger voll bewußt. Deswegen wurden 1987 und 1990 im Landschaftsverband Rheinland politische Beschlüsse gefaßt, die eine Ausgliederung von 40 % aller Heimbewohner vorsehen. Über 30 % der Heimbewohner leben mittlerweile schon nicht mehr auf dem Gelände der Heime oder Kliniken, sondern draußen, in ca. 100 gemeindenahen Wohnungen oder Einfamilienhäusern, angemietet oder gekauft vom Landschaftsverband Rheinland. Jedes Heim verfügt über Paarwohnungen, Apartements und mehrere Außenwohngruppen mit schwerst- oder auch leicht behinderten Menschen. In der Regel hat eine Außenwohngruppe fünf Bewohner, die intensiv (rund um die Uhr) oder auch in Form einer aufsuchenden Hilfe (betreutes Wohnen) — je nach Erfordernissen — pädagogisch-therapeutisch begleitet werden.

Auch wenn diese Idee der Bildung von Außenwohngruppen im Stile einer Dezentralisierung der Heime keineswegs in der Geistigbehindertenbetreuung neu ist (von kirchlichen Trägern großer Behindertenanstalten wurden betreute Wohngruppen in Anbindung an die Zentraleinrichtungen schon seit längerem geschaffen), besteht in der Heimkonzeption die Weiterentwicklung darin, daß die gemeindenahen Wohnformen explizit auch für schwerst- und mehrfach behinderte sowie ältere Heimbewohner bestimmt sind. Dadurch will der Träger eine zu starke Überrepräsentierung dieses Personenkreises im traditionellen Anstaltsbereich vermeiden bzw. der Gefahr begegnen, daß es eines Tages nur noch größere Einrichtungen mit schwerstbehinderten Menschen gibt. Diese bieten sowohl für ihre Bewohner als auch für die Mitarbeiter zu wenig (Lebens-)Anreize (vgl. SPECK 1987, 13). Die Suche nach geeignetem Wohnraum in den Gemeinden und die Bildung von Außenwohngruppen ist auch im Jahre 1994 voll im Gange. Hierzu werden weiterhin finanzielle Mittel bereitgestellt.

Insgesamt betrachtet kann sich diese Orientierung nach außen und insbesondere die Arbeit in den Außenwohngruppen der Heime sehen lassen. In der Regel wird in den Außenwohnungen auf zentrale Versorgungsangebote völlig verzichtet, indem den Bewohnern und Betreuern monatlich Gelder für Haushaltsführung (Lebensmittel, Bekleidung, Veranstaltungen, Körperpflege, Sachmittel, Gebrauchsgüter und Aktivierung) zur selbständigen Verwaltung und Verfügung bereitgestellt werden. Dadurch hat man in den Außenwohngruppen ein wichtiges Stück an Unabhängigkeit erreicht — ein Aspekt, der Leitidee jeder Wohngruppe sein sollte. Mehrere Dokumentationen belegen, daß die in den Außenwohnungen gewonnenen Erfahrungen konstruktiv und ermutigend sind: Sie erbringen den Nachweis, daß sich früher psychiatrisch untergebrachte Erwachsene mit geistiger Behinderung unabhängig von der Schwere der Beeinträchtigung unter häuslichen Wohnbedingungen in ihrem Verhalten und Erleben positiv verändern und entwickeln können. Ferner ist das Tätigkeitsfeld der Mitarbeiter vielseitiger; weil ihr Handlungs- und Entscheidungsraum größer als in den traditionellen Heimgruppen ist, kann der Gefahr des »Ausbrennens« wirksam begegnet werden.

Trotz dieser Vorzüge gibt es allerdings auch einige Probleme, die die Gesamtkonzeption der Heime betreffen:

- Bis heute fehlen tragfähige Konzepte in bezug auf Kurzzeitwohnen und Krisenintervention bei geistig behinderten Menschen mit Verhaltensauffälligkeiten. Da die Heime sich nicht vergrößern sollen und über keine Aufnahme- oder Beobachtungsgruppen verfügen, kommen geistig behinderte Erwachsene, die in eine psychische Krise geraten und/oder in den Augen ihrer Mitmenschen als besonders schwierig gelten ebenso wie geistig behinderte Menschen, bei denen eine familiäre Notsituation entstanden ist, vorübergehend oder auch für längere Zeit nach wie vor in die Psychiatrie. Liegt eine schwere psychische Erkrankung vor, so ist dagegen nichts einzuwenden. Spielen jedoch bloß äußere Umstände eine Rolle, so ist die Psychiatrisierung in keiner Weise gerechtfertigt.
- Trotz einer Entwicklungszeit von über zehn Jahren ist es den HPH noch nicht gelungen, für die große Mehrheit der schwerst- und mehrfach behinderten Bewohner extramurale Arbeitsangebote in WfB zu finden oder mehr ständige intramurale Beschäftigungsmöglichkeiten (z.B. in Heimtagesstätten) anzubieten. Dies bedeutet, daß für viele intensiv betreuungsbedürftige Bewohner, selbst für einige schwerstbehinderte Menschen, die in Außenwohngruppen leben, die Trennung Wohnen-Arbeiten, das sogenannten Zwei-Milieu-Prinzip, als Kernstück des Normalisierungsgedankens noch nicht realisiert wurde. Ferner wird der Bereich der Erwachsenenbildung bis heute eher stiefmütterlich behandelt. Hier besteht ein großes Nachholbedürfnis — insbesondere unter Einbeziehung oder in Kooperation mit vorhandenen kommunalen Bildungsstätten.
- Ein Problem, welches zusehends auf die Heime zukommt, ist die Versorgung alter geistig behinderter Menschen. Dazu werden derzeit Konzeptionen erarbeitet, die darauf hinauslaufen, daß auch alte Menschen mit hohem

C

Pflegeaufwand möglichst lange (bis zu ihrem Lebensende) in ihren vertrauten Wohngruppen verweilen können. Ein Abschieben auf geriatrische Stationen der Psychiatrie ist ebenso wie die Bildung von klinisch ausgerichteten Pflegestationen für alte Menschen im Heim zu verwerfen. Dies bedeutet, daß der Pflegeaufwand auch in den Wohngruppen mit sogenannten leicht behinderten Bewohnern auf Dauer größer wird, was langfristig nur über eine Verbesserung des Personalschlüssels bewältigt werden kann, wenn der Anspruch einer menschenwürdigen, kommunikationsreichen Betreuung nicht aufs Spiel gesetzt werden soll.

- Im Unterschied zu den Außenwohngruppen gibt es im traditionellen Heimbereich noch deutliche Merkmale eines Klinik- oder Anstaltsbetriebs, die mit dem Prozeß der Normalisierung unvereinbar sind. Gerade die Verbürokratisierung der Institution klammert für viele Bewohner wichtige Entwicklungs- und Erfahrungsbereiche zur individuellen und gemeinsamen Lebensbewältigung aus.
- Trotz mehrfacher Kritik besteht in einigen Heimen (und dies ist kein heimspezifisches, sondern ein universales Institutionsproblem in der Behindertenhilfe) nach wie vor eine hierarchische Anstaltsstruktur, die einbahnig ist und den Handlungs- und Entscheidungsspielraum der Mitarbeiter an der Basis stark einschränkt. Die Bevormundung betrifft insbesondere das Gruppenpersonal im Heimbereich. Unzufriedenheit, hohe Fluktuation und häufige Krankmeldungen sind die Folge; immer mehr Mitarbeiter fühlen sich »ausgebrannt«.
- Bis heute hat man es im Rheinland versäumt, eine regionale Versorgungsstruktur im Zuge der Ausgliederung geistig behinderter Menschen aus den Heimen zu entwerfen. Es wurde nur eine Dezentralisierung der Heime betrieben, die in einzelnen Regionen zu einem Nebeneinander auf dem Gebiete der Versorgung geistig behinderter Erwachsener, zu unnötigen Verständigungs- und Kooperationsschwierigkeiten mit einzelnen Trägern der örtlichen Behindertenhilfe geführt hat. Die Einführung sogenannter Regionalisierungskonferenzen (vgl. nächstes Kapitel) mit dem Ziel der Schaffung einer wohnortnahen Versorgungsstruktur ist erst soeben angelaufen.

Heilpädagogische Einrichtungen in Hessen (HPE)

Im Unterschied zum Rheinland hat man in Hessen, wo der Anteil Schwerstbehinderter in psychiatrischen Kliniken ebenfalls sehr hoch war, erst recht spät auf die Psychiatrie-Enquete reagiert. Ende 1987 wurde vom Landeswohlfahrtsverband (LWV) Hessen als Träger mehrerer großer psychiatrischer Landeskrankenhäuser der Beschluß gefaßt, bis zum 1. 1. 1989 die Behindertenbereiche der Kliniken in Haina, Herborn, Riedstadt und Weilmünster herauszulösen und als heilpädagogische Einrichtungen zu verselbständigen. Diesem Reformschritt ging eine mehrjährige Phase der Diskussion um den »richtigen Weg« einer zukünftigen Betreuung geistig behinderter Menschen aus der Psychiatrie voraus.

Zunächst wurde im Juli 1985 vom LWV eine — fachlich gesehen — sehr umstrittene Konzeption für die Versorgung psychiatrisch untergebrachter geistig behinderter Menschen vorgelegt. Bezeichnend für diese Konzeption war, daß an einem zukünftigen Versorgungsauftrag der hessischen psychiatrischen Krankenhäuser für »bestimmte Gruppen geistig Behinderter« festgehalten wurde (z. B. für Schwerst- und Mehrfachbehinderte, verhaltensauffällige geistig Behinderte, anfallsgefährdete geistig Behinderte, geistig Behinderte mit schweren, chronisch verlaufenden psychischen Störungen, ältere geistig Behinderte, die nach langjährigem Aufenthalt im psychiatrischen Krankenhaus »Heimat« gefunden hätten). Die Problematik dieser Konzeption wurde im LWV bald erkannt, weswegen eine rasche Überarbeitung der bisherigen Verbandsposition angestrebt wurde. Maßgeblich sind seit 1988 sogenannte *Leitlinien für die pädagogische Strukturierung der heilpädagogischen Einrichtung.* Ihre

Aufgabe ist es, geistig behinderte Erwachsene nicht nur in pflegerischer Hinsicht zu betreuen, sondern auch über ein differenziertes pädagogisches Angebot in ihrer Persönlichkeitsentwicklung und eigenständigen Gestaltung ihres Lebens soweit wie möglich zu fördern, um Prozesse einer beruflichen Rehabilitation und gesellschaftlichen Integration zu erreichen. Nach dem fachlichen Selbstverständnis ist somit eine heilpädagogische Einrichtung dann am erfolgreichsten, wenn sie sich selbst überflüssig macht.

Bei der gesellschaftlichen Integration soll in erster Linie auf eine regionale Eingliederung hingearbeitet werden. Dies bedeutet, daß möglichst viele Heimbewohner eines Tages wieder nahe bei ihren Angehörigen leben sollen.

Um dieses Ziel der *Regionalisierung* verwirklichen zu können, strebt der LWV ein enges Zusammenwirken mit freien und kommunalen Trägern auf dem Feld der Behindertenhilfe vor Ort an. Zwischenzeitlich haben sich zahlreiche örtliche Verbände der Behindertenhilfe (z. B. die Lebenshilfe) bereiterklärt, diese Konzeption zu unterstützen und mit den einzelnen heilpädagogischen Einrichtungen sowie dem Landessozialamt zusammenzuarbeiten. Seit 1988 gibt es in hessischen Landkreisen oder kreisfreien Städten sogenannten Regionalkonferenzen, an denen Vertreter der HPE, des LWV, des Landessozialamtes sowie der freien oder kommunalen Träger teilnehmen, die gemeinsam Konzeptionen zur Integration der ehemals psychiatrisch untergebrachten geistig behinderten Menschen entwickeln, beraten oder verabschieden sowie Wiedereingliederungsanträge und -prozesse überprüfen bzw. vorbereiten. Bemerkenswert ist, daß sich die Regionalisierung auf alle Heimbewohner erstreckt, so auch auf schwer Geistig- und Mehrfachbehinderte, die einen erhöhten Betreuungsaufwand erforderlich machen. Auf dem Hintergrund dieses Prinzips kam es in den vergangenen Jahren zunächst zu einer deutlichen Verkleinerung der HPE, inzwischen ist aber die Reform ins Stocken geraten, da weniger finanzielle Mittel für ein gemeindeintegriertes Leben, insbesondere von schwerstbehinderten Menschen, bereitgestellt werden.

Da der Prozeß der Wiedereingliederung nur langfristig erfolgen kann, sind die heilpädagogischen Einrichtungen dazu angehalten, auch intramurale Reformen zu vollziehen. Als vorbildlich gilt diesbezüglich die HPE Herborn, die sich durch eine demokratisch orientierte Einrichtungsstruktur auszeichnet, eine sektorale Gliederung der Wohngruppen vollzogen hat und ein vielschichtiges, tagesstrukturierendes Angebot für schwerst- und mehrfachbehinderte Menschen bereitstellt (vgl. THEUNISSEN 1988).

Insgesamt betrachtet entspricht die Konzeption der heilpädagogischen Einrichtungen weitgehend dem Ansatz der heilpädagogischen Heime im Rheinland. Daher ist auch die Problematik mit der bereits oben skizzierten vergleichbar.

Zur Auflösung der Klinik »Kloster Blankenburg« in Bremen

Eine weitere Reform wurde zu Beginn der 80er Jahre auf dem Gebiete der Versorgung schwer geistig- und mehrfachbehinderter Menschen in Bremen eingeleitet. Der Senat der Hansestadt beschloß 1980, die ca. 50 km von Bremen entfernte Klinik »Kloster Blankenburg« bis spätestens 1990 aufzulösen. Zu Beginn der 80er Jahre wurde zunächst mit Hilfe eines Trägervereins eine »Enthospitalisierungsstation« für selbständigere Behinderte eingerichtet; darüber hinaus wurden für diesen Personenkreis in der Hansestadt Bremen kleine Wohnformen geschaffen. Im Juni 1985 verabschiedete der Senat für die übrigen 150 behinderten Bewohner der Klinik ein Rahmenkonzept, welches vorsah, zunächst in drei, später in fünf Bremer Stadtbezirken je ein Tageszentrum und abgestufte Wohnformen für jeweils 50 behinderte Menschen aufzubauen. Die Betreuungseinheiten sollten möglichst klein, familienähnlich und nach Schwere oder Art der Behinderung differenziert sein. Die Umsetzung dieses Senatskonzepts erfolgte durch drei gemeinnützige Träger (AWO für den Bereich Bremen-Süd, Innere Mission für Bremen-Mitte; ASB für Bremen-Ost), die sich bezüglich der konzeptionellen Vorstellungen weitgehend abgestimmt hatten (Normalisierung und Aufbau »sozialer Netze«).

C

Ende der 80er Jahre ist es zur völligen Auflösung der Klinik »Kloster Blankenburg« gekommen. Heute leben die meisten behinderten Menschen aus Blankenburg in dezentralisierten Wohnungen oder Wohngruppen innerhalb der Hansestadt. Bemerkenswert ist, daß bei der Bildung der dezentralisierten Wohnformen das Prinzip der Normalisierung wesentlich konsequenter und stringenter als beispielsweise im Rheinland (HPH) realisiert wurde. So wurde z. B. auf Uniformität bzw. eine Einheitsmöblierung der einzelnen Wohngruppen zugunsten von mehr Individualität und Privatsphäre bewußt verzichtet (vgl. GROMANN-RICHTER 1988). Tagsüber gibt es für alle Bewohner der neuen Wohnformen Beschäftigungs-, Arbeits- oder auch Bildungsangebote in den Wohngruppen zugeordneten nahegelegenen Tagesstätten, die sich mit ihrem pädagogischen Ansatz an der Konzeption der dänischen oder schwedischen »day-centers« orientieren und nach der sogenannten SIVUS-Methode arbeiten.

Um eventuellen »psychischen Krisen« vorzubeugen und eine qualifizierte Betreuung auch in sozialpsychiatrischer Sicht abzusichern, arbeiten die im Stadtbezirk von Bremen aufgebauten Wohnzentren eng mit bestehenden regionalen Diensten (sozialpsychiatrischer Dienst, Krankenhäuser, Fachärzte) zusammen.

Auch in Bremen werden Regionalisierungskonferenzen durchgeführt, durch die eine wohnortnahe Versorgung aller Menschen mit geistiger Behinderung abgestimmt werden soll. Geistig behinderte Kinder, Jugendliche oder Erwachsene, die heute noch in ihren Herkunftsfamilien leben, sollen auf Dauer einen Wohnplatz in ihrer unmittelbaren (vertrauten) Umwelt (Stadtteil) erhalten. Dies bedeutet, daß sich die drei eingangs genannten Träger, die die rehabilitative Betreuung der ehemals psychiatrisch untergebrachten Behinderten übernommen haben, zu einer Versorgungsverpflichtung für geistig behinderte Menschen in den jeweiligen Stadtbezirken grundsätzlich bereiterklärt haben.

Versorgung in Westfalen-Lippe

Die vierte großangelegte Reform mit bundesweiter Aufmerksamkeit wurde vom Landschaftsverband Westfalen-Lippe (LWL) mit den 1986 verabschiedeten *«Leitlinien für die Betreuung geistig Behinderter durch die Krankenhäuser«* eingeleitet. Im Unterschied zum Rheinland oder zu Hessen wird in diesem Positionspapier explizit auf den »Zwischenschritt« eines heilpädagogischen Heims verzichtet und somit an den Behindertenbereichen innerhalb der psychiatrischen Krankenhäuser festgehalten. Von hier aus soll der Personenkreis der hospitalisierten Geistig- und Mehrfachbehinderten mit der ICD-Nr. 318.0 bis 318.1 durch umfassende pädagogische und therapeutische Angebote so weit enthospitalisiert, gefördert und verselbständigt werden, daß er außerhalb der Kliniken in gemeindenahen, beschützenden Wohneinrichtungen leben »und zu einem großen Teil auch in einer Werkstatt für Behinderte beschäftigt werden« kann (LWL 1986, 3).

Die westfälischen Landeskrankenhäuser sind dazu angehalten, mit vorhandenen regionalen Einrichtungen der Behindertenhilfe eng zusammenzuarbeiten und einen bedarfsgerechten Aufbau ambulanter und komplementärer Dienste zu unterstützen und zu betreiben. Nach Vorstellungen des LWL sollen entweder die Behinderten aus den Kliniken nach einer Förderphase im Behindertenbereich direkt in Einrichtungen freier Träger eingegliedert werden, oder es sollen zunächst von den Kliniken aus in den Gemeinden differenzierte Wohnformen aufgebaut werden, die später dann von freien Trägern in den jeweiligen Regionen übernommen werden sollen.

Vorbildlich und federführend auf dem Gebiete der Enthospitalisierung ist in Westfalen-Lippe das Landeskrankenhaus Lengerich. Hier wurde in den letzten Jahren insbesondere im Schwerstbehindertenbereich viel investiert. So gibt es z. B. eine nach holländischem Vorbild aufgebaute Snoezel-Station. Ferner erhalten nahezu sämtliche schwerstbehinderte Erwachsene in einer intramuralen Tagesstätte gezielte pädagogisch-therapeutische Angebote, die sowohl zum Abbau von Verhaltensauffälligkeiten führen als auch auf ein zukünftiges Leben in gemeindenahen Wohnformen vorbereiten sollen. All dies hat dazu geführt, daß sich heute der Behindertenbereich in völliger Auflösung befindet.

Bis auf Gütersloh, wo ebenfalls die konsequente Enthospitalisierung und Ausgliederung betrieben wurde, scheinen die anderen psychiatrischen Kliniken des Landes noch weit davon entfernt zu sein. So ist dem Zwischenbericht des LWL (1989) zu entnehmen, daß vielerorts trotz einer mehrjährigen Reformphase eine anstaltsähnliche, klinisch orientierte Wohnraumgestaltung geblieben ist, was sich etwa in der Größe der Wohngruppen oder Stationen ausdrückt. Insgesamt lebten 1989 noch 910 geistig behinderte Personen auf 41 Stationen. Ferner ist der Mangel an erzieherischem Fachpersonal in allen westfälischen Kliniken evident. Es kommen aber auch institutionelle, klinikspezifische Barrieren dazu, die es bei einer konsequenten Abnabelung des Behindertenbereichs von der Psychiatrie nicht gibt (z. B. durch nichtärztliche Leitung, eigenständige organisatorische Verwaltung). So haben die Heime im Rheinland oder die heilpädagogischen Einrichtungen in Hessen gegenüber den Behindertenbereichen in Westfalen-Lippe ein weitaus größeres Maß an Unabhängigkeit erreicht (beispielsweise stehen sie nicht in »Konkurrenz« zu den anderen Abteilungen einer Klinik; ferner sind sie keiner ärztlichen Betriebs- oder pflegerischen Organisationsleitung untergeordnet, Schwierigkeiten bei der Verteilung von Zuständigkeiten zwischen pflege- und pädagogischer Abteilungsleitung gibt es nicht; Klinikbestimmungen sind eben anders als Heimrichtlinien).

Zusammenfassung

Auch wenn damit viele wichtige Argumente für eine von der Klinik organisatorisch unabhängige Heimlösung sprechen, kann es im Einzelfalle genauso innerhalb der Kliniken beachtenswerte Reformschritte geben. Dies belegt neben Lengerich auch die von HÖSS und GOLL (1986) vorgelegte Studie. Sie erbringt den Nachweis, daß durch gezielte Förderung auf der Basis eines kommunikationszentrierten, pädagogisch-therapeutischen Ansatzes mit ästhetischen Mitteln (Musik, Tanz, Bewegung) sowie durch systematisch aufgebaute Verselbständigungsprogramme psychiatrisch untergebrachte Erwachsene mit (leichter) geistiger Behinderung zu einem relativ eigenständigen Wohnen in der Gemeinde befähigt werden können. Bei diesem im psychiatrischen Krankenhaus Wiesloch durchgeführten Projekt handelt es sich aber nicht um einen breit angelegten Reformansatz, sondern lediglich um eine einmalige Initiative, die in mühevoller Kleinarbeit realisiert werden konnte. Denn außer den zuvor genannten großangelegten Reformen werden bis auf Berlin und Niedersachsen (noch) keine weiteren vergleichbaren Konzepte einer konsequenten Ausgliederung geistig behinderter Menschen aus psychiatrischen Einrichtungen realisiert.

In Berlin hat man ähnlich wie in Westfalen-Lippe damit begonnen, hospitalisierte Menschen mit geistiger Behinderung aus der Karl-Bonhöffer-Klinik in Einrichtungen freier Träger oder in therapeutische Wohngemeinschaften einzugliedern. Niedersachsen hält ähnlich wie Westfalen-Lippe an Behindertenbereichen innerhalb der Kliniken fest, die als »heilpädagogische Zentren« vielseitige pädagogisch-therapeutische und integrative Aufgaben übernehmen sollen. In Anlehnung an die Reformen im Rheinland, in Hessen und in Westfalen-Lippe werden z. Z. auch in Rheinland-Pfalz und in Baden-Württemberg Ausgliederungskonzepte erarbeitet und diskutiert. In diesem Zusammenhang kommt es darauf an, daß die Reformen nicht halbherzig durchgeführt werden, indem bloß ein Etikettenaustausch (von der psychiatrischen Station zum heilpädagogischen Wohnheim) vorgenommen wird. Entscheidend ist, daß das heilpädagogische Wohnheim auf dem Gelände der Kliniken als »Zwischenlösung« betrachtet (z. B. durch Anmieten und nicht durch Übernahme der Klinikgebäude) und daß damit der Integrationsauftrag ernst genommen wird.

Als reformresistent haben sich einige psychiatrische Krankenhäuser und Pflegeheime in freier oder privater Trägerschaft erwiesen. Darüber ist bislang wenig gesprochen worden. Fachleute sind sich recht sicher, daß ein großer Anteil der noch heute in psychiatrischen Kliniken lebenden geistig behinderten Menschen (die Gesamtzahl wird auf 10.000 geschätzt) in den nichtstaatlichen psychiatrischen Krankenanstalten lebt. Die Lage der dort lebenden geistig behinderten Menschen ähnelt mitunter der Situation, in der sich viele geistig behinderte Menschen in den neuen Bundesländern befinden. Auch die Zustände in psychiatrischen Anstalten der alten Bundesrepublik scheinen im Einzelfalle »mittelalterlich« zu sein, indem »viel zu viele Patienten..., manchmal kaum besser als Tiere« (Spiegel Nr. 26, 1990) nur aufbewahrt, aber nicht angemessen betreut und gefördert werden. Dies erbrachte eine vom niedersächsischen Sozialministerium veranlaßte Untersuchung eines psychiatrischen Privatkrankenhauses. Insofern haben die Empfehlungen der Psychiatrie-Enquete aus dem Jahre 1975 bis heute nichts an Aktualität eingebüßt.

Perspektiven zukünftiger Konzepte

(unter besonderer Berücksichtigung der Lage in den neuen Bundesländern)

Auch der Bericht zur Lage der Psychiatrie in den neuen Bundesländern knüpft an die Empfehlung der Psychiatrie-Enquete aus dem Jahre 1975 an, zugleich — und das ist das wesentliche — geht er aber über diese Empfehlung hinaus, indem er sich explizit zur Regionalisierung und gesellschaftlichen Integration aller Menschen mit geistiger Behinderung bekennt. Das Prinzip der gemeindenahen Versorgung geistig behinderter Menschen durch die Bildung von »beschützenden Wohngruppen« wird nämlich in der Psychiatrie-Enquete nicht direkt auf schwerst- oder mehrfachbehinderte Menschen bezogen, wohl bleibt es als Möglichkeit latent vorhanden. So wird im Psychiatrie-Bericht über die ehemalige DDR der Außenorientierung »große Bedeutung« (LdP 1991, 17) zugemessen, indem der Bildung heilpädagogischer Bereiche unter pädagogischer oder psychologischer Leitung »die Enthospitalisierung der Geistigbehinderten folgen (soll), in Verbindung mit dem Aufbau wohnortnaher Einrichtungen, die in die regionale Versorgungsverpflichtung für geistig Behinderte eingebunden werden« sollen (ebd., 17).

Diese Empfehlung deckt sich weitgehend mit konzeptionellen Vorschlägen und Vorstellungen, die auf einer Fachtagung der Bundesvereinigung Lebenshilfe im Juni 1991 thematisiert und diskutiert worden sind. Hier war man sich unter Experten und wichtigen Repräsentanten der Behindertenhilfe einig, daß es dringend erforderlich sei, die wohnortnahe Versorgung aller Menschen mit geistiger Behinderung durch Verbundsysteme aufzubauen. Ein solches Verbundsystem erstreckt sich auf unterschiedlichste Versorgungs- und Funktionsbereiche:

— differenzierte, gemeindenahe Wohnangebote (betreutes Wohnen, therapeutische Wohngemeinschaften, Kurzzeitwohnen, intensiv betreute Wohngruppen mit Möglichkeiten einer Krisenintervention, Wohnstätten, Kleinstwohnheime mit Trainingswohnungen);

— ambulante Dienste (familienentlastende Hilfen, Beratungsangebote, pflegerische Hilfen, Hilfen zur täglichen Selbstversorgung, Begleitung von Rollstuhlfahrern);

— Arbeitsangebote (Werkstätten für Behinderte, Tagesförderstätten, Werkstattverbundsysteme, berufliche Integration);

— Freizeit- und Bildungsangebote (Erwachsenenbildung);

— pädagogisch-therapeutische Dienste (mobile rehabilitationspädagogische Förderung, Psycho-, Sprach- und Physiotherapie);

— Öffentlichkeitsarbeit (Aufbau sozialer Netzwerke).

Der Träger eines solchen Wohnverbundsystems könnte ein einzelner Verband der kommunalen Behindertenhilfe oder der freien Wohlfahrt sein. Ebenso denkbar ist eine Trägerkooperative, in der einzelne freie oder private Träger verschiedene Bereiche des regionalen Verbundsystems abdecken. Hierzu bedarf es freilich der Konsensfindung, Abstimmung und Kooperation unter den einzelnen Trägern der Behindertenhilfe in einer Region. Um eine Aussonderung, Ausgrenzung oder ein Abschieben geistig behinderter Menschen aus einer Region zu vermeiden, sollte eine regionale Versorgungsverpflichtung bestehen. Dies schreibt auch die Expertenkommission:

> *»Wenn jetzt wie in den alten Bundesländern freie Träger in dieses Aufgabenfeld einstei-*

gen, so verstehen sie in der Regel ihre Freiheit meist auch als die Freiheit, sich die Aufgabe selber zu wählen, statt sich in eine regionale Versorgungsverpflichtung einbinden zu lassen. ... Für geistig behinderte Menschen muß ein eigenes Versorgungsnetz aufgebaut werden, für das dieselben Prinzipien gelten sollten wie in der Versorgung psychisch Kranker und Behinderter: wohnortnahe, differenzierte, abgestufte Hilfen im Rahmen regionaler Versorgungsverpflichtung — statt angebotsorientierte wohnortnahe Hilfen mit der Konsequenz der Konzentration von Schwerst- und Mehrfachbehinderten und Problempersonen in überregionalen Großeinrichtungen (psychiatrische Krankenhäuser, Heime, Anstalten).« (LdP 1991, 34, 40)

Prinzipiell sollten sich das Land, die Kreise und Städte zur regionalen Versorgung bekennen und auch entsprechende Vorgaben machen. Wege in dieser Richtung signalisieren die Reformen in Bremen und Hessen. Sie zeigen aber auch auf, daß ohne Unterstützung der überörtlichen Sozialhilfeträger keine wirksamen und weitreichenden Reformbestrebungen gedeihen können. Aber erst wenige Länder oder auch Anstalten in der alten Bundesrepublik haben sich dem Regionalisierungs- und Integrationsprinzip verschrieben und dieses Defizit ist für die neuen Länder höchst irritierend. Denn letztlich werden sie mit zwei unterschiedlichen Empfehlungen oder Ansätzen konfrontiert:

1. Mit der Forderung nach Integration durch den Aufbau regionaler Versorgungssysteme bei einer langfristigen Verkleinerung oder Auflösung großer überregionaler Einrichtungen für Behinderte. Dieses Konzept wird von verschiedenen Expertenkreisen favorisiert und im Bericht zur Lage der Psychiatrie in der ehemaligen DDR wie folgt akzentuiert: »Aber selbst wenn der Heimbereich auf dem Gelände des psychiatrischen Krankenhauses gut ausgestaltet wird, stellt sich die Frage nach der möglichen Alternative: mit einem nicht höheren finanziellen Aufwand neu zu bauen (statt zu sanieren), aber dezentral in Wohngebiete eingestreut« (LdP 1991, 44).
2. Mit der Auffassung, an den vorhandenen großen, überregionalen Behinderteneinrichtungen in freier Trägerschaft festzuhalten und eine grundlegende Humanisierung der Anstalten zu betreiben (z. B. durch Renovierung, Neu- oder Umbauten). Dieser Position begegnet man vor allem bei Repräsentanten kirchlicher Anstalten, die teilweise ideologisch-konservativ argumentieren, teilweise aber auch überzeugende Argumente anbringen, die von »Integrationsenthusiasten« ernstgenommen werden sollten (vgl. GAEDT 1982; THEUNISSEN 1993).

Auf den ersten Blick scheinen sich beide Ansätze unversöhnlich gegenüber zu stehen, und in der Tat sind sie nicht miteinander zu vereinen, wenn sie zur Ideologie erkoren oder als Dogma ausgewiesen werden. Es sind aber auch Verständigungsmöglichkeiten und Kompromisse denkbar, die das bisherige institutionsbezogene Versorgungsprinzip ad acta legen und von der Bedürftigkeit der behinderten Menschen (den sogenannten special needs) aus denken, planen und handeln.

Beispielhaft hierfür scheint der Weg der Alsterdorfer Anstalten in Hamburg zu sein, die vor kurzem eine Konzeption zur Regionalisierung der Behindertenhilfe vorgestellt haben, welche die bisherigen zentralen Wohnangebote in ein ambulantes (beratende Dienste), teilstationäres (Tagesheim, betreutes Wohnen, Gastwohnen, WfB) und vollstationäres (differenzierte Wohngruppen) regionales Hilfekonzept einbindet. Mit diesem Ansatz wird das Recht jedes Menschen auf freie Persönlichkeitsentwicklung und auf ein Leben in der Gemeinde ernst genommen; das Regionalisierungs- oder Dezentralisierungsprinzip soll nicht leichtfertig selbst dem humanisierten Anstaltswesen geopfert werden. Schließlich widerspräche es auch einer demokratischen Grundhaltung, wenn keine Beendigung der Selektion, Ausgrenzung und Besonderung schwer oder schwerst geistig behinderter Menschen in wohnortfernen Anstalten oder Pflegeheimen erreicht würde. Zugleich ist dieser Entwurf eine unmißverständliche Absage gegenüber Vorschlägen, »in Anbetracht der Dringlichkeit« Schwer- oder Schwerstbehinderte auf »Alterspflegestationen einzugliedern« oder »profilierte Pflegestationen für schwerst- und

C

mehrfachbehinderte Menschen in den derzeit vorhandenen Pflegeeinrichtungen« der ehemaligen DDR zu schaffen (WICHT 1990, 1918). Intensiv betreuungsbedürftige Menschen mit geistiger Behinderung sind keine »Pflegefälle«, weswegen sich weder die Schaffung spezialisierter Pflegestationen an allgemeinen Pflegeheimen (auch nicht als Zwischenlösung!) noch die dauerhafte Unterbringung in psychiatrischen oder klinisch orientierten Anstalten anbietet.

C

Aus alledem folgt: Dort, wo bislang weder regionale Versorgungsstrukturen noch größere Behinderteneinrichtungen existieren, sollten bedarfsorientierte, wohnortnahe Verbundsysteme mit einer Vollversorgungspflicht aufgebaut werden. Dies kann durchaus über Sofortmaßnahmen (Anmieten oder Kauf von Wohnhäusern) und über Kooperation mit freien Trägern erfolgen. Die Unterbringung geistig behinderter Menschen in vorhandenen Pflegeheimen oder psychiatrischen Kliniken ist auf jeden Fall zu vermeiden. Dies gilt ebenso für den Bau neuer, größerer Wohnanlagen (z. B. über 40 Plätze) etwa für schwerstbehinderte Menschen. In Regionen mit traditionell gewachsenen Behindertenanstalten sollten Regionalisierungs-, Deinstitutionalisierungs- und Dezentralisierungskonzepte entwickelt werden, so daß die zentralen Großsysteme langfristig (analog zur Konzeption der Alsterdorfer Anstalten) wohnortnahe Versorgungsaufträge übernehmen können. Die »Entflechtung« größerer Behindertenanstalten wäre damit ein wesentlicher Schritt in die richtige Richtung.

Da die (Wieder-)Eingliederung geistig behinderter Erwachsener in die Gesellschaft des langen Atems bedarf und die gegenwärtigen Lebensbedingungen geistig behinderter Menschen in den psychiatrischen Einrichtungen kaum verantwortet werden können, dürfen intramurale Reformen nicht unterbleiben. Hierzu zählt unter anderem auch die Ausgliederung geistig behinderter Menschen aus den psychiatrischen oder klinischen Anstalten durch die Bildung eigenständig geführter heilpädagogischer Einrichtungen (nach dem Beispiel von Hessen oder Nordrhein-Westfalen). Freilich dürfen solche Reformschritte nicht systemstabilisierende Fakten schaffen, sondern sie müssen den Weg zu einer bedarfsgerechten, wohnortnahen Versorgung ebnen helfen.

Ziehen wir ein Resümee, so bleibt festzuhalten, daß wir eine Position vertreten, nach der für psychiatrisch untergebrachte, hospitalisierte Menschen mit geistiger Behinderung gemeindenahe, integrierte Wohnformen zu gelten haben. Über die formale Seite der Reform wurde hierzu einiges ausgesagt. Auf die Inhaltsebene (Pädagogik) der Reformen konnte leider aus Platzgründen nicht eingegangen werden (vgl. hierzu die ausführlichen Darstellungen in THEUNISSEN 1990 und 1991; LINGG, THEUNISSEN 1993).

Form und Inhalt stehen in einem dialektischen Verhältnis zueinander und sind damit nicht voneinander zu trennen. Dies hat für das integrative Anliegen ganz bestimmte Konsequenzen: So sagt z. B. das Wohnen in einem zentral gelegenen Einfamilienhaus noch nichts darüber aus, ob hier wirklich Integration stattfindet, ob sich die betreffenden behinderten Menschen wirklich sozial und gesellschaftlich integriert erleben. Ohne räumliche Integration kann keine soziale und funktionale Integration gedeihen, aber eine ökonomische Einbindung reicht bei weitem nicht aus, dem subjektiven Gefühl des Integriertseins Rechnung zu tragen. Im Zuge der gesellschaftlichen (Wieder-)Eingliederung ist darauf zu achten, daß die Frage nach der Sicherung eines Lebensraumes, in welchem sich geistig behinderte Menschen wohlfühlen, allseitig entwickeln, gesund bleiben und soziale Beziehungen eingehen können, nicht zu kurz kommt. Der Mangel an einer sinnvollen Teilnahme am gesellschaftlichen Verkehr bzw. an der sozialen Kultur wie auch Formen einer unzureichenden Lebensgestaltung und -bewältigung in sozialen Bezugsfeldern kann sowohl für den in einer gemeindeintegrierten Wohngruppe lebenden geistig behinderten Menschen als auch für den in einer Anstalt betreuten Behinderten ein Problem sein. Folgerichtig ist die Schaffung gemeindenaher Wohnformen grundsätzlich an den Bedürfnissen, Voraussetzungen und der Individualität der Behinderten zu orientieren.

Die Subjektseite des Individuums hat SPECK (1990) mit seiner Formulierung »personal-soziale Integration« näher zu fassen versucht. »Personale Integration bezieht sich im besonderen auf das sinnvolle, ein ganzes ergebende Zusammenwirken der psycho-physischen Einzelprozesse des Individuums, auf innere Ordnung« (170). Gemeint ist hier eine auf »körperlich-seelisch-geistige Einheit« des Menschen hin angelegte Förderung oder Bildung, die zur allseitigen Entfaltung der Persönlichkeit führen soll. Dieser Prozeß ist ohne Sozialbezug, Mitmenschlichkeit und Sozialisation nicht denkbar, weswegen soziale Integration »sich als wechselwirkende Ergänzung zur personalen Integration verstehen« läßt (171). Beide Aspekte, die das Grundrecht auf freie Persönlichkeitsentfaltung und Zusammenleben in der Gesellschaft zum Ausdruck bringen, sollten stets handlungsbestimmende Funktion haben. Nach diesem Gedankengang ist Integration freilich wesentlich mehr als bloße (Wieder-) Eingliederung ins gesellschaftliche Leben. Integration ist eine normative Bezugsbasis, ein Prozeß, der Ziel und Methode zur Verwirklichung des Menschseins in sozial-gesellschaftlicher Bezogenheit impliziert. Integration ist unter dieser Perspektive die wichtigste Aufgabe der Behindertenarbeit.

Prof. Dr. Georg Theunissen
Ordinarius für Geistigbehindertenpädagogik am Institut für Rehabilitationspädagogik des Fachbereichs Erziehungswissenschaften der Martin-Luther-Universität Halle-Wittenberg

06099 Halle (Saale)

Literatur:

BASAGLIA, S. (1974): Was ist Psychiatrie? Frankfurt.

Ders.: Die negierte Institution oder die Gemeinschaft der Ausgeschlossenen, Frankfurt 1981.

BLATT, B.: FEGFEUER, B. (1974) In: KUGEL, B.; WOLFENSBERGER, W. (Hrsg.): Geistig Behinderte — Eingliederung oder Bewahrung? Stuttgart.

BÖKER, W.; BRENNER, H.-D. (Hrsg.) (1990): Geistig Behinderte in Psychiatrischen Kliniken, Bern.

BONDERER, E; EGLI, J. (Hrsg.) (1992): Von der Verwahrung zur sozialen Integration, Luzern.

BRADL, CH.; SCHÄDLER, B. (1986): Zur Situation geistig Behinderter in psychiatrischen Krankenhäusern. In: Geistige Behinderung 4, 249—259.

EGLI, J.; HÜSSY, K. (Hrsg.) (1990): Geistig behinderte Menschen in psychiatrischen Kliniken — eine Herausforderung. Luzern.

GAEDT, CH. (1981): Einrichtung für Ausgeschlossene oder »Ein Ort zum Leben«. In: Jahrbuch für kritische Medizin, Bd. 31.

GAERTNER, I. (1983): Die heilpädagogischen Heime des Landschaftsverbandes Rheinland — Geschichte, Konzeption, Perspektiven. In: Geistige Behinderung. 2, 130—136.

GOFFMAN, E. (1972): Asyle — über die soziale Situation psychischer Patienten und anderer Insassen. Frankfurt.

GROMANN-RICHTER, P. (1988): Individuelle Wohnraumgestaltung. Bremen: Diakon. Werk.

HÖSS, H.; GOLL, H. (1986): Wege nach draußen. Reaktivierung und Revitalisierung in der Psychiatrie. Heidelberg.

LdP (1991): Bericht zur Lage der Psychiatrie in der ehem. DDR — Bestandsaufnahme und Empfehlungen — 30. 5. 1991, Hrsg. v. Bundesminister für Gesundheit. Bonn.

Landschaftsverband Westfalen-Lippe (Hrsg.) 1986): Leitlinien für die Versorgung geistig Behinderter durch die psychiatrischen Krankenhäuser des LWL, Vorlage 8/475 Münster.

Ders. (1989): Zwischenbericht zur Umsetzung der Leitlinien des LWL, Drucksache 8/2032, Münster.

LEBENSHILFE-ZEITUNG 3/1990: Katastrophale Zustände im Kreispflegeheim Hilbersdorf.

LINGG, A.; THEUNISSEN, G. (1993): Psychische Störungen bei geistig Behinderten, Freiburg.

C

C

NIRJE, B. (1974): Das Normalisierungsprinzip und seine Auswirkung in der fürsorgerischen Betreuung, In: KUGEL, B.; WOLFENSBERGER, W. (Hrsg.): Geistigbehinderte — Eingliederung oder Bewahrung? Stuttgart.

Psychiatrie-Enquete (1975): Bericht über die Lage der Psychiatrie in der Bundesrepublik Deutschland, Drucksache 7/4200 und 7/4201, Bonn.

SPECK, O. (1987): Die Bedeutung des Wohnens und die Realität der Wohnformen für geistig schwerstbehinderte Erwachsene in der Bundesrepublik. In: THEUNISSEN, G. (Hrsg.): Integriertes Leben schwergeistig- und mehrfachbehinderter Erwachsener. Bericht über eine Tagung der SPD-Fraktion im Landschaftsverband Rheinland in Bonn. LVR Köln (Selbstverlag).

Ders. (1988): System Heilpädagogik. München.

Ders. (1990): Pädagogik bei Menschen mit geistiger Behinderung. München.

SPIEGEL Nr. 26/1990: Daß es das noch gibt. In einer psychiatrischen Klinik herrschen Zustände wie im Mittelalter. Die zuständige Landesregierung blieb jahrelang untätig.

STRÜMPFEL, R. (1986): Zur strukturellen und architektonischen Gestaltung der Lebensräume für schwergeistigbehinderte Menschen. Unveröffentlichte Dissertation, technische Universität Dresden.

Ders. (1987): Wohnformen und ambulante Hilfen für schwergeistig- und mehrfachbehinderte Erwachsene. In: THEUNISSEN, G. (Hrsg.): Integriertes Leben schwergeistig- und mehrfachbehinderter Erwachsener. Bericht über eine Tagung der SPD-Fraktion im Landschaftsverband Rheinland in Bonn, LVR Köln (Selbstverlag).

SZASZ, I. (1960): The myth of Mental Illness. In: american psychologist 15, 113—118.

THEUNISSEN, G. (1987): Der Schule entwachsen — Wege zur Rehabilitation geistig Behinderter im Erwachsenenalter. 2. Auflage. Frankfurt.

Ders. (1989): Aus der Psychiatrie in die Region. Perspektiven der heilpädagogischen Einrichtungen in Hessen — dargestellt am Beispiel von Herborn. In: Geistige Behinderung 2, 124—134.

Ders. (1990): Abgeschoben, isoliert, vergessen — schwerstgeistig- und mehrfachbehinderte Erwachsene in Anstalten. 4. Auflage. Frankfurt.

Ders. (1991): Wege aus der Hospitalisierung, Förderung und Integration schwerstbehinderter Menschen. Bonn.

Ders. (1993): Integration auf dem Prüfstand — Wohnformen für geistig behinderte Erwachsene aus system-ökologischer Sicht. In: Vierteljahresschrift für Heilpädagogik und Nachbargebiete H. 1, 9—19.

TROGISCH, J.; TROGISCH, U. (1977): Sind Förderungsunfähige »nur« Pflegefälle? In: Zeitschrift f. ärztliche Fortbildung, 720—722.

WALLNER, T. (1987): Integriertes Wohnen schwergeistig und mehrfachbehinderter Erwachsener in Schweden. In: THEUNISSEN, G. (Hrsg.): Integriertes Leben schwergeistig- und mehrfachbehinderter Erwachsener. Bericht über eine Tagung der SPD-Fraktion im Landschaftsverband Rheinland in Bonn, LVR Köln (Selbstverlag).

WICHT, E. (1990): Zum Problem der Betreuung Schwer- und Schwerstgeistigbehinderter aus der Sicht eines psychiatrischen Großkrankenhauses. In: Zeitschrift für klinische Medizin, 1915—1918.

Die Ausgliederung aus psychiatrischen Einrichtungen als Aufgabe der Lebenshilfe

Klaus Kräling

Ein besonders trauriges Kapitel stellt in der Bundesrepublik Deutschland die Situation von Menschen mit geistiger Behinderung dar, die trotz der Hauptforderung der Psychiatrie-Enquete von 1975 nach getrennter Förderung der psychisch kranken und der geistig behinderten Menschen (Deutscher Bundestag, 1975) immer noch in psychiatrischen Einrichtungen — Kliniken oder Landeskrankenhäusern — untergebracht sind. Fachleute nennen, bezogen auf die alten Bundesländer, eine Zahl von ca. 10.000 Menschen (THEUNISSEN, 1990, 109 f.).*

Die Lebenshilfe, Ende der 50er Jahre angetreten, die Lebenssituation der geistig behinderten Mitbürger zu verbessern, muß als größte Selbsthilfeorganisation für die Belange dieses Personenkreises, im Rahmen ihrer Normalisierungsbestrebungen künftig verstärkt auch diese besonders benachteiligten Menschen in ihre Aktivitäten einbeziehen.

Im Rahmenprogramm der Bundesvereinigung Lebenshilfe werden bereits 1978 »psychiatrisch-klinische Einrichtungen« kritisch gesehen: »Keinesfalls dürfen sie als selbstverständlicher Ort der endgültigen Unterbringung schwer geistig Behinderter angesehen werden«. Während der Studientagung der Lebenshilfe »Humanes Wohnen — seine Bedeutung für das Leben geistig behinderter Erwachsener« in Aachen 1981 setzte sich eine Arbeitsgruppe mit dieser Problematik auseinander, wurden Forderungen erhoben, diesen Personenkreis in gemeindenahe, pädagogisch orientierte Wohn- und Fördereinrichtungen zu integrieren (1987); konkret wurden erst im Verlauf der 80er Jahre allmählich in entsprechenden programmatischen Äußerungen der Lebenshilfe erste Forderungen nach Ausgliederung von Menschen mit geistiger Behinderung aus psychiatrischen Einrichtungen formuliert (Landesverband der Lebenshilfe Hessen, 1986).

Diese Forderungen standen zeitlich im Zusammenhang mit Integrationsbestrebungen und -aktivitäten engagierter Fachleute und Verbände (z. B. Deutsche Gesellschaft für Soziale Psychiatrie, DGSP) und Bemühungen staatlicher Stellen (überörtliche Träger der Sozialhilfe als Einrichtungsträger), die in der Psychiatrie-Enquete dargelegten Zielvorstellungen konsequent in die Tat umzusetzen.

Erste Reformansätze

So hatte man Ende der 70er Jahre im Einflußbereich des Landschaftsverbandes Rheinland, einem der beiden überörtlichen Träger der Sozialhilfe in Nordrhein-Westfalen und selbst Träger von psychiatrischen Großeinrichtungen, damit begonnen, in fünf psychiatrischen Einrichtungen die Geistig-Behinderten-Abteilungen der Krankenhäuser auszugliedern und zu sogenannten Heilpädagogischen Heimen (HPH) zu verselbständigen.

In den HPH wird pädagogisch gearbeitet; überdies kommen »spezifische Betreuungs- und Förderkonzepte für hospitalisierte schwer geistig und mehrfach behinderte Menschen« zum Tragen (THEUNISSEN, 1990).

Fast zeitgleich beschloß der Bremer Senat, das außerhalb des Stadtstaates gelegene »Kloster Blankenburg«, in dem viele, besonders schwer geistig und mehrfach behinderte Menschen leben, bis zum Jahre 1990 aufzulösen und die dort ausgegrenzten Bremer Bürger/-innen wieder in ihre jeweiligen Stadtteile zu integrieren. Das »Kloster Blankenburg« ist inzwischen aufgelöst; die meisten der dort untergebrachten Menschen

*) Gesamtdeutsche Angaben belaufen sich auf insgesamt ca. 19.000 Menschen, siehe auch den folgenden Beitrag C5, Magdeburger Appell, S. 111.

leben mittlerweile in kleinen, gemeindenahen Wohnstätten. Diese Wohneinrichtungen in den einzelnen Stadtbezirken arbeiten mit bereits vorhandenen ambulanten Diensten, Ärzten und sonstigen Institutionen in einem regionalen Verbundsystem eng zusammen.

Mit zeitlicher Verzögerung setzten ab Mitte der 80er Jahre die Bestrebungen des Landeswohlfahrtsverbandes Hessen ein, der als Träger psychiatrischer Krankenhäuser in Haina, Herborn, Riedstadt und Weilmünster die in den dortigen Einrichtungen vorhandenen Behindertenbereiche herauslöste und im Rahmen sogenannter »Heilpädagogischer Einrichtungen« (HPE) eigenständig pädagogisch führte.

Ziel war die weitere Integration der dort geförderten Personen in vernetzte Wohnverbundsysteme — ähnlich dem Modell in Bremen — auf Basis des Prinzips der Regionalisierung und in Zusammenarbeit kommunaler Stellen sowie freier örtlicher Behindertenorganisationen, z. B. auch durch praktische Beteiligung der örtlichen Lebenshilfe-Vereinigungen, um den geistig behinderten Menschen die Nähe zu Eltern, Freunden und Verwandten zu ermöglichen.

Um den Katalog von Reformansätzen und Bestrebungen möglichst vollständig wiederzugeben, sind in diesem zeitlichen Zusammenhang auch die Ausgliederungsbemühungen des Landschaftsverbandes Westfalen-Lippe in Nordrhein-Westfalen zu erwähnen. Auf der Grundlage von »Leitlinien für die Betreuung Geistigbehinderter durch die Krankenhäuser« wird versucht — ohne den Zwischenschritt von HPH oder HPE (THEUNISSEN, 1991) —, die in psychiatrischen Einrichtungen betreuten Menschen durch ein entsprechendes Förderangebot in die Lage zu versetzen, in gemeindenahen Wohnangeboten integriert zu leben. Dabei muß betont werden, daß während der Vorbereitungszeit auf einen Auszug der geistig behinderten Personen die Geistig-Behinderten-Bereiche Bestandteil des Krankenhauses und somit also unter medizinischer Leitung bleiben.

Differenzierung des Hilfesystems vor Ort

Bei den skizzierten Reformansätzen geht es zunächst um die Re-Integration von ausgegrenzten Menschen mit geistiger Behinderung. Damit es parallel zu diesen Bestrebungen in Zukunft nicht mehr zur erneuten Abschiebung »schwieriger« behinderter Personen kommt, muß sich das Hilfesystem vor Ort differenzieren. Ein regional arbeitender Verband oder eine Arbeitsgemeinschaft der im Behindertenbereich tätigen Einrichtungen müssen für ein bestimmtes Einzugsgebiet einen verbindlichen Vollversorgungsauftrag übernehmen. Dabei haben sich nicht die Menschen mit einem besonderen Problem dem Hilfeangebot vor Ort anzupassen, sondern es muß umgekehrt sein: Ausgangspunkt ist die einzelne Person mit ihrem jeweiligen Assistenzbedarf. Dementsprechend muß sich das regionale Hilfesystem flexibel verändern.

Neuere Überlegungen gehen davon aus, daß es für eine konsequente Fortführung der Reformbestrebungen im Bereich Psychiatrische Einrichtungen/Heilpädagogische Heime angezeigt ist, daß die Liga der freien Wohlfahrtspflege mit dem Sozialministerium sowie dem überörtlichen Sozialhilfeträger ein Gesamtkonzept für die Enthospitalisierung bundeslandbezogen erarbeitet. Darin muß festgelegt sein, wie ausgegrenzte Menschen mit geistiger Behinderung wieder in ihre Heimat zurückkehren bzw. auch, wie schwerst geistig und mehrfachbehinderte Menschen Wahlmöglichkeiten in bezug auf Wohnen und Arbeit in gemeindenahen, kleinen Einrichtungen angeboten werden können.

Da eine notwendige kritische Auseinandersetzung mit den lediglich ansatzweise beschriebenen Reformansätzen den Rahmen dieses Aufsatzes sprengen würde, sei dazu auf die im Anhang aufgeführte Literatur verwiesen (S. 110).

Vor dem Hintergrund dieser Reformbestrebungen war auch die Lebenshilfe mit ihren verbandlichen Gliederungen — insbesondere sind hier die Landesverbände in Bremen, Hessen und Nordrhein-Westfalen zu nennen — verstärkt gefordert, sich mit dem Thema der Ausgliederung von psychiatrisierten Menschen mit geistiger Behinderung in Form von Kontaktgesprächen, Informationsveranstaltungen und schriftlichen Stellungnahmen auseinanderzusetzen.

Auf Bundesebene wurde anläßlich des Wohnstätten-Vertreter-Treffens der Lebenshilfe im Spätsommer 1990 in Pinneberg die Forderung der Teilnehmer/-innen an die Adresse der Lebenshilfe formuliert, sich verstärkt für eine Integration geistig behinderter Menschen aus psychiatrischen Einrichtungen einzusetzen und insbesondere auf die örtlichen Lebenshilfe-Vereinigungen als Träger gemeindenaher Wohneinrichtungen einzuwirken. Parallel dazu forderten die Mitglieder des neuen Ausschusses »Wohnen« der Bundesvereinigung Lebenshilfe im Rahmen der Überarbeitung der alten Grundsatzempfehlungen zum Thema »Wohnen«, die bisher noch verbandsintern gültigen Ausschlußkriterien bezüglich des Personenkreises der schwer geistig und mehrfachbehinderten Menschen ersatzlos zu streichen und unter Hinweis auf das im November 1990 verabschiedete Grundsatzprogramm der Lebenshilfe (1991) für alle Menschen mit geistiger Behinderung auch in der örtlichen Praxis zuständig zu sein.

Forderungen

Im Frühjahr 1991 lud die Bundesvereinigung Lebenshilfe Fachleute aus dem gesamten Bundesgebiet und aus dem deutschsprachigen Ausland zu einem zweitägigen Seminar mit dem Thema »Ausgliederung von Menschen mit geistiger Behinderung aus psychiatrischen Einrichtungen« in die Bundeszentrale nach Marburg ein. Unter Leitung von Professor Theunissen, Freiburg, wurden abschließend aus der Fülle der Anregungen und Diskussionsbeiträge folgende Forderungen an die Adresse der Lebenshilfe formuliert:

- Innerverbandliche intensivierte Aufklärung in den alten wie in den neuen Bundesländern über die Situation von Menschen mit geistiger Behinderung in psychiatrischen (Groß-)Einrichtungen;
- Genauere Beschreibung des Personenkreises der in psychiatrischen Einrichtungen lebenden Menschen mit geistiger Behinderung als Hilfe für die örtlichen Lebenshilfe-Vereinigungen als Träger gemeindenaher Wohnformen und zur Anregung, in psychiatrischen Einrichtungen verstärkt zu hospitieren [Dazu hat die Lebenshilfe im Juni 1994 eine Projektgruppe ins Leben gerufen, die Red.];
- Offensivere Sozialpolitik unter Herausstellung des Prinzips der Normalisierung sowie der Priorisierung regionaler Betreuungs- und Versorgungsangebote;
- Verstärktes Eintreten für eine regionalisierte Pflichtversorgung in Verbindung mit den Kommunen und einzelnen örtlichen Trägern der Behindertenhilfe;
- Entwicklung einer heilpädagogisch-therapeutischen Ambulanz für Menschen mit geistiger Behinderung und ihre Bezugspersonen, um z.B. einer Einweisung in psychiatrische Einrichtungen vorzubeugen (Krisenintervention);
- Entwicklung eines Konzeptes zur Gewinnung von mehr Personal (u. a. verstärkte pädagogische Fortbildung und Festschreibung einer berufsbegleitenden Weiterbildung für nicht pädagogisch ausgebildete Mitarbeiter/-innen);
- Mithilfe beim Aufbau einer bundesweiten Organisation, z. B. »Deutsche Heilpädagogische Gesellschaft«, als Motor für bundesweite Treffen und Erfahrungsaustausch auf diesem Gebiet [Die DHG wurde am 10. 12. 1991 in Düsseldorf gegründet, die Red.];
- Einsatz personenbezogener, individueller Pflegesätze;
- Entwicklung eines Orientierungsrahmens für die in den neuen Bundesländern besonders stark ausgeprägte »Psychiatrielandschaft«, auf der Basis des »Berichtes zur Lage der Psychiatrie in der ehemaligen DDR« (1991), der inhaltlich eine regionalisierte Versorgung favorisiert;

C

— Engere Kontaktaufnahme der Lebenshilfe-Landesverbände mit psychiatrischen Einrichtungen sowie Partnerschaftsbeziehungen zwischen örtlichen Lebenshilfe-Vereinigungen und den entsprechenden psychiatrischen Einrichtungen, um zu erreichen, daß Kostenträger, Träger von Wohneinrichtungen, Verbandsvertreter und Politiker sich vorrangig einsetzen für die Ausgliederung geistig behinderter Menschen aus psychiatrischen Einrichtungen in regional vernetzte soziale Hilfesysteme.

Klaus Kräling
Leiter des Fachgebietes Wohnen der
Bundesvereinigung Lebenshilfe
Raiffeisenstr. 18

35043 Marburg

C

Literatur

Bundesvereinigung Lebenshilfe für geistig Behinderte e.V. (Hrsg.) (1991): »Grundsatzprogramm der Lebenshilfe«, verabschiedet von der Mitgliederversammlung der Lebenshilfe am 9. und 10. November 1990 in Marburg, (Marburg).

Bundesvereinigung Lebenshilfe für geistig Behinderte e.V. (Hrsg.) (1987): »Humanes Wohnen — seine Bedeutung für das Leben geistig behinderter Erwachsener« Bericht der 10. Studientagung der Bundesvereinigung Lebenshilfe vom 11. bis 14. November 1981 in Aachen, Große Schriftenreihe, Bd. 5, 2. unveränd. Aufl., Marburg.

Deutscher Bundestag (Hrsg.) (1975): Bericht über die Lage der Psychiatrie in der Bundesrepublik Deutschland — Zur psychiatrischen und psychotherapeutisch/psychosomatischen Versorgung der Bevölkerung. Bonn.

Landesverband Hessen der Lebenshilfe für geistig Behinderte (Hrsg.) (1986): Stellungnahme zur Eingliederung geistig behinderter Erwachsener aus psychiatrischen Krankenhäusern in teilstationäre Bereiche der Behindertenhilfe. In: Lebensbereiche geistig behinderter Menschen — Grundsatzaussagen des Landesverbandes Hessen, (Marburg).

THEUNISSEN, Georg (1991): Ausgliederung aus der Psychiatrie. Referat anläßlich eines Seminars der Bundesvereinigung Lebenshilfe, unveröffentl. Manuskript.

THEUNISSEN, Georg (1990): »Aus der Psychiatrie in die Gemeinde — Konzepte zur Integration geistig behinderter Erwachsener in der Bundesrepublik Deutschland. In: BÖKER, W., BRENNER, H. S. (Hrsg.): Geistigbehinderte in psychiatrischen Kliniken: neue Tendenzen und Konzepte, 1. Aufl. Bern; Stuttgart; Toronto. (Arbeiten zur Theorie und Praxis der Rehabilitation in Medizin, Psychologie und Sonderpädagogik; Bd. 36)

Magdeburger Appell

Psychiatrische Krankenhäuser, Pflegeheime und Einrichtungen der Altenhilfe: Kein Ort zum Leben für Menschen mit geistiger Behinderung. Verantwortung übernehmen für menschenwürdiges Leben*

In Deutschland leben Tausende von Menschen mit geistiger Behinderung fehlplaziert und fehlbetreut in psychiatrischen Krankenhäusern und isolierenden Pflegeeinrichtungen. Besonders schwer wiegt dieses Problem in den neuen Bundesländern, da sich das System wohnortnaher Hilfen hier noch im Aufbau befindet und die Lebensbedingungen in diesen Einrichtungen häufig menschenunwürdig sind.

Solche Menschenrechtsverletzungen können nicht länger hingenommen werden!

Die Teilnehmer/-innen der Konferenz »Perspektiven der Enthospitalisierung geistig behinderter Menschen aus psychiatrischen Einrichtungen, Pflegeheimen und isolierenden Großeinrichtungen« am 16./17. 12. 1993 in Magdeburg fordern alle politisch, administrativ und fachlich Verantwortlichen dazu auf, Aktionsprogramme zur Enthospitalisierung zu starten.

Damit auch die heute noch fehlplaziert untergebrachten Menschen mit geistiger Behinderung so normal wie möglich leben können, sind insbesondere folgende Sofortmaßnahmen notwendig:

— Bildung landesweiter Arbeitsgruppen oder Koordinierungsausschüsse zur Konzeptionsentwicklung unter Beteiligung von Sozialministerien, überörtlichen Sozialhilfeträgern, freigemeinnützigen Trägern und Selbsthilfeverbänden;

— Einberufung von Regionalkonferenzen, die vor Ort Bedarfslagen beschreiben und trägerübergreifend Aufgaben verteilen und koordinieren, um damit ein System umfassender dezentralisierter und flexibler Hilfsangebote aufzubauen;

— Sicherstellung der Finanzierung heilpädagogischer Qualifizierung von medizinisch-pflegerisch tätigem Personal (z. B. berufsbegleitende Fortbildung zum Heilerziehungspfleger);

— Sicherstellung der Gewährung therapeutischer Maßnahmen und notwendiger Hilfsmittel im Rahmen der medizinischen Rehabilitation in den Institutionen, in denen Menschen mit geistiger Behinderung heute noch fehlplaziert leben müssen;

— sofortige Umwandlung von Stationen in psychiatrischen Einrichtungen und Pflegeheimen zu kleinen, gemischtgeschlechtlich belegten Wohngruppen unter pädagogischer Leitung. Hierzu gehört auch die Einführung von Bezugsbetreuung und individualisierter Förderplanung, um auf den Auszug aus diesen Einrichtungen vorzubereiten und Maßnahmen zur Humanisierung der Lebensverhältnisse zu unterstützen.

Weitere notwendige Maßnahmen sind:

— Bedarfsgerechte Einrichtung von Ausbildungsgängen und Schaffung von Ausbildungsstätten zur beruflichen Ausbildung von Fachleuten in der Behindertenarbeit;

---

*) Der »Magdeburger Appell« wurde von den Teilnehmer/-innen der Konferenz »Nicht ohne Not ins Krankenhaus — Perspektiven der Enthospitalisierung geistig behinderter Menschen ...« am 16./17. Dezember 1993 in Magdeburg einstimmig verabschiedet. Veranstalter dieser Konferenz war die Bundesvereinigung Lebenshilfe gemeinsam mit den Landesverbänden der Lebenshilfe in Berlin, Brandenburg, Mecklenburg- Vorpommern, Sachsen, Sachsen-Anhalt und Thüringen. Vertreten waren Teilnehmer/-innen der Sozialministerien, der überörtlichen Träger der Sozialhilfe, der Ligen der Freien Wohlfahrtspflege, der LH-Landesverbände sowie aus sonstigen Fachkreisen.

— Aufbau von Beschäftigungsbereichen und tagesstrukturierenden Angeboten durch die vorgenannten Institutionen und Einrichtungen. Dabei ist darauf zu achten, daß eine Trennung der Lebensbereiche Wohnen, Arbeit und Freizeit gegeben ist;
— Abschluß gesonderter Vereinbarungen für die Personalbemessung in den zu schaffenden pädagogischen Bereichen;
— Einsetzung unabhängiger Kontroll- und Besuchskommissionen, die die Humanisierung innerhalb der genannten Institutionen überwachen und Beratung zur weiteren Entwicklung anbieten.

Wenn auf dem Wege zu einer völligen Herauslösung geistig behinderter Menschen aus psychiatrischen Einrichtungen und Pflegeheimen institutionelle Übergangsformen notwendig werden, gilt es

— eigene Bereiche für Menschen mit geistiger Behinderung zu schaffen, getrennt vom medizinischen Bereich und mit pädagogischer Leitung und pädagogischer Struktur;
— die Gratwanderung zwischen der notwendigen Humanisierung bestehender Einrichtungen einerseits und der damit einhergehenden Gefahr der Verfestigung neuer zentralisierter Strukturen andererseits zu bestehen.

Ziel aller Aktionsprogramme muß es sein, Reintegration zu ermöglichen und gleichzeitig neue Ausgrenzungen geistig behinderter Menschen zu vermeiden. Dazu ist nicht vorrangig medizinische, sondern vor allem pädagogische Krisenintervention notwendig, und zwar dort, wo die Menschen leben.

Enthospitalisierungsprogramme in Gestalt neuer großer, überregionaler und vollstationärer Langzeiteinrichtungen sind nicht zu akzeptieren. Den freigemeinnützigen Trägern und Selbsthilfeverbänden ist bei der Trägerschaft der neu zu schaffenden Lebensräume Vorrang einzuräumen. Die Größe der Aufgabe bedingt dabei notwendigerweise eine trägerübergreifende Beteiligung. Von besonderer Bedeutung ist dabei die Transparenz von Planungsprozessen und -entscheidungen sowie eine offene und solidarische Kooperation der Verbände untereinander.

Die Ergebnisse und Erfahrungen bereits langjährig erfolgreicher Modelle belegen, daß auch schwerst- und mehrfachbehinderte Menschen aus psychiatrischen Einrichtungen in neue Lebensräume eingegliedert werden können. Hierfür sind die notwendigen Pflegesätze und die sonstigen erforderlichen Rahmenbedingungen zu gewährleisten.

Zur Bewältigung der aufgezeigten Aufgaben ist sofortiges und entschiedenes Handeln aller beteiligten gesellschaftlichen Gruppen notwendig!

Magdeburg, 17. Dezember 1993

Verhaltensauffälligkeiten bei Menschen mit geistiger Behinderung

*Christian Bradl**

Es gibt Verhaltensweisen (nicht nur) von Menschen mit geistiger Behinderung, die in Elternhaus, Klasse, Wohngruppe, Werkstatt oder in der Öffentlichkeit Probleme machen, als auffällig wahrgenommen werden, das Zusammenleben stören, nicht ertragbar sind, zu Krisen eskalieren. Oft handelt es sich um aggressive Handlungen: Gewalttätigkeiten gegenüber Mitbewohnern, Mitarbeitern oder Eltern; Werfen oder Zerstören von Gegenständen; Autoaggressionen. Auch heftige stereotype Bewegungen, ständiges Weglaufen, sexuelle Probleme, akute Angstzustände, unartikuliertes Schreien, Essen oder Trinken ungenießbarer Dinge, Alkohol- und Suchtprobleme sind Beispiele, die zu Konflikten führen, die Unverständnis, Ängste und Abwehr hervorrufen, zumal wenn sie scheinbar unmotiviert oder ohne erkennbaren Anlaß gezeigt werden.

Wir sagen: Verhaltensauffälligkeiten. Wir meinen: Ich komme damit nicht klar, ich kann etwas nicht verstehen, ich weiß mir nicht zu helfen, ich sehe keine Handlungsmöglichkeiten. Begriffe reduzieren eine komplexe Wirklichkeit: Ob ich ein Verhalten als auffällig sehe, ist zunächst abhängig von meiner subjektiven Einschätzung, die wiederum mit dem gesellschaftlichen Umfeld und Wertesystem sowie eigenen Handlungsressourcen zu tun hat. Begriffliche Zuschreibungen sind wichtig, führen aber immer zu Etikettierungseffekten. Beteiligt bleibt eine Person (Lebensgeschichte, Entwicklung), eine Situation (wo passiert was wann mit wem, was ging voraus, was folgte) und ein sozialer Kontext (wer ist beteiligt, wer agiert mit wem, institutionelle Rahmenbedingungen).

Der Umgang mit Verhaltensauffälligkeiten im Elternhaus oder in Einrichtungen wird zunehmend zum Schlüsselproblem für ein sich entwickelndes System gemeindeintegrierter Hilfen für Menschen mit geistiger Behinderung. Ein verstärkter Handlungsdruck entwickelt sich zur Zeit vor allem in drei institutionellen Bereichen:

- Nach Programmen der Ausgliederung geistig Behinderter aus psychiatrischen Krankenhäusern einzelner Bundesländer sind neue heilpädagogische Einrichtungen bzw. Bereiche entstanden — mit einem hohen Anteil von Behinderten mit Verhaltensauffälligkeiten, die auf der Grundlage des Normalisierungsprinzips und heilpädagogischer Konzepte betreut werden.
- Infolge integrativer Tendenzen, gestiegenem Elternwunsch nach ortsnahen Heimaufnahmen und Lücken in regionalen Systemen entwickeln sich viele Großeinrichtungen mehr und mehr zu Schwerstbehindertenzentren — wiederum mit einem wachsenden Anteil von Behinderten mit Verhaltensauffälligkeiten.
- Im Rahmen integrativer Bemühungen vor allem betroffener Eltern, auch schwer- und mehrfachbehinderte Menschen gemeindenah in Wohn- und Werkstätten einzubeziehen, findet sich auch in diesen Einrichtungen eine zunehmende Zahl von Behinderten mit Verhaltensauffälligkeiten, ohne daß hier aber in der Regel die notwendige pädagogische, therapeutische und institutionelle Begleitung verfügbar ist.

Neue Theorie und Praxis

Praktische Bemühungen um eine Integration verhaltensauffälliger Menschen mit geistiger Behinderung in regionale Angebote (Wohnen, Arbeit, ambulante Hilfen usw.) zeigen die Notwendigkeit, neue Sichtweisen von Verhaltensauffällig-

*) Zuerst erschienen in: Zeitschrift Geistige Behinderung 33, 2/1994, 117—130.

C

keit bei geistig Behinderten, spezielle pädagogische und therapeutische Handlungsansätze sowie tragfähige institutionelle Systeme zu entwickeln. Eine neue Praxis in Behinderteneinrichtungen braucht neues Wissen und neue Theorie; hilfreich hierfür können sein: Menschenbild und Handlungsansätze in der Behindertenpädagogik; Leitideen, Theorie und Praxis der Sozialpsychiatrie; Verständnis von Persönlichkeit und praktische Verfahren neuerer Therapieansätze; sozialpolitische Leitprinzipien wie z. B. Normalisierung, Regionalisierung, selbstbestimmtes Leben (vgl. BRADL 1993a).

Das Interesse von Eltern und Praktikern nach praktischen Hilfen und Beratung im Umgang mit Verhaltensproblemen wächst. In der Fachdiskussion sind Annäherungen aus unterschiedlichen Perspektiven festzustellen, die sich auch in Begriffen widerspiegeln: Im medizinisch-psychiatrischen System wird von »psychischen Störungen« gesprochen; favorisiert werden psychiatrische Einteilungen, Diagnosen, Erklärungs- und Handlungsansätze bis zur Feststellung »psychiatrischer Behandlungsbedürftigkeit«. Im pädagogisch-psychologischen Bereich wird eher von »Verhaltensauffälligkeiten« oder »Verhaltensstörungen« gesprochen mit pädagogischen Zielen oder therapeutischen Interventionen. Die Kontroverse zwischen Behindertenpädagogik und Psychiatrie hat eine lange Vorgeschichte. Heute bietet ein interdisziplinärer Zugang von Pädagogik, Psychologie, Therapie, Psychiatrie usw. die Chance für ein differenziertes Verständnis von Verhaltensproblemen und praktische Kooperation. Es ist nicht länger strittig, daß die Betreuung geistig Behinderter eine pädagogische Aufgabe ist; wo aber Verhaltensprobleme im Spiel sind, kann pädagogische Betreuung von diagnostischen und therapeutischen Kompetenzen profitieren. Kritisch sind allerdings Verengungen auf biologisch beschränkte Krankheitsmodelle und klinisch-psychiatrisch beschränkte Behandlungsmodelle zu sehen.

Ausgehend von Entwicklungen vornehmlich in den USA, England und den Niederlanden (vgl. STARK 1988; DOSEN, GENNEP, ZWANIKKEN 1990; FLETCHER 1993) hat das Schlagwort von der »Doppeldiagnose« (dual diagnosis: psychisch krank und geistig behindert) auch in Deutschland Eingang gefunden (vgl. GAEDT, BOTHE, MICHELS 1993). Zwar erscheint diese internationale Diskussion insgesamt sehr differenziert, unübersehbar ist aber, daß medizinisch-psychiatrische Kategorien überwiegen, sozialpsychiatrische Sichtweisen und behindertenpädagogische Ansätze sich dagegen kaum Gehör verschaffen. Alles in allem kennzeichnet die deutsche Diskussion ein starkes Interesse nach Therapieansätzen bei geistig Behinderten (vgl. HENNICKE, ROTTHAUS 1993; KOCH, LOTZ, STAHL 1993). Verwiesen sei auch auf neuere internationale wie nationale Zusammenschlüsse: in den USA die »National Association of the Dually Diagnosed«, zur europäischen Zusammenarbeit die Gründung der »European Association for Mental Health in Mental Retardation« (vgl. European Experts Conference 1992) und in Deutschland die Bildung der »Arbeitsgemeinschaft seelische Gesundheit für Menschen mit geistiger Behinderung« (1993).

Erscheinungsformen von Verhaltensauffälligkeit

Auf der symptomorientierten Ebene stoßen wir auf individuelle Merkmale bzw. Indikationen, mit denen Familien und Behinderteneinrichtungen nicht oder nur begrenzt zurechtkommen:

- schwere Kontaktstörungen, z. B. fehlende Kontaktaufnahme, sozialer Rückzug, autistische Symptome, Nähe-Distanz-Probleme, Verhaltensstereotypien;
- fremdaggressives Verhalten, d. h. Aggression gegen Personen oder Sachen;
- selbstverletzendes Verhalten;
- Verhalten in akuten oder chronischen psychischen Krisen, d. h. psychische Störungen im engeren Sinn wie Angstzustände, Depressionen, schizophrene Symptome;
- hyperaktives Verhalten;

- dissoziales Verhalten oder Straffälligkeit, z. B. Brandstiftung, Diebstähle;
- Suchtverhalten, z. B. Abhängigkeit von Alkohol, Drogen, Kaffee, Medikamenten;
- auffälliges Sexualverhalten einschließlich sexuelle Gewalt;
- zusätzliche organische Symptome (z. B. Epilepsie) oder spezielle Syndrome (z. B. Lesch-Nyhan-Syndrom);
- Verhalten nach traumatischen Situationen, Konflikten, Erlebnissen, z. B. nach Trennung von der Familie, sexuellem Mißbrauch, Tod der Mutter.

Schon aufgrund der Unterschiedlichkeit und Komplexität der Symptome erschiene es mir sehr verkürzt, sie unter die Kategorie »psychische Störungen« einzuordnen. Manche Symptome lassen sich bei allen Formen geistiger Behinderung beobachten (Kontaktstörungen, Aggression, psychische Störungen), andere häufiger bei schwerer geistig Behinderten (Selbstverletzung, Hyperaktivität, zusätzliche organische Symptome und Syndrome), andere häufiger bei leichter geistig Behinderten (Sucht, Dissozialität, Straffälligkeit, auffälliges Sexualverhalten).

Besonders problematisch, weil durch viele Hilfs- und Handlungssysteme hindurchfallend, erscheinen Menschen mit leichten intellektuellen Beeinträchtigungen (»Borderline-Gruppe«), aber schweren Verhaltensstörungen wie z. B. schweren psychischen Störungen, massiven Aggressionen, sexuellen Gewalttätigkeiten (vgl. PETRI 1991). Sie gelten nach der in Deutschland üblichen Terminologie (im Gegensatz zu »mental retardation« in den USA) nicht als geistig behindert, tauchen aber sowohl in Behinderteneinrichtungen wie in psychiatrischen Krankenhäusern auf.

Häufigkeit

Viele epidemiologische Studien ergeben, daß der Anteil von Verhaltensauffälligkeiten bzw. psychischen Störungen unter geistig Behinderten hoch, in jedem Fall signifikant höher als unter Nichtbehinderten ist. Nach Auswertung von 75 Studien vor allem aus den USA und England, einzelnen auch aus Dänemark, Schweden und Deutschland, geht z. B. LOTZ (1991) davon aus, daß ca. 30 bis 40 % der Menschen mit geistiger Behinderung irgendeine Form psychischer Störung (psychische Erkrankung im engeren Sinn oder Verhaltensstörung) zeigen. Jedoch weisen mehr oder weniger alle Untersuchungen und Schätzungen elementare Probleme auf: fehlende klare Definitions- und Einschätzungskriterien, ungenügende Validität empirischer Ergebnisse, eingeschränkte Aussagefähigkeit durch spezielle Stichproben, Nichtberücksichtigung des situativen und sozialen Kontexts (z. B. Hospitalismus-Effekte).

In Deutschland gibt es bislang nur wenige Prävalenzstudien. Nach MEINS (1993) und seiner Untersuchung in Hamburg und Umland zeigen je nach untersuchtem Institutionstyp zwischen 24 und 86 % der Bewohner »erhebliche Verhaltensstörungen«. Zwei weitere Studien (siehe Tabellen 1 und 2, Seite 116) geben quantitative Hinweise auf entsprechende Symptome (methodische Probleme seien hier nicht diskutiert).

Erste Hinweise, daß einzelne Verhaltensauffälligkeiten in bestimmten Lebensphasen stärker auftreten sowie mit alterstypischen Anforderungen und deren psycho-emotionalen Bewältigung zusammenhängen, ergeben sich aus eigenen Studien (HENNICKE; BRADL 1990).

Theoretische Orientierung

Die pädagogische Förderung geistig behinderter Menschen konzentriert sich häufig auf Förderung kognitiver, motorischer, lebenspraktischer und anderer sicht- und meßbarer Fähigkeiten. Dabei geraten die zusätzlichen psychosozialen Belastungen im jeweiligen sozialen Kontext und ihre Auswirkungen auf die psycho-emotionale Befindlichkeit, die personale Identität und das aktuelle Erleben und Verhalten aus dem Blickfeld (BRADL 1991).

Traditionelle psychiatrische Erklärungsmodelle basieren häufig auf defektorientierten Psychopathologien und monokausalen Ursachenzuschreibungen: Verhaltensauffälligkeiten werden als unmittelbare Folge von geistiger Behinderung, Hirnstörung, Stoffwechselstörung oder anderen organischen Beeinträchtigungen gesehen. Von neueren sozialpsychiatrischen und therapeutischen Ansätzen lernen wir, daß bei Verhaltensauffälligkeiten häufig eine sehr individuelle und komplexe Entstehungsgeschichte zu berücksichtigen ist. In vielen Fällen sind Zusammenhänge festzustellen mit:

— traumatisch erlebten Lebensereignissen (z. B. Trennung, Tod);
— Mißlingen der Bewältigung von kritischen Entwicklungsphasen (z. B. Adoleszenz), von Anforderungen der sozialen Umwelt (z. B. Zwang zur »Normalität«) und von aktuellen oder vergangenen Konflikten (z. B. Beziehungskonflikt);
— dauerhaften psychosozialen Belastungen, z. B. intensive praktische und soziale Abhängigkeit von Bezugspersonen;
— dem Fehlen geeigneter individueller Bewältigungsstrategien oder sozialer Unterstützung durch Personen, Dienste, Institutionen.

Menschen mit geistiger Behinderung sind anfälliger (vulnerabler) für psychische bzw. verhaltensmäßige Reaktionen wie Anpassungsprobleme, psychische Krisen oder dauerhafte Verhaltensprobleme, weil sie in unserer Gesellschaft häufiger mit den oben genannten psychosozialen Streßfaktoren konfrontiert sind und soziale Benachteiligungen nur unzureichend kompensiert werden.

N = 836; Einschätzung durch Gruppenmitarbeiter		
psychische Behinderung als Zusatzbehinderung	40 %	
darunter:		
schizophrene Störung	11 %	
depressiv-manische Störung	5 %	
Persönlichkeitsstörung / neurotische Störung	12 %	
andere Störungen	12 %	
Besondere Auffälligkeiten:	manchmal	oft
Selbstaggression	24 %	11 %
Fremdaggression	45 %	7 %
Stereotypien	22 %	33 %
völliges Zurückgezogensein	38 %	15 %
motorische Überaktivität, Unruhe	36 %	22 %
Einnässen, Einkoten ohne Inkontinenz	25 %	13 %
andere	4 %	9 %

Tab. 1: Erhebung in vier Heilpädagogischen Heimen bzw. Einrichtungen (ehemalige psychiatrische Behindertenbereiche). Quelle: Projektzwischenbericht 1991

N = 1619; Einschätzung durch Betreuer in Wohngruppen bzw. Werkstätten	
Verhaltensauffälligkeiten	
Provozierendes Sozialverhalten	34 %
aggressives Verhalten gegen Personen	29 %
zwanghaftes Verhalten, Stereotypien	28 %
depressives Verhalten, Passivität, Rückzug	26 %
Unruhe, Überaktivität	26 %
Schreien, Kreischen, Weinen	21 %
Angstsymptomatik	21 %
aggressives Verhalten gegen Sachen	20 %
autoaggressives Verhalten	17 %
unangemessenes Sprachverhalten	14 %
Verwahrlosungstendenz	11 %
psychosomatische Störungen	11 %
auffälliges sexuelles Verhalten	9 %
psychotische Störungen	7 %
sonstige Störungen	5 %
Alkohol- und Drogenmißbrauch	3 %

Tab. 2: Regionalstudie Braunschweig/Wolfenbüttel/Helmstedt. Quelle: MICHELS 1993.

Im konkreten Einzelfall können sehr komplexe Entstehungsbedingungen für ein Verhaltensproblem bzw. eine psychische Krise vorliegen. In der Regel werden sich darüber lediglich vorläufige Hypothesen bilden lassen, die dann solange hilfreich sind, wie sie Ansatzpunkte für Verstehen und konkretes Handeln bieten. Es kann sich um biologische, psychische und soziale Faktoren handeln, meist um ein komplexes Zusammenwirken mehrerer Bedingungen:

- *organische und neurophysiologische Faktoren,* z. B. Verhaltensstereotypien in Verbindung mit Seh- oder Hörstörungen oder autistischen Störungen (organisch-neurologischer Ansatz);
- *Lernfaktoren,* d. h. Verhaltensauffälligkeiten als gelernte Reaktion, z. B. aggressives Verhalten als sozial erlernte erfolgreiche Durchsetzungsstrategie (Lern-Ansatz);
- *Faktoren der individuellen, vor allem sozioemotionalen Persönlichkeitsentwicklung,* d. h. Verhaltensauffälligkeiten als Fortführung bzw. Inszenierung frühkindlich gestörter Beziehungsmuster (Entwicklungsansatz, psychoanalytischer Ansatz);
- *Faktoren aktueller sozialer Interaktion und Kommunikation,* d. h. auffallendes Verhalten als aktiv gesetzte Signale für gestörte Interaktions- und Kommunikationsabläufe in emotional bedeutsamen Beziehungen oder Sozialsystemen, z. B. in Familie, Schulklasse, Wohngruppe (Kommunikationsansatz, systemischer Ansatz);
- *Selbstwahrnehmung, Identität und Körpererfahrung,* d. h. Verhaltensauffälligkeiten als Störungen des Erlebens und Verhaltens zu sich selbst, vor allem zum eigenen Körper, z. B. Autoaggressionen als verhaltensmäßiger Ausdruck erlebter psycho-emotionaler Verletzungen (Gestalt-Ansatz, Körper-Ansatz);
- *«krankmachende» soziale Bedingungen in und außerhalb von Institutionen,* d. h. Verhaltensauffälligkeiten als Folge diskrimierender, unzureichender oder verletzender Lebensbedingungen, z. B. soziale Diskriminierung, Isolation, Hospitalismus, Massierung von schwerstbehinderten Bewohnern in speziellen Gruppen, Fehlen sozialer Unterstützungssysteme (gesellschaftspolitischer Ansatz, Enthospitalisierung).

Verhalten ist nicht bloße Reaktion, sondern immer Aktion, d. h. subjektiv-sinnhafte, zielgerichtete und kontextbezogene Handlung. Die genannten biologischen, psychischen und sozialen Faktoren sind Rahmenbedingungen, innerhalb derer bzw. davon ausgehend der einzelne Mensch in konkreten Situationen sich zurechtzufinden sucht. Auch mit ihrem von uns als auffällig und störend empfundenen Verhalten sind Menschen mit geistiger Behinderung aktiv agierende Personen. Dieses Verhalten ist — zum jeweiligen Zeitpunkt und innerhalb des jeweiligen sozialen Kontextes — eine höchst effektive Handlung mit einem nur subjektiv erschließbaren Sinn und praktischen Folgen für das soziale Umfeld, z. B. eine erfolgende soziale Zuwendung. Verhaltensauffälligkeiten sind damit nicht nur Störung, sondern zugleich Signal für Bedürfnisse und Befindlichkeiten sowie im Moment verfügbare Bewältigungsstrategien (vgl. HENNICKE 1991). Ziel wäre dann nicht in erster Linie eine Beseitigung des indizierten Verhaltens, sondern ein Ernstnehmen als sinnvolle Lebensäußerung, die Suche nach Funktion und Bedeutung im jeweiligen Lebenskontext und schließlich die Erweiterung von Handlungsmöglichkeiten.

Pädagogische und therapeutische Ansätze

Eine Unterscheidung zwischen pädagogischem und therapeutischem Handeln wird niemals allgemeingültig zu treffen sein, ist aber für die konkrete Praxis sinnvoll, um nicht in eine Therapeutisierung menschlicher Grundbedürfnisse und des gesamten Alltags zu verfallen.

Pädagogik und Therapie unterscheiden sich in der Definition des Problems, der Struktur des Umgangs mit den Betroffenen, der Struktur der Hilfsarrangements und im Selbst- und Rollenverständnis des Pädagogen bzw. Therapeuten. Pädagogisches Handeln bleibt näher an alltäglichen Lebensproblemen und im konkreten Lebensfeld des Klienten und strukturiert die Bewältigung des Alltags. »Therapeutisches Handeln läßt sich verstehen als eines, das um planbarer und gezielter Hilfen willen sich auf definierte und damit ausgrenzbare Probleme bezieht, das diese Probleme in umschriebenen und präzisierten Methoden angeht und in einem Arrangement, das um des überschaubaren Handelns willen sich aus dem Raum- und Zeitmuster des Klienten distanziert« (THIERSCH 1985, 211).

C

Dennoch erscheint es im Umgang mit Verhaltensauffälligkeiten bei Menschen mit geistiger Behinderung besonders wichtig, therapeutische Ansätze und pädagogische Arbeit zu integrieren, zum einen durch therapeutische Dienste für Familien und Einrichtungen in einer Region, zum anderen durch Einbezug von Beratung und Supervision mit dem Ziel, Erfahrungen, Wissen und Kompetenzen von Therapeuten an im Behindertenbereich arbeitende Helfergruppen problembezogen weiterzugeben (vgl. HILDEBRAND-NILSHON 1990).

Behindertenpädagogischer Ansatz

Bei der Ausgliederung aus der Psychiatrie, in Heilpädagogischen Heimen und in anderen Enthospitalisierungsprojekten entwickelte sich in den letzten 15 Jahren ein behindertenpädagogischer Weg im Umgang mit psychischen Krisen und Verhaltensauffälligkeiten bei geistig Behinderten. Das wichtigste Ziel wurde in der Verbesserung der Lebensbedingungen gesehen. Eine heilpädagogische Betreuung entwickelte sich in bewußt scharfer Abgrenzung zur bisherigen Praxis psychiatrischer Verwahrung. Normalisierung der Wohn-, Arbeits- und Freizeitmöglichkeiten wurde oberstes Leitprinzip. Und es entwickelte sich eine pädagogische Praxis, die den behinderten Menschen mit all seinen Bedürfnissen, aber auch seinen Verhaltensproblemen zu akzeptieren suchte. Verbesserung und Gestaltung des Wohnmilieus (kleinere Gruppen, stabile Beziehungsangebote, Beschäftigung, Tagesstrukturierung, intensivere Betreuung usw.) sollten Verhaltensauffälligkeiten entweder abbauen oder akzeptieren helfen (vgl. THEUNISSEN 1992).

Der behindertenpädagogische Ansatz im Umgang mit verhaltensauffälligen geistig Behinderten hat sich im wesentlichen in Abgrenzung zum »psychiatrischen Modell« (THEUNISSEN 1992) entwickelt. Die übergroße Skepsis gegenüber der aktuellen von Psychiatrie und Therapie geprägten Diskussion um psychische Störungen bei geistig Behinderten hängt vor allem damit zusammen. Die inhaltlichen Konturen des pädagogischen Ansatzes für den Umgang mit Verhaltensauffälligkeiten sind durchaus noch unscharf. Am weitesten auch für die Praxis hat sicherlich THEUNISSEN (z. B. 1991) gearbeitet — mit zwei Schwerpunkten:

— Subjektorientiertes Menschenbild mit entsprechenden Leitprinzipien (Ich-Du-Bezug, ganzheitlich-integratives Prinzip, Entwicklungsgemäßheit, individualbasale und partizipierende Förderung usw.) und
— ästhetische Erziehung als ganzheitliche, alltagsbezogene Gestaltung des konkreten Lebensfeldes (Raum, Zeit) mit spielerischen Elementen, Materialien und Aktivitäten wie z. B. körperorientierte, basalpädagogische, beziehungsstiftende, konfliktzentrierte, kreative, ausdrucksfördernde, entspannende und andere Arbeitsformen.

Der vor kurzem eingeführte Begriff »Intensivpädagogik« (GRAMPP 1993; Intensivpädagogik 1993) soll der Verständigung über einen speziellen Personenkreis, d. h. Menschen mit geistiger Behinderung und (schweren) Verhaltensauffälligkeiten dienen, verwaltungstechnisch einen Anspruch auf zusätzliche soziale Leistungen unterstreichen und einen Mehrbedarf an »Qualität und Quantität pädagogischen Handelns« inhaltlich füllen: intensiverer Arbeitseinsatz und damit erhöhte Arbeitsbelastung; »neue wissenschaftliche Erkenntnisse und Methoden«; »intensivere Methoden, z. B. Formen der Körpertherapie«; Reflektionsbereitschaft der Mitarbeiter; größerer zeitlicher und finanzieller Aufwand für Fortbildung, Diskussion und Reflexion mit Kolleginnen, Kollegen und Fachleuten; Klarheit über die (pädagogische) Beziehung (Akzeptanz); ganzheitliche Zugänge; »ein Mehr an Zuwendung« an die Betroffenen.

Therapeutische Ansätze

In den vergangenen Jahren ist in Deutschland ein starkes Anwachsen (psycho)therapeutischer Ansätze in der Arbeit mit verhaltensauffälligen geistig Behinderten zu beobachten, und zwar in Form der Übertragung klassischer Therapieansätze auf geistig Behinderte, der Entwicklung neuer spezieller Therapieformen oder der Verknüpfung spezieller heilpädagogischer und therapeutischer Arbeitsformen. Damit wird anerkannt, daß Menschen mit geistiger Behinderung grundsätzlich auch im sozio-emotionalen Bereich lern- und entwicklungsfähig sind. Eine psychotherapeutische Kompetenz ermöglicht zweierlei: Erstens erweitert sie auf dem Hintergrund persönlichkeitstheoretischer Denkmodelle verschiedener Therapieschulen das Verständnis von Anpassungsproblemen, psychischen Krisen und Verhaltensauffälligkeiten unter der zusätzlichen Bedingung einer geistigen Behinderung. Zweitens lassen sich praktische Handlungsansätze für Therapie, Beratung, Supervision, Reflexion usw. im Umgang mit Verhaltensproblemen bei Menschen mit geistiger Behinderung entwickeln. Mit geistig Behinderten arbeiten inzwischen vor allem folgende therapeutischen Ansätze (vgl. auch GÖRRES, HANSEN 1991; KOCH, LOTZ, STAHL 1993; HENNICKE, ROTTHAUS 1993):

- Verhaltenstherapeutisch orientierte Förderung, lange Zeit allein praktizierter therapeutischer Ansatz bei Verhaltensauffälligkeiten, heute vor allem bei aggressivem, autoaggressivem und dissozialem Verhalten (z. B. BREZOVSKY 1985; HEINRICH 1989);
- Spezielle Therapieformen, entwickelt vor allem in der Behandlung autistischer Menschen und praktiziert in Autismuszentren, z. B. körperzentrierte Interaktion, Aufmerksamkeit-Interaktion-Therapie, sogenannte Halte-Therapien (vgl. ROHMANN, HARTMANN 1988, ROHMANN, ELBING 1990);
- Gestalttherapie für geistig Behinderte, entwickelt durch BESEMS, van VUGT (1988/89), eingesetzt auch bei schwerst- und mehrfachbehinderten Menschen mit massiven Verhaltensauffälligkeiten (z. B. Autoaggression), mit nonverbalen körperzentrierten Verfahren;
- psychoanalytisch-entwicklungsdynamische Therapie für geistig Behinderte, entwickelt und praktiziert im therapeutischen Dienst der Stiftung Neuerkerode (vgl. GAEDT 1987; 1990);
- Systemtherapie mit geistig Behinderten und ihren Familien und anderen Bezugssystemen, praktiziert als Familienberatung und -therapie, als Institutionsberatung sowie im klinischen Kontext (vgl. HOHN 1989; HENNICKE 1991);
- spezielle heilpädagogisch-therapeutische Ansätze, z. B. körperzentrierte Verfahren (vgl. FIKAR u. a. 1992), basale nonverbale Kommunikation (MALL 1984), basale Stimulation (FRÖHLICH 1989).

In der Praxis wird es meist darum gehen, einen Therapieansatz problembezogen und abgestimmt auf die z. B. kognitiven oder sprachlichen Möglichkeiten des betreffenden Behinderten anzuwenden. Es spricht für eine zunehmende Professionalisierung, daß inzwischen mehrere spezielle Ausbildungen in Therapie bei geistig Behinderten angeboten werden. Dennoch sind fachkundige Therapeuten nur punktuell, meist in wenigen Großeinrichtungen (therapeutische Dienste), kaum aber noch vor Ort in den Regionen verfügbar.

Ausbau regionaler Hilfssysteme

Aus der zu Recht geführten Klage über die zunehmende »Entwicklung von Schwerstbehindertenzentren« (GAEDT 1992) kann es nur eine Schlußfolgerung geben: Gemäß Integrationsprinzip und Elternwunsch gemeinsam daran arbeiten, das regionale Hilfesystem so weiterzuentwickeln, daß alle Menschen mit geistiger Behinderung darin

C

einen Platz zum Leben mit den individuell erforderlichen Hilfen finden. Zur Integration von verhaltensauffälligen Menschen mit geistiger Behinderung in gemeindenahe Wohnformen (Wohnstätten) ist die derzeitige Wohnstättenkonzeption zu erweitern und durch weitere Dienste im Verbund zu ergänzen. Insbesondere sind personalintensivere Wohnformen einzubeziehen sowie tagesstrukturierende Angebote und therapeutische Dienste mitzuplanen. Außerdem sind die Wohnstätten stärker in die regionale Gesamtversorgung (Versorgungsverpflichtung, Verbund, Krisenintervention) einzubinden. Waren dies vor zehn Jahren noch Forderungen, gibt es inzwischen erfolgreiche Beispiele für praktische Entwicklungen in diese Richtung (vgl. EIKE, SCHILLER 1992; Lebenshilfe Gießen 1993). Zweifellos wird der Fortgang durch die derzeitige Lage in den Sozialhaushalten von Bund, Ländern, Kommunen, Landschaftsverbänden u. ä. erheblich erschwert.

C

Ein regionales Verbundsystem miteinander kooperierender Dienste und Institutionen wird zur Integration verhaltensauffälliger geistig Behinderter folgende Bausteine benötigen (vgl. auch NIEHOFF, PICKEL 1987; mit anderem Akzent: AG Regionalplanung 1993):

- Ambulante soziale Hilfsdienste einschließlich familientlastender Angebote;
- Kurzzeit-Wohnplätze, ggf. verbunden mit Krisenplätzen, zur zeitweiligen Entlastung der Familien;
- differenziertes Wohnverbundsystem mit verschiedenen Wohnformen, von ambulant betreutem Wohnen bis zu personalintensiven Betreuungsformen (Vollzeitplätze);
- begleitende, vor allem beratende, heilpädagogische und therapeutische Dienste;
- Arbeit, Beschäftigung, tagesstrukturierende Angebote;
- ambulante Krisenintervention und einige Krisenplätze;
- medizinische und psychiatrisch-neurologische Diagnostik, Beratung und Behandlung.

Die Dienste eines solchen Verbundsystems stehen nicht notwendig unter dem Dach eines Trägers; sie sind vielmehr als eine kooperative Arbeitseinheit mit klarer und verbindlicher Arbeitsteilung und Einbezug vor Ort bestehender Dienste (z. B. niedergelassene Ärzte, Institutsambulanz) zu verstehen.

Ein ganz wichtiger Punkt ist die Entwicklung eines Konzepts zur Krisenintervention, d. h. für kritisches Verhalten oder schwierige Situationen Handlungsansätze und institutionelle Wege zu bahnen, wenn vor Ort und im Moment verfügbare Möglichkeiten ausgeschöpft sind. Was kann ein Mitarbeiter der Wohngruppe A. tun, wenn Bewohner B. Möbelstücke durch das Wohnzimmer wirft? Was kann ich in der Gruppe, mit dem betreffenden Bewohner noch tun (De-Eskalierung)? Wen kann ich sofort rufen (Soforthilfen)? Welche weiteren Dienste kann ich wie mobilisieren (Krisendienst)? Wann ist eine psychiatrische Einweisung sinnvoll oder unvermeidlich, wie ist der Weg?

Das Bewußtsein von Trägern sollte sich dahingehend verändern, für alle in einer abgegrenzten und überschaubaren Region (z. B. ein Kreisgebiet, ein Stadtteil) lebenden Menschen mit geistiger Behinderung Verantwortung zu übernehmen und notwendige Dienste zu planen und zu realisieren. Für die dafür notwendige intensivere Kooperation sind regionale Konferenzen bzw. Arbeitsgemeinschaften erforderlich, die natürlich die zuständigen Sozialbehörden und Kostenträger einbeziehen. Die Trennung in örtliche und überörtliche Zuständigkeit von Sozialhilfeträgern behindert die Entwicklung regionaler Systeme. Zu überlegen ist, welche einzelnen Aufgaben bzw. Dienste über das Krankenversicherungssystem mitzufinanzieren sind (z. B. psychiatrische Diagnostik und Behandlung, Elemente von Krisenintervention, Therapien).

Christian Bradl
Dr. paed.; Dipl.-Pädagoge
Abteilungsleiter im Rhein. Heilpädagogischen Heim Düren
Meckerstr. 15
52353 Düren

Literatur:

Arbeitsgruppe Regionalplanung (1993): Überlegungen zu einem regionalen Modell diagnostisch-therapeutischer Dienste für psychisch kranke Menschen mit geistiger Behinderung im Raum Braunschweig-Wolfenbüttel-Helmstedt. In: Gaedt; Bothe; Michels (Hrsg.), S. 158—168.

BESEMS, Th.; VUGT, G. v. (1988/89): Gestalttherapie mit geistig behinderten Menschen. Seelische Entfaltung statt Psychopharmaka? In: Geistige Behinderung 27, 4/1988 und 28, 1/1989, Praxisteile.

BRADL, Ch. (1993a): Geistige Behinderung und Psychiatrie. Psychische Krisen und Verhaltensprobleme bei Menschen mit geistiger Behinderung. In: Gaedt; Bothe; Michels (Hrsg.), S. 14—33.

BRADL, Ch. (1993b): Psychische Krisen und regionale Versorgung. In: Hennicke; Rotthaus (Hrsg.), S. 142—153.

BRADL, Ch. (1991): Zur psychoemotionalen Befindlichkeit schwerstbehinderter Menschen. In: Fröhlich, A. (Hrsg.): Handbuch der Sonderpädagogik Bd.12. Berlin: Spiess-Verlag, S. 343—353.

BREZOVSKY, P. (1985): Diagnostik und Therapie selbstverletzenden Verhaltens. Stuttgart: Enke.

DOSEN, A.; van GENNEP, A.; ZWANIKKEN, G. J. (Eds.) (1990): Treatment of Mental Illness and Behavorial Disorder in the Mentally Metarded. Leiden: Logon Publications.

EIKE, W.; SCHILLER, B. (1992): Regionale Pflichtversorgung in Bremen — Lebensqualität für verhaltensauffällige und schwer behinderte Menschen. In: Geistige Behinderung 31, 4/1992, S. 292—302.

European Experts Conference (1992): Mental health care for people with mental retardation. Improvement of care through international cooperation. Programme and papers. Veldhoven/Netherlands.

FIKAR, S.; FIKAR, H.; THUMM, K. E. (Hrsg.) (1992): Körperarbeit mit Behinderten. Stuttgart: Wittwer.

FLETCHER, R. J. (Ed.) (1993): Proceedings International Congress on the Dually Diagnosed. Kingston NY: NAAD-Publications.

GAEDT, Ch.; BOTHE, S.; MICHELS, H. (Hrsg.) (1993): Psychisch krank und geistig behindert. Regionale Angebote für psychisch kranke Menschen mit geistiger Behinderung. Dortmund: Verlag Modernes Lernen.

GAEDT, Ch. (Hrsg.) (1987): Psychotherapie bei geistig Behinderten. Neuerkeröder Anstalten: Eigenverlag.

GAEDT, Ch. (Hrsg.) (1990): Selbstentwertung — depressive Inszenierungen bei Menschen mit geistiger Behinderung. Neuerkeröder Anstalten: Eigenverlag.

GAEDT, Ch. (1992): Die vermeidbare Entwicklung von Schwerstbehindertenzentren. In: Geistige Behinderung H. 2, 94—106.

GÖRRES, S.; HANSEN, G. (Hrsg.) (1991): Psychotherapie bei Menschen mit geistiger Behinderung. Eine Einführung für Heil- und Sonderpädagogen. Bad-Heilbrunn: Klinkhardt.

GRAMPP, G. (Hrsg.) (1993): »Keiner will sie haben« — Intensivpädagogik bei Menschen mit geistiger Behinderung und schwersten Verhaltensstörungen. Schwäb.-Hall: Eigenverlag Ev. Fachschule.

HEINRICH, J. (1989): Aggression und Streß. Ein Therapiemodell zur Interaktion massiver Auto-, Sach- und Fremdaggression geistig Behinderter mit dem Streßverhalten ihrer Bezugspersonen. Weinheim: Deutscher Studienverlag.

HENNICKE, K.; ROTTHAUS, W. (Hrsg.) (1993): Psychotherapie und geistige Behinderung. Dortmund: Verlag Modernes Lernen.

HENNICKE, K. (1991): Systemische Therapie und geistige Behinderung. Viersen: Unveröffentl. Manuskript.

HENNICKE, K.; BRADL, Ch. (1990): Familien mit einem geistig behinderten Mitglied. Erster Projektbericht. Viersen: Unveröffentlichter Projektbericht.

C

HILDEBRAND-NILSHON, M; KORDT, J; BUJARSKI, M. (1990): Psychotherapie mit behinderten Menschen — Anmerkungen zu ungeklärten Problemen in Theorie und Praxis. In: Viebrock, H.; Holste, U. (Hrsg.): Therapie. Anspruch und Widerspruch. Bremen: Selbstverlag Bremische Evangel. Kirche, S. 41—59.

HOHN, E. (1989): Zu dumm, um verrückt sein zu dürfen? Geistige Behinderung und Psychose. In: Rotthaus (Hrsg.): Psychotisches Verhalten Jugendlicher. Dortmund: Verlag Modernes Lernen, S. 150 — 173.

Intensivpädagogik bei Menschen mit geistiger Behinderung und schwersten Verhaltensstörungen (1993). In: Zur Orientierung 3/1993 (Schwerpunktheft).

KOCH, U.; LOTZ, W.; STAHL, B. (Hrsg.) (1994): Die psychotherapeutische Behandlung geistig behinderter Menschen. Bern: Huber.

Lebenshilfe Gießen (Hrsg.) (1993): »Wir gehören auch dazu!« Integration schwerstbehinderter Menschen in ein Wohnverbundsystem und tagesstrukturierende Angebote. Gießen: Selbstverlag.

LINGG, A.; THEUNISSEN, G. (1993): Psychische Störungen bei geistig Behinderten. Freiburg: Lambertus-Verlag.

LOTZ, W. (1991): Psychische Störungen bei Menschen mit geistiger Behinderung. Eine Übersicht über empirische Literatur von 1970—1990. Freiburg: Unveröffentl. Diplomarbeit.

MALL, W. (1984): Basale Kommunikation — ein Weg zum Andern. Zugang finden zu schwer geistig behinderten Menschen. In: Geistige Behinderung H. 1, Praxisteil.

MEINS, W. (1993): Psychiatrische Probleme bei geistig behinderten Erwachsenen unter besonderer Berücksichtigung depressiver Störungen. Hamburg: Unveröffentl. Manuskript.

MEINS, W. (1988): Aktuelle psychiatrische Probleme geistiger Behinderung. Behindertenpädagogik H. 4, S. 349—359.

MICHELS, H. (1993): Erhebungen zum Bedarf diagnostischer und therapeutischer Angebote in der Region Braunschweig-Wolfenbüttel-Helmstedt. In: Gaedt; Bothe; Michels (Hrsg.), S. 147—157.

NIEHOFF, U.; PICKEL, H. (1987): Situation geistig Behinderter in psychiatrischen Einrichtungen. Eingliederung in die Gemeinde. In: Geistige Behinderung H. 2, S. 75—86.

PETRI, D. (1991): Grenzbereich zwischen Psychiatrie und Versorgung für geistig behinderte Menschen. Maastricht: Unveröffentl. Manuskript.

Projektzwischenbericht (1991): Begleitforschung zur Eingliederung geistig behinderter Menschen aus Psychiatrischen Kliniken, Heilpädagogischen Heimen und Einrichtungen in Hessen und Rheinland. Köln: Selbstverlag Landschaftsverband Rheinland.

ROHMANN, U.; ELBING, U. (1992): Kommunikative Aspekte der Auoaggressionsbehandlung innerhalb eines pragmatisch-systemischen Therapieansatzes. In: Lebenshilfe NRW (Hrsg.): Annehmen und Verstehen Bd. 2. Hürth: Selbstverlag, S. 302—327.

ROHMANN, U.; HARTMANN, H. (1988): Autoaggression. Dortmund: Verlag Modernes Lernen.

SCHNOOR, H.-Ch. (1991): Beziehungsstörungen und Verhaltensauffälligkeiten. Personen mit geistiger Behinderung in stationären Langzeiteinrichtungen. Geistige Behinderung H. 1, S. 13—23.

STARK, J. et al. (Eds.) (1988): Mental Retardation and Mental Health. Classification, diagnosis, treatment, services. New York: Springer-Verlag.

THEUNISSEN, G. (1992): Wege aus der Hospitalisierung. Förderung und Integration schwerstbehinderter Menschen. Bonn: Psychiatrie-Verlag.

Aufbau eines Kriseninterventionsdienstes

Erste Überlegungen zu einer Konzeption

Theodor Stöber, Romana Zutautas-Damijonaitis

Insbesondere durch die Bestrebungen der letzten Jahre, Menschen mit geistiger Behinderung aus psychiatrischen Großeinrichtungen (z. B. Psychiatrische Krankenhäuser, PKH) auszugliedern, werden die Träger gemeindenaher Wohneinrichtungen unter Umständen vor neue Probleme gestellt. Oft reichen nämlich die vorhandenen Hilfen nicht aus. Zusätzliche Maßnahmen, eine stärkere Koordination, Einbeziehung und Nutzung der am Ort vorhandenen Hilfen sind vielerorts erforderlich, um insbesondere Menschen mit schweren Verhaltensauffälligkeiten ein Leben in gemeindenahen Wohneinrichtungen ermöglichen zu können.

Im nachfolgenden Beitrag werden Überlegungen zur Schaffung eines Konzepts zur Krisenintervention bei geistig behinderten Menschen mit zusätzlichen starken Verhaltensbeeinträchtigungen im Rahmen der Lebenshilfe Gießen dargestellt.

Wir weisen darauf hin, daß dieses Konzept Ende 1991, Anfang 1992 in Gesprächen mit dem Landeswohlfahrtsverband Hessen wohlwollend diskutiert wurde, Realisierungsmöglichkeiten waren ins Auge gefaßt. Seitdem liegt das Konzept auf Eis.

Mittlerweile scheint es, daß ambulante pädagogisch-psychologische Handlungs- und Interventionsstrategien den mehr medizinischen, stationären und minipsychiatrischen Versorgungsmodellen weichen sollen. Krisenintervention droht nun im Rahmen des Vollversorgungsauftrages und im Hinblick auf Kosten-Nutzen-Überlegungen die notwendige Eigenständigkeit zu verlieren und lediglich — quasi als Heftpflaster — zur Schadensbegrenzung innerhalb eines personell dürftig ausgestatteten Betreuungskonzeptes zu verkümmern.

Praktisch ist es so, daß wir trotz schlechter Arbeitsbedingungen (fehlende Räumlichkeiten, Materialien und personelle Unterstützung) im Rahmen der Familienberatung in immer häufiger auftretenden Einzelfällen Krisenintervention (KI) betreiben, um wiederholte Aufenthalte in PKH zu vermeiden. Der Erfolg unserer Arbeit ist derzeit unserer Überzeugung nach geringer, als er im Rahmen eines aktualisierten und verbesserten Kriseninterventionskonzeptes möglich wäre.

Die Verfasser

Einleitung

Geistig behinderte Menschen aus PKH

Mitarbeiter von Einrichtungen der Behindertenhilfe, die Lebenshilfe Gießen bildet da keine Ausnahme, werden zunehmend mit bisher unbekannten Verhaltensauffälligkeiten hauptsächlich erwachsener geistig behinderter Menschen konfrontiert.

Ein wesentlicher Grund dafür ist mit der Auflösung der sogenannten Oligophreniestationen in den psychiatrischen Krankenhäusern (PKH) Hessens, deren Umwandlung in Heilpädagogische Einrichtungen (HPE) und mit Beginn der Rückgliederung geistig behinderter Menschen aus den PKH (für Gießen: Herborn und Weilmünster) in möglichst dem ehemaligen Wohnort nahegelegene pädagogische Einrichtungen gegeben. Dabei wurde deutlich, daß offene Wohn-, Arbeits- und Lebensformen für langjährig hospitalisierte behinderte Menschen Probleme bringen. Die Lebenshilfe Gießen hat diese Menschen, unabhängig von der Schwere und Problematik ihrer Behinderung, in ihre Wohn- und Arbeitsstätten aufgenommen, und stand dadurch plötzlich vor nahezu unüberwindlichen Schwierigkeiten im pädagogisch-betreuerischen Umgang mit ihnen, deren Handhabung für alle eine ungeheuere Belastung bedeutete.

Zur Zeit werden von der Lebenshilfe Gießen in den WfB 580 geistig behinderte und 72 seelisch behinderte erwachsene Menschen betreut. Über 100 Personen davon leben in Wohnstätten bzw. in der Obhut des »Betreuten Einzelwohnens«. In naher Zukunft werden weitere Wohn- und Arbeitsplätze gerade auch für die geistig behinderten Menschen aus den HPE zur Verfügung gestellt werden müssen.

Bei den aus PKH und HPE kommenden geistig behinderten erwachsenen Menschen mit zum Teil massiven Verhaltensproblemen traten frühkindlich begründete Beziehungsstörungen (spezifische Sozialisationsbedingungen) besonders kraß hervor. Viele dieser behinderten Menschen sind häufig schon seit ihrer Säuglingszeit in Langzeiteinrichtungen untergebracht. Durch »Massenpflege« und ungewöhnlich häufigen Betreuerwechsel in einer solchen totalen Institution haben sie eine nur unzureichend tragfähige emotionale Kontinuität erfahren, die allgemeine Retardierung, von verminderter Beziehungserfahrung geprägte Entwicklungsstörungen und charakteristische, häufig mit Aggressivität abgewehrte Trennungsängste bewirkte. Sie wirken bis ins Erwachsenenleben fort. Auch andauernde Fremdbestimmung, Infantilisierungen, Reglementierungen, persönliche Ohnmacht und Hilflosigkeit begründen viele Verhaltensweisen dieser in Krise geratenen behinderten Menschen. Nicht selten wurden hospitalisierte behinderte Menschen bei »störendem« Verhalten unangemessen häufig fixiert und mit Medikamenten weit über ein vertretbares Maß hinaus ruhiggestellt.

Zur Situation in Wohn- und Werkstätten

Wir haben erfahren, daß eine Einrichtung, die mehr auf pädagogisch-psychologisch begründete Beeinflussung von »Fehlverhalten« setzt und den für behinderte Menschen gewohnten entpersönlichenden und rigiden Rahmen auflockert, sehr schnell durch die Wucht der hervorbrechenden, bisher unterdrückten Gefühle in die Zerreißprobe geraten kann.

Auch durch die Bereitschaft der Lebenshilfe Gießen, zum Teil schwerst beziehungsgestörte, fremd- und autoaggressive autistisch behinderte Menschen in ihren Einrichtungen zu betreuen, wird die Belastung auch für gut ausgebildetes und engagiertes Fachpersonal größer und auf die Probe gestellt. Bisher weitestgehend unbekannte Verhaltensweisen und -probleme werden sichtbar, mit denen umzugehen man erst lernen muß. Es gibt keine verläßliche Orientierung an Vorerfahrungen, und es ist äußerst schwierig, Unsicherheit längere Zeit zu ertragen ohne Rückgriff auf vorschnelle Theoreme zu nehmen, sich und anderen bizarr und verwirrend erscheinende Verhaltensweisen erklären zu müssen.

Die Situation des Betreuungspersonals hat sich auch insofern verändert, als Probleme auch der behinderten Menschen in Wohn- und Werkstätten deutlicher hervortreten, die bisher nicht weiter auffielen. Die gute, auf Selbständigkeit und Autonomie zielende, weniger »beschützende« pädagogische Arbeit, die sich zunehmend durchsetzt, bietet vielen behinderten Menschen (häufig zum ersten Male) Raum und Möglichkeit zur Darstellung ihrer Situation. Dies verstärkt natürlich Konflikte, stellt bisher gewohnte Umgangsformen in Frage, fördert und stärkt Selbstbewußtsein bei den behinderten Menschen, vermindert ihre Angst sich zu äußern (da bisher gewohnte Sanktionen oder Reglementierungen ausbleiben oder weniger drastisch erfolgen), verstärkt ihre Artikulation von Bedürfnissen nach Freiräumen usw. Die Arbeit aber bringt auch durch die Irritation bisher erfahrener Lebensumstände z. T. unerträgliche Gefühle von Unsicherheit, Verwirrung, Orientierungslosigkeit, Zersplitterung hervor und zwingt die Bewohner zu einer zwar notwendigen, aber ungewohnt neuen Art der Auseinandersetzung mit ihrer eigenen Situation als behinderter Mensch in einem gesellschaftlichen Rahmen von Widerständen, Hemmnissen und Entscheidungsfeldern.

Auf seiten der Betreuer treten auch Zweifel an der eigenen Fachkompetenz auf. Möglicherweise fühlen sie sich als bisher akzeptierte Ansprechpartner teilweise in Frage gestellt oder gar abgelehnt, zumal, wenn die ehemals gewohnte »Vertrautheit« im Umgang mit geistig behinderten Menschen nicht (länger) erwünscht ist. Schwierig ist auch zu akzeptieren, daß Entwicklungs- und Selbstentscheidungsschritte häufiger anders als erwartet verlaufen. Hinzu kommt, daß auch für das Personal der »Schutzraum PKH« entfällt. Der Anspruch zur Integration in die Gemeinde erhöht den Druck auf die Mitarbeiter, angepaßtere Verhaltensweisen zu fordern.

Zur Situation von Familien

Angehörige und Familien mit geistig behinderten Kindern bzw. behinderte Menschen in anderen selbständigeren Lebensformen sind außerordentlichen Belastungen ausgesetzt, die zum Teil Folge der Behinderung selbst, Folge der in der Regel recht schwierigen psychosozialen Lage dieser Familien mit behinderten Menschen in unserer Gesellschaft, auch Folge der oftmals sehr leidvollen psychischen Verarbeitung und Bewältigung des Schicksals durch die Eltern des behinderten Kindes sind. Nur zu verständliche Gefühle von Unsicherheit, Kränkung, Gereiztheit, offene und latente Empfindungen von Wut und Ablehnung, Schuld, Ängsten und Trauer, überbehütende Erziehungsstile, das Gefühl »permanenter Elternschaft« und von Überlastung sowie gesellschaftliche Diskriminierungen, notwendige ärztliche Diagnosen sowie Behördenkämpfe, die in Familien mit behinderten Angehörigen an der Tagesordnung sind, beeinflussen mit Sicherheit die psychische Entwicklung eines behinderten Menschen. Häufig kommt so zu einer eher organisch bedingten Behinderung eine psychische hinzu. Der Wunsch nach mehr Selbständigkeit, Freiraum, Entfaltungsmöglichkeit, das Ausprobieren normaler Entwicklungsschritte, allzu häufig in mißverständliche, zaghafte oder aggressive Verhaltensweisen gepackt, verunsichert Eltern behinderter Menschen, die noch zuhause leben, in viel stärkerem Maße als professionelle Helfer. Im Familienverband herrschen qualitativ andere Gefühle, Eltern und Kinder sind emotional stärker verstrickt, haben weniger Distanz zueinander. Dadurch werden die krisenauslösenden Faktoren meist erst in zweiter Linie erkannt.

»Behinderte Familien« haben in der Regel weniger Hilfen zur Hand, sind früh auf Kosten eigener Lebensräume und Interessen aufopfernd in »permanenter Elternschaft« aufgegangen. Eltern befinden sich in einer paradoxen Situation. Einerseits sind sie in ewiger Zuständigkeit für ihre »Kinder«, andererseits wird von ihnen Selbstverwirklichung der Kinder, ihr entwicklungsförderndes Loslassen in eine gesellschaftliche Wirklichkeit erwartet, die aber wiederum für »Normale« selbstverständliche Schritte bei behinderten Menschen als Zumutung bewertet und die Eltern so mit ihrer ohnehin schon problematischen Situation zusätzlich belastet. Unterstützung im näheren familiären und nachbarschaftlichen Freundeskreis fällt daher wesentlich geringer aus und ist problematischer, wenn sie eine wirkliche Entlastung darstellen soll. Es bestehen auch objektiv wenige bzw. keine gesellschaftlich anerkannten Freiräume, in welchen die behinderten Kinder und Jugendlichen ihre entwicklungsbedingten Konflikte und Verselbständigungsschritte erproben können und wo ein gewisser Grad an »Ausgeflipptsein« akzeptiert ist (Disco, Jugendclub, Sportfanclub usw.).

Hinzu kommt, daß in den meisten Fällen die Entwicklung dieser Menschen verzögert verläuft, die Umgebung reagiert auf Verhaltensweisen, die dem Alter nicht mehr angemessen sind, mit Unverständnis. Wir müssen uns dabei immer vor Augen halten, was Familien mit geistig behinderten Angehörigen durch diese besonderen Verhaltensweisen auszuhalten haben. Akute psychotische Verhaltensweisen, drohende Selbsttötungsgefahr etwa mit extremer Nahrungsverweigerung oder durch Verschlucken gefährlicher Gegenstände, allgemeine Störung des Sozialverhaltens in Aggressivität, ausgesprochener Unbeeinflußbarkeit, ausgeprägter autoaggressiver und anderer Störungen (zwanghafte Ritualisierungen, massive Ticks, diverse Ängste, Irritationen des Selbstbildes, psychosomatische Beschwerden, Suchterkrankungen, Perversionen usw.) können Familien an den Rand der Erschöpfung treiben und zur Verzweiflung bringen.

C

Obwohl die Lebenshilfe Gießen z. Z. 45 geistig behinderte Kinder in den Kindergärten, 180 geistig behinderte Kinder durch die Frühförderung und 40 geistig behinderte Kinder und Jugendliche über den Familienentlastenden Dienst (FED) betreut, ist zusätzliche ambulante pädagogisch-psychologische Beratung und Psychotherapie mehr als überfällig und dringend erforderlich.

Notwendigkeit von Krisenintervention

Da besonders für »behinderte Familien« wenig Entlastungsmöglichkeiten zur Verfügung stehen, pädagogisch geschultes Personal in Wohn- und Werkstätten aufgrund oben genannter Schwierigkeiten in besonderen Konfliktlagen neue Orientierungshilfen benötigt und behinderte Menschen ausreichend Raum, Zeit und Gelegenheit brauchen, sich zu artikulieren und neu zu erfahren, versucht die Familien-, Erziehungs- und Lebensberatung der Lebenshilfe Gießen e. V. Hilfen anzubieten, die Verhaltensänderungen, Beziehungsförderung, seelisches Wachstum und psychische Stabilität bewirken können.

Wir gehen davon aus, daß die oben umrissenenen extremen Verhaltensstörungen bei geistig behinderten Menschen Ausdruck und Folge ihrer seelischen und körperlichen Befindlichkeit, ihrer psychosozialen Lerngeschichte sind, die verstanden und verändert durchlebt werden will. Geistig behinderte Menschen sind erlebnis- und konfliktfähige Wesen mit Empfindungen, Gefühlen und Reaktionsmöglichkeiten. Bei ihnen können trotz aller bizarrer und vielleicht zunächst unverständlicher Äußerungsformen, sehr wohl die unter der Lebensgeschichte verbogenen und verborgenen Potentiale aufgespürt und der Wunsch nach Veränderung und Entfaltung verlebendigt werden.

Das um *Ganzheitlichkeit* bemühte methodische Denken in der Arbeit orientiert sich immer an den Fähigkeiten und Bedürfnissen des einzelnen behinderten Menschen, seiner Familie, des Wohn- und Werkstättenteams. Regelmäßigkeit, Verläßlichkeit, Behutsamkeit, Flexibilität und Bescheidenheit, bezogen auf die anregbaren therapeutischen Veränderungen, tragen entscheidend zum Gelingen der Arbeit mit behinderten Menschen und deren Bezugspersonen bei.

Das Kriseninterventionsteam (KIT) bildet einen erweiterten Bestandteil unserer Familienberatungsstelle, allerdings mit einer spezifischen Behandlungsstrategie, die aus der Besonderheit problematischer Situationen resultiert, mit denen das KIT vornehmlich zu tun hat.

Familienberatungsstelle und Kriseninterventionsteam

Die Arbeitsweise der *Familienberatung* ist eher auf längerfristige Begleitung und Therapie ausgerichtet und von weitgehend nichtdirektiver Haltung bestimmt. Verhaltensmodifikatorische Elemente haben selbstverständlich auch ihren Platz. Zur Stützung des Prozesses werden nach Möglichkeit die Bezugspersonen des Umfeldes hinzugezogen, welche von den Schwierigkeiten des behinderten Menschen berührt werden. Die Beratungsfrequenz wird in der Regel bei einem Termin pro Woche liegen, bei der Arbeit mit Familien eher darunter.

Krisenintervention dagegen ist als spezifische therapeutische Vorgehensweise zeitlich begrenzt und erfordert eine andere Arbeitsweise als traditionelle Psychotherapie. Der erste und wichtigste Schritt des KIT ist, Kontakt zu dem kriselnden Menschen herzustellen. Mitmenschliche Begegnung, das Sich-aufeinander-Einlassen, nicht der fachgeleitete Umgang, macht erst eine gezielte therapeutische Intervention möglich. Das KIT arbeitet mit seinen Klienten hochfrequent, je nach Bedarf zum Beispiel täglich, täglich mehrere Stunden, eventuell über den Tag verteilt.

Es kommen ganz unterschiedliche therapeutische Interventionsstrategien und -techniken zur Anwendung, die sich auf die Besonderheiten des einzelnen behinderten Menschen beziehen wie: heilpädagogische, spieltherapeutische, rhythmisch-musikalische, psychomotorische, verhaltensmodifikatorische sowie gesprächspsychotherapeutische und analytisch-psychodynamisch orientierte Verfahren.

Das KIT arbeitet situationsbedingt — flexibler, aktiver und direkter, erteilt zuweilen auch Rat und Vorschläge, setzt Grenzen und erarbeitet Kontakte. Die Gesamtdauer des (Intensiv-)Einsatzes ist nicht genau festzulegen, sollte aber höchstens ein paar Monate umfassen, jedenfalls so lange, bis eine spürbare Symptomerleichterung und eine gewisse Wiederherstellung eines psychischen Gleichgewichtes erreicht sind. Da dies nicht vorab festzulegen ist, bildet es einen wichtigen Überschneidungspunkt mit der herkömmlichen, längerfristig orientierten Beratungsarbeit, die wir mit behinderten Menschen bzw. deren Familien nicht nur im Bereich der Nachsorge anstreben.

Krisenintervention auf diesem Hintergrund meint somit die Institutionalisierung entlastender pädagogischer und psychologischer Angebote für alle Personen, die durch eskalierende Faktoren im Verhalten des behinderten Menschen betroffen sind, einschließlich der in Krisen geratenen behinderten Menschen selbst. Krisenintervention ist auch deshalb dringend erforderlich, weil die gängigen Anlaufstellen im Verbundsystem psychosozialer Versorgung etwa für psychisch behinderte und kranke Menschen sich nicht in der Lage sehen, mit schweren Problemen belasteten geistig behinderten Menschen und ihren Familien angemessen zu begegnen.

In welchem institutionellen und inhaltlich-konzeptionellen Rahmen ist diese Entlastung denkbar, wünschenswert und umsetzbar?

Krisen

Definition

In einer Krise kommen Personen mit bisher sinnvollen, zur Problemlösung notwendigen inneren und äußeren Möglichkeiten nicht mehr zu Rande und erleben diese Erfahrung subjektiv als starke Bedrohung. Es handelt sich um den momentanen Verlust des seelischen Gleichgewichts, den ein Mensch verspürt, wenn er mit Ereignissen oder Lebensumständen konfrontiert wird, die er im Augenblick nicht bewältigen kann, weil sie seine Fähigkeiten zur Lösung der Schwierigkeiten überfordern.

Eine Krise zwingt die betreffende Person zu neuartigen, ungewohnten Bewältigungsversuchen. Insofern markiert eine Krise einen Wendepunkt im Leben des Betroffenen, auch seines Umfeldes. Eine Krise muß nicht zwingend in dramatischer Dekompensation enden und bei allem emotionalen Druck nicht notwendig eine pathologische Erfahrung kennzeichnen. Prinzipiell beinhalten Krisenereignisse auch Möglichkeiten zu positiven Entwicklungen. VERENA KAST (1987) spricht gar von der Krise als »schöpferischem Sprung«, der allerdings nur gelingen kann, wenn Krisenzeichen identifiziert werden können und unterstützende Hilfen für die Problembewältigungsschritte des Betroffenen im näheren und weiteren Umfeld vorhanden sind.

Eine Person in der Krise ist besonders abhängig von Hilfe. Unterbleibt diese, können schwere psychische, psychosomatische Erkrankungen ausgelöst werden und chronifizieren. Wir gehen davon aus, daß ein Großteil der über Jahre verhaltensauffälligen, geistig behinderten Menschen im Zustand einer Dauerkrise leben, was natürlich das Verständnis, den Zugang und die Bearbeitung des problematischen Verhaltens erschwert und nie ohne Auswirkung auf das nähere Umfeld bleibt. In der Regel verbirgt sich hinter den zum Teil »lärmenden« Symptomen auch eine tiefgreifende Krise des gesamten Umfeldes, deren Sinn entschlüsselt werden muß. Meist ist es jedenfalls so, daß alle, nicht nur der Kriselnde, am Ende sind. Es ist keine Kraft mehr da zu erziehen und sich evtl. durchzusetzen, die Familie steht auf dem Spiel, eine Ehekrise spitzt sich zu, ein Elternteil fühlt sich herausgedrängt, bei einer Mitarbeiterkrise nimmt der Konkurrenzdruck unter den Mitarbeitern zu, es folgt u. U. eine Aufspaltung des Teams in »Gute« und »Schlechte«, Ge-

C

schwister kommen zu kurz und entwickeln ihrerseits Verhaltensstörungen, die Eltern, Mitarbeiter und andere behinderte Mitbewohner schildern deutliche psychische, psychosomatische oder körperliche Symptome, der Krankenstand der Mitarbeitergruppe steigt ungewöhnlich an, es werden Versetzungswünsche geäußert.

Krisenverläufe

C

Bevor man näher auf notwendige Kriseninterventionsschritte eingeht, ist es wichtig, in dem von einer Krise berührten Umfeld zu schauen, was eigentlich los ist (Krisendiagnose). Dabei hat es sich als sinnvoll erwiesen, Krisen, die sich prinzipiell auf der körperlich-biologischen, psychischen oder sozialen Ebene menschlicher Identität abspielen, zur näheren Charakterisierung nach spezifischen Auslösern und bestimmten prozeßhaften Verläufen zu unterscheiden, zum Beispiel traumatische von Veränderungskrisen mit ihren jeweils ganz eigenen Phasenverläufen.

Traumatische Krisen sind plötzlich aufkommende Situationen von allgemein akzeptierter »schmerzlicher Natur, die auf einmal die psychische Existenz, die soziale Identität und Sicherheit und/oder die fundamentalen Befriedigungsmöglichkeiten bedrohen. Beispiele: Tod eines Nahestehenden, Krankheit, Bekanntwerden von Diagnosen, plötzliche Invalidität, plötzliche Beziehungsbedrohung wie Untreue oder Trennung, soziale Kränkung und Versagen, äußere Katastrophen« (GOLL 1985, 13).

Lebensveränderungskrisen dagegen entwickeln sich in ihrem Verlauf allmählich und aus Situationen heraus, die allgemein »zum Leben gehören und von vielen Menschen auch als etwas Positives erlebt werden. Beispiele: Verlassen des Elternhauses, Heirat, Schwangerschaft, Kinder bekommen, Umzug, altersgemäße Pensionierung, Konfrontation mit eigenem Sterben; Alltagssituationen aller Art (berufliche Beförderung, Vorladung zu Behörden, Reparaturen im Haushalt u. v. a.)« (GOLL 1985, 14).

Beide Typen erfordern unterschiedliche Interventionsschritte, da traumatische Krisen immer ihren typischen Verlauf nehmen (Schock-, Reaktions-, Bearbeitungs- und Neuorientierungsphase), während Veränderungskrisen eigentlich in jeder Phase beendet werden können, wenn der Krisenanlaß wegfällt oder Lösungs- und Bewältigungsstrategien entwickelt werden. Wenn eine Krise der Ausdruck für das Erreichen bzw. Überschreiten des individuellen Anpassungsvermögens ist und dadurch Gefühle von Rat- und Hilflosigkeit, Spannung, Verlustängste und Bedrohung, Panikreaktionen, aggressive-depressive Verstimmung, Erschöpfungs- und andere körperliche Begleitsymptome auslöst, ist es unbedingt erforderlich, sich für krisenauslösende Ereignisse und deren psychosomatischen Korrelate so zu sensibilisieren, daß geeignete Hilfen angeboten werden können.

Es ist hierbei wichtig, Unterstützung zu geben, weil ein in die Krise geratener geistig behinderter Mensch besondere Schwierigkeiten hat, unfähig ist, Probleme überhaupt wahrzunehmen bzw. geeignete Strategien der Problembewältigung zu entwickeln, auch weil häufig Unterstützung aus dem sozialen Umfeld unterbleibt. Hier müssen wir lernen, auf ganz individuelle Ausdrucksformen und -möglichkeiten, besonders in krisenträchtigen Situationen, zu achten, damit typische Gefahren für Krisen minimiert werden. Krisen können zu Aggressions- und Kurzschlußhandlungen führen, die u. U. nicht mehr rückgängig zu machen sind, zu psychischen und somatischen Erkrankungen und können chronifizieren.

Chronische Krisen entstehen immer dann, wenn versucht wird, Veränderungs- und traumatische Krisen durch ungeeignete oder gar destruktive und schädliche Vermeidungsstrategien zu »bearbeiten«, etwa durch Alkohol, Medikamente, Rückzug aus sozialen Beziehungen.

Es ist für das weitere therapeutische Vorgehen wichtig, zu erkennen, ob es sich bei konkreten Verhaltensproblemen um eher akute oder chronische Krisenelemente handelt. Häufig zeigen sich chronische Krisen zunächst als akute, da aufgrund früher unverarbeiteter Krisenereignisse eine erhöhte Empfindlichkeit für neue krisenauslösende Situationen besteht. Menschen in chronischen Krisen zeigen ein ausgeprägteres Vermeidungsverhalten, umgehen Anstrengungen zu Veränderung und klagen häufig über diffuse körperliche Beschwerden.

Wir gehen davon aus, daß die Sozialisationserfahrungen verhaltensauffälliger geistig behinderter Menschen oftmals keine adäquate Bearbeitung ihrer problematischen, meist sehr symbiotischen Beziehungserfahrungen zuließ. Was behinderte Menschen uns in ihren häufig durch aktuelle Ereignisse ausgelösten kritischen Verhaltensweisen zeigen, ist die mißlungene Wiederbelebung ihrer Trennungs- und Verselbständigungsversuche.

Wir müssen dabei genau hinschauen, um richtig entscheiden zu können, ob im Einzelfall mit Hilfe geeigneter Kriseninterventionsschritte eine relativ kurzfristige Verhaltensänderung und Eröffnung neuer Lebensperspektiven (bei akuten Krisen) möglich oder eine langwierige therapeutische Begleitung (eher bei chronischen Krisen) erforderlich ist.

Krisenintervention

Definition, Aufgabe und Ziel

Krisenintervention (KI) umfaßt im konzeptionellen Rahmen der Beratungsstelle ein spezifisches diagnostisches, beratendes und therapeutisches Angebot von Hilfen. In besondere Notlagen geratene behinderte Menschen, Familien mit einem von Dekompensation bedrohten Familienmitglied bzw. Einrichtungen, die sich durch einen zu betreuenden behinderten Menschen an die Grenzen ihrer Belastbarkeit und Arbeitsfähigkeit gedrängt sehen, sollen diese Unterstützung in Anspruch nehmen können. Geeignete Interventionsformen sollen dabei verlorengeglaubte Selbsthilfekräfte wieder mobilisieren helfen, um diese zur konstruktiven Lösung aktueller Probleme einsetzen zu können.

Aufgabe und Ziel einer Kriseninteventionwird sein, gemeinsam den Sinn von Krisen zu erfassen, Handlungsstrategien zu entwickeln, um den in Krisen geratenen behinderten Menschen und sein Umfeld zu einer insgesamt tragfähigeren und befriedigenderen Organisation seiner bzw. ihrer schwierigen Lebenssituation zu verhelfen. Es wird hauptsächlich darum gehen, sich auf die individuellen Besonderheiten des behinderten Menschen einzulassen, den hinter auffälligen und störenden Symptomen versteckten Gefühlen von Trauer und Schmerz, Feindseligkeit, Haß und Aggression, Ohnmacht und Zweifel, Scham und Freude, Lebenswille, Lust und Liebe usw. durch *ermutigendes* und *stützendes Mitgefühl* berechtigten Ausdruck zu verleihen. Die jeweils subjektiven Möglichkeiten und Grenzen der Problembewältigung, die Ressourcen des von der Krise betroffenen Umfeldes sollen dabei berücksichtigt werden, nicht ein von außen aufgesetztes Idealmodell eines behinderten Menschen, einer Familie mit behinderten Angehörigen, einer Wohn- und Werkstätte mit behinderten Bewohnern und Mitarbeitern.

C

Kompensatorische Einzelförderung, fallbezogene und/oder konsiliarische Beratung und Supervision von Institutionen der Behindertenhilfe, psychotherapeutische Beeinflussung und Veränderung störender, schädigender, schwer erträglicher und ungeeigneter Kontextbedingungen und Verhaltensprobleme, der Ausbau bzw. die Weiterführung spezieller einzeltherapeutischer Maßnahmen, Einbeziehung heil- und sozialpädagogischer Förderung aus dem Angebot der Lebenshilfe und anderer Institutionen wird zum Aufgabenbereich eines Kriseninterventionsteams gehören. Deshalb gliedert sich der Aufgabenbereich des Kriseninterventionsdienstes in *drei* verschiedene, jedoch miteinander verzahnte *Bereiche*, die unterschiedliche Herangehens- und Verfahrensweisen bedingen: zu unterscheiden sind *Prävention* von *akuter Krisenbewältigung* und vom Bereich der *Nachsorge.*

Vorgehensweise

Die Vorgehensweise in den Aufgabenbereichen *Prävention, Akutversorgung, Notfallversorgung**

*) Die Begriffe »Akut-« und »Notfallversorgung«, aber auch Klient/Klientin entstammen medizinischem Denken und Handeln, obwohl unserem Konzept inhaltlich eine pädagogisch-psychologische Sichtweise zugrunde liegt.

und *Nachsorge* wird sich immer am einzelnen, in eine Krise geratenen behinderten Menschen und dessen Umfeld orientieren. Das Ziel jeglicher Krisenintervention ist »die Unterstützung der eigenen Fähigkeiten des Betroffenen und seiner Umgebung, sich selbst zu helfen« (SONNECK, 1985, 22).

Zur *Umgebung* eines Behinderten können gehören:

— Familie, in der er lebt, Verwandte;
— Wohnstätte: Mitarbeiter, andere Bezugspersonen;
— Werkstatt: Gruppenleiter, sozialer Dienst;
— Mitarbeiter des »Betreuten Einzelwohnens«;
— Schule: Lehrer;
— Mitarbeiter der Familienberatung;
— Mitarbeiter und Helfer des FED;
— der behandelnde Arzt.

Meist bemerken Mitglieder des Umfeldes am ehesten, wenn ein Mensch sich verändert, sich zurückzieht, in eine Krise zu geraten droht. Deshalb ist es eine *wichtige Aufgabe* des Kriseninterventionsteams (KIT), sich und seine Arbeit diesen Institutionen und Personen, die mit dem behinderten Menschen zu tun haben, bekannt zu machen, und seine Zusammenarbeit anzubieten. Es ist natürlich ebenso wichtig, sich den behinderten Menschen bekannt zu machen.

Es wäre wünschenswert, daß das KIT so früh wie möglich, d. h. bei den ersten Anzeichen oder bei Verdacht einer Krise von den Personen der Umgebung hinzugezogen würde, um eine Eskalation und damit größeres Leiden möglicherweise zu verhindern, oder einfach, um sozusagen vorbeugend schon mal Kontakt mit dem betroffenen Behinderten herzustellen. Ist die Krise noch nicht zugespitzt, so ist der Betroffene in seinen Möglichkeiten noch nicht weitgehend eingeschränkt und kann eher mitbestimmen, was passieren soll.

Möglicherweise läßt sich einiges auch durch Prävention auffangen. Ein wichtiger Aspekt der Teilnahme an präventiven Maßnahmen ist die *Freiwilligkeit.*

Prävention: Präventive Maßnahmen können in Gruppenformen (Selbsterfahrungs-, themenzentrierte, Angehörigen- und Freizeitgruppen, Elternabende) stattfinden. Sie können aber auch als Einzelgespräche, Familiengespräche oder Gespräche mit Betreuerteams aus den verschiedenen Einrichtungen laufen. Im Bereich der Prävention gibt es bereits einige Angebote, die von Mitarbeitern anderer Einrichtungen der Behindertenhilfe (Familienberatung, FED, Werkstatt) gemacht werden. Diese werden natürlich auch genutzt. Wenn Einzelgespräche als Prävention angesagt sind, werden wir zum Beispiel unter Umständen die Mitarbeiter der Familienberatung um Unterstützung bitten. Wenn Entlastung der Mutter in einer Familie angesagt ist, werden wir uns an den FED wenden.

Die Aufgabe des KIT ist es auch, noch nicht bestehende Angebote zu initiieren, z. B. Selbsterfahrungsgruppen. Gerade im Bereich der Prävention ist das KIT sehr auf die Zusammenarbeit mit anderen Einrichtungen angewiesen. Es ist sinnvoll, daß bestimmte Angebote gemeinsam mit Mitarbeitern anderer Einrichtungen gemacht werden (Elternabende und Angehörigengruppen).

Akutversorgung: Am häufigsten wird das KIT in Anspruch genommen, wenn eine Krise eskaliert, d. h. wenn ein behinderter Mensch sich vollkommen zurückzieht, sich verweigert, sich selbst verletzt oder tobt usw. *Im Bereich der Akutversorgung hat die ambulante Versorgung absoluten Vorrang.* Hierbei bemüht sie das KIT, die Krise und ihren Sinn möglichst umfassend zu verstehen. Das bedeutet, möglichst alle Beteiligten aus dem Umfeld zu hören. Die Erfahrung zeigt, daß ein Mensch sich beispielsweise in der Werkstatt ganz anders verhält als in seiner Familie oder in der Wohnstätte. Nur in *Zusammenarbeit mit* möglichst *allen* Personen der Umgebung des Kriselnden kann herausgefunden werden, von wem, in welcher Kombination, wie und wo die oben genannte Unterstützung geleistet werden kann.

Aufgabe des KIT ist es, die verschiedenen Informationen zu ordnen, zu systematisieren, nach Ursachen der Krise zu forschen, Erwartungen,

Möglichkeiten und Grenzen des Umfeldes zu eruieren. Es ist sinnvoll, diese Aufgabe *zu zweit* anzugehen, sowohl um nicht voreilige Ratschläge zu geben, als auch selbst von der Flut der Probleme nicht überrollt zu werden.

Die Eindrücke und Erkenntnisse werden dann im erweiterten Team (mit Mitarbeitern der Familienberatung) beraten, Handlungsstrategien werden entwickelt, konkrete Vorschläge erarbeitet. Diese werden dann wieder mit den in der Krise zu beteiligenden Personen diskutiert. Das Ergebnis dieser Diskussion sollten klare, zeitlich und inhaltlich abgegrenzte Vereinbarungen sein, die von möglichst allen mitgetragen werden. Es wird z. B. entschieden, ob und in welcher Weise das Krisenteam direkt mit dem Klienten arbeitet, oder eher Bezugspersonen unterstützt und entlastet. Nach einer vereinbarten Zeit wird überprüft, ob die Absprachen funktionieren. Gegebenenfalls wird die Intervention verändert, verlängert oder abgeschlossen. Vor Beendigung der Maßnahme wird diskutiert, ob und in welcher Form Nachsorge nötig ist. Ziel ist, dem Klienten zu ermöglichen, in seiner gewohnten Umgebung zu bleiben. Ausnahmen sind dort, wo eine Notfallversorgung nötig ist.

Zwei Beispiele: Lebt der Klient in einer Wohnstätte, ist zu überlegen, welche Art der Entlastung für das Mitarbeiterteam wichtig wäre, z.B. kurzfristige Aufstockung des Personals, Entlastung durch stundenweise Beschäftigung mit dem behinderten Bewohner durch das KIT in der Wohnstätte, hochfrequente KI durch das KIT, stundenweises Herausnehmen in die Kriseninterventionsstelle des KIT.

Lebt der Klient in der Familie, kann sich die Entlastung unter Umständen schwieriger gestalten. Im Gegensatz zu den Mitarbeitern einer Wohnstätte haben Eltern keinen Schichtdienst, sie sind 24 Stunden zuständig. Dies bringt sie oft an die Grenzen ihrer Kräfte, wodurch sich eine Krise noch verschärfen kann. Hier wird die Frage der Entlastung noch dringlicher. Es könnte sein, daß hochfrequente Krisenintervention und andere Entlastungsmöglichkeiten nicht ausreichen. In solchen dringenden Ausnahmefällen muß entschieden werden, ob nicht ein Notplatz in einer der bestehenden Wohnstätten bzw. die »Krisenwohnungen« in Anspruch genommen werden müssen, für möglichst kurze Zeit, aber so lange wie nötig. Die Betreuungsarbeit müßte gewährleistet werden wie nachfolgemd skizziert.

Das KIT arbeitet also immer *familien- und institutionsübergreifend*, d. h. das KIT bringt die zum Verständnis der Krise wichtigen unterschiedlichsten Situations- und Rahmenbedingungen zusammen. Dabei ist es bemüht, das Beziehungsgefüge zwischen dem Kriselnden und den unmittelbaren Bezugspersonen in den Blick zu nehmen, deren Entwicklung und Veränderungen anzusprechen und festzuhalten und sie auf die veränderte Situation abzustimmen. Nach Anforderung bei entsprechenden Anlässen geht das KIT zunächst beobachtend in die konkrete Situation. Es formuliert dann Hypothesen zu den Ursachen der krisenhaften Situation und entwickelt Handlungsstrategien. Im Gegensatz zur Supervision ist *KI* also immer *unmittelbar tätig* mit den an der Krise beteiligten Personen. *Supervision* dagegen ist eine von außerhalb des Betätigungsfeldes der Supervisanden nötige, in regelmäßigen Abständen stattfindende, über eine aktuelle Krise hinausreichende Betrachtungsweise der psychodynamischen Ereignisse innerhalb von Familien und Gruppen. KI hat allerdings im Rahmen seines Einsatzes auch die Klärung der Gefühle und Einstellungen zum Ziel, die aus der Einstellung der Betreuer zu den Problemen der Bewohner resultieren, dies allerdings mehr zu diagnostischen Zwecken. Klärung und Veränderung selbst, evtl. an Konflikten beteiligter eigener Einstellungen, finden dann in Supervision bzw. Selbsterfahrung oder Therapie statt.

In den meisten Fällen wird das KIT neben der Zusammenarbeit mit den Teams und Personen des Umfeldes auch direkt mit dem behinderten Menschen, der sich in einer Krise befindet, arbeiten. Entsprechend der Einschätzung der Art der Krise (traumatische oder Veränderungskrise, akute oder chronische Krise) wird diese Arbeit kurz- oder längerfristig, nieder- oder hochfrequent angelegt sein.

Ein heikles Problem stellt hier die Frage der *Freiwilligkeit* dar, da mit der Krise eine Einschränkung bestimmter Fähigkeiten, wie z. B. die der freien Entscheidung einhergeht. Es muß auf jeden Fall eine Beziehungsaufnahme versucht werden. Verweigert sich ein Klient konsequent und auf Dauer, muß evtl. die Strategie verändert werden, oder ein anderer Berater muß einen erneuten Versuch unternehmen.

C

KI bedeutet die *Begleitung* des behinderten Menschen durch die verschiedenen Stadien seiner Krise. Intervention meint in diesem Zusammenhang, »daß ein Mensch so zwischen den ‚Kriselnden' und seine Krise tritt, daß der in die Krise Geratene ein wenig Abstand bekommt und daher in Kontakt mit seiner Krise treten kann, so daß die Krisensituation ‚aufgehalten' wird und die Möglichkeiten, die in der Krise stecken, genutzt werden können« (KAST 1987, 14). Die Funktion des Helfers oder Begleiters ist »die Stütze und das Mitgefühl (Empathie), sowie die Ermutigung, Gefühle von Trauer, Schmerz, Feindseligkeit und Aggression zu zeigen« (SONNECK 1985, 22).

Der Kriselnde soll sich angenommen fühlen. Die Möglichkeit zur Kommunikation soll ihm möglichst unaufdringlich angeboten werden. Er kann sich mitteilen, seine Last teilen, sich damit entlasten. *Er* bestimmt das Tempo. Die konkrete Arbeitsweise wird sowohl von den Fähigkeiten und Möglichkeiten des Klienten sowie des Begleiters abhängen, als auch von der Art und der Qualität der Beziehung, die die beiden aufzubauen in der Lage sind. Das Spektrum wird von »einfach Dasein«, Händchenhalten und Zuhören, über Einsatz von Musik, Pinsel und Farben bis zum gezielt eingesetzten Baden des Klienten reichen. Einfühlungsvermögen und Phantasie sind hierbei stark gefragt.

Krisenintervention muß dem Klienten also gewährleisten:

— einen Schonraum, in welchem der Kriselnde Wut, Aggressionen und andere Gefühle rauslassen kann, die sonst nicht am Platze sind, andere beunruhigen oder heftige Reaktionen hervorrufen;
— einen angstfreien Raum ohne Anforderungen und Zwänge mit einer neutralen Person, von der der Klient zunächst nicht abhängig ist;
— Möglichkeiten der Regression, die in der Regel behinderten Menschen nur sehr schwer zugestanden wird, da alle Fähigkeiten und Selbständigkeiten lange und aufwendig erarbeitet worden sind. Der scheinbar drohende Verlust von Fähigkeiten löst verständlicherweise Ängste bei Eltern bzw. dem Umfeld des Klienten aus. Regression kann durchaus eine notwendige Vorstufe (Kraftsammeln) für einen Entwicklungsschritt sein.

Notfallversorgung: Besonders in Situationen fortgesetzter massivster Fremd- und Autoaggressionen kann u. U. weder eine KI zur beabsichtigten Entzerrung der problematischen Situation vor Ort führen, noch kann eine Unterbringung in den »Krisenwohnungen« möglich sein. Die dann notwendige Notfallversorgung kann die Akutversorgung des KIT nicht leisten. Krisenintervention ist nämlich kein feuerwehrähnlicher Einsatz zu jeder Tages- und Nachtzeit, der quasi mit Alarmknopfdruck angefordert werden kann. Man geht davon aus, daß eine Krise sich anbahnt und in der Regel von Personen des Umfeldes bemerkt wird. Eskaliert eine Krise »plötzlich«, wird bei einer dramatischen Zuspitzung nichts anderes übrig bleiben, als den Not- oder Konsiliararzt hinzuzuziehen, der neben einer (stark) medikamentösen Sedierung gegebenenfalls eine Einweisung in ein PKH verfügen muß. Wir gehen nach unserer Erfahrung aber davon aus, daß durch die Handhabung der problematischen Situation eine weitere Eskalation vermieden werden kann, so daß eine stationäre, rein psychiatrische Intervention unterbleiben bzw. im Rahmen einer ambulanten Betreuung erfolgen kann.

Sollte es doch zu einer Aufnahme in ein PKH kommen — dies wird eher aus familiären Situationen heraus geschehen — wird das KIT, in Absprache mit den Mitarbeitern des PKH, ebenfalls versuchen, den Kriselnden zu begleiten und zu betreuen. Es wird z. B. anbieten, den behinderten Patienten in der Klinik stundenweise zu betreuen, um das Krankenhauspersonal zu entlasten, das wenig Erfahrung mit behinderten Menschen hat. In Absprache mit den Ärzten ist anzustreben, den Aufenthalt im PKH so kurz wie möglich zu gestalten und den behinderten Patienten so schnell wie möglich in seine gewohnte Umgebung zurückzuführen, sofern es möglich ist.

Nachsorge: Wir gehen zur Zeit davon aus, daß eine Krisenintervention, je nach Art der Krise ein paar Wochen, aber nicht länger als ein paar Monate dauern sollte. In der Zeit des Abklingens der Akutphase muß also die Frage der Nachsorge diskutiert werden. Dabei wird von Fall zu Fall zu klären sein,

- ob der Krisenintervention eine kurz- oder längerfristige Therapie folgen sollte;
- ob dem Klienten nahegelegt werden soll, zu seiner Stabilisierung oder zur Erweiterung seiner Möglichkeiten an einer der Maßnahmen teilzunehmen, die im Bereich der Prävention möglich sind.

Das KIT kann dem Klienten Vorschläge machen, dieser muß sie *freiwillig* in Anspruch nehmen.

Auch in diesem Bereich wird das KIT auf die Zusammenarbeit mit anderen Einrichtungen der Behindertenhilfe angewiesen sein.

Zusammenarbeit mit anderen Institutionen

Das KIT wird mit allen Personen und Institutionen, die mit der Betreuung geistig behinderter Menschen zu tun haben, aufs engste zusammenarbeiten, z. B. mit Familienberatung und Erziehungsberatungsstellen, Familienentlastendem Dienst, Sozialem Dienst der WfB, Gruppenleitern der WfB, Mitarbeiterteams der Wohnstätten, mit Schulen, mit der Frühförderung, mit integrativen Kindertagesstätten und anderen Institutionen, Kinderzentren, PKH, Kinderkliniken, mit dem allgemeinen Sozialpsychiatrischen Dienst der Region, psychosozialen Kontakt- und Beratungsstellen sowie mit sozialen Diensten (Kreissozial- und -jugendämter, Diakonie und Caritas).

Kriseninterventionsstelle, Notplätze, »Krisenwohnung«

Personelle und räumliche Ausstattung

Um die oben dargestellte Arbeit qualifiziert leisten zu können, werden für den Kriseninterventionsdienst mindestens folgende Stellen als personelle Grundausstattung benötigt:

1 Diplompädagogenstelle (BAT III/II),
1 Diplomsozialpädagogenstelle (BAT III/II),
1/2 Diplompsychologenstelle (BAT III/II),

jeweils mit Zusatzqualifikation und Erfahrung in den verschiedensten psychotherapeutischen Behandlungstechniken.
1/2 Bürokraft,
1 Konsiliararzt/Konsiliarärztin (auf Honorarbasis und/oder über Institutsambulanz des PKH,
1 Supervisor/Supervisorin (auf Honorarbasis).

An räumlicher Grundausstattung wird eine rollstuhlgerechte Wohnung benötigt, bestehend aus:

2 Behandlungs-/Therapieräumen,
2 Sprechzimmern,
1 Büroraum,
1 Küche,
1 Bad/WC.

Notplätze und »Krisenwohnung«

Falls in einem Krisenfall eine räumliche Trennung indiziert ist, wird ein Teil der in eine Krisensituation geratenen behinderten Menschen auf den in unseren Wohnstätten vorhandenen Notplätzen kurzfristig untergebracht werden können. *Der größere Teil geistig behinderter Menschen mit massiven Verhaltensauffälligkeiten würde in diesem Rahmen aber nicht adäquat betreut werden können;* es würde eine zu große Belastung des Personals und der anderen Wohnstättenbewohner bedeuten. Für diese Fälle müßten an einigen, z. Z. mindestens zweier unserer Wohnstätten, *»Krisenwohnungen«* geschaffen werden. Diese müßten abgeschlossene, peripher gelegene Einheiten sein: ein Zimmer, Kochgelegenheit, Sanitärbereich.

In Wohnstätten mit »Krisenwohnung« müßte die ständige Bewohnerzahl reduziert, der Personalschlüssel aber erhöht werden, damit jeweils Stammpersonal der Wohnstätte im Bedarfsfall zur intensiven »24-Stunden-Betreuung« eingesetzt werden kann. Das KIT arbeitet dabei mit dem Wohnstättenteam intensiv zusammen. Die betreffenden Betreuer werden für die Dauer des Kriseneinsatzes ausschließlich für den in Krise geratenen behinderten Menschen zuständig sein.

Theodor Stöber
Diplomsozialpädagoge

Romana Zutautas-Damijonaitis
Diplompädagogin
Familienberatung der Lebenshilfe Gießen
Crednerstr. 34

35392 Gießen

C

Litertur

GOLL, H. (1985): Was sind psychsoziale Krisen? In: G. Sonneck (Hrsg.): Krisenintervention und Suizidverhütung, Wien.
KAST, V. (1987): Der schöpferische Sprung. Vom therapeutischen Umgang mit Krisen, Olten.
SONNECK, G. (1985): Krisenintervention. In: ders. (Hrsg.): Krisenintervention und Suizidverhütung, Wien.

Hauptbedürfnisse behinderter alter Menschen als Herausforderung für die Pädagogik

*Heinz Bach**

Es wird von einem griechischen König berichtet, der nach seiner Wahl einen Weisen fragte, was das Wichtigste in seinem Amt wäre und zur Antwort erhielt: »Das Wichtigste ist die Sorge für die Klarheit der Begriffe!«

Gelegentlich gewinnt man den Eindruck, daß viele Irrwege und Mißverständnisse uns erspart blieben, wenn wir frühzeitig für eine weitmögliche Klarheit der von uns verwendeten Begriffe Sorge tragen würden.

Zum Begriff des Alters

Weitgehende Übereinstimmung herrscht bezüglich der Abgrenzung, daß man 65 Jahre (zunehmend aber bereits 60 Jahre) als die äußere Grenze für den Eintritt des Alters ansieht.

Die Probleme tauchen jedoch auf, sobald man nach inhaltlichen Merkmalen von Alter fragt. Im Gegensatz zu »Jugend« scheint Alter heute weitgehend ein negativer Wertbegriff zu sein. Assoziationen wie Krankheit, Leiden, Alleinsein, Gebrechlichkeit, Hilfsbedürftigkeit, Abhängigkeit, geistiger Abbau, nicht mehr Gebrauchtwerden, eine untergeordnete soziale Rolle spielen sind die sich aufdrängenden Assoziationen.

Dies gilt jedenfalls für unseren Kulturkreis und für alte Menschen. Alte Bäume dagegen oder alte Bauwerke genießen im allgemeinen eine weit positivere Einschätzung.

Über die Gründe läßt sich vermuten, daß sie in der extremen Leistungsorientiertheit unserer Gesellschaft und in der damit im Zusammenhang stehenden hohen Bewertung kognitiver Funktionen zu suchen sind.

Bei der Frage, inwieweit die Einschätzungen der genannten Art über das Alter zu Recht bestehen, werden unter biologischem Aspekt nachweisbare Verschleißerscheinungen, gesundheitliche Anfälligkeit, Schlaf- und Verdauungsprobleme sowie sensorielle und motorische Beeinträchtigungen hervorgehoben, unter psychologischem Aspekt zunehmende Rigidität, Gedächtnisschwäche, Distanziertheit, unter soziologischem Aspekt Rollenveränderungen durch Eintritt in das Rentenalter, wirtschaftliche Einschränkungen, Trennung von den eigenen Kindern, Veränderung der Wohnverhältnisse, zunehmende Einsamkeit.

Nicht zu übersehen ist dabei jedoch, daß die genannten Gegebenheiten zu einem schwer einschätzbaren Teil auf Zuschreibungen, traditionellen Erwartungen und damit auf gesellschaftlichen Rollenvorgaben beruhen (vgl. hierzu HOHMEIER 1978), so daß man unterstellen kann, daß Alter in der umschriebenen Akzentuierung auch als Stigmatisierung zu bezeichnen ist, die bei den so Angesprochenen eine Tendenz zur Verwirklichung der gesellschaftlichen Erwartungen erzeugt (Labeling approach).

Es ist davon auszugehen, daß Alter jedenfalls nur zum Teil ein objektiv gegebener Sachverhalt ist, zum stattlichen Teil jedoch eine Vorstellung in unseren Köpfen darstellt, die zugleich unsere eigenen Aktionen entscheidend beeinflußt.

Aus diesem Grunde sind empirische Untersuchungen über das Alter fragwürdig, sofern sie nicht diesen Sachverhalt der Zuschreibung, des Konstruktseins durch Vorstellungen der Beurteiler mit einschließen.

Zum Begriff »geistige Behinderung«

Da in den folgenden Überlegungen die Situation geistig behinderter Menschen ein Schwerpunkt bilden soll, gilt es, auch diesen Begriff kritisch zu skizzieren. Zunächst handelt es sich bei Men-

*) Erstveröffentlichung in: Schweizer Heilpädagogische Rundschau, H. 9, 1991, S. 221—26.

C

schen mit geistiger Behinderung um gar nichts anderes als den Sachverhalt, daß sie in ihren kognitiven Vollzügen, im Denken und Lernen vom Regelbereich abweichen. Dieser Sachverhalt hat in aller Regel jedoch in mehr oder minder großem Maße zur Folge, daß auch Motorik, Sensorik, Emotionalität und Sprache wegen der engen Zusammenhänge mit dem Denken beeinträchtigt sind.

Geistige Behinderung liegt jedoch nur insofern und solange vor, als der genannte Sachverhalt zutrifft. So lassen sich Aussagen über das »lebenslange Bestehen von Hilfs- und Pflegebedürftigkeit« nicht von vornherein, sondern erst im nachhinein treffen. Auch läßt sich über Wünsche und Möglichkeiten bei Vorliegen einer geistigen Behinderung lediglich aufgrund von Erfahrungen unter ganz bestimmten Umständen etwas aussagen, nicht aber generell. Einschränkende Vorstellungen, Resignation, die in der Realität bei empirischen Untersuchungen eine Bestätigung finden, stellen nicht selten einen Artefakt unserer Vorstellungen dar, die unsere Bemühungen von vornherein eingeengt haben.

So sind auch die anzutreffenden Bedürfnisse von Menschen mit geistiger Behinderung als erklärbar anzusehen durch das Maß an Erweckung oder Resignation, die das pädagogische Tun auf ihrem Lebensweg begleitet hat.

Empirische Untersuchungen stellen demgemäß gerade in diesem Bereich nicht selten lediglich defiziente und der Möglichkeit nach überwindbare Sachverhalte heraus.

Zum Begriff menschlicher Bedürfnisse

Gemäß einer alten Definition kann man menschliche Bedürfnisse als Gefühl eines Mangels bezeichnen, das verbunden ist mit dem Streben, diesen zu beseitigen. Man kann mit BECKER (1982) unterscheiden zwischen

— elementaren Bedürfnissen: etwa nach Luft, Nahrung, Sicherheit, Gesundheit, Sexualität und
— sekundären Bedürfnissen, die gesellschaftlich vermittelt sind: etwa nach Kommunikation, Anerkennung, kultureller Teilhabe, Freiheit, Gerechtigkeit, Mitspracherecht.

Das Streben nach Beseitigung von Spannungszuständen ist insgesamt auf das Wohlbefinden des Individuums gerichtet. Diese im allgemeinen zu beobachtenden Bedürfnisse liegen im wesentlichen auch im Alter bei allen Personengruppen, so auch bei Menschen mit geistiger Behinderung, vor.

Bezüglich der Befriedigung der Bedürfnisse finden sich im Rehabilitationsbereich nicht selten einseitige Positionen: So wird unter biologischem Aspekt häufig die ärztliche Versorgung, die Therapie, die Pflege ganz in den Vordergrund gestellt und darüber der soziologische Aspekt — etwa die Unterstützungsbedürftigkeit, die soziale Eingliederung — oder der psychologische Aspekt bezüglich der subjektiven Befindlichkeit und der speziellen Bedürfnisse unterschätzt.

Das Problem derartiger einseitiger Positionen besteht darin, daß die drei genannten Bereiche einer ausreichenden Berücksichtigung bedürfen, soll ein Wohlbefinden des Individuums erreicht werden, da Mangel in einem Bereich stets auch alle Wohltaten des anderen einzuschränken angetan ist.

Zum Begriff der Pädagogik

Die Innervation pädagogischer Aktivitäten fußt auf dem aktivierenden Diskrepanzerlebnis zwischen einem vorgestellten Sein-Sollen und einer vorgefundenen, davon abweichenden Realität. Pädagogik ist dabei schwerpunktmäßig konzentriert auf eine Verbesserung der Erlebens- und Verhaltensdispositionen eines Individuums, d. h. dauerhafter Umstellungen.

Nun ist im Bereich der Pädagogik und auch der Sonderpädagogik (Heilpädagogik, Rehabilitationspädagogik, Behindertenpädagogik) in letzter Zeit die Frage der Institutionen ganz in den Vordergrund getreten, d. h. die Unterbringung und Versorgung und daneben die Bemühung um eine Verbesserung von Funktionen, d. h. ein therapeutischer Impuls, der wesentliche Aufgaben allzusehr in den Hintergrund gedrängt hat (vgl. hier BACH 1980). Mitunter geradezu eine randständige Position nimmt neben den Bemühungen um angemessene Institution und um Förderung der Funktionen die im Grunde pädagogisch zentrale Aufgabe des Sinnangebotes und der entsprechenden Bedürfnisweckung ein. Die inhaltliche Seite bedarf neben der formalen jedenfalls wesentlich stärkerer Beachtung, als dies in der Gegenwart der Fall ist.

Die Frage nun, um welchen Sinn es gehe, welche Bedürfnisse zu wecken bzw. zu pflegen sind, läßt sich nicht empirisch beantworten, weil auch hier lediglich mit defizitären Feststellungen zu rechnen ist. Wenn Sinn nicht angeboten und erfaßt werden konnte, wenn Bedürfnisse nicht geweckt wurden, so ergeben alle Befragungen verständlicherweise nur spärliche und oft fragwürdige Aussagen.

Allerdings bedarf eine Antwort der Legitimation, der Begründung, wenn diese auch nicht empirisch zu erhalten ist. Die Verantwortung für das Angebot muß in ihrer ganzen Dimension gesehen werden, da sie für den Lebensweg von Menschen von schicksalhafter Bedeutung ist.

In Anlehnung an Paul Moor bietet es sich an, den Begriff der Verheißung in diesem Zusammenhang als entscheidende Kategorie zu benutzen: Verheißung bedeutet, daß jemand, der positive, bereichernde, lebensqualitäterhöhende Erfahrungen auf bestimmten Wegen, mit bestimmten Werten, Sinnvorgaben gemacht hat, diese anderen als Botschaft nahebringt, sie ermuntert, in gleiche Richtung zu gehen.

Gerade beim Vorliegen geistiger Behinderung ist ein Ringen um eine positive Zukunftsperspektive von so außerordentlicher Bedeutung, da nicht nur eingeschränkte Möglichkeiten vorliegen, sondern auch seitens des Umfeldes nicht selten eine starke Resignation herrscht.

Im Grunde jedoch ist davon auszugehen, daß bei allen Menschen, einschließlich derer mit geistiger Behinderung, Bedürfnisse ähnlicher Art vorliegen; der Unterschied liegt lediglich in dem Maß an differenzierter Erfüllung dieser Bedürfnisse.

Unter dieser Perspektive sollen im folgenden die Hauptbedürfnisse behinderter alter Menschen hervorgehoben werden.

Die Hauptbedürfnisse behinderter alter Menschen

Behinderung relativiert die Gegebenheiten alter Menschen in unterschiedlicher Weise und in unterschiedlichem Maße — je nach Art, Komplexität, Schwere und Eintritt der Behinderung, nach den Reaktionen des Umfeldes auf die Behinderung und nach der im Laufe des Behindertseins erfolgten Förderung.

Die Verfassung eines behinderten Menschen wird also nicht allein etwa durch seine Querschnittslähmung, durch seine hirnorganische Schädigung, seine Sehschwäche oder andere Schäden bestimmt, sondern stets auch durch soziale und materielle Entwicklungsbedingungen, die Qualität der erhaltenen Förderung, das Maß an pädagogischem Optimismus oder an negativen Prognosen, mit dem ihm begegnet worden ist. Erwachsensein behinderter Menschen ist also nicht ein biologisches Faktum, sondern ein psychosomatisch-sozialer Prozeß, der ebenso als geworden wie auch als veränderbar anzusehen ist.

Hilflosigkeit, Anspruchsarmut, Resignation und ähnliche Gegebenheiten sind daher nicht als feststehende, behinderungstypische Fakten, sondern nicht zuletzt als Auswirkungen umfeldtypischer Verhaltensweisen gegenüber behinderten Menschen anzusehen.

Damit sind einerseits die grundsätzlichen Chancen einer Vorbereitung auf Altwerden und einer Förderung erwachsener behinderter Menschen angesprochen und andererseits spezielle Notlagen, die als Individuallagen vieler behinderter Erwachsener eher eine verstärkte als eine reduzierte Bemühung um Förderung signalisieren sollten.

Ziele und Qualität solcher Förderung ergeben sich jedoch nicht zwangsläufig aus der umrissenen Situation, wie sich grundsätzlich nie Ziele aus den Gegebenheiten, nie Soll-Lagen aus Ist-Lagen ableiten lassen. Sie beruhen vielmehr grundsätzlich auf Wertentscheidungen. So selbstverständlich solche Entscheidungen unter Gleichgesinnten auch sein mögen, bereits ein flüchtiger Blick in die Geschichte oder in Praxis und Einstellungen der Gegenwart zeigt, daß es sich hier keineswegs um Selbstverständlichkeiten handelt: da werden nicht nur Nutzen, Finanzierbarkeit, sondern auch Rentabilität, Vertretbarkeit und grundsätzliche Möglichkeiten der Förderung behinderter Menschen gegenüber einer als Alternative stilisierten sogenannten Eliteförderung in Frage gestellt.

Da auf die verschiedenen Formen, Grade und Umfeldbedingungen des Behindertseins höchst unterschiedliche Reaktionen möglich sind, die sich von einer Versagung aller Förderung wegen vermeintlicher Aussichtslosigkeit über Zubilligung eines Minimums bis zu besonders differenzierten Angeboten erstrecken können, ist es erforderlich, den Förderungsbedarf zu reflektieren, zu bestimmen, zu begründen und ihn zu verteidigen.

Ausschlag hierbei gibt letztlich die zugrundegelegte Vorstellung vom Menschen, seinen Möglichkeiten und Verantwortlichkeiten (vom sogenannten Menschenbild überhaupt) — und davon, ob bzw. inwiefern sie auch für behinderte Menschen als gültig angesehen werden.

Sofern behinderte Menschen — ohne Identifizierung mit ihrer Situation und ihrem Erleben — von vornherein mit negativen Prognosen bedacht und etwa vorwiegend als bloße »Pflegefälle« betrachtet werden, stellt sich der Förderungsbedarf ganz anders dar, als wenn man sich in die entsprechende Situation so hineinversetzt, als wäre man ihr selber ausgesetzt, den Leiden, der Dumpfheit des Wartens auf nichts, der Abhängigkeit, dem Alleinsein.

Das unmittelbare Angesprochensein durch solche Identifizierung und die realistische Überlegung, daß man selber in der Tat unversehens in die nämliche Lage geraten könnte, sind, abgesehen von ethischen und religiösen Grundpositionen, die zentralen Argumente, die für eine Förderung behinderter alter Menschen mit den gleichen Intentionen sprechen, wie sie für jeden Erwachsenen zu fordern ist.

Wegen der besonderen Schäden der Verhaltens- bzw. Erlebensdisposition als Grundlage von Behinderungen und wegen der häufig benachteiligenden sozialen und materiellen Lebensbedingungen ist vielmehr eine erhöhte Differenziertheit und Intensität der Förderung angezeigt, d. h. eine Akzentuierung bzw. Ergänzung bestimmter behinderungsspezifischer Angebote unter Ausschöpfung der zur Verfügung stehenden behinderungsspezifischen Methoden, Techniken und Medien.

Auf der Grundlage der dargelegten Sicht der menschlichen Situation behinderter alter Menschen lassen sich die Hauptbedürfnisse unter pädagogischem Aspekt in folgende vier Bereiche differenzieren (BECKER 1982, 105ff., SPECK 1982, 1 ff.):

1. Größtmögliche Selbständigkeit,
2. sinnvolle Tätigkeit,
3. mitmenschliche Beziehungen,
4. erfüllende Erlebnisse.

Größtmögliche Selbständigkeit

Nicht von ungefähr beschreibt HAHN (1981) »Behinderung als soziale Abhängigkeit«, deren besonderer Stellenwert ebenso für die Existenzgrundlagen wie für die gesamte Persönlichkeitsentwicklung unübersehbar ist.

Daher kommt der Förderung der Selbständigkeit bei behinderten alten Menschen (bzw. kontinuierliche Fortsetzung der vorausgegangenen Förderung in dieser Hinsicht) besondere Bedeutung zu. Alle Aktivitäten und Erlebnismöglichkeiten in den verschiedenen Lebensbereichen werden in starkem und nicht selten in ausschlaggebendem Maße von Verhaltens- und Erlebensdispositionen als funktionalen und inhaltlichen

Voraussetzungen für selbständiges Leben bestimmt.

Der primäre pädagogische Assistenzbedarf von Menschen, die durch Schäden dieser Disposition beeinträchtigt sind, liegt also in einer größtmöglichen Verbesserung der entsprechenden Ausgangslage, d. h. in kognitiver, emotionaler, sprachlicher, motorischer, sensorieller, sozialer Hinsicht, je nachdem, in welchen Bereichen jeweils Schäden vorliegen, die ja in der Regel in mehr oder minder umfänglichen Kopplungen auftreten, d. h. als oft relativ komplexe Beeinträchtigungen auch relativ komplexer Assistenz bedürfen.

Ebenso wie festzustellen ist, daß neben dem geläufigen Bedarf an medizinischer und sozialer Förderung für behinderte Erwachsene ein spezieller Bedarf an pädagogischer Förderung zur Verbesserung ihrer Verhaltens- und Erlebnisdisposition besteht (vgl. Deutscher Bildungsrat 1984, 33), gilt es, von pädagogischer Seite den medizinischen und sozialen Bedarf nicht unterzubewerten.

Bei dem beschriebenen Förderungsbedarf hinsichtlich der Selbständigkeit behinderter alter Menschen geht es um mehr als um behinderten Menschen bloß Mut zu machen, sondern um z. T. sehr spezielle Angebote und um Assistenz, die neben Engagement und gutem Willen auch ein mehr oder minder beträchtliches Maß an Fachkompetenz erfordert, soll sie wirklich hilfreich sein und nicht im »Dilettantismus des guten Herzens« versanden.

Angesichts der Umfänglichkeit und Schwere mancher Behinderungen wird selbst eine differenzierte Förderung der Selbständigkeit mitunter vergleichsweise nur geringe Ergebnisse erbringen. Dabei ist jedoch zweierlei zu bedenken: Erstens ist der Grad der Selbständigkeit jedes Menschen stets relativ, d. h. es besteht für jedermann ein mehr oder minder großer Grad an sozialer Abhängigkeit — so etwa hinsichtlich schwerer Erkrankungen, Notfälle usw. oder bezüglich vielfältiger alltäglicher Dienstleistungsbedürfnisse. Zweitens aber stellt gerade bei schweren Behinderungen jeder winzige Schritt erlangter Selbstständigkeit (etwa in bezug auf Selbstversorgung oder hygienische Selbstbesorgung) eine von Außenstehenden kaum je hinreichend einzuschätzende Lebenserleichterung dar.

Selbständigkeit, in welchem Grade auch immer, bleibt ohne rechten Sinn, wenn sie nicht befriedigenden Aktivitäten, erfüllenden Aufgaben dient. Damit ist ein weiterer Förderungsbedarf behinderter alter Menschen angesprochen.

Sinnvolle Tätigkeit

Aufgabenlosigkeit, Arbeitslosigkeit, Tätigkeitsentbehrung machen das Leben perspektivlos. Bloßes Versorgtsein füllt kein Leben aus. Daher besteht namentlich für behinderte alte Menschen, die aufgrund ihrer Beeinträchtigung nur unzureichend in der Lage sind, entsprechende Aktionsmöglichkeiten zu finden oder zu erfinden, ein wichtiger Förderbedarf in dieser Hinsicht. Auf eine Formel gebracht: Es geht darum, dafür zu sorgen, daß behinderte alte Menschen wissen, warum sie am Morgen aufstehen, daß sie gebraucht werden, daß sie etwas Sinnvolles vorhaben, daß ihr Dasein nicht zum Wartestand auf das Ende hin wird.

PAUL MOOR (1965, 26) hat dieses zentrale Anliegen einmal folgendermaßen formuliert: »Es ist gerade das Wesentliche dessen, für das die Erziehung zu wirken hat: die Aufgabe, die zugleich Verheißung ist«. Es gilt, Tätigkeiten zu eröffnen, die sinnvoll sind, die Erfüllung verheißen, also mehr als bloße Beschäftigung sind, ohne daß dabei die Bedeutung auch sinnvoller Muße übersehen werden soll.

Daß Erfüllung durch sinnvolle Tätigkeiten allein nicht ausreicht, daß vielmehr mitmenschliche Beziehungen von tragender Lebensbedeutung sind, umschreibt das dritte Hauptgebiet des Förderungsbedarfs behinderter alter Menschen.

Mitmenschliche Beziehungen

Für jemanden da sein, von jemandem innerlich getragen sein, trägt wesentlich zum Lebenssinn bei. Ebensowenig wie ein zwischenmenschliches

C

Bezugsverhältnis ohne Aufgaben auf die Dauer hinreichende Befriedigung gibt, ist jedoch selbst sinnvolles Tätigsein ohne tragende Bezugsverhältnisse in der Regel kein ausreichender Lebensinhalt. Mitmenschliche Bezugsverhältnisse vermitteln ebenso Zugehörigkeits- und Sicherheitsgefühl wie soziale Anerkennung, Selbstfindung und erfüllende Verantwortung.

Dies gilt nun keineswegs nur für behinderte Menschen. In Anbetracht der mannigfachen Erschwernisse zwischenmenschlicher Beziehungsaufnahme von behinderten Menschen aufgrund vielfältiger Vorurteile Außenstehender, ergibt sich hier jedoch ein besonders wichtiger Assistenzbedarf für behinderte alte Menschen.

Bei der Förderung mitmenschlicher Beziehungen kann es um psychologische Vorbereitung im Sinne der Überwindung von Barrieren auf beiden Seiten gehen, um die Schaffung von Gelegenheiten des Sichkennenlernens, gemeinsamer Tätigkeiten und des Miteinanderlebens und schließlich der Assistenz bei auftretenden Problemen — insgesamt also um wesentlich mehr als um bloße Partnervermittlung.

Erfüllende Erlebnisse

Wenn man nach den Gegebenheiten fragt, die neben Selbständigkeit, sinnvoller Tätigkeit und mitmenschlicher Beziehung noch wesentlich zu einem erfüllten Leben beizutragen vermögen, dann drängen sich Erlebnisse, Vorhaben, Erinnerungen und Planungen von Ereignissen auf, die außer der Reihe liegen — etwa Feste, Reisen, besondere Veranstaltungen, jedoch auch kleine Erfreulichkeiten des Alltags.

Angesichts der vielfältigen Lebenserschwernisse behinderter alter Menschen, angesichts häufiger Isolierungen und Diskriminierungen erscheint der Bedarf an erfüllenden Erlebnissen der genannten Art von besonderer Bedeutung, um ihnen zu einem größtmöglichen Lebensreichtum zu verhelfen.

Die Ergebnisse der Analyse der Hauptbedürfnisse und damit des besonderen Förderungsbedarfs behinderter alter Menschen ermöglichen es nun, konkret nach den sonderpädagogischen Aufgaben in diesem Felde zu fragen.

Sonderpädagogische Aspekte

Kennzeichen pädagogischer Assistenz ist die Förderung der Verhaltens- und Erlebensdisposition von Menschen, wobei die Bemühungen um die formale Seite der Disposition, die Funktionen, in ihrem Zusammenhang mit der Bemühung um die inhaltliche Seite der Disposition, die Kenntnisse, Einsichten, Gefühlsinhalte, zu sehen sind.

So ist Sonderpädagogik weder physische Pflege, noch funktionsorientierte Therapie (BACH 1980), noch Beziehung an sich. Sonderpädagogik ist vielmehr in erster Linie Sinnanbieten und Funktionsförderung im Zusammenhang mit Sinnrealisierung. Wie weit sich Pädagogik und insbesondere Sonderpädagogik in einseitiger Funktionsorientierung von dieser zentralen Aufgabe haben abbringen lassen (bis hin zu einer Erziehung im luftleeren Raum pluralistischer Gleichgültigkeit und Beliebigkeit, zu einem Abtreten der Ziel- und Aufgabenbestimmung an pädagogikferne Institutionen), kann hier nicht näher erörtert werden.

Jedenfalls aber läßt sich feststellen, daß Aufgaben, wie sie sich aus der Analyse der Bedarfslagen behinderter alter Menschen ergeben, d. h. Förderung hinsichtlich größtmöglicher Selbständigkeit, sinnvoller Tätigkeiten, zwischenmenschlicher Beziehungen und erfüllender Erlebnisse, schwerpunktmäßig als sonderpädagogische Aufgaben anzusehen sind, indem sie in beeinträchtigungsspezifischer Konzentration Angebote zur Sinnfindung und Hilfe zur Sinnrealisierung für behinderte Menschen darstellen — gleich, ob es sich nun um Informationen und praktische Hilfen hinsichtlich selbständiger Lebensführung, um Einübung bzw. Vermittlung sinnvoller Tätigkeiten, um Befähigung und Gelegenheit zu tragfähigen zwischenmenschlichen Beziehungen oder um Ermöglichung erfüllender Erlebnisse handelt.

Methodische Aspekte

Von entscheidender Bedeutung für die Chancen einer Weckung und Pflege der genannten Bedürfnisse, namentlich bei vorliegender geistiger Behinderung, ist das methodische Vorgehen. Hier ist zunächst hervorzuheben, daß alle Angebote differenziert sein müssen, d. h. die subjektiven Unterschiede und Gewordenheiten und die dementsprechend erforderlichen Bedürfnisakzentuierungen berücksichtigen müssen. Nicht also Normierung, sondern größtmögliche Berücksichtigung der Individuallage ist erforderlich.

Sodann gilt es zu sehen, daß der Wert der genannten Angebote mit ihrer Wirklichkeitsnähe steht und fällt. So läßt sich — plakativ — etwa sagen:

- eine Stunde Werken ist besser als zehn Stunden psychologische Beratung;
- ein Lied selbst auf der Blockflöte gespielt ist besser als der Besuch von zehn Symphoniekonzerten;
- ein interessantes Gespräch beim Abendschoppen ist besser als zehn Stunden Fernsehkonsum;
- eine anregende Bekanntschaft ist besser als zehn Therapieeinheiten;
- eine Stadtteilentdeckung ist besser als zehn Spaziergänge auf gewohnten Wegen;
- eine Reise ist besser als zehn Diavorträge über ferne Länder;
- eine Stunde Sport ist besser als zehn Fußballreportagen;
- ein Unternehmen mit kalkulierbarem Risiko ist besser als zehn Versicherungsabschlüsse;

Kurzum: Es geht bei der Förderung darum, etwas »Richtiges« anzubieten, nicht um eine Schein-Welt, um Konserven oder Second-hand-Erlebnisse.

Neben den Inhalten stellt die Art der Förderung einen für die Sonderpädagogik charakteristischen Aufgabenaspekt dar. Bekanntlich lassen sich Methoden nicht aus Aufgaben schlüssig ableiten, sondern bieten sich in der Regel in einem mehr oder minder breiten Spektrum der Möglichkeiten an, aus dem es — gemäß den jeweils vorliegenden speziellen Bedingungen — die zweckmäßigsten, effizientesten Verfahren auszuwählen gilt. Trotzdem ergibt sich aus den Aufgaben zumeist ein Rahmen, der bestimmte Methoden als kontraindiziert, als unzweckmäßig, dem Ziel zuwiderlaufend ausschließt.

So erweisen sich hinsichtlich der Förderung von Selbständigkeit Vorgehensweisen des Belehrens, Anweisens, Vorschreibens, Gängelns, voreiligen Helfens, Bevormundens, Programmierens, Manipulierens als unzweckmäßig.

Dagegen erscheinen folgende Aspekte des Förderns als besonders effizient:

- Anbieten,
- vorschlagen,
- anregen,
- beanspruchen,
- assistieren,
- probieren und probierenlassen,
- Wagnisse, d. h. kalkulierbare Risiken eingehen,
- praktische Anleitung,
- Freiwilligkeit,
- Offenheit,
- wahrnehmen der Befindlichkeiten und Bedürfnisse,
- zuhören,
- sich miteinander beraten,
- Gemeinsamkeit statt bloßer Mitbeteiligung,
- Arbeit *mit* (statt nur für) behinderte(n) Menschen.

Die pädagogische Förderung behinderter Erwachsener läßt sich auch in folgende Prinzipien zusammenfassen:

1. Anregung statt Abschirmung,
2. Vielfalt statt Einseitigkeit,

C

3. Integration statt Isolierung,
4. Verselbständigung statt Bevormundung,
5. Beanspruchung statt Verwöhnung,
6. Ablösung statt Erhaltung von Abhängigkeit.

Institutionelle Aspekte

Effiziente Förderung alter Menschen ergibt sich nur begrenzt von selbst. Sie bedarf — wie entsprechende Defizite in der Gegenwart nur zu deutlich zeigen — der Planung, der Organisation, der Institutionalisierung, soll sie in ausreichendem Maße realisiert werden. Dabei sind zwei Grundformen voneinander zu unterscheiden: Die integrierte und die separate Förderung.

Integrierte Förderung erfolgt im Rahmen der Familie, allgemeiner Angebote für Erwachsene in Volkshochschulen (Volksbildungswerke), Sportvereinen, Clubs usw., wobei es, namentlich bei schwereren Behinderungen, fachlicher Beratung und mehr oder minder umfänglicher sonderpädagogischer Assistenz bedarf. Soweit es Art und Grad der Behinderung irgend erlauben, sollten diese integrierten Formen der Förderung wegen ihrer besonderen Anregungs- und Sozialaspekte eingeleitet, unterstützt und ausgebaut werden.

Die andere Form, die separate Förderung, kommt teils (bezüglich behinderungsspezifischer Themen) als Ergänzung der integrierten, teils aber auch (bei bestimmten Behinderungen) schwerpunktmäßig in Betracht, sollte jedoch grundsätzlich nicht separiert, sondern in räumlichem und kooperativem Zusammenhang mit Angebotsformen des allgemeinen Bereiches stehen.

Separate Förderung kann im Rahmen von Werk- und Wohnstätten (einschließlich Anstalten) für Behinderte, in Krankenhäusern, speziellen Rehabilitationseinrichtungen, Beratungsstellen sowie in Selbsthilfegruppen, Behindertenclubs, Behindertensportgruppen, besonderen Volkshochschulabteilungen oder -kursen (vgl. hierzu HAMBITZER 1976, 205 ff.; HÖSS, GOLL 1987, 168) und ähnlichen Einrichtungen erfolgen.

Förderkompetenz

Wenn auch keineswegs alle Aktivitäten zur pädagogischen Förderung behinderter alter Menschen spezieller Kompetenz und Ausbildung bedürfen, was sich einerseits allein aus den sehr unterschiedlichen Arten und Graden von Behinderungen ergibt und andererseits aus der unterschiedlichen Differenziertheit der erforderlichen Angebote, so ist aber doch in verschiedenen Bereichen der Förderung Qualifiziertheit nur aufgrund behinderungsspezifischer sonderpädagogischer Fachkompetenz zu erwarten. Dies macht einen Ausbildungsschwerpunkt der Förderung alter Menschen in sonderpädagogischen Ausbildungsgängen der verschiedenen Ebenen und sonderpädagogischen Fachrichtungen angesichts der gegenwärtigen Mangelsituation überaus wünschenswert. Dabei geht es teils

- um erwachsenenpsychologische Gesichtspunkte (vgl. Vorbemerkungen), teils
- um die erörterten verschiedenen Gebiete des Förderungsbedarfs hinsichtlich der Selbständigkeit, sinnvoller Tätigkeit, mitmenschlicher Beziehungen und erfüllender Erlebnisse (vgl. Hauptbedürfnisse) — einschließlich der Assistenz in besonderen Belastungs- bzw. Konfliktsituationen, teils
- um methodische Aspekte (vgl. Integration statt Isolierung), teils
- um Erfordernisse und Probleme größtmöglicher Integration der Bemühungen;
- um entsprechende Umfeldarbeit (vgl. hierzu BACH 1987, 53 f.) und nicht zuletzt
- um die Vermittlung von Kompetenzen in ausgewählten Tätigkeitsbereichen (Sport, Musik, freies oder technisches Werken, besondere berufliche Qualifikationen oder andere für behinderte Erwachsene und alte Menschen relevante Bereiche), da Förderung und Erfüllung am wirksamsten im Zusammenhang mit bestimmten Tätigkeiten erfolgen und nicht in formalen Bemühungen um Funktionen an sich.

Ebenso wie vor unqualifizierten Aktivitäten, die lediglich guten Willen offerieren, sollte jedoch auch vor Überprofessionalisierung gewarnt werden, die im Eifer der Festlegung von Qualifikationsanforderungen die Größe des Aufgabenfeldes übersieht, das es zu bestellen gilt, und den fundamentalen Bedarf an Assistenz, der hier vorliegt.

Prof. Dr. Heinz Bach
Am Eselsweg 33
55 128 Mainz

Literatur

BACH, H. (1980): Sonderpädagogik und Therapie. Sonderpädagogik (10) 103—11.

BACH, H. (1989): Die heimlichen Bitten des Peter M. Berlin.

BAUMGART, E. (Hrsg.) (1986): Ablösung. Geistig behindert sein und erwachsen werden. Luzern.

BECKER, P. (1982): Psychologie der seelischen Gesundheit, Bd. 1, Göttingen, Toronto, Zürich.

Bundesvereinigung Lebenshilfe für geistig Behinderte (Hrsg.) (1983): Altwerden von Menschen mit geistiger Behinderung. Große Schriftenreihe Bd. 7, Marburg.

HAHN, M. Th. (1981): Behinderung als soziale Abhängigkeit. München.

HAMBITZER, M. (1976): Geistig Behinderte in der Erwachsenenbildung — Aufbau eines Modells an der Volkshochschule der Stadt Nürnberg. In: Vierteljahresschrift Lebenshilfe, 4, 205—08.

HÖSS, H.; GOLL, H. (Hrsg.) (1987): Erwachsenenbildung für Menschen mit geistiger Behinderung. Heidelberger Kolloquium, Heidelberg.

HOHMEIER, J.; POHL, H.-J. (Hrsg.) (1978): Alter als Stigma. Frankfurt (Main).

JOCHHEIM, K.-A.; LUCKE, Ch., ANDRÉ, G. (Hrsg.) (1988): Alte Menschen mit Behinderungen — behinderte Menschen im Alter. Heidelberg.

MOOR, P. (1965): Heilpädagogik. Bern, Stuttgart.

SPECK, O. (Hrsg.) (1982): Erwachsenenbildung bei geistiger Behinderung. München/Basel.

Verband ev. Einrichtungen für geistig und seelisch Behinderte e.V. (Hrsg.) (1980): Der geistig behinderte Mensch im Alter. Zur Orientierung. Heft 4.

WIELAND, H. (1987): Geistigbehinderte Menschen im Alter. Heidelberg.

Altern und Lebenslauf

Gerontologische und soziologische Aspekte

*Heinz Wieland**

An den Anfang meiner Ausführungen möchte ich eine Äußerung von KAPLAN (1963, vgl. WIELAND 1987, 37 f.) stellen, die vor mehr als 30 Jahren veröffentlicht wurde, also zu einer Zeit, als geistige Behinderung und Altwerden gar nicht miteinander in Verbindung gebracht wurden. Sie lautet übersetzt:

> »Wie wir die entwicklungsverzögerten Menschen beurteilen, so gehen wir auch mit ihnen um. Damit wiederum können wir die Geschwindigkeit ihres Alterungsprozesses beeinflussen. Es liegt an uns, wenn diese Menschen schneller altern.«

Wie Sie wissen, gleicht sich die Lebenserwartung der geistig Behinderten in den westlichen Industrieländern derjenigen der Gesamtbevölkerung an. Auch immer mehr schwer geistig behinderte Menschen werden alt. Ihr Altern hat sich folglich verlangsamt, »normalisiert«. Können wir also, Kaplan folgend, im Umkehrschluß annehmen, »es liege an uns, wenn diese Menschen langsamer altern«?

Die Antwort ist nicht einfach. Wir müssen uns nämlich nicht nur vor Hybris hüten, sondern uns vor Augen halten, daß wir es bei den heute alten geistig Behinderten mit Menschen zu tun haben, die zumindest in ihren ersten Lebensjahrzehnten noch nicht oder nicht umfassend gefördert worden sind. Zweifellos ist der Anstieg ihrer Lebenserwartung, ebenso übrigens wie der in der Allgemeinbevölkerung, zu einem guten Teil der verbesserten medizinischen Versorgung zu verdanken.

Aber die sich allmählich verbessernden materiellen wie immatierellen Lebensbedingungen, ob in den Familien oder in den Einrichtungen, haben ebenfalls ihren Anteil daran. Denken wir etwa an den Umschwung im Menschenbild, wie er sich z. B. an der Etablierung der Sonderschulen für Geistigbehinderte, in der Psychiatrie-Enquête von 1975 etc. ablesen läßt. Dies zeigt, wie empfindlich Menschen, insbesondere solche, die in sozialer Abhängigkeit leben, auf Veränderungen in ihrer Umwelt reagieren.

Wenn aber sogar diese Gruppe der nicht oder kaum geförderten geistig behinderten Personen älter wird, welche Altersentwicklung ist dann erst bei jenen Generationen zu erwarten, die voll in den Genuß einer systematischen frühkindlichen und schulischen Förderung gekommen sind oder kommen und die unter Normalisierungsbedingungen arbeiten, wohnen, leben.

Wenn wir uns heute über »Alte geistig behinderte Menschen als Auftrag der Behindertenhilfe« austauschen können, so ist dies doch eine Bestätigung all derer, die sich für die Frühförderung, Beschulung, für die Verbesserung der Lebensbedingungen von geistig Behinderten eingesetzt haben. Deren Altern ist ein schöner Beweis für die Potentialität jedes Menschen.

Ich habe das Zitat von KAPLAN schon einmal vor gut sieben Jahren verwandt, damals im Zusammenhang meiner Warnung, von einer totalen Andersartigkeit des Alternsprozesses von geistig Behinderten auszugehen.

Anfangs wurde die Diskussion um die Probleme und Auswirkungen des Altwerdens von geistig behinderten Menschen ja dadurch belastet, daß man sich vielfach noch am Erscheinungsbild der Älteren orientierte und daraus Rückschlüsse zog. Anstatt offen zu sein für das überraschende Faktum, daß Menschen unter den gegebenen, eher restriktiven Lebensbedingungen überhaupt alt

*) Zuerst veröffentlicht in: Landesverband Baden-Württemberg der Lebenshilfe für Menschen mit geistiger Behinderung e.V. (Hrsg.) (1994): Dokumentation der Fachtagung »Alte geistig behinderte Menschen als Auftrag für die Behindertenhilfe. Stuttgart, S. 5—12.

werden konnten, hielten sich nicht wenige Experten und Interessierte an eine längst überholte Gerontologie, die am Defizitmodell ausgerichtet war, d. h. Altern mit Abbau gleichsetzte.

Diese schien eine Symbiose mit einem in Teilen der Sonderpädagogik bzw. in Alltagstheorien über behinderte Menschen offenbar immer noch wirksamen Defizitkonzept eingegangen zu sein. Es gab die fatale Neigung, wieder und wieder »Subnormalität« zuzuschreiben: Die mit Zahlen versehene Zumessung einer maximal erreichbaren Lebensgrenze wurde immer aufs Neue versucht, die Unausweichlichkeit einer abnormen physischen und psychischen Morbidität beschworen usw.

Entsprechend negativ und eingeschränkt beurteilte man die Entwicklungs- und Lernmöglichkeiten der Betroffenen, ihre Ansprüche an das Leben. Man konnte den Eindruck gewinnen, daß eine eigene Spezial-Gerontologie der geistig Behinderten für notwendig gehalten wurde, um die erwarteten Probleme wissenschaftlich zu bearbeiten und für die Praxis Lösungen zu finden.

Kompetenzmodell des Alterns

In der Gerontologie hat sich schon vor längerem eine Abkehr von normierenden Bewertungen des Alternsprozesses vollzogen. Gegenwärtig dominiert in den Alternswissenschaften das eher psychologisch-systemtheoretisch ausgerichtete »Kompetenzmodell« (z. B. OLBRICH 1987). Es vermeidet den wertenden Vergleich der Älteren und ihrer physischen, psychischen und sozialen Funktionen mit denen jüngerer Menschen. Jüngere sind nicht Maßstab für die Anpassung an Lebens- und Entwicklungsanforderungen im Alter, für »erfolgreiches« Altern.

Das Kompetenzmodell beachtet nicht in erster Linie den Mangel, die Funktionsabweichung, »sondern die adaptiven, möglicherweise gar produktiven Ergebnisse von Transaktionen des jeweiligen Individuums mit seiner Welt« (OLBRICH 1992, 54). Es wird nicht gefragt oder beurteilt, ob alte Menschen diese oder jene Fähigkeit weniger oder mehr zeigen, sondern es geht um die Beschreibung des Zusammenspiels zwischen gegebenen Ressourcen der Person und Anforderungen der Situation.

Sowohl Anforderungen und Belastungen als auch Ressourcen der älteren Menschen sind ja nicht identisch mit jenen in jüngeren Jahren. Kompetenz bestimmt sich daher nicht allein nach Personpotentialen, sondern aus Relationen, aus, so OLBRICH (1992, 55) »dem Verhältnis zwischen der Anforderung an eine Person und deren Ressourcen zu ihrer Bewältigung«. In diesem Modell wird der Mensch, unabhängig von seinem Alter, als ein durch Beziehungen geprägtes, entwicklungsoffenes System gesehen.

Altern ist nach dem österreichischen Soziologen und Gerontologen ROSENMAYR (1989, 153), »eine naturhafte Veränderung des Lebendigen, die durch Verluste und Einschränkungen gekennzeichnet ist. Mit dem Altern, dem naturhaften ‚Verlieren unter Widerstand' und vielfältig verschlungen mit ihm, ereignen sich Prozesse der Erfahrung, die Erweiterung und Vertiefung, unter besonderen Umständen auch neue Dimensionen des Denkens, Fühlens und Handelns einschließen können.« Diese Erweiterung und Vertiefung, diese neuen Dimensionen des Denkens, Fühlens und Handelns kann man als Kompetenzen des Alters verstehen.

Auf den ersten Blick scheint ein solches relationales Modell des Alterns von Vorteil zu sein für die Beschreibung und Analyse der Situation alternder und alter geistig behinderte Menschen. Eine Bewertung ihres Altseins vor dem Hintergrund einer objektivierbaren »Normalität« des Alters verbietet sich. Bedeutsam ist allein die Frage, welche situationsspezifischen Anforderungen sich einem konkreten geistig behinderten Individuum im Alter stellen und wie es sie bewältigt. Sein »erfolgreiches« Altern ist folglich abhängig von dem Verhältnis zwischen diesen Anforderungen und den Ressourcen, auf die es zu ihrer Bewältigung zurückgreifen kann, mit anderen Worten: von seiner Kompetenz.

Kompetenz im oben gemeinten Sinn, den Fehler sollte man nicht machen, kann man grundsätzlich älteren geistig behinderten Menschen nicht absprechen, auch nicht »Prozesse der Erfahrung, die Erweiterung und Vertiefung ... des Denkens, Fühlens und Handelns einschließen können«.

Es gibt einige empirische Hinweise dafür, daß alte geistig behinderte Menschen sich trotz ihrer meist lebenslangen sozialen Benachteiligung als entwicklungs- und lernfähig erweisen, wenn man ihnen dies ermöglicht. Alle Thesen bezüglich eines Stillstands oder sogar einer Regression der geistigen bzw. personalen Entwicklung im Erwachsenenalter und insbesondere im höheren Alter beruhen auf unzulässigen Verallgemeinerungen von Beobachtungen an vernachlässigten bzw. unzureichend geförderten geistig Behinderten (THOMAE 1985, 7).

Kritik gegenüber dem Kompetenzmodell ist gleichwohl angebracht. So z. B., wenn die Abkehr von Normierungen zugleich den Ausschluß von Zielvorstellungen bedeutet. Dies wird besonders von seiten der Geragogik als »Subjektivismus« (SCHNEIDER 1993, 53) kritisiert. Wenn der Kompetenz nichts Universelles und Allgemeines anhafte, sondern sich immer nur in der je konkreten Lebenssituation eines ganz bestimmten Menschen in einem ganz bestimmten Zeitpunkt zeige, dann könne ein Außenstehender diese Kompetenz schwer erkennen. Vor allem gäbe es praktisch keine Möglichkeit, sich darauf vorzubereiten, die Kompetenz eines Menschen mehren zu können, da ja seine zukünftige Situation prinzipiell nicht vorhersehbar sei (vgl. WOLLERSHEIM 1990).

Vielleicht kann man dem Kompetenzmodell wegen seiner Zentrierung auf situative Anforderungen und ihre Bewältigung auch eine immanente Tendenz zum Fatalismus sowie zur Vernachlässigung sozialer Faktoren, sozialer Benachteiligung, einschließlich der Lebensgeschichte der Menschen nachsagen. Man fragt eher: Wie sind die Anforderungen in einer Situation, wie ist das Verhältnis zwischen diesen Anforderungen und den Ressourcen einer Person, wie können individuelle Ressourcen und Potentiale aufgegriffen werden, um sie für die Person erkennbar zu machen und so ihre Fähigkeit zu stärken, die individuelle Lebenssituation mit ihren Anforderungen zu bewältigen? Dies ist sicher ein wichtiger Ansatz auch für die Behindertenhilfe.

Wenn es aber so ist, daß es »nur« um die Bewältigung von Situationen mit ihren spezifischen Anforderungen geht, so drängt sich der Eindruck auf, daß diese Situationen selbst quasi sakrosankt sind. Sie scheinen prinzipiell nicht vorhersehbar und folglich unvermeidbar. Die als Kompetenz gewerteten Eigenschaften und Verhaltensweisen werden daher zu einseitig als eine letztlich dem Individuum abverlangte Leistung gesehen.

Die sozialen Rahmenbedingungen der je spezifischen Situationen, die etwa im Alter zu bewältigen sind, bleiben unberücksichtigt. Fragen nach den Ursachen der zu bewältigenden Anforderungen sowie nach ihrer »Notwendigkeit«, Vermeidbarkeit werden nicht gestellt. Ebenso wenig scheint zu interessieren, wie die je verschiedene »Ausstattung« der Menschen mit Ressourcen zustande kommt bzw. wie diese verändert werden könnte. Damit geht dem Kompetenzmodell ein reformerischer Impetus ab.

Vielleicht ist es kein Zufall, daß Kompetenz auch zu einem sozialpolitischen Modewort geworden ist. Es paßt einfach gut in eine Gesellschaft, deren »Überalterung« fast wie ein Menetekel an der Wand steht, in der »selbstverantwortliche Auseinandersetzung mit Aufgaben und Belastungen« (KRUSE 1992, 25) vielleicht notwendig sein wird, um die »Altenlastquote« erträglich zu machen.

Es paßt auch deshalb gut, weil unsere Gesellschaft im Zuge ihrer Individualisierung, d. h. der Auflösung traditioneller Lebensformen und Bindungen, an jeden Einzelnen die Erwartung richtet, seinen Lebenslauf selbst zu gestalten. Das gilt zunehmend auch für alte Menschen, Stichwort »Neue Alte«.

Ich kann hier nicht detailliert auf diesen Bedeutungswechsel des Lebenslaufs und die möglichen Konsequenzen für behinderte Menschen, ihre Sozialbeziehungen und traditionellen sozialen Netze eingehen, auf die sie vielleicht stärker als andere angewiesen sind. Bleibt zu fragen: Wird das Kompetenzmodell den alternden geistig behinderten Menschen, allen alternden Menschen gerecht?

Alter und Lebenslauf

Es ist in der Gerontologie seit langem unumstritten, daß das Alter bei allen Menschen primär ein soziales »Schicksal«, besser vielfältig sozial beeinflußt, wenn nicht gar überlagert ist. Auch Behinderung ist als sozial vermittelter *Prozeß* zu verstehen. Es muß also dem Lebenslauf des Menschen, ob geschädigt oder nicht, eine überragende Bedeutung beigemessen werden.

C

Das heißt, daß man die Situation von alten Menschen und ihre Fähigkeit, sich mit dem Alter und seinen Begleiterscheinungen auseinderzusetzen, prinzipiell nur vor dem Hintergrund ihrer Lebensgeschichte verstehen kann.«Ereignisse, Phasen, Übergänge und Lebensabschnitte«, so der Berliner Alternsforscher MAYER, »können nicht ... isoliert und situativ betrachtet werden ... Spätere Ergebnisse, aber auch Zielsetzungen und Erwartungen sind zu verstehen und zu erklären aus Bedingungen, Entscheidungen, Ressourcen und Erfahrungen der vorausgegangenen Lebensgeschichte.« (MAYER 1990, II)

Lebenslang Behinderte, insbesondere geistig Behinderte, die heute alt sind, haben aber allzu oft eine fragile Biographie und einen gefährdeten Lebenslauf, der nicht selten von extremer Abhängigkeit, sozialer Benachteiligung, Vernachlässigung, Diskriminierung, ja Verfolgung geprägt ist. Ihre sozialen Ressourcen, bestehend im wesentlichen aus dem Netzwerk der Sozialbeziehungen, sind in den meisten Fällen schwach ausgebildet. Aber auch ihre personalen Ressourcen, also der persönliche Verarbeitungsstil und die individuell zur Verfügung stehenden Handlungskapazitäten zur Bewältigung von Lebenssituationen, sind zumeist eingeschränkt. Sie beruhen nämlich u. a. auf den Sozialisations- und Lebenserfahrungen und sind bedeutsam für das Gefühl, eine schwierige oder unbekannte Situation bewältigen zu können.

Soziale und personale Ressourcen bilden zusammen eine Grundvoraussetzung für Kompetenz. Man kann daher die Frage nach dem »Besitz« von Kompetenz nicht losgelöst von den Möglichkeiten betrachten, diese zu entwickeln. Die Chancen dafür sind zwar auch bei unserer Zielgruppe wesentlich gestiegen, es gibt aber unter den bestehenden gesellschaftlichen Bedingungen noch genügend Hindernisse. Auf eine wesentliche Barriere will ich noch eingehen.

Wenn oben vom Alter als sozialem »Schicksal« die Rede war, dann meine ich damit nicht nur die aus der sozialen Benachteiligung kommenden Determinanten. Ganz wesentlich für das Leben der betagten Menschen heute ist die Tatsache, daß die »menschlichen Lebensalter sozial konstruiert« (KOHLI 1992, 234) sind. Die Gliederung der Gesellschaft nach Lebensalter erscheint uns ja leicht als etwas ausschließlich Natürliches, aber es handelt sich dabei vor allem um eine von Menschen geschaffene Ordnung, die nur begrenzt dem biologischen Rhythmus des Lebens folgt. Augenscheinlich wird dies an der aktuellen Diskussion einer Verlängerung der Lebensarbeitszeit.

Wenn in modernen Gesellschaften das Lebensalter zu einem wichtigen Gliederungsmerkmal geworden ist, dann bedeutet das nichts anderes, als daß die gesellschaftliche Teilhabe, die soziale Integration, die Chance zu Rollenspiel und Kommunikation, die Möglichkeit zu lernen, sich zu entwickeln, die eigene Biographie zu gestalten usw., ganz entscheidend vom Alter abhängen. Letztlich resultieren dann auch die situationsspezifischen Anforderungen und damit die zu ihrer Bewältigung notwendige Kompetenz zu einem erheblichen Teil aus den strukturellen Beschränkungen der Gesellschaft.

Altersintegrierte Strukturen

Idealtypisch betrachtet herrscht in Gesellschaften wie der unsrigen eine altersdifferenzierte Struktur vor (vgl. RILEY, RILEY 1992). Für diese ist kennzeichnend, daß die gesellschaftlichen

Rollen und ihre Träger in drei Blöcke eingeteilt sind: Bildung, Arbeit, Freizeit. Die Zugehörigkeit zu diesen Blöcken und ihren entsprechenden Handlungsfeldern bestimmt sich im wesentlichen durch das Lebensalter. Diese Struktur ist heute sicher schon in vielen Punkten durchlässig, weil sie nicht den veränderten Lebensstilen der Menschen entspricht. Sie ist gleichwohl in unserer Gesellschaft, in welcher bezahlte Erwerbsarbeit die dominierende Rolle spielt und Leistung den dominanten Wert darstellt, allgemein verbreitet.

Als ein entgegengesetzter Idealtypus wäre eine Gesellschaft mit einer altersintegrierten sozialen Struktur zu denken. Hier gibt es keine Barrieren mehr vor den verschiedenen gesellschaftlichen Strukturbereichen aufgrund von Lebensalter. Menschen jeden Alters sind Rollen in allen Teilstrukturen (Bildung, Arbeit und Freizeit) zugänglich. Weder Jugendliche noch Rentner sind allein wegen ihres Alters von der Arbeit ausgeschlossen. Der Bildungsbereich steht auch Erwachsenen jeden Alters offen; Menschen im, wie man heute noch sagt, erwerbsfähigen, d. h. mittleren Alter haben die Möglichkeit, sich für eine arbeitsfreie Zeit zu entscheiden.

Viele Elemente einer solchen altersintegrierten Sozialstruktur sind in modernen Gesellschaften bereits zu finden. Dennoch ist die altersabhängige Dreiteilung der Gesellschaft immer noch die übliche Art, in der Menschen ihr Leben einrichten. »Diese Strukturen sind im Lebenslauf ‚institutionalisiert'... Obwohl die Menschen heutzutage länger leben als früher und auf ganz andere Weise altern, werden sie nach wie vor so sozialisiert, daß sie ihre Lebensplanung strukturell auf diese drei Stadien ausrichten.« (RILEY, RILEY 1992, 455)

In der überkommenen Form der altersdifferenzierten Gesellschaften ist der Preis für einen zeitlich enorm ausgedehnten Ruhestand die Desintegration aus wichtigen gesellschaftlichen Bereichen. Der Übergang in das höhere Alter und die Bewältigung des Alters selbst sind zu einer Entwicklungsaufgabe für die Individuen geworden, die noch wenig institutionalisierte Absicherung erfährt. Damit werden Situationen erzeugt, für deren Bewältigung in der individualisierten Gesellschaft von den Betroffenen die entsprechende Kompetenz abverlangt wird. Das wird um so schwerer sein, je ungünstiger die Lebensgeschichte, je schwächer die sozialen Netze und die personalen Ressourcen sind.

Aus dieser Sackgasse der ewig nur vom Individuum her gedachten Anpassung, die ja die Gefahr des Scheiterns für viele bedeutet, könnte eine altersintegrierte Sozialstruktur herausführen. Sie brächte im Idealfall den unschätzbaren Vorteil, in jeder Phase des Lebens aus einer Vielzahl von Rollen wählen zu können, die immer auch vielfältige soziale Beziehungen und damit Zugang zu sozialen Ressourcen bedeuten. Die Ausgliederung aus wichtigen Bereichen des Lebens erschiene nicht mehr als unvermeidbar, gewissermaßen naturgegeben. Sie könnte als Ergebnis einer gesellschaftlichen Normsetzung verstanden werden, die prinzipiell veränderbar ist. Verluste im sozialen Netz, etwa infolge der erzwungenen Aufgabe des Arbeitsplatzes, ließen sich verhindern, eingrenzen oder kompensieren. Damit könnten aber auch die Menschen von vielen situativen, scheinbar nur individuellen Anforderungen entlastet werden.

Es ist ungewiß, ob die idealtypische altersintegrierte Gesellschaft, ohne starre Altersbarrieren, mit durchlässigen vertikalen Strukturen, sich jemals vollständig durchsetzen wird. Die Entwicklung dahin wird sich jedoch kaum aufhalten lassen. Ihre Früchte trägt eine altersintegrierte Struktur zwar im Alter, besser: auch im Alter, aber sie verändert ebenso den Lebenslauf.

Für geistig behinderte Menschen könnte sie bereits jetzt verwirklicht werden, wenn die starren Grenzen zwischen den Lebensphasen durchbrochen werden. Im Vordergrund des Interesses steht dabei sicher die WfB, die so flexibel werden muß, daß eine zeitweise, unregelmäßige Mitarbeit oder Anwesenheit von im traditionellen Rentenalter stehenden Personen selbstverständlich wird.

Aber auch die Wohnheime, um ein weiteres Beispiel zu geben, müssen sich an das Fluktuieren ihrer Bewohner in verschiedenen Handlungsbereichen anpassen. Alles weitere kann ich Ihrer Erfahrung und Ihrer Phantasie überlassen.

Abschließend möchte ich festhalten: Es ist wichtig, von der Vorstellung Abschied zu nehmen, Behinderte alterten ganz anders als Nichtbehinderte. Deshalb halte ich für bedeutsam, daß auf Normierungen verzichtet wird. Auch ihre Probleme und situativen Anforderungen sind prinzipiell nicht verschieden von denen der sogenannten Normalen, wohl aber, je nach Lebensgeschichte, unterschiedlich in den Ausprägungen und in der Verfügbarkeit von personalen und sozialen Ressourcen zu ihrer Bewältigung. Wenn man Kompetenz ausschließlich situativ versteht und den Lebenslauf in den Hintergrund rückt, verzichtet man auf Änderungsmöglichkeiten.

Es kommt meines Erachtens aber darauf an, die Entwicklung und Erhaltung von Kompetenz nicht nur punktuell und situationsbezogen, sondern frühzeitig und lebensbegleitend zu ermöglichen. Es geht also darum, den Menschen, insbesondere den behinderten, Ressourcen zu erschließen und zu bewahren. Dazu scheint es erforderlich, biographische Brüche, die z. B. durch strukturelle Gegebenheiten der beschriebenen Form erzeugt werden, so weit wie möglich zu vermeiden.

Dr. Heinz Wieland
Professor an der Universität Osnabrück,
Standort Vechta, Institut für interdisziplinäre Gerontologie
Am Angelkamp 101

48 167 Münster

Literatur:

KOHLI, M. (1992): Altern in soziologischer Perspektive. In: BALTERS, P. B.; MITTELSTRASS, J. (Hrsg.): Zukunft des Alterns und gesellschaftliche Entwicklung. Berlin, New York, 231—259.

KRUSE, A. (1992): Kompetenz im Alter in ihren Bezügen zur objektiven und subjektiven Lebenssituation. Darstellung einiger Ergebnisse der Untersuchung. In: SCHÜTZ, R. M.; KUHLMEY, A.; TEWS, H. P. (Hrsg.): Altern in Deutschland. Berlin, 25—32.

MAYER, K. U. (1990): Lebensverläufe und sozialer Wandel. Anmerkungen zu einem Forschungsprogramm. In: Kölner Zeitschrift für Soziologie und Sozialpsychologie, Sonderheft 31, 7—21.

OLBRICH, E. (1992): Das Kompetenzmodell des Alterns. In: DETTBARN-REGGENTIN, J.; REGGENTIN H. (Hrsg.): Neue Wege in der Bildung Älterer. Bd. 1: Theoretische Grundlagen und Konzepte. Freiburg, 53—61.

OLBRICH, E. (1987): Kompetenz im Alter. In: Zeitschrift für Gerontologie 20, 319—330.

RILEY, M. W.; RILEY, J. W. Jr. (1992): Individuelles und gesellschaftliches Potential des Alterns. In: BALTERS, P. B.; MITTELSTRASS, J. (Hrsg.): Zukunft des Alterns und gesellschaftliche Entwicklung. Berlin, New York, 437—459.

ROSENMAYR, L. (1989): Altern und Handeln. In: WEYMANN, A. (Hrsg.): Handlungsspielräume. Untersuchungen zur Individualisierung und Institutionalisierung von Lebensläufen in der Moderne. Stuttgart, 151—162.

SCHNEIDER, K. (1993): Alter und Bildung. Eine gerontologische Studie auf allgemeindidaktischer Grundlage. Bad Heilbrunn/Obb.

THOMAE, H. (1985): Die psychologische Situation des alternden und alten geistig Behinderten. In: Bundesvereinigung Lebenshilfe für geistig Behinderte e.V. (Hrsg.): Hilfen für alte und alternde geistig behinderte Menschen. Marburg, 3—11.

WIELAND, H. (Hrsg.) (1987): Geistig behinderte Menschen im Alter. Theoretische und empirische Beiträge zu ihrer Lebenssituation in der Bundesrepublik Deutschland, in Österreich und in der Schweiz. Heidelberg.

WOLLERSHEIM, H.-W. (1990): Kompetenz: Zur Verwendung des Begriffs in Pädagogik und Psychologie. In: GEISSLER, E. E. (Hrsg.): Bildung für das Alter — Bildung im Alter: Expertisensammlung: Bonn, 75—100.

C

Alt und geistig behindert

Zur Lebenssituation älter werdender und alter Menschen mit geistiger Behinderung in der Bundesrepublik Deutschland

*Klaus Kräling**

In der Bundesrepublik Deutschland werden immer mehr Menschen nicht nur immer älter (ein Fünftel der deutschen Bevölkerung ist heute über 60 Jahre alt, um das Jahr 2030 werden die über 60jährigen ein Drittel ausmachen), sondern im Alter auch immer selbstbewußter. Allein von den 60 bis 70jährigen leben heute 98,5 % selbständig und allein (FAZ 15. 11. 1988, 10). Dadurch erlangen sie für die zukünftige Entwicklung unserer Gesellschaft eine immer größere Bedeutung, denn die »Zukunftschancen eines Industrielandes liegen auch in der realistischen Einschätzung der Fähigkeiten, Fertigkeiten und Kompetenzen seiner älteren Mitbürger. Diese Zukunftschancen können nur dann realisiert werden, wenn einerseits den Bedürfnissen und Belastungen alter Menschen Aufmerksamkeit geschenkt wird, andererseits aber die vielfältigen Potentiale Älterer nicht verschüttet, sondern bewußt wahrgenommen und sinnvoll genutzt werden« (Staatsministerium Baden-Württemberg 1988).

Es darf daher nicht mehr vorrangig gefragt werden, was alte Menschen nicht können, sondern was sie noch können, bzw. was sie vielleicht sogar besser können als Jüngere.

Alter und Behinderung

So sinnvoll und notwendig solche Erwartungen und Forderungen gewiß sind, ist doch angesichts aller Bemühungen um eine verstärkte Einbeziehung älterer Menschen sehr darauf zu achten, daß bestimmte Gruppen, wie beispielsweise behinderte Mitbürger/-innen, dabei nicht an den Rand unserer Gesellschaft gedrängt werden, sondern besonderer Aufmerksamkeit bedürfen.

Auch der älter werdende und alte behinderte Mensch hat Anspruch, ein möglichst eigenständiges, selbstbestimmtes Leben führen zu können. Es ist daher dringend an der Zeit, hieraus sozialpolitische Konsequenzen zu ziehen, will man behinderten Menschen im Alter gleiche Lebensqualität garantieren wie wir sie für die übrigen Bürger/-innen fordern.

Solche Forderungen sind so alt noch nicht. Hatten doch in unserer leistungsorientierten Gesellschaft in der Vergangenheit Fragen im Zusammenhang mit der Problematik alter behinderter Menschen nur geringen Stellenwert. So kamen bei diesem Personenkreis lange Zeit zwei tabuisierte Bereiche zusammen: Alter und Behinderung. Dazu trat noch in vielen Fällen eine dritte Problematik, nämlich die Armut. Diese drei Phänomene Behinderung, Alter und Armut machten speziell in der Vergangenheit das Thema zu einem Randproblem, mit dem wenig Aufmerksamkeit in der Öffentlichkeit zu finden war (WOHLHÜTER 1986).

Dies änderte sich allmählich in den 70er und 80er Jahren. Verstärkt setzte man sich in Wissenschaft und Praxis mit den Problemen und Bedürfnissen älter werdender behinderter Menschen auseinander.

Die Gründe hierfür liegen in Fortschritten der Medizin, in einer auf alle Lebensphasen ausgedehnten Förderung und nicht zuletzt in angemesseneren räumlichen Bedingungen für alte behinderte Menschen, die deren Lebenssituation insgesamt verbesserten und die Lebenserwartung auch schwerer und mehrfach behinderter Menschen erhöhten. Damit verbunden ist eine Zunahme der Zahl alter behinderter Menschen, sowohl

*) Leicht überarbeitete Fassung eines Referates, gehalten beim Seminar »Älter werden mit geistiger Behinderung« im November 1993 in der Katholischen Fachhochschule Norddeutschland in Vechta.

in den elterlichen Haushalten als auch in stationären und teilstationären Einrichtungen der Alten- und Behindertenhilfe.

Gesellschaftliche Randpositionen betrafen in der Vergangenheit in existentieller Weise vor allem den Personenkreis der älter werdenden und alten Menschen mit geistiger Behinderung.

Der Personenkreis der alten Menschen mit geistiger Behinderung

In den mehr als 35 Jahren des Bestehens der Lebenshilfe hat sich die Frage nach der Gestaltung des Lebensabends von Menschen mit geistiger Behinderung bislang nur in Einzelfällen gestellt. Infolge der »Euthanasie«-Morde während der NS-Zeit und wegen der allgemein geringeren Lebenserwartung gab es bei uns kaum ältere geistig behinderte Menschen. Aufgrund medizinischer Fortschritte erreichen jetzt allerdings immer mehr von ihnen das Rentenalter (KRÄLING 1993 a).

Ihre Lebenssituation unterscheidet sich aber wesentlich von der gleichaltriger Nichtbehinderter. Während der nichtbehinderte Arbeitnehmer mit 65 Jahren im allgemeinen mit seiner Rente hinlänglich gut versorgt und zu eigenen Aktivitäten in der Lage ist, steht ein gleichaltriger geistig behinderter Mensch mit Aufgabe seiner Tätigkeit — überwiegend in einer WfB — oftmals vor einer schwierigeren Situation, da er in der Arbeit auch eine Art »Lebensmittelpunkt« gefunden hatte.

Unter dem beziehungsreichen Titel »Lebenserwartung als Verheißung« stellt ERN folgenden Vergleich an:

> *»Im Augenblick ist es doch vielfach so, daß ehemals berufstätige Rentner doch davon ausgehen können, falls sie noch privat Vermögen gebildet haben, daß sie ihre dritte Lebensphase auf dem gleichen Einkommensniveau gestalten können wie zuvor, jedoch ohne zur Arbeit gezwungen zu sein. Im Idealfall treten an die Stelle des Berufs Reisen, Hobbys oder ehrenamtliche Tätigkeiten. Möglicherweise wird die Wohnung oder das Haus renoviert, im Garten gearbeitet, Enkelkinder werden betreut oder Weiterbildung betrieben. (Neue) Anschaffungen, wie ein neues Auto, werden geplant.*
>
> *Vergleichen Sie bitte dazu die Situation des älteren Menschen mit geistiger Behinderung. Durch den Ruhestand verliert er seine Arbeitsprämie und wird auf das Heimtaschengeld reduziert. Eine evtl. zustehende Rente wird mit den Leistungen aus der Sozialhilfe verrechnet«. (ERN 1992)*

Vor dem Hintergrund dieser Entwicklung sind alle gesellschaftlich relevanten Kräfte aufgerufen, sich mit den Wünschen und Erfordernissen dieses Personenkreises verstärkt auseinanderzusetzen. Grundsätzlich ist anzumerken, daß wir über den Personenkreis der älter werdenden und alten Menschen mit geistiger Behinderung in Deutschland noch recht wenig wissen.

Dies hat seine Ursachen vor allem in der Vergangenheit, denn nur wenige geistig behinderte Menschen überlebten das »Euthanasie«-Programm der Nationalsozialisten. Diese wenigen lebten in der Nachkriegszeit durchweg in Großeinrichtungen, abseits der Öffentlichkeit und wenig beachtet. Vereinzelt wie sie waren, wurden sie nicht als Personenkreis mit besonderen Bedürfnissen erkannt.

Auch heute tun sich Wissenschaft und Praxis noch schwer, über die Bedürfnisse der älteren geistig behinderten Menschen präzise Aussagen zu formulieren. Zum einen ist das vorhandene Zahlenmaterial darüber in der Bundesrepublik spärlich und unzureichend, zum anderen erscheint eine klare Definition insofern problematisch, als man aufgrund der geistigen Verfassung, aber auch wegen Art und Schwere der geistigen Behinderung eine bestimmte Altersgrenze, wie z. B. das sogenannte Rentenalter, bei geistig behinderten Menschen nicht ziehen kann.

Definitionsunsicherheit konstatieren u. a. auch BEERMANN; REISCHUK (1987). Auf Grundlage von Literaturstudien zeigen sie vier Diskussionsbereiche bzw. -ansätze auf:

1. Ein großer Teil der mit der Betreuung geistig behinderter Menschen befaßten Personen will sich an einem Bild vom älteren geistig Behinderten orientieren, welches von Zuschreibungen wie körperliche und geistige Verfallserscheinungen, allgemeine Verhaltensbeschränkungen, äußerlich sichtbare Veränderungen, Auftreten von Apathie etc. geprägt ist.
2. Eng daran geknüpft ist der funktionale Ansatz anderer Fachvertreter, die einen bestimmten Zeitpunkt für den Beginn des »Älter-Seins« festmachen wollen. Häufig wird das 45. Lebensjahr genannt, wobei auch hier angeblich psychische und physische Abbauprozesse als Begründung gesehen werden.
3. Eine dritte Gruppe modifiziert den letztgenannten Ansatz dahingehend, daß sie keinen bestimmten Zeitpunkt gibt, zu dem erwachsenen geistig Behinderten das Attribut »älter« bzw. »alt« zugeschrieben werden kann. Hier wird eher für eine Zeitspanne »etwa vom 40. bis 60. Lebensjahr« plädiert, in der dieser Zustand als erreicht gilt.
4. Der vierte Ansatz unterscheidet sich grundlegend von den drei vorherigen. Seine Vertreter betonen den prozeßhaften Charakter des Älterwerdens, welcher nicht an bestimmten psychisch-physischen Zustandsformen oder Altersbegrenzungen festgemacht werden darf (z. B. Bradl, Dybwad, Wieland).

Die Lebenshilfe hat sich auf allen innerverbandlichen Ebenen dieser veränderten Situation gestellt. Im Rahmen einer Vielzahl von Veranstaltungen und Publikationen hat sie verstärkt Informationen über die Lebensbedingungen älter werdender und alter Menschen mit geistiger Behinderung gesammelt und Perspektiven für ein menschenwürdiges Leben dieses Personenkreises entwickelt.

So hat sie bereits im Jahre 1981 am Internationalen Alten-Workshop in Bergisch-Gladbach mitgewirkt (Bundesvereinigung Lebenshilfe 1983) und anläßlich der Studientagung »Humanes Wohnen — seine Bedeutung für das Leben geistig behinderter Erwachsener« in Aachen eine entsprechende Arbeitsgruppe eingesetzt. Ein wichtiges Ergebnis des Jahres 1992 war das von der Bundesvereinigung Lebenshilfe im November in Marburg mit großer Resonanz durchgeführte *Europäische Symposium* «Lebenssituation alt werdender und alter Menschen mit geistiger Behinderung« (Bundesvereinigung Lebenshilfe 1993).

Der Lebenshilfe ist dabei klar, daß ihre Möglichkeiten, etwa im Bereich des gemeindenahen Wohnens adäquate Hilfeangebote für diesen Personenkreis zu entwickeln, weitgehend von den Rahmenbedingungen anhängen, die die Gesellschaft hierfür einräumt.

C

Interpretation des empirischen Materials

Betrachtet man das vorhandene *statistische Datenmaterial* für den Lebenszeitraum älter werdender geistig behinderter Menschen, so ist festzustellen, daß gerade die Alterspopulation der 40- bis 50jährigen in den kommenden Jahren sehr stark zunehmen wird (BAG/WfB 1988; KRÄLING 1989; KREBS 1987).

So belegt z. B. eine *Umfrage der Landesarbeitsgemeinschaft der Werkstätten für Behinderte Baden-Württemberg aus dem Jahre 1984,* daß die über 60 Jahre alten Eltern geistig behinderter Menschen bereits 46 % aller Eltern ausmachen (HUSS 1988) und daß Eltern dann — sofern sie überhaupt noch leben — ein so hohes Alter erreicht haben, daß sie kaum noch in der Lage sein werden, die Lebensbegleitung ihrer Söhne und Töchter zu übernehmen.

Eine Erhebung der Landesarbeitsgemeinschaft der Werkstätten für Behinderte Niedersachsen vom November 1988 besagt (Lebenshilfe Niedersachsen 1991), daß derzeit ab dem 46. Lebensjahr folgende Altersgruppen geistig behinderter Erwachsener in den dortigen WfB beschäftigt sind (siehe Abb. 1, Seite 154):

Geht man davon aus, daß die Eltern der geistig behinderten WfB-Mitarbeiter/-innen der Altersgruppe der 46- bis 50jährigen ca. 70 Jahre und älter sein müßten, besteht allein schon von daher dringender Wohnplatzbedarf.

Das derzeitige Durchschnittsalter der ca. 9.100 geistig und mehrfach behinderten Menschen in den 84 hessischen WfB liegt bei 40 bis 42 Jahren (TÜXSEN 1992); in den 62 gemeindenahen Wohneinrichtungen in Hessen mit 2.650 erwachsenen geistig behinderten Menschen wird ein etwas höheres Durchschnittsalter angenommen. In zehn Jahren werden in Hessen etwa 950 bis 1.000 geistig behinderte Mitarbeiter in WfB über 55 Jahre alt sein und 750 bis 800 in den gemeindenahen Wohnformen (Lebenshilfe Hessen 1991).

Die Ergebnisse einer Ende 1990 durchgeführten Umfrage des Landschaftsverbandes Rheinland bei allen Behindertenwerkstätten im Rheinland belegen nach HEISTER (1992), »daß in den nächsten 15 bis 20 Jahren eine erhebliche Zahl von Behinderten ein Alter erreicht haben wird, in dem der Übergang zum Ruhestand bevorsteht oder bereits eingetreten ist«. Für diese sind verstärkt gemeindenahe Wohnformen zu schaffen.

Die wenigen Beispiele — und hier sind auch die Ergebnisse einer Lebenshilfe-Umfrage im Sommer 1992 einzuordnen (KRÄLING 1993 b) — unterstreichen die Bedeutung dieses Problems: Hier sind Fachorganisationen, aber auch die verschiedenen humanwissenschaftlichen Disziplinen gefordert, entsprechende Hilfen anzubieten.

Lebenslanges Wohnen in gemeindenahen Wohneinrichtungen

Gemeindenahe Wohneinrichtungen, in denen auf Grundlage der im Beitrag B 2 dieses Buches (S. 21 ff.) vorgestellten Prinzipien gearbeitet wird, ermöglichen auch älter werdenden und alten Mitbürgern mit geistiger Behinderung, lebenslang in ihrer bisherigen Wohnung bleiben zu können. Ein Umzug, der aus der gewohnten Umgebung herausführt, Freunde und Bekannte zurückläßt, bedeutet eine schwere Belastung gerade für Menschen, deren Mobilität und Anpassungsfähigkeit zunehmend eingeschränkt sein können. Für sie ist es besonders schwer, neue Beziehungen aufzubauen und in fremder Umgebung wieder Vertrauen und Sicherheit zu gewinnen.

Alter	WfB 1988	Wohnheim 1988	Wohnheim 1998 (geschätzt)
46—50	659	272	539
51—55	422	213	326
56—60	213	82	256
über 60	62	34	382
Gesamt	**1356**	**601**	**1501**

Abb. 1: Altersstruktur der über 46jährigen Mitarbeiter in niedersächsischen WfB

Für das Zusammenleben älterer geistig behinderter Menschen in der Bundesrepublik Deutschland werden gegenwärtig — je nach örtlicher Gegebenheit — unterschiedliche Organisationsformen gefordert:

- Ältere und Alte wohnen gemeinsam mit jüngeren Erwachsenen in einer Gruppe innerhalb einer gemeindenahen Wohneinrichtung;
- eine Altengruppe lebt zusammen mit Gruppen von Berufstätigen;
- spezielle Altengruppenwohnungen finden sich in der Nachbarschaft einer gemeindenahen Wohnform;
- spezielle Altenwohnstätten stehen im Verbund mit vorhandenen gemeindenahen Wohneinrichtungen.

Bei allen unterschiedlichen Organisationsformen sollen in einer Gruppe maximal sechs Personen leben (Bundesvereinigung Lebenshilfe 1982).

Der Arbeitskreis »Wohnen« der Lebenshilfe Hessen unterbreitete 1983 folgende detaillierte Wohnvorschläge:

- *Der alte geistig behinderte Mensch bleibt in seiner angestammten Wohngruppe.*
  Die Vorteile hierbei sind ein hohes Maß an Lebensqualität durch die Erhaltung des Beziehungsgeflechtes, Einstellung auf individuelle Wünsche ist möglich, der Kontakt zum

bekannten Umweltgeschehen bleibt erhalten und ein Umzug ist nicht nötig.

— *Der alte geistig behinderte Mensch bleibt in seiner angestammten Wohngruppe, die Tagesbetreuung erfolgt im Verbund (z. B. angekoppelt an die WfB oder an eine andere gemeindenahe Wohnstätte)*
  Die Vorteile hierbei sind geringerer Personalaufwand, die Wohngruppe bleibt erhalten, Kontaktmöglichkeiten zu Werkstattmitarbeitern und -mitarbeiterinnen sowie das gesamte Beziehungsgeflecht bleiben erhalten.

— *Bildung von Altenwohngruppen unter einem Dach mit der Wohnstätte*
  Die Vorteile hierbei sind der täglich garantierte Kontakt zum Umweltgeschehen durch Begegnung mit den in der WfB arbeitenden Mitbewohnerinnen und Mitbewohnern, geringe Umstellung, da die bekannter Umgebung erhalten bleibt, Reduzierung des Personalaufwandes gegenüber der erstgenannten Version. Ebenso können individuelle Wünsche berücksichtigt werden, Rückzug in die eigenen vier Wände ist möglich.

— *Altenheime für geistig Behinderte liegen in räumlicher Nähe zur gemeindenahen Wohnform*
  Die Vorteile hierbei sind die Möglichkeiten zur Berücksichtigung individueller Wünsche, kurze Wege durch Zusammenfassung des Personenkreises und ein im Verhältnis zur ersten Version geringerer Personalaufwand.

— *Errichtung einer separaten Wohngruppe in einem Regelaltenheim (integrierte Form)*
  Die Vorteile hier sind der geringere organisatorische Aufwand sowie die Nutzung vorhandener Räumlichkeiten. Die Lebenshilfe Hessen sieht aber hier als Nachteile die Möglichkeit der Isolation, die Trennung von der gewohnten Umgebung, die Notwendigkeit eines Umzuges sowie den Verlust von Beziehungsgeflechten und damit von Sicherheit und Geborgenheit (TÜXSEN 1992).

Auch die Bundesvereinigung Lebenshilfe lehnt dieses letztgenannte Modell ab, solange die Nachteile überwiegen und z. B. auch das Personal nicht entsprechend ausgebildet ist (Bundesvereinigung Lebenshilfe 1982, 1994).

Tagesstrukturierende Aktivitäten in gemeindenahen Wohneinrichtungen*

Als wichtiges Qualitätsmerkmal für eine gemeindenahe Wohneinrichtung, die alternden und alten geistig behinderten Menschen ein wirklich lebenslanges Wohnen ermöglicht, sind sogenannte tagesstrukturierende Aktivitäten und Elemente zu nennen wie etwa

— Körperpflege,
— An- und Ausziehen,
— Gymnastik,
— Übernahme von Aufgaben und Diensten wie die Zubereitung kleiner Mahlzeiten, Einkaufsgänge, Zimmer- und Pflanzenpflege,
— Einkäufe,
— Wahrnehmen von Bildungsangeboten der örtlichen Volkshochschule,
— Gesprächskreise in der Wohnstätte,
— Besuch kultureller und sportlicher Veranstaltungen,
— Kontakte zu Nachbarn.

Alle Hilfen und Anregungen zur Gestaltung des Tages sollten Entscheidungen und größtmögliche Eigentätigkeit und Eigenverantwortung der Betreuten zulassen.

Das Ende des Arbeitslebens

Da für die meisten Menschen mit geistiger Behinderung die Arbeit — überwiegend in einer WfB — von äußerster Wichtigkeit ist, sind Maßnahmen einzuleiten, die dem älter werdenden Menschen ein allmähliches Ausscheiden aus dem Ar-

*) In diesem und den beiden folgenden Abschnitten sind passagenweise Aussagen aus Broschüren der Lebenhilfe-Landesverbände Nordrhein-Westfalen und Niedersachsen verwendet (siehe Literatur); auf detailliert aufgeführte Quellenhinweise wurde verzichtet.

beitsprozeß und den Übergang in den Ruhestand erleichtern. Hierzu zählen insbesondere

- *flexiblere Arbeitszeiten,* so kann z. B. die Arbeitszeit nach und nach verkürzt werden, späteres Anfangen, früherer Arbeitsschluß, Viertagewoche, Halbtagsbeschäftigung;
- *Pausenverlängerung* (Frühstücks- und/oder Mittagspause), bzw. für ältere Behinderte können zusätzliche Pausen eingeführt werden;
- *Veränderung der Arbeit* selbst, z. B. im Ablauf vereinfacht;
- *Veränderung des Arbeitsplatzes,* z. B. Versetzen in eine ruhigere Gruppe mit weniger Maschinenlärm, weniger Unruhe;
- *Einrichtung einer Gruppe für ältere Mitarbeiter/-innen,* so daß die anderen Mitarbeiter/-innen durch veränderte Abläufe (z. B. andere Pausenzeiten) nicht gestört werden.

Bei der Suche nach Möglichkeiten zur Weiterbeschäftigung älterer Menschen kann es keine generellen Lösungen, sondern immer nur Einzelfallentscheidungen geben. Dabei müssen berücksichtigt werden:

- die Wünsche des behinderten Menschen,
- seine Leistungsfähigkeit,
- die Notwendigkeit medizinischer und pflegerischer Betreuung,
- die häusliche Situation bzw. Situation in der Wohnstätte sowie
- das Vorhandensein von Alternativen zur WfB wie etwa (Alten-)Begegnungsstätten.

Bei der dann später folgenden Entlassung aus dem Arbeitsleben muß gewährleistet sein, daß Arbeits- und Wohnstätte Hilfestellung leisten, damit z. B. die Kontakte zu den ehemaligen Kolleginnen und Kollegen nicht abreißen, sondern fortgesetzt werden.

Das Personal und seine Aufgaben

Im Zusammenhang mit den tagesstrukturierenden Maßnahmen sind aber noch weitere wichtige Rahmenbedingungen für ein gemeindenahes Wohnen älter werdender und alter Menschen mit geistiger Behinderung zu nennen. So ist z. B. qualifiziertes Personal Voraussetzung für gute Altenbetreuung, kommt es doch entscheidend darauf an, geistig behinderten Senioren entsprechende Inhalte und Alltagssituationen anzubieten, damit sie sich als vollwertige Mitglieder ihrer sozialen Umgebung fühlen können.

Hinsichtlich der Arbeit mit älter werdenden und alten Menschen mit geistiger Behinderung sollten — besonders bei der Möglichkeit von Neueinstellungen — vorrangig Heilerziehungspfleger, Altenpfleger, Krankenpfleger und Heilpädagogen berücksichtigt werden. Ebenso sollten den im »Altenbereich« tätigen Mitarbeiterinnen und Mitarbeitern Fortbildungsmaßnahmen mit Qualifikation in folgenden Themenbereichen angeboten werden:

- geronto-psychiatrische Aspekte,
- Krankheiten des Alters,
- Krankenpflege mit Hinblick auf aktivierende Pflege,
- Beschäftigungsangebote,
- Sexualität im Alter,
- Ernährungsfragen,
- Erleben und Nachvollziehen der eigenen Geschichte,
- Kontakte zu Freunden und Angehörigen,
- Sterben und Sterbebegleitung.

Darüber hinaus ergibt sich die Notwendigkeit einer generellen Verbesserung der Personalsituation sowie der Einbeziehung externer weiterer Mitarbeiter/-innen — etwa auf Honorarbasis — für die Bereiche Pflegeleistungen, Beschäftigungs- und Ergotherapie sowie Krankengymnastik.

Die wichtigsten Aufgaben der Mitarbeiter/-innen sind:

- Unterstützung bei der Tagesstrukturierung und aktive Freizeitgestaltung sowie bei der Aufrechterhaltung und Ausbau von Außenkontakten;
- Pflege;

- Zusammenarbeit mit Eltern, Verwandten, Betreuerinnen und Betreuern, Behörden, Ärzten usw.;
- Auseinandersetzung mit dem eigenen Älterwerden und Sterbenmüssen als Voraussetzung für Pflege und Begleitung der behinderten Menschen bis zu ihrem Tod.

Bauliche Voraussetzungen

Als weitere wichtige Voraussetzung für ein lebenslanges Wohnen geistig behinderter Menschen ist die behindertengerechte bauliche Ausstattung der gemeindenahen Wohneinrichtungen notwendig. Mit Blick auf den Personenkreis der älter werdenden und alten Menschen mit geistiger Behinderung sind insbesondere zu nennen:

- Installation von Pflegebädern mit Hubbadewannen und anderen Einrichtungen, die die Pflege erleichtern;
- nicht nur rollstuhlgerechte Gestaltung im Hause und um das Haus herum, sondern auch breitere Flure, tiefere Fahrstühle, um behinderten Menschen, die an Pflegebetten gebunden sind, ebenfalls die Einbeziehung in die Gruppe zu ermöglichen;
- große Gruppenräume und andere verbesserte räumliche Bedingungen für Freizeit usw.;
- altengerechte Sitzgelegenheiten, z. B. keine zu niedrigen und tiefen Sessel.

Ausbau und Erhalt zwischenmenschlicher Kontakte, Auseinandersetzung mit Sterben und Tod

Gerade für den älter werdenden und alten Menschen mit geistiger Behinderung ist es wichtig, vorhandene Kontakte zu Eltern, Geschwistern sowie den anderen Bewohnerinnen und Bewohnern zu erhalten und auszubauen. Überdies muß dem alten geistig behinderten Menschen Hilfestellung gegeben werden, daß er z. B. seine eigene Biographie nachvollziehen und begreifen kann (etwa durch das Anlegen von Fotoalben).

Dem älter werdenden und alten Menschen mit geistiger Behinderung muß gerade mit Blick auf den Tod von Angehörigen und Freunden, aber auch angesichts der Tatsache des eigenen Todes besondere Unterstützung gegeben werden, so daß er in der Lage ist, besser mit Trauer und Ängsten fertig zu werden (HUBER 1984).

Verbesserte Rahmenbedingungen

Zur Verbesserung der angesprochenen Rahmenbedingungen sind wichtige sozialpolitische Forderungen zu formulieren und in die Tat umzusetzen wie etwa:

- *Verstärkter Ausbau ambulanter Dienste und Hilfen und Sicherstellung der entsprechenden Finanzierung* (z. B. hat der Freizeitbereich einen sehr großen Stellenwert in der Betreuung älter werdender und alter Menschen mit geistiger Behinderung);
- *Schaffung einer Vielzahl von Wohnplätzen* für älter werdende und alte geistig behinderte Menschen, um den allgemeinen Fehlbedarf an entsprechenden gemeindenahen Wohnplätzen abzubauen;
- Auf- und Ausbau *vernetzter Verbundsysteme mit regionalem Versorgungsauftrag,* z. B. für alle Menschen mit geistiger Behinderung.
- Steigerung der Effizienz durch Zusammenschluß der beteiligten Verbände und Einrichtungen zu *regionalen Konferenzen;*
- *Der Rechtsanspruch auf Eingliederung* in die Gesellschaft im Rahmen der Eingliederungshilfe nach dem Bundessozialhilfegesetz (BSHG) darf nicht an das Alter eines behinderten Menschen gebunden sein, d. h. auch der alte geistig behinderte Mensch, der nicht mehr aktiv einer Arbeit nachgeht, hat ein Anrecht auf Eingliederungshilfe, die dazu beiträgt und gewährleistet, daß er seinen Fähigkeiten entsprechend die Möglichkeit hat, am gesellschaftlichen Leben teilzunehmen (HEINZ-GRIMM 1992). Die aktuelle Diskussion um die Ablösung der *Eingliederungshilfe durch die Hilfe zur Pflege* nach dem

BSHG ist wegen der dann schlechteren Rahmenbedingungen für den einzelnen geistig behinderten Menschen abzulehnen (ebd.; BAG der überörtlichen Sozialhilfeträger-Entwurfspapier);

— Ergänzung eventuell vorhandener *landesweiter Richtlinien für das Wohnen Behinderter*, um die berechtigten Bedürfnisse und Forderungen älter werdender und alter Menschen mit geistiger Behinderung zu befriedigen;

— Schaffung von bundesweit relevanten Rahmenplanungen für das Wohnen dieses Personenkreises, z. B. entsprechende Berücksichtigung ihrer Interessen und Forderungen in den *«Wohnheimrichtlinien« der Bundesarbeitsgemeinschaft der überörtlichen Träger der Sozialhilfe.*

C

In diesem Zusammenhang sei abschließend noch auf das leidige Problem der Koppelung von WfB- und Wohnstättenplätzen hingewiesen. Obwohl die im Frühjahr 1988 novellierte Fassung der Ausgleichsabgabeverordnung zum Schwerbehindertengesetz (2. Verordnung zur Durchführung des Schwerbehindertengesetzes vom 28. 3. 1988) bereits eine entsprechende neue Regelung beinhaltet, die in ihrer praktischen Konsequenz die Koppelung aufhebt, hören wir von verschiedenen Seiten Klagen, daß es

— angeblich immer noch Probleme gibt beim Verbleib eines alten geistig behinderten Menschen in der bisherigen Wohneinrichtung bei Eintritt in den Ruhestand und daß es

— Schwierigkeiten macht, bei Anwesenheit alter geistig behinderter Menschen die gemeindenahen Wohneinrichtungen entsprechend personell und sächlich aufzustocken (z. B. in Bayern).

Vorhandene Wohnmodelle

Ungeachtet der bestehenden Probleme und der noch zu erfüllenden Voraussetzungen für ein lebenslanges Wohnen geistig behinderter Menschen gibt es in der Bundesrepublik Deutschland bereits schon eine Reihe positiver Praxisbeispiele für den Personenkreis der alt werdenden Menschen mit geistiger Behinderung in den Lebensbereichen Wohnen, Arbeiten und Freizeit:

— Lebenshilfe-Ortsvereinigung Schenefeld (tagesstrukturierende Angebote im Rahmen eines Wohnverbundsystems mit unterschiedlichen Lebens- und Wohnformen für maximal zehn behinderte Menschen);

— Lebenshilfe-Ortsvereinigung Worms (»Rentnergruppe« in einer Tagesförderstätte);

— Lebenshilfe-Ortsvereinigung Remscheid (kleine Wohnhäuser in unmittelbarer nachbarschaftlicher Nähe als Teil eines Wohnverbundsystems);

— Lebenshilfe-Ortsvereinigung Braunschweig (Altentagesstätte als Teil des Wohnverbundsystems);

— Gemeinnützige Gesellschaft für Paritätische Sozialarbeit, Wilhelmshaven, (Mitglied des Lebenshilfe-Landesverbandes Niedersachsen; Wohnstätte für älter werdende und alte Menschen mit geistiger Behinderung als Baustein im Rahmen eines ausdifferenzierten Wohnverbundsystems);

— Seit März 1992 läuft in einigen östlichen Stadtbezirken Berlins das praxisorientierte und wissenschaftlich begleitete Projekt »Betreuung und Förderung alter Menschen mit geistiger Behinderung« der gemeinnützigen Beschäftigungs- und Qualifizierungsgesellschaft mbH des Lebenshilfe-Landesverbandes Berlin.

Die genannten Stellen sind gerne bereit, Interessentinnen und Interessenten bei entsprechender Anfrage Infomaterialien und Erfahrungsberichte zuzusenden.

Ausblick

Zum Schluß sei noch einmal darauf hingewiesen, daß sämtliche Hilfeangebote — etwa altersentsprechende Wohnformen in kleinen Einheiten, Dezentralisierung spezieller Hilfen sowie der Aufbau wirksamer und abgesicherter ambulanter und gemeindenaher Dienste (BRADL 1987) —

darauf abgestellt sein müssen, daß die Normalisierung der Lebensbedingungen auch auf die sogenannte dritte Lebensphase ausgedehnt werden kann.

Um ein solch vernetztes Hilfeangebot realisieren zu können, sind alle gesellschaftlichen Kräfte und Gruppierungen wie Staat und Kommunen, Parteien und Vereine — insbesondere aber auch Verbände wie die Lebenshilfe als Trägerorganisation gemeindenaher Wohneinrichtungen — aufgerufen, aktiv mitzuwirken, daß jeder ältere geistig behinderte Mitmensch in Würde alt werden kann.

Klaus Kräling
Leiter des Fachgebietes Wohnen
der Bundesvereinigung Lebenshilfe
Raiffeisenstr. 18

35043 Marburg

Literatur:

Altern als »Chance und Herausforderung«. In: Frankfurter Allgemeine Zeitung vom 15. November 1988, S. 10.

BANK-MIKKELSEN, N. E. (1972): Das Normalisierungsprinzip. In: Sozialpädagogik 6, 265 ff.

BEERMANN, M.; REISCHUK, R. (1987): Zur Lebenssituation älterer Menschen mit geistiger Behinderung in der BRD. Analyse der vorfindlichen Rahmenbedingungen für die Versorgung innerhalb der Institution der Behindertenhilfe anhand einer Umfrage. In: WIELAND, H. (Hrsg.) Geistig behinderte Menschen im Alter. Theoretische und empirische Beiträge zu ihrer Lebenssituation in der Bundesrepublik Deutschland, in Östereich und in der Schweiz. Heidelberg: Ed. Schindele, S. 67—115.

BRADL, Ch. (1987): Gemeindeintegrierte Hilfen für ältere Menschen mit geistiger Behinderung. Gesellschaftliche, sozialrechtliche und sozialpolitische Aspekte. In: WIELAND, H. (Hrsg.): a. a. O., S. 141—184.

Bundesarbeitsgemeinschaft der Werkstätten für Behinderte e.V. (Hrsg.) (1988): Umfrage »Altersstruktur und Behinderungsarten in WfB«. In: BIM-extra 03/88, Frankfurt, S. 26.

Bundesvereinigung Lebenshilfe für geistig Behinderte e.V. (Hrsg.) (1993): Alt und geistig behindert. Ein europäisches Symposium. 2. Aufl. Marburg. (Große Schriftenreihe, 26)

Dies. (1983): Altwerden von Menschen mit geistiger Behinderung. Bericht des Internationalen Workshops 1981 »Situation des älteren geistig behinderten Menschen«. Marburg. (Große Schriftenreihe, 7)

Dies. (1992): Gemeindenahes Wohnen: Konzeption, Planung und Realisierung. Marburg, Sonderdruck.

Dies. (1991): Grundsatzprogramm der Lebenshilfe. Verabschiedet auf der Mitgliederversammlung der Lebenshilfe am 9./10. November 1990 in Marburg. Marburg

Dies. (1990): Selbständigere und neuere Wohnformen. Bericht über eine Veranstaltung der Bundesvereinigung Lebenshilfe. 1. Auflage. Marburg. (Große Schriftenreihe, 23)

Dies. (1982): Schwer geistig Behinderte in Wohnstätten — alte geistig Behinderte in Wohnstätten. Marburg.

Dies. (1994): Altwerden mit geistiger Behinderung. Marburg, Sonderdruck.

CARROLL, V. (1988): Umstrukturierung einer Wohnstätte. Vom Wohnheim zur Wohnanlage mit betreuten Wohngruppen. In: Geistige Behinderung H. 1, Praxisteil.

ERN, M. (1992): Entwicklungsstand und Perspektiven bei der Versorgung älter werdender und alter Menschen mit geistiger Behinderung. Referat anläßlich der Lebenshilfe-Fachtagung »Perspektiven älterer und alter geistig behinderter Menschen« am 13./14. März 1992 in Frankfurt/Main, unveröffentliches Manuskript.

GRUNEWALD, K. (1981): Die geistig Behinderten in Schweden. Stockholm.

HEINZ-GRIMM, R. (1992): Rechtliche Rahmenbedingungen bei der Betreuung älterer und alter geistig behinderter Menschen. Referat anläßlich der Lebenshilfe-Fachtagung »Per-

C

C

spektiven älterer und alter geistig behinderter Menschen« am 13./14. März 1992 in Frankfurt/Main, unveröffentliches Manuskript.

HEISTER, J. (1992): Rechtzeitig planen und leben — bedarfsorientiert handeln! Erste Umfrageergebnisse zur Altersstruktur geistig behinderter Menschen im Rheinland. In: Landschaftsverband Rheinland / Hauptfürsorgestelle Köln / Abteilung Sozialhilfe (Hrsg.): Geistig Behinderte im Alter. Auf der Suche nach geeigneten Wohn- und Betreuungsformen. Pulheim: Rheinland-Verlag, S. 41—45.

HUBER, N. (1984): Begleitung geistig behinderter Menschen beim Sterben. In: Geistige Behinderung H. 2, S. 92—100.

HUSS, G. (1988): Geistig Behinderte im Alter. Referat anläßlich des Kongresses »Altern als Chance und Herausforderung« der Landesregierung Baden-Württemberg vom 14. bis 15. Nov. 1988 in Stuttgart, unveröffentliches Manuskript.

KRÄLING, K. (1993 a): Ein Leben lang auf Hilfe angewiesen. Zur Lebenssituation alter Menschen mit geistiger Behinderung. In: Altenpflege H. 3, S. 172—179.

Ders. (1993 b): Die Situation in Wohneinrichtungen der Lebenshilfe. Ergebnisse einer Umfrage. In: Bundesvereinigung Lebenshilfe für geistig Behinderte e.V. (Hrsg.): Alt und geistig behindert. Marburg: Lebenshilfe-Verl., S. 49—59.

Ders. (1989): Zur Situation älter werdender und alter Menschen mit einer geistigen Behinderung in gemeinwesenintegrierten Wohnformen (Wohnstätten). In: Arbeitsgemeinschaft Wohnplätze für behinderte Menschen. (Hrsg.): Symposium »Wohnen mit behinderten Menschen«. Tagungsbericht, Wien, S. 150—166.

KREBS, H. (1987): Der alternde geistig behinderte sowie der schwer geistig behinderte Mensch als Herausforderung. Referat anläßlich des »Familientages 1987« der Lebenshilfe Landesverband Baden-Württemberg in Freiburg, unveröffentlichtes Manuskript.

Landesverband Hessen der Lebenshilfe für geistig Behinderte (Hrsg.) (1991): Verantwortung für ältere behinderte Menschen — Meinungen, Aussagen und Berichte zu einer Fachtagung der Lebenshilfe. Eigenverlag Marburg.

Landesverband Niedersachsen der Lebenshilfe für geistige Behinderte (Hrsg.) (1990/91): Ältere und alte Menschen mit geistiger Behinderung in Wohnstätten. Eigenverlag, Hannover.

Landesverband Nordrhein-Westfalen der Lebenshilfe für geistig Behinderte (Hrsg.) (1990): Alte Menschen in der Wohnstätte — lebenslanges Wohnen für Menschen mit geistiger Behinderung. Eigenverlag, Hürth.

NIRJE, B. (1975): Das Normalisierungsprinzip und seine Wirkung auf den Behinderten. In: Vierteljahreszeitschrift Lebenshilfe, H. 2, 65—71.

TÜXSEN, K. (1992): Die Situation in Hessen. Referat anläßlich der Lebenshilfe- Fachtagung »Perspektiven älterer und alter geistig behinderter Menschen« am 13./14. März 1992 in Frankfurt/Main, unveröffentlichtes Manuskript.

Staatsministerium Baden-Württemberg (Hrsg.) (1988): Bericht der Kommission »Altern als Chance und Herausforderung«, Stuttgart.

WOHLHÜTER, H. (1986): Der älter werdende und der alte Behinderte. Herausforderungen und Wege. In: Zur Orientierung H. 4, S. 369—374.

D Hinführung zu mehr Selbständigkeit

D

Diagnose- und Beobachtungsbögen für das Selbständigkeitstraining in Wohnstätten für geistig Behinderte

*Christa Bollinger**

Die Funktion diagnostischer Instrumente

Diagnose- und Beobachtungsbögen, die im Rahmen eines Selbständigkeitstrainings Anwendung finden, sollen vor Beginn eines Trainings den individuellen Ist-Zustand feststellen und während des Trainings in regelmäßigen Abständen Auskunft über Veränderungen im Ausmaß an Selbständigkeit geben. Dabei interessiert in erster Linie, welche Lernziele aus dem Bereich der Selbständigkeit der einzelne Bewohner erfüllt, d. h. wie ausgeprägt seine Selbständigkeit ist, verglichen mit einem durch Lernziele definiertem Kriterium.

Diese Art der diagnostischen Fragestellung ist unter dem Begriff »lernzielorientierte« oder »kriterienorientierte« Diagnose bekannt (vgl. PAWLIK 1976) und findet vor allem in pädagogischen und therapeutischen Situationen Anwendung. Demgegenüber steht die »normenorientierte« Diagnostik, bei der die Frage der individuellen Merkmalsausprägung im Vergleich zu anderen Personen (z. B. überdurchschnittlich, durchschnittlich usw.) beantwortet werden soll. Letztere Art der Diagnostik ist für die hier behandelte Fragestellung von geringerem Interesse, da sich aus normenorientierten diagnostischen Aussagen (z. B. »Person X ist durchschnittlich selbständig«) keine direkten differenzierten pädagogischen Maßnahmen ableiten lassen.

Ohne eine solche Feststellung des Ist-Zustandes vor einem Selbständigkeitstraining wäre nicht zu vermeiden, daß ein Training an der falschen Stelle ansetzt, d. h. den einzelnen entweder überfordert und ihm Mißerfolgserlebnisse vermittelt oder ihn unterfordert und damit seine Motivation vermindert, bei dem Programm mitzuarbeiten.

Nun könnte man argumentieren, daß das Feststellen dieses Ist-Zustandes für einen mit den Bewohnern der Wohnstätte vertrauten Mitarbeiter kein Problem darstellt und somit eine spezielle Diagnostikphase, geleitet durch einen Beobachtungsbogen, überflüssig sei. Die empirischen Ergebnisse zur Urteilsbildung zeigen jedoch, daß globale Beurteilungen komplexer Sachverhalte — und Selbständigkeit ist eine solche komplexe Variable — mit verschiedenartigen Urteilsverzerrungen behaftet sind und somit ein fehlerhaftes Abbild der Realität ergeben.

Am deutlichsten läßt sich dies beobachten, wenn mehrere Beurteiler, z. B. Mitarbeiter einer Wohnstätte, unabhängig voneinander angeben sollen, wie ausgeprägt eine bestimmte Variable, wie etwa Selbständigkeit im Bereich Essen, bei einer Person vorhanden ist. Vergleicht man die verschiedenen Urteile miteinander, so werden in der Regel, besonders bei mittleren Ausprägungen der beurteilten Variablen, deutliche Unterschiede zwischen den angegebenen Urteilen festzustellen sein.

Diese Beobachtung, die Gegenstand zahlreicher psychologischer Untersuchungen ist (vgl. NISBETT & ROSS 1980), läßt sich durch einige Besonderheiten des Beurteilungsprozesses erklären. Ein Effekt bei globalen Beurteilungen von Eigenschaften einer Person besteht darin, daß besonders prägnante, vom Durchschnitt abweichende Eigenschaften die Beurteilung anderer Eigenschaften beeinflussen (Halo-Effekt). So wird einem Menschen, der besonders höflich ist, auch häufig in bezug auf andere Eigenschaften (z. B.

*) Dieser Beitrag ist die überarbeitete Fassung eines Vortrages im Rahmen der Marburger Gesprächstage September 1979. Erstveröffentlichung in: Geistige Behinderung 3/1981, S. 171—187.

Intelligenz, Wahrheitsliebe) eine positive Ausprägung zugeschrieben. Von einem körperlich behinderten Menschen wird demgegenüber häufig angenommen, daß er in anderen Bereichen ebenfalls unselbständig, zurückgeblieben, abnormal ist.

Die Beurteilung verschiedener Persönlichkeitsbereiche ist auch abhängig von der sogenannten »impliziten Persönlichkeitstheorie«, die der Beurteiler hat. Wenn jemand davon überzeugt ist, daß sogenannte tierliebe Menschen einen guten Charakter haben, so wird die Zuschreibung der Eigenschaft »tierlieb« die Beurteilung anderer Persönlichkeitsbereiche im positiven Sinne beeinflussen. Besonders weit verbreitete implizite Persönlichkeitstheorien beeinflussen dann als Stereotype die Beurteilung von Personen aufgrund ihrer Zugehörigkeit zu bestimmten rassischen, ethnischen oder sozialen Gruppen (z. B. Zigeuner sind temperamentvoll, unehrlich, kinderlieb usw.).

Weiterhin wird die globale Beurteilung einer Person zu einem gegebenen Zeitpunkt davon beeinflußt, ob der Beurteiler dazu neigt, Erfahrungen mit dieser Person, die überwiegend neueren Datums sind, zur Grundlage seiner Beurteilung zu machen (»recency«-Effekt) oder ob er sich von Eindrücken leiten läßt, die sich zu Beginn seiner Interaktion mit der beurteilten Person ergaben (»erster Eindruck«, »primacy«-Effekt).

Die angesprochenen Urteilseffekte, die zu einer verzerrten Abbildung der Eigenschaften einer Person führen, machen deutlich, daß eine globale Beurteilung der Selbständigkeit der Bewohner einer Wohnstätte nicht ausreicht, um befriedigende Ausgangsbedingungen für die Durchführung eines individuell abgestimmten Selbständigkeitstrainings zu schaffen.

Dies gilt ebenso für die trainingsbegleitende Überprüfung von Veränderungen im Ausmaß der Selbständigkeit. Auch hier führen Globalbeurteilungen aus den oben erwähnten Gründen zu unzureichenden Ergebnissen, die dem weiteren Trainingsverlauf eine falsche Richtung geben können.

Positive oder negative Veränderungen in der Selbständigkeit werden während eines Trainings, abgesehen von außergewöhnlichen psychischen oder sozialen Einflüssen, auf die Angemessenheit und pädagogische Effizienz der Trainingsmaßnahme zurückzuführen sein.

Zeigt sich nach einem Trainingsabschnitt bei allen Teilnehmern der Gruppe in bezug auf die entsprechende Selbständigkeitsvariable keine Veränderung, so ist mit hoher Wahrscheinlichkeit davon auszugehen, daß die pädagogischen Maßnahmen dieser Trainingseinheit für die Bewohnergruppe ineffizient sind.

Wenn dagegen der überwiegende Teil der Trainingsgruppe einen Selbständigkeitszuwachs aufweist und nur bei einzelnen Bewohnern kein Lernfortschritt stattgefunden hat, so wäre entweder die Schwierigkeitsstufe der Trainingsmaßnahme für diese Bewohner zu ändern oder zu prüfen, ob grundlegende körperliche oder geistige Fähigkeitsgrenzen bei dem Bewohner weitere Lernfortschritte verhindern.

Dabei muß bedacht werden, daß die Quantifizierung des Erfolgs bzw. des Mißerfolgs einer pädagogischen Maßnahme für alle Mitarbeiter auch immer ein Reflektieren des Erfolgs der eigenen Arbeit bedeutet. Dieser Prozeß kann von den Mitarbeitern nur dann positiv verarbeitet werden, wenn im Wohnstättenteam eine akzeptierende und offene Atmosphäre herrscht. Dies sollte bedacht werden, wenn über Ursachen einer ablehnenden Haltung gegenüber einem Selbständigkeitstraining durch die pädagogischen Mitarbeiter diskutiert wird.

Aus dem Gesagten folgt einmal die Notwendigkeit der Durchführung von gezielten Beobachtungsphasen zur Feststellung des Ist-Zustandes bzw. zur Kontrolle des Verlaufs eines Selbständigkeitstrainings anhand von Diagnose-Instrumenten. Zum anderen ergibt sich eine Reihe von Anforderungen, die an ein geeignetes Beobachtungsinstrument zu stellen sind. Vor der Darstellung einzelner Diagnoseinstrumente sollen diese Anforderungen kurz besprochen werden.

Inhaltliche und methodische Anforderungen

Selbständigkeit ist ein Merkmal, das auch bei nichtbehinderten Menschen durch mehr als eine Dimension bestimmt ist. So kann eine Person sehr selbständig sein, soweit es um die Bewältigung immer wiederkehrender häuslicher Verrichtungen geht. Beim Umgang mit anderen Menschen in der Öffentlichkeit dagegen macht die gleiche Person einen unselbständigen Eindruck. Aussagen über die Selbständigkeit einer Person sind also nur dann sinnvoll, wenn sie mit Angaben über einzelne Bereiche des Gesamtkonzepts »Selbständiges Handeln« verbunden sind.

Ein Gesamtwert »Sozialalter« oder »Sozialquotient«, wie er etwa bei der Vineland-Social-Maturity-Scale (DOLL 1953) in Anlehnung an den Intelligenzquotienten ermittelt wird, besitzt für die Anwendung beim Selbständigkeitstraining keine praktische Relevanz. Dies gilt für alle Beobachtungsbögen, die das Ergebnis der gezielten Beobachtungen ausschließlich in einem Summenwert wiedergeben. Bei einer solchen Summenwertbildung kann z. B. ein Bewohner extrem geringe Selbständigkeit in einem Bereich durch extrem hohe Selbständigkeit in anderen Bereichen kompensieren, so daß sich insgesamt in dem Summenwert das Bild einer durchschnittlichen Selbständigkeit ergibt. Diese Information ist jedoch als Ausgangspunkt für ein Training unbrauchbar, da sie keine Angaben enthält über besondere Stärken bzw. Schwächen in den einzelnen Handlungsbereichen.

Wenn hier von verschiedenen Bereichen oder Dimensionen der Selbständigkeit gesprochen wird, so ist es für die praktische Anwendung im Wohnstättenbereich von geringer Bedeutung, ob die einzelnen Selbständigkeitsbereiche im methodischen Sinne unabhängige Dimensionen sind. Wesentlich ist, daß verschiedene Handlungsbereiche, für deren Bewältigung man verschiedene Aspekte von Selbständigkeit benötigt, als solche getrennt beobachtet, erfaßt und ausgewertet werden, um zu einem differenzierten Bild der Handlungsmöglichkeiten des Wohnstättenbewohners zu kommen.

Es wäre darüber hinaus die Frage zu klären, welche zugrundeliegenden motorischen, sprachlichen, kognitiven und sozialen Fähigkeitsdimensionen selbständiges Handeln in verschiedenen Alltagsbereichen determinieren. Diese Fähigkeitsdimensionen zu erfassen und mit selbständigem Handeln im Alltag in Beziehung zu setzen, würde jedoch den Rahmen der hier besprochenen Zielsetzung übersteigen.

Die Beurteilung von Merkmalen einer Person wird um so stärker von subjektiven Prozessen beeinflußt, je weniger präzise die Bestimmungsstücke des zu beurteilenden Merkmals definiert sind. Dies soll an einem Beispiel mit verschiedenen Items (Aufgaben) aus einem fiktiven Beobachtungsbogen verdeutlicht werden.

Item 1 Ist hilfsbereit	Item 2 Wenn in der Gruppe außergewöhnliche Arbeiten zu erledigen sind, ist er bereit, diese zu übernehmen	Item 3 Hilft anderen in finanziellen und anderen Notlagen im Rahmen seiner Möglichkeiten aus
ja nein	ja nein	ja nein

Abb. 1: Präzisierung der Fragen zur Objektivierung der Antworten

Wenn man wie in Item 1 ohne weitere Angaben beurteilen soll, ob eine Person hilfsbereit ist, so bleibt es dem Beurteilenden überlassen, welche Situationen er als Manifestationen von Hilfsbereitschaft ansieht und dem abzugebenden Urteil zugrunde legt. Für den einen Beurteiler mag Hilfsbereitschaft schon dann voll gegeben sein, wenn man einer gestürzten Person wieder auf die Beine hilft. Ein anderer Beurteiler geht davon aus, daß die Bezeichnung hilfsbereit nur für Personen zutrifft, die sich in besonderem Maße um das Wohlergehen ihrer Nächsten kümmern.

Hier ist also unangemessen viel Raum für die *Subjektivität* des Beurteilenden gegeben, da Hilfsbereitschaft, genau wie andere Merkmale, an sich kein beobachtbarer Sachverhalt ist, sondern erst in konkreten Situationen im Verhalten Ausdruck findet. Da Verhalten in der Regel der Beobachtung zugängig ist, sollten Items eines Beobachtungsbogens auch auf Verhaltensebene formuliert sein, etwa so wie die Items 2 und 3 im obigen Beispiel.

Eine weitere Anforderung, die an ein geeignetes Beobachtungsinstrument in diesem Zusammenhang zu stellen ist, bezieht sich auf die *Höhe der Anforderungen*, die eine Person erfüllen muß, damit Items aus dem Beobachtungsbogen als gelöst bewertet werden können. Ob ein Beobachtungsinstrument in diesem Punkt als geeignet zu betrachten ist, hängt zunächst von der zu untersuchenden Bewohnergruppe der Wohnstätte ab. Es muß aber in jedem Fall gewährleistet sein, daß beobachtbare Unterschiede in der Selbständigkeit von Bewohnern sich auch in unterschiedlichen Ergebnissen des Beobachtungsbogens niederschlagen. Wenn die Anforderungen für die spezielle Bewohnergruppe zu niedrig, d. h. die Items des Beobachtungsbogens zu leicht sind, kann es sein, daß alle Bewohner alle Items gelöst haben und trotz unterschiedlichem Ausmaß an vergleichsweise hoher Selbständigkeit bei der Auswertung des Beobachtungsbogens identische Werte erzielen. Umgekehrt könnte ein Beobachtungsbogen für die Beurteilung der Selbständigkeit einer Gruppe von *Schwerbehinderten* ungeeignet sein, wenn kaum einer dieser Bewohner in der Lage ist, auch nur einen geringen Prozentsatz der Items zu lösen.

Die Wahl des Beobachtungsinstruments muß also von der Übereinstimmung zwischen den Anforderungen der Items des Beobachtungsinstruments und dem zum Zeitpunkt der Erhebung vorhandenen Ausmaß an selbständigem Handeln der Bewohner abhängig gemacht werden.

Zu einer guten Differenzierungsfähigkeit eines Beobachtungsinstruments zählt aber nicht nur die Unterscheidungsmöglichkeit zwischen verschiedenen Personen, sondern auch die Sensibilität für die Erfassung von Veränderungen bei zeitlich verschiedenen Beobachtungen der gleichen Person. Gerade bei der Arbeit mit geistig Behinderten, die im allgemeinen ein nur mäßiges bis geringes Lerntempo aufweisen, ist es unerläßlich, daß auch kleinere positive oder negative Veränderungen wahrgenommen und sowohl dem Behinderten als auch dem Betreuer rückgemeldet werden können. Ein geeignetes Beobachtungsinstrument darf deshalb nicht erst dann eine Veränderung anzeigen, wenn komplexe Lernschritte im ganzen bewältigt sind, sondern muß auch bereits kleinere Lernfortschritte wiedergeben.

Ein Beobachtungsbogen, der zur Messung der Selbständigkeit von Wohnstättenbewohnern eingesetzt werden soll, muß selbstverständlich auch daraufhin überprüft werden, ob er zur Erfassung des Merkmals »Selbständigkeit« Validität oder Gültigkeit besitzt, d. h. ob er das, was gemessen werden soll, tatsächlich mißt. Die Validitätsfrage, die in der Psychodiagnostik eine zentrale Rolle spielt, kann theoretisch auf verschiedene Weise angegangen werden (vgl. HORST 1971, 400 ff.).

Da eine eingehende Besprechung möglicher Ansätze zur Überprüfung der Validität am Ziel dieser Übersicht vorbeigehen würde, beschränken wir uns auf einige Überlegungen, die nicht nur beim Einsatz von Beobachtungsbögen, sondern bei der gesamten Durchführung eines Trainings im Wohnstättenbereich von Bedeutung sind.

Es ist bekannt, daß mit jeder pädagogischen Maßnahme ein bestimmtes Ziel angestrebt wird. Häufig besteht über dieses Ziel zwar auf sprachlicher Ebene Übereinstimmung (»Der Bub soll brav sein«), aus den Bestimmungsstücken, die im einzelnen dieses Ziel definieren, ergeben sich jedoch häufig erhebliche Unterschiede.

So ist im vorliegenden Fall zu fragen, welches Ziel mit einem Selbständigkeitstraining im Wohnstättenbereich angestrebt werden soll. Für einige Bewohner kann das operationale Ziel »Leben in freieren Wohnformen« bedeuten, für andere darin bestehen, daß sie innerhalb der Wohnstätte mehr als bisher ihren Alltag ohne fremde Hilfe bewältigen können. Soweit besteht sicher noch Übereinstimmung in der Zieldefinition.

In welchem Umfang ist nun aber zum Beispiel »Anpassung an gesellschaftliche Regeln« in dieser Zieldefinition enthalten? Einseitige Anpassung des geistig behinderten Menschen an gesellschaftliche Verhaltensnormen darf sicher nicht das Ziel einer pädagogischen Maßnahme in Wohnstätten sein. Sonst würde aus dem Selbständigkeitstraining ein Unauffälligkeitstraining. Andererseits ist Selbständigkeit ohne Anpassung für einen geistig behinderten Menschen in unserer Gesellschaft nicht denkbar. Man kann davon ausgehen, daß gesellschaftlich unangepaßtes Verhalten zumindest in der Öffentlichkeit zu ablehnenden, feindseligen und anderweitig negativen Reaktionen der beteiligten Partner führt. Je nach Art und Schwere der Behinderung können diese Reaktionen nicht angemessen verarbeitet werden und führen häufig zu weiteren Beeinträchtigungen im Erleben und Verhalten des geistig behinderten Menschen. Deshalb muß Anpassung an grundlegende gesellschaftliche Verhaltensnormen Bestandteil der Zieldefinition für ein Selbständigkeitstraining im Wohnstättenbereich sein.

Gerade bei der Frage nach Art und Ausmaß der notwendigen Anpassung spielen persönliche Wertvorstellungen der einzelnen Mitarbeiter eine wesentliche Rolle. Es wird also vor Durchführung eines Selbständigkeitstrainings notwendig sein, daß alle Mitarbeiter in einer ausführlichen Zieldiskussion einen gemeinsamen Standpunkt zu dieser Frage finden, der sowohl das Recht des geistig behinderten Menschen auf Entwicklung seiner Persönlichkeit als auch die negativen Folgen gesellschaftlich unangepaßten Verhaltens berücksichtigt. Erst wenn diese Zieldefinition zumindest einen vorläufigen Abschluß gefunden hat, kann die Frage der Validität des zu verwendenden Beobachtungsbogens auf der Basis dieser Zieldefinition geklärt werden.

Ein wesentliches Gütekriterium, das in der modernen Psychodiagnostik für die Beurteilung von Meßinstrumenten herangezogen wird, ist die Objektivität. Damit ist gemeint, daß bei der Durchführung, Auswertung und Interpretation des diagnostischen Instruments subjektive Einflüsse weitestgehend ausgeschlossen bleiben.

In einem vorangegangenen Abschnitt wurde bereits dargestellt, daß die Formulierung der Items auf Verhaltensebene eine Maßnahme ist, die zu einer Verbesserung der Objektivität eines Beobachtungsinstruments beiträgt. Weitere Maßnahmen sind etwa eine ausführliche Handanweisung für die Durchführung der gezielten Beobachtungen, verbunden mit detaillierten Angaben über die Bedingungen, die erfüllt sein müssen, damit ein Item als gelöst gewertet werden kann. So wird etwa im P-A-C-Handbuch (GÜNZBURG 1977, vgl. S. 89—108) häufig ausgeführt, daß ein Item nur dann als gelöst gewertet werden kann, wenn bei fünf Beobachtungen oder Versuchen mindestens dreimal ein positives Ergebnis erzielt wurde.

Solche Angaben reduzieren die Zahl der Situationen, in denen der einzelne Beurteiler seine Beobachtungen nach eigenem Ermessen bewertet und somit verschiedene Beurteiler zu unterschiedlichen Ergebnissen in bezug auf die gleiche zu beurteilende Person kommen.

Nun muß bei der Diskussion der Anforderungen, die an ein geeignetes Beobachtungsinstrument zu stellen sind, auch berücksichtigt werden, daß die Erfüllung dieser Anforderungen u. U. einen nicht mehr vertretbaren zeitlichen Aufwand bei der Bearbeitung des Beobachtungsbogens zur Folge haben kann. Eine einigermaßen ökonomische Handhabung sollte aber sowohl eine Zielsetzung bei der Konstruktion als auch ein Entscheidungskriterium bei der Auswahl sein.

Beobachtungsbögen

Pädagogische Analyse und Curriculum 2 der sozialen und persönlichen Entwicklung (P-A-C 2)

GÜNZBURG veröffentlichte 1977 die deutschsprachige Ausgabe des Handbuches zur Pädagogischen Analyse und Curriculum (P-A-C). Darin sind neben einer allgemeinen Einführung in die P-A-C-Methode die Anleitungen für die drei Grundformen der PAC (P-P-A-C für geistig behinderte Kleinkinder, P-A-C 1 für geistig behinderte Schulkinder, P-A-C 2 für geistig behinderte

D

Jugendliche und Erwachsene) enthalten. Bezugsquelle für das gesamte P-A-C-Material ist im deutschsprachigen Raum die Bundesvereinigung Lebenshilfe Marburg. Für den Wohnstättenbereich kommt von diesen drei Grundformen die P-A-C 2 für geistig behinderte Jugendliche und Erwachsene in Frage. In Wohngruppen mit schwerst geistig Behinderten wäre die Anwendung des S-P-A vorzuziehen. Der Beobachtungsbogen wird hier nicht angesprochen. Er ist ähnlich wie die P-A-C 2. Bezugsquelle ist ebenfalls die Bundesvereinigung Lebenshilfe Marburg. Die hier zu besprechende P-A-C 2 beinhaltet zwei vom Beurteilungsansatz unterschiedliche Fragebögen.

D

Das »Sozialbild« ergibt sich aus 114 Items zu verschiedenen Bereichen der Selbständigkeit bzw. der Sozialentwicklung. Aus Abb. 2 (siehe Seite 169) sind diese Bereiche und deren Zusammenfassung in vier Gruppen ersichtlich.

Zur Beantwortung der einzelnen Items muß der Wohnstättenbewohner entweder in einer genau definierten, teilweise vom Beurteilenden provozierten Situation beobachtet und sein Verhalten bewertet werden, oder die Beurteilung basiert auf den Daten aus einem strukturierten Interview. Die Beantwortungsart für die einzelnen Items ist dichotom — das angesprochene Lernziel ist erfüllt oder nicht erfüllt.

Der in der P-A-C 2 enthaltene zweite Fragebogen soll eine Beurteilung des Persönlichkeitsbildes ergeben. Nach GÜNZBURG soll dieser Fragebogen klären »...inwieweit die Ausübung von sozialen Fertigkeiten durch die Persönlichkeit des Behinderten unterstützt oder eingeschränkt wird.« (vgl. GÜNZBURG 1977, 121). Der Beurteiler wählt auf 13 Skalen jeweils eine von fünf vorgegebenen alternativen Feststellungen über die Persönlichkeit des Wohnstättenbewohners.

Die 13 Skalen beziehen sich im einzelnen auf:

Temperament	Soziale Beziehungen
Geschlechtsverhalten	Zusammenarbeit
Mitteilungsbedürfnis	Geltungsbedürfnis
Wahrheitsliebe	Einstellung zur Arbeit
Ehrlichkeit	Selbständigkeit in persönlicher Pflege
Zugänglichkeit	
Verhalten der Gruppenzugehörigen	Anpassung

Niedrigere Werte auf den einzelnen Skalen bedeuten, daß sich das Verhalten des behinderten Menschen negativ von dem unterscheidet, was GÜNZBURG als die »Toleranzschwelle der offenen Gemeinschaft« bezeichnet (vgl. GÜNZBURG 1977, 121).

Es ist für die Beurteilung der Unabhängigkeit eines geistig Behinderten sicher unerläßlich, neben der Feststellung lebenspraktischer, kulturtechnischer und sozialer Fertigkeiten auch das Ausmaß der psychischen Belastbarkeit zu erfassen. Die Art der Beurteilung dieses Persönlichkeitsbildes erscheint uns jedoch unangemessen. Wie bereits ausgeführt, unterliegen Beurteilungen, die nicht auf der Beobachtung konkreter Verhaltensweisen basieren, Verzerrungen durch subjektive Verarbeitungsprozesse. Die Kriterien zur Beurteilung des Persönlichkeitsbildes (vgl. GÜNZBURG 1977, 122—133) sind im Gegensatz zu jenen für die Beurteilung des Sozialbildes so wenig präzise, daß subjektive Verarbeitungsprozesse die abzugebenden Urteile stark beeinflussen können. Der im Persönlichkeitsbild zu beurteilende Aspekt einer Person ist jedoch bei der für den Behinderten wesentlichen Entscheidung, etwa über die Plazierung in Einrichtungen mit unterschiedlichem Freiheitsspielraum, von so großer Bedeutung, daß eine weitestgehend objektive Beurteilung unerläßlich ist. Wir werden im folgenden auf das Persönlichkeitsbild der P-A-C 2 nicht weiter eingehen, da es uns in der vorliegenden Fassung für den Einsatz bei Selbständigkeitstraining im Wohnstättenbereich nicht geeignet erscheint.

Die Beurteilungen zum Sozialbild werden in der P-A-C 2 in graphisch übersichtlicher Form dargestellt (Abb. 2). Die Elemente im Kreisinnern (X) repräsentieren Items, zu deren Lösung relativ leicht erlernbare Fertigkeiten benötigt werden, während mit fortschreitender Entfernung von der Kreismitte (Y, Z) die Lernanforderungen zunehmen, die zur Bewältigung der Items notwendig

SOZIALBILD

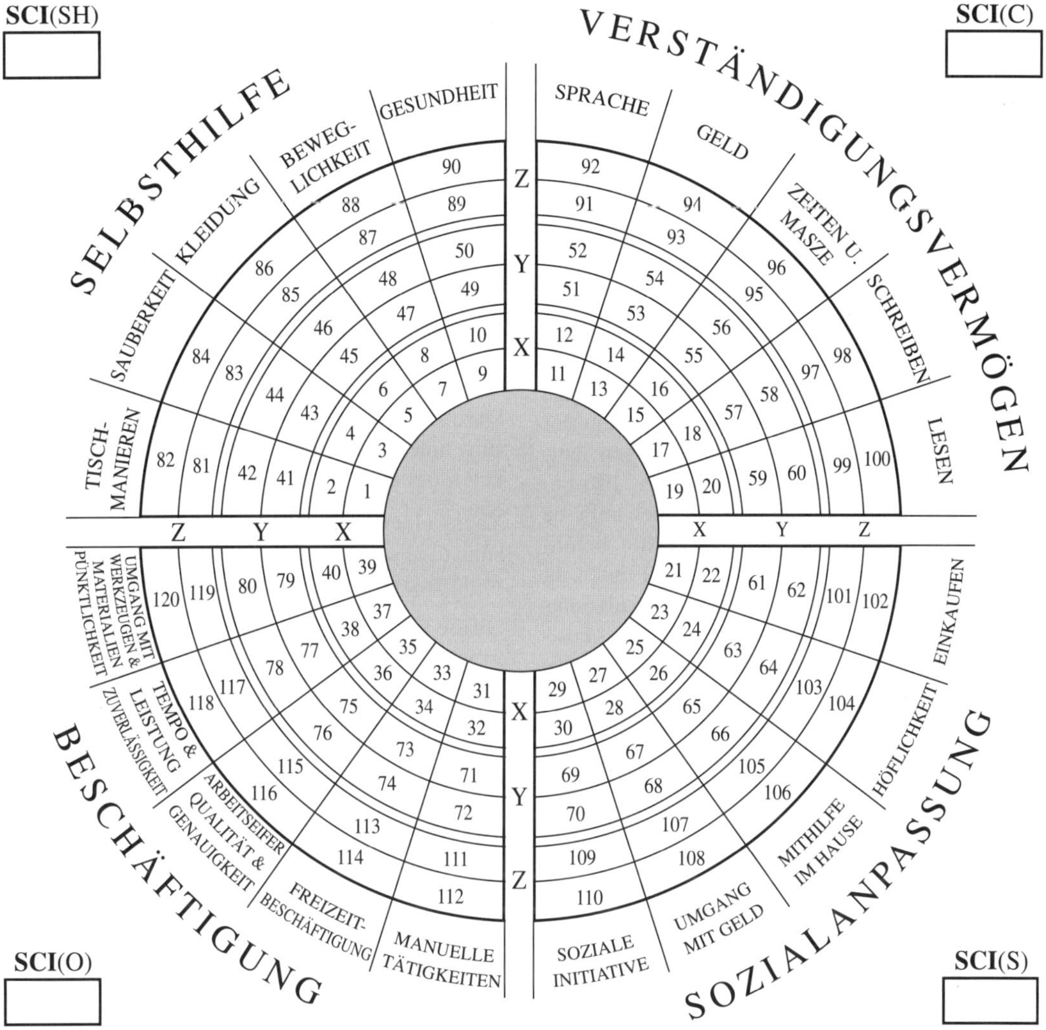

Abb. 2: Darstellungsform des P-A-C 2 Sozialbildes.

sind. Bei einer entsprechenden Markierung der Kreissegmente, die vom Behinderten bewältigte Items repräsentieren, ergibt sich ein übersichtliches Bild der sozialen Fertigkeiten.

Wie aus Abbildung 2 ersichtlich, sind den Bereichen des Sozialbildes vier Markierungsmöglichkeiten für die »Indizes des sozialen Könnens« (SCI) zugeordnet. Dieser Wert soll ausdrücken, ob ein geistig Behinderter, bezogen auf eine Vergleichsgruppe, in den vier Bereichen der sozialen Entwicklung eher unterdurchschnittliche, durchschnittliche oder überdurchschnittliche Fertigkeiten besitzt. Eine solche Aussage entspricht den Zielsetzungen der herkömmlichen normorientierten Psychodiagnostik. Sie vermittelt dem diagnostisch nicht geschulten Beurteiler den Eindruck, es könne aufgrund des P-A-C 2 eine auf die Population aller geistig Behinderten bezogene quantitative Aussage über einen einzelnen Behinderten getroffen werden.

Unsere Kritik an der Verwendung eines solchen Wertes kommt von zwei Richtungen. Zum einen ist es für die Planung einer pädagogischen Maßnahme zur Erreichung bestimmter Lernziele nicht unbedingt notwendig, den Ist-Zustand einer Person mit dem anderer Personen zu vergleichen. Aus einem solchen Vergleich gewinnt man keine wesentlichen Anhaltspunkte für die Planung und Durchführung einer pädagogischen Maßnahme.

Zum anderen ist eine normorientierte Aussage nur dann vertretbar, wenn die Bedingungen der Normierung bestimmten Anforderungen entsprechen. Im P-A-C-Handbuch (vgl. S. 118) beziehen sich die entsprechenden Angaben auf eine Normierungsstichprobe von 144 geistig behinderten, hospitalisierten Männern und Frauen im Alter zwischen 15 und 31 Jahren, innerhalb eines IQ-Bereichs von 40—84. GÜNZBURGs Feststellung, daß es sich dabei um eine repräsentative Stichprobe geistig behinderter Personen handle (118), ist durch keinerlei Daten belegt. So bleibt z. B. unklar, ob Repräsentativität nur für den Altersbereich 15—31 Jahre besteht oder sich darüber hinaus ausdehnen läßt.

Über diese grundsätzliche Frage der Güte und Verläßlichkeit der Vergleichsdaten hinaus muß auch die mangelnde Übereinstimmung in der Klassifikation geistiger Behinderung zwischen verschiedenen Ländern in Betracht gezogen werden. So ist nicht ohne weiteres davon auszugehen, daß eine für britische Verhältnisse repräsentative Stichprobe für Bedingungen in der Bundesrepublik die gleiche Aussagekraft besitzt.

Es ist deshalb nach unserer Meinung von der Verwendung der Indizes des Sozialen Könnens abzuraten. Sie sind für die Planung von pädagogischen Maßnahmen nicht nur überflüssig, sondern erwecken darüber hinaus den Eindruck einer diagnostischen Präzision, die von der P-A-C-Methode in ihrer jetzigen Form nicht erbracht wird.

* Die Besprechung bezieht sich auf die 1975 erschienene revidierte Ausgabe des Handbuches.

Diese Kritik an Teilaspekten der P-A-C-Methode soll jedoch nicht die Brauchbarkeit des Sozialbildes der P-A-C 2 als Beobachtungsinstrument generell in Frage stellen. Bei einer Beschränkung auf das Sozialbild und auf eine rein qualitative Aussage über die soziale Entwicklung von Behinderten ist die P-A-C 2, gemessen an den bereits aufgeführten Kriterien für den Einsatz bei Selbständigkeitstrainings für Wohnstätten, durchaus geeignet.

Die Items im Sozialbild sind überwiegend auf Verhaltensebene formuliert. Für die Beurteilung der einzelnen Fertigkeiten liegen in den meisten Fällen hinlänglich präzise Angaben vor, so daß subjektive Beurteilungseinflüsse minimiert sind. Darüber hinaus ist eine mehrdimensionale Erfassung unterschiedlicher Bereiche der Selbständigkeit möglich.

Nach einer entsprechenden Einarbeitungszeit kann die P-A-C 2 mit einem vertretbaren Zeitaufwand angewendet werden.

Ob die P-A-C 2 eine gute Differenzierbarkeit aufweist, d. h. zum Beispiel auch kleinere Lernfortschritte wiedergibt, wie bereits erwähnt, kann nur im Zusammenhang mit den Fähigkeiten und Fertigkeiten der jeweiligen Wohnstättengruppe beantwortet werden. Nach unseren persönlichen Erfahrungen werden einzelne Bereiche (z. B. Mithilfe im Haus), gemessen an der Bedeutung, die sie für die Erlangung von Unabhängigkeit der Wohnstättenbewohner besitzen, zu wenig differenziert erfaßt.

Insgesamt gesehen, ist das Sozialbild der P-A-C 2 ein Beobachtungsinstrument, das mit den oben ausgeführten Einschränkungen bei Selbständigkeitstraining in Wohnstätten sinnvoll eingesetzt werden kann.

AAMD Adaptive Behavior Scale (AAMD-ABS)

NIHIRA u. a. (1969)* veröffentlichten bei der American Association on Mental Deficiency (AAMD) eine Beurteilungsskala »Adaptive Behavior Scale« (ABS), die ähnlich wie die P-A-C 2-Methode die Einschätzung sozialer Fertigkeiten einerseits und gesellschaftlich inakzeptabler Verhaltensweisen andererseits in zwei verschiedenen Fragebogenteilen beinhaltet. Bisher existiert keine deutschsprachige Veröffentlichung der »Adaptive Behavior Scale«. Die Wohnstätten Wilhelmshaven haben für den internen Gebrauch eine Übersetzung erstellt.

Die Autoren definieren in Anlehnung an den Sprachgebrauch der AAMD Adaptive Behavior (Sozialanpassung) als »... Fähigkeit einer Person, die natürlichen und sozialen Anforderungen ihrer Umwelt zu meistern« (NIHIRA u. a., 5; Übersetzung durch Verfasserin).

Ähnlich wie bei der P-A-C-Methode ist die ABS in zwei Fragebogenteile gegliedert. Im ersten Teil geht es um die Erfassung sozialer, kognitiver und sprachlicher Fertigkeiten, die man als Techniken zur Alltagsbewältigung bezeichnen kann. In Teil zwei soll das Ausmaß an gesellschaftlich inakzeptablen Erlebens- und Verhaltensstörungen beurteilt werden.

Bei der Konstruktion des ersten Fragebogenteils bezogen die Autoren alle bereits existierenden englischsprachigen Beurteilungsskalen mit ein und wählten daraus Items nach folgenden Gesichtspunkten aus: Objektivität (gemessen als Übereinstimmung zwischen verschiedenen Beurteilern); Differenzierungsfähigkeit zwischen hospitalisierten geistig Behinderten, die vorab als unterschiedlich selbständig beurteilt worden waren; Intelligenzunabhängigkeit.

In diesem Fragebogenteil sollen zehn Verhaltensbereiche beurteilt werden. Sie sind im folgenden zusammen mit den entsprechenden Unterbereichen dargestellt:

I. Selbsthilfe
   a) Essen
   b) Toilettenbenutzung
   c) Sauberkeit
   d) Aussehen
   e) Kleiderpflege
   f) An- und Ausziehen
   g) Verkehrstüchtigkeit
   h) andere Selbsthilfetätigkeiten

II. Körperliche Entwicklung
   a) Wahrnehmung
   b) Bewegung

III. Ökonomische Fertigkeiten
   a) Umgang mit Geld und finanzielle Planung
   b) Einkaufen

IV. Sprachentwicklung
   a) Ausdruck
   b) Verständnis
   c) Kommunikation

V. Zahl- und Zeitauffassung

VI. Häusliche Tätigkeiten
   a) Saubermachen
   b Küchenarbeiten
   c) andere häusliche Tätigkeiten

VII. Berufliche Tätigkeiten

VIII. Selbststeuerung
   a) Initiative
   b) Ausdauer
   c) Freizeitgestaltung

IX. Verantwortung

X. Soziale Kompetenz

Der Antwortmodus für die einzelnen Items ist verschieden. Bei einigen Items soll aus mehreren vorgegebenen Alternativen eine zur Beschreibung des beobachteten Verhaltens ausgewählt werden. Die Alternativen sind nach ihrer Schwierigkeit geordnet und numerisch bewertet. Der Beurteiler soll die Alternative wählen, die der schwierigsten Aufgabe entspricht, die die Person im allgemeinen bewältigen kann.

Beispiel:

Item 2 — Essen in der Öffentlichkeit	
Bestellt komplette Mahlzeit in Restaurants	3
Bestellt einfache Mahlzeiten, wie Bratwurst oder belegte Brötchen	②
Verlangt Getränke in einem Kiosk o. ä.	1
Bestellt nichts in der Öffentlichkeit	0
Bewertungszahl des Items	2

D

Bei einer weiteren Item-Form, die im ersten Fragebogenteil vorkommt, sollen alle Alternativen angekreuzt werden, die für die beurteilte Person zutreffen. Aus der Anzahl der angekreuzten Alternativen ergibt sich die Bewertungszahl für das entsprechende Item. Dieser Antwortmodus kommt bei positiv formulierten Items vor, d. h. bei Items, bei denen in den Alternativen mögliches Zielverhalten aufgezählt wird. Es gibt jedoch auch negativ formulierte Items im ersten Fragebotenteil, bei denen in den Alternativen mögliches Fehlverhalten aufgezählt wird.

Hier wird die Bewertungszahl des Items aus der Subtraktion der Anzahl zutreffender Alternativen von der Gesamtzahl der Alternativen gebildet. Im folgenden Beispiel wird dies verdeutlicht.

Beispiel:

Item 4 — Tischmanieren	
Verschlingt das Essen ohne zu kauen	—
Kaut mit offenem Mund	⊖
Läßt Essen auf Tisch oder Fußboden fallen	—
Benutzt Serviette gar nicht oder nicht korrekt	—
Spricht mit vollem Mund	—
Nimmt Essen von anderen Tellern	⊖
Ißt zu schnell oder zu langsam	—
Spielt mit den Fingern im Essen	—
Bewertungszahl des Items: 8 Alternativen minus Anzahl der zutreffenden Alternativen = 6	

Die Ergebniswerte für die zehn Verhaltensbereiche des ersten Fragebogenteils der ABS ergeben sich aus den Summen der Bewertungszahlen der entsprechenden Items.

Die von den Autoren der ABS vorgesehene Interpretation der Ergebniswerte macht einen Vergleich der individuellen Werte mit Stichprobendaten erforderlich. Das Ergebnis dieses Vergleichs wird in Prozentwerten ausgedrückt. Es besagt, wieviel Prozent der in der Stichprobe beobachteten Personen gleich gut oder schlechter abgeschnitten haben als die zu beurteilende Person. Je deutlicher sich der Prozentwert der Zahl 100 nähert, desto besser ist das Ergebnis, d. h. desto weniger vergleichbare Personen haben bessere Ergebnisse erzielt.

Um zu solchen Vergleichswerten zu kommen, wurde die ABS an einer Stichprobe von ungefähr 4000 in Einrichtungen lebenden geistig behinderten Personen im Alter von 3 bis 69 Jahren erhoben. Es liegen für insgesamt elf Altersgruppen Vergleichsdaten vor (vgl. ABS-Manual, 18—39).

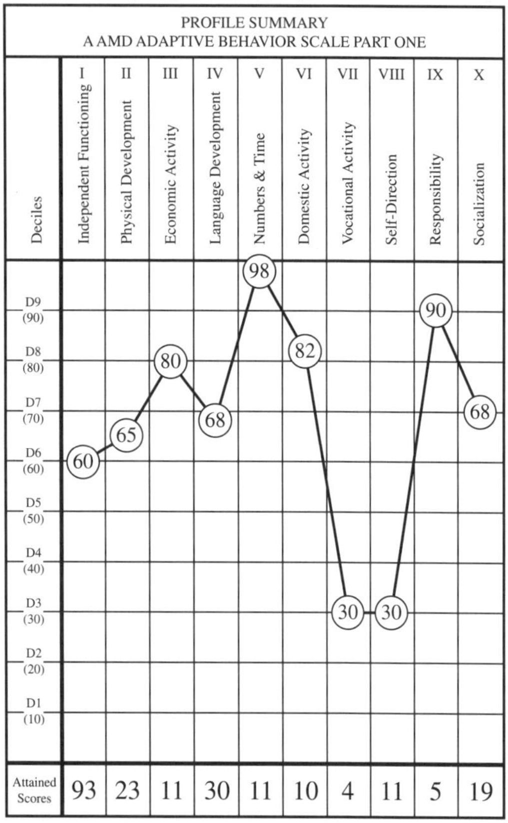

Abb. 3: Beispielprofil aus der ABS

Die individuellen Prozentwerte für die zehn Verhaltensbereiche werden in einem Formblatt eingetragen. Aus der graphischen Verbindung der zehn Werte ergibt sich ein Profil sozial relevanter Fertigkeiten, das die individuellen Stärken und Schwächen graphisch übersichtlich wiedergibt. In Abb. 3 ist ein entsprechendes Beispiel aus dem ABS-Handbuch (S. 14) dargestellt.

Es ist sicher deutlich geworden, daß die ABS-Ergebnisse im Sinne normorientierter Diagnostik interpretiert werden. Wie eingangs bereits erwähnt, halten wir diesen diagnostischen Ansatz bei der Erfassung von Selbständigkeit in Wohnstätten für unangemessen. Die Zielsetzung bei einem Selbständigkeitstraining ist das Erreichen individuell festzusetzender Lerninhalte, die dem einzelnen eine bessere Bewältigung seiner Umwelt ermöglichen. Diese Lerninhalte sind der Vergleichsmaßstab, mit dem die individuellen Fertigkeiten zu einem gegebenen Zeitpunkt in Beziehung zu setzen sind. Dabei lenkt die normorientierte Frage nach der Leistung des einzelnen im Vergleich zu anderen von der eigentlichen Fragestellung ab und bringt darüber hinaus auch keinen zusätzlichen Beitrag für das Erstellen individueller Trainingsmaßnahmen.

Dieser Einwand ist jedoch auszuräumen, indem man die ABS als rein beschreibendes Verfahren ohne Verwendung der Prozentwerte einsetzt. Man müßte dazu eine graphische Darstellungsform verwenden, ähnlich der in Abb. 3, bei der als Bezugspunkt für die individuellen Werte etwa die maximal erreichbaren Werte in den zehn Verhaltensbereichen benutzt werden.

Darüber hinaus ist der erste Teil der ABS für den Einsatz bei den verschiedenen Arten von Selbständigkeitstraining in Wohnstätten sicher gut geeignet, wenn man einmal davon absieht, daß zur Zeit noch keine veröffentlichte deutschsprachige Fassung vorliegt. Den im zweiten Abschnitt des ABS-Handbuchs aufgeführten Kriterien »mehrdimensionale Erfassungsmöglichkeit« und »Beurteilung beobachtbarer Sachverhalte« ist durch geeignete Maßnahmen Rechnung getragen.

Zur Objektivität, gemessen als Übereinstimmung zwischen verschiedenen Beurteilern, berichten die Autoren (ABS-Handbuch, 46) von Werten zwischen 71 und 93. Es handelt sich dabei um Produkt-Moment-Korrelationen, die im positiven Bereich zwischen 0 (niedrigster Wert) und 1.00 (höchster Wert) variieren können. Diese Angaben zeigen eine für Beurteilungsskalen ausreichende Übereinstimmung.

Die Autoren berichten weiter über erste Ansätze zur Überprüfung der Validität der ABS (ABS-Handbuch, 48). Es ist bei der Beurteilung eines Diagnose-Instruments als entscheidender Vorteil anzusehen, wenn dieses in weiteren Untersuchungen eingesetzt und somit weiterer Überprüfung und Verbesserung unterzogen wird.

Zur Frage der Differenzierungsfähigkeit von Teil eins der ABS auf unterschiedlichen Fähigkeitsstufen können die Angaben der Autoren über die Streuung der Behinderungsgrade der Normierungsstichprobe herangezogen werden. Bei allen Altersgruppen wurden leicht, mäßig, schwer und schwerst geistig Behinderte in die Untersuchung einbezogen. Dies läßt eine ausreichende Differenzierungsfähigkeit zumindest vermuten.

Der zweite Teil der ABS beruht nach Angaben der Autoren auf einer ausführlichen Übersicht über die sozialen Erwartungen, die an geistig Behinderte in entsprechenden Einrichtungen und in der Öffentlichkeit gestellt werden. Er ist so konstruiert, daß er das Ausmaß an »unangepaßtem Verhalten« wiedergibt, d. h., daß in den einzelnen Items beobachtbares Fehlverhalten angesprochen wird. Im Gegensatz zum ersten Teil haben hohe Werte in Teil zwei eine negative Bedeutung.

Der zweite Fragebogenteil beinhaltet folgende Bereiche:

I. Gewalttätiges und destruktives Verhalten
II. Unsoziales Verhalten
III. Aufrührerisches Verhalten
IV. Unglaubwürdiges Verhalten
V. Verschlossenheit
VI. Stereotypien und sonderbare Gewohnheiten
VII. Unzweckmäßige Gewohnheiten im Verhältnis zu anderen
VIII. Unakzeptable sprachliche Gewohnheiten
IX. Unakzeptable oder exzentrische Gewohnheiten
X. Selbstschädigendes Verhalten
XI. Hyperaktives Verhalten
XII. Abweichendes Sexualverhalten
XIII. Psychische Störungen
XIV. Medikamentenbedarf

D

Der Antwortmodus des zweiten Fragebogenteils ist für alle Items gleich.

Beispiel:

Item 7 — Beherrschen und Manipulieren anderer	gelegentlich	oft
Versucht, andere herumzukommandieren	1	2
Versucht, anderen zu sagen, was sie tun sollen	1	②
Verlangt Dienste von anderen	1	2
Schubst andere herum	1	2
Ist Anlaß für die Streitigkeiten anderer	①	2
Beeinflußt andere so, daß sie in Schwierigkeiten kommen	1	2
Bewertungszahl = 3		

Die Bewertungszahl ergibt sich bei diesem Itemtyp aus der Summe der gewichteten Alternativen, die für die beobachtete Person als zutreffend angekreuzt werden. Genau wie im ersten Fragebogenteil sind die einzelnen Items auch im zweiten Teil weitestgehend auf beobachtbares Verhalten bezogen. Dies unterscheidet den zweiten Teil der ABS in positiver Weise von dem Persönlichkeitsbild der P-A-C 2-Methode, bei der im wesentlichen Ausprägungen von Eigenschaften beurteilt werden sollen. Auswertung und Interpretation der Ergebnisse folgen den gleichen Richtlinien wie in Teil eins. Die Werte für die 14 Bereiche des zweiten Teils ergeben sich aus der Summe der Bewertungszahlen der entsprechenden Items. Die individuellen Ergebniswerte werden dann mit den altersentsprechenden Stichprobendaten verglichen und in Prozentwerte umgewandelt (ABS-Handbuch, 23).

Anders als bei Teil eins der ABS entspricht diese normorientierte Interpretation der spezifischen Fragestellung von Teil zwei, der Auskunft über das Ausmaß an Angepaßtheit eines geistig behinderten Menschen geben soll. Eine solche Fragestellung läßt sich aber nur in der Gegenüberstellung mit den jeweiligen statistischen Normen einer Gesellschaft treffen. Diese statistischen Normen geben Auskunft über das Verhalten eines durchschnittlichen Mitglieds einer Gruppe (Gesellschaft, soziale Schicht, Randgruppe etc.). Wenn individuelles Verhalten von diesem Durchschnittsverhalten (statistische Norm) deutlich negativ abweicht, wird es in aller Regel von der entsprechenden Gruppe als unangepaßt beurteilt und sanktioniert. Wenn also, wie bei Teil zwei der ABS, eine normorientierte Interpretation vorgenommen wird, so spiegeln sich darin die Regeln gesellschaftlicher Beurteilungsprozesse wider. Man kann deshalb davon ausgehen, daß der normorientierte Interpretationsansatz hier durchaus angemessen ist.

Es bleibt lediglich die erwähnte Einschränkung der Übertragbarkeit der in den USA erhobenen Stichprobendaten auf die Verhältnisse in der Bundesrepublik.

Die ABS ist, zusammenfassend gesehen, ein Beobachtungs- und Diagnoseinstrument, das bei den verschiedenen Arten von Selbständigkeitstraining in Wohnstätten sinnvoll und gewinnbringend eingesetzt werden kann.

Dr. Christa Bollinger
Psychologin
Dr.-Kaufmann-Str. 4
67098 Bad Dürkheim

Literatur:

DOLL, E. A. (1953): The measurement of social competence. A manual for the Vineland Social Maturity Scale. Minneapolis.

GÜNZBURG, H. C. (1977): P-A-C Handbuch. Stratford: SEFA.

HORST, P. (1971): Messung und Vorhersage. Weinheim: Beltz Verlag.

NIHIRA, K.; FOSTER, R.; SHELLHAAS, M.; LELAND, H. (1975): AAMD Adaptive behavior scale. Manual. American Association on Mental Deficiency, 3rd revision.

NISBETT, R., ROSS, L. (1980): Human Interference: Strategies and Shortcomings of Social Judgement. New Jersey: Prentice-Hall.

PAWLIK, K. (1976): Diagnose der Diagnostik. Stuttgart: Beltz.

D

Zur Bedeutung ambulanter Wohnangebote für das Selbst- und Fremdbild geistig behinderter Menschen

Petra Gromann

»So wird Wirklichkeit ... zu einem eigenen, nur aus sich selbst begründeten, unentrinnbar dicht gewobenen Netz von Bestätigungen«. (THIERSCH 1986, 217)

Ich will mit diesem Zitat beginnen, weil es beim Thema der »Bilder« die wir uns von der uns umgebenden Welt machen, um Wahrnehmung, um Erkenntnis geht. Ich schlage deshalb einen kurzen Ausflug in die Erkenntnistheorie vor: »In Ermangelung der Möglichkeit zur objektiven — das heißt beobachterunabhängigen — Erfassung von Welteigenschaften kann die Verständigung unter Menschen eigentlich nicht mit dem Rückgriff auf Objektivität erlangt werden ... Die Bestätigung von Aussagen und Wahrnehmungen findet somit nicht an deren Übereinstimmung mit der Wirklichkeit statt, sondern an der Übereinstimmung zwischen Beschreibungen unterschiedlicher Herkunft — z.B. unterschiedlicher Menschen — durch Verhandlung und Konsens.« (LUDEWIG 1990, 233)

Diese Theorie — der systemischen Sichtweise zuzuordnen — bedeutet für unser Thema »ambulantes Wohnen« als eine Form der Organisation sozialer Arbeit, daß wir keine Erkenntnisse über »objektiven« Wert oder Unwert dieser Wohnform für behinderte Menschen gewinnen können. Unser eigenes Denken, unser eigenes Tun ist entscheidend für die Wahrnehmung geistig behinderter Menschen und die Bedeutung der Hilfen, die wir für sie organisieren.

Der Begriff »ambulantes Wohnen« bezeichnet auch ein Dilemma: Wenn es jetzt ambulantes Wohnen geben soll, hat es vorher nur stationäres gegeben; Wohnen wird für geistig behinderte Menschen institutionell und professionell definiert. Bei »ambulantem Wohnen« soll die Kritik an der Praxis von Fremdbestimmung im Wohnen aufgenommen werden:

- keinen selbstbestimmten Raum im Wohnzusammenhang zu haben: mit keinem oder nur wenig persönlichem Besitz zu wohnen, wenig Gestaltungsmöglichkeit des Wohnorts zu haben keine »eigene« Wirtschaft zu führen,
- keine bedeutungsvolle Beziehungen in einem kleinen Kreis entwickeln können: persönlich in vielen Lebensäußerungen abhängig sein, Unberechenbarkeit und häufiger Wechsel von Bezugspersonen.

Diese Möglichkeiten der Fremdbestimmung beziehen sich beim Wohnen geistig behinderter Menschen sowohl auf die »Umstände« wie auf die betreuenden Personen.

»Normalisierung« als Ziel behindertenpädagogischer Arbeit bezieht sich aber nicht nur auf veränderte »Umstände« und veränderte Arbeitsweise von Betreuern. Normalisierung als verändertes »Denken«, als Grundhaltung, sieht die Nöte und den Hilfsbedarf von geistig behinderten Menschen als Ausdruck einer gemeinsamen menschlichen Situation. In unserer gemeinsamen Situation gibt es graduelle Unterschiede zwischen Glück und Unglück, zwischen Geschicklichkeit und Ungeschicklichkeit, aber keine qualitativen Differenzen von normal und nicht normal, dazugehörig und ausgesondert.

Selbstbild

Ambulantes Wohnen im Selbstbild geistig behinderter Menschen — hierzu gibt es wenig Untersuchungen; ich könnte auch aus meiner eigenen beruflichen Erfahrung nur wenige, aber ganz prägnante Aussagen dazu machen. Bei den Ergebnissen der beiden bisher vorliegenden Untersuchungen ist zu bedenken, daß sie beide in einer Großstadt — Berlin — entstanden sind (GOLDBACH, PASCHKE 1990, 86 ff.; DAVID, NACH-

TIGÄLLER, STORM 1983). Zusammenfassend lassen sich die Aussagen der Bewohner so charakterisieren:

> »im heimischen Bezirk wohnen bleiben können«
> »sich weniger kontrolliert fühlen«
> »sich normaler fühlen«
> »das soziale Ansehen ist höher«
> »viel Wunsch an Kommunikation« (dieser richtet sich vorwiegend an die Betreuer)
> »Tür schließen und öffnen können«
> »eigene Möbel haben, im Eigenen wohnen«
> »selbst Wohnung gestalten können«

Ambulant betreutes Wohnen hat im Selbstbild von behinderten Menschen einen hohen Stellenwert und eine große Bedeutung. Die Erwartungen behinderter Menschen an eine solche Wohnform sind auf drei Hauptwünsche zusammenzufassen:

— den Wunsch nach Freiheit,
— den Wunsch nach Selbständigkeit,
— den Wunsch nach Anregung und Kommunikation (THESING 1990, 126).

Ambulante Wohnmöglichkeiten in verschiedener Ausgestaltung sind also aus der Sicht behinderter Menschen eine originäre Forderung. In den Befragungen wird aber auch sehr deutlich, daß die Wünsche an Wohnen über die konkrete Wohnung hinaus gehen, daß sie soziale Wünsche und Hilfswünsche beinhalten. Sowohl aus den Selbst- wie aus den Fremdbildern zu ambulantem Wohnen wird deutlich, daß hier auch Forderungen an eine neue Arbeitsweise von Mitarbeitern entstehen. Wohnen bleibt Arbeitsgegenstand »sozialer Arbeit«, ist nicht durch die Wohnbedingungen allein zu kennzeichnen.

Was soll aber soziale Arbeit beim Wohnen tun? Hier will ich zunächst auf ein »Bild« verweisen, das aus einer naturwissenschaftlichen Disziplin, der Biologie/Ökologie stammt. Dieses Bild ist als »ökologische Nische« zu beschreiben.

Wenn ich die folgenden Zitate der ökologischen Sichtweise von Nische zitiere, geht es mir weniger um den direkten Vergleich, die Anwendbarkeit (biologische Analogien verbieten sich meiner Meinung nach in unserem Arbeitsbereich) als um das Bild, das in uns entsteht. »Eine Nische bezeichnet das eigentümliche Beziehungssystem, das die Existenz einer Art bestimmt und erhält. ... Die Besonderheit und Individualität des Beziehungssystems macht eine Nische aus. das Beziehungssystem, in dem ein Organismus mit seiner Umwelt verbunden ist, beansprucht ihn und die Umwelt gleichermaßen« (WENDT 1982, 80).

Die jeweiligen Lebensbedingungen bilden sich in der Aktivität wechselseitiger Herausforderungen und Antworten, sie sind sowohl Ergebnis als auch neuer Anfang.

»Es gehört zur Lebenskunst, sich tätig seine Nische als Spielraum zu erhalten« (THIERSCH 1986, 129)

Ganz wichtige Begriffe sind in diesem Bild für mich »Herausforderungen« und »Entfaltungsräume«. Zu diesen Assoziationen möchte ich noch weitere pädagogische Gedanken von Janus Korczak hinzufügen:

»Wenn ich aus der Erziehung alles ausschließen würde, was mein Kind vorzeitig belastet, so begegnete es der strengen Beurteilung sowohl seiner Altersgenossen als auch der Erwachsenen unvorbereitet, ... wenn Kinder aber lernen müssen, sich zu wehren und zu behaupten, dann müssen die Erfahrungen von Enttäuschungen, von Zorn, von Wut und Abwehr zugelassen werden, Kinder müssen in sie eingewiesen werden und lernen, mit ihnen umzugehen.

In der Theorie der Erziehung vergessen wir, daß wir das Kind nicht nur lehren sollten, die Wahrheit zu schätzen, sondern auch die Lüge zu erkennen, nicht nur zu leben, sondern auch zu hassen, nicht nur zu achten, sondern auch zu verachten ... auf dem Felde negativer Empfindungen sind wir nämlich Autodidakten, weil uns vom Alphabet des Lebens nur wenige Buchstaben gelehrt, die übrigen aber verschwiegen werden«. (WENDT 1982, 104 f.)

Ich glaube, spätestens jetzt kommen bei diesen Bildern einigen die Gedanken an »Überforderung« und an »Isolation«, wenn wir an den »harten Lebenskampf« und die Situation geistig behinderter Menschen denken. Ambulant betreutes Wohnen bedeutet ja nicht nur Freiheit, sondern auch, an der Armutsgrenze (der Hilfe zum Lebensunterhalt) unserer Gesellschaft zurechtzukommen. Dagegen wird dann häufig das innere Bild eines geeigneten Ortes für geistig behinderte Menschen gesehen, das Rainer Wendt als »die Kur im Refugium« beschreibt.

Dies bedeutet die romantische Vorstellung, der behinderte und überforderte Mensch könnte — herausgenommen aus der Hektik, den Anforderungen und der Unüberschaubarkeit unserer Gesellschaft — zurückversetzt in die »Natur« (ländliche und ruhige Umgebung, für ihn geordneter und gesitteter Lebenswandel), an dieser heilsamen Umgebung selbst wachsen und sich entwickeln.

Dies waren Gedanken, die ursprünglich zu den z. T. ja noch jetzt vorhandenen großen Anstalten und den vielfältigen Folgen dieser (Hospitalismus, Aussonderung, Entwertung ...) geführt haben. Dennoch hat der Grundgedanke des »therapeutischen Milieus«, des heilsamen Ortes, vor allem in der Sozialpsychiatrie die Entwicklung von therapeutischen Wohngemeinschaften (und damit Vorläufern ambulanter Wohnformen für behinderte Menschen) entscheidend gefördert. Fördernd ist dabei wohl weniger der Gedanke des Ortes (und seiner Ordnung) als der ganzheitliche, persönliche Umgang, die veränderte Grundhaltung erkrankten oder behinderten Menschen gegenüber.

Deutlich wird daraus als Anforderung an Betreuungsarbeit, daß zwar die materiellen Vorbedingungen, die »Wohnraumversorgung« zu üblichem und nötigem gesellschaftlichen Standard den Beginn der Arbeit darstellen. Die Finanzierung, die Personalschlüssel, überhaupt noch Wohnraum für behinderte Menschen zu schaffen, die Organisationsstruktur sind schwierige und bedeutsame Anforderungen an Mitarbeiter.

»Wenn wir aber genauer hinsehen, ist mit der materiellen Versorgung im Alltag zunächst die leibliche Versorgung (im weiteren Sinne pflegender Körperkontakte), dann die sozial-emotionale und die geistige Versorgung untrennbar verbunden. Weil die sozial nährenden Beziehungen normalerweise ausreichend verfügbar und unter Angehörigen auch leichter erhältlich sind als es die Versorgung mit materiellen Mitteln sein kann, fällt ihre Bedeutung für die Lebenserhaltung zunächst nicht auf«. (WENDT ebd.)

Dies ist ein Argument, das ich als *den* Vorbehalt gegenüber ambulantem Wohnen bezeichnen würde. Wohnen in der eigenen Wohnung oder vielleicht mit nur ein, zwei oder drei anderen Menschen scheint uns in unserem Bild geistig behinderter Menschen immer Isolation zu bedeuten. Es ist nicht immer jemand da, der behinderte Mensch hat keine Anregungen, der Trubel der großen Gruppe fehlt. Welches Ausmaß die »strukturelle« Einsamkeit in einem Wohnheim annehmen kann (z. B. immer um die Aufmerksamkeit stetig wechselnder Bezugspersonen mit anderen konkurrieren müssen), ist uns in diesem Bild der Isolation wenig bewußt. Die Beurteilung von sozialer Isolation muß also Qualität, die Bedeutung von Beziehungen berücksichtigen.

Deshalb geht es in der Begleitung ambulanten Wohnens vordringlich um den Aufbau »persönlich nährender« Beziehungen mit den Klienten, und dies ist Anforderung an Mitarbeiterhandeln.

»In der Verknüpfung von Betätigung und Bestätigung hat der Mensch in seiner Lebenswelt sein Auskommen. Im Grund sind Sinn und Bedeutung seines Lebens untrennbar der Art und Weise zugehörig, wie er es bewältigt«. (WENDT 1982, 111)

Dieses Zitat ist mir aus zwei Gründen wichtig: Es macht zum einen deutlich, daß »Bewältigung« eine grundlegende Kategorie für das Selbst- und Fremdbild darstellt, Selbstvertrauen wachsen läßt, Identität stiftet. Die individuelle Lebensqualität wächst aus der aktiven Bewährung — auch der eigenen Grundbedürfnisse. Diesen Zusammenhang sehe ich als Zielvorstellung ambu-

D

lant betreuten Wohnens. Zum zweiten verweist dies auch darauf, wie Mitarbeiter die geforderte Qualität der Beziehung herstellen könnten — im gemeinsamen Bewältigen der Lebensanforderungen im Wohnen.

»Zur Aufgabe sozialer Arbeit gehört es, den einzelnen, insbesondere den benachteiligten Menschen Chancen zu eröffnen. Es geht um die Möglichkeiten des Zugangs und der freien Wahl, um die Wahrnehmung real vorhandener Chancen und um die Organisation von Aktivitäten, die neue Chancen herstellen. Behinderungen werden in der Einschränkung von Optionen aktuell. Andererseits kommt es darauf an, Menschen in ihrer Orientierung, beim Auffinden von Berechtigung, Verpflichtungen und Sinn zu helfen, in irgendeiner pädagogischen oder therapeutischen Weise Bindungen aufzubauen oder zu stabilisieren«. (WENDT 1982, 120)

Welche Chancen wahrgenommen werden, entscheidet sich im individuellen Leben durch die inneren und äußeren Grenzen. Die inneren Grenzen gehören zur Geschichte dieses konkreten Menschen, sie schließen Bedeutung, Autonomie ein. Selbstvertrauen mißt sich dann auch daran, wie deutlich die eigenen Grenzen vertreten werden können. Diese Gedanken auf das Bild geistig behinderter Menschen umzusetzen, fällt schwer. Die zugrundeliegende Haltung des Respekts vor dem individuellen Gewordensein wird im Alltag ständig von dem Gedanken »ich weiß, was gut für ihn/sie ist« verdrängt.

»Den Bewohner dort abholen, wo er steht« — das ist ein Grundgedanke von Behindertenpädagogik. Dennoch trifft dieser pädagogische Leitsatz nicht ganz die zu Beginn geforderte Grundhaltung.

Die andere »Welt« im anderen Menschen ist grundsätzlich anzuerkennen, der »Andere« ist nie vollständig zu verstehen. Der Respekt vor der Welt des Anderen macht jedoch nicht »hilflos« — in der Beziehung und im gemeinsamen Lebens- und Arbeitszusammenhang werden die verschiedenen Welten verhandelbar. Wenn mich etwas stört, wenn ich mir um die Auswirkungen von Verhalten eines behinderten Bewohners Sorgen mache, dann kann ich das sagen und auch pädagogische »Regeln« entwickeln. In der winzigen gedanklichen Unterscheidung, daß ich nicht sicher sein kann, daß ich damit die Wirklichkeit des Anderen treffe, das »Richtige« tue, liegt die Chance für mehr Aufmerksamkeit und Klarheit meiner Beziehung und der »pädagogischen« Regelung.

Diese Gedanken führen dazu, nochmals genauer zu beschreiben, worin denn eigentlich die Arbeit des Mitarbeiters bei ambulantem Wohnen besteht. Es gibt hier viele Versuche, dies anhand der konkreten Tätigkeiten zu beschreiben. Ich möchte jedoch als eine *andere* Sichtweise die von R. Wendt gewählten Beschreibungen vorstellen: Die drei Arbeitsformen bestehen aus

— arrangieren (die Umwelt für den Betroffenen passend machen);
— interpretieren (auch als übersetzen der Wünsche und Anforderungen von Umwelt und behindertem Mensch zu verstehen);
— animieren (lust- und freudebesetzte Anregung von Fähigkeiten, Belebung des Systems von Beziehungen).

Ich glaube, daß es sehr spannend sein kann, den Arbeitsalltag einmal mit Hilfe dieser Begriffe zu beschreiben.

Vorbehalte

Ich möchte noch einmal zu den Vorbehalten gegenüber ambulantem Wohnen zurückkehren. Sie bestehen vor allem auch auf der Ebene der Arbeitsorganisation:

— Vernachlässigung wird befürchtet;
— fehlende Kontrolle der Einzelbeziehung und Ausgeliefertsein an den konkreten Mitarbeiter stehen im Raum, aber auch die fehlende Kontrolle über das, was getan wird, was Mitarbeitergruppen tun und entscheiden;
— aus den Anforderungen an ambulantes Wohnen wird deutlich, daß hier hohe Mitarbeiterqualifikation gefragt ist, es besteht keine erprobte Aus- oder Weiterbildung für die vielfältigen Anforderungen;

— schwerer behinderte Menschen könnten angeblich mit dieser Wohnform nicht versorgt werden.

An diesen Vorbehalten wird deutlich, daß hier ganz neue Anforderungen an die Organisation, an Träger gestellt werden. Viele der Vorbehalte berühren die Frage der Durchsetzungsfähigkeit des Trägers, Fragen von Ausstattung und Anzahl der benötigten Mitarbeiter. Sie sind angesichts der komplizierten rechtlichen Grundlagen nicht einfach zu beantworten. Es sind aber vor allem qualitative Anforderungen wie personelle Unterstützung, Weiterbildung/Supervision, flexible Organisation, durchsichtige Arbeitsteilung und Struktur des Trägers, die zu den Grundlagen gehören. Auf ihrer Basis lassen sich die Vorbehalte schnell praktisch auflösen.

In diesem Bereich — und nicht im Vermögen geistig behinderter Menschen, selbständiger wohnen zu können — liegen meiner Meinung nach die eigentlichen Anforderungen ambulant betreuter Wohnformen. Es geht also vor allem um die Veränderung unseres Denken und Handelns, unseres Selbstbildes.

»Für Chancen gleichermaßen wie — unabhängig von ihnen — für bindende Bezüge sich einsetzen, dient keineswegs den einzelnen Menschen in ihrer Lebensführung allein, sondern trägt generell zu einer Besserung des gesellschaftlichen Lebens (seines Klimas sozusagen) bei«. (WENDT ebd.)

Petra Gromann
Fachhochschule Fulda
Marquardstr. 35

36039 Fulda

Literatur:

DAVIDS, S.; NACHTIGÄLLER, H.; STORM, H. (1983): Da werd ick mal gefördert... Betreute Wohngruppen für erwachsene geistig Behinderte in Berlin. Abschlußbericht des Projektes Wohngruppen für Behinderte. Berlin.

GOLDBACH, A.; PASCHKE, B. (1990): Betreutes Einzelwohnen geistig behinderter Menschen, Bericht über ein Berliner Modellprojekt. In: Bundesvereinigung Lebenshilfe für geistig Behinderte e.V. (Hrsg.): Selbständige und neuere Wohnformen. Marburg: Lebenshilfe-Verlag, S. 86—141.

LUDEWIG, K. (1990):... In: Zeitschrift für systemische Therapie H., S. 233.

THESING, Th. (1990): Betreute Wohngruppen und Wohngemeinschaften für Menschen mit einer geistigen Behinderung. Freiburg: Lambertus.

THIERSCH, H. (1986): Die Erfahrung der Wirklichkeit; Perspektiven einer alltagsorientierten Sozialarbeit. Weinheim u.a.: Juventa.

WENDT, R. (1982): Ökologie und soziale Arbeit. Stuttgart: Enke.

D

Praxisbeispiele ambulant betreuten Wohnens

Konzeption der Lebenshilfe Gießen*

Die Lebenshilfe Gießen betreibt seit dem Herbst 1988 die Einrichtung »Betreutes Wohnen«. Da die Finanzierung zu diesem Zeitpunkt noch nicht in vollem Umfang gesichert war, wurde die Betreuung durch eine ABM-Kraft aufgenommen. Heute, nachdem auch der Bereich »Betreutes Einzelwohnen« in den Richtlinien des Landeswohlfahrtverbandes Hessen Anwendung findet, werden nunmehr zehn Menschen mit geistiger Behinderung von uns betreut.

Hiervon wohnen sechs Personen in Betreuten Wohngemeinschaften à zwei Bewohnern, vier Personen im Betreuten Einzelwohnen. Die Betreuung wird abgedeckt durch einen fest angestellten Mitarbeiter sowie eine ABM-Kraft, welche wohl aufgrund der Belegung im Laufe des Jahres übernommen werden kann.

Nach den Richtlinien des LWV-Hessen gehören zu dem Personenkreis im Betreuten Wohnen Behinderte,

- die vorübergehend, für längere Zeit oder auf Dauer nicht zur selbständigen Lebensführung fähig sind;
- für die eine stationäre oder teilstationäre Hilfe nicht, noch nicht oder nicht mehr erforderlich ist;
- die gemeinschaftsfähig sind, so daß sie voraussichtlich in einer Wohngemeinschaft leben und betreut werden können.

In der Regel sind die Aufzunehmenden ehemalige Bewohner einer unserer Wohnstätten bzw. anderer stationärer Einrichtungen. Nur in einem Fall kam es zur Aufnahme in den Bereich des Betreuten Wohnen direkt im Anschluß an den Auszug aus dem Familienverband.

Die inhaltlichen Vorgaben von Seiten des Kostenträgers sind in den Richtlinien klar umschrieben und bilden somit auch den Rahmen unserer Betreuung. Um den täglichen Ablauf sicherzustellen, gilt es zunächst die Bereiche *Einteilung der Finanzen* sowie die *Haushaltsführung* näher zu beleuchten.

Es gibt Bewohner, die in der Lage sind, über ihren Lohn bzw. Unterhalt selbständig zu verfügen. Andere benötigen eine konsequente Einteilung, die sich auf Haushaltsgeld, Taschengeld, Überweisungen usw. bezieht. Hier ist in jedem Fall individuell zu handeln, wobei die Intention besteht, dem Betreffenden soweit als möglich einen eigenen Überblick und somit eigene Handlungsräume zu verschaffen.

Der Bereich der eigenen Haushaltsführung bedeutet für die Bewohner oftmals »Neuland«. Diese Aufgabe wurde bisher in der Regel durch die Familie bzw. die Institutionen übernommen. Der eigenen Selbständigkeit wurden somit Grenzen von außen gesetzt, wobei hierzu erwähnt sein muß, daß ehemalige Bewohner unserer Wohnstätten im Rahmen eines Wohntrainings auf die neue Wohnsituation vorbereitet werden.

Eine individuell aufbauende Hinführung zur Eigenständigkeit in diesem Bereich ist notwendig. Die Möglichkeiten sind hier äußerst vielfältig. So bedeutet es für einzelne sehr viel, neben der Zubereitung der Mahlzeiten auch noch auf eine ausgewogene Ernährung zu achten, die zusätzlich in Relation zum zur Verfügung stehenden Haushaltsgeld steht. Des weiteren müssen Erfahrungen gesammelt werden im Zusammenspiel mit dem Mitbewohner. Es gibt Gemeinschaftsbereiche, die neben dem individuellen Wohnbereich sauber- und instandgehalten werden müssen. Der Begriff der Verläßlichkeit ist hier mit den Bewohnern zu erarbeiten. Auch im Bereich der Wäscheversorgung werden neue Aufgaben auf die Bewohner zukommen. So ist nicht nur auf saubere Kleidung, sondern auch auf die richtige Behandlung beim Waschen zu achten, und es sind evtl. Ausbesserungen daran vorzunehmen.

---

* Stand: März 1991

Diese beiden Bereiche legen zunächst auch fest, welcher zeitliche Rahmen für die Betreuung bzw. Begleitung notwendig ist. Parallel dazu gilt es, den *Tagesablauf zu strukturieren,* wobei sich dies zunächst an verbindlichen Terminen orientiert:

— Wann muß ich aufstehen?

— Wann zur Arbeit gehen?

— Wann hat die Bank auf?

— Wann muß ich einkaufen?

— Wann habe ich einen Termin mit meinen Betreuer? ...

Einen weiteren Inhalt der Begleitung bildet der Bereich *Hilfe bei Antragstellung für Sozialhilfe, Wohngeld sowie bei diversen anderen Anträgen.*

Auch hier hat der Bewohner ein großes Maß an Eigenverantwortung zu tragen, die es durch die Mithilfe und Erklärung des Mitarbeiters zu bewältigen gilt. Ein ebenfalls wichtiger Punkt ist die *Gesundheitsfürsorge.* Dies bezieht sich einerseits auf regelmäßige Kontrolluntersuchungen bei Haus- und Zahnarzt sowie anderen Fachärzten, andererseits auf das eigene Verhalten im Krankheitsfall.

All die genannten Bereiche haben letztlich etwas mit Organisation zu tun und einige Bewohner sind damit, zumindest in der Anfangsphase des selbständigen Wohnens, völlig ausgelastet. Dennoch ist hier ein Rahmen vorzugeben, der eine gewisse Systematik und Routine mit sich bringt und somit für den Bewohner und den Betreuer klar umschrieben ist.

Ungleich schwerer wird es in den Bereichen *Hilfe zum Leben in der Gemeinschaft:*

— soziale Kontakte,

— Freizeitgestaltung, Urlaub,

— Kurse (z. B. VHS),

— gemeinsame Aktivitäten,

— Nachbarschaftskontakte,

— Alltagsbewältigung.

Wohnen in einem selbständigen Rahmen bedeutet nicht nur, sich im Wohnbereich zu verselbständigen. Es bezieht sich ebenfalls auf den Bereich der Freizeitgestaltung und Kontaktaufnahme nach außen. Viele unserer Bewohner verbinden selbständig wohnen auch mit dem Wunsch nach einem Freundes- und Bekanntenkreis, möglichst zu Nichtbehinderten.

Es hat sich gezeigt, daß gerade hier ein großer Bedarf an Anleitung besteht. Für den geistig behinderten Menschen stellt sich in gesteigertem Maße das Problem einer möglichen Vereinsamung. Alltagsprobleme führen zu Frustationen, die ohne entsprechende Begleitung kompensiert werden, z. B. übersteigerte Eßlust, Rückzug oder aber durch »Herumstreifen«, nicht ohne die Gefahr, beeinflußt, evtl. sogar kriminell zu werden.

Der Mitarbeiter sollte bei all dem Genannten ein Ansprechpartner für die persönlichen Probleme jedes einzelnen sein.

Mißerfolg oder »Frust« müssen geäußert, aber auch bearbeitet werden. Es ist notwendig, neue Eindrücke auch gefühlsmäßig zu verarbeiten. Man kann und muß nicht immer perfekt sein!

Somit ist die Funktion des Mitarbeiters niemals als Kontrolleur oder Organisator, sondern in erster Linie als Begleiter und Partner zu verstehen. Dies setzt u. a. voraus, daß der Betreuer auch außerhalb von fest vereinbarten Terminen zumindest telefonisch erreichbar sein sollte.

Für die Betreuer stellt sich oftmals die Frage zur eigenen Rolle im Hinblick auf eine mögliche Stellung als Animateur. Wir gehen davon aus, daß die Hinführung zum Leben in der Gemeinschaft mit dem jeweiligen Einsatz der Betreuer steht und fällt. Ihrem Einfallsreichtum sind hierbei keine Grenzen gesetzt. So laufen bei uns unterschiedliche Betreuungsformen:

— Verbindliche Termine in der jeweiligen BWG,

— monatliche Gruppentreffen mit möglichst allen Bewohnern des Betreuten Wohnens,

— Wahrnehmung von Kursen mit dem Betreuer (VHS-Kurse, Kochkurse, Sportgruppen ...),

— gemeinsame Urlaubsplanung.

Unumstritten bleibt unseres Erachtens, daß geistig behinderte Menschen im Rahmen von selbständigem Wohnen immer auf gewisse Anleitung und Betreuung angewiesen sind. Die Schwerpunkte der genannten Aufgaben werden immer durch die Individualität jedes Bewohners geprägt sein. Um diesen Lebensbereich geistig behinderten Menschen zu eröffnen bzw. deren Verselbständigung Rechnung tragen zu können, ohne damit nur die sogenannte »Elite« zu erfassen, streben wir derzeit einen Betreuungsschlüssel von 1:6 an. Zunächst ist jedoch noch abzuwarten, ob der derzeit noch gültige Personenschlüssel von 1:12 (im Einzelfall ist eine Verbesserung auf 1:8 möglich) aufgehoben und für den Personenkreis der geistig behinderten Menschen generell verbessert wird.

Andrea Umlauff
Vorsitzende des Fachausschusses »Wohnen«
der Bundesvereinigung Lebenshilfe
Weimarer Str. 3
35 145 Pohlheim

D

Assistenz beim Wohnen

*SELAM gGmbH**

Bedeutung von Wohnen

Wohnen ist mehr als ein Teilaspekt menschlicher Lebenswirklichkeit und ist im Gesamtzusammenhang des menschlichen Miteinanderlebens zu betrachten. Wohnen gehört zu den Grundbedürfnissen aller Menschen und findet in der eigenen Wohnung statt. Die Unverletzlichkeit der eigenen Wohnung ist als Grundrecht im Grundgesetz in Artikel 13 verankert. Die Wohnung ermöglicht die Sicherung existenzieller und sozialer Grundbedürfnisse.

Die eigene Wohnung bietet dem Menschen Raum, die eigene Persönlichkeit zu entfalten, sein Leben zu bestimmen und eigenverantwortlich zu handeln. In seiner Wohnung verbringt der Mensch, neben den außerhäuslichen Verpflichtungen wie beispielsweise dem Nachgehen einer Arbeit, dem Wahrnehmen von Terminen und außerhäuslichen Freizeitaktivitäten, einen Großteil des Tages. Insbesondere dem individuellen Bereich, der jedem Menschen in ausreichendem Maße zur Befriedigung seiner persönlichen und intimsten Bedürfnisse zur Verfügung stehen muß, kommt hier eine zentrale Rolle zu.

Die eigene Wohnung ist einer der wenigen Bereiche, der den Menschen ein hohes Maß an Autonomie bietet. Die Wohnung kann weitestgehend nach persönlichen Vorstellungen und individuellen Bedürfnissen eingerichtet und gestaltet werden. Dort können individuelle Ordnungs- und Wertvorstellungen realisiert werden.

Die Bedeutung des Wohnens von Menschen mit Behinderungen unterscheidet sich nicht von der nichtbehinderter Menschen.

Entsprechend den Bedürfnissen und Interessen der einzelnen Menschen mit Behinderungen

*) Auszugsweiser Nachdruck mit freundlicher Genehmigung der gemeinnützigen Gesellschaft mbH »SELbstbestimmt leben und wohnen mit AMbulanten Hilfen«, Oldenburg.

müssen personelle, technische und finanzielle Hilfen geleistet werden, damit sie trotz physischer, psychischer oder geistiger Beeinträchtigung ein Wohnen nach eigenen Vorstellungen realisieren können.

Ziele

Ziel der ambulanten Hilfen beim Wohnen ist es, Menschen mit Behinderungen vergleichbare Lebensverhältnisse und -perspektiven wie nicht behinderten Menschen zu eröffnen.

Leitvorstellung dieses Zieles ist das Normalisierungsprinzip. Darunter ist nicht zu verstehen, daß ein behinderter Mensch einer »Norm« entsprechen oder so normal wie möglich werden soll. Normalisierung als Leitvorstellung für das Hilfesystem und als Zielperspektive dieser Hilfen besagt:

Menschen mit einer körperlichen, geistigen, psychischen Beeinträchtigung oder Sinnesbehinderung sollen ein Leben so uneingeschränkt wie möglich führen. Dieses ist am ehesten zu erreichen, wenn die dabei eingesetzten Mittel so normal wie möglich sind.

Um Selbstbestimmung von Menschen mit Behinderungen im Lebens- und Wohnenbereich zu verwirklichen, muß ein differenziertes System aufgebaut werden, das ihnen die Möglichkeit eröffnet, ein Höchstmaß an Eigenverantwortlichkeit und damit auch an Identität zu entwickeln.

Hilfesystem

Die Rahmenbedingungen müssen sich am individuellen Hilfebedarf orientieren, d. h. sie sollen nicht pauschal vorgeben, sondern je nach Notwendigkeit veränderbar sein. Dafür ist es notwendig, von der konkreten Lebenssituation des einzelnen Menschen mit Behinderung auszugehen und zu ermitteln, welche Kompetenzen vorhanden sind und in welchen Bereichen ein Hilfebedarf besteht. So ergibt sich ein individuelles, differenziertes System von Förderungsangeboten und Hilfsmaßnahmen, die sich am aktuellen Stand orientieren und anhand dessen adäquate Hilfemaßnahmen geplant werden.

Das Hilfesystem umfaßt die Bereiche der instrumentellen, sozialen und individuellen Kompetenz. Weil der individuelle Hilfebedarf die Hilfe bestimmt, werden die nachfolgenden Maßnahmen unterschiedlich gewichtet.

Vorbereitende Maßnahmen beim Wohnen:

- Angebot von Informations- und Beratungsgesprächen für Menschen mit Behinderungen und deren Familien oder andere Bezugspersonen, die sich für das betreute Wohnen bei der SELAM interessieren.
- Begleitung beim Findungsprozeß der Mitbewohner/-innen für Wohngemeinschaftsinteressierte durch Organisation von gemeinsamen Treffen und Aktivitäten, z. B. VHS-Kurs: »Wohnen in einer Wohngemeinschaft« im Rahmen der Kurse für behinderte und nichtbehinderte Menschen.
- Informations- und Beratungsdienst im Zeitraum von der Anmeldung für das betreute Wohnen bis zum Einzug in die eigene Wohnung, z. B. Hilfestellung beim Ablösungsprozeß vom Elternhaus und Vorbereitung der notwendigen Anträge (Hilfe zum Lebensunterhalt, Wohngeld).
- Kooperation mit Koordinator/-in für das betreute Wohnen in Bereichen wie Feststellung des voraussichtlichen Betreuungsumfanges, Vorbereitung der Wohnungsrenovierung und des Umzuges.

Begleitende Maßnahmen beim Wohnen:

- Hilfestellung beim Umgang mit Behörden und Ämtern;
- Grundpflege bezüglich Hygiene, Körperpflege und Ernährung, Behandlungspflege bei regelmäßiger Medikamentengabe;
- Anleitung und Hilfestellung bei der Haushaltsführung, wie z. B. Einkauf, Kochen, Wohnungsreinigung und Wäschepflege;

- Orientierungshilfen in der Öffentlichkeit und Erweiterung der Mobilität, z. B. im Umgang mit öffentlichen Verkehrsmitteln;
- Tagesstrukturierung durch alltäglich wiederkehrende Abläufe sowie Erweiterung der Selbständigkeit durch Übernahme von Verantwortung;
- Entwicklung von Problemlösungsstrategien und sozialen Umgangsformen;
- Förderung kommunikativer und kulturtechnischer Fertigkeiten wie z. B. Lesen, Schreiben, Rechnen, Umgangsformen, Gesprächsführung;
- Angebote im kreativen Bereich, z. B. in der Freizeitplanung und -gestaltung und im Bildungsbereich.

Für die verschiedenen Bereiche im Hilfesystem müssen die Mitarbeiter/-innen unterschiedliche Qualifikationen mitbringen. Für die Grundbetreuung der Kundinnen und Kunden sind Sozialarbeiterinnen, Sozial- oder Diplompädagoginnen oder -pädagogen nötig, die über gute rechtliche Kenntnisse im Bundessozialhilfegesetz (BSHG) verfügen. Für die allgemeine Betreuung und Begleitung sind Erzieher/-innen, Heilerziehungspfleger/-innen sowie Ergotherapeutinnen oder Ergotherapeuten zuständig, die auch über pflegerische und hauswirtschaftliche Kenntnisse verfügen.

Wohnangebote/Wohnmöglichkeiten

Bei entsprechendem Wunsch leistet die SELAM Unterstützung und Entscheidungshilfe in allen Bereichen des Wohnens — von der Wohnungssuche bis hin zur Hilfestellung im Alltag.

Die Menschen mit Behinderungen suchen ihre Wohnungen selbst. Dabei erhalten sie bei Bedarf Hilfestellung bei der Wohnungssuche, etwa bei der Kontaktaufnahme zu Wohnungsgesellschaften oder durch Unterstützung bei Verhandlungen mit privaten Vermietern. Prinzipiell treten die Menschen mit Behinderungen selbst als Mieter auf. Bei Schwierigkeiten, direkt in ein Mietverhältnis einzutreten, kann die SELAM als Hauptmieterin auftreten und die Wohnungen durch Untermietverträge an behinderte Menschen weitervermieten. Gegebenfalls werden die Wohnungen den Erfordernissen entsprechend umgebaut.

Wie die Menschen mit Behinderungen ihre Wohnsituation gestalten, orientiert sich an ihren individuellen Wünschen und Bedürfnissen. Dementsprechend wohnen sie in Einzel-, Paar- oder Gemeinschaftswohnungen mit bis zu fünf Personen.

Bei der Auswahl der Mitbewohner/-innen kann die SELAM unterstützen. Sie organisiert Treffen, zu denen sie Menschen mit Behinderungen einlädt, die am gemeinschaftlichen Wohnen mit Unterstützung durch die SELAM interessiert sind. Die Interessentinnen und Interessenten an Gemeinschaftswohnungen entscheiden selbst, mit wem sie zusammenziehen möchten.

Finanzierung

Bei der Finanzierung des Wohnens in einer eigenen Wohnung mit ambulanten Hilfen wird zwischen zwei Arten von Leistungen unterschieden:

Hilfe zum Lebensunterhalt

Personen, die aus ihrem eigenen Einkommen den notwendigen Lebensunterhalt (z. B. für Kleidung, Möbel, Essen, Miete) nicht bestreiten können, haben gegenüber dem Sozialhilfeträger einen Anspruch auf »Hilfe zum Lebensunterhalt«. Diese wird in Form von *Geldleistungen* (bestimmter Barbeträge für tägliche Aufwendungen, Wohngeld, Bekleidungshilfe) und in Form von *Sachleistungen* (Möbel aus dem Möbellager) gewährt. Zu den Anspruchsberechtigten gehören in der Regel die Beschäftigten der Tagesförderstätte sowie der WfB.

Grundsätzlich *kann* der Sozialhilfeträger Unterhaltspflichtige (z. B. Eltern) zum Unterhalt heranziehen (bei entsprechend hohem Einkommen). Aufgrund der »Härteregelung« (§ 91 Abs. 3 BSHG) *soll* aber von der Inanspruchnahme der Eltern behinderter Menschen abgesehen werden.

Hilfe in besonderen Lebenslagen (Hilfe zur Pflege, Eingliederungshilfe)

Die Kosten für die Assistenz muß ebenfalls der Sozialhilfeträger im Rahmen der Eingliederungshilfe für Behinderte (§§ 39 und 40 BSHG) und der Hilfe zur Pflege (§§ 68 und 69 BSHG) tragen.

Hierbei werden Eltern *nicht* in Anspruch genommen. Dieses ist ebenfalls in § 91, Abs. 3 BSHG und zwar eindeutig geregelt. Hilfen bei baulichen Maßnahmen können nach § 39 BSHG auch beim Sozialamt beantragt werden. Beim Neubau von Häusern gibt es zusätzlich Finanzmittel vom Land Niedersachsen.

Darüber hinaus werden bei anerkannter Schwerpflegebedürftigkeit Leistungen der Krankenkasse nach § 55 SGB V gewährt. Dabei können bis zu 25 Pflegeeinsätze à eine Stunde im Monat gezahlt werden (jedoch nur bis zu einem Betrag von 750,— DM) oder es kann ein Pauschalbetrag von 400,— DM beantragt werden, so daß die Hilfen von behinderten Menschen selbst organisiert werden.

Begleitung Assistenz Pflege	Helfer als Befehlsempfänger
Unterstützung Beistand	Helfer als Mittler zur Außenwelt
Angebote Anregung Anleitung Kompetenz- vermittlung Förderung Aktivierung	Helfer als Pädagoge
... Grenze der Selbstbestimmung ...	
(Betreuung)	gesetzlicher Vertretungsauftrag
(Versorgung)	Helfer realisiert angenommene/vermutete Interessen nach eigenem Maßstab
(Fürsprache) Intervention	Ersatzhandlung im vermuteten Interesse einer Gesamtperspektive

Anforderungen an die Mitarbeiter

Hinter den Begriffen »Selbstbestimmung« und »Assistenz« verbergen sich in der Praxis vielfältige Aufgaben (siehe Kasten). Wir beziehen uns im folgenden auf die Erfahrungen des Marburger Vereins fib e.V. [s. dazu den nächsten Beitrag, d. Red.]:

Wir sind Begleiter ins Kino, Assistenten beim Toilettengang, Unterstützer bei der Auswahl eines Freizeitangebots, Beistand beim Ausfüllen eines Amtsformulars. Ich mache Angebote für die Freizeitgestaltung, rege an, doch mal zu kochen, gebe Anleitung, wie ein Gericht zubereitet wird. Wir erklären, was eine einmalige Beihilfe ist und wie man sie bekommt. Wir fördern die Kontaktaufnahme zu Nachbarn und aktivieren den ängstlich Verschlossenen, zur Arbeit zu gehen. Wir sind Katalysatoren für jede Art von Konflikten. Den ganzen Prozeß der Hilfe bezeichnen wir als Hilfe zum selbständigen Leben und kürzen dies oft mit Betreuung ab, wohl wissend, das dies genauso wenig stimmt wie die Umbenennung zur Assistenz.

Die Arbeitssituation ist in der ambulanten Hilfe geprägt von einer unmittelbar persönlichen Beziehungsebene, die durch keine institutionellen Rahmenbedingungen überformt werden kann, weil sie in der Privatsphäre der behinderten Menschen stattfindet. Die Hilfesituation gestaltet sich völlig individuell.

Daraus ergeben sich unter anderem folgende Anforderungen an die Mitarbeiter/-innen:

1. Sich der ständigen Gratwanderung zwischen Nähe und Distanz, persönlicher Beziehung und Arbeitsbeziehung bewußt zu sein.
2. Abschied zu nehmen von der klassischen Rolle des Behindertenhelfers mit seinem erzieherischen Selbstverständnis. Die pädagogische

Anspruchshaltung, erwachsenen Menschen etwas beibringen zu wollen, hat jede Berechtigung verloren.

3. Lernen, den eigenen Gestaltungswillen zurückzuhalten. Eine verantwortliche Pädagogik besteht demgegenüber in der Grundhaltung des Respekts vor Personen und deren differenzierter Lebenshaltung.
4. Die Grenze des eigenen Arbeitsansatzes zu reflektieren und in der Arbeit umzusetzen: Ambulante Hilfe kann nicht für alles zuständig sein, sondern soll im Gegenteil Hilfe sein, die Angebote der Gesellschaft zu erschließen (Therapie-, Freizeit-, Beratungsangebote u. v. m.). Sie erfüllt daher die Funktion, Wegbereiter zu eigenen Lösungsstrategien durch behinderte Menschen selbst zu sein.
5. Keine Problemlösungen von außen vorzugeben (z. B. wenn jemand mit sich alleine nichts anzufangen weiß), denn die von außen installierten Lösungen vermitteln keinen persönlichen Zugewinn, sondern dienen nur der Befriedung einer unguten Situation. Verantwortung muß immer wieder an die Betroffenen selbst zurückgegeben werden.
6. Entwicklungspotentiale zu erkennen, ihnen Raum zu verschaffen. Die Geduld spielt eine große Rolle, die Betroffenen haben ihre eigene »Zeit«, etwa ein vornormierter Alltag (etwa unter dem Motto »wir basteln« und »alle machen mit«) verhindert eigene Entdeckungen und Entwicklungen.
7. Den vielfältigen Normierungsdruck, der auf der individuellen Hilfe lastet, aufzuarbeiten und vor allem auszuhalten. Vielzuviele Menschen wissen bzw. meinen zu wissen, wie ein behinderter Mensch sein soll, was er kann und was nicht. Ambulante Hilfe hat die Aufgabe, den Betroffenen die Chance zu verschaffen, das alles selbst zu artikulieren und den Druck des sozialen Umfeldes, der Gesundheitsämter, Kostenträger u. a. wegzunehmen.

Für ambulante Hilfe macht nur ein »multiprofessioneller« Ansatz Sinn, denn es gibt nicht die richtige Qualifikation dafür. In der Praxis sind verschiedene Zugänge gefordert: pädagogische, psychologische, der gesunde Menschenverstand, praktische Fähigkeiten. Oft zeigt es sich, daß in einem Team verschiedener Mitarbeiter/-innen sich zu ein und derselben Person verschiedene Beziehungen entwickeln, die jede für sich eine wesentliche und tragfähige Bedeutung haben.

Je weiter »unten« wir auf dem Schaubild ankommen, desto mehr wächst die Macht und damit auch die Verantwortlichkeit der helfenden Personen. Diese müssen jederzeit im Prozeß der Selbstreflexion klären, wo aus der Arbeitsbeziehung oder aus Formen der Partnerschaft »Herrschaftsbeziehungen« zu werden drohen. Daher sind Supervisionen und Teamarbeit unverzichtbar: sie ermöglichen Selbstkontrolle, Zielüberprüfung, Lernen und Üben von Rollen, machen eigene Charaktere und Einstellungen von Mitarbeiterinnen und Mitarbeitern erfahrbar sowie die Bedeutung unterschiedlicher Zugänge zu Kundinnen und Kunden sichtbar. Für ein und dieselbe Arbeitssituation gibt es so viele Lösungen wie Mitarbeiter/-innen, und in der Regel sind viele richtig.

SELAM gGmbH
Lange Str. 59
26 122 Oldenburg

D

Ambulante Hilfen zum selbständigen Wohnen

*fib e.V.**

Hintergründe

Bisher waren und sind geistig behinderte Menschen Objekte der Pädagogik und der Wohltätigkeit unter dem Aspekt des Fehlens bestimmter Fertigkeiten, die zur Eingliederung in die Gesellschaft von ihnen erwartet werden. Es kann Angst machen, Menschen zu begegnen, die anders aussehen und sich anders verhalten als die geltende Norm es vorgibt.

Familien mit geistig behinderten Angehörigen erleben soziale Belastung und Diskriminierung. Eine Unterbringung in Heimen und Anstalten kann die Familie dahingehend entlasten, daß die Problematik ein Stück weit außer Sicht gerät — für die betreffende Familie ebenso wie für die Gesellschaft, in der sie lebt — nicht jedoch für die Betroffenen. Einzelfälle, in denen geistig behinderte Menschen sich oder andere gefährden, dienen als Alibi für die Notwendigkeit der sicheren Verwahrung unzähliger anderer.

Geistig behinderte Kinder, die in Familien heranwachsen, sind ebenso wie die gleichaltrigen Nichtbehinderten mit 18 Jahren erwachsen. Im Vergleich zu diesen, denen im Kreis von Freunden und Freundinnen die Ablösung von der elterlichen Familie und die Herstellung neuer, eigener Bezüge leichter fällt, bleiben die geistig behinderten Erwachsenen meist allein bei ihren Eltern zurück.

Doch der Verbleib in der Familie ist eine Frage der Zeit — die Eltern werden älter und können die Versorgung ihrer inzwischen erwachsenen Kinder auf Dauer nicht übernehmen. Abhängig von der verfügbaren Information erscheint oft eine Heimunterbringung geistig behinderter Menschen als einziger Ausweg.

Entsprechende Heime werden z. B. von der jeweiligen Ortsvereinigung der Lebenshilfe angeboten, die die frühere Unterbringung in Anstalten ersetzen kann.

Konzeptionelle Ausrichtung

Das fib-Konzept versteht sich als Antwort auf diese unzureichenden Lebensbedingungen von erwachsenen geistig behinderten Menschen. Wir beziehen uns auf die in der sonderpädagogischen Diskussion weitgehend anerkannten Grundsätze der Normalisierung, der Gemeindenähe, der Dezentralisierung, auf die wir an dieser Stelle leider nicht näher eingehen können.

Ursprünglicher Ansatzpunkt für unsere konkrete Arbeit Mitte der 80er Jahre war eine Art »gestuftes Wohngruppenmodell« mit verschiedenen Lern- und Selbständigkeitsstufen. Innerhalb eines Verbundsystems unterschiedlicher Wohngemeinschaftsformen sollte das selbständige Leben in der eigenen Wohnung trainiert werden. Die einzelnen Wohngruppen sollten sich in Trägerschaft des Vereins befinden und sich in folgende Stufen untergliedern:

- intensiv betreute WG (»rund um die Uhr«),
- ambulant betreute WG,
- selbständige WG,
- Beratungsstelle als Bindeglied.

Die einzelnen Wohngruppen unterschieden sich also hinsichtlich der Betreuungsintensität und somit auch nach der Selbständigkeitsstufe der jeweiligen Bewohner/-innen.

Sowohl konzeptionelle Überlegungen als auch erste Praxiserfahrungen zeigten, daß dieses theoretische Konstrukt die individuellen Entfaltungsmöglichkeiten (Bedürfnisse, Interessen, Formen des Zusammenlebens) immer noch zu sehr einschränkte und bereits von vornherein kanalisierte. Unsere konzeptionellen Vorgaben waren noch immer strukturell starr und reglementierend.

*) Nachdruck mit freundlicher Erlaubnis des »Vereins zur Förderung der Integration Behinderter (fib) e.V.«, Marburg.

Die Konsequenz aus der Verwirklichung eines solchen Konzepts hieße Zusammenfassung und Einstufung behinderter Menschen nach ihrem Selbständigkeitsgrad sowie Einordnung in die Trägerschaft einer — wenn auch ambulanten — Institution. Damit wäre zwar der Abschied vom Heim vollzogen, jedoch lediglich zugunsten einer Unterbringung mit teilstationärem Charakter; die Interessen des Trägerverbandes (z. B. auch nach Auslastung der vorhandenen Plätze) hätten in einem solchen Modell noch immer ein starkes Gewicht zuungunsten der Bedürfnisse und Interessen der Betroffenen.

Die konzeptionelle Zielrichtung des fib-Wohnprojektes verlagerte sich hin zur rein ambulanten Betreuung geistig behinderter Menschen in ihrer eigenen Wohnung zu ihren eigenen Bedingungen, d. h. sowohl orientiert an ihren individuellen Fähigkeiten und Möglichkeiten als auch an ihren jeweiligen Wünschen und Interessen. Konkret für die Praxis: Der behinderte Mensch selbst wählt die Form, wie er wohnen möchte: allein; zu zweit als Paar; in einer Wohngemeinschaft; mit anderen behinderten und/oder nichtbehinderten Menschen …

Es gibt keine vorgegebenen Strukturen hinsichtlich der Wohnform mehr; wir bieten institutionell keine Wohnstättenplätze an, die bei Bedarf — oder auch nach längerem Leerstehen — aus wirtschaftlichen Erwägungen wieder aufgefüllt werden müssen.

Bei Neuanfragen versuchen wir, gemeinsam mit den Betroffenen, einerseits Wünsche und Interessen, andererseits Art und Ausmaß der geforderten Hilfen zu ermitteln und daraus realisierbare und befriedigende Wohnformen zu entwickeln. Dabei wird die individuell notwendige Unterstützung immer wieder neu den aktuellen Entwicklungen und Bedingungen angepaßt, also flexibel gehandhabt, anstatt von vornherein pauschal einen fixen Betreuungsbedarf anzusetzen.

Das heißt dann auch, daß es keinen vorgegebenen »Mündigkeitsgrad«, weder hinsichtlich Pflegeintensität noch hinsichtlich Selbständigkeit mehr geben darf. Auch sogenannte »schwerstbehinderte Menschen«, die als »Restgruppe« immer wieder gerne als nicht integrationsfähig dargestellt werden, müssen in diese Form der Versorgung mit eingeschlossen sein.

Immer wieder erregt der Begriff »Kunde/Kundin« Anstoß. Wir verwenden ihn absichtlich, um den Dienstleistungscharakter unserer Arbeit zu betonen. Er soll verdeutlichen, daß die ambulanten Dienste des fib abgerufen werden können ähnlich wie die Dienste eines Rechtsanwaltes oder Handwerkers. Uns wird vorgeworfen, dieser Begriff verschleiere das reale Machtgefälle. Wir sind uns dessen bewußt, verwenden aber trotzdem diesen Begriff lieber, als von »Betreuten« oder »zu Betreuenden« o. ä. zu sprechen.

Was machen wir konkret?

Ein wichtiger Bestandteil unserer Konzeption ist es, unsere Kundinnen und Kunden zu befähigen, die für sie wichtigen Dinge selbständig zu regeln. Wir wollen nichts *für* sie tun, sondern ihnen dabei helfen, es selbst zu tun. Das fängt bei der Wohnungssuche an. Wer sich an uns wendet, wird in der Regel erst einmal enttäuscht, weil wir keine Wohnung anzubieten haben, die man sich angucken kann. Wir besprechen stattdessen die verschiedenen Möglichkeiten, an Wohnungen zu kommen. Je nach Situation der Kundinnen und Kunden beteiligen wir uns mehr oder weniger intensiv bei der anschließenden Wohnungssuche. Die katastrophale Lage auf dem Wohnungsmarkt hatte zur Folge, daß trotz der Unterstützung der Mitarbeiter/-innen bei der Wohnungssuche einige Anfragen im Wohnprojekt nicht zum Zuge kamen. Wir haben daraufhin — angeregt durch ähnliche Initiativen — ein neues Konzept entwickelt. Kerngedanke dabei ist, dem Personenkreis geistig behinderter Menschen im Rahmen des sozialen Wohnungsbaus ein »Belegrecht« zu sichern, welches durch Zuschüsse oder Darlehen des Landeswohlfahrtsverbandes bzw. des Landes Hessen an gemeinnützige Wohnungsbauträger gesichert wird (Dokumentation des fib e.V. 1993).

Es ist schwierig zu erklären, was wir jeweils konkret tun, da dies immer von den individuellen Fähigkeiten und Bedürfnissen der Kundinnen und Kunden bestimmt wird. Wir wollen in Schlagworten andeuten, wie unsere Handlungsfelder ungefähr aussehen:

Wohnungssuche

Nachdem Wünsche und Vorstellungen bezüglich der erhofften Wohnsituation abgeklärt sind, wird versucht, eine entsprechende Wohnung zu finden. Viele neigen dazu, utopische Vorstellungen zu entwickeln, aber dann das erstbeste freie Zimmer zu nehmen. Hier versuchen wir, Vor- und Nachteile darzustellen. Wir respektieren aber letztlich die Entscheidung des Kunden/der Kundin und helfen bei der Organisation des Umzugs. Bei Menschen mit starken Beeinträchtigungen ist es wichtig, auch auf einen sozialen Wohn- und Lebenszusammenhang hinzuwirken, der den persönlichen Bedürfnissen gerecht wird. Wir unterstützen daher das Entstehen von Wohngemeinschaften, auch mit Nichtbehinderten.

Absicherung des Lebensunterhalts

Je nach beruflicher und finanzieller Situation zeigen wir auf, welche Unterstützungs- und Förderungsmöglichkeiten bestehen. Wir helfen bei den Anträgen und machen Finanzierungspläne bis hin zu Regelungen bezüglich Geldeinteilung. Diese Regelungen sind aber freiwillig, da unsere Kundinnen und Kunden meist nicht entmündigt und daher voll geschäftsfähig sind. Der Umgang mit dem zur Verfügung stehenden Geld ist allerdings bei vielen ein starker Konfliktpunkt. Die Konsumanreize sind gewaltig, die Geldmenge aber ist winzig.

Erkundung des Wohnumfelds

Wir helfen beim Kennenlernen von Einkaufsmöglichkeiten, Kneipen, Friseur. Wir gucken, wo die Wäsche gewaschen werden kann, denn wer hat schon eine eigene Waschmaschine? Weiter ist wichtig: Wo ist die nächste Bank? Wo fährt welcher Bus hin? Zu welchem (Zahn-) Arzt kann ich gehen?

Wohlfühlen in der Wohnung

Sich in der eigenen Wohnung wohlzufühlen, heißt z. B., sich nach eigenen Vorstellungen einzurichten, aber auch zu kochen und zu putzen und gemeinschaftliche Regelungen einzuhalten.

Soziale Kontakte

Wer umzieht, muß neue Kontakte knüpfen und verliert alte Bindungen (vor allem beim Wohnortwechsel). Wir sind behilflich bei Nachbarschaftskontakten, bei Besuchen von Vereinen, Kirchen und anderen stadtteilbezogenen Initiativen, sofern dies unsere Kundinnen und Kunden wünschen. Wir erleben auch, daß sie uns allumfassend in Beschlag nehmen wollen. Keine klare Grenzziehung ist möglich zwischen Arbeit und Freundschaft.

Eine unserer Kundinnen und Kunden hat einen festen Freund gefunden. Seither nimmt sie unsere Hilfe nicht mehr in Anspruch. Sie kann sich jederzeit wieder an uns wenden. Das ist uns ganz wichtig: Ambulante Hilfe kann auch aufhören.

Arbeit

Wir halten prinzipiell eine angemessene Tätigkeit für jeden Menschen für erstrebenswert. Aber ambulante Hilfe steht auch allen zur Verfügung, die, aus welchen Gründen auch immer, nicht berufstätig sind. Wir knüpfen Kontakte zum Arbeitsamt, in Einzelfällen auch mal zu einem Arbeitgeber, wollen aber nicht zum Arbeitsvermittler werden.

Freizeitgestaltung

Selbständig leben heißt auch, freie Zeit zu nutzen und auszufüllen. Wir geben Tips und Anregungen, empfehlen als Anlaufstelle und für Urlaubsmöglichkeiten die AG Freizeit [eine Marburger Einrichtung, d. Red.], schauen gemeinsam die VHS-Programme an oder überlegen mit unseren Kundinnen und Kunden, wie sie sonst ihre freie Zeit nutzen können. Gerade bei Beschäftigungslosigkeit hat dies einen großen Stellenwert. Die meisten Menschen mit geistiger Behinderung müssen von Sozialhilfe leben. Der Lebensunterhalt ist damit abgesichert, Eis essen, ins Kino gehen, Wochenendausflüge, ins Schwimmbad gehen usw. können sich unsere Kundinnen und Kunden nur in beschränktem Maße leisten. Individualurlaub ist meist schon wegen der Notwendigkeit einer Begleitperson fast unmöglich. Aber auch hier gilt: Was gemacht wird, bestimmt der Kunde/die Kundin. Wir können nur vorschlagen. Wer nichts tun will, soll und darf faulenzen.

Krisenmanagement

Immer wieder geraten Menschen in Krisen: Beziehungen zerbrechen, Diskriminierungen werden erlitten, Arbeitsplätze sind gefährdet, Krankheiten, Enttäuschungen, Zwischenfälle machen das Leben schwer. Wir versuchen, Hoffnung zu wecken und Perspektiven aufzuzeigen.

Wir sind aber keine Therapeuten. Wo psychische Schwierigkeiten zu stark sind, raten wir zur Therapie bei Fachleuten. Wir ziehen unseren Kundinnen und Kunden ja auch keine Zähne.

Öffentlichkeitsarbeit

Öffentlichkeitsarbeit bedeutet, auf sich aufmerksam zu machen, damit potentielle Kundinnen und Kunden vom Angebot des ambulanten Wohnen erfahren. Es ist aber nicht nur unser Anliegen, neue Kundinnen und Kunden zu »werben«, sondern auch, anderen Vereinen und Trägern Anregungen für ambulante Pädagogik zu geben.

Trotz zunehmender Anerkennung in Fachkreisen bestehen gegenüber dem Konzept ambulanter Hilfen bei vielen Mitarbeiterinnen und Mitarbeitern sowie Verantwortlichen traditioneller Einrichtungen der »Behindertenhilfe« und nicht zuletzt bei Eltern noch Zweifel, ob dies eine adäquate Hilfe für geistig behinderte Erwachsene ist.

Zur Zeit wird überlegt, wie Eltern potentieller Kundinnen und Kunden über unsere Arbeit informiert werden können. Eltern, die über den Auszug ihrer Tochter oder ihres Sohnes nachdenken, wollen ihre »Kinder« gut versorgt wissen. Formen ambulanter Hilfen sind nur wenig im Bewußtsein der Eltern. Wege um Informationen an Eltern weiterzuleiten, könnten Elternabende in Schulen für Praktisch Bildbare, Integrationsklassen und in Werkstätten für Behinderte sein. Wir versuchen immer wieder, unsere Kundinnen und Kunden in solche Veranstaltungen mit einzubeziehen und von ihren Erfahrungen zu berichten.

Öffentlichkeitsarbeit ist ein unentbehrliches, aber schwieriges Unterfangen. Unser Konzept zu verbreiten, heißt zum gegenwärtigen Zeitpunkt immer noch vorwiegend, Überzeugungsarbeit zu leisten. Um die Interessen der Betroffenen durchsetzen und eine breitere Anerkennung ambulanter Hilfen im Bereich des Wohnens erreichen zu können, müssen diese Themen immer wieder angesprochen und öffentlich gemacht werden. Nur so können alte Vorurteile und Denkstrukturen aufgebrochen werden.

Lernerfahrungen

Was wir im Laufe unserer Arbeit gelernt haben:

- Es ist ein Unding, wenn man Leute in ein bestehendes Konzept einpassen will oder muß. Ambulante Pädagogik (um ein neues Schlagwort zu gebrauchen) muß sich an dem ausrichten, was der oder die einzelne will und braucht. Kundinnen und Kunden, bei denen psychische Probleme in den Vordergrund treten, benötigen psychotherapeutische bzw. psychiatrische Hilfe, die wir nicht leisten können.
- Leben kann man nicht trainieren. Es gibt keine Punktzahl, die ein Mensch erreichen muß, um in seiner eigenen Wohnung leben zu können. Nur Art und Umfang müssen variieren.
- Man muß sich voneinander trennen können. Deshalb sollten Wohnung und ambulante Hilfe nicht von ein und derselben Einrichtung angeboten werden.

Fortsetzung auf Seite 193

D

Checkliste:

Der Weg in die eigene Wohnung am Beispiel des fib-Wohnprojektes

Kennenlernen

Nach der ersten Kontaktaufnahme und den ersten Gesprächen beginnen wir mit der sogenannten Vorlaufphase, wenn nicht schon gleich geeigneter Wohnraum zur Verfügung steht. In der Regel treffen wir uns mit dem Kunden/der Kundin eine Stunde pro Woche regelmäßig bis zum Einzug in die eigene Wohnung. Diese Zeit wird genutzt, um Wünsche und Vorstellungen genauer zu erfahren und um Formalitäten zu erledigen bzw. einzuleiten, soweit jetzt schon möglich. Bei Kundinnen und Kunden von außerhalb besteht die Möglichkeit, über die AG Freizeit an einem Erholungsurlaub zum Kennenlernen teilzunehmen.

Finanzierung der Betreuung

Der Kunde/die Kundin stellt einen Antrag auf Eingliederungshilfe nach §§ 39, 40 BSHG beim örtlichen Sozialhilfeträger (ÖSHT), auch für die Vorlaufphase. Ab einem Schlüssel von 1:12 übernimmt der überörtliche Sozialhilfeträger (ÜSHT, Landeswohlfahrtsverband) die Finanzierung der Betreuungskosten, für einen höheren Schlüssel (1:6 oder 1:8) muß ein extra Antrag auf verbesserten Betreuungsschlüssel gestellt werden.

Geht die bewilligte Stundenzahl über den Schlüssel 1:6 hinaus, finanziert der ÖSHT den Rest anteilig bis zu einer vereinbarten Obergrenze von 48 Stunden/Monat. Das Ganze wird über den ÖSHT abgewickelt, der die entsprechenden Anträge an den LWV weiterleitet.

Das Sozialamt erwartet eine Begründung des Antrags. Wir schlagen eine gemeinsam mit den Kundinnen und Kunden geschätzte Stundenzahl pro Tag bzw. pro Woche vor. Die Kundinnen und Kunden werden daraufhin beim Gesundheitsamt amtsärztlich untersucht. Dieses Gutachten dient als Grundlage für die Bewilligung der Stundenzahl und wird in regelmäßigen Abständen wiederholt, meist jährlich.

Finanzielle Starthilfen

Die Kundinnen und Kunden haben einen Anspruch auf Starthilfe und auf eine Ausstattungsbeihilfe, sofern sie über wenig Geld verfügen.

Kommen die Kundinnen und Kunden aus einer stationären Einrichtung, so übernimmt in Hessen der ÜSHT diese Beihilfen. Sie sollten frühzeitig beantragt werden, da die bürokratischen Mühlen auch hier äußerst langsam mahlen. Wenn nachgewiesen werden kann, daß auf anderem Wege keine Wohnung zu finden ist, übernimmt das Sozialamt Maklergebühren. In der Regel genügt als Nachweis monatelanges Suchen und ein bis zwei selbst aufgegebene Anzeigen. Auch die Übernahme einer Kaution kann beantragt werden.

Wohnungssuche

Der Kunde/die Kundin sucht sich eine Wohnung. Das bedeutet, er/sie geht zum Wohnungsamt, beantragt einen Wohnberechtigungsschein, sofern das Einkommen nicht zu hoch ist, und läßt sich in die Vermittlungskartei aufnehmen. Er/sie gibt Anzeigen auf und forstet regelmäßig alle Angebote durch. Bei all diesen Aktivitäten begleiten wir, soweit nötig.

Finanzierung des Lebensunterhalts

Der Kunde/die Kundin stellt, sofern er/sie nicht über ein ausreichendes Einkommen verfügt, einen Antrag auf Hilfe zum Lebensunterhalt. Das kann auch schon während der Vorlaufphase erledigt werden.

Arbeitet der Kunde/die Kundin in einer Werkstatt für Behinderte oder einer vergleichbaren Einrichtung, können zwei Mehrbedarfszuschläge beantragt werden: Mehrbedarf wegen Erwerbsunfähigkeit und Mehrbedarf wegen Erwerbstätigkeit. Zusätzlich können einmalige Hilfen wie z. B. Kleidergeld, Geld für eine Waschmaschine, Zuschuß zu einer Freizeit u. ä. beantragt werden.

Ausführliche Informationen zu allen Ansprüchen gegenüber den Sozialämtern siehe: »Leitfaden — Sozialhilfe für Behinderte«. Bestellung an: AG TUWAS, FB Sozialarbeit, Limescorso 5, 60439 Frankfurt/M.

Ist endlich eine Wohnung gefunden, wird noch Wohngeld bei der Wohngeldstelle beantragt und dann... **kann's losgehen**

- Ambulante Hilfen für Menschen mit geistiger Behinderung müssen überall angeboten werden. Es ist empörend, daß Menschen nur deshalb ihren Wohnort verlassen müssen, weil es dort kein entsprechendes Angebot gibt.
- Die Hilfe in der eigenen Wohnung ermöglicht selbstbestimmtes Leben.
- Entgegen des Grundsatzes der Selbstbestimmung werden Entscheidungen immer wieder durch die Interessen des sozialen Umfeldes beeinflußt. Unsere Aufgabe ist es, unseren Kundinnen und Kunden zu helfen, ihre eigenen Vorstellungen gegenüber den Interessen von Eltern, Angehörigen und Institutionen durchzusetzen. So fand im Sommer 1994 ein Selbstbehauptungskurs zum Thema »Ich laß mir nichts gefallen!« statt.
- Darüber hinaus ist ein Ziel, daß unsere Kundinnen und Kunden auch innerhalb der Betreuung Interessenskonflikte artikulieren können. Aus diesem Grunde bieten wir in regelmäßigen Abständen Kundschaftstreffen an. 1994 fand z. B. ein Kundschaftswochenende statt, an dem ein neuer Betreuungsvertrag mit Hilfe der Kundinnen und Kunden entwickelt wurde. Ein weiterer Aspekt der Selbsthilfe innerhalb der Kundschaft ist die Betroffenenberatung (»peer counselling«) bei Einzug in eine neue Wohnung. Kundinnen und Kunden, die bereits Erfahrungen mit ambulanten Hilfen gemacht haben, können am besten vermitteln, welche Schwierigkeiten, aber auch welche Entwicklungsmöglichkeiten ein selbständiges Leben bieten kann.

Was wir gelernt haben: Es gibt nichts Gutes, außer man tut es! Abzuwarten, bis alle Widerstände und Schwierigkeiten geklärt sind, hätte bei unserem Projekt bedeutet, daß wir bis heute noch nicht angefangen hätten. Andererseits darf man natürlich nicht zu leichtfertig ins »kalte Wasser« springen.

Unsere Kundinnen und Kunden sind darauf angewiesen, daß unsere Hilfeleistungen auch wirklich erbracht werden können. Ohne eine realistische Hoffnung, auch nach Auslaufen unserer anfänglichen ABM-Stellen noch weiterarbeiten zu können, wäre ein Anfang allzu leichtfertig gewesen. Der Einwand: Euer Modell ist doch nur etwas für relativ leicht »Behinderte«, stimmte nur für die Anfangszeit unseres Projekts. Da waren wir selbst noch unsicher, denn es gab keine Erfahrungen, auf die wir zurückgreifen konnten. Seit Jahren betreuen wir z. B. eine Kundin ambulant, die wegen ihrer Schwierigkeiten von allen am Ort befindlichen Wohnstätten abgelehnt wurde. Auch pflegerische Hilfen werden zunehmend Bestandteil unserer Arbeit. 1992 wurde die erste Rund-um-die-Uhr-Hilfe für einen jungen Mann in einer Wohngemeinschaft mit Nichtbehinderten aufgenommen (s. »Behindertenpädagogik«, Heft 2/93; Dokumentation fib e.V. 1993)

Finanzierung

Grundsätzlich sind zwei Dinge auseinanderzuhalten: zum einen die Finanzierung des Lebensunterhalts der Betroffenen und zum anderen die Bezahlung der ambulanten Hilfen.

Bei der *Hilfe zum Lebensunterhalt* gibt es im Prinzip keinen Unterschied zu nicht behinderten Personen mit Ausnahme eines Zuschlages für Erwerbsunfähigkeit nach § 23 Abs. 3 BSHG für Behinderte, die älter als 15 Jahre sind und nach § 40 Abs. 1 BSHG Eingliederungshilfe erhalten, oder für Erwerbstätige, die trotz beschränkten Leistungsvermögens einem Erwerb nachgehen, nach § 23 Abs. 4 BSHG. Nach § 23 Abs. 5 können die Zuschläge nach den Absätzen 3 und 4 nebeneinander gezahlt werden. Dies ist vor allem wichtig für Mitarbeiter der Werkstatt für Behinderte.

Einkommensgrenzen und Unterhaltsverpflichtungen bleiben bestehen und unterscheiden sich nicht vom Regelfall. Das ist in folgender Hinsicht problematisch: Sind erwachsene behinderte Menschen in einer Einrichtung stationär untergebracht, ist der Lebensunterhalt durch Leistungen des überörtlichen Sozialhilfeträgers abgedeckt. Die Angehörigen werden in der Regel damit nicht belastet. Sind behinderte Menschen nicht stationär untergebracht, sind die Angehörigen bei entsprechendem Einkommen unterhaltspflichtig, also finanziell wesentlich schlechter gestellt.

Die Finanzierung der *ambulanten Hilfen* ist mit einigen Tücken durchsetzt:

Mittlerweile ist es weitgehend unstrittig, daß die ambulante Hilfe unter die Eingliederungshilfe nach den §§ 39 und 40 BSHG fällt. Nach einigen Jahren Anlaufschwierigkeiten hat sich der örtliche Sozialhilfeträger auf dieser Grundlage zur Finanzierung bereit erklärt. Er bezeichnet dies bisher als eine »freiwillige Leistung« und sieht es deshalb auch als berechtigt an, den Umfang der bezahlten Stunden zu begrenzen. Zur Zeit (1994) haben wir vom örtlichen Sozialhilfeträger eine Obergrenze von 48 Stunden im Monat gesetzt bekommen, die sich ausschließlich auf psychosoziale Hilfen bezieht. Bei einigen unserer Kundinnen und Kunden werden ergänzende pflegerische Hilfen bewilligt, die bis zum Umfang von 25 Stunden von der Krankenkasse übernommen werden. Bedingt durch die Pflegeversicherung wird sich dieser Anteil ab 1995 erweitern.

Der Landeswohlfahrtsverband (LWV) hat über Jahre die Anerkennung des fib e.V. im Rahmen der Richtlinien des »Betreuten Wohnen« abgelehnt. Der Umfang der vom fib e.V. geleisteten Hilfen sprengt bei weitem die darin zugrunde gelegten Personalschlüssel von 1:12 bzw. in »begründeten Einzelfällen« von 1:6, was zu Deutsch einem Hilfeumfang von zwei bis maximal 4,5 Stunden pro Woche entspricht. Nach langen Verhandlungen kam es 1992 zu einer Einigung: Seitdem akzeptiert der LWV, daß seine Finanzierung nur eine Anteilfinanzierung ist, die durch den örtlichen Sozialhilfeträger bis zum eigentlichen Hilfebedarf aufgestockt wird.

Insgesamt gesichert ist durch die Addition beider Finanzierungen daher ein Bedarf psychosozialer Hilfen bis zu 15,5 Stunden in der Woche, in Einzelfällen ergänzt durch pflegerische Hilfen.

Der hessische Verwaltungsgerichtshof hat in seinem Urteil von 7. 7. 94 (Az: 9 UE 334/91) rechtskräftig entschieden, daß dem Sozialhilfeträger bei einer grundsätzlichen Zustimmung zur ambulanten Eingliederungshilfe als angemessenere Form der Hilfe kein Ermessensspielraum durch die Festlegung zeitlicher Obergrenzen bleibt. Des Auswahlermessen beschränkt sich darauf, die Hilfeempfänger auf eine andere »geeignete« Maßnahme, also eine faktische Unterbringungsmöglichkeit der teilstationären oder stationären Hilfe zu verweisen, soweit dies mit dem Wunsch- und Wahlrecht zu vereinbaren ist.

In einem anderen Verfahren lehnt der Sozialhilfeträger folgerichtig die Aufnahme der betroffenen Person ins »Betreute Wohnen« von vornherein ab, da der Hilfeumfang zu groß und nur in einer (teil)stationären Einrichtung zu leisten sei. An dieser Einschätzung hat sich trotz des seit zwei Jahren angetretenen praktischen Beweises, daß diese Hilfe ambulant zu leisten ist, nichts geändert.

Die Durchsetzung gleicher Rechte, wie sie Menschen mit körperlichen Behinderungen mittlerweile in der Regel zugestanden werden, auch wenn sie rund um die Uhr auf Hilfe angewiesen sind, wird für Menschen mit geistiger Behinderung noch einige Zeit in Anspruch nehmen.

Entwicklung und aktueller Stand des fib-Wohnprojektes

Unsere ersten beiden Kunden zogen im Juli 1983 in ihre eigene Wohnung. Zur Zeit (April 1994) unterstützen wir 30 Kundinnen und Kunden in einem zeitlichen Umfang von einer Stunde im Monat bis zu 80 Stunden in der Woche. Bei relativ vielen Kundinnen und Kunden hat sich ein Hilfeumfang von ein bis zwei Stunden am Tag eingependelt.

Nur zum Teil haben sich die Betroffenen direkt an uns gewandt. Teilweise wurde der Kontakt über Eltern, gesetzliche Betreuer/-innen oder andere Institutionen (z. B. Psychiatrie) hergestellt.

Verein zur Förderung der Integration Behinderter (fib) e.V.
Biegenstr. 34

35037 Marburg

D

Partnerschaft, Sexualität und Ehen geistig behinderter Erwachsener in Wohnstätten

Joachim Walter

Einleitendes Fallbeispiel

Meinen Ausführungen möchte ich eine kurze Lebensgeschichte eines geistig behinderten Paares voranstellen. Sie veranschaulicht, welche Entwicklungspotentiale eine Partnerschaft als soziale Motivation zur Alltagsbewältigung freisetzen kann.

Frau A. kam vor 31 Jahren wegen »Streunens, Verwahrlosung, sittlicher Gefährdung und eines nicht gelungenen Starts ins Berufsleben (Stand der zweiten Grundschulklasse nach acht Jahren Volksschule — so der Aufnahmebericht in der Heimakte)« in eine Großgruppe innerhalb des »Frauenhauses« einer großen Behinderteneinrichtung mit geschlechtsgetrennten Wohnbereichen.

Herr B. wurde vor 19 Jahren nach mehrjähriger Obdachlosigkeit und Alkoholabhängigkeit und nach einem Aufenthalt in der Psychiatrie in das »Männerhaus« derselben Einrichtung eingewiesen. Frau A. und Herr B. lernten sich im Speisesaal kennen. Die Geschlechtertrennung wurde auch im Speisesaal aufrechterhalten. Fein säuberlich getrennt saßen hier »Weiblein« und dort »Männlein« und in der Mitte als imaginäre Trennwand die Mitarbeiter. Aufgrund der pietistisch geprägten Tradition des Diakonieheimes waren gemischtgeschlechtliche Kontakte jeglicher Art unerwünscht und wurden bestraft. Wer z. B. beim sonntäglichen Gang zum Gottesdienst beim Händchenhalten erwischt wurde, mußte ins Heim zurück und hatte für den Rest des Wochenendes Hausarrest.

Herr B. und Frau A. fanden deshalb über Jahre hinweg kaum andere Gelegenheiten, als sich in größter Heimlichkeit hinter dem Küchentrakt zu treffen. Erst zehn Jahre später — Liberalisierungsbestrebungen hatten auch vor diesem Heim nicht halt gemacht — durften beide sich in einem besonderen Raum mit anderen »Pärchen« treffen, aber stets nur unter Kontrollaufsicht eines Mitarbeiters. Der Besuch auf den Gruppen oder gar im Zimmer des Freundes war generell tabu.

Auf eigenes massives Betreiben gelang es Frau A. und Herrn B., in eine geschlechtsgemischte Außenwohngruppe einer anderen Behinderteneinrichtung umzuziehen.

Dort konnten sie überraschend schnell ihre lebenspraktischen Fähigkeiten und ihre soziale Kompetenz entscheidend erweitern. Sie richteten sich zunächst zwei Einzelzimmer nebeneinander ein, zogen dann zusammen in das Zimmer von Herrn A., sodaß das Zimmer von Frau B. als gemeinsames Wohnzimmer diente. So wurde diese Wohnmöglichkeit zu einem Lernort, an dem sie prüften, ob sie im partnerschaftlichen Zusammenleben einmal eine richtige Wohnung für sich allein in der Stadt beziehen könnten. Aufgrund struktureller Veränderungen in der Wohngruppe ergriffen sie die Möglichkeit, in eine Dachwohnung innerhalb desselben Hauses umzuziehen. Dadurch ergaben sich vielfältige Chancen der Selbstversorgung in einer kleinen Küchennische (auch wenn es anfangs nur Bratkartoffeln oder Spaghetti als Einheitsessen gab!).

Immerhin war nach weiteren zwei Jahren der Schritt nach draußen möglich: Frau A. und Herr B. leben inzwischen in einer eigenen kleinen Wohnung in der Stadt. Vom ambulanten sozialpädagogischen Nachbetreuungsdienst werden sie mit abnehmender Tendenz mitbetreut. Die Versorgung des Paares klappt inzwischen weitestgehend selbständig. Vom ursprünglich noch veranschlagten Pflegesatz der Wohngruppe konnten sie abgekoppelt werden. Die Kosten werden über die Sozialhilfe nach § 72 BSHG, über Wohngeld und anderes mehr abgedeckt. Beide haben weiterhin ihren angestammten Dauerarbeitsplatz in der WfB.

Die Ausgliederung aus dem vollstationären Versorgungsbereich in eine normalisierte, gemeinwesenintegrierte Wohnform konnte vor allem aufgrund der motivierenden und stabilisierenden Funktion der Partnerschaft von Frau A. und Herrn B. schrittweise vollzogen werden. Auch die Entmündigung wurde damals in eine Pflegschaft umgewandelt.

Auf die Frage, wie sie denn zurechtkommen, haben sie geantwortet: »Allein müßten wir in der Wohngruppe bleiben, aber zusammen können wir in der Stadt leben — wie alle anderen Menschen auch«. Doch in der Akte des Sozialamtes steht heute noch als psychiatrische Diagnose: »Wegen Imbezillität und sittlicher Gefährdung auf ständige Heimunterbringung angewiesen.«

Partnerschaft und Sexualität aus der Sicht geistig behinderter Erwachsener

»Man braucht eben mehr als essen und trinken, das ist eben das dritte Bedürfnis. Was soll ein Gehirnschaden wohl damit zu tun haben, daß nun alles beeinträchtigt ist? Gefühlsmäßig und bedürfnismäßig lebt doch alles«, so die Mutter einer geistig behinderten Frau (zit. n. SCHIECHE von EICHSTEDT, 1981, 53).

Geistig behinderte Menschen kamen bisher selbst kaum zu Wort. Seit einigen Jahren wird zwar zunehmend öffentlich über ihre Sexualität geredet, aber man findet in der Literatur, auf Kongressen und Tagungen selten eigene Stellungnahmen geistig behinderter Menschen zu ihrem Leben, ihren Wünschen, Bedürfnissen und Einstellungen.

In einer 1983—85 durchgeführten Untersuchung im Rahmen eines Forschungsprojektes zum Thema »Lebenswirklichkeit geistig behinderter Menschen« haben wir geistig behinderte Erwachsene in biografischen Interviews selbst befragt. Wir wollten versuchen, deren Erleben in Bezug auf Sexualität und Erwachsenensein zu verstehen (WALTER, HOYLER-HERMANN 1987).

Die Hauptfrage unserer Untersuchung war die Überlegung, ob die Identität geistig behinderter Menschen im Erwachsenenalter eine *Erwachsenenidentität* mit erwachsenen sexuellen Bedürfnissen ist oder eher eine *Kinderidentität* mit entsprechenden kindlichen Bedürfnissen und »unreifen« kindlichen Sexualmustern.

Die zentrale Erkenntnis für uns war, daß nicht nur Sexualität, sondern mit ihr als wohl sensibelstem Lebensbereich Erwachsensein und Erwachsenwerden geistig behinderter Menschen verhindert wird. Sexualität ist so gesehen der exemplarische Fokus einer breiten Blockade der Identitätsentwicklung und Selbstverwirklichung vieler geistig behinderter Menschen als Erwachsene.

Da geistig behinderte Menschen aufgrund ihrer Intelligenzminderung im alltäglichen Lebensvollzug offensichtlich ein »mehr an Abhängigkeit« von stützender Fremdhilfe aufweisen (HAHN 1981), ist für das Alltagsverständnis unserer Umwelt eng mit dem Phänomen »geistig behindert« die Vorstellung einer lebenslangen Unfähigkeit verbunden, den Status und die Norm des reifen, mündigen und unabhängigen Erwachsenen zu erreichen. Das gesellschaftliche Erwachsenenleitbild schließt geistige Behinderung kontradiktorisch aus. Denn, so wird gefolgert, wenn geistig behinderte Menschen sich selbst versorgen, selbständig für sich und andere Verantwortung übernehmen könnten, dann wären sie gar nicht geistig behindert. Zudem verbindet das Alltagsverständnis mit der geistigen Behinderung in einem einheitlichen »Behinderungssyndrom« Unselbständigkeit, Abhängigkeit, geringe Leistungsfähigkeit, Unreife, Ehelosigkeit, keine oder allenfalls kindliche Sexualität und schließlich Sonderinstitutionen und gesellschaftliche Separierung.

So wurde eine unserer Interviewpartnerinnen, die heute 31jährige, zierliche Frau E., im Pubertätsalter von den Eltern in ein Heim gebracht »wegen sittlicher Verwahrlosung, da sie bedenkenlos mit jedem mitläuft. Sie wurde mit einem jugoslawischen Gastarbeiter gesehen«. So wörtlich der Antrag auf Heimunterbringung.

Aus dem biografischen Interview von Frau E. läßt sich folgerichtig ein entsprechendes Deutungsmuster heraushören: Weil ich erwachsen werden wollte und mir auch Sexualität wichtig wurde, mußte ich von zu Hause weg, denn meine Eltern mochten mich deswegen nicht mehr. Sexualität ist also etwas Schlechtes. Ich bin jemand, der ein Kind bleiben muß, damit die anderen mich mögen.

Leider verstärkten die beteiligten Mitarbeiter des Heimes die »kindlichen« Verhaltensmuster von Frau E. Sie wurde durchgängig nur geduzt oder mit Vornamen angeredet. Der Kleiderkauf für sie fand fast nur in der Kinderabteilung statt (weil es dort angeblich billiger sei) und bei heimüblichen Theateraufführungen wurde Frau E. stets die Kinderrolle übertragen.

Schon in früheren Untersuchungen hatten wir herausgearbeitet, daß die Problematik im Umgang mit der Sexualität keineswegs nur bzw. primär durch die geistige Behinderung verursacht ist (WALTER 1980 und 1983). Wir konnten nun erneut bestätigen, daß Sexualität und Sexualverhalten geistig behinderter Menschen abhängig sind von der Toleranzbreite sexueller Normhandhabung und moralischer Einstellung ihrer Betreuer.

Sozialpsychologische Vorurteilsbarrieren in der uninformierten Öffentlichkeit, aber auch bei Eltern, Lehrern und Mitarbeitern in Behinderteneinrichtungen, für die Sexualität und geistige Behinderung unvereinbar sind, sowie die oft traditionell sexualfeindlichen baulichen und strukturellen Institutionsbedingungen ergeben eine gravierende *sekundäre soziale Behinderung* für geistig behinderte Menschen. Dieses sekundäre Handikap macht aus der Sexualität geistig behinderter Menschen eine behinderte, meist sogar eine ver-hinderte Sexualität.

Entsprechendes lassen die *Deutungsmuster* unserer Interviewpartner im Bereich der Sexualität erkennen:

— Ich wünsche mir eine Partnerschaft, aber mich will ja keiner. Damit ich nicht zu sehr darunter leide, muß ich diesen Wunsch unterdrücken.

— Ich leide unter meinen Lebensumständen, die meine Sexualität einschränken, d. h. unter der Trennung von meiner Freundin, mit der ich nicht zusammenleben darf und unter der Sterilisation, die auf moralischen Druck hin erfolgte.

— Ich bin zu alt für Sexualität, meine Partnerschaft dient eher dem Nicht-Alleinsein.

— Ich brauche keine Partnerschaft, ich habe ja meine Mutter.

Nur Frau A. hatte ein positives Deutungsmuster entwickelt: Ich habe erreicht, was ich wollte. Ich habe einen Partner, lebe mit ihm zusammen, und wir können uns weitestgehend selbst versorgen.

Alle Interviews ergaben aber auch, daß unsere Gesprächspartner sexuelle Wünsche und Bedürfnisse haben und sich ihrer Sexualität bewußt sind.

Mit Sexualität bzw. Geschlechtlichkeit verbinden auch geistig behinderte Menschen nicht nur Geschlechtsverkehr zum Zwecke der Fortpflanzung, sondern sind durchaus in der Lage, neben der persönlichen Lustbefriedigung auch den sozioemotionalen Bereich personaler Kommunikation zu differenzieren. So erhielten wir folgende Antworten:

> Sexualität ist,
> »Wenn man sich auszieht und nackt ist«,
> »Wenn es mit dem Körper zu tun hat«,
> »Mehr als nur miteinander schlafen — streicheln«,
> »Wenn man miteinander schläft und sich in den Arm hinein nimmt«,
> »Wenn es ein bißchen weitergeht wie Freundschaft«,
> »Wenn man nicht so abgesondert ist vom Partner, als wenn man allein schläft«.

Händchenhalten, Streicheln, Umarmen und Küssen sind die am meisten akzeptierten Ausdrucksformen der Zuneigung. Aber auch die Aussagen zum Geschlechtsverkehr machen deutlich, daß die Interviewpartner wissen, worum es geht.

Auch zur *Selbstbefriedigung* äußern sich die Befragten: »Es ist nichts Schlimmes, aber man sollte es dann machen, wenn es niemand sieht«. Oder eine andere Äußerung: »Aber wenn man z. B. einen Trieb hat, dann gibt es nur eines, nicht die Freundin zu vergewaltigen, sondern sich selbst zu befriedigen, dann ist es wieder weg, dann ist das Ganze abgestellt und dann hört es sofort wieder auf«.

Folgende *Einstellung zu einer Partnerschaft* läßt sich den Interviews entnehmen:

»Man muß sich halt gut anfreunden und muß guten Willen zeigen, und man muß immer schön angezogen sein, muß unter die Leute gehen, dann kann man einen Partner am schnellsten finden«.

Gründe für den Wunsch nach einer Partnerschaft sind: »Daß man miteinander lebt, miteinander wohnt, miteinander schafft«. »Nicht allein sein«. »Nachdem ich gehört habe, daß ich in eine Wohngruppe komme und nicht allein wirtschaften kann wie ich es will, durch meine Behinderung, habe ich gedacht, suchst Kontakt zu einer Frau und probierst, ob sie bei dir bleibt. Ich habe es ein paarmal probiert, ob sie bei mir bleibt und dann hat es auch geklappt«.

Schwierigkeiten mit dem Partner werden in erster Linie durch Gespräche angegangen. »Probiere mich wieder ein bißchen einzuschmeicheln, dann kommt er meistens wieder von selbst, dann reden wir halt drüber«. — »Ich schrei ihn an, dann gehe ich in ein anderes Zimmer. Wenn ich mich wieder beruhigt habe, gehe ich wieder zu ihm und bespreche, was los war.« »Dann warte ich ab, bis sie wieder kommt von selber ... tu dann vielleicht den Ärger mit ihr bereden«.

Auch hier wird deutlich, daß sich die interviewten geistig behinderten Menschen in ihren Einstellungen zu Partnerschaft keineswegs von nichtbehinderten Mitbürgern unterscheiden.

Resümee

Unsere Untersuchung konnte zeigen, daß geistig behinderte Menschen sexuelle Wünsche und Bedürfnisse als erwachsene Menschen haben. Aber nur einmal kann von einer geglückten Erwachsenenidentität mit »reifem« Sexualleben gesprochen werden. Den übrigen Gesprächspartnern wurde eine partnerbezogene Sexualität ganz verwehrt. Sexualität wird meist als Negativum vermittelt, das nicht normal ist und sogar mit Heimeinweisung bestraft wurde. Wir mußten feststellen, daß beinahe alle Interviewpartner unter einer unerfüllten und verunsichernden Sexualität leiden, fast alle zeigten deutliche Probleme:

— Verdrängung von einschneidenden sexuellen Erlebnissen;
— Unverarbeitete Sterilisation;
— Abwehr von sexuellen Themen und Fragestellungen;
— Angst vor dem anderen Geschlecht;
— Verdrängung von sexuellen Bedürfnissen bzw. ambivalente Gefühle gegenüber der eigenen Sexualität;
— Verdrängung der Sexualität, um von der Umwelt geliebt und akzeptiert zu werden in der Rolle des »großen Kindes«.

Die biografischen Materialien machten deutlich, daß die sexuelle Sozialisation geistig behinderter Menschen eine Anpassungs- und Leidensgeschichte ist und bestätigten unsere Hypothese, für geistig behinderte Menschen entstehe eine sekundäre Behinderung durch fehlende Freiräume und mangelnde Möglichkeiten zur Einübung zunehmender Selbständigkeit.

Im seltenen Ausnahmefall konnte aber auch nachgewiesen werden, daß Sexualität eine identitätsstiftende Funktion haben kann, wenn geistig behinderten Menschen eine Partnerschaft zugestanden wird.

Sexuelle Partnerschaft und eheähnliche Gemeinschaft

Sexuelle Partnerschaft und Ehewünsche

Was geistig behinderte Menschen mit Heirat und Ehewunsch verbinden und wieweit sie überhaupt den Genitalbereich in ihr sozio-sexuelles Verhalten einbeziehen, ist bisher kaum empirisch belegt. Dennoch sind sehr oft seitens der Eltern und

Betreuer latente Ängste vor einer potentiellen Schwangerschaft herauszuhören.

Im allgemeinen kann davon ausgegangen werden, daß sich das partnerschaftliche Interesse geistig behinderter Menschen nicht primär auf den Geschlechtsverkehr bezieht.

Mit Freund oder Freundin wird eher jemand gesucht, der ganz zu ihnen gehört. Obendrein weist die Genitalsexualität schwerst- und schwerstmehrfachbehinderter Menschen selten eine soziale partnerzentrierte Komponente auf, sondern äußert sich meist in autosexueller Orientierung (Masturbation) oder gar so diffus, daß oft aggressive Beimischungen auffallen. Zudem erfordert die Schwere der Behinderung eine ständige intensive Pflege und Betreuung.

KREBS (1985) verdanke ich den Hinweis auf eine amerikanische Untersuchung aus dem Jahr 1982. CHAMBERLAIN und Mitarbeiter haben in grafischer Übersicht sehr eindrücklich verdeutlicht, daß mit zunehmender geistiger Behinderung die genitalsexuellen Aktivitäten abnehmen (vgl. die Abb. 1 und Abb. 2 — Seite 200).

KREBS folgert, daß der »genital-sexuelle Vollzug hierzulande unter mittel- und schwergradig geistig Behinderten nur von einem relativ geringem Prozentsatz — etwa 10—15 % — bekannt« sei (S. 741).

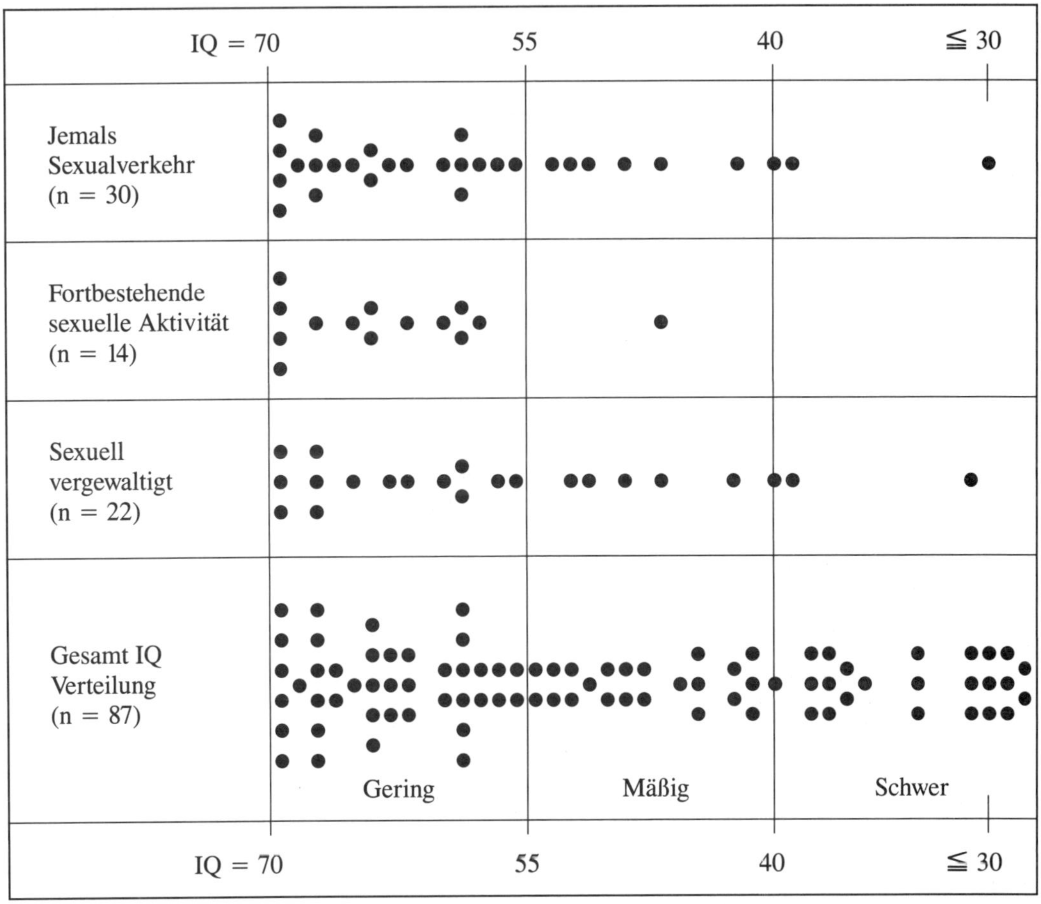

Abb. 1: Sexuelle Aktivitäten bzw. Erfahrungen geistig behinderter Menschen in Abhängigkeit vom IQ (nach KREBS 1985).

Die häufig unbedachten Antwortreaktionen der Mitarbeiter auf Ehewünsche geistig behinderter Menschen bestehen meist aus Vertröstungen, ausweichender Notlüge, Ablenkung, harter Konfrontation mit der Realität (Du bist doch behindert!) oder im Lob der Ehelosigkeit (vgl. WALTER 1980, 194 ff.). So schlägt EGG in ihrem Elternbuch vor, wie die »Schönheit des Ledigstandes« (EGG 1975) durch orale Ersatzbefriedigung strategisch erreicht werden kann:

»Wenn Werner sagt, er wolle die Brigitte heiraten und ich ihn dann frage, was sie dann essen werden, da das Mädchen nicht kochen kann, so fällt er die Entscheidung zwischen Ehe mit Brigitte und dem Genuß der mütterlichen Kochkünste sehr bald zugunsten der letzteren. Denn das gute Mittagessen ist eine Wirklichkeit, die nur die Mutter verwirklichen kann …« (1966).

In den letzten Jahren haben sich jedoch immer mehr Eltern und Betreuer nicht mehr mit diesen Antworten zufrieden gegeben und nach anderen Wegen gesucht.

Ablenkung oder psychologische Uminterpretation der Ehewünsche als reiner Wunsch nach Nähe und pures Imitationsverhalten wird nicht mehr akzeptiert und die Möglichkeit einer »beschützten Ehe« rückt für viele zunehmend ins Blickfeld. Die Realisation gelingt allerdings nur zögernd.

Beschützte Ehe

1977 definiert SCHRÖDER programmatisch die Sonderform einer Ehe bei geistiger Behinderung als »Beschützte Ehe«, die im Verbund mit einer Wohnstätte sozialpädagogisch begleitet wird.

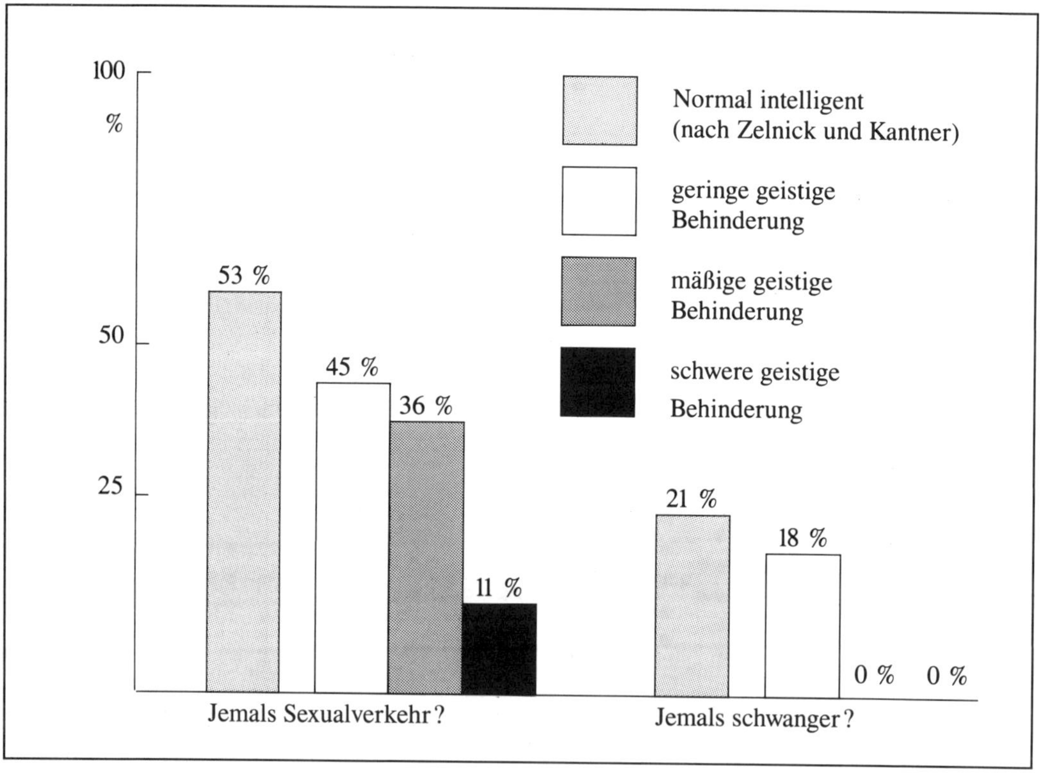

Abb. 2: Sexuelle Aktivitäten und Schwangerschaften geistig behinderter Menschen zwischen 15 und 19 Jahren, verglichen mit einer Gruppe gleichalter Frauen mit normaler Intelligenz (nach KREBS 1985).

In ihrer Wohnstättenumfrage, die die Bundesvereinigung Lebenshilfe 1983 in Mitgliedseinrichtungen durchführte, bejahten allerdings nur 11,5 % (n=139) die Frage, ob es in der Wohnstätte Eheschließungen und Paare geistig behinderter Bewohner gibt.

Wohl existieren unseres Wissens zunehmend in kirchlichen Großheimen und Anstalten einzelne Versuche, eheähnliche Gemeinschaften pädagogisch zu begleiten oder zumindest sexuelle Partnerschaften zu tolerieren, doch man »erfährt meist nur hinter vorgehaltener Hand darüber, und es wird auch sofort um Verschwiegenheit gebeten« (SCHRÖDER 1977, 75). Im traditionellen Bereich der Diakonie oder Caritas ist es nach wie vor relativ schwer, »wilde Ehen« geschäftsunfähiger geistig behinderter Menschen zu akzeptieren. Manches behinderte Paar könnte sehr wohl im beschützten Raum zusammenleben, ohne daß die standesamtliche Trauung erfolgte, die diesem Paar oft wegen fehlender Geschäftsfähigkeit nicht möglich ist. Aber da ohne Standesamt keine kirchliche Trauung möglich und im innerkirchlichen Raum Sexualität nur innerhalb der legalisierten Ehe denkbar ist, schließt sich für die geistig behinderten Menschen ein weiterer Kreis der Beeinträchtigung durch ethisch-moralische Barrieren.

So sehr einerseits diese Bemühungen um *beschütztes Paarwohnen* zu begrüßen sind, ist doch kritisch zu vermerken, daß sich hier leicht ein neues Vorurteil fixieren kann. Denn es besteht die Gefahr, geistig behinderte Menschen in eine eheähnliche Partnerschaft oder gar Ehe zu drängen, um die eigene traditionelle Ehe- und Sexualmoral zu retten. Unseres Erachtens ist dies eine Art »Zwangsbeglückung«. Wer ohne Partner bzw. Partnerin glücklich lebt, dem braucht kein solcher bzw. keine solche aufgezwungen werden. Es ist nicht sicher, ob die bürgerliche Ehe, wie wir nichtbehinderte Zeitgenossen sie als Lebensgemeinschaft kennen, geistig behinderten Menschen gerecht wird. In unserer pluralistischen Gesellschaft leben viele Menschen als »Single«, also ehelos. Andererseits heißt Alleinleben nicht automatisch, auch ohne Gentialsexualität zu leben. Auf diesen Denkfehler muß im Zusammenhang mit geistig behinderten Menschen entschieden hingewiesen werden.

Im Gegensatz zu diesen vereinzelten deutschen Ansätzen können skandinavische und angelsächsische Rehabilitationsmaßnahmen für geistig behinderte Paare auf jahrelange Erfahrungen zurückgreifen. »Ehe auf Probe«, Trainingswohnungen und intensive Vorbereitungen im lebenspraktischen Bereich können den einzelnen Paaren schrittweise helfen, ihre Partnerschaft im Alltag besser zu bewältigen. Im deutschsprachigen Bereich wird leider noch viel zu häufig unterstellt, geistig behinderte Erwachsene seien nur in Ausnahmefällen auf Dauer »bindungsfähig« und deshalb könne man auch kaum von einer »Ehe- bzw. Partnerschaftsfähigkeit« bei diesem Personenkreis sprechen.

Häufig wird mit einer potentiellen Ehescheidung und der dann schwierigen psychischen Trennungsverarbeitung argumentiert. Doch dieses Argument scheint vorgeschoben, da die bisherigen dänischen und schwedischen Erfahrungen eher unterdurchschnittliche Scheidungsziffern aufweisen (BANK-MIKKELSEN 1973). Es gibt sogar Anhaltspunkte dafür, daß die Partnerschaften geistig behinderter Menschen weniger störanfällig und deshalb womöglich »dauerhafter« sein könnten als die Durchschnittsehen Nichtbehinderter: Aufgrund ihrer Intelligenzminderung ist bei geistig behinderten Menschen ein größeres Bedürfnis nach Beständigkeit und Gleichmaß in der alltäglichen Lebenswelt feststellbar; sie haben weniger Gelegenheit zu neuen, häufig wechselnden Sozialkontakten und wahrscheinlich eine geringere Vorstellungskraft, alternative Lebensvollzüge zu phantasieren; sie sind deshalb womöglich für sexualisierende Umweltstimuli weniger anfällig.

Die rechtliche Situation

Aus der Sicht der derzeitigen Rechtsprechung ist die Frage, ob geistig behinderte Menschen überhaupt heiraten dürfen, nicht generell zu beantworten. Das bisher geltende Recht der Vormundschaft und Pflegschaft, das eine klare Aussage zur Geschäftsfähigkeit des Betroffenen traf und es beschränkt Geschäftsfähigen möglich machte, mit Zustimmung des Vormundes zu heiraten, ist durch das neue Betreuungsgesetz seit dem 1. 1. 1992 abgelöst worden. Die Bundesvereinigung Lebenshilfe hat 1993 eine kleine Broschüre mit dem Thema »Heirat nicht ausgeschlossen? Zur Eheschließung von geistig behinderten Menschen« herausgegeben. Ich zitiere im folgenden aus dieser Broschüre:

»Da keine Aussage zur Geschäftsfähigkeit mehr getroffen wird, ist es auch nur logisch, daß mit der Bestellung eines Betreuers keine Aussage zur Ehefähigkeit verbunden ist. Das Betreuungsgesetz sieht insbesondere keine Möglichkeit einer rechtlich verbindlichen Feststellung der Eheunfähigkeit vor, läßt es auch nicht zu, einen Einwilligungsvorbehalt auf Willenserklärungen zu erstrecken, der auf das Eingehen einer Ehe gerichtet ist.« Da beschränkte Geschäftsfähigkeit weggefallen ist, gibt es bei Volljährigen auch keine Zustimmung des Vormundes zur Eheschließung mehr.

»In Zukunft hängt die juristische Frage der Ehefähigkeit davon ab, ob die Personen, die heiraten wollen, die Geschäftsfähigkeit besitzen, die für eine Eheschließung gesetzlich vorausgesetzt wird. In der Regel wird das der Standesbeamte, bei dem das Aufgebot bestellt wird, zu prüfen haben; er muß sich dabei selbst ein Bild verschaffen, ob eine Klärung der Frage der Geschäftsfähigkeit erforderlich ist.« (In diesem Falle müßte er mit dem Vormundschaftsgericht rückkoppeln.)

»Eine Ehe im rechtlichen Sinne wird von dem Standesbeamten durch übereinstimmende Willenserklärung der Verlobten, die erklären, die Ehe miteinander eingehen zu wollen, geschlossen (§ 13 Ehegesetz). ... Ein Geschäftsunfähiger kann diese Willenserklärung nicht wirksam abgeben. Ein Ersetzen dieser Willenserklärung ist nicht möglich. ... Man kann sie nicht von der Zustimmung oder Billigung des Betreuers oder des Gerichtes abhängig machen.«

Allerdings können Eheverträge und Gütergemeinschaftsregelungen durch den gesetzlichen Vertreter bei unter Betreuung stehenden geschäftsfähigen Ehegatten abgeschlossen werden. Die unter Betreuung stehenden geschäftsfähigen Ehegatten können einen Ehevertrag über die güterrechtlichen Verhältnisse in ihrer Ehe nur selbst abschließen, bedürfen aber der Zustimmung des gesetzlichen Vertreters. »Durch den Abschluß von Eheverträgen lassen sich vermögensrechtliche Konsequenzen, die vielleicht Eltern geistig behinderter Menschen die Eheschließung mit Skepsis betrachten lassen, im gewünschten Sinne regeln.« (S. 15 ff.)

Wohnformen für geistig behinderte Paare

Ich möchte die Realisierung der Idee des Paarwohnens für geistig behinderte Menschen anhand eigener Konzeptionsentwicklungen seit Mitte der 80er Jahre in einer großen Behinderteneinrichtung verdeutlichen:

Erster Schritt:
Eine Frauenwohngruppe wurde mit relativ größerer Autonomie auf dem Anstaltsgelände außerhalb des Heimbereiches eingerichtet. Dies führte zu überraschenden Entwicklungsprozessen größerer Selbständigkeit und Eigenverantwortung der vorher jahrelang hospitalisierten Bewohnerinnen.

Zweiter Schritt:
Aufgrund dieser Erfahrung wurde eine Männergruppe in einem Hochhaus außerhalb des Heimes als Außenwohngruppe untergebracht. Allerdings machten die Konflikte in der monogeschlechtlichen Gruppe schnell deutlich, daß Normalisierung ohne normalisierten Umgang zwischen den Geschlechtern die Entwicklungsmöglichkeiten der behinderten Bewohner stark einschränkt.

Dritter Schritt:
Als Konsequenz gingen wir daran, eine gemischt-geschlechtliche Wohngruppe in einem angemieteten Zweifamilienhaus einzurichten. Anfangs waren Zimmer- und Sanitärbereich nach

Stockwerken für Männer und Frauen getrennt und ständig wohnte ein Mitarbeiter in der Gruppe.

Vierter Schritt:
Die positiven Erfahrungen ermöglichten den Ausbau von zwei weiteren gemischt-geschlechtlichen Wohngruppen in angemieteten Einfamilienhäusern bzw. großen Etagenwohnungen.

Fünfter Schritt:
Der nächste Schritt war eine gemischt-geschlechtliche Wohngruppe mit zwei Paaren und drei Einzelpersonen. Die Paare, deren Beziehungen schon einige Jahre bestanden, konnten somit zum ersten Mal innerhalb einer Wohngruppe ein gemeinsames Zusammenleben gestalten.

Sechster Schritt:
In den anderen Wohngruppen wurden dann integrierte Paarwohnungen innerhalb der Gruppe oder eine in der Wohngruppe befindliche Einliegerwohnung für ein relativ selbständiges Paar eingerichtet (vgl. das Eingangsbeispiel von Frau A. und Herrn B.). Unsere Konzeption war inzwischen aufgrund positiver Erfahrungen soweit weiterentwickelt worden, daß wir den Paaren je nach Fähigkeit und Entwicklungsstand einen angemessenen, mehr oder weniger unabhängigen, aber dennoch in die Wohngruppe integrierten Lebensort als Paar anbieten konnten.

Siebter Schritt:
Die gemachten Erfahrungen führten schließlich zur Konzeptionsentwicklung unseres »Paarmodells«: Darunter verstanden wir einzelne Wohnungen für Paare in verschiedenen gemeinwesenintegrierten Wohnungen mit intensiver spezieller Betreuung durch einen hierfür abgestellten Mitarbeiter, unseren nachgehenden Betreuer. Die relativ große Selbständigkeit und Eigenverantwortung der Paare kann sich aber nur dadurch entfalten, wenn die Paare ständig auf die für sie wichtigste und immer auch gewünschte Sicherheit der nachgehenden Betreuung und die weiteren Angebote von Heim oder WfB zurückgreifen können. So wurde ein Paarstammtisch eingerichtet und die Teilnahme an Freizeitangeboten der anderen Wohngruppen war stets möglich.

Achter Schritt:
Unser Paarmodell hat sich ständig weiter differenziert, z. T. wurden kleine Wohngemeinschaften für zwei oder drei Paare eingerichtet, z. T. konnten einzelne Paare soweit rehabilitiert werden, daß sie inzwischen selbständig in einer Stadtwohnung leben und täglich zur WfB fahren können. Alle Paare in dieser Modellstufe versorgen sich weitgehend selbst, werden aber von einem ambulanten Nachbetreuungsdienst regelmäßig besucht.

Diese verschiedenen Stufen waren das Ergebnis eines längeren pädagogischen Prozesses. Es kam oft vor, daß ein Paar all die vielen Zwischenschritte vom vollstationären Heim über die Außenwohngruppen zum selbständigen Leben durchlief. Daraus aber eine zwangsläufige Rehabilitationskette zu konstruieren mit regulärem Integrationsziel des gemeinwesenintegrierten Paarwohnens, wäre pädagogischer Unsinn. Dabei würde die Tatsache verkannt, daß es häufig kaum zu überwindende gesellschaftliche Grenzen gibt, aber auch Grenzen in der Person des behinderten Menschen und manche rückläufigen Entwicklungsprozesse, die die emanzipatorische Euphorie mancher Mitarbeiter erheblich dämpfen.

Wir haben unsere Zwischenschritte vom Heim zum selbständigen Paarwohnen als eine mosaikartige Palette von möglichen Lebensorten geistig behinderter Menschen verstanden, an denen ein partnerschaftliches und erfülltes Leben auf verschiedensten Ebenen und Dimensionen pädagogischer Betreuung möglich ist. »Ehe auf Probe«, Trainingswohnungen und intensive Vorbereitung im lebenspraktischen Bereich können den einzelnen Paaren schrittweise helfen, ihre Partnerschaft im Alltag zu bewältigen. Der pädagogischen Phantasie sind letztlich keine Grenzen gesetzt.

Generativer Aspekt: Kinder geistig behinderter Eltern

In der Frage der Kinder geistig behinderter Eltern sind sich viele Autoren im deutschsprachigen Raum einig. Eine Selbstbestimmung hinsichtlich

Nachkommen wird abgelehnt. In Skandinavien herrscht in dieser Frage nicht dieselbe ablehnende Übereinstimmung.

GRUNEWALD/LINNER referieren Untersuchungen aus Schweden, wo in einem Bezirk mit 274.000 Einwohnern von 93 Kindern mit geistig behinderten Müttern nur drei »psychische Schäden« hatten (1981, S. 76). Allerdings werden in Schweden verstärkt Hilfen für geistig behinderte Eltern angeboten: Haushaltshilfen, Kontaktfamilien, Tagesstättenplätze bei einer WfB. Zudem wurden positive Erfahrungen mit Gesprächs- und Trainingsgruppen für geistig behinderte Mütter gemacht. Die Autoren gehen davon aus, daß diese Eltern im Prinzip die gleichen Probleme wie nichtbehinderte Eltern haben, jedoch in der für sie ungewöhnlichen Situation mehr Hilfe brauchen.

In der Bundesrepublik sind erst vereinzelte Fälle geistig behinderter Paare mit Kind bekanntgeworden (z. B. in Braunschweig oder in Reutlingen). Meist sind es Betreuer in kleineren Wohnstätten, die das Selbstbestimmungsrecht geistig behinderter Menschen dermaßen konsequent gelten lassen, daß sie akzeptieren, wenn geistig behinderte Bewohner trotz eingehender pädagogischer Beratung dennoch vom Kinderwunsch nicht Abstand nehmen. Leider ist sozialrechtlich immer noch problematisch zu klären, wer dann die dringend erforderlichen Betreuungskosten der »behinderten« Familie finanziert (vgl. zu neueren Entwicklungen des Paarwohnens geistig behinderter Menschen mit Kindern: WALTER 1992 b, S. 299 ff.).

Verhütungsmittel aus sexualpädagogischer Sicht

Der Verzicht auf Elternschaft setzt allerdings eindeutige Regelungen der Empfängnisverhütung voraus. Häufig wird jedoch von Eltern und Betreuern die Anwendung von Verhütungsmitteln generell abgelehnt, sei es mit dem Argument der gesundheitlichen Nebenwirkung oder der riskanten Unregelmäßigkeit der Einnahmen oder überhaupt aus dem Wunsch nach totaler Sicherheit vor unerwünschtem Nachwuchs. Dabei fällt auf, daß oft schon gegen Verhütungsmittel argumentiert wird, obwohl weder einschlägige Versuche unternommen wurden noch Erfahrungen seitens der Betroffenen vorliegen, noch diese überhaupt schon eindeutig genital-sexuelle Interessen bekundet hatten.

Häufig sind aber nur wenige Eltern und Betreuer umfassend über mögliche Verhütungsmethoden und deren Praktikabilität informiert. Bei mechanisch-chemischen Methoden wird eine gewisse praktische Intelligenz und z. T. Kenntnisse der Anatomie vorausgesetzt, so daß eine exakte Anwendung bei geistig behinderten Menschen wohl kaum anzunehmen ist. Dies gilt in noch verstärkterem Maße bei Zeitwahlmethoden.

Wo es medizinisch ohne Bedenken möglich ist, raten wir zunächst zur Pille. Bei relativ geringem Kontrollaufwand und eigener Motivation der betroffenen geistig behinderten Frau (dies ist allerdings maßgeblich für den Erfolg) dürfte die Verwendung dieser Methode auf einen überschaubaren Zeitraum hin möglich sein. Wo sexuelle Partnerschaften schon länger und intensiver bestehen, raten wir zur Spirale und schließlich zur Sterilisation.

Allerdings gilt grundsätzlich, daß kaum einem geistig behinderten Jugendlichen einleuchten wird, warum er/sie ständig prophylaktisch Verhütungsmittel nehmen soll, ohne überhaupt genital-sexuelle Partneraktivitäten zu entwickeln. Bei nichtbehinderten Jugendlichen ist dies nicht anders.

Wo sich aber eine Freundschaft und Partnerschaft anbahnt und über einen längeren Zeitraum stabilisiert, entsteht auch eine Eigenmotivation zur sexualpädagogischen Verhütungsberatung und schließlich eine ungeahnte »Einsichtsfähigkeit« in Fragen der Sterilisation. Schließlich willigen manche Paare in eine Sterilisation ein, wo dies ursprünglich für undenkbar gehalten worden ist. Meiner Einschätzung nach dürfte dies allerdings kaum vor dem 25. Lebensjahr der Fall sein aufgrund der sich erst bis dahin abzeichnenden Nachentwicklungsmöglichkeiten.

Erziehung der Erzieher als Vorbedingung der Sexualpädagogik

In der Diskussion über Sexualität und Partnerschaft geistig behinderter Menschen wird schnell deutlich, daß zunächst die Auseinandersetzung mit den eigenen Ängsten, Vorbehalten und der persönlichen Einstellung zur Sexualität ansteht und im Mitarbeiterkreis gelernt werden muß, über dieses Thema offen zu reden.

In unserem Mitarbeiterteam war es ein langer und oft schmerzlicher Weg, bis der Zusammenhang zwischen der persönlichen Lern- oder gar Leidensgeschichte mit der eigenen Sexualität und der Sexualität der behinderten Menschen erkannt worden ist. Wir haben uns deshalb sehr intensiv außer mit Sachinformationen zur Sexualität mit unseren eigenen Einstellungen, mit unseren moralischen Sexualnormen und ethischen Werten beschäftigt. Und erst nach einem Lernprozeß von ca. 1½ Jahren wagten wir die sexualpädagogische Umsetzung.

Uns wurde klar, daß das zeitlich begrenzte einmalige Aufklärungsgespräch mit zudem verkürzender Hervorhebung biologisch-anatomischer Zusammenhänge abzulehnen ist. Sexualpädagogik sollte in frühester Kindheit beginnen und zwangsläufig als lebenslange Aufgabe unverzichtbarer Bestandteil der gesamten Erziehungsbemühungen sein.

Leider sind die meisten Eltern und auch Heimmitarbeiter/-innen bei weitem überfordert, genauso viel methodisch-didaktisches Geschick und vor allem Zeit und Mühe aufzubringen, z. B. für sexual-pädagogische Bemühungen bei der Auseinandersetzung mit Verhütungsmitteln oder der konkreten Einübung einer selbständigen Anwendung dieser Methoden, wie sie dies etwa im lebenspraktischen Unterricht für das Essen mit Messer und Gabel oder das Kleiderzuknöpfen oder Schuhebinden tun.

Warum soll bei Verhütungsmitteln nicht auch zutreffen, daß ohne ständig übende Wiederholung kein anhaltendes Verhaltensrepertoire entsteht?

Die besondere Bedeutung der Sexualität und Partnerschaft

Die zahlreichen Bemühungen der letzten Jahre um Normalisierung der Lebensbedingungen und die vermehrte Akzeptanz der subjektiven Bedürfnisse geistig behinderter Menschen und ihres Anspruchs auf Selbstverwirklichung in sozialer Integration führten zu der Erkenntnis, daß geistig behinderten Menschen nicht mehr länger das Recht auf ein erfülltes und befriedigendes Sexualleben abzusprechen ist. Dort, wo normalisierter Umgang behinderter Menschen beiderlei Geschlechts ermöglicht worden ist, konnten bisher sehr erfreuliche Erfahrungen gemacht werden. Viele, die bisher nur schwer ansprechbar oder aggressiv reizbar waren, fingen an, sich um ihr Aussehen und um ihre Kleidung zu kümmern, sich höflicher und rücksichtsvoller zu benehmen und allgemein aktiver zu werden.

Die Möglichkeit, partnerschaftliche Beziehungen einzugehen, hat für geistig behinderte Menschen mehr noch als für Nichtbehinderte die Bedeutung, sich selbst und ihrer Attraktivität für andere bewußt zu werden. Der Mensch, der sich um sie kümmert, der Zuwendung schenkt, handelt nicht aufgrund seiner ethischen Verpflichtung als Elternteil oder als professioneller Betreuer oder Therapeut, sondern aus Interesse an dem gleichrangigen Partner. Dadurch gewinnt für behinderte Menschen Sexualität eine weitere Bedeutung — nämlich die Erfahrung und Selbstbestätigung, ein »normaler Mann« bzw. eine »normale Frau« zu sein und so von einem anderen Menschen als »vollwertiger« Partner akzeptiert zu werden.

Der identitätsstabilisierende, entwicklungsfördernde und auch therapeutische Effekt einer Partnerschaft geistig behinderter Erwachsener hat obendrein eine ganz pragmatische Seite der gegenseitigen Hilfe bei der Alltagsbewältigung. Geistig behinderte Menschen, die allein eine Situation nicht hätten bewältigen können, lernen, sich als Paar gegenseitig zu helfen. Anstatt die ganze Kraft in letztlich wenig aussichtsreichen Unterdrückungsversuchen zu vergeuden, sollte im Gegenteil die enorme Motivationskraft, die von einer möglichen Partnerschaft ausgehen kann, pädagogisch im positiven Sinne genutzt werden. Lebenspraktische und berufliche Tätigkeiten bekommen plötzlich einen neuen Sinn. »Ohne eine Aussicht auf mehr Selbst- und Eigenständigkeit im persönlichen, sozialen oder beruflichen Bereich bleiben alle die Verrichtungen und pädagogischen Bemühungen lebensfremde Trainings- oder Therapieprogramme« (SCHRÖDER 1982, 176).

Es ist ethisch unerheblich, ob die sexuelle Partnerschaft bzw. eheliche Gemeinschaft allein oder mit stützender fremder Hilfe gelingt. Für pädagogisches Handeln in der Behindertenarbeit ergibt sich die konsequente Zielformulierung, »daß eine erotische Beziehung für die personale Reifung der Beteiligten förderlicher ist als der Verzicht auf sie.« (MOLINSKI 1982, 17 f.)

Angesichts des anthropologisch hohen Stellenwertes, den Sexualität für humane Selbstverwirklichung besitzt, kann in diesem Sinne von einem *Grundrecht auf Sexualität* gesprochen werden, das die verantwortlichen Bezugspersonen geistig behinderter Menschen verpflichtet, Sexualität, Freundschaft und Partnerschaft in dem Maße zu fördern, wie sie die behinderten Partner einander näher bringt, sie in ihrer sozialen Verantwortung füreinander reifen und in ihrer personalen Entwicklung wachsen läßt.

Das Normalisierungsprinzip bezieht sich aus dieser Sicht nicht nur auf den Bereich der Arbeit und der Ausbildung sowie den Wohnbereich, sondern schließt auch den zwischenmenschlichen Sozialbereich ein. Schon 1982 formulierte die Handreichung des Verband katholischer Einrichtungen für Lern- und Geistigbehinderte: »Es wäre inkonsequent, ja sogar schädlich, von einem Behinderten zu verlangen, daß er z. B. ein seinem Alter entsprechendes Arbeitsverhalten zeigt, ein altersgemäßes Sexualverhalten aber ignoriert oder gar verboten, jedenfalls nicht akzeptiert wird« (S. 30 f.).

Sexualpädagogische Begleitung der Menschen mit geistiger Behinderung ist Hilfe zur Selbsthilfe und leistet einen entscheidenden Beitrag zu mehr Selbständigkeit in sozialer Verantwortung.

Sie ist somit maßgeblich »Lebenshilfe« zur alltäglichen Lebensbewältigung. Und Lebenshilfe für geistig behinderte Menschen war doch schon immer unser aller erklärtes Ziel.

Prof. Dr. Joachim Walter
Evang. Fachhochschule für
Sozialwesen Freiburg
Bugginger Str. 38

79 114 Freiburg

D

Literatur

ACHILLES, K. (1980): »Was macht Ihr Sohn denn da?« Geistige Behinderung und Sexualität. München.

BADER, I. (1991): Körperlichkeit und Sexualität. In: FRÖHLICH, A. (Hrsg.): Pädagogik bei schwerster Behinderung. Handbuch der Sonderpädagogik Bd. 12, Berlin, S. 219—229.

BANK-MIKKELSEN, N. E. (1973): Ehe zwischen geistig Behinderten in Dänemark. Kopenhagen.

Bundesvereinigung Lebenshilfe für geistig Behinderte e.V. (Hrsg.) (1993): Heirat nicht ausgeschlossen? Zur Eheschließung geistig behinderte Menschen. Marburg.

DANK, S. (1993): Denkanstöße zur Sexualität schwerstbehinderter Menschen. In: Geistige Behinderung, H. 2, S. 116 ff.

EGG, M. (1966): Andere Menschen, anderer Lebensweg. Zürich.

EGG, M. (1975): Lebensweg der Behinderten. Olten.

ENDERS, U. (Hrsg.) (1980): Zart war ich, bitter war's. Sexueller Mißbrauch an Mädchen und Jungen. Köln.

GRUNEWALD, K.; LINNER, B. (1981): Sexualität und Normalisierung geistig Behinderter. In: Zur Orientierung, S. 70 ff.

HAHN, M. (1981): Behinderung als soziale Abhängigkeit. München.

HOYLER-HERRMANN, A.; WALTER, J. (Hrsg.) (1994): Sexualpädagogische Arbeitshilfe für geistigbehinderte Erwachsene und ihre Bezugspersonen. 3. Auflage. Heidelberg.

KENTLER, H. (1985): »Sexualität ist lernbar«. In: Zusammen H. 6/7, S. 22 f.

KREBS, H. (1985): Partnerschaft, Sexualität und Kontrazeption bei geistigbehinderten Menschen. In: Fortschritte der Medizin H. 8, S. 26—31.

Ders. (1992): Medizinische Aspekte zur Sexualität geistigbehinderter Menschen. In: WALTER (Hrsg.) (1992 b), S. 40 ff.

MOLINSKI, W. (1982): Fragen der Sexualität und Partnerschaft geistig Behinderter aus anthropologischer Sicht. In: Verband katholischer Einrichtungen 1982, S. 3 ff.

NEUER-MIEBACH, Th.; KREBS, H. (Hrsg.) (1987): Schwangerschaftsverhütung bei Menschen mit geistiger Behinderung — notwendig, möglich, erlaubt? Marburg: Lebenshilfe-Verlag.

Pro familia Magazin: Themaheft »Sexualität und Behinderung«, 1/1990

RETT, A. (1981): Die Pubertät bei geistig Behinderten. In: LEMPP, R. (Hrsg.): Adoleszenz, Bern.

RETT, A.; BATTISTICH, P. (1977): Zur Sexualität geistig Behinderter. In: Sexualmedizin H. 10, S. 808 ff.

SCHIECHE von EICHSTEDT, M. (Hrsg.) (1981): Ist Aufopferung eine Lösung? Berlin.

SCHRÖDER, S. (1977): Beschützte Ehe bei geistig Behinderten. In: KLUGE; SPARTY (Hrsg.): Sollen, können, dürfen Behinderte heiraten? Bonn, S. 70 ff.

Ders. (1982): Partnerschaften zwischen den Geschlechtern in Wohneinrichtungen für erwachsene geistig Behinderte. In: Bundesvereinigung Lebenshilfe (Hrsg.): Humanes Wohnen — seine Bedeutung für das Leben geistig behinderter Erwachsener. Marburg.

SENN, Ch. u. a. (1993): Gegen jedes Recht. Sexueller Mißbrauch und geistige Behinderung. Berlin.

SIGUSCH, V.; SCHMIDT, G. (1973): Jugendsexualität. Stuttgart.

Verband katholischer Einrichtungen für Lern- und Geistigbehinderte (Hrsg.) (1982): Sexualität und Partnerschaft Geistigbehinderter, Freiburg.

WALTER, J. (1982): Zur Sexualität Geistigbehinderter. Die Einstellung der Mitarbeiter als Bedingungsrahmen zur Unterdrückung oder Normalisierung in Behinderteneinrichtungen. Rheinstetten.

Ders. (1985): Pubertätsprobleme bei Jugendlichen mit geistiger Behinderung. In: Geistige Behinderung, H. 1, S. 23 ff.

Ders. (1987): Sterilisation geistig behinderter Menschen aus sexualpädagogischer Sicht. In: Geistige Behinderung H. 2, S. 87 ff.

Ders. (1992a): Im Zweifel für das Opfer. Übergriffe auf die sexuelle Selbstbestimmung von Menschen mit einer geistigen Behinderung. In: CeBeeF Schweiz (Hrsg.): Sexuelle Ausbeutung bitterzart. Winterthur, S. 21 ff.

Ders. (1992b) (Hrsg.): Sexualität und geistige Behinderung, 3. erw. Auflage, Heidelberg.

WALTER, J.; HOYLER-HERRMANN, A. (1987): Erwachsensein und Sexualität in der Lebenswirklichkeit geistigbehinderter Menschen. Biographische Interviews. Heidelberg.

Zur Orientierung (1990): Themaheft »Ich brauche einen Menschen! Der Anspruch behinderter Menschen auf Liebe und Partnerschaft«. H. 3.

Fast zehn Jahre Leben in einer Wohnstätte

Irma Becker

Seit dem 1. Februar 1974 bin ich in der Behindertenwerkstatt beschäftigt, in der es sehr laut zugeht. Drum hätte ich mich nach getaner Arbeit gerne mal zurückgezogen, was zu Hause wegen Platzmangel nicht möglich war. Drum kam für mich in der Wohnstätte nur ein Einzelzimmer in Frage, das ich im 1. Stock auch erhielt. Zwar war es nur 12 qm groß; aber mit Balkon. Das hatte aber auch seine Vorteile. Nämlich ich brauchte nicht zu fürchten, es mit jemandem teilen zu müssen. Ich war für mich. Brauchte drum auf keinen Rücksicht zu nehmen bzw. konnte ungestört meine Selbstgespräche führen, lesen und auch meiner Lieblingsbeschäftigung, dem Schreiben, nachgehen. Das heißt, ich fühlte mich in meinem kleinen Reich pudelwohl, zumal es eine Waschgelegenheit besaß und weil ich es mit meinen Eltern einrichten durfte. Dies ist in anderen Wohnstätten keineswegs eine Selbstverständlichkeit.

Im Alter, dachte ich, müßte ich wegen meiner Gehbehinderung im Erdgeschoß ein Zimmer haben dürfen. Aber in meinen Augen war das unmöglich, weil beide Zimmer im Erdgeschoß schon belegt waren und wahrscheinlich auch bleiben. So gab es nur eins, nämlich einen Aufzug anbringen zu lassen. Mein Problem ließ ich Frau Müller-Erichsen wissen, worauf sie überprüfen ließ, ob das möglich sei, was aber leider nicht ging. So war guter Rat teuer.

Der Gedanke, wahrscheinlich im Alter nochmal umziehen zu müssen, hat mir damals manche schlaflose Nacht gebracht. Aber immer wenn Du denkst, es geht nicht mehr, kommt von irgendwo ein Lichtlein her. Im September 1987 zog unverhofft eine Mitbewohnerin im Paterre aus, worauf man mir vorschlug, in das Zimmer umzuziehen. Aber trotz des erfreulichen Angebots konnte ich nicht gleich zusagen. Von Frau Müller-Erichsen ließ ich mir erst schriftlich geben, daß ich in das Zimmer niemanden dazu kriegen würde. Durch diesen Umzug brauchte ich nicht nur keine Treppen mehr zu steigen, sondern gewann auch Platz, sodaß ich mir noch Möbelstücke dazu kaufen konnte.

Das Alter wirft aber auch noch mehr Probleme auf. So fragte ich mich, was wird, wenn Du das Arbeitspensum in der Werkstatt nicht mehr schaffst? Vor Jahren hat man mir schon gesagt, daß in der Werkstatt für schwache und ältere Mitarbeiter mal ein Raum geschaffen werden soll, indem wir noch einer leichteren Tätigkeit nachgehen können. So hoffe ich, daß das bald geschieht.

Auch fragte ich mich: Kann ich im Pflegefall in der Wohnstätte bleiben? — Das hat Frau Müller-Erichsen mir schriftlich zugesichert. Trotzdem macht mir das noch Sorgen. So frage ich mich: Wie wird das werden?

Schon lange bevor die erste Wohnstätte aufgemacht wurde, waren meine Eltern alles andere als noch gesundheitlich auf der Höhe. Ich schäme mich nicht zu sagen, daß ich am meisten um Mutter bangte, weil ich hauptsächlich von ihr abhängig war. Drum, weil ein Wohnstätteneinzug nicht ausblieb, wollte ich so schnell wie möglich umziehen, um mich noch zu Lebzeiten meiner Eltern an die neue Umgebung gewöhnen zu können. Trotzdem mußte ich mich noch bis zum 10. Februar 1982 gedulden. Zu diesem Zeitpunkt zählte ich fast 47 Lenze. Wohl ist mir bewußt, daß ich es zu Hause bequemer hätte, aber auch isolierter und abhängiger wäre. Drum bereue ich den Umzug nicht. Auch weil der Kontakt zum Elternhaus nicht abgerissen ist bzw. weil ich in der Wohnstätte selbständiger geworden bin. Das heißt z.B. ich suche den Arzt alleine auf, auch wage ich mich mit dem Bahnbus zu fahren und war ohne Betreuung schon im Urlaub. Trotzdem wäre es bei einer besseren Betreuerbesetzung noch schöner!

Irma Becker
Crednerstr. 16
35392 Gießen

D

Wechsel in gemeindenahe Wohneinrichtungen

Ein Erlebnisbericht aus Elternsicht

Klaus Knoblich

Der Bericht handelt von Claus-Christian, der seit etwas mehr als zwei Jahren in der im März 1991 neu eingerichteten Wohnstätte »Dorf Güll« der Lebenshilfe Gießen wohnt. Er lebt dort mit fünf anderen jungen Männern, die alle zwischen 22 und 26 Jahre alt sind, in einem umgebauten Wohnhausbungalow mit großem Garten. Alle sind autistisch behindert, motorisch aber kaum eingeschränkt und im Rahmen eines Modellversuches dort untergebracht.

Wir besuchen Claus-Christian, seine Mitbewohner und Betreuer fast regelmäßig einmal in der Woche. Aus diesen Besuchen und den Äußerungen der Betreuer ergibt sich unser Bild und unsere Kenntnis von den Lebensumständen Christians im Heim. Hier erleben wir ihn in seinem normalen Verhalten in seiner Umgebung.

Die Anfangszeit in »Dorf Güll«

Die jungen Leute sind teils aus ihren Familien, teils — wie Christian — aus anderen Heimen nach »Dorf Güll« gekommen.

Wir haben erwartet, daß der Umzug als einschneidender Wechsel der Lebensumstände nicht einfach verlaufen würde. Christian würde konfrontiert werden mit einem anderen Haus, einem anderen Zimmer, einem anderen Bett, einem anderen Bad, neuen Mitbewohnern, neuen Betreuern, mit einem veränderten Tagesablauf bei vielstündigem täglichen Aufenthalt in der Tagesförderung, mit völlig neuen Verrichtungen, anderen Lernmethoden. Als autistisch Behinderter ist er fixiert auf das Vorhandene, auf eingespielte Rituale, begegnet Veränderungen mit großem Widerwillen.

Wegen seines Alters hätte Christian das frühere Heim sowieso verlassen müssen. Ungeachtet dessen haben wir den Wechsel mit Engagement betrieben, als wir von der Einrichtung »Dorf Güll« erfuhren, die in einer fortgeschrittenen Planungsphase war. Dies insbesondere vor dem Hintergrund der ungünstigen Betreuer-Behinderten-Relation im früheren Heim und der Aussicht auf eine entscheidend bessere in der vorgesehenen Wohnstätte. Wir haben dem Wechsel trotz der zu erwartenden Anfangsschwierigkeiten also hoffnungsvoll entgegengesehen und waren nach allem, was wir von den Planungen wußten, der Überzeugung, daß es Christian sehr viel besser gehen würde.

Wie er die Situation im früheren Heim empfunden hat, wissen wir nicht eindeutig zu sagen, weil Christian sich nicht verbal äußern kann. Dies gilt im übrigen auch für die Mehrzahl seiner jetzigen Mitbewohner. Wir haben jedoch Anlaß zu der Vermutung, daß er als Schwerbehinderter, dessen Empfindungen und Wünsche nur nach längerer Erfahrung in seiner Mimik und an seiner Gestik erkennbar sind, unter vielen erheblich schwächer Behinderten nicht sehr glücklich gewesen ist. Um ihn zu verstehen, bedarf es einer ausgeprägten Sensibilität. Man muß sich lange mit ihm beschäftigen, um das zu deuten, was er mit Händen, Blicken und Kopfhaltung sagen will. Eine solche intensive Hinwendung hat er angesichts der Mißverhältnisse im Schlüssel Betreuer : Betreute wohl kaum erfahren. Ein Zeichen für den Streß, die Enttäuschung und den Frust waren bei ihm seine Wutausbrüche, auf Seiten der Betreuer die sehr häufigen Personalwechsel.

Christian braucht Förderung ohne Leistungsstreß, Geduld. Man darf ihn nicht drängen, muß ihm zumindest scheinbar seinen Willen lassen, muß ihm erlauben, seine Gewohnheiten beizubehalten, muß z. B. den Stuhl freihalten, auf den er sich immer setzen möchte. Drängt man ihn, etwas zu tun, was er nicht will, etwas rascher zu erledigen als er kann, so wird er störrisch, womög-

D

lich aggressiv. Schimpft man ihn, so reagiert er mit Angst und wehrt sich mit Aggressionen gegen Sachen oder — meist — Personen.

In der Tat ist der Wechsel nach »Dorf Güll« schwierig gewesen. Die Eingewöhnungszeit dauerte bei ihm am längsten, mehrere Monate. Wir haben ihn in dieser Zeit nicht besucht, einfach um diese Phase des Aufbaus der Beziehung zu den Betreuern nicht zu stören. Es ist bei Christian zu Wutausbrüchen und aggressiven Reaktionen gekommen, auf Seiten der Betreuer zu Frust und Streß. Beide mußten sich letztlich auf die neuen Bedingungen einstellen. Jeder mußte bei jedem versuchen, das Wesen, die Gewohnheiten und Eigenarten herauszufinden.

Das heutige Erleben

Christian hatte aber das große Glück, auf ein Betreuerteam zu stoßen, das kompetent ist, Betreuung nicht nur als Aufsicht versteht, das sich dem Einzelnen individuell widmet, ihn gezielt fördert, ohne ihn zu überfordern, die vorhandenen Möglichkeiten ausleuchtet, das sich Gedanken macht, Maßnahmen verbessert und Ideen hat. Nach unserer Einschätzung wird Christian heute seinen Möglichkeiten und seinem Wesen nach richtig behandelt und gefördert. Dasselbe gilt auch für die Mitbewohner.

Zu unserem wöchentlichen Besuchen melden wir uns telefonisch an. Christian bekommt dies gesagt, wird sogleich mobil und freudig erregt. Wenn er die Klingel hört, rennt er zur Tür, hüpft vor Freude auf und ab, sobald er uns sieht und rennt dann von einem zum anderen Betreuer, um deren Aufmerksamkeit zu erheischen und durch seinen kleinen Wortschatz und seine Gesten mitzuteilen, daß wir da sind.

Wir bringen Kuchen, Plätzchen oder Eis mit und trinken alle gemeinsam Kaffee. Christian freut sich, ist entspannt, gelöst, ausgeglichen. Wir sehen, daß er mit seinem Umfeld vertraut ist, es akzeptiert hat, es als schützendes Revier ansieht. Die Plauderei zwischen den Betreuern und uns verfolgt er mit Interesse. Später gibt es einen Spaziergang, oft eine Wanderung von mehreren Kilometern bei Wind und Wetter.

Unseren Abschied am Abend verkraftet er meist leicht, will aber durch etwas entschädigt werden. Er beansprucht jetzt einen Betreuer für sich, der mit ihm irgend etwas tut, meist Radio hören, schaukeln, den Garten spritzen. Sind seine bevorzugten Betreuer nicht da, kann es schon vorkommen, daß er uns dazubehalten versucht und sich erst nach längerer Verzögerung zufrieden gibt.

Christian und seine Mitbewohner und Betreuer

Wir wissen inzwischen, daß alle sechs in ihren Eigenarten und Verhaltensweisen verschieden sind, auch wenn sie gemeinsam unter den Begriff Autisten fallen.

Untereinander haben sie keinerlei Beziehung. Es gibt nur von den Betreuern initiierte Interaktionen. Zwischen ihnen scheint eine völlige Gleichgültigkeit und Interessenlosigkeit zu herrschen. Allenfalls gibt es zwischen Matthias und Christian eine gewisse Sympathie, zwischen T. und G. eine Antipathie.

Andererseits betreiben die Bewohner eine, wenn auch nicht sehr intensive, Kommunikation und Interaktion mit den Betreuern. Zumindest beobachten wir, daß alle auf die Betreuer zugehen, sie an den Händen nehmen, den Kopf an den ihren drücken, sie umarmen. Freilich macht dies nicht jeder bei jedem/jeder. Es gibt eindeutige Bevorzugungen. Wir scheinen mittlerweile gleichfalls in diesen Kreis der Vertrauten zu gehören.

Ganz selten erleben wir Spannungen oder Ausbrüche. In einem Jahr haben die sechs jungen Männer ungewöhnlich große Fortschritte gemacht. Die Hektik ist der Ruhe gewichen, es herrscht Harmonie. Nach unserer Einschätzung ist dieses Experiment mit lauter Autisten in einer Wohngemeinschaft bestens verlaufen. Wir freuen uns, daß Christian ein so schönes Zuhause hat und offenbar glücklich ist.

Prof. Dr. Klaus Knoblich
Finkenweg 19
35440 Linden

E Fragen der Mitwirkung

E

Erfahrungen eines Heimbeirates

Hans Fischer

Bevor ich auf die eigentliche Tätigkeit unseres Heimbeirates eingehe, möchte ich mich, die Einrichtung, in der ich wohne und unseren Heimbeirat kurz vorstellen.

Seit fast zehn Jahren lebe ich im Wohnbereich für Behinderte in Herrenberg. Träger ist die Gemeinnützige Werkstätten GmbH Sindelfingen. Zu unserem Wohnbereich gehören: ein Wohnheim mit 34 Dauerplätzen und einem Kurzzeitplatz, verteilt auf vier Wohngruppen, ein Wohnhaus mit zehn Dauerwohnplätzen und eine Außenwohngruppe, in der ich zusammen mit fünf anderen Personen wohne. Ich arbeite in der WfB Herrenberg, derzeit in Böblingen.

Dem Wohnheimbeirat gehöre ich seit Anfang 1991 an. Unser Wohnheimbeirat setzt sich aus drei Vertretern zusammen, je einer aus der Außenwohngruppe, dem Wohnhaus und dem Wohnheim. Wir treffen uns ungefähr alle sechs Wochen mit der Heimleitung und dem Sozialdienst, um die anstehenden Probleme und Anregungen zu besprechen. Gleichzeitig werden wir von der Heimleitung über aktuelle Veränderungen im Wohnheimbereich informiert.

Unser Heimbeirat wird von einer ehrenamtlichen Person begleitet. Sie ist für uns Ansprechpartner und ist auch bei den Sitzungen mit anwesend. Von jeder Sitzung wird ein Protokoll erstellt.

Die Aufgaben

Nun möchte ich etwas näher auf die mir wichtigen Aufgaben unseres Heimbeirates eingehen. Unsere Aufgabe ist es, Anregungen und Beschwerden der Heimbewohner entgegenzunehmen und diese mit der Heimleitung zu bereden.

Es gibt immer wieder Beschwerden von Heimbewohnern, daß einzelne Mitbewohner negativ auffallen. Diese Beschwerden bringen wir in der Heimbeiratssitzung ein und versuchen dann, gemeinsam mit der Heimleitung und dem Sozialdienst, eine befriedigende Lösung zu finden. Kommt es zu einem Gespräch zwischen der Heimleitung und der betreffenden Person, ist oftmals ein Vertreter des Heimbeirates mit anwesend. Dadurch können wir aktiv an einer Lösung mitarbeiten.

Der Heimbeirat bemüht sich weiterhin, Anregungen von Heimbewohnern dahin zu überprüfen, ob sie verwirklicht werden können. Besteht zum Beispiel der Wunsch von Heimbewohnern nach einem Tanzkurs, so führt der Heimbeirat unter den Bewohnern eine Umfrage durch, ob noch mehr Bewohner daran Interesse haben. Daraufhin kann ein Tanzkurs mit den zuständigen Personen organisiert werden. So arbeitet der Heimbeirat aktiv bei der Freizeitgestaltung im Wohnheimbereich mit.

Die Heimleitung informiert den Heimbeirat über aktuelle Veränderungen im Personal- und Bewohnerbereich. Weiterhin informiert die Heimleitung über organisatorische Veränderungen, Neuanschaffungen sowie bauliche Maßnahmen. Der Heimbeirat hat auch hier die Möglichkeit, seine Interessen in diesen Punkten mit einzubringen. Braucht zum Beispiel eine Wohngruppe etwas Neues, dann kann der Heimbeirat diesen Wunsch vortragen und unterstützen, so daß die Sache im neuen Haushaltsplan berücksichtigt wird. Des weiteren bemühen wir uns, neuen Mitbewohnern am Anfang hilfreich zur Seite zu stehen.

Der Heimbeirat vertritt die Bewohner bei dem jährlich stattfindenden Elternabend. Da nicht alle Bewohner an einem Elternabend teilnehmen können, sind einzelne Vertreter des Heimbeirates an diesem Abend dabei. Sie können somit interessierten Bewohnern erzählen, was an diesem Elternabend besprochen wurde.

Ein wichtiger Teil unserer Arbeit ist die aktive Mitarbeit bei festlichen Veranstaltungen des Wohnheimbereiches. Es gibt jedes Jahr verschiedene Veranstaltungen im Wohnheim. Der Heimbeirat wird dann gebeten, eine Person für die Festorganisation abzustellen. Dieser Wunsch wird von uns gerne erfüllt.

Vor Ablauf der Amtszeit müssen wir einen Wahlausschuß bestellen. Spätestens sechs Wochen vor Ablauf der Amtszeit sollte der Heimbeirat einen Wahlausschuß mit drei wahlberechtigten Heimbewohnern ernannt haben. Eine Person von ihnen sollte zum Vorsitzenden gewählt werden. Besteht vier Wochen vor Ablauf der Amtszeit kein Wahlausschuß, so hat ihn der Leiter der Einrichtung zu organisieren.

Eine weitere Aufgabe ist, die Bewohner in einer Versammlung über unsere Arbeit des vergangenen Jahres zu informieren. Dazu sammelt der Heimbeirat zusammen mit dem ehrenamtlichen Begleiter alle wichtigen Punkte, an denen er aktiv mitgearbeitet hat. Dann wird ein Termin bestimmt, zu dem alle Bewohner des Wohnheimbereiches eingeladen werden. Ein Mitglied trägt die gesammelten Aktivitäten dann den Heimbewohnern vor.

Natürlich stehen danach die Mitglieder des Heimbeirates für Fragen zur Verfügung.

Hans Fischer
Marienstr. 9

71 083 Herrenberg

Mustersatzung: Elternbeiräte in Wohneinrichtungen für erwachsene Menschen mit geistiger Behinderung

*Empfehlung des Ausschusses »Wohnen« der Bundesvereinigung Lebenshilfe**

Vorwort

Die Mitwirkung erwachsener Menschen mit geistiger Behinderung in gemeindenahen Wohneinrichtungen ist auf der Grundlage des Heimgesetzes und im Rahmen der Heimmitwirkungsverordnung formal geregelt. Eine optimale inhaltliche Umsetzung der dort formulierten Mitwirkungsmöglichkeiten stößt jedoch im Alltag des Wohnens auf Grund der Art und Schwere der Behinderung der Bewohner häufig auf Grenzen.

Die Lebenshilfe sieht daher in der unterstützenden und begleitenden Mitwirkung von Eltern und Angehörigen durch Elternbeiräte in gemeindenahen Wohneinrichtungen für geistig behinderte Erwachsene Aufgabe und Chance, die Interessenvertretung der geistig behinderten Bewohner möglichst wirkungsvoll zur Geltung zu bringen.

In der Praxis der gemeindenahen Wohneinrichtungen ist die Aufgabe der Elternmitwirkung noch keineswegs zufriedenstellend gelöst. So ist festzustellen, daß in vielen Wohneinrichtungen der Lebenshilfe überhaupt noch keine Elternbeiräte bestehen bzw. dort, wo sie existieren, nicht immer ausreichend Raum zur Entfaltung verantwortlicher Mitwirkungsformen und -inhalte gegeben ist.

In der Vergangenheit konnten andererseits in einer Reihe von Wohneinrichtungen der Lebenshilfe bereits wichtige Erfahrungen in der praktischen Gestaltung von Mitwirkung der Eltern und Angehörigen im Rahmen entsprechender Beiräte gesammelt und ausgewertet werden, die mancherorts schon ihren Niederschlag in entsprechenden Satzungen fanden. Oft wurde in den letzten Jahren von Eltern geistig behinderter Bewohner der Wunsch an die Bundesvereinigung Lebenshilfe herangetragen, aufgrund dieses Erfahrungswissens eine Mustersatzung für Elternbeiräte als Orientierungshilfe und Unterstützung für die Mitwirkungsmöglichkeiten vor Ort zu entwickeln.

Vor diesem Hintergrund haben der Elternrat, der Ausschuß Wohnen und der Ausschuß für Familienfragen der Bundesvereinigung Lebenshilfe erstmalig 1990 eine Mustersatzung für »Elternbeiräte in Wohneinrichtungen für erwachsene Menschen mit einer geistigen Behinderung« erarbeitet.

Durch die mit der Neufassung des Heimgesetzes vom 1. 8. 1990 eingeführte Institution des *Heimfürsprechers* ab 1. 4. 1991 und der infolgedessen erfolgten Neufassung der Heimmitwirkungsverordnung vom 16. 7. 1992 sind neue Rechtsgrundlagen für die Mitwirkung in gemeindenahen Wohneinrichtungen für geistig behinderte Menschen geschaffen worden. Der Gesetzgeber hat damit Erfahrungen Rechnung getragen, denen zufolge in vielen gemeindenahen Wohneinrichtungen die Bildung eines Bewohnerbeirates durch die Bewohner/-innen aufgrund der Schwere ihre Behinderungen nicht möglich war. In diesen Fällen muß nun zur Sicherstellung der Ausübung der Mitwirkungsrechte der Bewohner/-innen von der Heimaufsicht ein Heimfürsprecher bestellt werden. Nach § 5 Abs. 2 Satz 5 Heimgesetz besteht die Möglichkeit, daß auch der Elternbeirat diese Funktion ausübt. Ihm stehen dann nach § 33 der Heimmitwirkungsverordnung die gleichen Rechte wie einem Bewohnerbeirat zu. Die Bundesvereinigung Lebenshilfe empfiehlt, diese Möglichkeit bei allen gemeindenahen Wohneinrichtungen, in denen kein Bewohnerbeirat gebildet werden kann, gegenüber der Ernennung eines von der Heimaufsichtsbehörde auszuwählenden Heimfürsprechers vorrangig zu nutzen.

---

*) Diese Empfehlung wurde vom Ausschuß »Wohnen« in Zusammenarbeit mit dem Bereich IV »Recht und Sozialpolitik« der Bundesvereinigung Lebenshilfe aktualisiert und von Bundesvorstand und Bundeskammer anläßlich der Sitzungen am 10./11. bzw. 21./22. Mai 1993 in Marburg verabschiedet und zur Veröffentlichung freigegeben. Veröffentlicht als Sonderdruck 1993.

E

Die vorliegende aktualisierte Mustersatzung will alle örtlichen Lebenshilfe-Vereinigungen, die Träger oder Mitträger von Wohneinrichtungen für geistig behinderte Erwachsene sind, anregen, die Einrichtung und praktische Arbeit von entsprechenden Elternbeiräten zu unterstützen bzw. weiterzuentwickeln und somit ihren Beitrag zu leisten, die Stellung der Eltern in der alltäglichen Wohnpraxis ihrer Söhne und Töchter in Einrichtungen der Lebenshilfe zu stärken.

Da bundesweit in der Lebenshilfe auch solche Eltern aktiv sind, deren Söhne und Töchter in Wohneinrichtungen anderer Träger leben, möchte diese Mustersatzung ebenso trägerübergreifende Impulse für eine Aktivierung der Mitwirkung von Eltern geben.

Gleichzeitig sieht die Bundesvereinigung Lebenshilfe in der *Mustersatzung: Elternbeiräte in gemeindenahen Wohneinrichtungen für geistig behinderte Erwachsene* eine sinnvolle Ergänzung zu der bereits veröffentlichten Mustersatzung für Elternbeiräte in Werkstätten für Behinderte.

Die Mustersatzung bindet in der vorliegenden Form den Heimbeirat und den Heimfürsprecher ein bzw. weist auf deren Funktion hin. Beide Gremien sind feste Instanzen, welche im Heimgesetz verankert sind. Zum Wohle aller Beteiligten (Bewohner, Eltern, Angehörige, gesetzliche Vertreter und Mitarbeiter) sollen diese, unter Beachtung der grundsätzlichen Eigenständigkeit, eine gute Zusammenarbeit anstreben.

Präambel

Die Bundesvereinigung Lebenshilfe hält es für notwendig, daß in allen Wohneinrichtungen für erwachsene Menschen mit geistiger Behinderung Bewohnerbeiräte (im Heimgesetz = Heimbeiräte) und Elternbeiräte (zusammengesetzt aus Eltern, Angehörigen bzw. gesetzlichen Vertretern/Betreuern) bestehen.

Die Mitwirkungsrechte der Bewohner von gemeindenahen Wohneinrichtungen für Menschen mit geistiger Behinderung sind im Heimgesetz und in der Heimmitwirkungsverordnung gesetzlich verankert. Ihre Mitwirkung ist nicht in Frage zu stellen, sie ist unverzichtbar und entsprechend im Alltag auszugestalten.

Der Anspruch auf Mitwirkung von Eltern, Angehörigen bzw. gesetzlichen Vertretern in Wohneinrichtungen für erwachsene geistig behinderte Menschen bedarf dagegen einer besonderen Begründung, wenn ihr Recht auf möglichst weitgehende Selbstbestimmung ernstgenommen wird. Aus der Sicht der Bundesvereinigung Lebenshilfe ist dieser Anspruch auf zweifache Weise legitimiert:

Zum einen ist es erforderlich, den Bewohnern bei der Ausübung ihrer im Heimgesetz vorgeschriebenen Mitwirkungsaufgaben in der Wohnstätte zur Seite zu stehen, falls sie bestimmte Aufgaben nicht oder nur zum Teil selbständig bewältigen können.

Zum anderen tragen insbesondere Eltern, aber auch jene Personen, die verpflichtet sind, für einen erwachsenen geistig behinderten Menschen zu sorgen, diesem Menschen gegenüber eine große Verantwortung. Dazu gehören nicht nur die gesetzlichen Vertreter, sondern alle, die ihm nahestehen und tatsächlich Personensorge ausüben.

Ein Elternbeirat darf und will die Rechte der Bewohner und ihre möglichst umfassende Selbstbestimmung nicht einschränken. Viele geistig behinderte Menschen sind durchaus in der Lage bzw. imstande zu lernen, die gesetzlichen Mitwirkungsaufgaben im vorgegebenen Rahmen selbständig auszuüben (z. B. durch entsprechende Seminarangebote im Rahmen der Erwachsenenbildung).

Der Elternbeirat soll die Bewohner/-innen und den von ihnen gewählten Bewohnerbeirat unterstützen und ergänzen. In Wohnstätten, in denen von den Bewohnerinnen und Bewohnern kein Bewohnerbeirat gebildet werden kann, soll er durch die Heimaufsichtsbehörde als Mitwirkungsgremium im Sinne von § 5 Abs. 2 Satz 5 Heimgesetz anerkannt werden, damit ihm entsprechend § 33 Heimmitwirkungsverordnung die Mitwirkungsrechte nach den §§ 29 bis 32 der Heimmitwirkungsverordnung zustehen.

Eine solche Mitwirkung im Alltag gemeindenaher Wohneinrichtungen setzt Kenntnisse voraus.

Trägervertreter und Mitarbeiter haben daher die Aufgabe, die Mitglieder des Elternbeirats mit den personellen, ideellen und wirtschaftlichen Bedingungen der Wohnstätte vertraut zu machen und sie durch ständige Informationen über Neuheiten und Änderungen in die Lage zu versetzen, ihre Mitwirkungsaufgaben wahrzunehmen.

Der Elternbeirat stellt ein partnerschaftliches Gegenüber dar zu den Bewohnern der Wohnstätte einerseits und dem Träger und den Mitarbeitern andererseits. Er bietet Eltern oder gesetzlichen Vertretern/Betreuern die Gelegenheit, ernsthaft und verantwortungsvoll mitzuwirken und eröffnet den Verantwortlichen in der Wohnstätte die Chance, Partner im Alltag zu gewinnen, deren Erfahrung, Ideenreichtum und Engagement eine wirkliche Bereicherung sind.

Mit Hilfe des Elternbeirats können Eltern, Angehörige bzw. gesetzliche Vertreter/Betreuer noch mehr dazu beitragen, geistig behinderte Erwachsene in ihrer Erwachsenenidentität zu stärken.

Allgemeines

Der Elternbeirat setzt sich zusammen aus Eltern, Angehörigen bzw. gesetzlichen Vertretern/Betreuern der Wohnstättenbewohner.

Der Elternbeirat arbeitet mit dem Bewohnerbeirat, der Wohnstättenleitung und dem Wohnstättenträger vertrauensvoll zusammen zum Wohle aller Bewohner.

Wahl des Elternbeirats

Die Versammlung der Eltern, Angehörigen bzw. gesetzlichen Vertreter/Betreuer der Wohnstättenbewohner wählt den Elternbeirat.

Wahlberechtigt und wählbar ist für jeden Bewohner jeweils ein Elternteil, Angehöriger bzw. gesetzlicher Vertreter/Betreuer. Nicht wählbar sind Personen, die Vorstandsfunktionen beim Wohnstättenträger bzw. Wohnstätten(träger)aufgaben haupt- oder ehrenamtlich wahrnehmen.

Die Zahl der Beiratsmitglieder richtet sich nach der Anzahl der Wohnstättenbewohner*.

Der Elternbeirat besteht mindestens

- bei bis zu zehn Bewohnern aus zwei Mitgliedern,
- von 11 bis 30 Bewohnern aus drei Mitgliedern,
- bei mehr als 30 Bewohner aus fünf Mitgliedern.

Amtszeit und vorzeitiges Ausscheiden

Der Elternbeirat wird für die Dauer von drei Jahren gewählt. Wiederwahl ist zulässig. Bis zur Neuwahl bleibt der bisherige Elternbeirat im Amt.

Scheidet ein Beiratsmitglied vorzeitig aus, so können die übrigen Beiratsmitglieder für den Rest der Amtsperiode ein neues Mitglied kooptieren.

Arbeitsweise des Elternbeirates

Der Elternbeirat wählt aus seiner Mitte den Vorsitzenden und seinen Stellvertreter.

Der Vorsitzende lädt die Beiratsmitglieder zu den Sitzungen ein. Die Sitzungen finden nach Bedarf, mindestens zweimal jährlich statt.

Zu den Sitzungen des Elternbeirats können Gäste, insbesondere Vertreter des Bewohnerbeirats (Heimbeirats) und des Trägers eingeladen werden. Auf Wunsch des Elternbeirats muß nach vorheriger Terminabsprache ein Vertreter der Leitung teilnehmen.

Eine Sitzung ist außerdem einzuberufen, wenn die Mehrheit der Mitglieder des Elternbeirats oder des Bewohnerbeirats oder die Wohnstättenleitung oder der Träger es für erforderlich halten.

Beschlüsse werden mit der Stimmenmehrheit der anwesenden Beiratsmitglieder gefaßt. Der Elternbeirat ist beschlußfähig, wenn mehr als die Hälfte seiner Mitglieder anwesend ist. Über die Sitzungen ist ein Beschlußprotokoll anzufertigen. Der Elternbeirat übt seine Tätigkeit ehrenamtlich aus.

*) Anmerkung: Hierbei kann auch die Gesamtzahl der Bewohner mehrerer oder aller Wohnstätten eines Trägers zugrunde gelegt werden.

Schweigepflicht

Die Mitglieder des Elternbeirats verpflichten sich zur Verschwiegenheit über alle persönlichen Angelegenheiten der Mitarbeiter, der Bewohner und deren Familien, die ihnen in ihrer Eigenschaft als Beirat bekannt werden. Die Schweigepflicht gilt auch nach Ausscheiden aus dem Elternbeirat.

Versammlung der Eltern, Angehörigen bzw. gesetzlichen Vertreter

Versammlungen der Eltern, Angehörigen, gesetzlichen Vertreter/Betreuer sollen mindestens einmal jährlich stattfinden. Sie werden durch den Vorsitzenden des Elternbeirats mit mindestens 14tägiger Frist unter Mitteilung der Tagesordnung schriftlich einberufen.

Die Wohnstättenleitung und der Träger sind zu informieren. Gäste können eingeladen werden.

Außerdem ist auf Wunsch von mindestens 1/3 der Wahlberechtigten eine Versammlung der Eltern, Angehörigen bzw. gesetzlichen Vertreter einzuberufen.

E

Aufgaben des Elternbeirats

Der Elternbeirat hat folgende Aufgaben:

— Der Elternbeirat unterstützt den Bewohnerbeirat auf Wunsch bei dessen Mitwirkung gemäß den §§ 29 bis 32 der Heimmitwirkungsverordnung (Anlage).

— Er unterstützt die Wohnstättenleitung und den Träger mit Rat und Tat.

— Er kann die Interessen und Anliegen einzelner Bewohner gegenüber dem Träger, der Wohnstättenleitung und deren Mitarbeiter vertreten, wenn der Bewohner es wünscht. Gerade bei schwerstbehinderten Bewohnern ist auch der mutmaßliche Wille zu beachten.

— Er nimmt Wünsche, Anregungen und Beschwerden aus dem Kreis der Bewohner, der Elternschaft, der Angehörigen und gesetzlichen Vertretern entgegen. Er macht Vorschläge, setzt sich für deren Durchsetzung ein und wirkt vermittelnd zwischen dem Träger und dessen Mitarbeitern einerseits und den Eltern, Angehörigen bzw. gesetzlichen Vertretern andererseits.

— Er berät und informiert die Eltern, Angehörigen und gesetzlichen Vertreter/Betreuer in Angelegenheiten der Wohnstätte.

Informationen und Zusammenarbeit

Der Wohnstättenträger bzw. die Wohnstättenleitung haben den Elternbeirat rechtzeitig und umfassend über die Dinge zu informieren, die seinen Aufgabenbereich berühren. Wohnstättenträger und -leitung berücksichtigen die Stellungnahme des Elternbeirats bei ihren Entscheidungen. Der Wohnstättenträger unterstützt den Elternbeirat bei der Durchführung seiner Aufgaben.

Fortbildung und Schulung

Die Mitglieder des Elternbeirats sollen durch Seminare und andere Angebote der Schulung Hilfen für ihre Arbeit erhalten. Für entsprechende Kosten soll der Träger der Wohnstätte Mittel bereitstellen.

Geschäftsordnung

Weitere Verfahrenspunkte der Mitwirkung des Elternbeirats können in den Wohnstätten durch eine Geschäftsordnung geregelt werden.

Inkrafttreten

Die Satzung tritt mit Unterzeichnung durch den Träger der Wohnstätte, der Wohnstättenleitung und des Elternbeirates in Kraft.

____

(für den Elternbeirat)

____

(Ort, Datum)

____

(für den Wohnstättenträger)

____

(für die Wohnstättenleitung)

Anhang

Auszüge aus der »Heimmitwirkungsverordnung«, §§ 29 bis 32, Bundesgesetzblatt, Jahrg. 1992, Teil I, und dem Ersten Gesetz zur »Änderung des Heimgesetzes« vom 23. 4. 1990, Bundesgesetzblatt, Jahrg. 1990, Teil I, S. 764—768.

Erstes Gesetz zur Änderung des Heimgesetzes

§ 5
Mitwirkung der Heimbewohner

(1) Die Bewohner der in diesem Gesetz genannten Heime wirken durch einen Heimbeirat in Angelegenheiten des Heimbetriebs wie Unterbringung, Aufenthaltsbedingungen, Heimordnung, Verpflegung und Freizeitgestaltung mit. Die Mitwirkung ist auf die Verwaltung sowie die Geschäfts- und Wirtschaftsführung des Heims zu erstrecken, wenn Leistungen im Sinne des § 14 Abs. 2 Nr. 3 erbracht worden sind.

(2) Für die Zeit, in der ein Heimbeirat nicht gebildet werden kann, werden seine Aufgaben durch einen Heimfürsprecher wahrgenommen. Seine Tätigkeit ist unentgeltlich und ehrenamtlich. Der Heimfürsprecher wird im Benehmen mit dem Heimleiter von der zuständigen Behörde bestellt. Die Bewohner des Heims oder deren gesetzliche Vertreter können der zuständigen Behörde Vorschläge zur Auswahl des Heimfürsprechers unterbreiten. Die zuständige Behörde kann von der Bestellung eines Heimfürsprechers absehen, wenn die Mitwirkung der Bewohner auf andere Weise gewährleistet ist.

(3) Der Bundesminister für Jugend, Familie, Frauen und Gesundheit legt durch Rechtsverordnung mit Zustimmung des Bundesrates Vorschriften über die Wahl des Heimbeirats und die Bestellung des Heimfürsprechers sowie über Art, Umfang und Form ihrer Mitwirkung fest.

Heimmitwirkungsverordnung

§ 29
Aufgaben des Heimbeirates

Der Heimbeirat hat folgende Aufgaben:

1. Maßnahmen des Heimbetriebes, die den Bewohnern des Heims dienen, bei dem Leiter oder dem Träger des Heims zu beantragen,
2. Anregungen und Beschwerden von Bewohnern entgegenzunehmen und erforderlichenfalls durch Verhandlungen mit dem Leiter oder in besonderen Fällen mit dem Träger auf ihre Erledigung hinzuwirken,
3. die Eingliederung der Bewohner in dem Heim zu fördern,
4. bei Entscheidungen in Angelegenheiten nach den §§ 30, 31 mitzuwirken,
5. vor Ablauf der Amtszeit einen Wahlausschuß zu bestellen (§ 6),
6. den Bewohnern einen Tätigkeitsbericht zu erstatten (§ 20).

§ 30
Mitwirkung bei Entscheidungen

Der Heimbeirat wirkt bei Entscheidungen des Leiters oder des Trägers in folgenden Angelegenheiten mit:

1. Aufstellung oder Änderung der Musterverträge für Bewohner und der Heimordnung,
2. Maßnahmen zur Verhütung von Unfällen,
3. Änderung der Heimkostensätze,
4. Planung oder Durchführung von Veranstaltungen,
5. Freizeitgestaltung,
6. Unterkunft, Betreuung und Verpflegung,
7. Erweiterung, Einschränkung oder Einstellung des Heimbetriebes,
8. Zusammenschluß mit einem anderen Heim,
9. Änderung der Art und des Zweckes des Heims oder seiner Teile,
10. umfassende bauliche Veränderungen oder Instandsetzungen des Heims.

E

§ 31
Mitwirkung bei Leistung von Finanzierungsbeiträge

(1) Wenn im Zusammenhang mit der Unterbringung eines Bewohners in dem Heim von ihm oder von Dritten zu seinen Gunsten Finanzierungsbeiträge an den Träger geleistet worden sind, wirkt der Heimbeirat auch bei der Aufstellung der Haushalts- oder Wirtschaftspläne mit. Dem Heimbeirat sind zu diesem Zweck die erforderlichen Informationen zu geben. Der Träger hat insbesondere anhand der in Satz 1 genannten Pläne über die wirtschaftliche Lage des Heims schriftlich zu berichten. Der Heimbeirat kann hierbei auch Auskünfte über die Vermögens- und Ertragslage des Heims und, sofern vom Träger ein Jahresabschluß aufgestellt worden ist, Einsicht in den Jahresabschluß verlangen.

(2) Finanzierungsbeiträge im Sinne des Absatzes 1 sind alle Leistungen, die über das für die Unterbringung vereinbarte laufende Entgelt hinaus zum Bau, zum Erwerb, zur Instandsetzung, zur Ausstattung oder zum Betrieb des Heims erbracht worden sind.

(3) Die Mitwirkung des Heimbeirates entfällt, wenn alle Ansprüche, die gegenüber dem Träger durch die Leistung von finanzierungsbeiträgen begründet worden sind, durch Verrechnung, Rückzahlung oder in sonstiger Weise erloschen sind.

§ 32
Form und Durchführung der Mitwirkung des Heimbeirates

(1) Die Mitwirkung des Heimbeirates soll von dem Bemühen um gegenseitiges Vertrauen und Verständnis zwischen Bewohnern, Leiter und Träger des Heims bestimmt sein.

(2) Zur Erfüllung seiner Aufgaben ist der Heimbeirat durch den Leiter oder durch den Träger des Heims ausreichend und rechtzeitig zu informieren und nach Möglichkeit auch fachlich zu beraten.

(3) Entscheidungen in Angelegenheiten nach den §§ 30, 31 hat der Leiter oder der Träger des Heims mit dem Heimbeirat vor ihrer Durchführung rechtzeitig und mit dem Ziel einer Verständigung zu erörtern. Anregungen des Heimbeirates sind in die Überlegungen bei der Vorbereitung der Entscheidungen einzubeziehen.

(4) Anträge oder Beschwerden des Heimbeirates sind vom Leiter oder vom Träger des Heims in angemessener Frist zu bescheiden.

E

Betreuungsgesetz und gemeindenahes Wohnen

Ulrich Hellmann

Wenn Menschen mit geistiger Behinderung den Anforderungen des Alltags nicht gewachsen sind, brauchen sie bedarfsgerechte Unterstützung und Hilfestellung. Bei rechtsverbindlichen Entscheidungen sind bis zum Erreichen der Volljährigkeitsgrenze mit Vollendung des 18. Lebensjahres die Eltern kraft ihres elterlichen Sorgerechts befugt, stellvertretend zu handeln.

Auch im Erwachsenenalter erhalten Menschen mit geistiger Behinderung die benötigte Unterstützung häufig durch Eltern, sonstige Verwandte, Nachbarn oder andere Vertrauenspersonen. Die gesetzliche Vertretung eines volljährigen Menschen kann im Rahmen praktischer Hilfestellung jedoch weder von Eltern noch von anderen Helfern ohne weiteres erfolgen.

Nach dem seit 1. Januar 1992 geltenden Betreuungsrecht kommt in solchen Fällen für erwachsene Menschen, die aufgrund einer psychischen Krankheit oder einer körperlichen, geistigen oder seelischen Behinderung ihre Angelegenheiten ganz oder teilweise nicht mehr besorgen können, die Bestellung eines gesetzlichen Betreuers durch das Vormundschaftsgericht nach § 1896 des Bürgerlichen Gesetzbuches (BGB) in Betracht. Mit dem Betreuungsgesetz wurden die bisher geltenden Vorschriften über die Entmündigung, die Vormundschaft und die Pflegschaft abgeschafft.

Das Betreuungsrecht gilt als Grundlage für eine persönliche Betreuung kranker und behinderter Menschen, die strikt an deren tatsächlichem Hilfebedarf auszurichten ist, die Betroffenen nicht unnötig in ihrer eigenen Handlungsfreiheit einschränkt und pauschale Rechtsbeschränkungen vermeiden soll. Dieses gesetzgeberische Konzept markiert eine wichtige Leitbildfunktion für den Umgang mit geistig behinderten Menschen und deren verfassungsmäßigen Anspruch auf Achtung der Menschenwürde, der Selbstbestimmung und der allgemeinen Handlungsfreiheit.

Die Bedeutung der Wohnung als Lebensmittelpunkt und Raum eigenständiger Lebensgestaltung wird durch die in Art. 13 des Grundgesetzes festgelegte Unverletzlichkeit der Wohnung auch verfassungsrechtlich anerkannt. Der Anspruch auf Schutz der Privatsphäre in seiner Wohnung steht auch dem Menschen mit geistiger Behinderung zu, unabhängig davon, wieviel Unterstützung er in der eigenen Wohnung, der Wohngruppe oder im Wohnheim benötigt. Das Verwaltungsgericht Stuttgart hat in einem Beschluß vom 23. 8. 1993 (vgl. Rechtsdienst der Lebenshilfe 4/94, 24) betont, daß das Hausrecht auch für Räume gilt, die von Heimbewohnern bewohnt werden.

Das Betreuungsrecht bietet die Möglichkeit, rechtliche Hilfestellung orientiert am konkreten Bedarf des behinderten Menschen zu gewährleisten, soweit dieser nicht in der Lage ist, in einzelnen Angelegenheiten (z. B. Beantragung einer Rente oder anderer Sozialleistungen, Antrag auf Ausstellung von Personalpapieren, Abschluß eines Vertrages), bestimmten Aufgabenkreisen (z. B. die gesamte Vermögenssorge) oder in allen seinen Angelegenheiten persönlich eine rechtswirksame Entscheidung zu treffen und diese Angelegenheiten auch nicht mehr durch praktische Hilfestellung von Familienangehörigen oder anderen Vertrauenspersonen bzw. durch eine Vollmachterteilung geregelt werden können.

Eine der Betreuerbestellung vorgehende Bevollmächtigung anderer Personen durch den geistig behinderten Menschen zur Wahrnehmung persönlicher Angelegenheiten findet ihre Grenze, soweit nicht mehr von der Rechtsgültigkeit der Vollmachtserteilung und der Fähigkeit des geistig behinderten Menschen, das Tätigwerden des Bevollmächtigten zu überwachen, ausgegangen werden kann. In der Praxis erkennen z. B. Banken und Sparkassen private Vollmachten nur an, wenn sie notariell oder bankintern beglaubigt worden sind.

Erweist sich für einen in der eigenen Wohnung mit oder ohne ambulante Hilfe lebenden Menschen mit geistiger Behinderung die Einrichtung einer gesetzlichen Betreuung als erforderlich, so können davon verschiedene Bereiche erfaßt sein. Das Vormundschaftsgericht hat den individuellen Hilfebedarf zu ermitteln und die Aufgabenkreise des Betreuers entsprechend auszugestalten.

Mit der Übertragung des Aufenthaltsbestimmungsrechts obliegt dem gesetzlichen Betreuer die Entscheidung, wo der Wohnsitz des Betreuten ist. Dessen individuelle Bewegungsfreiheit, das Recht zum Verlassen und Betreten der Wohnung, zu verreisen, Besuche zu machen oder zu empfangen, werden durch das Aufenthaltsbestimmungsrecht des Betreuers jedoch grundsätzlich nicht beeinträchtigt. Eine Kündigung der Wohnung des Betreuten durch den Betreuer ist nach § 1907 BGB nur mit Genehmigung des Vormundschaftsgerichts zulässig. Mit dieser ausdrücklichen Schutzvorschrift trägt das Betreuungsrecht der grundgesetzlich anerkannten Bedeutung der Wohnung Rechnung.

Nicht selten wird gesetzlichen Betreuern durch das Vormundschaftsgericht der Aufgabenkreis »Maßnahmen zum Erhalt der Wohnung des Betreuten« übertragen. Ursache können Schwierigkeiten mit Nachbarn und/oder dem Vermieter sein, etwa die drohende Verwahrlosung der Wohnung oder hohe Mietrückstände. Der gesetzliche Betreuer kann dann durch persönliche Vermittlung zwischen allen Beteiligten, durch Organisation geeigneter ambulanter Hilfsdienste sowie sachgerechte Regelungen gegenüber der Bank bzw. Sparkasse die Interessen des Betreuten wahrnehmen und so einer Kündigung vorbeugen bzw. eine Heimübersiedelung vermeiden helfen. Als hilfreich kann sich die Betreuertätigkeit auch erweisen, wenn es um die Sicherstellung der Möglichkeit der Rückkehr in die eigene Wohnung nach längerem Krankenhausaufenthalt geht.

Mit der generellen Befugnis zur Vermögensverwaltung kann der gesetzliche Betreuer dafür sorgen, daß aus den regelmäßigen Einkünften einschließlich zu beanspruchender Sozialleistungen des Betreuten wiederkehrende Verpflichtungen z. B. gegenüber Vermieter, Energieversorgungsunternehmen usw. erfüllt werden, etwa durch Einrichtung entsprechender Daueraufträge. Die verbleibenden, für den Betreuten verfügbaren Geldmittel können in Absprache mit der Bank z. B. auf ein gesondertes Girokonto übertragen werden, zu dem der Betreute uneingeschränkten Zugang hat. Gelegentlich wird auch mit Billigung und auf Wunsch von Betreuten die Einteilung der zur persönlichen Verfügung stehenden Geldmittel durch den Betreuer geregelt.

Durch Art. 10 des Grundgesetzes wird das Brief-, Post- und Fernmeldegeheimnis geschützt. Im Betreuungsrecht wird dieses Grundrecht in § 1896 Abs. 4 BGB ausdrücklich aufgegriffen durch den Grundsatz, daß die »Entscheidung über den Fernmeldeverkehr des Betreuten und über die Entgegennahme, das Öffnen und das Anhalten seiner Post« vom Aufgabenkreis des Betreuers nur dann erfaßt ist, wenn das Gericht dies ausdrücklich angeordnet hat. Eine solche Anordnung setzt voraus, daß sich der Betreute durch einen unkontrollierten Brief-, Post- oder Fernmeldeverkehr in seinen eigenen Rechtsgütern erheblich gefährdet. Dieser betreuerische Aufgabenkreis kann erforderlich sein, wenn der Betreuer andernfalls die ihm übertragenen Aufgaben zum Wohle des Betreuten nicht ausüben könnte, etwa weil er sonst keine Kenntnisse über den Zugang von Rechnungen oder anderen wichtigen Schriftstücken erhält, weil der Betreute diese nicht öffnet oder dem Betreuer vorenthält.

Zu Recht wird in der Praxis empfohlen, unter Beachtung des im Betreuungsrecht generell anzuwendenden Erforderlichkeitsgrundsatzes (vgl. § 1896 Abs. 2 BGB) zu gewährleisten, daß die Befugnis zur Postkontrolle durch den Betreuer nicht zu weit gefaßt wird. So ist häufig nicht gerechtfertigt, auch die Privatpost des Betreuten einer Kontrolle zu unterwerfen. Soweit dafür keine besondere Rechtfertigung vorliegt, sollte durch das Vormundschaftsgericht der Bezeichnung des Aufgabenkreises der Postkontrolle die Formulierung angefügt werden, »soweit es sich nicht offensichtlich um Privatpost handelt«.

Auch im Bereich des »betreuten Wohnens« in Form der Einzel- oder Gruppenwohnstätte eines

Einrichtungsträgers kommt ein breites Anwendungsspektrum des Betreuungsrechts in Betracht. So kann einem gesetzlichen Betreuer die Suche eines geeigneten Heimplatzes und die Vorbereitung und Regelung des Umzugs aufgetragen werden. Gesetzlich zwingend vorgeschrieben ist der Abschluß eines Heimvertrages (vgl. § 4 Heimgesetz). Bestehen Zweifel an der Fähigkeit des Bewohners zur persönlichen Vornahme dieses Rechtsgeschäfts, muß diese Aufgabe ebenfalls von einem Betreuer als gesetzlichen Vertreter übernommen werden.

Es hängt vom Einzelfall ab, inwieweit darüber hinaus eine fortlaufende gesetzliche Betreuung — die allerdings generell nach § 69 Abs. 1 Ziffer 5 FGG für höchstens fünf Jahre angeordnet werden darf — erforderlich ist. Dies kann generell in Form einer Interessenvertretung gegenüber der Wohnstätte sinnvoll sein, um Rechtsgefährdungen des Bewohners auszuschließen. Daneben kommen gesetzliche Betreuungen zur Wahrnehmung der Interessen von Heimbewohnern mit spezifischen Aufgabenkreisen in Betracht.

Häufiger Anknüpfungspunkt für betreuerische Aufgaben im Rahmen der Vermögenssorge ist die Regelung der Verwendung des für Heimbewohner gewährten »Barbetrages zur persönlichen Verfügung«, früher »Taschengeld« genannt, sowie der weiteren finanziellen Einkünfte des Bewohners. Die Auszahlung des Barbetrages in Höhe von ca. 150,— DM monatlich erfolgt in der Regel direkt an die Heimträger. Nach bestehenden Erfahrungen ist nicht überall die ordnungsgemäße Verwendung dieser Gelder sichergestellt.

Die Bewilligung des Barbetrags beruht auf einem persönlichen Rechtsanspruch der Bewohner/-innen nach § 21 Abs. 3 Bundessozialhilfegesetz. Das Geld soll zur Erledigung von Alltagseinkäufen verbraucht werden, zur Befriedigung kleinerer Bedürfnisse wie Eintrittsgelder für kulturelle oder sportliche Veranstaltungen, Kauf von Genußmitteln usw.

Es gehört grundsätzlich nicht zu den Aufgaben und Befugnissen von Wohnstätten, diese Gelder stellvertretend zu verwalten. Selbst wenn ein gesetzlicher Betreuer mit dem Aufgabenkreis der Vermögenssorge bestellt ist, so muß dieser beachten, daß die Verwendung des Barbetrages vorrangig durch den betreuten Menschen selbst zu erfolgen hat, soweit dies möglich ist. Dies zeigt ein Blick auf den § 1903 BGB, demzufolge vom Vormundschaftsgericht bei erheblicher Gefährdung der Person oder des Vermögens des Betreuten ein sogenannter Einwilligungsvorbehalt angeordnet werden darf (der dazu führt, daß bestimmte, genauer bezeichnete Rechtshandlungen des Betreuten nur mit Einwilligung des Betreuers wirksam sind); in dieser Vorschrift ist u. a. ausdrücklich die entsprechende Geltung des § 110 BGB (»Taschengeldparagraph«) normiert, woraus folgt, daß selbst der unter einem Einwilligungsvorbehalt hinsichtlich der Vermögenssorge stehende Betreute über sein Taschengeld selbst frei und wirksam verfügen kann, so lange seine natürlichen Fähigkeiten dafür ausreichen.

Daß auch im Bereich der Barbetragsverwaltung individuelle Beurteilungsmaßstäbe anzusetzen sind, zeigt die vorliegende Rechtsprechung zur Frage der Einrichtung von gesetzlichen Betreuungen für Heimbewohner/-innen, die kaum sonstige Einkünfte neben dem Barbetrag zur persönlichen Verfügung haben. So hat in einem Fall das Oberlandesgericht Köln (BtPrax 1993, 102) entschieden, daß eine Vermögensbetreuung erforderlich sei, wenn von Gesamtbezügen in Höhe von monatlich 300,— DM wöchentlich 49,— DM in bar an den Bewohner ausgezahlt und verbraucht wurden, während der überschießende Rest sich zu einem Sparguthaben ansammelte. Da der Bewohner nicht in der Lage sei, durch eigene rechtsgeschäftliche Willenserklärungen dieses Barvermögen zu verwalten, wies das OLG die von der Betreuungsbehörde eingelegte Beschwerde gegen die Betreuerbestellung zurück.

In einem anderen Fall entschied das Landgericht Regensburg (FamRZ 1993, 478) gegen die Anordnung einer Betreuung mit dem Aufgabenkreis der Vermögenssorge mangels Erforderlichkeit, weil nach dem gegebenen Sachverhalt zur Überzeugung des Gerichts feststand, daß der Betreute selbst gewissenhaft und sorgfältig mit seinem monatlichen »Barbetrag« in Höhe von 140,— DM umzugehen vermochte.

Diese Beispiele verdeutlichen die Notwendigkeit, auch Regelungen wie die Barbetragsverwaltung nach Maßgabe der jeweiligen individuellen Fähigkeiten von Bewohnerinnen und Bewohnern zu gestalten. Dabei spricht nichts gegen die geläufige Praxis der getrennten Barbetragsverwaltung durch Wohnstätten, wenn dies entweder mit dem Einverständnis der Bewohner/-innen geschieht oder eine entsprechende Vollmacht durch einen gesetzlichen Betreuer eines Bewohners vorliegt, der seinen Barbetrag nicht persönlich für sich verwenden kann.

Eines der Hauptanliegen des Betreuungsgesetzes ist die Stärkung der Personensorge für die betreuten Menschen — im Gegensatz zu der vom alten Entmündigungs-, Vormundschafts- und Pflegschaftsrecht einseitig überbetonten Vermögensverwaltung. Generell gilt das Prinzip, das Selbstbestimmungsrecht behinderter, kranker und alter Menschen zu respektieren, und zwar auch im Rahmen einer angeordneten Betreuung, wie es vor allem § 1901 BGB ausdrücklich normiert hat: Der gesetzliche Betreuer ist verpflichtet, das Wohl des Betreuten zu fördern, dessen Wünsche ernst zu nehmen und sie im Rahmen der Zumutbarkeit bis zur erheblichen Selbstgefährdung des Betreuten auch zu befolgen; bevor er wichtige Entscheidungen in Angelegenheiten des Betreuten fällt, hat er diese nach Möglichkeit mit dem Betroffenen zu besprechen.

Zur sinnvollen Ausübung des Selbstbestimmungsrechts müssen Entscheidungsalternativen vorhanden sein; dies sollte besonders für die Wahl des Wohnortes und der Wohnform gelten. Eingehende Information und Hilfe bei der Entscheidungsfindung sind zusätzliche Erfordernisse für viele Menschen mit geistiger Behinderung. Es ist zu hoffen, daß entsprechende Angebotsstrukturen künftig so weit geschaffen und ausgebaut werden, damit Selbstbestimmungsrecht sich nicht weitgehend in gesetzlichen Postulaten erschöpft.

Für besonders schwerwiegende Maßnahmen wie ärztliche Heilbehandlung, freiheitsentziehende Unterbringung und unterbringungsähnliche Maßnahmen in Einrichtungen wurden mit den §§ 1904 und 1906 BGB sowie den dazugehörigen Verfahrensbestimmungen besondere Rechtsnormen zum Schutz Betreuter geschaffen.

Soweit eine natürliche Einsichtsfähigkeit betreuter Menschen besteht, ist auch für die Zulässigkeit der Durchführung einer ärztlichen Heilbehandlung oder Untersuchung grundsätzlich die Entscheidung des behinderten Menschen maßgeblich; nur wenn keine natürliche Einwilligungsfähigkeit vorliegt, darf ein mit entsprechenden Befugnissen ausgestatteter Betreuer gegenüber dem Arzt eine stellvertretende Einwilligung erklären, bei gefährlichen Eingriffen mit zusätzlicher gerichtlicher Genehmigung.

Die freiheitsentziehende Unterbringung in einer geschlossenen Einrichtung war schon nach altem Recht nur mit gerichtlicher Genehmigung zulässig; sie ist nach § 1906 BGB ausschließlich zum Schutz des Betreuten bei Selbsttötungsgefahr oder zur Durchführung einer notwendigen Behandlung einer schweren Erkrankung möglich.

Neu ist die ausdrücklich vorgeschriebene Genehmigungspflicht für die sogenannten »unterbringungsähnlichen Maßnahmen« in § 1906 Abs. 4 BGB — also durch Einsperren, Fixieren an Betten oder Stühlen, durch Anbringen von Trickschlössern an Türen, besondere Bedienungsmechanismen an Aufzügen, Bettgitter, durch die Vergabe von Psychopharmaka mit dem Ziel der Einschränkung der persönlichen Fortbewegungsfreiheit, aber auch durch Maßnahmen wie etwa der Wegnahme eines Rollstuhles, um die Fortbewegungsmöglichkeit eines Menschen in einer offenen Einrichtung zu beschränken.

Rechtlich unzulässig waren derartige Maßnahmen der Freiheitsentziehung schon nach altem Recht, jedoch wurde allgemein beklagt, daß diese nicht ausdrücklich durch Gesetzesvorschriften, sondern lediglich durch höchstrichterliche Entscheidungen herausgebildete Rechtslage in der Praxis sowie in den unteren Instanzen vieler Gerichte wenig Beachtung fand. Wenn insoweit bereits vereinzelt Klagen über zu formalistische gerichtliche Kontrollbefugnisse über Fürsorgemaßnahmen in offenen Behinderteneinrichtun-

E

gen geführt wird, so kann dem also entgegengehalten werden, daß durch die entsprechenden Schutzvorschriften des Betreuungsgesetzes keine grundsätzlich neue Rechtslage geschaffen worden ist, sondern endlich Schritte zur rechtsstaatlichen Kontrolle von möglichen Grundrechtsgefährdungen zu Lasten behinderter, kranker und alter Menschen erlassen wurden.

Der im Betreuungsrecht verankerte Grundsatz der Erforderlichkeit gebietet auch bei der Prüfung der Genehmigungsfähigkeit von beabsichtigten freiheitsbeschränkenden Maßnahmen eine in jedem Fall an den individuellen Bedürfnissen und Erfordernissen ausgerichtete Entscheidung. Sie hat nach dem neuen Verfahrensrecht für die Unterbringung auf der Grundlage persönlicher richterlicher Anhörung, eines Sachverständigengutachtens und möglichst der Berufung eines Verfahrenspflegers zur Interessenvertretung des betroffenen Menschen zu erfolgen. Umstritten ist die Frage, ob bei der Anwendung freiheitsentziehender Maßnahmen (Einschließen, Fixieren) im Verlauf einer genehmigten geschlossenen Unterbringung eine gesonderte gerichtliche Genehmigung erforderlich ist. Das Bayerische Oberste Landgericht hat dazu am 6. Mai 1993 entschieden (Az: 3 Z BR 70/93), daß trotz des Wortlautes des § 1906 Abs. 4 BGB, der eine Genehmigung unterbringungsähnlicher Maßnahmen nur erfordert, wenn der Betreute sich in einer Anstalt, einem Heim oder einen sonstigen Einrichtung aufhält, *ohne untergebracht zu sein,* die verfassungskonforme Auslegung des Gesetzes es gebiete, grundsätzlich eine weitere gerichtliche Genehmigung einzuholen, wenn dem Untergebrachten durch mechanische Vorrichtungen oder andere Maßnahmen regelmäßig oder für längere Zeit über die Unterbringung hinaus die körperliche Bewegungsfreiheit entzogen werde.

Auch in »offenen gemeindenahen Wohnstätten« ist die Anwendung fürsorglichen Zwanges gegenüber Bewohnerinnen und Bewohnern ein seit Inkrafttreten des BtG häufiges Gesprächsthema. Grundsätzlich kann festgestellt werden, daß das BtG und die immens gestiegene Zahl einschlägiger Literatur sowie die daraus entstandene öffentliche Diskussion zu einer starken Sensibilisierung in der Handhabung freiheitsbeschränkender Maßnahmen geführt haben. Im Bereich der Lebenshilfe kann dies u. a. festgestellt werden anhand der stark angestiegenen Zahl von Heimverträgen, die — längst nicht immer auf Betreiben der zuständigen Heimaufsichtsbehörde — zur rechtlichen Überprüfung an die Bundesvereinigung Lebenshilfe übersandt werden, oder anhand von Anfragen zur rechtlichen Zulässigkeit von beabsichtigten Freiheitsbeschränkungen zu Lasten geistig behinderter Heimbewohner.

Dabei lassen sich regelmäßig rechtliche Defizite feststellen, die häufig eine eher auf Unkenntnis denn auf Absicht beruhende Alltagsroutine in Einrichtungen widerspiegeln, die mit dem Prinzip der weitestmöglichen Achtung des Selbstbestimmungsrechts von Bewohnerinnen und Bewohnern teilweise nicht in Einklang steht.

So wird das jedem zustehende Recht der freien Arztwahl in vielen älteren Heimverträgen nicht beachtet, indem im Vertragstext eine pauschale Ermächtigung zur Regelung der ärztlichen Versorgung auf das Heim übertragen wird (falls überhaupt). Solche Verfahrensweisen können in mehrfacher Hinsicht rechtswidrig sein:

— Besteht eine Betreuung mit dem Aufgabenkreis der Sicherstellung der ärztlichen Heilbehandlung, so dürfte unzulässig sein, wenn der Betreuer diese zentrale Verantwortung im Bereich der Personensorge pauschal an eine betreuende Einrichtung weiterdelegiert. Das gleiche dürfte für die pauschale Entbindung behandelnder Ärzte von der Schweigepflicht gegenüber der Wohnstätte gelten — unabhängig von der jeweiligen Erkrankung.

— Besteht keine Betreuung mit dem Aufgabenkreis der Sicherstellung der ärztlichen Heilbehandlung, kann fraglich sein, inwieweit die erforderliche persönliche Einwilligung der Bewohner/-innen zur Grundlage ärztlicher Heilmaßnahmen gemacht wurde oder nicht.

Zweifellos besteht insofern bei vielen geistig behinderten Menschen keine oder eine nur begrenzte natürliche Fähigkeit zur persönlichen Ent-

E

scheidung nach vorangegangener, mit dem notwendigen Einfühlungsvermögen durchgeführter ärztlichen Aufklärung und Information. In der Praxis kommen noch andere Probleme hinzu. Vielerorts sind nur wenige Ärzte bekannt, die neben der fachlichen auch die nötige persönliche Kompetenz besitzen, um einen geistig behinderten Menschen angemessen zu behandeln.

Dennoch muß das rechtliche Prinzip beachtet werden, daß der behinderte Mensch nicht schutzlos bleiben darf, etwa wenn unklar ist, ob beabsichtigte Maßnahmen im Einzelfall mit den Interessen der Bewohnerin oder des Bewohners in Einklang stehen. Von einer Freiwilligkeit bei der Behandlung kann nicht schon dann ausgegangen werden, wenn geistig behinderte Patienten »sich nicht wehren«, ohne daß ihr Einverständnis ausdrücklich eingeholt wurde, nachdem zunächst über Art und Bedeutung der Behandlung, etwaige Alternativen und über mögliche Wirkungen und Nebenwirkungen derart informiert wurde, daß der Patient weiß, worüber er entscheidet. Ist der Patient danach zu einer selbständigen Entscheidung nicht in der Lage, ist die stellvertretende Interessenwahrnehmung für den behinderten Menschen durch einen gesetzlichen Betreuer, die durch gegenseitige Offenheit und Zusammenarbeit aller Beteiligten unterstützt werden sollte, unverzichtbar.

Die Anwendung freiheitsbeschränkender Maßnahmen in gemeindenahen Wohnstätten wirft im Alltag unter den Mitarbeitern die große Unsicherheit auslösende Frage auf, inwieweit etwa ein mit unbeschränktem Ausgang eines Bewohners oder einer Bewohnerin potentiell bestehendes Risiko der Selbstschädigung in Kauf genommen werden kann oder muß. Die Furcht vor dem Haftungsrisiko wegen der möglichen Verletzung der Aufsichtspflicht führt dabei gelegentlich zu einer eher vorsorglich motivierten Einschränkung der Bewegungsfreiheit von Bewohnerinnen und Bewohnern.

Ein Risiko, daß einem Menschen z. B. im Straßenverkehr etwas zustößt, kann niemand ausschließen. Besteht wirklich immer eine konkrete Gefahr bzw. Wahrscheinlichkeit, daß ein geistig behinderter Mensch einfach auf die Straße läuft und sich in Lebensgefahr begibt? Auch in diesem Bereich gilt es, die Freiheitsrechte des einzelnen auf der einen Seite sowie ein Schutzbedürfnis einschließlich des Haftungsrisikos von Mitarbeiterinnen und Mitarbeitern im Einzelfall sorgfältig gegeneinander abzuwägen. Die Rechtsprechung zu solchen Fragestellungen siedelt den Stellenwert der Fortbewegungsfreiheit des einzelnen sehr hoch an.

Freiheit bedeutet immer auch das Eingehen von Risiken, die nichtbehinderte Menschen ganz selbstverständlich in Kauf nehmen. Aus den genannten Gründen — vom Aspekt der häufig beklagten Personalknappheit in Einrichtungen einmal abgesehen — wird dies jedoch bei der Betreuung behinderter Menschen eher nicht zugelassen. In vielen Fällen ist es nicht notwendig, daß die Heime alles unter Kontrolle sowie unbedingten Zugriff auf das Wohl und Wehe der Bewohner haben. Die oft aus eigener Angst und Unsicherheit praktizierte Einengung des Lebensraums von behinderten Menschen in Einrichtungen muß im Lichte des BtG und der grundrechtlich geschützten Rechtspositionen der Betroffenen stärker als bisher hinterfragt werden.

Das BtG mit seinen an den Wertvorstellungen des Grundgesetzes orientierten materiell- und verfahrensrechtlichen Maßgaben muß von den Einrichtungen der Behindertenhilfe keineswegs als Bedrohung in Form übersteigerter formaljuristischer Überprüfungs- und Genehmigungsverfahren angesehen werden. Wichtig ist vielmehr die Erkenntnis, daß sich diese Konzeption im Grunde mit dem professionellen Selbstverständnis der helfenden Berufe deckt und zu den von Einrichtungsleitungen und -mitarbeitern angestrebten bzw. anzustrebenden Qualitätsstandards nicht in Widerspruch steht, sondern dafür als Orientierungsmaßstab hilfreich sein kann.

Ulrich Hellmann
Leiter des Fachgebiets Betreuungsrecht
der Bundesvereinigung Lebenshilfe
Raiffeisenstr. 18

35043 Marburg

E

F Qualitätsentwicklung und -sicherung im Bereich des Wohnens

F

Qualitätssicherung und -entwicklung in gemeindenahen Wohneinrichtungen

*Bundesvereinigung Lebenshilfe**

In unserer hochtechnisierten Welt sind Fragen der Qualitätssicherung und -kontrolle in Produktionsbereichen für jedermann selbstverständlich; sie schaffen überhaupt erst die Voraussetzung für immer schnellere Entwicklungen und Innovationen im täglichen Fertigungsprozeß.

Hat ein solcher Ansatz auch für pädagogische Felder Gültigkeit? Läßt er sich übertragen auf die Arbeit mit geistig behinderten Menschen? Ist die Qualität pädagogischer Arbeit überhaupt meßbar?

Fragen der Qualitätsbeurteilung mittels standardisierter Verfahren haben in der bundesdeutschen Behindertenarbeit noch keine Tradition. Ein solches Vorhaben mag also auf den ersten Blick besonders für Pädagogen eine Provokation bedeuten, deren Selbstverständnis sich doch eher durch ethisch-moralische Kriterien (Menschenbild) sowie durch berufliche Ausbildung und Erfahrung legitimiert und auf einer Überzeugung gründet, der zufolge Effekte pädagogischen Vorgehens kaum objektivierbar sind (FRÜHAUF 1992).

Zwischenzeitlich ist man sich in Fachkreisen einig, daß — unabhängig von der jeweiligen Methode — Konzepte von Qualitätsbeurteilung und -entwicklung für die tägliche Arbeit mit erwachsenen Menschen mit geistiger Behinderung hilfreich sein können.

Die Arbeit in Einrichtungen für geistig behinderte Menschen ist für viele Mitarbeiter/-innen sehr fordernd. Gesteigert durch Personalknappheit resultiert daraus ungewollt eine Tendenz zur Fremdbestimmung und Bevormundung. Oft ist es so, daß der Alltag in der pädagogischen Praxis so vollgedrängt ist mit Verpflichtungen, daß keine Atempause bleibt für neue, in ihren Anfängen möglicherweise zeitaufwendige Entwicklungen.

Eine Beurteilung der Qualität dieser Arbeit, die nur von außen — womöglich von »oben« — käme, würden viele als verletzend empfinden. Hilfreich und weiterführend kann eine kritische Bestandsaufnahme nur sein, wenn sie im Einvernehmen aller Beteiligten vorgenommen wird und wenn sie auf Basis dieser Erkenntnisse Problemlösungen in Form kommunikativer Prozesse anbietet.

Die gegenwärtige Behindertenpädagogik verfolgt Ziele der Normalisierung, der Integration, der Befähigung zu Eigenverantwortlichkeit und leitet daraus Lebensqualität ab. Folglich bemißt sich die Qualität von Hilfeangeboten insbesondere auch daran, inwieweit sie

— zur Herausbildung eines »normalen« Lebensstils beitragen;

— dazu beitragen, Kompetenzen zu fördern und Abhängigkeiten zu minimieren;

— die Betroffenen dabei unterstützen, Verfügungskontrolle über die Hilfeangebote zu entwickeln;

— die Teilnahme geistig behinderter Menschen am sozialen und kulturellen Leben der Gemeinde fördern;

— dazu beitragen, daß geistig behinderte Menschen als gleichwertige Mitglieder der Gemeinde respektiert werden;

— die Bereitschaft der Gemeinde fördern, die Betroffenen in ihren Alltag einzubeziehen;

— verläßlich sind.

Damit ist ein allgemeiner Rahmen für Qualitätsbeurteilung und -entwicklung gegeben (ILSMH 1993; KRÄLING, SCHÄDLER 1992).

Ausgehend von der Prämisse, daß die Qualität der Hilfeangebote einen direkten Einfluß auf die Lebensqualität von Menschen mit geistiger Behinderung und ihrer Angehörigen hat (SCHA-

*) Zuerst erschienen im Fachdienst der Lebenshilfe 2/1993, S. 3—14.

F

LOCK et al. 1989), muß gefragt werden, wie die Qualität von Einrichtungen beurteilt werden kann, welche Kriterien herangezogen werden und wer an der Beurteilung beteiligt sein muß.

Welcher Ausschnitt wird gewählt — welche Strategie wird angewandt?

Wichtig für die Entscheidung zur Entwicklung und Auswahl konkreter Qualitätssicherungskonzepte ist die Erkenntnis, daß die Qualität von Dienstleistungen und Hilfen für behinderte Menschen immer nur ausschnitthaft betrachtet werden kann, da quantitativ sehr viele und qualitativ sehr unterschiedliche Ebenen hierfür in der Lebenswirklichkeit von Bedeutung sind.

Entscheidungsalternativen und Gewichtungsmöglichkeiten ergeben sich insbesondere bei der Wahl des Betrachtungswinkels für eine Qualitätsmessung (Abb. 1) sowie der Festlegung eines Anwendungskonzeptes (Abb. 2) in der Praxis:

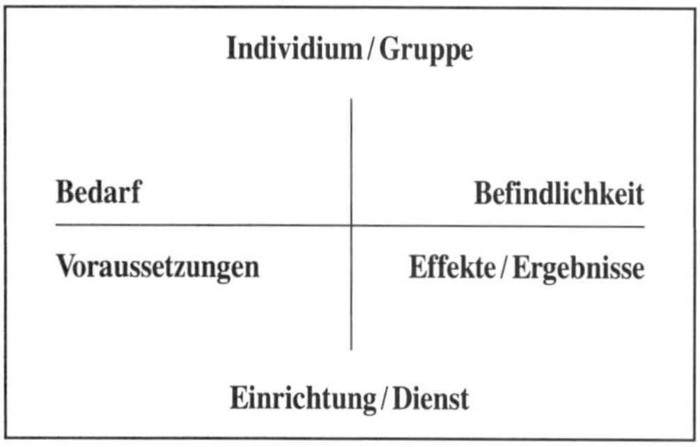

Abb. 1: Unterschiede in der Qualitätsbeurteilung nach Blick- und Zielrichtung.

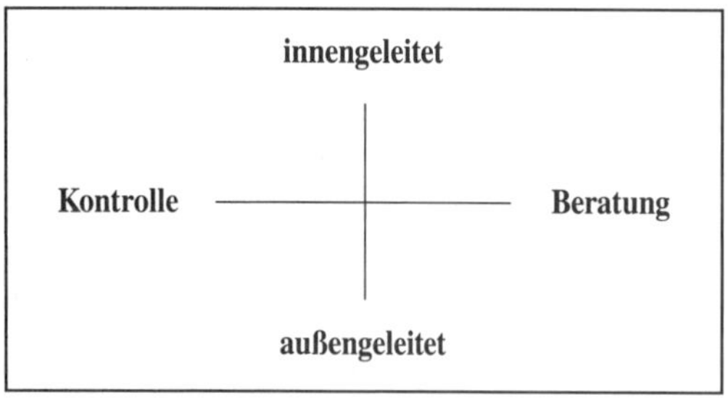

Abb. 2: Unterschiede in der Qualitätsbeurteilung nach Verfahrensgesichtspunkten.

Systeme zur Qualitätssicherung sind zunächst einmal danach zu unterscheiden, ob bzw. in welchem Ausmaß sie ihre Analyse am behinderten Menschen (Individuum/Gruppe) oder an der Einrichtung/dem Dienst festmachen. Ist in dieser Polarität eine Entscheidung getroffen, ist ferner festzulegen, ob bzw. mit welcher Gewichtung sich der Blick auf die Vorbedingungen der Arbeit (behinderter Mensch/Gruppe = Bedarfslage; Einrichtung/Dienst = institutionelle Voraussetzungen guter Arbeit) oder auf die Auswirkungen der Arbeit (behinderter Mensch = Befindlichkeit, Kompetenzzugewinn u. ä.; Einrichtung/ Dienst = Resultate der eigenen Dienstleistung) richtet.

Aus Gründen des realistischen Umfangs eines einzelnen Verfahrens geht eine Erweiterung von Betrachtungsebenen immer zu Lasten der Tiefe innerhalb der einzelnen Ebene.

Verfahren zur Qualitätsentwicklung und -sicherung unterscheiden sich demnach einerseits darin, mit welcher Gewichtsverteilung sie als Kontroll- oder als Beratungskonzept ausgelegt sind. In der Frage der Umsetzung eines Verfahrens in die Praxis ist gleichzeitig zu klären, welche Anteile bei der Durchführung des Verfahrens die Einrichtung/der Dienst selbst übernimmt bzw. welche Rolle außenstehenden Personen oder Institutionen zukommt (Verteilung von Anteilen der »Selbst-« bzw. »Fremdkontrolle«).

Beide Abbildungen verdeutlichen zusammengefaßt, daß die Differenzen zwischen Konzepten und Verfahren zur Qualitätssicherung immer grundsätzlicher Natur sind. Mit Hilfe der aufgeführten Polaritätenraster lassen sich die vorhandenen Verfahren grundsätzlich vergleichend einordnen und bewerten bzw. neue Verfahren bewußt begründen und ableiten.

Internationale Methodenvielfalt

Die Unterschiede der vorgestellten Instrumente liegen nicht nur in der Entscheidung für den exemplarischen Betrachtungswinkel und die Gesamtstrategie, sondern auch in einer Reihe von

Realisierung möglicher Ziele, wie z. B.: — Personalerhöhung, Qualifizierung des Personals, — räumlich/architektonische Änderungen, — Erhöhung der Lebensqualität, — Effektivität/Ökonomie u. a. durch Beratung, Weiterbildung, bauliche Veränderungen	Befragungsinstrumente mit unterschiedlichen Zielsetzungen (z. B. Passing, LO CO, EHB 90, Haisch-Konzept, LH-Leitfaden)	Externe oder/und interne Befragung der Einrichtungen und Dienste durch geschulte Teams	Befragung unterschiedlicher Zielgruppen wie z. B. geistig behinderte Menschen, Eltern, Freunde, Mitarbeiter/-innen, Nachbarn und Träger	Bewertung mittels unterschiedlicher Meßverfahren (z. B. Rating-Skala, Interview, teilnehmende Beobachtung)

Abb. 3: Aus der Entscheidung, welches Ziel erreicht werden soll (1. Kasten), folgt die Auswahl eines bestimmten Befragungsinstruments (2. Kasten).

Detailfragen, wie z. B. den konkreten Zielvorstellungen, der Auswahl der an der Erhebung beteiligten Personen sowie der Art der Auswertung der Ergebnisse und Darstellung der Schlußfolgerungen.

PASSING

An erster Stelle und als wegweisend ist hier PASSING (Program Assessment of Service Systems Implementing Normalization Goals; dt.: Verfahren zur Erfassung von Normalisierungszielen in Einrichtungen und Diensten) zu nennen. Es handelt sich um ein Anfang der 80er Jahre in den USA entwickeltes Instrumentarium von WOLFENSBERGER und THOMAS (1983), welches sich an den Grundsätzen des Normalisierungsprinzips orientiert.

Es beansprucht festzustellen, inwieweit in einer Einrichtung die von ihr angebotenen Programme zur sozialen Aufwertung (Social Role Valorization) einer Person mit geistiger Behinderung beitragen.

Was die »Wertigkeit« der mit PASSING gewonnenen Ergebnisse betrifft, so führt KÖNIG (1991) aus, daß

> *»es (zwar) kein standardisiertes Instrument (ist), daß der besondere, krisenorientierte Ansatz PASSING aber zu einem wertvollen Instrument bei der Institutionsberatung macht. Der Ansatz von PASSING verschiebt die Diskussion um die Qualität der ‚Versorgung' von Menschen mit einer (geistigen) Behinderung hin zu der um die Qualität ihres ‚Lebens', wobei ‚Leben' hier eben das komplexe soziale Beziehungsgeflecht einer Person einbezieht; es wird nicht mehr bei der rein äußerlichen Messung der einer Person zur Verfügung stehenden Quadratmeter oder des ‚Betreuerschlüssels' haltgemacht.«*

Konsequenz im Ansatz, die geistig behinderten Bewohner als gleichrangige Mitglieder der Gesellschaft zu respektieren, beweist PASSING dadurch, daß der Person mit geistiger Behinderung und ihren (verbalen und nonverbalen) Äußerungen eine zentrale Funktion bei der Erfassung der Qualität einer Wohneinrichtung zukommt.

LO CO

LO CO (Learning Opportunities Coordination; dt.: Analyse koordinierter Lerngelegenheiten im Wohnstättenbereich für behinderte Menschen) ist ein von den Autoren H. C. und A. L. Günzburg Ende der 80er Jahre entwickeltes System für die Analyse der Struktur, Führung und Ausstattung von Wohnstätten.

> *»Die LO CO Skala umfaßt vier ‚Grundlegende Trainings-Bedingungen' … und 48 Items. Von den letzteren beziehen sich 24 Items auf Lern-*

gelegenheiten (LO Items), die weitgehend von physischen Bedingungen abhängen, das sind Geräte, Objekte, Baulichkeiten, Lage etc. Die anderen 24 Items beziehen sich auf Maßnahmen, die von den Verantwortlichen gesetzt werden (z. B. von der Leitung), deren Aufgabe es ist, Lerngelegenheiten zu verwenden, indem Förderungs- und Erziehungsprogramme mit Situationen koordiniert werden, die die freie und häufige Anwendung von Lebensfertigkeiten erlauben. Diese 24 Items der koordinierenden Maßnahmen werden als CO Items bezeichnet. Jedes der 48 Items wird auf ‚a' und ‚b' Niveaus bewertet« (SEFA 1991).

So lautet z. B. eine Frage auf »a«-Niveau: »Bewohner dürfen für gewöhnlich öffentliche Verkehrsmittel ohne Begleitung benutzen«: Ja/Ja, mit einigen Ausnahmen/Nein; die korrespondierende Frage auf »b«-Niveau ist dann: »Mindestens 50 % der Bewohner benutzen öffentliche Verkehrsmittel ohne Begleitung«: Ja/Nein.

Mit Hilfe der vielen in LO CO enthaltenen Detailfragen soll aufgezeigt werden, ob und in welchem Maß die Wohneinheit geeignet ist, persönliche und soziale Entwicklung der Bewohner/-innen zu ermöglichen und das Erreichen eines höheren Grades persönlicher Unabhängigkeit zu fördern. LO CO hat hier seinen sachlichen Schnittpunkt mit dem PAC. Dieses Instrumentarium ist ähnlich aufgebaut: Hier wie dort bildet ein Kreisdiagramm das Gesamtergebnis der Untersuchung ab, mit vielen Segmenten und Unterteilungen, allesamt numeriert, da zu jedem »Kästchen« ganz bestimmte Fragen gehören.

MEYER (1991) schätzt dieses Instrumentarium trotz einiger Mängel und Fragwürdigkeiten als einen Ansatz ein, der wertvoll und wichtig ist und sicherlich dazu beitragen kann, den Sinn für integrative und normalisierende Bedingungen in Wohnstätten zu schärfen.

SIVUS

Die SIVUS-Methode wurde zu Beginn der 70er Jahre von WALUJO in Schweden entwickelt. Das Wort bedeutet soviel wie »soziale und individuelle Entwicklung durch Zusammenarbeit«.

Die SIVUS-Methode ist in den nordischen Ländern verbreitet und wird erst langsam auch in Österreich und Deutschland bekannter. Sie basiert auf den Grundannahmen, daß sich jeder Mensch durch tätige Bedürfnisbefriedigung und in einem Beziehungsgeflecht zu anderen Menschen entwickelt (DOLDASINSKI 1992).

Nationale Bemessungssysteme (Beispiel Neuseeland)

In den anglo-amerikanischen Staaten gibt es darüber hinaus verschiedene nationale Bemessungssysteme, wie z. B. Standards for Residential Services (Standards für Wohneinrichtungen) bzw. Standards for Services for Development of early Disabled Individuals (Standards für Einrichtungen für Menschen mit Entwicklungsbehinderung), so in den USA, in Neuseeland und einigen Bundesstaaten Australiens (EIGNER 1990; ILSMH 1993).

Das Beispiel Neuseeland ist deshalb von besonderem Interesse, da es hier seit 1975 ein Behinderten-Wohlfahrts-Gesetz gibt (Disabled Persons Community Welfare Act), nach dem jede Wohneinrichtung, die beabsichtigt, fünf oder mehr behinderten Menschen ein Zuhause zu geben, amtlich registriert sein muß. Die Registrierung wird jeweils vom Direktor des örtlichen Sozialamtes vorgenommen.

Das Gesetz schreibt weiterhin vor, daß die Registrierung nur dann erfolgen kann, wenn die Wohneinrichtung bestimmte Standards erfüllt. Diese Standards sind nicht im Gesetz selbst enthalten und können daher ständig auf den neuesten Stand gebracht werden. Die gegenwärtigen Standards wurden von dem Gesundheits- sowie dem Sozialministerium gemeinsam entwickelt. Ihre Basis ist die bereits erwähnte »Social Role Valorization«-Theorie von WOLFENSBERGER.

Es existieren Teams, die die Bewertung dieser Wohneinrichtungen auf der Grundlage der o. a. Standards vornehmen und danach einen Bericht für die Sozialbehörde erstellen. Dabei werden sowohl die Leitung der Wohneinrichtungen als auch die Bewohner selbst einbezogen.

Entspricht eine Wohneinrichtung nicht den Standards, kann sie nicht registriert werden und daher keine behinderten Menschen betreuen. Bei Teilmängeln kann eine Registrierung unter Auflagen erfolgen. Alle Wohneinrichtungen werden jährlich neu bewertet.

Alle beschriebenen methodischen Ansätze und Bemessungssysteme orientieren sich letztendlich an Qualitätskriterien, die sich aus den Leitideen der Normalisierung und der sozialen Integration ableiten und die dazu beitragen, die Lebensqualität der geistig behinderten Mitmenschen auf der einen Seite und die Handlungskompetenzen von Einrichtungen und ihrer Mitarbeiter/-innen auf der anderen Seite zu verbessern.

Ansätze innerhalb deutscher Behindertenverbände

Die Auseinandersetzung mit dem Thema »Qualität« ist bislang weniger in der Behindertenhilfe, sondern vorrangig für die Verantwortlichen im stationären und ambulanten Gesundheitsversorgungssystem (Deutsche Vereinigung für die Rehabilitation Behinderter 1993; GÖRRES 1992) sowie im Bereich der Alten- und Pflegeheime (HEEG, BERGER 1992) zu einem Schlüsselthema geworden. Derzeit stehen folgende Konzepte zur Diskussion:

EHB 92

Der Erhebungsbogen zum individuellen Hilfebedarf von Personen mit Behinderungen (erstmals EHB 90) des Verbandes Katholischer Einrichtungen für Lern- und Geistigbehinderte (AG EHB 1990) ist ein Instrument zur Bemessung des Personalbedarfs, der fast ausschließlich aus individuellen, behinderungsspezifischen Bedarfslagen einzelner Personen abgeleitet wird.

Eine »Anleitung« sowie eine »Einführung und (ein) Durchführungsplan« erleichtern den Umgang mit dem aus mehreren Teilen bestehenden eigentlichen Erhebungsbogen:

— *»Der obere, abtrennbare Teil (Vorderseite) muß in der Einrichtung verbleiben. Er enthält unverschlüsselte Angaben zur Person des Klienten und der Mitarbeiter/-innen; außerdem das Erhebungsdatum und eine Code-Nummer. Diese stellt die Verbindung zum unteren Teil dar.*

— *Im unteren Teil (Vorderseite) wird nach dem Geburtsjahr, dem Aufnahmejahr des Klienten und der Primärbehinderung sowie nach einer möglicherweise vorhandenen zusätzlichen Behinderung gefragt. Dann folgen noch zwei Fragen zur Wohn- und Arbeits- bzw. Fördersituation. Diese Merkmale dienen in erster Linie als Hilfsvariablen für die Skala Hilfebedarf. Außerdem können damit zusätzliche Aussagen über die Altersstruktur gemacht werden.*

— *Im oberen Teil (Rückseite) befinden sich Kurzinformationen (zum) Vorhaben.*

— *Auf dem unteren Teil (Rückseite) ist die Skala ‚Hilfebedarf' abgedruckt. Sie wurde so aufgebaut, daß sowohl pflegerische als auch pädagogische Hilfeleistungen erfaßt werden können« (ebd.).*

Kritische Fragen gehen dahin, ob in diesem Instrumentarium ausreichend organisationsbezogene und individuelle Entwicklungsziele berücksichtigt werden, die ebenfalls die Bemessung des Personalbedarfs beeinflussen würden. Zu diskutieren wäre daher, inwieweit mit dem EHB vorrangig der Personalbedarf nur soweit erhoben wird, wie er für die Bewältigung der Alltagsanforderungen notwendig ist. Unter pädagogischen Gesichtspunkten läßt sich der Personalbedarf letztlich nur dann angemessen beschreiben, wenn die notwendige Hilfe und Unterstützung definiert wird, die zur Erreichung eines pädagogischen Zieles, z. B. einem weitgehend normalisierten Leben, notwendig ist (Beispiel: Wieviel Unterstützung braucht ein behinderter Mensch, um einmal wöchentlich an einer Freizeitveranstaltung in der Gemeinde teilnehmen zu können?).

Personalbemessung nach HAISCH und SCHUMM

Ausgehend von einem »Heilpädagogischen Modell der Entwicklung des Lernens und Lebens«

F

auf Basis entwicklungspsychologischer Erkenntnisse von Piaget entwickelten HAISCH und SCHUMM ein umfangreiches Instrumentarium zur Organisationsentwicklung und Personalbedarfsentwicklung (HAISCH 1990).

Es handelt sich im einzelnen um

- den Fragebogen zur Lebensform behinderter Menschen (FLB),
- den Fragebogen zur Arbeitsorganisation (FAO) sowie
- die Matrix betreuerischer Maßnahmen (MBM).

Zusammen stellen sie das Instrumentarium zur »Planung und Organisation in der Betreuung (POB)« dar.

Im FLB werden — neben anderen Daten — für 15 Betreuungsbereiche Merkmale des behinderten Menschen in Ja/Nein-Form erhoben. Diese Merkmale dienen zur Bestimmung der unterschiedlichen betreuerischen Maßnahmen in verschiedenen Bereichen wie z. B. Mahlzeiten, Körperpflege, Toilette, Motorik.

Im FAO geht es um die wesentlichen Ist-Zeit-Werte, die Formen und die sachlichen Bedingungen der Betreuung im Rahmen der Arbeitsorganisation in einer Gruppe, z. B. Stellenplan, Tages-, Wochen-, Jahresablauf, Haushaltstätigkeit.

Die MBM ermöglicht, durch Zuordnung betreuerischer Maßnahmen zu den Merkmalen eines behinderten Menschen aus dem FLB über die Art der betreuerischen Tätigkeit zu einem Zeitwert (in Minuten pro Tag und betreute Person) zu kommen.

Das Konzept von HAISCH und SCHUMM unterscheidet sich insbesondere durch zwei Kriterien vom EHB:

1. Die einzelnen Bemessungskriterien gehen wesentlich über den Bereich der einfachen Grundversorgung hinaus (heilpädagogisches Konzept).
2. Das Konzept schließt auch ein Angebot der Organisationsberatung und -entwicklung mit ein.

Weitere verbandliche Initiativen

Der Caritasverband der Erzdiözese Freiburg und das Diakonische Werk Württemberg haben eine Projektgruppe »Qualitätssicherung« ins Leben gerufen (Socialmanagement aktuell 1993).

Auch im Bereich der Deutschen Heilpädagogischen Gesellschaft (DHG) wird seit einiger Zeit das Thema »Qualitätssicherung und -entwicklung der Hilfe für geistig behinderte Menschen« intensiv diskutiert (DHG 1993).

Im norddeutschen Raum und in Anbindung an die Universität Oldenburg setzt sich seit Anfang der 90er Jahre eine Arbeitsgruppe »Qualitätsentwicklung und -beurteilung für Wohneinrichtungen«, bestehend aus Vertretern verschiedener freier Träger, mit dem Thema auseinander.

Entwicklungen innerhalb der Lebenshilfe

In der Bundesrepublik Deutschland und im deutschsprachigen Ausland (z. B. Österreich) wurden umfängliche Überlegungen erst Ende der 80er und Anfang der 90er Jahre angestellt (EIGNER 1990; KRÄLING, SCHÄDLER 1992). Überlegungen und verschiedene Praktiken zur Qualitätssicherung im anglo-amerikanischen Raum — wenn auch anfangs mehr auf den Bereich der großen Anstalten und Heime bezogen — sind bereits über 25 Jahre bekannt (KÖNIG 1991).

Die Lebenshilfe war in der Bundesrepublik Deutschland einer der ersten Behindertenfachverbände, die sich des Themas »Qualitätssicherung und -entwicklung« annahm. So finden wir im einführenden Kapitel des im November 1990 von der Mitgliederversammlung der Bundesvereinigung Lebenshilfe in Marburg verabschiedeten Grundsatzprogramms — überschrieben »Lebensrecht und Lebensqualität für geistig behinderte Menschen« — explizit formuliert, daß die Lebenshilfe »... geistig behinderten Menschen und ihren Angehörigen lebenslang und umfassend die bestmögliche Lebensqualität sichern (will)«.

Im selben Monat folgte während der Fachtagung der Bundesvereinigung Lebenshilfe »Qualitäts-

F

entwicklung und Qualitätssicherung in gemeindenahen Wohneinrichtungen für Menschen mit geistiger Behinderung« die Präsentation von Vorarbeiten zu einem Leitfaden zur Überprüfung und Sicherung der Qualität in Wohneinrichtungen (Bundesvereinigung Lebenshilfe 1992; KRÄLING 1991). Anliegen der Fachtagung war es, für die Notwendigkeit von Qualitätsprüfung und -sicherung eine breitere Akzeptanz in der Praxis zu gewinnen, nicht aber, ein fertiges Instrument vorzustellen.

Die Analyse vorhandener Systeme ergab, daß die bestehenden Instrumente nur begrenzt auf unseren Verband übertragbar sind und daher eine eigene Entwicklung notwendig wird.

Die Vorüberlegungen wurden zwischenzeitlich innerhalb der Bundesvereinigung Lebenhilfe weiterentwickelt. Zur Zeit wird in Zusammenarbeit mit Norbert Schwarte von der Universität/Gesamthochschule Siegen versucht, daraus ein handhabbares Instrument zu erarbeiten (s. nächsten Beitrag). Am Anfang soll eine ausführliche Befragung stehen, in die alle beteiligten Personen des Bereiches Wohnen und des Wohnumfeldes einbezogen werden.

Bisher umfaßt der Fragenkatalog folgende Bereiche:

— Versorgungsanspruch und -auftrag,
— Wahlmöglichkeiten,
— Architektur und Ausstattung,
— Personal,
— Teamkompetenzen,
— pädagogische Arbeit,
— Selbstbestimmungsmöglichkeiten,
— Gemeinwesenorientierung,
— Zusammenarbeit mit Eltern und Angehörigen,
— Zusammenarbeit mit Trägern, anderen Angeboten etc.,
— Image,
— Kompetenz: verantwortliches, sinnhaftes Handeln,
subjektives Wohlbefinden.

Beurteilt werden diese Bereiche nach den fünf Faktoren bzw. Hauptdimensionen von Qualität:

— Soziale Integration,
— Selbstbestimmung, Empowerment,
Kompetenz/Fertigkeiten,
— Zufriedenheit,
— positive soziale Rolle/Image.

Zur Diskussion um individuelle Personalbemessungssysteme

Qualitätssicherungsverfahren führen in der Regel auch zu Aussagen über den Personalbedarf einer Einrichtung und können dadurch die Argumentation für Verbesserungen in diesem Bereich stützen. Je nach Instrument werden die Ergebnisse unterschiedlich ausfallen, und zwar abhängig von den zugrundeliegenden Zielvorstellungen: Wenn gefragt wird, in welchem Umfang Pflege und Versorgung abgedeckt sind, folgen andere Antworten, als wenn nach dem Bedarf für persönliche Entwicklungschancen oder normalisierte Lebensbedingungen gefragt wird. Vor einer Entscheidung zur Übernahme einzelner Konzepte individualisierter Personalbemessung sollten deshalb die Argumente »Pro und Contra« abgewogen werden, da mit der Entscheidung für ein Bemessungssystem immer auch generelle Strukturentscheidungen getroffen werden, die die Fragen der Personalkapazität überschreiten.

Pro-Argumente

○ Orientierung am Einzelfall und damit die Bedarfslage der einzelnen behinderten Person besser abbildende Grundlage.

○ Transparenz der gewählten Kriterien zur Bestimmung von individuellen Bedarfslagen, Offenlegung von Bemessungskriterien (normative Entscheidungen), Berücksichtigung individueller Entwicklungsverläufe (kontinuierliche Erhebungsintervalle).

○ Argumentationshilfe für die Begründung von mehr Personal als bei den bisherigen pauschalierten Verfahren gegenüber den Trägern der Sozialhilfe.

Neutrale Aspekte

○ Personalbedarf ist kein aus der Behinderung objektiv ableitbares Kriterium, sondern stets abhängig von der individuellen Entwicklung, die einem behinderten Menschen »zugestanden« wird und — aus diesen individuellen Entwicklungszielen heraus abgeleitet — dem Maß an Hilfe, das von einem behinderten Menschen benötigt wird. Es kommt somit entscheidend darauf an, welche Anspruchsgrundlage (»Meßlatte«) zum Bewertungsmaßstab wird, ob nur das »Notwendige« oder auch Hilfen zu mehr Regiekompetenz, Aktivitäten im sozialen Umfeld, Selbstversorgung etc. angestrebt werden.

○ Es gilt zu prüfen, inwieweit ein Meßinstrument für unterschiedlichste Organisationsformen gleichermaßen gültig sein kann: hier die großen Heime und Anstalten, z. B. in konfessioneller Trägerschaft, auf der anderen Seite die gemeindenahen Wohneinrichtungen, z. B. in Trägerschaft der Lebenshilfe-Ortsvereinigungen.

○ Läßt sich der Kostenträger auf Bedarfsfeststellungen ein, wenn sie einseitig subjektiv aus der Einrichtung benannt werden? Liegt hier nicht im Grunde die gleiche Problematik vor wie bei pauschalierten Bedarfsmeldungen: Der Kostenträger wird den ausgewiesenen Hilfebedarf zunächst einmal auf vermeintliche »Überbetreuung« hinterfragen.

Contra-Argumente

○ Gerade im Bereich des Wohnens wird der gemeinsame Zeitbedarf von »Helfenden« und behinderten Menschen nicht nur durch die Summe von »Teilleistungshilfen« in ausgewählten Funktionszusammenhängen beschrieben. Es bauen sich persönliche Beziehungsstrukturen auf; der Helfer wird auch für Situationen in Anspruch genommen, die nicht durch »Hilflosigkeit« gekennzeichnet sind. Diese Beziehungsebene (und ihr Zeit-/Personalbedarf) kommt bei Bemessungssystemen zu kurz, die im wesentlichen auf Problembewältigung ausgerichtet sind (funktionalistische Modelle).

○ Der Aufwand für alle Beteiligten scheint sehr viel größer als bei pauschalierten Verfahren der Personalzumessung, sofern individuelle Bedarfslagen sorgfältig und verantwortlich erfaßt und nicht nur »abgehakt« werden sollen.

○ Angesichts der Ereignisse in der Zeit des Nationalsozialismus muß kritisch hinterfragt werden, ob es nicht schadet, das Ausmaß von Normabweichung jedes behinderten Menschen und den Umfang seines hieraus abgeleiteten Hilfebedarfes »aktenkundig« über Jahre zu archivieren. Selbst wenn es nie wieder zu politisch motivierten Tötungsaktionen wie im NS-Regime kommt, besteht doch die Gefahr neuer sozialer Auslese: »Lohnt es sich überhaupt, für die Person X soviel Mittel aufzuwenden, wenn sich über Jahre kein Erfolg im Sinne abnehmenden Hilfebedarfs einstellt? Reicht statt aufwendiger Pädagogik da nicht auch verwahrende Pflege?«

○ Wird der Hilfebedarf in individuellen Beurteilungssystemen richtig eingeschätzt? So wird z. B. im Verfahren nach HAISCH und SCHUMM bei »vollständiger Abhängigkeit« im Betreuungsbereich »Pflege und Selbstpflege« mehr Hilfebedarf unterstellt (Intensitätsfaktor 2,0) als bei relativ selbständigem Versorgungsverhalten (Intensitätsfaktor 0,3). Man könnte jedoch auch umgekehrt argumentieren, daß z. B. eine Sondenernährung weniger personalintensiv sei als pädagogische Maßnahmen zur Erweiterung individueller Kompetenzen bei relativ selbständigen behinderten Menschen. Eine Formel »je selbständiger, desto weniger Personalbedarf« scheint jedenfalls nicht unstrittig.

Eine grundsätzliche Entscheidung für die Anwendung individualisierter Personalbemessungssysteme scheint zur Zeit problematisch, da noch zu viele Fragen ungeklärt sind.

F

Widersprüchliche Tendenzen in der Sozialpolitik

Bei aller Bedeutung des Subsidiaritätsprinzips und der Beachtung der Stellung der Verbände der Freien Wohlfahrtspflege ist der Gestaltungswille des Staates nicht nur sinnvoll, sondern sogar notwendig. Der Ruf nach Qualitätssicherung seitens des Gesetzgebers muß aber stets dahingehend hinterfragt werden, ob vorrangig der Aspekt der Verbesserung von Standards (z. B. Personalsituation und Praxis der Hilfen) verfolgt wird oder ob es vor allem darum geht, einen Rahmen für die Senkung von Kosten zu finden.

Anfang März 1993 verabschiedete die Bundesregierung die zum Föderalen Konsolidierungsprogramm« (FKP) gehörenden Gesetzesentwürfe. Darin heißt es u. a., daß die Vorschrift des § 93 Abs. 2 BSHG um den Satz ergänzt werden soll, daß Pflegesatzvereinbarungen »Bestimmungen über Inhalt, Umfang, Qualität und Kosten der Leistung und deren Prüfung durch die Kostenträger treffen müssen«.

Explizit tauchte somit in einem Bundesgesetz der Begriff Qualität auf, wobei die zugehörige Begründung Betroffenheit auslöste: »... diese Ergänzung gibt den Trägern der Sozialhilfe ein Instrument in die Hand, zusammen mit den Trägern von Einrichtungen die in den letzten Jahren drastisch gestiegenen Kosten der stationären Unterbringung zu dämpfen.« Zwar wurde durch eine »Interpretationshilfe« im Abschlußbericht des Haushaltsausschusses des Deutschen Bundestages inzwischen darauf verwiesen, daß schematische, generelle Kürzungen nicht zu rechtfertigen seien; der Vorgang zeigt aber deutlich einen sehr problematischen Zusammenhang von »Qualität und Sparsamkeit« in den Köpfen von Politik und Verwaltung.

Hinzu kommt, daß diese Ergänzung des § 93 Abs. 2 BSHG auch zu strukturellen Veränderungen führen könnte, die das gesamte System der öffentlichen und freien Wohlfahrtspflege in Frage stellen: Mit der Einführung einer Qualitätskontrolle durch den Kostenträger würden die freien Einrichtungen leicht in die Rolle eines staatlichen Erfüllungsgehilfen gedrängt.

Konkrete Sparmaßnahmen

Im Einzugsgebiet des *Landeswohlfahrtsverbands (LWV) Hessen* wird in Zukunft kein Zusatzpersonal in gemeindenahen Wohneinrichtungen mehr genehmigt; einzelne Ortsvereinigungen der Lebenshilfe beginnen, einen Aufnahmestopp einzuführen. Dies bedeutet im Extremfall, daß gerade geistig behinderte Menschen mit erhöhtem Hilfebedarf keine Aufnahme finden. Darüber hinaus laufen in den Heilpädagogischen Einrichtungen in Hessen zur Zeit Bestrebungen, bestehende Gruppen aufzustocken. Pädagogische Begründungen, die dagegensprechen, finden mit Hinweis auf finanzielle bzw. verwaltungstechnische Probleme wenig Berücksichtigung.

Der *Landschaftsverband Rheinland* beabsichtigt die Kündigung der Pflegesatzvereinbarungen mit den Einrichtungsträgern und schlägt eine Pauschalierung der Kosten vor.

Um Kosten bei der Schaffung gemeindenaher Wohnplätze aufzufangen, ist vom *Landschaftsverband Westfalen-Lippe* eine Kommission gebildet worden, die die gemeindenahen Wohnformen inspiziert mit dem Ziel der Umwandlung von Funktionsräumen wie z. B. Zimmer für Zivildienstleistende (ZDL), aber auch des Ausbaus von Dachgeschossen, um zusätzliche Wohnplätze für behinderte Bewohner/-innen zu erhalten (Problem der »Verdichtung«).

Wie aus *Berlin* bekannt wurde, gibt es Planungen des Bundesministeriums für Arbeit, bei der Neufassung der Vergaberichtlinien für Mittel aus dem Ausgleichsfonds eine Mindestplatzzahl von 60 Plätzen (!) in den Wohneinrichtungen für erwachsene Menschen mit geistiger Behinderung als Förderungsvoraussetzung zu formulieren.

Im Zusammenhang mit Überlegungen zur »Verstärkung der Wirtschaftlichkeit in Einrichtungen der Behinderten- und Altenhilfe« werden immer mehr budgetorientierte Modelle gefordert.

Ein Beispiel hierfür sind die »Grundsätze für die Weiterentwicklung der Strukturen in der Alten- und Behindertenhilfe« des *Landeswohlfahrtsverbandes Baden* (1993). Hier heißt es im Grund-

F

satz 10, daß »das Selbstkostendeckungsprinzip, auf dem die derzeit gültige Pflegesatzvereinbarung basiert, (dem) Träger einer Einrichtung kaum Anreiz zu wirtschaftlichem Verhalten (gibt). Zur Stärkung der Eigenverantwortlichkeit in der Unternehmensführung sind budgetorientierte Modelle zu entwickeln und gleichzeitig die Instrumente zur Qualitätssicherung auszubauen.«

Der hohe Stellenwert des Themas Qualität wird auch sichtbar in dem vom Bundesministerium für Familie und Senioren (BMFuS) ausgeschriebenen Forschungsprojekt »Möglichkeiten und Grenzen selbständiger Lebensführung in Einrichtungen«. Ausdrücklich geht es darum, die »Qualität der Pflege und Betreuung zu beschreiben und hieraus Forderungen und Formulierungen von Pflege- und Betreuungsstandards herzuleiten« (BMFuS 1993).

Das *Niedersächsische Sozialministerium* schlägt in seinen »Leitlinien und Empfehlungen zur Behindertenpolitik in Niedersachsen« (1993) zum Zwecke der Qualitätsentwicklung und -sicherung die Gründung einer eigenen Kommission vor. Anders seien die in den Leitlinien entwickelten Grundsätze (»individuell höchstmögliche Eigenständigkeit der Bewohner/-innen«) nicht zu garantieren.

F

Schlußgedanke

Jedem Bemessungsinstrument zur Qualitätssicherung und -entwicklung liegen im ersten Schritt normative Entscheidungen zugrunde. Es wird eine Meßlatte definiert, um den Stand der erreichten Qualität, z. B. in Wohneinrichtungen für Menschen mit geistiger Behinderung, zu werten. Die Bundesvereinigung Lebenshilfe möchte mit den Qualitätsentwicklungs- und -sicherungsinstrumenten, die sie für Werkstätten und Wohneinrichtungen für geistig behinderte Menschen vorbereitet, dazu beitragen, daß die im Grundsatzprogramm der Lebenshilfe formulierten Ziele Praxis werden.

Wenn dabei im Rahmen der Qualitätsbeurteilung auch nach schwer geistig und mehrfach behinderten Menschen mit hohem Pflegebedarf oder Verhaltensauffälligkeiten gefragt wird, so kommt darin zum Ausdruck, daß die Lebenshilfe den Anspruch vertritt, für alle geistig behinderten Menschen Hilfen zu bieten, unabhängig vom Schweregrad einer Behinderung. Hier werden wir auf Versorgungslücken stoßen, für deren Lösung in Zukunft es sich einzusetzen gilt. Immer noch gibt es fehlplazierte Menschen mit geistiger Behinderung in Einrichtungen der Psychiatrie und Pflegeeinrichtungen. Zukünftig werden wir mehr und mehr mit dem Personenkreis der älter werdenden und alten Menschen mit geistiger Behinderung rechnen müssen. Schließlich sollten wir zunehmend in der Lage sein, auch den geistig behinderten Erwachsenen ein qualitätvolles Wohnangebot zu machen, die heute noch bei ihren Eltern leben, dies absehbar aber nicht mehr lange können, weil die Eltern aus Altersgründen mit der Versorgung an Grenzen geraten.

Lebensqualtität für geistig behinderte Menschen darf auch in Zeiten restriktiver Sparpolitik keine unbillige Forderung sein oder zum Sparansatz umgedreht werden. Wir leben immer noch in einer der reichsten Gesellschaften unserer Zeit, in der es selbstverständlich sein sollte, »daß jeder geistig behinderte Mensch so selbständig wie möglich leben kann und daß ihm soviel Schutz und Hilfe zuteil werden, wie er für sich braucht« (Bundesvereinigung Lebenshilfe 1991).

Literatur:

Arbeitsgruppe EHB; BICHLER, J. (1990): Erhebungsbogen zum individuellen Hilfebedarf von Personen mit Behinderungen (EHB 90). In: Zur Orientierung H. 2, S. 6—8.

Bundesministerium für Familie und Senioren (Hrsg.) (1993): Ausschreibung der Untersuchung »Möglichkeiten und Grenzen selbständiger Lebensführung in Einrichtungen«. Bonn.

Bundesvereinigung Lebenshilfe für geistig Behinderte e.V (Hrsg.) (1993): Betreuungsnotstand — Gemeinsame Zukunftsperspektiven. Dokumentation des 6. Treffens der Geschäftsführer und Werkstattleiter von Lebenshilfe-Werkstätten vom 14.—16. Mai 1992. Marburg: Lebenshilfe-Verlag, S. 27—31.

Bundesvereinigung Lebenshilfe für geistig Behinderte e.V (Hrsg.) (1991): Grundsatzprogramm der Lebenshilfe, verabschiedet von der Mitgliederversammlung am 10. Nobember 1990, Marburg: Lebenshilfe-Verlag.

Bundesvereinigung Lebenshilfe für geistig Behinderte e.V (Hrsg.) (1992): Qualitätsbeurteilung und -entwicklung von Wohneinrichtungen für Menschen mit geistiger Behinderung. Marburg: Lebenshilfe-Verlag.

Deutsche Heilpädagogische Gesellschaft e.V. (Hrsg.) (1993): Rundbrief an die DHG-Mitglieder vom 16. April 1993.

Deutsche Vereinigung für die Rehabilitation Behinderter (Hrsg.) (1993): Programmentwurf der Arbeitstagung Erfolgsbeurteilung in der Rehabilitation — Begründungen. Möglichkeiten. Erfahrungen« vom 10.—12. November 1993 in Potsdam (Stand: 11. 3. 1993).

DOLDASINSKI, J. (1992): Die Sivus-Methode. Zur Qualitätsbeurteilung von Einrichtungen und sozialen Diensten für Menschen mit Behinderungen. In: Bundesvereinigung Lebenshilfe (Hrsg.) (1992), S. 137—156.

EIGNER, W. (1990): People with special needs. In: Tagungsbericht des Symposiums Wohnen mit behinderten Menschen« vom 4.—5. Dezember 1989. Wien, S. 117—119.

Erhebungsbogen zum individuellen Hilfebedarf von Personen mit Behinderungen (EHB). Weitere Informationen über den Verband Katholischer Einrichtungen für Lern- und Geistigbehinderte e.V., Karlstraße 40, 79104 Freiburg.

FRÜHAUF, Th. (1992): Einführung. In: Bundesvereinigung Lebenshilfe (Hrsg.): Qualitätsbeurteilung und -entwicklung von Wohneinrichtungen für Menschen mit geistiger Behinderung. Marburg, S. 7—10.

GÖRRES, S. (1992): Qualitätssicherung in der Geriatrie — Dimensionen, Inhalte und Methoden. In: Archiv für Wissenschaft und Praxis der sozialen Arbeit, H. 2, S. 90—111.

HAISCH, W. (1990): Fachlich-professionelle Kriterien der Personalbemessung in der Betreuung behinderter Menschen. In: Zur Orientierung H. 2, S. 16—24.

HEEG, S.; BERGER, G. (1992): Qualitätsbeurteilung von Alten- und Pflegeheimen. In: Altenheim H. 5, S. 254—266.

Internationale Liga von Vereinigungen für Menschen mit geistiger Behinderung — ILSMH (Hrsg.) (1993a): Leitlinien zur Qualitätsbeurteilung und -entwicklung: Ein Weg zur Erneuerung und Neubelegung von Diensten für geistig Behinderte. Brüssel.

Internationale Liga von Vereinigungen für Menschen mit geistiger Behinderung — ILSMH (Hrsg.) (1993b): Qualitätsbeurteilung und -entwicklung in Einrichtungen für Menschen mit geistiger Behinderung. Ein partnerschaftlicher Ansatz: Die Erfahrungen aus Neuseeland von A. M. Capie. Brüssel.

KÖNIG, A. (1991): Ist Qualität meßbar? Qualitätserfassung von Einrichtungen für Menschen mit geistiger Behinderung nach dem PASSING-Verfahren von Wolfensberger. In: Geistige Behinderung H. 3, S. 240—249.

KRÄLING, K. (1991): Qualitätsbeurteilung und -entwicklung von Wohneinrichtungen für erwachsene Menschen mit geistiger Behinderung. In: Geistige Behinderung H. 3, S. 250—252.

KRÄLING, K.; SCHÄDLER, J. (1992): Überlegungen zu einem Leitfaden zur Qualitätsbeurteilung und -entwicklung von Wohneinrichtungen. In: Bundesvereinigung Lebenshilfe (Hrsg.) (1992), S. 101—126.

Landeswohlfahrtsverband Baden (Hrsg.) (1993): Grundsätze für die Weiterentwicklung der Strukturen in der Alten- und Behindertenhilfe. Karlsruhe.

MEYER, H. (1991): Strukturanalyse von Wohnstätten — deutsche Übersetzung von LO CO. In: Lebenshilfe H. 1, Wien.

Niedersächsisches Sozialministerium (Hrsg.) (1993): Leitlinien und Empfehlungen zur Behindertenpolitik in Niedersachsen — Bericht der Fachkommission Behinderte. Hannover.

F

Personalbemessungsinstrumentarium nach HAISCH/SCHUMM. Weitere Informationen über: Prof. Dr. Werner Haisch, Katholische Stiftungsfachhochschule, Preysingstr. 83, 81667 München.

SCHALOCK, R. L.; KEITH, K. D.; HOFFMAN, K.; KARAN, O. C. (1989): Quality of Life. Its Measurement and Use. In: Mental Retardation H. 1, S. 25—31.

SEFA (Publications) Ltd. (Hrsg.) (1991): LO CO — deutsche Übersetzung 1991. Stratford upon Avon.

SEIFERT, M. (1993): Zur Wohnsituation von Menschen mit geistiger Behinderung in Berlin unter besonderer Berücksichtigung der Personen mit hohem Betreuungsbedarf. Bestandsaufnahme und Perspektiven. Freie Universität Berlin: Berlin-Forschung (12. Ausschreibung).

Socialmanagement aktuell (1993): »Projektgruppe untersucht Qualitätssicherung im Pflegeheim«. H. 6.

WOLFENSBERGER, W.; THOMAS, S. (1983): PASSING-Manual, Toronto: National Institute on Mental Retardation.

F

Indikatoren für Lebensqualität in Wohnstätten für erwachsene Menschen mit geistiger Behinderung

Konturen eines Forschungsprojektes

*Norbert Schwarte, Ralf Oberste-Ufer**

Qualitätsforschung in der Behindertenhilfe

Während in Ländern wie den USA, Kanada und Großbritannien der laufend zu erbringende Nachweis der Einhaltung qualitativer Standards für viele Einrichtungen der Behindertenhilfe eine Grundvoraussetzung darstellt, um öffentliche Gelder zu erhalten bzw. soziale Arbeit überhaupt aufnehmen zu können, genügte in der Bundesrepublik Deutschland lange der Hinweis auf die unabweisbaren Versorgungsdefizite, um in Verhandlungen mit Kostenträgern die kontinuierliche Erhöhung der Ausgaben zu rechtfertigen. Zwar ist unstrittig, daß die Kostenexplosion im Bereich der Sozialhilfe (auch) den Trägern von Einrichtungen der Behindertenhilfe kaum einen Verhandlungsspielraum beläßt, doch inwieweit die den Einrichtungen jeweils zur Disposition stehenden finanziellen Mittel tatsächlich für eine effektive und nutzergerechte Organisation der Hilfen verwendet werden, wurde bislang kaum systematisch erhoben.

Die Ursachen für die fehlende Tradition einer systematischen Qualitätsbeurteilung und -entwicklung der bestehenden Angebote innerhalb der Behindertenhilfe in der Bundesrepublik sind auf mehreren Ebenen auszumachen:

- Auf der *strukturellen* Ebene behindert das gegliederte System der sozialen Sicherheit mit seinen oft diffusen und unüberschaubaren Zuständigkeiten der verschiedenen Leistungsträger sowie die mangelnde Kooperation unter den Einrichtungsträgern die Entwicklung einer nutzerorientierten Angebotsstruktur. Ferner setzen die Kostenträger bei der Zuweisung finanzieller Mittel aus ihrer Aufgabendefinition heraus vor allem wirtschaftliche Prioritäten, während die freien Träger bei der Definition, Entwicklung und Kontrolle von inhaltlichen und qualitativen Standards professioneller Hilfeleistungen auf ihre sozialrechtlich garantierte Gestaltungsfreiheit pochen. Dadurch begründen sich die z. T. sehr unterschiedlichen Entwicklungsniveaus einzelner Einrichtungen, zumal der gesetzlich verpflichtende fachliche Austausch zwischen den verschiedenen Trägern der Behindertenhilfe in vielfacher Hinsicht noch erheblich entwicklungsbedürftig ist.
- Auf der *versorgungspolitischen* Ebene dominierte bis vor wenigen Jahren der quantitative Ausbau der Hilfesysteme. Über den Bemühungen der freien Träger um eine flächendeckende Versorgung traten konzeptionelle Erwägungen in den Hintergrund. So prägt das klassische Versorgungsmodell noch immer Planung und Ausgestaltung der Wohnangebote für geistig behinderte Menschen. Die Grundlage der Bedarfsplanung ist unverändert ein abstrakt ermittelter Betreuungs- und Pflegebedarf. Trotz vereinzelter (regional begrenzter) Versuche einer Flexibilisierung und Ambulantisierung der Hilfen bestimmt das Wohnheim nach wie vor das Bild der Versorgung.
- Auf der Ebene der *praktischen Arbeit* in den Institutionen erschwert das berufliche Selbstverständnis der Mitarbeiter/-innen häufig den kritisch-beurteilenden Zugang: Die der pädagogischen Intervention immanente Einmaligkeit und Subjektivität der Beziehungsstrukturen läßt sich nicht in raschem Zugriff anhand objektivierbarer Kategorien erfassen. Der (fremd-)evaluative Blick auf die Wirkun-

* Zuerst erschienen in: Geistige Behinderung 33, 4/1994, 282—97.

gen beruflicher Handlungen wird überdies häufig als Form der sozialen Kontrolle erlebt und mit entsprechendem Mißtrauen begleitet.

Diese Widerstände tragen maßgeblich dazu bei, daß die programmatischen Aussagen der Einrichtungsträger über die Ziele und Inhalte ihrer Arbeit überwiegend von großer Allgemeinheit und in aller Regel auf einen Minimalkonsens verpflichtet sind. Die Diskussion über fachliche Standards und die Qualität rehabilitativer Dienstleistungen und Angebote für behinderte Menschen im institutionellen Kontext hat so gerade erst begonnen. Nun besteht unter dem wachsenden Druck veränderter finanzpolitischer Rahmenbedingungen die Gefahr, daß sie nahezu ausschließlich unter dem Gesichtspunkt der Kostendämpfung fortgeführt wird.

Die allgemeinen programmatischen Zielvorgaben sozialer Rehabilitation für die Arbeit in Wohnheimen, Tagesstätten oder Werkstätten — Normalisierungsprinzip, gesellschaftliche Integration, Individualisierung und Bedürfnisorientiertheit der Hilfen, weitestgehende Verselbständigung — fordern unmißverständlich dazu auf, den einzelnen Menschen mit seinen individuellen Bedürfnissen und Wünschen stets ins Zentrum konzeptioneller Überlegungen zur Planung von Hilfen zu stellen. Vor diesem Hintergrund erhält etwa seit Mitte der achziger Jahre der Begriff der Lebensqualität als Operationalisierungskonzept des Leitgedankens »Integration und Normalisierung« eine zunehmende Bedeutung.

Im letzten Jahrzehnt sind vorrangig im englischsprachigen Ausland eine Reihe von Beurteilungsverfahren, primär für die Einschätzung der Lebensqualität in Wohnangeboten, entwickelt worden, die in jeden Versuch, hierzulande entsprechende Instrumentarien zu entwerfen, kritisch einzubeziehen sind. Sie sind von BECK (1994, 296 ff.) erstmals systematisiert und unter strukturellen Gesichtspunkten verglichen worden: Einige Instrumente orientieren sich vorrangig an der individuellen Zufriedenheit der Bewohner (Schalock et al. 1990; Heal, Chadsey-Rusch 1985), andere untersuchen die Beziehung zwischen der Zufriedenheit der Nutzer und der Angebotsstruktur der Einrichtung (Bromsgrove and Redditch Health Authority o. J.; Conroy et al. 1991; Schalock, Jensen 1986; Stenfert-Kroese 1990) bzw. versuchen, die Qualität des Angebots nach allgemeineren Kriterien der Lebensqualität zu erfassen, ohne auf die Lebenszufriedenheit als subjektive Qualitätsdimension explizit einzugehen (GÜNZBURG, GÜNZBURG 1989; KRÄLING, SCHÄDLER 1990).

Neben den o. g. Instrumentarien ist das von W. Wolfensberger bereits Anfang der achziger Jahre in den USA entwickelte PASSING (Program Analysis of Service Systems' Implementation of Normalization Goals) zu berücksichtigen. Es stellt das bislang umfassendste Bewertungsinstrument zur Evaluation der Qualität sozialer Dienste dar. Sein theoriegeleiteter Ansatz nach zentralen Kategorien des Images (soziales Ansehen) und der Kompetenz, die (implizite) rollen- und interaktionstheoretische Fundierung, seine stringente Systematik und Ausdifferenzierung sowie die vorliegenden Erfahrungen über Möglichkeiten und Grenzen seiner Anwendung aus den USA und Kanada machen PASSING zu einem wichtigen Prüfstein für den Anspruch, die Grundsätze des Normalisierungsprinzips für die Praxis konkret werden zu lassen. Ferner verbieten der fremdevaluative Zugang des Instruments, der einseitige Einrichtungsbezug ohne ausreichende Berücksichtigung der Nutzerperspektive und die unzureichende Individualisierung des Ansatzes seine bloße Adaption. Dagegen sprechen auch die aufwendige und kostenintensive Durchführung und die mangelnde Eignung des Verfahrens zur selbstevaluativen Anwendung, die nur geringe Praxisakzeptanz erwarten lassen.

Als weit weniger »sperrig« gegenüber einer praxisnahen Anwendung, dafür jedoch in seinen inhaltlichen Kategorien unvollständig, erweist sich das von Günzburg und Günzburg entwickelte LO CO (Learning Opportunities Coordination). Es versteht sich als ein Bewertungssystem, welches aufzeigt, in welchem Grad eine Wohneinheit für behinderte Menschen zur persönlichen und sozialen Entwicklung sowie zur Erhaltung eines gewissen Standards an Selbständigkeit beiträgt.

Das Instrument bezieht sich vorrangig auf die Operationalisierung materieller Voraussetzungen für eine an den nicht näher problematisierten Leitlinien »Normalisierung« und »Integration« orientierte Entwicklung lebenspraktischer und sozialer Kompetenzen geistig behinderter Menschen im Kontext des Wohnens. Auf eine qualitative Gewichtung der Indikatoren wird jedoch ebenso verzichtet wie auf Hinweise zu einer Individualisierung der Hilfen und eine Erhebung der Zufriedenheit der Nutzer.

Bei einer kritischen Betrachtung der bisher vorliegenden Verfahren wird deutlich, daß ein Instrument, das qualitative Standards der Hilfen zuverlässig erfassen und bewerten und darüber hinaus Schwerpunkte der »nächsten Entwicklung« von Organisations- und Angebotsstrukturen der institutionellen Behindertenhilfe transparent werden lassen will, die unterschiedlichen Perspektiven von Theorie und Praxis zusammenführen muß. Einerseits kann auf eine stringente theoretische Fundierung des Instrumentariums ebensowenig verzichtet werden wie auf eine weitestgehende inhaltliche Differenzierung, um möglichst vielfältige Aspekte qualitätsbestimmender Alltagshandlungen und -settings zu erfassen. Andererseits muß aber auch durch leichte Handhabbarkeit des Instrumentariums die Voraussetzung für seine Akzeptanz und seine möglichst kontinuierliche Anwendung in der Praxis geschaffen werden.

Sicht von Einrichtungen und Nutzern

Der besondere Stellenwert von Qualitätssicherung in der Arbeit institutioneller Dienste der Behindertenhilfe ergibt sich schon aus ihrer Aufgabenstellung. So will die Lebenshilfe »geistig behinderten Menschen und ihren Angehörigen lebenslang und umfassend die bestmögliche Lebensqualität sichern« (Grundsatzprogramm der Lebenshilfe, 1990, 5). Die Nutzer von Angeboten haben zudem ein Recht darauf, daß professionelle Hilfen so transparent gemacht werden, daß dem Grundsatz der Selbstbestimmung Rechnung getragen wird und bei der Auswahl und Inanspruchnahme von Diensten Optionen möglich sind.

Das wachsende Interesse wird neben programmatischen Erwägungen auch aus strukturpolitischen Entwicklungen heraus plausibel:

- ○ Die traditionelle Behindertenhilfe sieht sich in den letzten Jahren zunehmender Kritik ihrer Institutionalisierungstendenzen ausgesetzt. Aus Protest gegen als aussondernd und entmündigend empfundene Heimunterbringungen geistig behinderter Menschen entstanden einige regional begrenzte Initiativen, die sich um weniger institutionalisierte Formen der Hilfe bemühen (u. a. Verein zur Förderung der Integration Behinderter (fib) e.V. Marburg, Vereinigung Integrationsförderung (VIF) in München). Zwar unternehmen auch die großen Träger innerhalb der Behindertenhilfe Anstrengungen hinsichtlich des Aufbaus ambulanter Angebote (z. B. familienunterstützende Dienste), allerdings meist komplementär zu den bestehenden Heimen.

Diese neueren Initiativen leisten durch den Aufbau ambulanter Hilfsdienste vielfach eben jene notwendige konzeptionelle Entwicklungsarbeit, die einerseits die Praxis der Hilfen vorantreibt und dabei neue Formen individualisierter Betreuung und Unterstützung in den Vorstellungshorizont einbringt. Andererseits machen sie mit dieser Entwicklungsarbeit deutlich, daß jeder Versuch, die Praxis der Behindertenhilfe zu evaluieren, nicht von vornherein durch den Rahmen, den das Heim als geläufigste Form im Bereich des Wohnens behinderter Menschen nahelegt, eingegrenzt werden darf.

- ○ Spätestens seit Beginn der neunziger Jahre ist im Zuge der gravierenden Einsparungen im sozialen Bereich auch innerhalb der Behindertenhilfe der Kostenaspekt allgegenwärtig. So steht zunächst vor allem die Sicherung der Bestände im Vordergrund. Eine konsequente Weiterentwicklung und Etablierung individualisierterer und bedürfnisgerechterer Hilfen erscheint zunehmend wieder akademisch und realitätsfern; der immensen Nachfrage nach Wohnplätzen für behinderte Menschen

F

trägt die gegenwärtige Rechtslage unverändert durch den Bau neuer oder mit der Erweiterung bestehender Heime Rechnung. Einer entwicklungsbezogenen Bewertung der Bestände müssen normative Kriterien zugrunde gelegt werden, die den statistischen Durchschnitt überschreiten. Dabei sind individualisiertere Wohnformen danach zu bemessen, ob sie ein Höchstmaß an Lebensqualität ermöglichen und hinreichende Förderbedingungen für ein selbstbestimmteres Leben geistig behinderter Menschen bereitstellen. Letztlich machen sich Lebens- und Angebotsqualität sowie Selbstbestimmungsmöglichkeiten nicht *an,* sondern *in* der Wohnform fest.

Als Folge des zunehmenden sozialpolitischen Verteilungskampfs zeichnet sich eine verschärfte Konkurrenz unter den verschiedenen Hilfeformen bzw. Trägern dieser Hilfen ab. Die zukünftige Strategie kann nur in der Wahl einer *offensiven Darstellung* der qualitativen Standards der vorgehaltenen Betreuungsangebote bestehen. Vor diesem Hintergrund erwächst Evaluationsvorhaben in der Behindertenhilfe der Auftrag, durch die Entwicklung, Validierung und Implementation konsensfähiger Instrumentarien verläßliche Indikatoren zu erarbeiten, um die Einrichtungen in den Stand zu setzen,

— die Qualität ihrer Angebote und damit mittelbar die Lebensqualität der Nutzer der Einrichtungen regelmäßig und verläßlich zu überprüfen, gezielt zu verbessern und offensiv zu vertreten;

— den Mitarbeiterinnen und Mitarbeitern Möglichkeiten zur systematischen Klärung der eigenen beruflichen Rolle zu eröffnen.

Dabei muß jeder Versuch, die Effektivität institutionsbezogener Dienstleistungen zu erfassen, von der Frage nach der Lebensqualität, den individuellen Bedürfnissen und Wünschen der betreuten Menschen, unabhängig von Art und Schwere der Behinderung, ausgehen. In einem zweiten Schritt muß dann die Einrichtung ihre Zielbestimmungen differenziert darstellen, sie muß Leistungsprofile entwickeln und in deren Rahmen die verfügbaren personellen und materiellen Ressourcen bedürfnisgerecht einsetzen und aufeinander abstimmen.

Für die Diskussion über die Entwicklung und Beurteilung qualitativer Standards sind einige Vorabklärungen hilfreich. Sie betreffen

— die inhaltliche und methodische Ausrichtung von Evaluationsstudien,

— die normativen Voraussetzungen und Grundlagen programmatischer Zielbestimmungen

— und das Verhältnis von Nutzer- und institutioneller Perspektive.

Inhaltliche und methodische Ausrichtung von Evaluationsstudien

Es ist in der Evaluationsforschung üblich, folgende vier Dimensionen zu unterscheiden, die in je spezifischer Weise Auskunft über die Qualität sozialer Dienste geben können:

— *Effektivitätsstudien:* Sie überprüfen, ob bestimmte Ziele eines sozialen Dienstes erreicht werden. Für den vorliegenden Zusammenhang sind dies u. a. »Normalisierung der Lebensbedingungen« und »Individualisierung der Hilfen«. Dazu sind operationalisierte Indikatoren erforderlich, die eine Einschätzung über das Ausmaß der Zielerreichung in objektiver oder zumindest in intersubjektiv nachvollziehbarer Form erlauben.

— *Effizienzanalysen:* Sie ermöglichen den Vergleich von Kosten und Nutzen bestimmter vergleichbarer Interventionen, Programme und Angebote. Hierher gehören z. B. die gegenwärtig an verschiedenen Orten angestellten Versuche der Arbeitszeitbedarfsnormierung anhand objektivierter Kriterien.

— *Verträglichkeitsstudien:* Sie untersuchen mögliche Nebeneffekte und Spätfolgen einzelner Hilfeangebote, Maßnahmen und Interventionen für das ökologische Gleichgewicht verschiedener sozialer Systeme (Heim, Familie, Nachbarschaft, andere soziale Dienste).

— *Qualitätsanalysen:* Sie zielen darauf, die Einhaltung fachlicher Standards in der Leistungserbringung zu überprüfen, die Handlungskompetenz der Leistungserbringer und die Bestimmung von Ansatzpunkten zu ihrer Entwicklung (vgl. HEINER, 1986) aufzuhellen.

Unser Vorhaben richtet sich schwerpunktmäßig auf die Qualitäts- und Effektivitätsanalyse.

Ferner wird allgemein zwischen Fremd- und Selbstevaluation unterschieden. Aus den vorangestellten Ausführungen ist schon deutlich geworden, daß bei der Erhebung qualitativer Dimensionen psychosozialer Arbeit die betroffenen Menschen nach unserer Auffassung nicht als »Untersuchungsgegenstände« auf Objekte reduzierbar sind, sondern als aktiv handelnde Subjekte den Evaluationsprozeß maßgeblich tragen müssen, indem sie als »Experten in eigener Sache« in Erscheinung treten.

Ein zu entwickelndes Instrument hat im Spannungsfeld zwischen den Bedürfnissen der Nutzer und den organisatorischen Erfordernissen der Einrichtung vor allem die alltagsbestimmenden Routinen der praktischen Arbeit zu erfassen. Es hat Erkundungsneugier hervorzurufen und zur handlungsorientierten Selbstexploration anzustiften, um neben den materiellen Maßgaben und Angeboten die für die Lebensqualität ebenso entscheidenden formalen und informellen Interaktionen in den Blick zu nehmen.

Betrachtet man die gezielte Weiterqualifizierung der Mitarbeiter/-innen als entscheidende Schnittstelle bei der Entwicklung lebensqualitätsorientierter Angebote im institutionellen Kontext und soll zudem die inhaltliche Gestaltungsfreiheit der freien Träger angemessen berücksichtigt werden, ist der Schwerpunkt auf die Konzipierung eines Instrumentariums zur strukturierten, extern begleiteten *Selbstevaluation* zu legen. Nur so läßt sich die notwendige Offenheit und Flexibilität eines zur Qualitätsentwicklung und -bemessung einzusetzenden Instruments gewährleisten.

Werden die Mitarbeiter/-innen zu »Erforschern ihrer eigenen Tätigkeit«, müssen Verfahren der permanenten Reflexion in die Routine der alltäglichen Arbeit eingebunden werden, um ihnen größtmögliche Akzeptanz zu sichern und ihnen den exzeptionellen Charakter zu nehmen. Dabei ist anzuknüpfen an solche Konzepte und Methoden, die in den konkreten Arbeitszusammenhängen bereits strukturell verankert sind (Teambesprechungen, Supervision, Fortbildung, systematische Fördermethoden usw.).

Können die Praktiker/-innen in den Einrichtungen einerseits den Status der Experten in eigener Sache für sich reklamieren, verfügen sie andererseits oft nicht über hinreichende Kenntnisse hinsichtlich der Voraussetzungen und mittelbaren Wirkungen ihrer Tätigkeit. Zudem läßt sich durch die (in der psychosozialen Arbeit in der Regel besonders ausgeprägte) persönliche Eingebundenheit der vielzitierte »blinde Fleck« in der eigenen Wahrnehmung — auch bei hoher Motivation zum kritischen Hinterfragen der eigenen Rolle — erfahrungsgemäß kaum neutralisieren. Hier haben die Forscher durch die Herstellung objektivierender Distanz Reflexionsprozesse einzuleiten und zu koordinieren. Über die Vermittlung relevanter wissenstheoretischer Zusammenhänge müssen dann mögliche Schwerpunkte der nächsten Intervention handlungsbezogen aufgezeigt werden.

Da weder das alltägliche Befaßtsein mit der Lebensrealität behinderter Menschen in den Einrichtungen noch die analytische Distanz des Wissenschaftlers allein eine lebensqualitätsorientierte Organisation verfügbarer oder zu entwickelnder Hilferessourcen sichert, erweist sich der fortlaufende Kommunikationsprozeß zwischen den in den Einrichtungen Tätigen und den fremdevaluativ begleitenden Forschern als konstitutiv für den Verlauf der Evaluation. Die Mitarbeiter/-innen müssen sich in einen ausführlichen, jedoch zielgeleiteten Austauschprozeß über die spezifischen Anforderungen ihrer Arbeitsstrukturen, über ihre Erwartungen, Hoffnungen und Befürchtungen ebenso wie über ihre Entlastungs- und Abwehrstrategien und nicht zuletzt über ihre erkenntnisleitenden und handlungsbestimmenden Normen und Wertvorstellungen begeben können. Da hier die Grundlagen des eigenen (und nicht nur) professionellen Selbstverständnisses berührt sind, kann dies zunächst Widerstände und Angst auslösen (vgl. v. KARDORFF, 1982). Die Verwirklichung der oben skizzierten Forschungskonzeption erfordert daher zunächst einen tragfähigen Konsens über die Notwendigkeit und die Bedeutung eines solchen Vorgehens.

Schließlich wird in der Evaluationsforschung zwischen summativen und formativen Verfahren unterschieden. Die Qualität eines psychosozialen Dienstes definiert sich in wesentlichen Bezügen immateriell und läßt sich demnach nicht produktorientiert (summativ) bestimmen, sondern sollte formativ auf die konkrete Erfassung der Veränderung der Lebens- bzw. Arbeitssituation der beteiligten Menschen hin angelegt sein. Dafür sind z. B. Multimomentaufnahmen im Zeitreihenvergleich heranzuziehen, die anhand skalierter Erfüllungskriterien nicht nur den Abstand zu vorgegebenen Zielen messen, sondern auch retrospektiv verläßlich Auskunft über den Abstand von einem bestimmten Ausgangspunkt geben.

Neben einer Beschreibung struktureller Merkmale und materieller Settings der institutionellen Dienste müssen Instrumente zur Qualitätsentwicklung und -bemessung die individuellen Bedürfnisse, die Fördervoraussetzungen und das Kompetenzinventar der behinderten Menschen ebenso erfassen wie die Beziehungen und Handlungsmuster zwischen Nutzern und dem Personal residentieller sozialer Dienste. Somit ist eine primär selbstevaluativ angelegte Qualitätsbeurteilung einerseits als individueller Reflexionsprozeß der eigenen professionellen Kompetenz im Rahmen institutioneller Organisationsbedingungen, andererseits durch die »Ich-Du-Beziehung« (Buber) pädagogischen Handelns immer auch als sozialer Prozeß zu begreifen. Geht es also vorrangig um die Beschreibung sozialer Prozesse, die sich nicht nach linearen Kausalprinzipien, sondern interaktiv und selbstreferentiell entwickeln, dürfen die zum Einsatz gelangenden Instrumente nicht auf die Erhebung verobjektivierender Behinderungsgrade und Hilfebedarfe ausgerichtet sein, aus denen dann quantitative Richtgrößen für die Betreuung abgeleitet werden.

Soziale Interaktionen sind interpretative Prozesse. Folglich müssen methodische Ansätze zu ihrer Untersuchung in erster Linie interpretativ-kommunikativ statt meßtechnisch orientiert sein, um Sinngehalte und Deutungsmuster des subjektiven Handelns der Beteiligten in ihrem konkreten (d. h. auch historischen, da stets einmaligen und nicht reproduzierbaren) Kontext zu erfassen.

Normative Probleme

Der grundsätzlich transaktionale (d. h. wechselseitig abhängige) Charakter sozialer Arbeit schließt die Konstruktion einseitig kausaler Zusammenhänge zwischen den Absichten und den Wirkungen pädagogischer Hilfen aus. Aus dem gleichen Grund lassen sich umgekehrt die Direktiven konkreten pädagogischen Handelns nicht voraussetzungslos aus den definierten Zielbestimmungen ableiten. Demgemäß sind alle institutionellen Dienste vor die Aufgabe gestellt, die (oft impliziten) ethisch-moralischen Voraussetzungen und Bedingungen ihrer Hilfegestaltung sowie die dahinter wirkenden Menschenbilder offenzulegen und die angestrebten Ziele daraufhin abgestimmt normativ zu legitimieren.

In diesem Sinne hat auch das Bemühen um eine weitestmöglich konsensfähige Festlegung von Qualitätsmaßstäben für pädagogische Hilfen durch evaluative Verfahren einen explizit normativen Charakter. Daneben steht die Problematik, grundsätzlich prozeßhafte und auf Interaktion angelegte Tätigkeiten in einem objektivierenden Kategoriensystem zu fassen.

Die inhaltlichen Grundaussagen des Konzepts der »Integration durch Normalisierung«, wie sie durch Bengt Nirje und Nils Erik Bank-Mikkelsen gefaßt wurden, erscheinen durch ihren Bezug auf allgemeine, d. h. nicht behindertenspezifische und besondernde Wertvorstellungen unter der Zielbestimmung größtmöglicher personaler, sozialer und gesellschaftlicher Integration dazu geeignet, eine vorläufige Ausgangsbasis zu bilden, auf der eine Konkretisierung der normativen Voraussetzungen eines zu entwickelnden Instrumentariums zur Qualitätsbemessung und -bewertung erfolgen kann (vgl. BECK, 1994). Auf der Ebene einer ersten Operationalisierung lassen sich demnach folgende Kategorien benennen:

- Die grundsätzliche Sozialität des Menschen: Jeder Mensch ist »in seiner ganzen Struktur sozial« (Portmann), was ausgrenzenden Definitionen über die »Nichtgemeinschaftsfähigkeit« oder »Nichtintegrierbarkeit« bestimmter Menschen keinen Raum läßt.
- Die grundsätzliche Gleichheit aller Menschen: Jeder Mensch hat uneingeschränkt die gleichen allgemeinen Menschen- und Persönlichkeitsrechte.
- Die Orientierung an einem ganzheitlichen Menschenbild: Jeder Mensch ist in seinem So-Sein, seinen Bedürfnissen, Interessen und Qualitäten, seinen menschlichen Beziehungen, seiner lebensgeschichtlichen Entwicklung, seinen Möglichkeiten und Entwicklungspotentialen und seiner subjektiven Befindlichkeit uneingeschränkt zu respektieren.
- Die grundsätzliche Bildsamkeit und Lernfähigkeit des Menschen: Sie muß Ausgangsbasis jeden helfenden Umgangs mit dem Ziel von Emanzipation sein, d. h. der Mensch ist dazu zu befähigen, seine Persönlichkeit umfassend zu entfalten und seine Lebensumstände so weit wie möglich selbst zu gestalten.

Im zweiten Schritt läßt sich der Begriff der Lebensqualität als zentrale Dimension von Normalisierung fassen, da Lebensqualität (verstanden als Befriedigung allgemeiner Grundbedürfnisse und Verwirklichung individueller Sinnsetzungen im Austausch mit den ökosozialen Bedingungen der Umwelt) als soziale Zielbestimmung für alle Menschen gleichermaßen erfahrbar und erstrebenswert ist.

Nutzerperspektive versus Institutionsperspektive

Institutionelle Angebote für geistig behinderte Menschen legitimieren sich durch ihren Anspruch, die individuelle Lebenssituation ihrer Nutzer verbessern zu können. Daraus ergibt sich unmittelbar, daß vorrangig die Gesamtheit der psychosozialen Situation des einzelnen Nutzers ins Blickfeld einer qualitativen Bewertung zu nehmen ist. Wird ein theoretisches Konzept zur Qualitätsbewertung von professionellen Hilfen dagegen »von der Institution her« gedacht, ergibt sich auch eine grundsätzliche methodische Problematik: Verstärkung der immanenten Tendenz von Organisationen, sich selbst zu stabilisieren. Die Folge ist, daß der innovative Anspruch, der sich mit dem Einsatz des Instruments verbindet, auf die Initiierung eher gradueller Veränderungen verkürzt und der Freiraum zur Kritik struktureller Bedingungen bestimmter Angebotsformen von vornherein eingeschränkt wird.

Verfolgt man den Ansatz individueller Bedürfnisorientierung konsequent mit der Zielvorstellung weiter, der ständig fortschreitenden Perfektionierung der Organisation des Helfens entgegenzuwirken, ließe sich der institutionelle Kontext der Hilfen schließlich auf die Bereitstellung einer »persönlichen Assistenz« reduzieren. Persönliche Assistenz meint, daß allein der behinderte Mensch aus seiner subjektiven Bedürfnislage heraus Art und Umfang seines Hilfebedarfs bestimmt und als freier Arbeitgeber über die Person und die Modalitäten des Einsatzes eines Assistenten entscheidet. Dies fordert die Independent-Living-Bewegung, die sich seit Anfang der siebziger Jahre in den USA (später auch in Westeuropa, vor allem in Schweden) für mehr persönliche und politische Macht für behinderte Menschen (Zugewinn von Verantwortung und Kontrolle, Selbstdefinition der Problemlagen, systematischer Austausch und Beratung untereinander: peer counselling; s. RATZKA 1988, 184 ff.) einsetzt.

Abgesehen von dem Umstand, daß ein solches Modell für diejenigen geistig behinderten Menschen, welche die hier implizierten Optionen nicht selbst wahrnehmen können, an seine Grenzen gelangt, stehen die gesetzlichen Bestimmungen mit ihrer Bindung finanzieller Mittel an pauschalisierte Pflegesatzvereinbarungen einer solcherart individualisierten Verfügung über Hilfeleistungen noch immer kraß entgegen. Ein Kompromiß könnte hier die von THIMM (1994, 112 ff.) befürwortete Überwindung des vorherrschenden Betreuungsmodells zugunsten eines

F

»Dienstleistungsmodells« sein, das in erster Linie die Mobilisierung nichtberuflicher Hilfepotentiale gewährleisten soll.

Dem stehen vor allem berufsständische Interessen entgegen. Um den geringen gesellschaftlichen Status der Sozialberufe anzuheben, wird auf weitere Qualifizierung und Spezialisierung im Rahmen eines eher technologisch geprägten Verständnisses von Professionalität gesetzt, statt sich an einem »lebensweltbezogenen Modell der Professionalisierung« (DEWE, FERCHHOFF 1987) zu orientieren.

Da sich die angestrebte Qualitätsentwicklung und -einschätzung primär im konkreten organisationellen Kontext vollzieht, wird in der praktischen (selbstevaluativen) Anwendung der Verfahren die Perspektive professioneller und administrativer Belange nicht abstrahiert werden können, sondern im Gegenteil als den Bewertungsprozeß permanent mitbestimmendes Bedingungsgefüge gegenwärtig sein. Der Fortgang der Bestandsaufnahme und Einschätzung der eigenen Arbeit wird auch deshalb unabdingbar konstituiert durch die Notwendigkeit der fortlaufenden Abstimmung über die Möglichkeiten und Grenzen der beteiligten Gruppen (Nutzer, Angehörige, Mitarbeiter/-innen, Einrichtungsträger, Wissenschaftler) mit ihren je spezifischen Interessenlagen. Die qualitative Weiterentwicklung der Hilfen ist daher idealtypisch als gemeinsam zu gestaltender Prozeß beschreibbar, wodurch der Gegensatz zwischen Nutzer- und Einrichtungsperspektive — zumindest teilweise — eine Relativierung erfährt.

LEWO: Konturen eines Instrumentariums

In Kooperation mit der Bundesvereinigung Lebenshilfe bearbeiten die Verfasser mit finanzieller Unterstützung des Bundesministeriums für Familie und Senioren in den Jahren 1994 bis 1996 ein Forschungsvorhaben, das sich auf die Konstruktion, Validierung und Implementation eines Instrumentariums zur Beurteilung und Entwicklung von Lebensqualität in gemeindenahen Wohnstätten für erwachsene Menschen mit geistiger Behinderung richtet. Ziel ist die Entwicklung eines standardisierten, deskriptiven und mehrdimensionalen Instrumentariums zur externen und internen Evaluation (primär der extern begleiteten Selbstevaluation) von Wohnstätten. Vorrangig sollen Instrumente zur Effektivitäts- und Qualitätsanalyse entwickelt werden, die darüber Auskunft geben, inwieweit globale Ziele wie Integration, Normalisierung usw. erreicht und ob fachliche Standards in der Leistungserbringung eingehalten werden.

Im Vordergrund steht dabei die einrichtungsinterne Evaluation. Sie soll Auskunft auf die Fragen geben: Wo stehen wir mit unserem Dienst, wohin müssen wir uns entwickeln, wo sind unsere vorrangigen Schwachstellen und Ansatzpunkte zur Qualifizierung der Arbeit?

Dieser in der Praxis geläufige Reflexionsprozeß soll durch valide Daten im Rahmen eines strukturierten Survey-feedback-Verfahrens gestützt werden und fundierte Entscheidungen über den Kurs des residentiellen Dienstes ermöglichen. Der Vorteil des Survey-feedback-Verfahrens liegt darin, daß die Datengeber die Ergebnisse selbst interpretieren können. Daneben erlaubt ein solches standardisiertes Verfahren auch den Vergleich zwischen einzelnen Einrichtungen, um Aufschlüsse über Möglichkeiten der Strukturoptimierung und der besseren Ausschöpfung materieller und personeller Ressourcen zu erhalten.

In einem ersten Schritt des Forschungsvorhabens wird es darum gehen, zielbezogene Indikatoren zu bestimmen, die mit hinreichender Verläßlichkeit Auskunft darüber geben, inwieweit die im Kontext residentieller Dienste erbrachten Leistungen und Hilfsangebote

- zur Entwicklung altersangemessener und kulturüblicher, individuell bestimmter Wohnstandards und Lebensstile unter den Bedingungen geistiger Behinderung beitragen;
- die zur Bewältigung alltagsbezogener Aktivitäten erforderlichen Kompetenzen fördern und diesbezügliche Abhängigkeiten von fremder Hilfe minimieren;

F

- die Nutzer dieser Dienste dabei unterstützen, Optionen zu entwickeln und Verfügungskontrolle über Hilfeangebote zu erlangen;
- isolierende Tendenzen der wohnmäßigen Besonderung überwinden und Teilhabe an den allgemeinen sozialkulturellen und infrastrukturellen Angeboten des Gemeinwesens vor allem auch unter Einbeziehung nichtprofessioneller Ressourcen ermöglichen.

Unter dieser vierfachen Fragestellung sind Versorgungsauftrag, Wohnform, äußere und innere Gestaltung der Wohnstätte, pädagogisches Konzept, Alltagsaktivitäten sowie materielle und personelle Ausstattung in einem zweifachen Ansatz, einrichtungs- und nutzerbezogen, zu betrachten. Nur so läßt sich Lebensqualität als Zusammenhang zwischen objektiven Lebensbedingungen und subjektivem Wohlbefinden angemessen bestimmen.

Forschungstheoretisch und -methodisch schließt das Vorhaben an die als »Sozialindikatorenbewegung« in der internationalen Wohlfahrtsforschung bekannt gewordenen Forschungsbemühungen an (OECD 1973).

Um neben der Erfassung der objektiven Lebensbedingungen auch die subjektive Dimension des Wohlbefindens mit in den Blick nehmen zu können, sind die in der angloamerikanischen Forschungstradition stehenden »Quality of life«-Studien ebenso zu berücksichtigen wie der methodologische und interpretative Vermittlungsansatz objektiver und subjektiver Wohlfahrtsindikatoren (ALLARDT, 1973). Zur Bewertung sollten keine prinzipiell anderen Standards herangezogen werden als für Nichtbehinderte.

In einem zweiten Schritt wird es um die Validierung der zu entwickelnden Indikatoren gehen. Hierbei soll *methodisch Neuland beschritten* werden. Dabei steht die inhaltliche Komponente der Validität im Vordergrund, d. h. die Frage, ob und inwieweit die zunächst theoretisch entwickelten Indikatoren zur Bewertung der Lebensqualität tatsächlich den zu analysierenden Ausschnitt des Gegenstandsbereichs oder Handlungskomplexes repräsentieren.

Vorgesehen ist eine mehrstufige kommunikative Expertenvalidierung. Die erarbeiteten Indikatoren werden ausgewählten Experten vorgelegt, welche die am Rehabilitationsgeschehen beteiligten Gruppen repräsentieren (Bewohner von Wohnstätten, deren Angehörige, Mitarbeiter/-innen, einschlägig ausgewiesene Wissenschaftler/-innen, Mitglieder des Fachausschusses Wohnen der Bundesvereinigung Lebenshilfe für geistig Behinderte e.V., Vertreter der überörtlichen Sozialhilfeträger als Kostenträger).

Die zentrale Fragestellung lautet dabei, ob die ausgewählten Indikatoren als relevant betrachtet werden können, oder besser durch andere, für bedeutsamer erachtete Indikatoren zu ersetzen sind. Im ersten Durchlauf erfolgt die Validierung durch die einzelnen Experten unabhängig voneinander, im zweiten Durchlauf in Kenntnis der Einschätzungen und Wertungen der anderen an der Validierung beteiligten Gruppen. Im Ergebnis ist von diesen Verfahren ein gewichtetes Indikatorenmodell zur Evaluation von Lebensqualität zu erwarten, dessen Konsensfelder exakt bestimmbar sind.

Im dritten Schritt zielt das Vorhaben auf die Erarbeitung eines Handbuches für die praktische Anwendung des Instrumentariums. Auch hierbei werden neue Wege zu beschreiten sein, nicht zuletzt, um die Beteiligung von Nutzern mit geistiger Behinderung bei der Evaluation der Lebensqualität in Wohnstätten sicherzustellen.

Prof. Dr. Norbert Schwarte
Ralf Oberste-Ufer
Dipl.-Päd., Wiss Mitarbeiter
Universität-Gesamthochschule Siegen,
FB 2, Erziehungswissenschaft/Sozialpädagogik
Adolf-Reichwein-Str.

57068 Siegen

Literatur:

ALLARDT, E. (1973): About Dimensions of Welfare, Research Group for Comparative Sociology, Research Report No. 1, University of Helsinki.

F

BECK, I. (1994): Neuorientierung in der Organisation pädagogisch-sozialer Dienstleistungen für behinderte Menschen, Zielperspektiven und Bewertungsfragen. Frankfurt: Lang. (Europäische Hochschulschriften, Bd. 183)

Bundesvereinigung Lebenshilfe für geistig Behinderte e.V (1991): Grundsatzprogramm der Lebenshilfe. Marburg: Lebenshilfe-Verl.

DEWE, B.; FERCHHOFF, W. (1987): Abschied von den Professionen oder die Entzauberung der Experten. In: Archiv für Wissenschaft und Praxis der sozialen Arbeit 18, S. 147—182.

HAISCH, W. et. al. (1990): Betreuung heute für Schwerstbehinderte. Ein Forschungsbericht, hrsg. vom Bayerischen Staatsministerium für Arbeit und Sozialordnung. München.

HEINER, M. (1986): Evaluation und Effektivität in der sozialen Arbeit, Modelle, Methoden, Erfahrungen. In: OPPL, H.; TOMASCHEK, A. (Hrsg.): Soziale Arbeit 2000, Bd. 2, Freiburg, S. 49 ff.

KARDORFF, E. von (1982): Das Dilemma der Forschung im Wandel der Psychiatrie. In: BIEHL; DAUB; HENNEK u. a (Hrsg.): Wer löst wen wohin auf? Rehburg-Loccum: Psychiatrie-Verlag, S. 7—14.

OECD (1973): List of Social Concerns Common to Most OECD Countries. Paris.

RATZKA, A. (1988): Aufstand der Betreuten. In: MAYER; RÜTTER (Hrsg.): Abschied vom Heim: Erfahrungsberichte aus Ambulanten Diensten und Zentren für selbstbestimmtes Leben. München: AG Spak-Publ.

THIMM, Walter (1994): Leben in Nachbarschaften — Hilfen für Menschen mit Behinderungen, Freiburg: Herder.

WOLFENSBERGER, W.; THOMAS, S. (1983): PASSING. Programm Analysis of Services' Systems. Ontario.

F

G Mitarbeiter/-innenfragen

Lesehinweis der Redaktion:

Weitere Hinweise und Ratschläge enthalten die — wegen Platzmangel hier nicht abgedruckten — Empfehlungen der Bundesvereinigung Lebenhilfe »Aufgabenbereiche der Mitarbeiter in Wohnstätten für geistig Behinderte« sowie die Empfehlung der AG Personal zur »Personalstruktur im Wohnbereich«, die Sie gegen Erstattung der Portokosten bei der Bundesvereinigung Lebenshilfe anfordern können.

Selbstverständnis und Rolle von Betreuerinnen und Betreuern

*Lebenshilfe Berlin**

Das Schaubild zeigt die nachfolgend einzeln diskutierten Aspekte im Kontext und verdeutlicht die vielfältigen Beziehungen untereinander

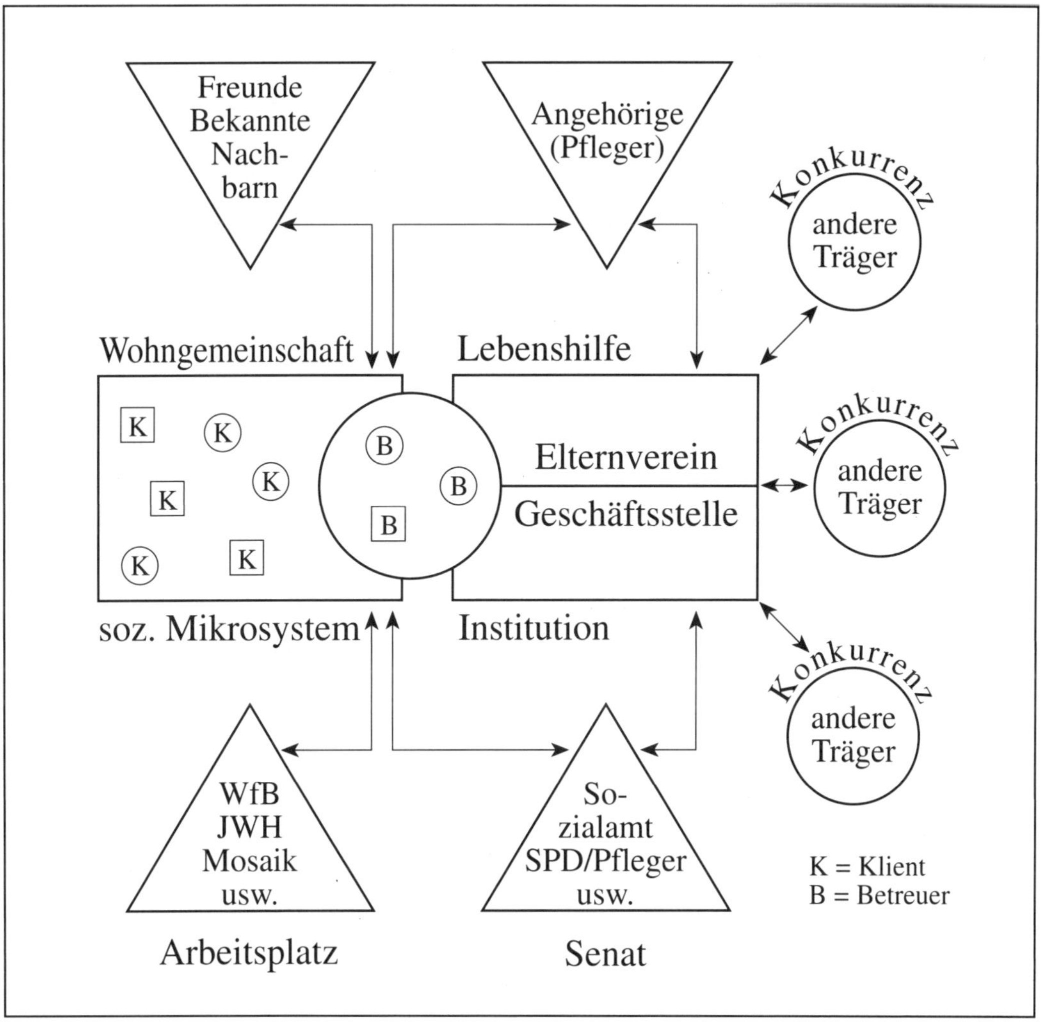

Abb. 1: Gesamtzusammenhang

*) Der folgende Text ist Teil der »Konzeption für Wohngemeinschaften der Lebenshilfe gGmbH Berlin«. Der Arbeitsgruppe gehörten als Autorinnen und Autoren an: Marianne Bartzok, Michael Brunke, Michel Crüger, Axel Goldbach, Dieter Müller, Gudrun Neumann, Rainer Reinhardt, Alto Sandkühler, Ute Schünemann, Michael Thelitz.

Bereich Wohngemeinschaft

Betreuer/-innen oder Assistenten bzw. Assistentinnen* arbeiten *involviert in einem dynamischen System:* hier Wohngemeinschaft (WG). Vereinfacht ausgedrückt heißt das: Sie arbeiten in einem Feld, von dem sie »Teil« sind und an dessen Dynamik sie aufgrund ihrer Persönlichkeit/Fachlichkeit An-Teil haben.

Sie haben in Bezug auf die WG-Bewohner/-innen einen *pädagogischen Auftrag* (Lebenshilfe) einzulösen, der sich aus dem sozialpolitischen Auftrag ableitet, der wiederum seinen gesetzlichen Ausdruck findet in den BSHG-Vorgaben bezüglich Eingliederung. Sie sollen daher als bezahlte »Helfer« den *Dienstleistungsanspruch der Bewohner/-innen an ihre Person nicht aus den Augen verlieren.*

Die Betreuer/-innen bringen einerseits ihr Fachwissen (Ausbildung/Fortbildung) ein, andererseits ihre *Arbeits-/Lebenserfahrungen* und damit ihre persönlichen Haltungen/Einstellungen. Diese manifestieren sich in den *unterschiedlichen Handlungskonzepten/Arbeitsstilen* in der Praxis. Sicher gibt es kein pädagogisches Idealkonzept für WG-Betreuer/-innen/Assistentinnen bzw. Assitenten; erkenntnisleitender Gedanke in unseren Arbeitszusammenhängen sollte aber sein, daß auch wir entwicklungsfähig sind und bleiben, daß die Fehler, die uns unterlaufen, Bestandteil unserer Entwicklung sind, daß auch wir immer noch dazulernen (können), um unsere Kompetenzen zu optimieren. Diese Einsicht kann dazu beitragen, eine offene, selbstkritische, prozeßorientierte Haltung zu erschließen, um selbstbewußt mit anderen (Bewohner/-innen/Teammitglieder u. a.) zu kooperieren.

*) Angesichts unterschiedlicher Bezeichnungen unserer WG-Arbeit (»Betreuung«, »Beratung«, »Assistenz« ...) verwenden wir im folgenden das Begriffspaar »Betreuung/Assistenz«, da es u. E. gut das Spannungsfeld spiegelt, welches unsere Arbeit auszeichnet. Die positive Ergänzung beider Begriffe und die damit verbundenen Rollen werden weiter unten klarer. Entsprechend zu diskutieren (Rollenaspekt) wären die Beziehungen »Betreute«, »Kunden«, »Bewohner«, »Klienten« ... Wir verwenden hier vorläufig den Begriff »WG-Bewohner«.

Pädagogischer Orientierungsrahmen

Normalisierung als zieladäquater Weg zur Verwirklichung von Integration ist untrennbar verbunden mit einer Verbesserung der *Lebensqualität* des beeinträchtigten Menschen.

Wesentliche Aspekte von Lebensqualität sind die anerkannte Teilnahme am gesellschaftlichen Geschehen sowie — damit zusammenhängend — das Recht und die Möglichkeit jedes einzelnen Menschen, einen *individuellen Lebensstil* zu entwickeln und ihm gemäß zu leben.

Möglichst weitgehende *Selbstverantwortlichkeit*, als Voraussetzung für die »eigensinnige« Gestaltung des individuellen Lebensstils, ist am ehesten erlernbar über die Erfahrung der eigenen Möglichkeiten, Fähigkeiten und Grenzen. Daher wäre ein Element pädagogischen Wirkens die Ermutigung zum Probieren und zum Austesten eigener Entscheidungen — mit der Möglichkeit des Mißerfolgs! Durch die *Schaffung von Gelegenheiten,* die *Strukturierung von Lernfeldern* und die *(phantasievolle) Ausstattung* mit entsprechenden Mitteln leisten die Betreuer/-innen/Assisteninnen bzw. Assistenten einen Beitrag zur konkreten Umsetzung der angestrebten Ziele der WG-Bewohner/-innen — zugunsten einer Ausweitung von deren persönlicher Macht und Gestaltungsmöglichkeiten. Der Akzent der »Lebensqualität« liegt also nicht so sehr auf einem »Viel-Können«, sondern eher auf dem »Machen«.

Grundlage der Zusammenarbeit hierbei ist die *Akzeptanz* der Bewohner/-innen mit ihren Interessen, Wünschen und Fähigkeiten, an die es anzuknüpfen gilt. Der individuelle Bedarf an Unterstützung, damit die Art und der Umfang der Betreuung/Assistenz, ergibt sich so vorrangig in der konkreten Arbeit — aus der sensiblen Wahrnehmung dessen, was ist —, leitet sich also nicht aus Vorweg-Definitionen und durchaus gängigen Klassifizierungen ab. Diese (z. B. »Die geistig Behinderten«, aber auch die verallgemeinernde medizinische Variante) sind u. E. zur Verwendung als Arbeitsbegriff für uns unbrauchbar. Sie verstärken hingegen beträchtlich die gesellschaftliche Stigmatisierung und Festschreibung der Bewohner/-innen auf den ihnen zugewiesenen Großkindstatus.

Wenn die WG als ein *dynamisches System* betrachtet wird, in das sowohl Bewohner/-innen als auch Betreuer/-innen/Assistentinnen bzw. Assistenten involviert sind, bedeutet das, Prozesse und Ereignisse, wie eben auch Krisen, Störungen, Konflikte usw. unter dem Gesichtspunkt von *Kommunikation* und *Interaktion* verstehen zu lernen. Erklärungen, die sich vorschnell auf behinderungsbedingte Ursachen einengen, führen häufig zur Individualisierung von Konflikten und damit zur veränderungsorientierten Behandlung von Bewohnerinnen und Bewohnern. Die Problematisierung von WG-Strukturen sowie der Wechselwirkungen in den zwischenmenschlichen Beziehungen aller Beteiligten zueinander erweitert hingegen das Spektrum der Handlungsmöglichkeiten und -erfordernisse. Hierbei rücken auch wir als Betreuer/-innen/Assistentinnen bzw. Assistenten ins Blickfeld: Unser erheblicher Einfluß auf das Wohl und Wehe der Bewohner/-innen bedeutet eine Machtposition, die — entsprechend unserer Lebensumstände und Wertmaßstäbe — eingesetzt werden kann im Sinne einer Akzeptanz von Lebensvielfalt und Förderung eines individuellen Lebensstils (s. o.) oder aber im Sinne von Bevormundung und rigider Orientierung auf »ein richtiges Leben«.

Die Thematisierung von Wertmaßstäben, Menschenbildern und beruflichem Selbstverständnis ist daher unerläßlicher Bestandteil der notwendigen Selbstqualifizierung der Mitarbeiter/-innen (themenspezifische AG, Fortbildungen und Supervision haben sich in dieser Hinsicht bisher als sinnvoll und förderlich erwiesen).

Ausgehend von der Erfahrung, daß es in Wertdiskussionen rasch zu Polarisierungen kommt, die die Verständigung erschweren, soll im folgenden nicht Konfrontation und inhaltliche Auseinandersetzung vermieden, jedoch auf Möglichkeiten der Integration von scheinbar einander ausschließenden Positionen hingewiesen werden. In diesem Sinne wollen die ausgewählten nachfolgenden *Werte- bzw. Entwicklungsquadrate* eine Hilfe darstellen für die Reflexion und Diskussion von Werten, Stilen und Haltungen, die unter kommunikations- und interaktionsbezogenen Gesichtspunkten für die pädagogische Praxis in der WG von Bedeutung sind.

Die Prämisse dabei ist, daß jeder Wert (Leitprinzip/Persönlichkeitsmerkmal) nur dann einen konstruktiven Effekt hat, wenn er sich in Balance zu seinem positiven Gegenwert befindet, ohne den er zu seiner entwertenden Übertreibung gerät (im Sinne eines »Zuviel des Guten«).

Zur Illustration folgendes Schema, welches eines von mehreren Spannungsfeldern zeigt, in denen wir uns in der WG-Arbeit bewegen:

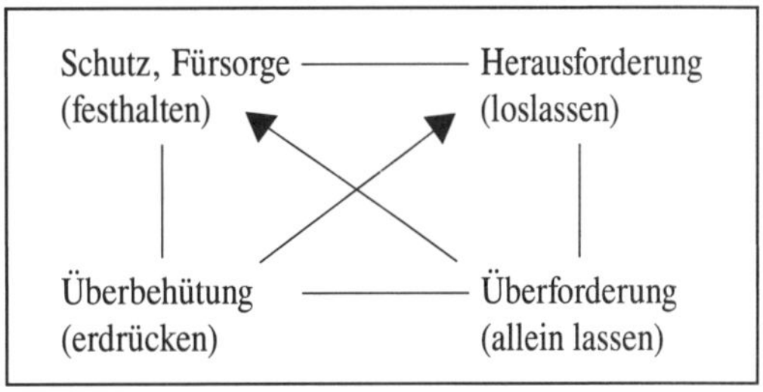

Abb. 2: Spannungsfeld Behütung — Herausforderung

Die positiven Werte der oberen Ebene stehen in einem positiven Spannungs- bzw. Ergänzungsverhältnis zueinander:

Fürsorglichkeit gegenüber den Bewohnerinnen und Bewohnern, Abnahme eines Teils ihrer Verantwortung in Notsituationen, Hilfsbereitschaft, aber auch situationsbedingte Struktur- und Regelsetzung, orientierende Vorgaben, Anleitung usw. verbinden sich mit der Herausforderung der Bewohner/-innen und ihrer Ermutigung zur Eigenständigkeit und zum Ausprobieren eigener Entscheidungen — ganz im Sinne der »Würde des Risikos«, d. h. des Rechts jedes Menschen, Fehler zu machen und Selbstverantwortung zu erlernen.

Ohne diese Herausforderung tendiert Fürsorge zur Überbehütung. Starre Reglementierung und Vorgaben, autoritäre Gängelung und Bevormundung sind nicht selten die Folge, mit der Tendenz einer Infantilisierung und wachsenden Abhängigkeit der Bewohner/-innen von den Betreuerinnen und Betreuern (Symptompflege). Der Pfeil im obigen Schema zeigt hier die positive Entwicklungsrichtung.

Umgekehrt tendiert die herausfordernde, gewährenlassende, auf Selbständigkeit zielende Haltung — ohne das Korrektiv der schützenden Einflußnahme — unter Umständen zur vernachlässigenden Laisser-faire-Pädagogik, welche die Bewohner/-innen überfordert. Auch für diesen Fall zeigt der Pfeil des Schemas die positive Entwicklungsrichtung an.

Die auf der unteren Etage des Werteschemas angesiedelten Negativausrichtungen »pädagogische Penetranz« (Überbehütung) und »pädagogische Abstinenz« (allein lassen) enthalten also jeweils positive Möglichkeiten (Fürsorge bzw. Herausforderung), die auf der oberen Etage des Schemas zu finden sind. Sie stellen in ihrer positiven Ergänzung keine statische Balance dar: Stehen beide Haltungen als innere Möglichkeiten der Betreuerin/Assistentin, dem Betreuer/Assistenten zur Verfügung, kann das Mischungsverhältnis je nach situativem Kontext und der Persönlichkeit der einzelnen Bewohnerin, des einzelnen Bewohners variieren — ganz im Sinne einer eher dynamischen Balance.

In diesem Zusammenhang können die bislang eher kontrovers diskutierten Begriffe Betreuung und Assistenz im Sinne eines positiven Ergänzungsverhältnisses zusammengedacht werden: »Betreuung« mit ihren Chancen und Risiken wäre eher der linken Seite des Werteschemas (s. o.), »Assistenz« mit ihren Chancen und Risiken eher der rechten Seite desselben zuzuordnen. Weniger ausführlich, aber wieder mit Hilfe eines Entwicklungsquadrats soll auf ein weiteres Spannungsfeld in der WG-Arbeit hingewiesen werden (siehe Abb. 3):

Beide oberen Werte stehen wieder in einem positiven Ergänzungs- bzw. Spannungsverhältnis zueinander: Ehrliche Konfrontation, Kritik, Direktheit und Konfliktbereitschaft der Betreuer/-innen/Assistentinnen bzw. Assistenten verbinden sich, wieder im Sinne einer dynamischen

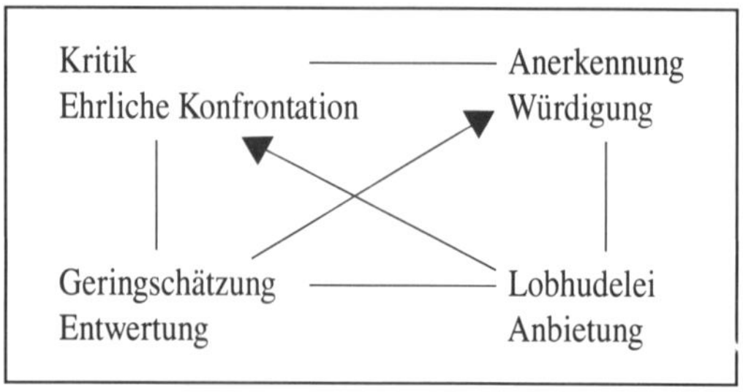

Abb. 3: Spannungsfeld Kritik — Anerkennung

Balance, mit der substantiellen Anerkennung und Würdigung von Stärken, Wert, Leistung, Fähigkeiten und Möglichkeiten der Bewohner/-innen. Substantielle Anerkennung als Teil einer akzeptierenden Grundhaltung meint den *konkreten* Bezug auf den Adressaten.

Ohne solche Anerkennung, Würdigung und Takt tendieren Kritik und Direktheit zur arroganten Belehrung und geringschätzigen Herabsetzung. Umgekehrt gerät die Anerkennung der Bewohner/-innen ohne die Bereitschaft zu ehrlicher Konfrontation und klärender Auseinandersetzung mit ihnen leicht zur Anbiederung und floskelhaften Anerkennung, die wenig glaubwürdig ist und bei ihnen Zweifel hinterläßt, wirklich gemeint zu sein. Die Pfeile im Schema zeigen wieder die positive Entwicklungsrichtung an.

Die bisherige Darstellung möglicher Stile, Haltungen und Menschenbilder von Betreuerinnen und Betreuern bzw. Assistentinnen und Assistenten akzentuiert in erster Linie ihren Umgang mit den WG-Bewohnerinnen und Bewohnern. Für das Selbstverständnis und die Entwicklung von *kommunikativer Kompetenz* ist es aber ebenso wichtig, den *Umgang der Betreuer/-innen/Assistentinnen bzw. Assistenten mit sich selbst* einzubeziehen: Wer sich den Bewohnerinnen und Bewohnern durchgängig in der Rolle des/der Starken, Kompetenten und Überlegenen präsentiert, übt moralischen Druck aus, schwächt deren Selbsthilfekräfte und hält sie abhängig.

Sowohl die Bewußtheit der Betreuer/-innen/Assistentinnen bzw. Assistenten von der eigenen Unzulänglichkeit, Schwäche und Bedürftigkeit als auch die Bereitschaft, diese erkennbar in die Arbeit einzubringen, Kritik anzunehmen usw., sind Voraussetzungen für *Dialogfähigkeit:* Die Akzeptanz der Bewohner/-innen in ihrem So-Sein (gleich und anders Sein) bedeutet für die Betreuer/-innen/Assistentinnen bzw. Assistenten, sich nicht nur als »Andere«, sondern eben auch als »Gleiche«, d. h. ausgestattet mit menschlichen Stärken *und* Schwächen, in den gemeinsamen Prozeß einzubringen, den alle Beteiligten gemeinsam durchlaufen. Die Gegenseitigkeit von Geben und Nehmen ermöglicht auch den Bewohnerinnen und Bewohnern eine differenziertere Selbstwahrnehmung und wird zum Bestandteil einer zwischenmenschlichen Beziehung, die Entwicklungsschritten und Veränderungsprozessen förderlich ist.

Die pauschale Klassifizierung der WG-Bewohner/-innen als »geistig Behinderte« drückt eher Dialogunwilligkeit aus: Die Kluft zwischen Oben — Unten, unversehrt — versehrt, stark — schwach bleibt erhalten.

Um die Arbeit längerfristig als befriedigend erleben zu können und nicht zunehmend in frustierte Erschöpfung zu geraten (burn-out-Syndrom), ist der *Balanceakt des distanzierten Engagements* zu leisten. Dieser vollzieht sich zwischen den Polen der *Anteilnahme* an den Bewohnerinnen und Bewohnern und ihren Belangen und der *Abgrenzung* davon. Die Anteilnahme speist sich hier aus der inneren Verbundenheit mit dem Bewohner/der Bewohnerin, aus der individuellen Fähigkeit, sich einlassen zu können, ohne sich selbst dabei zu verlassen, u. U. mit dem Gegenüber symbiotisch zu verschmelzen. Solch eine Haltung fordert innere Unabhängigkeit ein, die Fähigkeit, sich abgrenzen zu können, sich der eigenen Person in der Auseinandersetzung mit dem Gegenüber bewußt zu sein. Zu intensives Mitleiden, das Sich-hineinziehen-lassen in die Bewohner/-innenangelegenheiten verstellt die klare Sicht für fruchtbare Interventionen. Da Mitleiden auf die Dauer Energien verbraucht, die problembezogen sinnvoller hätten genützt werden können, wächst mit der Zeit ein Gefühl der Ausweglosigkeit, der Zweifel an der eigenen Kompetenz. Unter Umständen bietet sich hier früher oder später der Ausweg in die aggressive Ablehnung des Gegenübers (Selbstschutz), die schließlich in abgestumpfte Gleichgültigkeit münden kann.

Innerliche Abgrenzung bei gleichzeitiger Anteilnahme (Empathie) kann in gewissen Situationen auch bedeuten, »aushalten« zu können, ohne einzugreifen: etwa zuhören zu können bei Problemgesprächen, ohne fertige Lösungen anzubieten; zuschauen zu können, ohne sich einzumischen usw.

Zusammenfassung

Pädagogische Arbeit — im hier dynamischen Spannungsgefüge — erfordert von den Betreuern/Assistenten bzw. Betreuerinnen/Asistentinnen:

— Einsicht in die Zusammenhänge,

— Sensibilität,

— Flexibilität,

um jeweils zielorientiert und situationsadäquat realistische Entwicklungsmöglichkeiten für einzelne Bewohner oder die WG-Gruppe in Hinsicht auf Alltagsbewältigung/Selbstverwirklichung zu erkennen, Handlungsstrategien diesbezüglich zu entwerfen und sie gemeinsam mit den Bewohnern und Bewohnerinnen umzusetzen.

Lebenshilfe Berlin
Schorlemerallee 40

14195 Berlin

G

Von der Betreuung zur Begleitung (Assistenz)

Ulrich Hähner

Von der Betreuung zur Begleitung beschreibt einen Weg. Es ist möglich, den eigenen Standort anzuschauen und das Ziel, das es zu erreichen gilt, zu umreißen. Dann kann man darüber nachdenken, welche Schwierigkeiten auf diesem Weg auftauchen können oder was überhaupt das Erreichen des Zieles verhindern könnte.

Bei solch vorausschauenden Überlegungen kann man auf Erfahrungen zurückgreifen und über Parallelen zu anderen Entwicklungen ein Bild zusammensetzen, das sich in der Zukunft ergeben kann. Dieses vorausgedachte Bild bleibt jedoch unvollständig, es wird korrigiert oder erweitert werden.

Wohneinrichtungen

Wohnstätten für Menschen mit geistiger Behinderung sind weder vergleichbar, noch befinden sie sich auf dem gleichen Stand der Entwicklung. Interne Differenzierungen von der Intensivbetreuung bis zum betreuten Wohnen gehören zum Standard. Strukturell befindet sich die professionelle Arbeit mit Menschen mit Behinderung auf hohem Niveau.

Inhaltlich dürfte bei vielen Mitarbeitern noch die Orientierung in Richtung »Pflegen, Bewahren, Beschützen« (HARTMANN-KREIS 1994) gehen. Die These von BACH (1993, 14) »das Wohnheim (vermöge) in erzieherischer Hinsicht mit der Pflege der Geselligkeit und mit sinnvoller Freizeitanregung zur Erhaltung der gewonnenen seelisch-geistigen Möglichkeiten entscheidend beizutragen«, ist in der praktischen Umsetzung auch heute noch anzutreffen.

Der Mensch mit geistiger Behinderung hat seine Bedürfnisse stark den Notwendigkeiten unterzuordnen, die durch das Zusammenleben in der Wohngruppe geprägt sind. Tagesabläufe werden vorgegeben, Strukturen geschaffen, die einen möglichst reibungslosen Ablauf der Sorge um den Menschen mit geistiger Behinderung zuläßt. Das Handeln »für«, die *Für-sorge* dominiert den Umgang mit Menschen mit geistiger Behinderung und macht, wie BÄCHTOLD (1990) schreibt, »Behinderte zum Opfer professioneller Betreuungsroutinen«. Bei diesen werden Eigenaktivitäten der Bewohner wenig gefordert und eher als für die Alltagsbewältigung hinderlich betrachtet. Der Betreuer, der diese *Für-sorge* übernimmt, erfüllt damit einen gesellschaftlichen und einen institutionellen Auftrag. Der Betreuer ist somit Träger noch gültiger sozialpolitischer Leitvorstellungen.

Die Struktur der Einrichtung und ihre Einbindung in einen Sozialraum prägt stark die Form und inhaltliche Ausgestaltung der Betreuung; mehr noch als pädagogische Konzepte. Wo relativ selbständige, personell eher gering ausgestattete Wohngruppen existieren oder wo betreutes Wohnen stattfindet, ergibt sich der von THEUNISSEN (1987) geforderte konsequente »Miteinbezug der Bewohner in alle Alltagshandlungen«, der ein Mehr an Kontrolle über die eigenen Lebensumstände ermöglicht. Nur stellt Theunissen diese Forderung gerade für die Menschen mit schwerer geistiger Behinderung auf, die auch heute noch eher in die Gruppe der »Gepflegten, Bewahrten, Beschützten« fallen.

G

Weiterführende Ideen und Bewegungen

Dieser so oder ähnlich gearteten Realität stehen andere Betrachtungsweisen von Behinderung gegenüber und Handlungsorientierungen, die sich aus diesen Betrachtungsweisen ergeben.

Mit den Begriffen »Normalisierung« und »Selbstbestimmung« ist ein Paradigmenwechsel eingeleitet worden. »Normalisierung« beinhaltet nach THIMM (1985) ein »anthropologisches Verständnis von Behinderung als normaler Ausprägung menschlicher Existenz, die keine Aussonderung duldet und von der Vorstellung der prinzipiellen Therapie- und Förderfähigkeit geistig behinderter Menschen ausgeht«. Normalisierung beinhaltet im Bereich der Betreuung erwachsener Menschen mit geistiger Behinderung, daß flexible Hilfesysteme erforderlich sind, welche eine individuell angepaßte besondere Unterstützung gewährleisten, die Grundlage der Annäherung an die Normalität darstellen soll.

»Selbstbestimmung« ist eine Forderung, die sich herleitet aus der Independent-Living-Bewegung in den USA der späten 60er Jahre. Diese Bewegung wurde zunächst vorwiegend von körperbehinderten Personen getragen und sah sich als Bestandteil der gesamten Bürgerbewegung in den USA, die für mehr Demokratie, für die Emanzipation der Frauen und gegen Rassismus kämpfte.

Ausgehend von dieser Independent-Living-Bewegung entwickelte sich im Bereich geistiger Behinderung die »People-First«-Bewegung in Kanada. Aus den People-First-Gruppen entwickelte sich die Internationale Self-Advocacy-Konferenz, zum ersten Mal tagend in London 1988. Self-Advocacy ist eine schnell wachsende Bewegung mit besonderem Stellenwert in den USA, in Schweden, Dänemark, den Niederlanden und in Großbritannien (KNUST-POTTER; NIEHOFF).

In Deutschland sind diese Gruppen eher marginal vertreten, sie spielen noch keine herausragende Rolle. »Selbstbestimmt Leben« wird dann zunehmende Bedeutung erlangen, wenn auch professionell im Bereich Behindertenhilfe Tätige versuchen, diese Anliegen zur Grundlage eigenen Handelns zu machen.

Zur Zeit steht das Konzept der Normalisierung noch im Vordergrund. Dies ist ein Konzept Nicht-Behinderter, die sich professionell mit Behinderung auseinandersetzen, Selbstbestimmung ist die Forderung der von Behinderung betroffenen.

Im Konzept »Selbstbestimmt Leben« wird davon ausgegangen, daß der Mensch mit geistiger Behinderung das Recht und die Kompetenz hat, die für ihn notwendigen Hilfen zu wählen. Er wird somit zum Konsument von Dienstleistungen und hat so das Recht, diese selbst zu bestimmen (NIEHOFF 1992). Das mögliche Mißverständnis liegt darin, daß selbstbestimmt leben mit selbständig leben verwechselt wird. Die Umsetzung von Selbstbestimmung bedeutet nicht, daß auf Hilfen verzichtet wird, sondern daß Umfang und Form der Hilfen vom Auftraggeber »Mensch mit geistiger Behinderung« bestimmt werden. Das Konzept »Selbstbestimmt Leben« bedeutet, einen grundlegenden Wandel im Denken zu vollziehen.

Zwischen dem Ist-Zustand in Wohnstätten und den Forderungen, die artikuliert werden, liegt ein bedeutender Unterschied. Eine Entwicklung jedoch, die nicht mehr nur von Vordenkern getragen wird, sondern zunehmend von den Betroffenen selbst, ist nicht aufzuhalten. Es gilt daher, sich intensiv mit den Konsequenzen auseinanderzusetzen.

Verändertes Rollenverständnis der Betreuer/-innen

Betreuer/-innen sollen »Träger dieses Reformkonzeptes« (HARTMANN-KREIS 1994) sein — vor allem, wenn weiter in Richtung Normalisierung gedacht wird —, und sie sind gleichzeitig Betroffene eines sich verändernden Selbstverständnisses von Menschen mit geistiger Behinderung. Sie werden somit zum wichtigen Bestandteil und Motor ihres eigenen, sich ändernden Rollenverständnisses. Ein solcher Wandel kann nicht ohne Probleme geschehen.

Veränderte Sichtweisen des geistig behinderten Menschen — der Blick nicht gerichtet auf das Defizit, sondern auf den Menschen mit einer Besonderheit — wird auch das Handeln beeinflussen müssen. Wenn das Ziel ist, mehr Selbstbestimmung zu erlangen, wird es nötig sein, nicht nur Strukturen zu schaffen, in denen Wahlmöglichkeiten vorhanden sind, sondern auch Fähigkeiten zu vermitteln, die Entscheidungen zwischen zwei und mehr Alternativen möglich machen.

Dadurch kommt der Betreuer in die Situation, eine andere Art des Umgangs mit Menschen mit geistiger Behinderung eingehen zu müssen. Der

Auftrag lautet nicht mehr »Pflegen, Bewahren, Beschützen«, sondern »Begleiten, Unterstützen« zu einem jeweils höheren Maß an Selbstbestimmung. Dabei steht der Grad der Behinderung einem Selbstbestimmungskonzept nicht im Wege. Es bedarf lediglich anderer Formen der Kommunikation und einer noch höheren Sensibilität auf Seiten des Betreuers, um entsprechende Entscheidungen wahrnehmbar werden zu lassen. Dieses hohe Maß an Sensibilität wird erreicht bzw. kann erreicht werden, wenn wir versuchen, aus der Sicht des Menschen mit Behinderung die Welt anzuschauen.

Die Weltsicht des geistig behinderten Menschen

Die Welt der Normalen ist für ihn schnell und unberechenbar. Sie folgt einem anderen Rhythmus und einer anderen Dynamik. Diese Welt zu kontrollieren und auf sie Einfluß zu nehmen, ist unmöglich. Zusammenhänge sind schwer oder gar nicht durchschaubar, oft bleiben Abläufe unverbunden, werden Dinge unabhängig voneinander wahrgenommen.

Konflikte werden häufig sehr intensiv erspürt, nur der Ablauf bis zum Konflikt ist nicht nachvollziehbar. Es bleibt das Gefühl des Ausgeliefertseins, denn es werden keine Wege aus diesen belastend empfundenen Situationen gesehen. Es bleibt nur die Möglichkeit, sich auf die nichtbehinderten Menschen zu verlassen. Diese immerwährenden Kreisläufe des Nicht-Verstehens und Ausgeliefert-Seins führen dazu, daß Betreuer als übermächtig gesehen werden. Ihnen gegenüber bleibt nur die Unterordnung. Opposition gegen den Betreuer gibt es eher selten, sie ist häufig weniger ein Opponieren gegen die Person als der Ausdruck von Ungereimtheiten, die an dieser Person festgemacht werden.

Menschen mit geistiger Behinderung haben die Kategorien gut/schlecht oder richtig/falsch intensiv gelernt. Sie haben in ihrem Leben nur zu häufig erfahren müssen, daß sie alles falsch machen, daß sie den Anforderungen nicht genügen. Das bleibt nicht ohne Wirkung auf das Selbstbild und das Selbstbewußtsein. Hier trifft die Aussage eines Heimleiters zu, der sagt: »Es geht weniger um das lebenspraktische Defizit als um das psychische Defizit, das: ‚ich bin nichts wert' ist es, das die Arbeit so schwierig macht«.

Das Vertrauen in die eigenen Gefühle und Empfindungen schwindet zunehmend mehr, wenn Menschen mit geistiger Behinderung nicht erfahren, daß auch sie ein Recht auf Wahrnehmung ihrer Persönlichkeit haben.

Ein Beispiel: Eine junge Frau sieht ihren Freund schon seit Jahren lediglich morgens und abends im Bus; dem Paar gelingt es nur, am Bahnhof ein paar Zärtlichkeiten auszutauschen. Für die junge Frau bedeutet es einen großen Schritt, ihren Vater zu bitten, ihren Freund einmal einzuladen. Als diese Bitte abgelehnt wird, verteidigt sie die Entscheidung des Vaters. Sie sei abhängig von ihm und müsse gehorchen. Regungen von Trauer, Wut, Aggressionen sind nicht zu entdecken, aber der Zweifel daran, daß sie solche Bedürfnisse nach mehr Zeit und Intimität mit ihrem Freund überhaupt haben darf.

Die Ergebenheit in ihr Schicksal, bis hin zur bedingungslosen Anpassung, wird häufig als das Liebenswerte an Menschen mit geistiger Behinderung gesehen. Sie ist aber das eigentlich Unnatürliche. Das Vertrauen in die eigenen Gefühle wiederzugewinnen, sie zunächst einmal wahrzunehmen, ihre Realität anzuerkennen, sie nicht wegzudrängen oder sie als Unwert zu betrachten, ist eine vordringliche Aufgabe. Und dazu bedarf es der geduldigen Begleitung.

Ein weiteres Beispiel soll das demonstrieren: Frau B. sitzt mir gegenüber, wirkt bedrückt und unruhig. Ich frage sie, an was sie denkt. Nach einigem Zögern berichtet sie: »A. will anrufen«. Im darauffolgenden Prozeß geht es darum herauszufinden, welche Auswirkungen diese Aussage auf sie hat. Es bedarf einiger Zeit, um mit ihr herauszuarbeiten, daß sie A. nicht mag und sie sich gleichzeitig nicht traut, ihm zu sagen, daß er nicht anrufen soll.

So einfach solche Beispiele sein mögen, in ihrem Effekt haben sie eine große Bedeutung. Sich der eigenen Gefühle sicher zu werden und daraus Konsequenzen für das eigene Handeln zu ziehen, ist Grundlage von Selbstbestimmung. Für den Betreuer ist es wichtig, solche Äußerungsformen zu verstehen und sie einordnen zu können.

Entwicklungsunterstützende Handlungsorientierung bezogen auf das Individuum

Eine entwicklungsunterstützende Handlungsorientierung ist verbunden mit einer Einstellung und Haltung, die auch die zunächst unverständliche Verhaltensweise des Menschen mit geistiger Behinderung als sinnvollen und vielleicht sinngebenden Bestandteil seines Lebens betrachtet. Es gilt, mit den Augen des Menschen mit geistiger Behinderung zu schauen oder diesem Menschen mit Empathie zu begegnen, wie ROGERS es nennt. »Dieses einfühlende Verstehen« meint den Versuch, die »vermittelten Gefühle und seine persönlichen Bedeutungen genau zu erspüren« (BADELT 1984) und sie dem Gegenüber wieder mitzuteilen.

Begleitung im Sinne von Assistenz bedeutet, sich von jenen erzieherischen und reglementierenden Verhaltensweisen abzuwenden, die immer wieder die Abhängigkeiten und die Hierarchie zwischen Menschen mit Behinderung und den Betreuern überdeutlich werden lassen. Es geht vielmehr darum, eine Beziehung herzustellen, die getragen ist durch »bedingungslose Wertschätzung« des Menschen mit geistiger Behinderung sowie durch Kongruenz und Echtheit, d. h. der Begleiter begegnet dem Menschen mit geistiger Behinderung ohne professionelle Maske.

Treffen diese drei Variablen zusammen, ist eine Begegnung mit Menschen mit geistiger Behinderung möglich, die zu einem Miteinander-Lernen und sich Miteinander-Entwickeln führt. Und eben das ist nicht leicht. Wir leben in einer Kultur, in der Zuhören wenig zählt. Bei uns zählt der, der etwas zu sagen hat. Zuhören, vor allem bei Menschen mit geistiger Behinderung, will also gelernt sein. Die »Klientenzentrierte Gesprächsführung«, wie sie ROGERS begründet hat, ist ein aktives Zuhören. Was von den Gesamtinformationen aus Sprache, Mimik, Gestik verstanden wurde, wird dem Gesprächspartner zurückgemeldet; dabei finden die emotionalen Inhalte besondere Beachtung. Diese Form des Zuhörens muß Eingang finden in das Konzept von Begleitung, muß gelernt und trainiert werden, bevor es wie selbstverständlich in den Alltag einfließen kann.

Diese verstehende, wertschätzende Annäherung an Menschen und deren Probleme schließt Etikettierungen aus, Begriffe wie »Verhaltensstörung« entsprechen medizinischen Denken. Und in diesem folgt auf die Diagnose die »Therapie« oft in der Form, daß der Mensch mit einer solchen »Störung« schnell zum Behandelten wird, ohne einen Behandlungsauftrag gegeben zu haben.

Es ist nicht damit getan, dem fettsüchtigen Menschen mit geistiger Behinderung einfach eine Reduktionsdiät zu verordnen und ihm nur noch die halbe Portion auf den Teller zu geben. Mögen sich auch kurzfristige Erfolge einstellen, in der Regel jedoch fördert das eher die Neigung zum »Mundraub«. Wichtiger ist es, die Frage zu stellen, welchen Wert dieses unbändige Essen hat. Erst dann kann man sich darüber unterhalten, welche Möglichkeiten es gibt, ein paar Kilo weniger auf die Waage zu bringen. Man kann Verträge miteinander abschließen, über mehr Bewegung reden und das dann umsetzen usw. Der Mensch mit geistiger Behinderung ist unter diesen Gesichtspunkten Partner. Verhaltensstörungen« können als »Signalverhalten« (NIEHOFF 1994) verstanden werden. Es gilt, sich diese Welt mit den Augen des behinderten Menschen anzuschauen und aus dieser Weltsicht den Sinn dieser »Verhaltensstörungen« zu ergründen.

Bei gewalttätigem Verhalten ist es sinnvoll, mit den Augen dessen, der dieses Verhalten zeigt, nach der Angst und Verunsicherung zu suchen, statt dieser Gewalt mit ähnlichen Mitteln zu begegnen, in der Hoffnung, sie dadurch zu unterdrücken. Wenn Menschen weglaufen, kann man einfühlend nach dem suchen, was ihnen fehlt, sich mit ihren Sehnsüchten auseinandersetzen, statt es beim Einschließen zu belassen. Und derjenige, der immer nur ärgert und den Betreuer provoziert? Der nimmt damit Einfluß auf die Beziehung und auf die Stimmung. Er gestaltet damit den Umgang miteinander.

In dieser Situation ist es wichtig, nicht in der Zuweisung »der will mir böse« steckenzubleiben, sondern die eigene Sichtweise zu ändern. Den eigenen Standort verlassen, aus dem ein Verhalten angeschaut wird, ist ein wichtiger Schritt. Der Mensch wird auch weiterhin ärgern, und das kann erheblich stören. Bei Änderung der Sichtweise jedoch verschwindet die persönliche Betroffenheit. Das Verhalten erhält einen anderen Bezugsrahmen. Es ist nicht mehr »gegen« die Person gerichtet, sondern wird zum Zweck des Erhalts und der Strukturierung der Beziehung eingesetzt.

Beispiel: Ein Mann entfernte sich häufig mittags aus der Werkstatt, um sich ein Stück Kuchen zu holen. Dabei überzog er seine Pause regelmäßig um eine Viertelstunde. Es hatte bereits erhebliche Auseinandersetzungen gegeben. Das Verhalten war sanktioniert worden, Änderungen stellten sich aber nicht ein. Die Angst der Gruppenleiter bestand darin, daß sich dieses Verhalten auf die anderen Gruppenmitglieder übertragen könne. Ansonsten wurde dieser Mann als überaus pünktlich und angepaßt bezeichnet, leistungsfähig, mit zwanghaften Zügen. Er ordnete seinen Arbeitsplatz regelmäßig, alle Werkzeuge mußten an ihren Platz liegen, nichts durfte verändert werden. Die oben genannte Normüberschreitung kann hier als Störung interpretiert werden oder als eine in einem Punkt gelungene Befreiung von Zwängen.

Begleiten heißt, wie dieser Fall belegen mag, Sichtweisen zu individualisieren, den gesamten Menschen zu betrachten und es heißt auch, Normen in Frage zu stellen. Normen innerhalb von Wohneinrichtungen beziehen sich auf das Funktionieren. Die Orientierung erfolgt an äußeren Bedingungen, immer voraussetzend, daß diese Bedingungen auch für Menschen mit geistiger Behinderung wichtig sind. Es werden erhebliche Energien in die Erweiterung lebenspraktischer Fertigkeiten gesteckt, immer vom Grundsatz ausgehend, daß die Form der Lebensbewältigung von Menschen mit geistiger Behinderung die gleiche sein muß wie die der nichtbehinderten Menschen. Wenig gefragt wird dagegen: Was ist das Hauptinteresse des Individuums mit geistiger Behinderung, was sind seine inneren Themen? Vor allem bei schwerbehinderten Menschen wissen wir oft ganz wenig darüber, negieren vielleicht, daß es so etwas überhaupt gibt oder setzen uns darüber hinweg, statt damit auseinander.

Nichtbehinderte Menschen gehen allzuleicht davon aus, daß ihre Normen und Vorstellungen für behinderte Menschen den gleichen Wert haben, daß Arbeit, Geld, Freizeit im Leben eines Menschen mit geistiger Behinderung den gleichen Platz haben. Begleitung (Assistenz) wird es nötig machen, die Themen von Menschen mit geistiger Behinderung zu entdecken, sie anzuerkennen und sich mit ihnen auseinanderzusetzen.

Entwicklungsunterstützende Handlungsorientierungen bezogen auf die Gruppe

Gruppe und Individualität wird häufig als Gegensatz gesehen. Individualität auch in der Gruppe zu gewährleisten, ist unter der Maxime der Begleitung ein wichtiger Faktor. In einem solchen Fall wird der Gruppenleiter oder der Betreuer im Wohnheim mehr Moderator, mehr Vermittler in Konflikten als Entscheidungsträger sein.

Die Aufgabe direktiver Techniken zugunsten moderierender, vermittelnder Ansätze im gruppen»pädagogischen« Bereich bedarf des Trainings dieser Fähigkeiten. Auch in der Funktion des Assistenten gilt es, den Überblick über die Gruppe zu behalten und aufmerksam für Veränderungen zu sein. Moderieren bedeutet jedoch nicht, Kompromisse zu finden oder auszuhandeln, sondern Konflikte so zu begleiten, daß sie letztendlich gelöst und Hintergründe und Mechanismen verstehbar oder nachvollziehbar werden.

Mit der Selbstbestimmt-Leben-Forderung und dem sich daraus ergebenden Konzept der Begleitung (Assistenz) werden alle tradierten Normen, alle Selbstverständlichkeiten massiv in Frage gestellt. Wo sich Bedingungen für das Individuum verändern, sind immer auch die Lebensgemeinschaften und übrigen Systeme von Veränderungen betroffen. Die Gruppe im oben zitierten bachschen Sinne zur »Pflege der Geselligkeit« und »sinnvoller Freizeitanregung« wird nicht mehr im Mittelpunkt von Betrachtungen stehen. Vielmehr werden Überlegungen drängend, wie selbstbestimmtes Leben innerhalb solcher Zwangsgemeinschaften möglich ist.

Wenn Menschen mit geistiger Behinderung Konsumenten von Dienstleistungen werden, werden sie auch die Dienstleistungen in Anspruch nehmen, die ihren Bedürfnissen am nächsten kommen. Gemeinsame Mahlzeiten, Ausflüge oder Gruppenabende bleiben als Angebot vorhanden, können jedoch nicht verpflichtend sein. Konsequent weitergedacht heißt das auch, daß es in größeren Einrichtungen möglich sein muß, daß sich Menschen mit geistiger Behinderung ihren »Dienstleister« innerhalb dieser Einrichtung selbst suchen. Inanspruchnahme von Hilfe setzt Vertrauen und Sympathie voraus. In bestehenden Gruppen wird davon ausgegangen, daß der zuständige Betreuer diese immer bei allen Gruppenbewohnern genießt.

Der Weg vom Betreuen zum Begleiten wird zu veränderten Sichtweisen über das Individuum mit geistiger Behinderung und über das Geschehen innerhalb einer Wohngruppe führen. Auch die Einrichtung, das Gesamt der Wohngruppen mit unterstützenden Einheiten und der Leitung, wird einem starken Wandel unterliegen. Es geht nicht nur darum, tradierte Normen zu überprüfen und die Regeln des Zusammenlebens zu ändern. Wichtig ist, den Menschen mit geistiger Behinderung ernst zu nehmende Möglichkeiten der Einflußnahme zu geben, z. B. auch bei der Planung von Gebäuden bis hin zu konzeptionellen Veränderungen.

G

Vom Betreuen zum Begleiten

Begleiten bedeutet, die Heilerziehungspflege mit psychotherapeutischen Inhalten anzureichern. Bisher wird, wenn es um die Änderung von Verhalten geht, primär auf pädagogische Methoden zurückgegriffen. Pädagogik soll hier verstanden werden als geplantes, zielgerichtetes Verhalten des Anwenders zum Zweck der Vermittlung von Fähigkeiten und Fertigkeiten. Pädagogik bedeutet Veränderung über Erwerb von Fähigkeiten. Die Lernprozesse werden von nichtbehinderten Menschen geplant.

Psychotherapie ist ein unterstützendes Handeln mit dem Ziel persönlichen Wachstums, der Selbst-Bewußtheit und Selbst-Verantwortung. Dabei gilt als Grundannahme, daß jeder Mensch »zu persönlichem Wachstum und mit Hilfe von Erfahrung zur Erweiterung des Selbstkonzeptes« tendiert (BADELT 1984). Die große alte Dame der Familientherapie, V. Satir, schreibt, daß erst wenn diese Selbstregulationsmechanismen blockiert sind, wenn persönliches Wachstum nicht stattfinden kann, es zu Störungen, wie psychischen Erkrankungen, Neurosen usw. kommt. Der Vertreter der Primärtherapie, H. von der Osten, drückt es wie folgt aus: »Das Natürliche in uns ist immer schon da. Worum es in der (psychotherapeutischen) Arbeit geht, ist, das Unnatürliche aus dem Weg zu schaffen«. Wenn Behinderung die Normalität mit anderer Ausprägung ist, dann heißt das, daß auch das Natürliche im Menschen mit geistiger Behinderung anzutreffen ist, eben in anderer Ausprägung.

Psychotherapeutisches Handeln oder Handeln, welches sich an psychotherapeutischen Modellen orientiert, will Menschen mit geistiger Behinderung helfen, eine Zufriedenheit mit sich selbst zu entwickeln und ihnen ermöglichen, sich in dem ihnen angemessenen sozialen Kontext zurechtzufinden (mit der dafür notwendigen Unterstützung). Ein Begleitungskonzept setzt die Annahme voraus, daß es ein persönliches Wachstum gibt, und daß auch der behinderte Mensch sich in ständiger Auseinandersetzung mit sich und seiner Umwelt befindet, um sein Selbstkonzept zu erweitern. Wo diese Grundannahme fehlt, muß der professionell Tätige weiterhin pflegen, bewahren, beschützen.

Der Begleiter (Assistent) sollte in der Lage sein, auf andere Methoden professionellen Handelns zurückzugreifen als sie in der herkömmlichen Pädagogik vermittelt werden. Neben der Beherrschung klientenzentrierter Gesprächsführung und nicht direktiver Fähigkeiten im Umgang mit Gruppen ist systemisches Denken vonnöten. Die Ablösung einfachen Wenn-Dann-Denkens und logischer Gedankenketten zugunsten eines umfassenden Blicks und Verständnisses für Einflüsse und Einwirkungen auf Menschen mit geistiger Behinderung ist besonders wichtig. Begleitung (Assistenz) ist ein umfassendes Konzept, das für alle Behinderungen und Schweregrade zutrifft und anzuwenden ist, ebenso für alle Konflikt- und Lebenslagen.

Veränderungen im Selbstbild des Begleiters

Pflegen, Schützen, Bewahren und Fördern fordert Aktivität vom Betreuer. Er strukturiert den Alltag, gibt Impulse, setzt Schwerpunkte. Der Betreuer ist das Zentrum im Gruppengeschehen. Er kontrolliert die dynamischen Prozesse. Eigene Lebenseinstellungen werden in die Arbeit mit eingebracht. An diesen Einstellungen, modifiziert durch das Team, orientieren sich die Schwerpunkte, die innerhalb der Arbeit gesetzt werden. Auf dem Weg vom Betreuen zum Begleiten müssen andere Qualitäten erworben werden.

Vertrauen in Wachstum und Akzeptanz von Selbstbestimmung beinhaltet die Fähigkeit, von eigenen Vorstellungen und Leitideen Abstand nehmen zu können, nicht auf Lösungen hinzuarbeiten, sondern Prozesse zu begleiten, die vielleicht ganz anders verlaufen als in den eigenen Vorstellungen erwünscht. Diese Qualitäten gilt es zu entwickeln. Außerdem ist ein hohes Maß an Konfliktfähigkeit notwendig. Die Rollenerwartungen an den Betreuer werden im Bereich »geistige Behinderung« nicht dem Konzept Begleitung (Assistenz) entsprechen, sondern sich an direktiven pädagogischen Normen orientieren. Das bedeutet, dieses Konzept gegen andere Berufsgruppen, die in diesem Bereich tätig sind, und möglicherweise auch gegenüber Eltern und Angehörigen zu verteidigen.

Bedingungen für ein Konzept »Begleiten«

Änderungsprozesse vom Betreuen zum Begleiten brauchen Zeit und Unterstützung. Begleiten ist keine zu erlernende Methode, die es nur umzusetzen und anzuwenden gilt, sondern eine auf einem humanistisch geprägten Menschenbild von Menschen mit geistiger Behinderung fußende Haltung. Eine solche Haltung kann sich nur dort entwickeln, wo in der Hierarchie, in der Heimleitung und in den begleitenden Diensten oder unterstützenden Einheiten eine solche Einstellung vor- und mitgelebt wird. Das Konzept muß sich in einer gesamten Einrichtung entwickeln und ist nicht von wenigen Subsystemen ohne die Unterstützung innerhalb der Hierarchie zu tragen.

Dabei sind Eindeutigkeiten verlangt, denn das Konzept eignet sich sehr leicht dazu, es scheitern zu lassen. Es gibt Berichte von einem Mann mit geistiger Behinderung, der sich zu Tode ißt, ohne daß Betreuer dem Einhalt gebieten und die sich auf die Selbstbestimmung berufen; oder von einem Menschen mit geistiger Behinderung mit Pilzbefall am ganzen Körper, der, wie der zuständige Betreuer angibt, sich nicht mehr gewaschen und mit Salbe behandelt habe. In solchen Fällen habe ich das Gefühl, daß Unstimmigkeiten innerhalb einer Einrichtung über die zugrundeliegende Philosophie genutzt werden, um den Beweis drastisch anzutreten, daß Selbstbestimmung bei Menschen mit geistiger Behinderung nicht möglich ist.

Der Kampf um das richtige Menschenbild und über die Handlungsorientierung, die sich daraus ableiten läßt, wird in solchen Fällen zu Lasten der Menschen mit geistiger Behinderung ausgetragen. Mit solchen Kämpfen ist zu rechnen, denn für einige Betreuer scheint es viel zu verlieren zu geben, wenn ein solches Konzept Raum greift: die Allmacht dem Menschen mit geistiger Behinderung gegenüber oder die Möglichkeit, die Arbeit an den eigenen Vorstellungen auszurichten. Auch das, was die Arbeit für Außenstehende oft so bedeutend werden läßt, entfällt. Die Fürsprecherrolle muß aufgegeben werden, die Rolle des

Edlen, der für die armen Geschöpfe eintritt. Haltungen, die von Gefühlen des Mitleids getragen sind, bergen in sich immer Überheblichkeit. Sie gehören in den Bereich »Pflegen, Schützen, Bewahren«, nicht aber in das Konzept »Begleiten«.

Hier gibt es viel zu bearbeiten, was an Unbewußtem in die tägliche Arbeit mit einfließt. Ohne Supervision, d. h. ohne Bewußtmachung über das, was auch das berufliche Handeln mitbestimmt, werden solche Kämpfe und Grabenkriege leicht den Alltag innerhalb einer Einrichtung belasten. Fortschritte in Richtung auf ein Konzept »Begleitung« sind leicht zu boykottieren. Dem, was es zu verlieren gibt, muß eine Idee entgegengestellt werden, welche einen Gewinn verheißt, den man über das Konzept »Begleitung« erlangen kann.

Selbstbestimmte Prozesse der Entwicklung verlaufen intensiver, nachhaltiger, Es macht Freude, solche Prozesse mitzuerleben, ohne unendliche Energie in Lernschritte zu stecken, die offensichtlich nicht das Thema des Menschen mit Behinderung trafen. »Begleitung« läßt Begegnungen zu zwischen Menschen mit Behinderung und »Normalen«. In solchen Begegnungen gibt es den emotionalen Reichtum zu entdecken und davon zu lernen und zu profitieren. Auf dem Weg vom Betreuen zum Begleiten bedarf es der Unterstützung und Ermutigung derjenigen, die das Konzept tragen, und das sind die Betreuer. Es ist nur dann umsetzbar, wenn es gelingt zu verdeutlichen, daß darin auch Möglichkeiten und Werte stecken, die für ihn selbst wichtig sind.

Ulrich Hähner
Eugen-Bolz-Str. 13
75 180 Pforzheim

Literatur

BACH, H. (1993): Geistigbehindertenpädagogik. Berlin.

BADELT, I. (1984): Selbsterfahrungsgruppen geistig behinderter Erwachsener. In: Geistige Behinderung H. 4, S. 243—253.

HARTMANN-KREIS, (1994): Betreuungspersonal als Träger des Normalisierungskonzepts. Eine Studie über die Handlungsorientierung des Personals in Wohn einrichtungen für Erwachsene mit geistiger Behinderung. In: Sonderpädagogik H. 1, S. 24—33.

KNUST-POTTER, E. (1994): »We can change the future«. In: Geistige Behinderung H. 4, S. 319—330.

NIEHOFF, U. (1992): Selbstbestimmtes Leben für behinderte Menschen. In: Fachdienst der Lebenshilfe 1, S. 5—17.

NIEHOFF, U. (1994): Wege zur Selbstbestimmung. In: Geistige Behinderung H. 3, S. 186—201.

THEUNISSEN, G. (1987): Behindertenpädagogisch-therapeutische Arbeit mit schwergeistig und mehrfachbehinderten Erwachsenen. In: DREHER, V.; HOFMANN, T.; BRADL, Ch.: Geistigbehinderte zwischen Pädagogik und Psychiatrie. Bonn, S. 174—193.

Musterarbeitsverträge für Personal

Unbefristeter Vertrag der Lebenshilfe Essen (mit Dienstanweisungen)

Arbeitsvertrag

Zwischen
der Lebenshilfe für geistig Behinderte Essen e.V., Humboldtstr. 165, 45149 Essen

— nachstehend Arbeitgeber genannt —

und

Herrn/Frau ______________________________ geb. ______________

— nachstehend Arbeitnehmer genannt —

wird folgendes vereinbart:

Herr/Frau ______________________________

Ausbildung ______________________________

wird mit Wirkung vom ______________________________

als ______________________________

eingestellt.

Die regelmäßige wöchentliche Arbeitszeit richtet sich nach den Grundsätzen des gültigen BAT (VKA).

Das Arbeitsverhältnis wird auf unbestimmte Zeit abgeschlossen.

Die Zeit bis zum ______________ gilt als Probezeit. Innerhalb dieser Zeit kann das Dienstverhältnis von beiden Seiten unter Einhaltung einer Kündigungsfrist von zwei Wochen zum Monatsende ohne Angabe von Gründen beendet werden.

Nach Beendigung der Probezeit ist das Dienstverhältnis mit einer Frist von sechs Wochen zum Quartalsende kündbar.

Der Arbeitnehmer erhält eine *Vergütung* nach der Vergütungsgruppe __________ des Bundesangestelltentarifvertrages (BAT/VKA)

Bestandteil der Vergütung ist der Tarifvertrag über Zulagen an Angestellte vom 17. 5. 1982 in der jeweils gültigen Fassung sowie des Tarifvertrag über vermögenswirksame Leistungen an Angestellte vom 17. 12. 1970 in der jeweils gültigen Fassung.

Es besteht Anspruch auf *Zeitzuschläge/Schichtzulagen* bei Vorliegen der Bedingungen nach § 35 BAT bzw. § 33 a BAT. Für die Arbeitszeitregelung gelten die Bestimmungen des § 15/16, 17/18 BAT. Die Zahlung einer *Heimzulage* richtet sich nach der Protokollerklärung Nr. 1 zur Anlage 1 a BAT (Angestellte im Sozial- und Erziehungsdienst) in der jeweils gültigen Fassung.

G

Die *Weihnachtszuwendung* wird nach dem Tarifvertrag über eine Zuwendung an Angestellte vom 12. 10. 1973 in der jeweils gültigen Fassung errechnet und zurückgefordert, wenn der Arbeitnehmer das Dienstverhältnis zum 31. 12. oder zu einem früheren Termin des jeweiligen Jahres gekündigt hat oder bis einschließlich 31. 3. des folgenden Jahres auf eigenen Wunsch oder durch sein Verschulden ausgeschieden ist.

Urlaubsgeld wird nach dem Tarifvertrag über ein Urlaubsgeld vom 16. 3. 1977 in der jeweils gültigen Fassung gezahlt.

Der Arbeitnehmer verpflichtet sich, irrtümliche Gehaltszahlungen zurückzuerstatten, ferner dazu, Ansprüche auf Gehalt gegenüber Dritten nicht abzutreten.

Das Gehalt wird am *30.* für den laufenden Monat gezahlt.

Sachbezüge werden vom Arbeitgeber grundsätzlich nur gegen Entgelt gewährt. Als Gegenwert für eingenommene Mahlzeiten behält der Arbeitgeber die in der Sachbezugsverordnung in der jeweils geltenden Fassung genannten Sätze ein.

Im *Krankheitsfalle* erfolgt eine Weiterzahlung des Gehaltes längstens für die Dauer von 6 Wochen (entsprechend § 616 BGB).

Bei *Arbeitsunfähigkeit* wegen Krankheit hat der Arbeitnehmer seinen Dienstvorgesetzten unverzüglich zu benachrichtigen. Dauert die Arbeitsunfähigkeit voraussichtlich länger als drei Tage, so hat er unverzüglich bis spätestens am vierten Tage ein ärztliches Attest über seine Arbeitsunfähigkeit und deren voraussichtliche Dauer vorzulegen. Dauert die Krankheit länger als vier Wochen, kann der Dienstvorgesetzte weitere Nachweise anfordern.

Der Arbeitnehmer erhält einen Jahresurlaub nach den Bestimmungen der Urlaubsregelungen des BAT/VKA.

Der volle Urlaubsanspruch wird erstmals nach 6-monatigem Bestehen des Dienstverhältnisses erworben (Wartezeit).

Jede Nebentätigkeit bedarf der vorherigen schriftlichen Genehmigung des Arbeitgebers.

Weitergehende Regelungen des BAT gelten nur, soweit ihre Anwendung ausdrücklich vertraglich ergänzend vereinbart ist. Ansonsten gelten die gesetzlichen Bestimmungen.

Es wird Arbeitsbefreiung in den Fällen des § 52, Absatz 1, 2 a und 2 c sowie § 52, Absatz 2, 1, aa und bb gewährt.

Die Dienstanweisung der Lebenshilfe Essen e.V. und die Schweigepflichterklärung in den jeweils gültigen Fassungen sind Bestandteil des Arbeitsvertrags.

Die Beihilferegelungen der Lebenshilfe Essen e.V. in der jeweils gültigen Fassung sind Bestandteil des Arbeitsvertrags.

Dieser Vertrag ist zweifach ausgefertigt.

Beide Vertragspartner erhalten jeweils eine von beiden Parteien unterschriebene Ausfertigung.

Ort, Datum ____________________

Arbeitgeber (Vorstand/Wohnstättenleiter)	Arbeitnehmer

Anlage zum Arbeitsvertrag vom ______________________

Stellenbeschreibung und Dienstanweisung für Mitarbeiter/-innen im betreuenden Dienst der Lebenshilfe-Wohnstätte »Haus Haarzopf« Humboldtstr. 165, Essen

In der Wohnstätte soll ein Klima herrschen, in dem die Bewohner/-innen sich wohlfühlen, sie in ihren individuellen Wünschen und Bedürfnissen zur Geltung kommen und ihrer individuellen Behinderung gemäß gefördert und versorgt werden. Diesem Ziel folgt jegliche betreuende Arbeit.

Für die alltägliche Praxis werden folgende Punkte hervorgehoben und verbindlich festgelegt:

1. Die Mitarbeiter/-innen unterstützen die Wohnstättenleitung bei der Erstellung und Weiterentwicklung der Konzeption des Hauses. Hier sind Mitarbeiter/-innen in gruppenleitender Funktion zu besonderer Verantwortung aufgefordert.
2. Sie bieten den Bewohnerinnen und Bewohnern Betreuung und Hilfe im lebenspraktischen Bereich sowie bei der Bewältigung möglicher Probleme.
3. Soweit notwendig erbringen sie grundpflegerische Leistungen bzw. Hilfestellung bei der Körperhygiene.
4. Sie sorgen dafür, daß die Bewohner/-innen angemessen ernährt werden und beteiligen sich an den dafür notwendigen hauswirtschaftlichen Tätigkeiten.
5. Sie sorgen dafür, daß die Bewohner/-innen angemessen mit Bekleidung und Wäsche versehen sind.
6. Bei der Gesundheitsvor- und -fürsorge kümmern sie sich um notwendige Arzt- und Krankenhaustermine sowie um die Besorgung und Vergabe der angeordneten Medikamente.
7. Sie verwalten verantwortungsvoll die ihnen anvertrauten Barbeträge der Bewohner/-innen bzw. die Barmittel aus Pflegesatzgeldern. Die gruppenleitenden Mitarbeiter/-innen rechnen diese Mittel einmal im Monat gegenüber der Wohnstättenleitung bzw. der beauftragten Verwaltungsfachkraft ab.
8. Sie führen sorgfältig das bewohnerbezogene Dokumentationssystem sowie die Übergabebücher.
9. Soweit notwendig und angemessen kümmern sie sich um interne und externe Freizeitaktivitäten der Bewohner/-innen.
10. Zur Sicherung von Aufsichtsrecht und Aufsichtspflicht wird eine Wohnstättenordnung geschaffen, die in Zusammenarbeit zwischen Bewohnerschaft und Mitarbeiterschaft unter Beachtung der gesetzlichen Vorgabe erstellt wird.
11. Nach den Möglichkeiten des Dienstplans, der Kostenabsicherung durch den LVR und den gesetzlichen Bestimmungen wird ihnen Fortbildung angeboten, unter Umständen auch Aus- und Weiterbildung.
12. Sie nehmen an der dienstlichen Verpflegung unter Anwendung der Sachbezugsverordnung des Landes NRW teil.
13. Dienstfahrten, Dienstgänge sowie Nebentätigkeiten gegen Entgelt sind vorab genehmigungspflichtig.
14. Überstunden bedürfen der Anordnung, Veränderungen des gültigen Dienstschichtplans werden von der Wohnstättenleitung angeordnet.
15. Zur Schweigepflicht gegenüber Dritten wird eine gesonderte Erklärung abgegeben.
16. Der Genuß von Alkohol während des Dienstes ist untersagt. Mitarbeiter/-innen, die unter Alkoholeinfluß den Dienst antreten, werden unverzüglich vom Dienst suspendiert.
17. Die Benutzung des Fahrstuhls im Haus ist nur gestattet, wenn mindestens zwei Mitarbeiter/-innen im Dienst sind.

______________________ ______________________

Wohnstättenleiter Mitarbeiter/-in

G

Befristeter Vertrag des Behindertenwerks Main-Kinzig e.V.

Arbeitsvertrag

zwischen dem Behindertenwerk Main-Kinzig e.V., vertreten durch den Geschäftsführer

und

Herrn/Frau ______________________

geboren am ______________________

in ______________________

wohnhaft ______________________

wird folgender befristeter Arbeitsvertrag geschlossen:

§ 1

Herr/Frau ______________________ wird ab ______________________ befristet bis ______________________ als ______________________ in das Behindertenwerk Main-Kinzig e.V. (bei einer wöchentlichen Arbeitszeit von __________ % der regelmäßigen tariflichen Arbeitszeit)* eingestellt. Das Arbeitsverhältnis endet ohne vorherige Kündigung am ______________________.

Es besteht kein Anspruch auf Übernahme in ein Angestelltenverhältnis mit dem Behindertenwerk Main-Kinzig e.V.

§ 2

Herr/Frau ______________________ erhält ein monatliches Entgelt nach BAT, Vergütungsgruppe __________. Urlaub und Arbeitszeit entsprechen den Vorschriften des BAT.

§ 3

Es wird eine Probezeit von __________ Monaten vereinbart.

Während der Probezeit kann dieser befristete Arbeitsvertrag von den vertragschließenden Parteien mit einer Kündigungsfrist von 14 Tagen zum Monatsende aufgelöst werden. Die Aufkündigung muß schriftlich erfolgen.

---

*) nur bei Teilzeit

Nach Beendigung der Probezeit kann der Arbeitsvertrag von den vertragschließenden Parteien nur gekündigt werden

1. aus einem wichtigen Grund (§ 626 BGB) ohne Einhalten einer Kündigungsfrist,

2. mit einer Kündigungsfrist von 4 Wochen zum Monatsende.

Die Kündigung muß schriftlich erfolgen.

§ 4

Herr/Frau ______________________ verpflichtet sich, über alle dienstlichen Angelegenheiten Stillschweigen zu bewahren, und zwar nicht nur für die Dauer des Arbeitsverhältnisses, sondern auch nach seiner Beendigung.

§ 5

Grund der Befristung: ______________________

(Vertretung, Aushilfstätigkeit, Planstelle auf Zeit etc.)

§ 6

Änderungen und Ergänzungen dieses Arbeitsvertrages sind nur wirksam, wenn sie schriftlich vereinbart werden.

Im übrigen richtet sich das Arbeitsverhältnis, soweit in diesem Vertrag nichts anderes geregelt ist, nach den gesetzlichen Vorschriften.

G

Linsengericht, den ______________________

______________________ ______________________

Geschäftsführer Arbeitnehmer/-in

Vertrag für ein Erfahrungspraktikum der Lebenshilfe Bremen e.V.

Vertrag für ein Erfahrungspraktikum

Zwischen der LEBENSHILFE für geistig Behinderte Bremen e.V., im Text LEBENSHILFE genannt, vertreten durch den Vorstand, dieser vertreten durch die Geschäftsführung, diese

vertreten durch ______________________________

und

dem Praktikanten/der Praktikantin

____
Name Vorname

wohnhaft in
____
Straße Ort

____
geb. am Telefon

wird folgendes vereinbart:

a) Das Erfahrungspraktikum von Herrn/Frau ______________________________

dauert vom ____________________ bis ____________________

und wird in unserer Einrichtung ______________________________

abgeleistet. Die Versetzung in eine andere Einrichtung ist möglich.

b) In unseren Einrichtungen wird u. a. im Schichtdienst nach Dienstplan gearbeitet. Der Praktikant/die Praktikantin nimmt analog den Dienst wahr.

c) Das Praktikum wird unentgeltlich geleistet.

d) Zustehender Urlaub __________ wird unter Zugrundelegung der BAT-Tabelle (evtl. anteilmäßig) gewährt.

e) Der Vertrag kann von beiden Vertragsparteien gekündigt werden:
   1) aus wichtigem Grund ohne Einhaltung einer Kündigungsfrist
   2) sonst mit einer Kündigungsfrist von vier Wochen.

Weitere Absprachen bestehen nicht.

Bremen, den ______________________________

______________________________ ______________________________

Praktikant/-in LEBENSHILFE Bremen e.V.

G

Verordnung über personelle Anforderungen für Heime (HeimPersV)*

Auf Grund des § 3 des Heimgesetzes in der Fassung der Bekanntmachung vom 23. April 1990 (BGBl. I S. 763) in Verbindung mit II. des Organisationserlasses des Bundeskanzlers vom 23. Januar 1991 (BGBl. I S. 530) verordnet das Bundesministerium für Familie und Senioren im Einvernehmen mit dem Bundesministeirum für Wirtschaft und dem Bundesministerium für Raumordnung, Bauwesen und Städtebau:

§ 1

Mindestanforderungen

Der Träger eines Heims im Sinne des § 1 Abs. 1 des Heimgesetzes darf nur Personen beschäftigen, die die Mindestanforderungen der §§ 2 bis 7 erfüllen, soweit nicht in den §§ 10 und 11 etwas anderes bestimmt ist.

§ 2

Eignung des Heimleiters

(1) Wer ein Heim leitet, muß hierzu persönlich und fachlich geeignet sein. Er muß nach seiner Persönlichkeit, seiner Ausbildung und seinem beruflichen Werdegang die Gewähr dafür bieten, daß das jeweilige Heim entsprechend den Interessen und Bedürfnissen seiner Bewohner sachgerecht und wirtschaftlich geleitet wird.

(2) Als Heimleiter ist fachlich geeignet, wer

1. eine Ausbildung zu einer Fachkraft im Gesundheits- oder Sozialwesen oder in einem kaufmännischen Beruf oder in der öffentlichen Verwaltung mit staatlich anerkanntem Abschluß nachweisen kann und
2. durch eine mindestens zweijährige hauptberufliche Tätigkeit in einem Heim oder in einer vergleichbaren Einrichtung die weiteren für die Leitung des Heims erforderlichen Kenntnisse und Fähigkeiten erworben hat. Die Wahrnehmung geeigneter Weiterbildungsangebote ist zu berücksichtigen.

(3) Wird das Heim von mehreren Personen geleitet, so muß jede dieser Personen die Anforderungen des Absatzes 1 erfüllen.

§ 3

Persönliche Ausschlußgründe

(1) In der Person des Heimleiters dürfen keine Tatsachen vorliegen, die die Annahme rechtfertigen, daß er für die Leitung eines Heims ungeeignet ist. Ungeeignet ist insbesondere,

1. wer
   a) wegen eines Verbrechens oder wegen einer Straftat gegen das Leben, die sexuelle Selbstbestimmung oder die persönliche Freiheit, wegen vorsätzlicher Körperverletzung, wegen Erpressung, Urkundenfälschung, Untreue, Diebstahls, Unterschlagung, Betrugs oder Hehlerei oder wegen einer gemeingefährlichen Straftat oder einer Konkursstraftat zu einer Freiheitsstrafe oder Ersatzfreiheitsstrafe von mindestens drei Monaten, sofern die Tilgung im Zentralregister noch nicht erledigt ist,
   b) in den letzten fünf Jahren, längstens jedoch bis zum Eintritt der Tilgungsreife der Eintragung der Verurteilung im Zentralregister, wegen einer Straftat nach den §§ 29 bis 30 b des Betäubungsmittelgesetzes oder wegen einer sonstigen Straftat, die befürchten läßt, daß er die Vorschriften des Heimgesetzes oder eine auf Grund dieses Gesetzes erlassene Rechtsverordnung nicht beachten wird,

   rechtskräftig verurteilt worden ist,
2. derjenige, gegen den wegen einer Ordnungswidrigkeit nach § 17 des Heimgesetzes mehr als zweimal eine Geldbuße rechtskräftig festgesetzt worden ist, soweit nicht fünf Jahre seit Rechtskraft des letzten Bußgeldbescheids vergangen sind.

*) Fassung vom 19. Juli 1993.

G

(2) Absatz 1 Satz 2 gilt nicht für Straftaten und Ordnungswidrigkeiten, die vor Inkrafttreten der Verordnung begangen worden sind. Absatz 1 Satz 1 bleibt unberührt.

§ 4

Eignung der Beschäftigten

(1) Beschäftigte in Heimen müssen die erforderliche persönliche und fachliche Eignung für die von ihnen ausgeübte Funktion und Tätigkeit besitzen.

(2) Als Leiter des Pflegedienstes ist geeignet, wer eine Ausbildung zu einer Fachkraft im Gesundheits- oder Sozialwesen mit staatlich anerkanntem Abschluß nachweisen kann. Paragraph 2 Abs. 2 Nr. 2, § 3 Abs. 1 Satz 2 Nr. 1 gelten entsprechend.

§ 5

Beschäftigte für betreuende Tätigkeiten

(1) Betreuende Tätigkeiten dürfen nur durch Fachkräfte oder unter angemessener Beteiligung von Fachkräften wahrgenommen werden. Hierbei muß mindestens einer, bei mehr als 20 nicht pflegebedürftigen Bewohnern oder mehr als vier pflegebedürftigen Bewohnern mindestens jeder zweite weitere Beschäftigte eine Fachkraft sein. In Heimen mit pflegebedürftigen Bewohnern muß auch bei Nachtwachen mindestens eine Fachkraft ständig anwesend sein.

(2) Von den Anforderungen des Absatzes 1 kann mit Zustimmung der zuständigen Behörde abgewichen werden, wenn dies für eine fachgerechte Betreuung der Heimbewohner erforderlich oder ausreichend ist.

(3) Pflegebedürftig im Sinne der Verordnung ist, wer für die gewöhnlichen und regelmäßig wiederkehrenden Verrichtungen im Ablauf des täglichen Lebens in erheblichem Umfang der Pflege nicht nur vorübergehend bedarf.

§ 6

Fachkräfte

Fachkräfte im Sinne dieser Verordnung müssen eine Berufsausbildung abgeschlossen haben, die Kenntnisse und Fähigkeiten zur selbständigen und eigenverantwortlichen Wahrnehmung der von ihnen ausgeübten Funktion und Tätigkeit vermittelt. Altenpflegehelferinnen und Altenpflegehelfer, Krankenpflegehelferinnen und Krankenpflegehelfer sowie vergleichbare Hilfskräfte sind keine Fachkräfte im Sinne der Verordnung.

§ 7

Heime für behinderte Volljährige

In Heimen für behinderte Volljährige sind bei der Festlegung der Mindestanforderungen nach den §§ 2 bis 6 auch die Aufgaben bei der Betreuung, Förderung und Eingliederung behinderter Menschen und die besonderen Bedürfnisse der Bewohner, die sich insbesondere aus Art und Schwere der Behinderung ergeben, zu berücksichtigen.

§ 8

Fort- und Weiterbildung

(1) Der Träger des Heims ist verpflichtet, dem Leiter des Heims und den Beschäftigten Gelegenheit zur Teilnahme an Veranstaltungen berufsbegleitender Fort- und Weiterbildung zu geben. Mehrjährig Beschäftigten, die die Anforderungen des § 6 nicht erfüllen, ist Gelegenheit zur Nachqualifizierung zu geben.

(2) Die Verpflichtung nach Absatz 1 besteht nur, wenn sich die Veranstaltungen insbesondere auf folgende Funktionen und Tätigkeitsfelder erstrecken:

1. Heimleitung.
2. Wohnbereichs- und Pflegedienstleistung sowie entsprechene Leitungsaufgaben,
3. Rehabilitation und Eingliederung sowie Förderung und Betreuung Behinderter.
4. Förderung selbständiger und selbstverantworteter Lebensgestaltung,
5. aktivierende Betreuung und Pflege,
6. Pflegekonzepte, Pflegeplanung und Pflegedokumentation,
7. Arbeit mit verwirrten Bewohnern,

8. Zusammenarbeit mit anderen Berufsgruppen sowie mit Einrichtungen und Diensten des Sozial- und Gesundheitswesens,
9. Praxisanleitung,
10. Sterbebegleitung,
11. rechtliche Grundlagen der fachlichen Arbeit,
12. konzeptionelle Weiterentwicklung der Altenhilfe und der Eingliederungshilfe für Behinderte.

§ 9

Ordnungswidrigkeiten

Ordnungswidrig im Sinne des § 17 Abs. 2 Nr. 1 des Heimgesetzes handelt, wer vorsätzlich oder fahrlässig

1. entgegen § 1 in Verbindung mit § 2 Abs. 2 Nr. 1 oder § 3 Abs. 1 Satz 2 Nr. 1 Buchstabe a und b oder
2. entgegen § 1 in Verbindung mit § 4 Abs. 2 Satz 1 oder § 4 Abs. 2 Satz 2 in Verbindung mit § 3 Abs. 1 Satz 2 Nr. 1 Buchstabe a und b

Personen beschäftigt oder

3. entgegen § 1 in Verbindung mit § 5 Abs. 1 Satz 1 betreuende Tätigkeiten nicht durch Fachkräfte oder unter angemessener Beteiligung von Fachkräften wahrnehmen läßt, die die Mindestanforderungen nach § 6 erfüllen.

§ 10

Übergangsregelungen

(1) Sind bei Inkrafttreten dieser Verordnung die in § 2 Abs. 2 Nr. 2, §§ 4 bis 7 genannten Mindestanforderungen nicht erfüllt, so kann die zuständige Behörde auf Antrag des Heimträgers angemessene Fristen zur Angleichung an die einzelnen Anforderungen einräumen. Die Fristen dürfen fünf Jahre vom Inkrafttreten der Verordnung an nicht überschreiten. Der Träger ist bis zur Entscheidung über den Antrag von der Verpflichtung zur Angleichung vorläufig befreit.

(2) Wer ein Heim bei Inkrafttreten dieser Verordnung leitet, ohne die Anforderungen des § 2 Abs. 2 Nr. 1 zu erfüllen, kann das Heim bis zum Ablauf von drei Jahren nach Inkrafttreten der Verordnung weiterhin leiten. Nach diesem Zeitpunkt kann er nur dann Heimleiter sein, wenn er bis dahin nachweisbar an einer Bildungsmaßnahme, die wesentliche Kenntnisse und Fähigkeiten für die Leitung eines Heims vermittelt, erfolgreich teilgenommen hat. Eine entsprechende Bildungsmaßnahme vor Inkrafttreten dieser Verordnung ist zu berücksichtigen.

(3) Absatz 2 gilt nicht für Heimleiter, die ein Heim bei Inkrafttreten dieser Verordnung seit mindestens fünf Jahren ununterbrochen leiten.

§ 11

Befreiungen

(1) Die zuständige Behörde kann dem Träger eines Heims aus wichtigem Grund Befreiung von den in den § 2 Abs. 2 Nr. 1, § 4 Abs. 1 und Abs. 2 in Verbindung mit § 2 Abs. 2 Nr. 1 genannten Mindestanforderungen erteilen, wenn die Befreiung mit den Interessen und Bedürfnissen der Bewohner vereinbar ist.

(2) Die Befreiung kann sich auf einzelne Anforderungen erstrecken und neben der Verpflichtung zur Angleichung an andere Anforderungen ausgesprochen werden.

(3) Die Befreiung wird auf Antrag des Trägers erteilt. Der Träger ist bis zur Entscheidung über den Antrag von der Verpflichtung zur Angleichung vorläufig befreit.

§ 12

Streichung von Vorschriften

Es werden gestrichen:

1. § 9 der Verordnung über den gewerbsmäßigen Betrieb von Altenheimen, Altenwohnheimen und Pflegeheimen vom 25. Februar 1970 (Gesetzblatt für Baden-Württemberg S. 98),
2. § 8 der Verordnung über den gewerbsmäßigen Betrieb von Altenheimen, Altenwohnheimen und Pflegeheimen vom 23. August 1968 (Bayerisches Gesetz- und Verordnungsblatt S. 319),

G

3. § 8 der Verordnung über Mindestanforderungen und Überwachungsmaßnahmen gegenüber gewerblichen Altenheimen, Altenwohnheimen und Pflegeheimen für Volljährige vom 3. Oktober 1967 (Gesetz- und Verordnungsblatt für Berlin S. 1457),
4. § 8 der Verordnung über den gewerbsmäßigen Betrieb von Altenheimen, Altenwohnheimen und Pflegeheimen vom 30. April 1968 (Gesetzblatt der Freien Hansestadt Bremen S. 95).
5. § 8 der Verordnung über den gewerbsmäßigen Betrieb von Altenheimen, Altenwohnheimen und Pflegeheimen vom 29. Oktober 1968 (Hamburgisches Gesetz- und Verordnungsblatt S. 248),
6. § 8 der Verordnung über den gewerbsmäßigen Betrieb von Altenheimen, Altenwohnheimen und Pflegeheimen vom 7. Oktober 1969 (Gesetz- und Verordnungsblatt für das Land Hessen S. 195).
7. § 8 der Verordnung über den gewerbsmäßigen Betrieb von Altenheimen, Altenwohnheimen und Pflegeheimen vom 3. Oktober 1968 (Niedersächsisches Gesetz- und Verordnungsblatt S. 129),
8. § 8 der Verordnung über den gewerbsmäßigen Betrieb von Altenheimen, Altenwohnheimen und Pflegeheimen vom 25. Februar 1969 (Gesetz- und Verordnungsblatt des Landes Nordrhein-Westfalen S. 142),
9. § 8 der Verordnung über den gewerbsmäßigen Betrieb von Altenheimen, Altenwohnheimen und Pflegeheimen vom 25. Juli 1969 (Gesetz- und Verordnungsblatt für das Land Rheinland-Pfalz S. 150),
10. § 8 der Verordnung über den gewerbsmäßigen Betrieb von Altenheimen, Altenwohnheimen und Pflegeheimen vom 1. April 1969 (Amtsblatt des Saarlandes S. 197) und
11. § 8 der Verordnung über den gewerbsmäßigen Betrieb von Altenheimen, Altenwohnheimen und Pflegeheimen vom 22. April 1969 (Gesetz- und Verordnungsblatt für Schleswig-Holstein S. 89).

§ 13

Inkrafttreten

Diese Verordnung tritt am ersten Tage des auf die Verkündung folgenden dritten Kalendermonats in Kraft.

Der Bundesrat hat zugestimmt.

Bonn, den 19. Juli 1993

Die Bundesministerin für Familie und Senioren
Hannelore Rönsch

Berufsbegleitender Weiterbildungslehrgang für leitende Mitarbeiter/-innen in Wohneinrichtungen

Rahmenprogramm

*Arbeitsgruppe Rahmenprogramm Wohnen**

Die sich verändernden Qualitätsansprüche an die Betreuung von Menschen mit geistiger Behinderung erfordern zunehmend entsprechende Strukturen für die Organisation und Leitung von Wohneinrichtungen. Vielfältige, differenzierte Wohnangebote in den verschiedenen Bundesländern machen Diskussionen im Sinne einer zunehmenden Professionalisierung von Dienstleistungsangeboten notwendig.

Leiter/-innen von Einrichtungen sind aufgerufen, zielorientiert Perspektiven zu entwickeln und gleichzeitig die Mitarbeiter/-innen prozeßorientiert an entsprechende Konzeptionen heranzuführen. Gleichzeitig obliegt ihnen die Koordination verschiedener Ansprüche von Seiten der Eltern, der Klientinnen und Klienten, der Mitarbeiter/-innen und anderen beteiligten Institutionen.

Die Lösung dieser vielfältigen Aufgaben ist unter anderem abhängig von der Persönlichkeit, aber auch der Fach- und Leitungskompetenz führender Mitarbeiter/-innen in den Einrichtungen der Behindertenhilfe.

Der Lehrgang gibt leitenden Mitarbeiterinnen und Mitarbeitern Einblicke in Methoden und in die Handhabung von Instrumentarien, um flexibel und innovativ verantwortlich für die Betreuung von Menschen mit geistiger Behinderung entscheiden zu können. Die berufsbegleitende Weiterbildung will anhand von themenzentrierten Bausteinen, welche in der zeitlichen Abfolge aufeinander aufbauen, dieser Anforderung gerecht werden.

Fortbildungsziel

Das Ziel des berufsbegleitenden Weiterbildungslehrganges ist

— die Vermittlung von Faktenwissen,

— die Vermittlung von Leitungs- und Führungskompetenz,

— die Ermöglichung von Erfahrungsaustausch.

Zulassungsvoraussetzung

Der Lehrgang richtet sich an Personen

— die als leitende Mitarbeiter/-innen in Einrichtungen für Behinderte tätig sowie fachlich vorgesetzt und/oder weisungsbefugt sind;

— in Wohneinrichtungen, die momentan noch nicht als leitende Mitarbeiter/-innen tätig sind, jedoch durch den Träger für eine Leitungsfunktion vorgesehen sind.

Die Voraussetzung zur Teilnahme ist hier eine schriftliche Begründung durch den Träger. Über die Aufnahme zum Weiterbildungslehrgang entscheidet der Träger der Veranstaltung.

Inhalte

Die nachfolgenden Themen stellen die Schwerpunkte der beruflichen Weiterqualifizierung dar.

Institutionsanalyse

Ziel ist eine Ist-Stand-Ermittlung der eigenen Einrichtung, Klärung der eigenen Rolle innerhalb der Strukturen sowie die Vermittlung prakti-

*) Der Arbeitsgruppe »Rahmenprogramm Wohnen« gehörten an: Marianne Bartzok, Leiterin des Fachgebietes Wohngemeinschaft der Lebenshilfe Berlin, Christine Karches. Leiterin des Fachgebietes Berufliche Weiterbildung der Bundesvereinigung Lebenshilfe, Klaus Kraling, Leiter des Fachgebietes Wohnen der Bundesvereinigung Lebenshilfe und Andrea Umlauff, Bereichsleiterin Wohnen der Lebenshilfe Gießen und Vorsitzende des Ausschusses Wohnen der Bundesvereinigung Lebenshilfe.

kabler Arbeitsinstrumente. Weitere Ziele können die Veränderung bzw. Verbesserung des betrieblichen Ablaufes, der Kommunikation, der eigenen Positionen sein. Gleichzeitig bietet der erste Baustein der Gruppe die Möglichkeit, sich gegenseitig als Basis für die weitere Zusammenarbeit kennenzulernen.

Grundsätze des Wohnens

Ziel ist die Vermittlung grundsätzlicher Aspekte des Wohnens von (erwachsenen) Menschen mit geistiger Behinderung aus Sicht der Lebenshilfe (u. a. Wohnen als zentraler Teil von Lebensgestaltung, Fragen des Menschenbildes, Fragen des selbstbestimmten Lebens).

Beginnend mit den Fragen »Welche Bedeutung hat das Wohnen für den (erwachsenen) Menschen mit geistiger Behinderung? Was heißt überhaupt Wohnen?« wird ein Überblick über verschiedene Wohnformen in Deutschland (u. a. historische Entwicklung, derzeitiger Stand) gegeben.

In einem weiteren Informationsblock werden dann unterschiedliche gemeindenahe Wohnformen — von der Einzelwohnung bis hin zur gruppengegliederten Wohneinrichtung — vorgestellt. Ebenso werden Formen des ambulant betreuten Einzel- und Gruppenwohnens behandelt. Überdies stehen auch Aspekte der baulichen Gestaltung und des Raumprogramms im Mittelpunkt.

Abschließend werden bundesweite Probleme im Bereich des gemeindenahen Wohnens aufgezeigt und Problemlösungsansätze aus der Sicht der Bundesvereinigung Lebenshilfe dargestellt. Im Zusammenhang mit der Erörterung grundsätzlicher Fragestellungen des Lebensbereiches Wohnen von Menschen mit geistiger Behinderung erfolgt auch eine Einführung in die relevante Literatur.

Alt und geistig behindert

Ziel ist die Vermittlung grundständiger Aspekte und Fragestellungen der Lebenssituation älter werdender und alter Menschen mit geistiger Behinderung. Über definitorische Fragen zum Personenkreis hinaus wird insbesondere erörtert, wie sich deren derzeitige Wohnsituation im gemeindenahen Bereich in Deutschland darstellt, welche Hilfemöglichkeiten es im Rahmen sogenannter tagesstrukturierender Angebote gibt bzw. geben sollte und welche Probleme sich im Schnittfeld von Wohnen und Arbeit — zum Beispiel ausgleitende bzw. altersspezifische Tätigkeiten in einer WfB — auftun.

In diesem Zusammenhang soll auch vermittelt werden, daß die Lebenshilfe gesamtverbandlich gefordert ist, sich mit den Problemen des immer größer werdenden Personenkreises älter werdender und alter Menschen mit geistiger Behinderung im Bereich des gemeindenahen Wohnens verstärkt auseinanderzusetzen, wobei nicht bei der Aufzählung von Defiziten und der Formulierung von Wunschkatalogen stehengeblieben werden sollte. Konkrete Wohnkonzepte, die ansatzweise von einer Reihe örtlicher Lebenshilfe-Vereinigungen bereits »gelebt« werden, stellen einen weiteren Themenschwerpunkt dar.

Betriebliche Organisation

Ziel ist es, im Rahmen eines mehrtägigen Informationsblocks folgende Aspekte betrieblicher Organisation schwerpunktmäßig einzubringen:

- Rechtsformen (eingetragener Verein, gemeinnützige Gesellschaft mit beschränkter Haftung, Stiftung usw.);
- Fragen des Arbeitsablaufes, der Arbeitszeit, der Betriebsverfassung, des Dienstplanes, der Diensteinteilung, der Urlaubsplanung, des Bildungsurlaubes sowie der betriebsinternen und außerbetrieblichen Fort- und Weiterbildung.

Es folgen die Aspekte Personal bzw. Personalausstattung. Hier geht es um Fragen der Qualifikation und der Anzahl von Mitarbeiterinnen und Mitarbeitern, der Gestaltung von Arbeitsverträgen sowie um datenschutzrechtliche Bestimmungen, Fragen des Betriebsverfassungsgesetzes und Aspekte der Arbeit des Betriebsrates.

Eine Auseinandersetzung mit Fragen der Pflegesatzgestaltung und -zusammensetzung schließt sich an. Gerade hier sollten leitende (pädagogi-

G

sche) Kräfte Kompetenz erwerben, über Grundsätze des Pflegesatzwesens informiert sein: Wie wird abgerechnet? Wie wird geprüft? Wie wird der Selbstkostennachweis geführt? Wie werden entsprechende Pflegesatzvereinbarungen gekündigt bzw. geändert? Auch die Behandlung versicherungsrechtlicher Aspekte ist hier angesiedelt.

Angesichts immer knapper werdender Mittel für den Investitionsbereich gemeindenaher Wohneinrichtungen ist es überdies wichtig, hier über entsprechende Informationen zu verfügen. Welche Rolle spielen Eigenmittel? Welche Rolle Ersatzeigenmittel oder sogenannte Drittmittel? Welche finanziellen Aspekte wirken sich auf Um- und Ausbau, Modernisierung und Neubau gemeindenaher Wohneinrichtungen aus?

Leiten und Führen I

Ziel ist, neue Impulse im Umgang mit den Mitarbeiterinnen und Mitarbeitern zu setzen, die Sensibilisierung sowie die Erweiterung der fachlichen Kompetenz im Bereich von Führung und Leitung zu ermöglichen. Hierzu werden einerseits erprobte, andererseits neue bzw. andere Führungsstile vorgestellt.

In großem Maße geht es unweigerlich um die Motivation der Mitarbeiter/- innen. Ein weiterer Schwerpunkt wird auf der Beurteilung und Bewertung von Mitarbeiterinnen und Mitarbeitern liegen.

Leiten und Führen II

Ziel ist, Art und Weise von Gesprächsführung in Bezug zu Inhalt und Ziel des Gespräches zu setzen. Dabei sollen die unterschiedlichen Aspekte von Konfliktgesprächen, Bewertungsgesprächen, Teambesprechungen sowie Gespräche mit Eltern oder Vertretern anderer beteiligter Institutionen berücksichtigt werden.

Projektwoche

Das Ziel dieser Einheit ist die Reflexion der eigenen sozialen Kompetenzen und der Teamfähigkeit sowie die Reflexion der Kooperationsfähigkeit in Leitungsfunktionen und der Fähigkeit zur Koordinierung. Weitere Ziele sind die Planung und Durchführung von Konzepten und das Erarbeiten strategischer Schritte sowie die Planung von Einrichtungen für erwachsene Menschen mit Behinderung unter Einbeziehung des Normalisierungsprinzips mit dem Ziel der Integration. Hierbei geht es vor allem darum, visionär zu denken und Konzepte zu entwickeln, die vorrangig klientenzentriert sind und Entwicklungsmöglichkeiten für die Individuen bieten.

Arbeitstechniken und Methoden

Ziel ist, strukturiertes Vorgehen sowohl für sich selbst als auch für die Mitarbeiter/-innen der Einrichtungen zu ermöglichen. Hierzu werden neue Arbeitstechniken vorgestellt.

Führen und Leiten beinhaltet immer mehr ein professionelles Vorgehen. Einerseits geht es in diesem Abschnitt um eine klare Strukturierung des eigenen Arbeitsablaufes (Zeitmanagement) verbunden mit der Frage, welche Aufgaben in das eigene Aufgabengebiet fallen und welche nicht, andererseits um die Bildung einer größeren Transparenz (Metaplanung, Visualisierung).

Burn-out

Ziel dieser Lehrgangseinheit ist es, Anzeichen und Folgen von Überarbeitung und Streß zu erörtern, um unterstützende Möglichkeiten der Entlastung zu erarbeiten.

Supervision

Ziel ist es, Supervision als Instrument zur Entlastung der beruflichen Rolle zu erfahren und Möglichkeiten wie Team-, Fall- oder Einzelsupervisionen kennenzulernen.

Rechtliche Grundlagen

Ziel ist die Vermittlung von grundsätzlich relevanten und in der Praxis zu berücksichtigenden Aspekten des Bundessozialhilfegesetzes (u. a. Eingliederungshilfe/Hilfe zur Pflege), des novellierten Heimgesetzes in Verbindung mit der

Heimmitwirkungsverordnung, Heimmindestpersonalverordnung und Heimmindestbauverordnung sowie Fragen der Aufsichtspflicht, Haftung und des neuen Betreuungsgesetzes. Es ist beabsichtigt, die Fragestellungen und Probleme anhand konkreter Fallbeispiele zu erörtern.

Methodisch-Didaktisches

Im Lehrgang werden vielfältige Methoden der Erwachsenenbildung eingesetzt. Eine Lehrgangswoche wird als Projektwoche durchgeführt. Während der Weiterbildung wird eine schriftliche Arbeit erstellt, die Gegenstand des Abschlußkolloquiums ist.

Abschlußarbeit

Das Thema der Abschlußarbeit wird von den Teilnehmenden des Lehrgangs festgelegt und orientiert sich an den Schwerpunkten des Lehrgangs. Die Teilnehmer/-innen bestimmen das Thema ihrer Arbeit (Einzelarbeit) spätestens in der 5. Lehrgangswoche.

Die Referentinnen und Referenten der jeweiligen Einheiten erläutern mögliche Inhalte der Abschlußarbeit und stehen für Fragen zur Verfügung. Der Abgabetermin ist die 6. Lehrgangswoche. Der Umfang der Arbeit soll mindestens zehn Seiten und maximal 20 Seiten (maschinengeschrieben) betragen.

Die Abschlußarbeit ist Gegenstand des Kolloquiums am Schluß des Lehrgangs.

Dauer

Der Lehrgang umfaßt insgesamt 265 Stunden über einen Zeitraum von maximal zwei Jahren. Er besteht aus sechs fünftägigen Wochen sowie einer dreitägigen Woche.

Kosten

Die Lehrgangsgebühren betragen … [aktuelle Preise bitte bei der Bundesvereinigung Lebenshilfe erfragen] für die gesamte Maßnahme. Die Kosten für Unterkunft und Verpflegung sowie die Fahrtkosten müssen von den Teilnehmerinnen und Teilnehmern getragen werden.

Abschluß

Der Lehrgang endet mit einem Abschlußkolloquium. Gegenstand des Abschlußkolloquims ist eine schriftliche Arbeit, die von den Teilnehmenden während des Lehrgangs erstellt wird. Die Teilnehmer/-innen erhalten ein Zertifikat mit Angabe zu den Lehrinhalten.

H Rechtliche und organisatorische Rahmenbedingungen

Lesehinweis der Redaktion:

Weitere Hinweise und Ratschläge enthält die — wegen Platzmangel hier nicht abgedruckte — Empfehlung der Bundesvereinigung Lebenhilfe »Mustervertrag und -ordnung für Wohnstätten«, die Sie gegen Erstattung der Portokosten bei der Bundesvereinigung Lebenshilfe anfordern können.

Zum Thema »Pflegeversicherung und Wohnen« informiert die Bundesvereinigung Lebenshilfe ständig aktuell, bitte beachten Sie die Ankündigungen in unseren Periodika oder fragen Sie direkt in der Bundeszentrale nach.

Rechtsbeziehungen zwischen Kostenträger, Wohnstätte und Bewohnern

*Sabine Wendt**

Bewohner und Wohnstätte

Die Rechtsbeziehung zwischen den Bewohnern und der Wohnstätte ist durch einen privatrechtlichen *Heimvertrag* geregelt, der im Heimgesetz zwingend vorgeschrieben ist. Darin unterscheidet sich die Wohnstätte von der Werkstatt; dort ist dieser Vertragsabschluß nur eine Empfehlung in der Werkstättenverordnung. Wir haben als Lebenshilfe für beide Bereiche kommentierte Musterverträge vorgelegt.

Wenn der bestehende Heimvertrag zum Muster der Lebenshilfe erhebliche Abweichungen aufweist, sollte man versuchen, mit dem Träger entsprechende Änderungen vorzunehmen, sofern der Mustervertrag günstiger erscheint. Verträge müssen also nicht für alle Zeit gelten, sondern können sowohl für die Bewohner der Wohnstätte als auch für Neuaufnahmen geändert werden.

Kostenträger und Wohnstätte bzw. Bewohner

Zuständigkeitsfrage und Definition des »Einrichtungsbegriffes«

Das Rechtsverhältnis Wohnstätte/Kostenträger ist geregelt durch eine Leistungsentgeltvereinbarung nach § 93 BSHG (ehemals Pflegesatz). Dies setzt voraus, daß sich die Wohnstätte als Einrichtung kennzeichnet. Ungeklärt ist, inwieweit eine Wohngemeinschaft als Einrichtung gilt oder nicht. Das ist in § 100 BSHG geregelt. Danach ist der überörtliche Sozialhilfeträger für die stationäre Eingliederungshilfe zuständig, also verpflichtet, soweit erforderlich, die Hilfe in einem Heim oder einer Einrichtung zu erbringen. Nach einem Urteil des Bundesverfassungsgerichts vom 24. 02. 1994 (Nachrichtendienst des Deutschen Vereins 1994, 430 f.) gehört die dezentrale Unterkunft betreuter Personen (Wohngemeinschaft) zu den Räumlichkeiten der Einrichtung (Wohnstätte), wenn die Unterkunft der Rechts- und Organisationssphäre des Einrichtungsträgers so zugeordnet ist, daß sie als Teil des Einrichtungsganzen anzusehen ist. Dies ist der Fall, wenn der Träger die Gesamtverantwortung für die tägliche Lebensführung des Bewohners übernimmt.

Beim Wohnen in einer Einrichtung ist also der überörtliche Sozialhilfeträger zuständig. Das ist entweder das Landessozialamt oder der Landeswohlfahrtsverband, je nach Bundesland.

Wohngemeinschaften, die nicht als Einrichtung gelten

Bei Wohngemeinschaften oder betreutem Einzelwohnen außerhalb von Einrichtungen ist der örtliche Träger zuständig, sofern nicht durch Landesrichtlinien eine Kostenteilung zwischen Land und Gemeinde vorgesehen ist. Der Behinderte hat dann einen Rechtsanspruch auf ambulante Eingliederungshilfe und Hilfe zum Lebensunterhalt. Finanzierungsgrundlage ist nicht mehr der Kostensatz, sondern die Hilfe zum Lebensunterhalt mit Zusatzleistungen für die Personalbetreuung als Hilfe zur Pflege oder Eingliederungshilfe. Hilfe zum Lebensunterhalt bedeutet, daß der Behinderte den Regelsatz erhält; die Miete wird ebenso bezahlt wie sein Mehrbedarf. Er bekommt Wohngeld und hat darüber hinaus Anspruch auf Eingliederungshilfe und Hilfe zur Pflege für das Betreuungspersonal. Wegen der Komplexität der Rechtsverhältnisse empfiehlt sich eine gute Zusammenarbeit mit dem örtlichen

*) Aktualisierte und wesentlich überarbeitete Fassung eines Beitrags, erstmals veröffentlicht in: Bundesvereinigung Lebenshilfe für geistig Behinderte e.V. (Hrsg.): Selbständigere und neuere Wohnformen. Marburg: Lebenshilfe-Verlag 1990, S. 25—29

Sozialamt. In vielen Bundesländern gibt es jetzt auch Richtlinien für Wohngemeinschaft und betreutes Wohnen.

Ob es richtig ist, daß man als »Einrichtung« auftritt oder nicht, hängt von objektiven Kriterien ab. Natürlich kann der Träger die Weichen dazu stellen: Will er die Zuständigkeit für Wohnung und Wohngruppe behalten, so ist das eine inhaltliche Entscheidung, die der Träger in seiner Konzeption getroffen hat. Der Träger ist dann Mieter der Wohnung und schließt einen Betreuungsvertrag mit dem Bewohner über Unterkunft, Lebensunterhalt und Betreuung ab.

Sind behinderte Menschen selbst Mieter, können Probleme auftreten, etwa mit den Nachbarn. Bei Konflikten kann man zwar vermitteln, letztlich müssen aber die Behinderten selbst dafür geradestehen. Wird das Treppenhaus nie geputzt und gegen die Hausordnung verstoßen, kann das auf Dauer auch ein Kündigungsgrund sein. Andererseits gehört es zum Selbständigwerden, als Mieter selbst über seine Wohnung verfügen zu können. Wer in einer Einrichtung des Trägers vollstationär betreut wird, muß außerdem sein Einkommen und Vermögen bis auf geringe Freigrenzen einsetzen. Beim ambulant betreuten Wohnen sind diese Freibeträge höher, wenn wegen eigenem Einkommen aus Rente oder Arbeitsverdienst keine Hilfe zum Unterhalt beantragt werden muß.

Übernahme der Personalkosten als Hilfe zur Pflege

Die Hilfe zur Pflege ist die einfachere Möglichkeit als die Eingliederungshilfe für diejenigen, die körperbehindert sind. Für sie ist rechtlich unumstritten, daß jeder Rollstuhlfahrer einen Anspruch auf eine Betreuungsperson im Rahmen der Hilfe zur Pflege hat. Ab April 1995 gibt es für viele auch ambulante Betreuungsleistungen durch die Pflegeversicherung (SGB XI). Anspruch darauf hat man nur, wenn man bei den alltäglichen Verrichtungen des Lebens wie Essen, Waschen, zu Bett gehen usw. Hilfe braucht. Der Anspruch entfällt allerdings bei selbständigeren geistig behinderten Menschen.

Eingliederungshilfe

Neben oder statt der Hilfe zur Pflege haben geistig behinderte Menschen einen Anspruch auf Eingliederungshilfe, d. h. auf persönliche Betreuung beim Wohnen. Das BSHG weist hier eine Lücke auf, da das betreute Einzelwohnen als Eingliederungsmaßnahme nicht genannt ist. In § 40 Abs. 1 Nr. 6 a ist zwar von der Hilfe bei der Beschaffung und Erhaltung der Wohnung die Rede, aber nicht geklärt, ob es ambulante, stationäre oder rein bauliche Hilfe ist.

Antragstellung

Der Bewohner — und nicht die Wohnstätte — muß die Anträge stellen, denn er ist der Inhaber des Rechts auf Eingliederungshilfe. Bei der Antragstellung selbst sollte man dem Betroffenen natürlich helfen, z. B. beim Nachweis des Bedarfs. Der Behinderte weiß ja nicht, wieviele Betreuungsstunden er für das ambulant betreute Wohnen braucht und was sie kosten. Diese Bedarfsrechnung muß der Träger vorbereiten. Bei vollstationärer Betreuung muß der behinderte Bewohner in der Regel das schon durch die Kostenvereinbarung mit dem Sozialhilfeträger (§ 93 BSHG) ausgehandelte Betreuungsangebot in Form eines zugesicherten täglichen Kostensatzes akzeptieren. Die Antragstellung bezieht sich daher nur auf die Aufnahme in die Einrichtung.

Der Bewohner hat einen Rechtsanspruch gegenüber dem Kostenträger auf einen schriftlichen Bescheid (§ 35 Sozialgesetzbuch X), der — mit Begründung — sagt, ob die Finanzierung übernommen wird oder nicht. Ergeht dieser Bescheid nicht innerhalb von drei Monaten, kann der Betroffene eine Untätigkeitsklage erheben.

Dr. Sabine Wendt
Leiterin des Fachgebiets
Öffentliches Recht und Sozialrecht
der Bundesvereinigung Lebenshilfe
Raiffeisenstr. 18

35043 Marburg

Anmeldung zur Aufnahme in eine Wohnstätte

Lebenshilfe Gießen

Hiermit beantrage ich einen **Wohnstättenplatz** für

Hern/Frau ______________________ Geburtsdatum: ____________

Geburtsort: ______________ Fam. Stand: __________ Staatsangeh.: __________

Wohnort: ______________ Straße/Nr.: ______________

Behinderung (ärztliche Diagnose): ______________________

Bisherige Betreuung bzw. Unterbringung:

Schule von ________ bis ________ wo? ____________

WfB von ________ bis ________ wo? ____________

Heimaufenthalt(e) von ________ bis ________ wo? ____________

Bezugsperson/Sorgeberechtigte(r):

Name, Vorname: ______________________ Alter: ______

ggfs. Verwandschaftsgrad: ______________ Telefon: __________

Wohnort: ______________ Straße/Nr.: ______________

Zur Entwicklung des/der Behinderten:

Er/Sie kann bzw. ist		ja	mühsam	nein
selbständig	essen/trinken			
	sich waschen			
	sich baden/duschen			
	sich an-/auskleiden			
	sich rasieren/kämmen			
	Toilettengang erledigen			
	Urinabgang beherrschen			
	Stuhlabgang beherrschen			
Rollstuhlfahrer(in)/Gehbehinderte(r)*			XXXXXX	
ggfs. selbständig fahren				
ggefs. gehen	ohne fremde Hilfe			
	mit Stöcken/Krücken			
	über Treppen			
ggfs. sitzen	frei			
	mit Rücken-/Armlehne			
	vom Stuhl aufstehen			

Bemerkungen: ______________________

— Verhalten: ______________________

— Verkehrssicherheit: ______________________

— ständige Medikamente: ______________________

— besondere Interessen: ______________________

Der/Die Aufzunehmende ist in der Lage, den Weg zur Arbeit allein zu bewältigen ....ja / nein*

Gewünschter Aufnahmetermin: ______________________

Ich wünsche, schon vorher durch Gespräche auf den Umzug vorbereitet zu werden ....ja / nein*

Ich ziehe Einzelgespräche vor ....ja / nein*

Ich möchte in einer Gruppe darüber reden ....ja / nein*

Datum: ______________ Unterschrift: ______________________

* = Nichtzutreffendes bitte streichen

Qualitätssicherung und Kostensatz

Der Stellenwert von Qualitätssicherung aus der Sicht der überörtlichen Träger der Sozialhilfe

Horst Eckmann

Ausgangspunkt meiner Überlegungen ist ein Aufsatz im Fachdienst der Lebenshilfe (2/93, s. a. S. 231 in diesem Band), der »widersprüchliche Tendenzen in der Sozialpolitik« beim Thema Stellenwert von Qualitätssicherung feststellt. Die Verfasser sprechen in diesem Zusammenhang von einem »sehr problematischen Zusammenhang von 'Qualität und Sparsamkeit' in den Köpfen von Politik und Verwaltung«.

Dieser Zusammenhang existiert. Ob er problematisch ist, ist eine ganz andere Frage. Möglicherweise ist die intelligente Verknüpfung der Instrumente der Qualitätssicherung mit verbesserten Anreizen zur wirtschaftlichen und sparsamen Führung von Einrichtungen die einzige Methode, bei der gegenwärtigen Ebbe in den öffentlichen Haushalten den inzwischen doch recht hohen Stand der Eingliederungshilfe in unseren Einrichtungen zu erhalten.

Ob und wie das gelingen kann, dafür gibt es zwar einige Ideen und gesetzgeberische Vorgaben, aber kein Patentrezept und kein geschlossenes und durchdachtes System. Die Begriffe und Instrumente, mit denen wir das Kunststück Qualitätssicherung bei Kostendämpfung angehen wollen, sind sowohl für die öffentlichen Sozialhilfeträger als auch für die freie Wohlfahrtspflege als Leistungserbringer zu neu und ungewohnt, als daß wir jetzt schon wüßten, wie wir sie genau ausfüllen und handhaben könnten. Sicher dürfte nur eines sein, wir werden nur Erfolg haben, wenn wir zusammenwirken, und wir sind zum Erfolg verdammt, weil dies wohl die einzige Möglichkeit ist, die Qualität der Hilfe in den Wohneinrichtungen für Behinderte zu sichern und zu entwickeln.

Ich möchte das zur Zeit (Sept. 93) im Gesetzgebungsverfahren befindliche neue Instrumentarium der Kostenübernahme in Einrichtungen der Sozialhilfe daraufhin abklopfen, wie es zur Kostendämpfung bei gleichzeitiger Qualitätssicherung genutzt werden kann. Dabei bitte ich zu berücksichtigen, daß dieses Instrumentarium für die Sozialhilfe so neu ist, daß wir noch kaum Erfahrungen damit haben. Eine Auseinandersetzung mit dem Gesetzestext wird deshalb mehr offene Fragen als fertige Antworten erbringen. Darum werden wir uns alle gemeinsam in den nächsten Jahren bemühen müssen.

Am 23. 6. 1993 wurde der Begriff »Qualität« in den Pflegesatzparagraphen 93 Abs. 2 des BSHG eingeführt. Ich brauche den Gesetzeswortlaut nicht wörtlich zu zitieren, weil er bis zu den nächsten Pflegesatzverhandlungen überholt sein wird. Es ist in der Gesetzgebungsnovelle zum Bundessozialhilfegesetz einmal von der Qualität der Leistungen im Zusammenhang mit den dafür zu entrichtenden Entgelten die Rede und zum anderen von der Prüfung der Qualität der Leistungen. Ich möchte im folgenden auf beide Stellen des Gesetzesentwurf eingehen.

Leistung und Entgelt

Die vorgesehene Neufassung des § 93 Abs. 2 BSHG beginnt wie folgt: »Der Träger der Sozialhilfe ist zur Übernahme von Aufwendungen für die Hilfe in einer Einrichtung eines anderen Trägers nur verpflichtet, wenn mit dem Träger der Einrichtung oder seinem Verband eine Vereinbarung über *Inhalt, Umfang und Qualität der Leistungen*, sowie über die dafür zu entrichtenden Entgelte besteht«.

Bevor ich im einzelnen auf den Begriff der Qualität »der Leistungen« zu sprechen komme, möchte ich darauf hinweisen, daß nach der zitierten Vorschrift an Kostenträger *Entgelte für Leistungen* gezahlt werden, die der Einrichtungsträger in einer vertraglich vereinbarten Ausgestaltung erbringt. Hinter diesem Verhältnis von Leistung und Entgelt verbirgt sich ein neues Verständnis der Kostentragung des Sozialhilfeträgers in Heimen und anderen Einrichtungen. Bisher war die Kostentragung zumindest in einem gewissen Umfang mit dem Gedanken der Selbstkostendeckung verbunden. Die Kostenübernahme des Sozialhilfeträgers orientierte sich an den in der konkreten Einrichtung entstehenden Kosten. Zumindest vom Prinzip her wurden diese Kosten übernommen, wobei aber das Selbstkostendeckungsprinzip in den derzeit noch geltenden Pflegesatzvereinbarungen nicht ganz so eindeutig ausgeprägt ist, wie die Begründung zu dem neuen Gesetz unterstellt. Es werden nicht alle Selbstkosten übernommen, sondern sie werden zunächst auf ihre Wirtschaftlichkeit und Sparsamkeit hin überprüft.

Es ist nicht wahr, daß im Nachhinein alle Über- oder Unterdeckungen ausgeglichen werden, sondern die Pflegesätze sind auch bisher schon in dem Sinne prospektiv, als sie für einen zukünftigen Zeitraum vereinbart wurden. Sie basieren auf den tatsächlichen Selbstkosten der Einrichtungen in der Vergangenheit und die künftigen Kosten wurden auf dieser Basis hochgerechnet.

Dagegen verfolgt die künftige Pflegesatzregelung eine andere Philosophie. Nicht die tatsächlich entstehenden Selbstkosten werden ausgeglichen, sondern es wird eine Leistung vereinbart, die leistungsgerecht vergütet wird. Wenn folglich ein Einrichtungsträger es etwa durch gutes Management fertig bringt, die vereinbarte Leistung kostengünstiger zu erstellen, so kann er den Überschuß behalten, wenn er sich unwirtschaftlich verhält, muß er drauflegen. Die Folgen seines Wirtschaftens trägt also allein der Leistungserbringer. Mehrkosten können nicht auf den Sozialhilfeträger abgewälzt werden, aber auch Minderkosten kommen diesem nicht zugute. Das ist sicher ein gutes Prinzip, da es die Wirtschaftlichkeit der Leistungserbringung stärkt. Fraglich ist nur, wie das richtige, das leistungsgerechte Entgelt festzusetzen ist, das der Einrichtung gebührt.

Diese Frage treibt zur Zeit die Sozialhilfeträger um, an sie müssen wir uns langsam herantasten, um sie dann intensiv mit den Einrichtungsträgern und ihren Spitzenverbänden zu diskutieren.

Wir sind hier in einem sehr frühen Stadium. Das Gesetz, das die Pflegesatzphilosophie umkehrt, ist noch nicht in Kraft. Ich kann deshalb nur erste Hinweise geben, in welche Richtung die Sozialhilfeträger — zum Teil jetzt schon im Dialog mit der freien Wohlfahrtspflege — denken und Vermutungen äußern, welche Gesichtspunkte wir diskutieren werden. Wenn ich mich in diesem Sinne mit der künftigen Gestaltung der Pflegesätze befasse, habe ich das eigentliche Thema meiner Ausführungen, nämlich die Qualitätssicherung, nicht aus den Augen verloren. Nur ist die Problematik der Qualitätssicherung so diffizil, und braucht soviel gedankliche Vorbereitungen, daß sie nicht als erster Schritt, sondern erst nach eingehender Diskussion für die Pflegesatzfestsetzung fruchtbar gemacht werden kann.

Deshalb ist zu beobachten, daß sich Sozialhilfeträger und die Träger der freien Wohlfahrtspflege Schritt für Schritt der neuen Pflegesatzphilosophie nähern. Ich möchte diesen gedanklichen Weg beschreiben, an dessen Ende — wenn er sich als begehbar erweisen wird — eine gesicherte Leistungsqualität und ein dafür vereinbartes Entgelt stehen dürfte.

Erste Stufe

Als erster Schritt auf diesem Wege können die Vereinbarungen angesehen werden, die in den letzten Monaten von etlichen überörtlichen Trägern der Sozialhilfe mit der Liga der freien Wohlfahrtspflege abgeschlossen wurden, etwa in Baden-Württemberg, Rheinland-Pfalz, Nordrhein-Westfalen und Schleswig-Holstein. Die Sozialhilfeträger hatten die Ligavertreter zu Krisensitzungen eingeladen, weil die überörtlichen Träger nicht mehr in der Lage waren, die anstehenden Steigerungen der laufenden Kosten in den Einrichtungen zu finanzieren. Man einigte sich jeweils darauf, daß die Sozialhilfeträger die Kostensteigerungen nicht voll, sondern nur bis zu einem bestimmten, unterhalb der Preissteigerungsrate liegenden Prozentsatz ausgleichen. Zunächst scheint es so, als hätten diese neuen Vereinbarungen kein anderes Ziel, als eine Notbremse zu ziehen. Bei näherem Hinsehen zeigt sich aber doch, daß Aspekte der neuen Pflegesatzphilosophie bei diesen Vereinbarungen beachtet wurden, wenngleich sie zugegebenermaßen zunächst von einer reinen Kostenbetrachtung ausgehen.

Wichtig ist, daß in diesen Vereinbarungen — wenigstens soweit sie mir bekannt sind — der Gedanke der *Budgetierung* zum Ausdruck kommt. Er bedeutet im Ergebnis folgendes: Die Jahreseinnahmen der Einrichtung aus den Pflegesatzzahlungen sind ein Budget, das wenigstens vom Grundsatz her für mehrere Jahre ohne jährliche Pflegesatzverhandlung vorausberechenbar ist, das dabei zwar für die anfallenden Ausgaben ausreichen muß, das aber dem Einrichtungsträger die Freiheit läßt, eigenverantwortlich zu entscheiden, welche Ausgaben er tätigt. Er braucht nicht die Einnahmen aus den Pflegesätzen in der Höhe für die einzelnen Positionen auszugehen, auf die diese Positionen im Selbstkostenblatt berechnet werden, damit bei der nächstjährigen Pflegesatzverhandlung diese Position erhalten bleibt. Der Träger der Einrichtung entscheidet also selbst, wo er investiert und wo er spart. Positiv daran ist also, daß ein wirtschaftlicher Freiraum gewonnen wird.

Negativ könnte man allerdings anmerken, daß dabei die im Rahmen dieses Freiraums erbrachte Leistung nicht gemessen wird und daß unklar ist, ob etwa ein Leistungsabbau geschieht. Allerdings war ein Aspekt, der bei diesen Vereinbarungen eine Rolle gespielt hat, die Bemühung, die Kostendämpfung in einem Rahmen zu halten, der es der Einrichtung erlaubt, die bisherige Qualität zu sichern. Die Qualitätssicherung war zumindest expressis verbis Gegenstand der Vereinbarungen. Die Kostenträger halten sie infolge des neu geschaffenen wirtschaftlichen Freiraums für erreichbar, was z. T. von seiten der Leistungserbringer allerdings kritisch gesehen wird.

Zweite Stufe

Eine weitere Stufe der Überlegungen der Sozialhilfeträger im Zusammenhang mit der neuen Pflegesatzphilosophie — neben dem der Budgetierung — ist die Einführung des Gedankens der *Pauschalierung*. Die Pauschalierung bedeutet ebenfalls ein Abgehen vom Selbstkostendekkungsprinzip hin zu einem einheitlichen Entgelt für die gleiche Leistung.

Die Bundesarbeitsgemeinschaft der überörtlichen Träger der Sozialhilfe überlegt zur Zeit, ob man nicht bei einigen ausgewählten Arten von Einrichtungen zu einer Pauschalierung der Pflegesätze kommen kann, zumindest zu einer Pauschalierung von Teilen des Pflegesatzes. Hier bieten sich solche Einrichtungen an, bei denen die Kostenstruktur wenigstens für einen Teil der Kosten vorgegeben ist. Zu denken wäre insbesondere an die Werkstätten für Behinderte, im Bereich einiger überörtlicher Träger auch an die Werkstattwohnheime, und zwar deshalb, weil hier weitgehend Stellenschlüssel vorgegeben sind. Die Personalkosten könnte man in der Weise pauschalieren, daß man vom einheitlichen Stellenplan ausgehend jede Stelle gedanklich mit einem Mitarbeiter mit durchschnittlichem entlohnungsrelevanten Merkmalen wie Eingruppierung, Lebensalter usw. besetzt und so diese Kosten für alle entsprechenden Werkstätten in gleicher Weise festsetzt. Die Sachkosten könnte man nach ähnlichen Gesichtspunkten pauschalieren und die Vielfalt der Finanzierungsmöglichkeiten der Gebäude durch einige wenige Typen ersetzen.

Diese generalisierende Betrachtungsweise würde nicht daran hindern, besondere Kostentatbestände, wie z. B. die Zahl der Schwerstmehrfachbehinderten gesondert zu berücksichtigen. Auf diese Weise verfährt bereits jetzt schon der Landschaftsverband Rheinland im Bereich der Werkstätten und zwar mit gutem Erfolg. Die Leiter der Einrichtungen sind zufrieden, weil sie ihre künftigen Einnahmen klar vorausschätzen können und in ihrer Ausgabenpolitik kaum gegängelt werden. Im übrigen erhöht dieses Verfahren die Chancengleichheit der Werkstätten. Jede Werkstatt erhält gleiche Startbedingungen und kann zeigen, wie sie mit ihrem Pfund wuchert. Der Erfolg wäre noch mehr eine Funktion des Managements und nicht mehr eine Funktion der Darstellungskunst in der Pflegesatzverhandlung.

Dritte Stufe

Die dritte, besonders schwer zu erklimmende Stufe zur Vereinbarung von Pflegesätzen nach der neuen Philosophie wäre die Einbeziehung des Merkmals der Qualität in die Kostenregelung. Hierfür bietet die bereits zitierte Neufassung des § 93 Abs. 2 BSHG die Voraussetzung, in der von einer »Vereinbarung über Inhalt, Umfang und Qualität der Leistungen, sowie über die dafür zu entrichtenden Entgelte« die Rede ist. Weiter regelt die Bestimmung, daß die »Entgelte *leistungsgerecht* sein müssen« und »einer Einrichtung bei sparsamer und wirtschaftlicher Betriebsführung *ermöglichen*, eine *bedarfsgerechte Hilfe* nach den Besonderheiten des Einzelfalles zu leisten«.

Da diese Regelung nach ihrer ausdrücklichen Begründung das Selbstkostendeckungsprinzip ablösen soll, dürfte klar sein, daß die beiden soeben dargelegten Grundsätze, nämlich der Pauschalierung und Budgetierung mit ihr vereinbar sind, ja geradezu von ihr gefordert werden. Pauschal sollen die Entgelte sein in dem Sinne, daß gleiche Leistung prinzipiell gleich bezahlt wird und dem Budgetierungsgedanken sollen sie insofern entsprechen, als der Heimträger seine Ausgabenpolitik prinzipiell eigenverantwortlich gestaltet.

Zusätzlich aber ist den zitierten Vorschriften zu entnehmen, daß die Entgelte *leistungsgerecht und bedarfsgerecht* sein müssen. Damit geht einmal einher, daß sie in einer Einrichtung eine am Bedarf gemessene Leistung überhaupt ermöglichen. Zum anderen bedeutet Leistungsgerechtigkeit des Entgelts aber vor allem, daß das Entgelt der Leistung entspricht, also ein angemessener Preis für eine Leistung ist, die hinsichtlich ihres Inhalts, Umfangs und ihrer Qualität in einer Vereinbarung beschrieben wird.

Spricht man der Einfachheit halber nur von »Qualität« der Leistung und meint Inhalt und Umfang gleich mit, so muß also das Entgelt es einer Einrichtung ermöglichen, Leistungen in einer bestimmten, vereinbarten Qualität zu erbringen. Umgekehrt ist die Qualitätsbeschreibung demnach notwendige Voraussetzung der Entgeltfestsetzung, bei einer umfassenden Beschreibung der Leistungsqualität könnten sich daraus zwangsläufig die bei einer wirtschaftlichen Betriebsführung dafür notwendigen Entgelte ergeben.

In diesem engen Zusammenhang können in Zukunft Qualitätsdefinition und Pflegesatzvereinbarung miteinander stehen. Die Schwierigkeit ist nur, die Qualität der Leistungen in Einrichtungen bestimmter Art so konkret zu beschreiben, daß sich daraus die zu fordernden Entgelte ergeben. Mir ist nicht bekannt, ob dieser Versuch schon unternommen worden ist, etwa im Rahmen der Kostensatzvereinbarungen anderer Sozialleistungsträger (z.B. Krankenkassen), die mit entsprechenden Vorschriften schon mehr Erfahrungen haben als die Sozialhilfeträger. Jedenfalls soll in *Rheinland-Pfalz* im Sozialhilfebereich der Versuch gemacht werden, Qualitätsbeschreibung und Entgeltfestsetzung auf die genannte Weise miteinander zu verbinden. Von den Partnern der Pflegesatzkommission, den örtlichen und überörtlichen Sozialhilfeträgern sowie der Liga der freien Wohlfahrtspflege wurde eine Arbeitsgruppe berufen, die — zunächst für die Altenpflege — die Leistungsqualitäten definieren soll, die zu einer Entgeltregelung führen.

Wie im einzelnen die Qualitäten zu umschreiben sind, aus denen dann später die Entgelte errechnet werden, bleibt zu diskutieren. Besprochen wurde bisher nur, daß bei der Qualitätsdefinition von der gebräuchlichen Unterscheidung zwischen Struktur-, Prozeß- und Ergebnisqualität ausgegangen werden soll. In welcher Weise diese Qualitäten auch im Hinblick auf die Entgelte konkretisiert werden können, müßte erörtert werden.

Klar dürfte sein, daß die *Strukturqualität*, die die Rahmenbedingungen beschreibt, unter denen die Leistungen erbracht werden, also etwa den Personalbestand oder die baulichen Gegebenheiten, von erheblicher Bedeutung sein wird. Aber auch die *Prozeßqualität*, nämlich die Art des pflegerischen (und sozialpädagogischen) Handelns wird wichtig sein, weil sie wiederum Rückschlüsse auf die Struktur, etwa auf den notwendigen Bestand an Pflegekräften, auf deren Zahl und Ausbildung zuläßt. Ähnliches könnte auch für die Ergebnisqualität gelten, als die dem pflegerischen Handeln zuzuschreibenden Veränderungen, wenn sich diese als beschreibbar erweisen.

Möglicherweise wird die so gefundene Leistungsbeschreibung in gewissen zentralen Punkten der oben bei der Pauschalierungsproblematik beschriebenen pauschalen Festsetzung der zu finanzierenden Personal- und Sachausstattung ähneln. Allerdings werden in die Gesamtüberlegungen die konkrete Organisation, die Handlungsabläufe und die sich daraus für die zu Pflegenden resultierenden Ergebnisse einbezogen. Es wird spannend sein, ob und inwieweit dabei moderne Systeme der Organisationsentwicklung mit angesprochen werden können. Solche Systeme werden in Rheinland-Pfalz (etwa für WfB) entwickelt. Und zumindest in diesem Bereich könnte man auch überlegen, ob nicht der eine oder andere Gedanken des zur Zeit in der Wirtschaft heftig diskutierten neuen Managementskonzepts »total quality management« fruchtbar gemacht werden sollte, wobei die totale Qualität des Managements sich in unserem Bereich auf die Betreuung der Behinderten bezieht.

Qualitätsprüfung

Das zweite Problem, das in der Neufassung des § 93 angesprochen wird, ist das einer *Vereinbarung der Prüfung der Qualität* der Leistungen. Diese Problematik steht mit der zuerst genannten in engster Verbindung.

Die entsprechende Regelung des vorgesehenen § 93 Abs. 2 Satz 3 und 4 BSHG lautet wie folgt: »Die Vereinbarungen und die Übernahme der Aufwendungen müssen dem Grundsatz der Wirtschaftlichkeit, Sparsamkeit und Leistungsfähigkeit entsprechen. In den Vereinbarungen sind auch Regelungen zu treffen, die den Trägern der Sozialhilfe *eine Prüfung der Wirtschaftlichkeit und Qualität* der Leistungen ermöglichen.«

Die Sozialhilfeträger sollen also in die Lage versetzt werden, u. a. die Qualität der Leistungen in den Einrichtungen zu prüfen. Warum ist dies erforderlich?

Es gibt Stimmen, die sagen, einer Prüfung durch die Leistungsträger bedarf es nicht mehr, wenn wir vom Selbstkostendeckungsprinzip abgehen. Solange die Selbstkosten erstattet werden, ist klar, daß die Höhe dieser Selbstkosten und die Wirtschaftlichkeit und Sparsamkeit ihrer Erbringung kontrolliert werden muß, damit sie in der richtigen Höhe erstattet werden. Aber warum ist im Rahmen der neuen Pflegesatzphilosophie eine Prüfung notwendig? Der Einrichtungsträger als Leistungserbringer soll doch eigenverantwortlich seine Ausgaben steuern. Er bekommt nach pauschalen Gesichtspunkten ein Entgelt für seine Leistung und kann das ihm dadurch zur Verfügung stehende Budget nach den betrieblichen Notwendigkeiten ausgeben, ohne etwa an einen bestimmten Stellenschlüssel oder an einen bestimmten Sachkostenrahmen gebunden zu sein.

Das ist richtig. Aber gerade wenn es so ist, daß ein Entgelt für eine bestimmte Leistungsqualität gezahlt wird, muß der Kostenträger sich selbst vergewissern, daß die Qualität, für die er zahlt, auch erbracht wird. Hier treffen sich die Interessen der Leistungsträger und Leistungserbringer an der Sicherstellung der Qualität und dem entsprechenden Nachweis. GIESE (1992, 304 f.) spricht von der *Qualitätssicherung als Kontroll- und Evaluationsinstrument.*

Sie ist für die *Einrichtungsträger* also eine wichtige Managementaufgabe, für die *Leistungsträger* ist sie auch eine notwendige Ergänzung der Kostensatzfestsetzung nach dem Grundsatz der neuen Pflegesatzphilosophie »Entgelt für Leistung«.

An dieser Stelle wird noch einmal deutlich, daß die Praktizierung dieser neuen Philosophie nur dann wirklich erfolgreich sein kann, wenn es gelingt, die zu erbringende Leistungsqualität zu definieren. Dann kann der Preis für die Leistung richtig festgesetzt und die Leistungserbringung auch kontrolliert werden. Ich halte es für weniger befriedigend, wenn man auf halbem Wege stehen bleibt und die Pflegesätze nur pauschaliert und budgetiert, ohne die geschuldete Leistungsqualität zu beschreiben. Dann fehlt nämlich die Kontrollmöglichkeit dafür, ob der Preis für die erbrachte Leistung angemessen ist. Allein an der Einhaltung einer angemessenen Personalausstattung oder von — im Vergleich zu ähnlichen Einrichtungen — angemessenen Sachausgaben wird man sich nicht orientieren können, denn der Einrichtungsträger soll ja gerade das Verhältnis von Sach- und Personalkosten eigenverantwortlich variieren können, also etwa eine Verwaltungskraft einsparen und dafür einen Computer anschaffen. Die notwendige Kontrolle dürfte also in erster Linie durch eine Evaluierung der Leistungsqualität möglich sein.

Wie ist das faktisch zu bewerkstelligen? Es ergibt sich eine Fülle von Problemen. Einmal muß die *Leistungsbeschreibung* in den Einrichtungen wahrscheinlich *relativ differenziert* und *vielschichtig* sein. Im medizinischen Bereich wird sie, zumindest in den USA, wo diese Gedanken der Qualitätssicherung meines Wissens wohl zuerst praktiziert wurden, durch die Kostenträger sehr viel einfacher wohl in erster Linie über die Ergebnisqualität gesteuert (HÄUSLER 1991, 54 ff.). Das ist bei der Qualität von medizinischer Behandlung relativ leicht durchzuführen, wenn man an die Kurve der Behandlungserfolge oder die Mortalitätsrate etwa bei Blinddarmoperationen in einem bestimmten Krankenhaus denkt. Der Erfolg einer Betreuung in einem Wohnheim für geistig behinderte Werkstattbeschäftigte ist nicht so leicht an solchen Ergebniskriterien abzulesen, sondern muß differenzierter dargestellt werden, wobei die Struktur- und Prozeßqualität sicherlich zu berücksichtigen ist.

Ein weiteres Problem ist die *Kontrollierbarkeit der Leistungen*. Ob eine bestimmte Qualität erbracht wurde oder nicht, kann häufig umstritten sein, wenn es nicht gelingt, diese Qualität in gewisser Weise meßbar zu machen, sie zu operationalisieren. Möglicherweise geht das nur, wenn man dabei nicht ganz auf die Vereinbarung bestimmter Standards, etwa bei der Personal- und Sachausstattung und bei den Räumlichkeiten verzichtet. Das würde also bedeuten, daß der Einrichtungsträger in seiner Ausgabenpolitik zwar in gewissem Umfang frei ist, aber einen gewissen Grundstandard dabei beachten muß.

Als drittes Problem ist sicher auch eine gewisse Empfindlichkeit der Leistungserbringer gegenüber externen Kontrollen zu beachten. Hier möchte ich darauf hinweisen, daß die Sozialhilfeträger durchaus — und ich denke, das haben wir bewiesen — die Eigenständigkeit der Träger der freien Wohlfahrtspflege respektieren und keineswegs »strangulierende Reglementierungsmaßnahmen« anstreben (GIESE 1992, 305). Wir streben nicht mehr Kontrolle als unbedingt nötig an und würden es deshalb begrüßen, wenn die notwendige Qualitäts- und Effektivitätskontrolle von seiten der Leistungserbringer selbst durchgeführt und uns nachgewiesen würden (ebd.).

Dem entspricht es, wenn die örtlichen und überörtlichen Träger der Sozialhilfe zum neuen § 93 BSHG folgende Formulierung vorgeschlagen haben: »Die Einrichtung hat Art, Inhalt und Umfang der Leistungen, für die sie eine Vergütung beansprucht, durch eine von ihr zu führende Leistungsdokumentation und andere geeignete Leistungsbelege nachzuweisen.«

Aus allem wird wieder einmal deutlich, daß die freie Wohlfahrtspflege und die überörtlichen Träger der Sozialhilfe bei allen gelegentlichen Interessenunterschieden doch ein gemeinsames Ziel haben: Den Hilfebedarf behinderter Menschen möglichst gut auf hohem Qualitätsniveau sicherzustellen, wobei es sicher kein Streitpunkt zwischen uns ist, daß dabei die Grundsätze der Sparsamkeit und Wirtschaftlichkeit zu beachten sind.

Dr. Horst Eckmann
Landesamt für Jugend und Soziales,
Sozialabteilung
Rheinallee 97—101
55 118 Mainz

Literatur

GIESE, (1992): Qualitätssicherung in der Altenhilfe. In: Blätter der Wohlfahrtspflege S. 304 f.

HÄUSLER (1991): Anwendungsmöglichkeiten von Qualitätssicherungsprogrammen und -maßnahmen in den USA für die medizinische Rehabilitation in der deutschen Rentenversicherung. Studie im Auftrag der Bundesversicherungsanstalt für Angestellte. Berlin.

H

Prospektive Pflegesätze im BSHG

Chancen und Risiken für die Einrichtungsträger

Manfred Gutmann

Die durch Artikel 1 Nr. 9 des 2. SKWPG erfolgte Neufassung des § 93 BSHG sowie die Einfügung eines § 94 BSHG führen zu einer neuen Rechtslage. Das Selbstkostendeckungsprinzip entfällt. Die Entgelte sind prospektiv. Sie müssen leistungsgerecht sein und es »einer Einrichtung bei sparsamer und wirtschaftlicher Betriebsführung ermöglichen, eine bedarfsgerechte Hilfe zu leisten« (§ 93 Abs. 2 BSHG). Betriebswirtschaftliche Erfordernisse treten in den Vordergrund, haushaltsrechtliche Überlegungen in den Hintergrund.

Die Träger der Einrichtungen werden in verstärktem Maße betriebswirtschaftliche Grundsätze wie Management, Straffung der Organisation, Kosten-/Nutzenanalyse, Effizienz der Leistungen, Controlling zu beachten haben. Die Kostenträgerseite wird sich von den Vorstellungen eines aus dem öffentlichen Haushaltsrecht übertragenen Nachweisverfahrens lösen müssen. Der BAT (kommunal) ist nicht mehr das Maß aller Dinge.

Der Kostenträger ist zu einer bedarfsgerechten Hilfe verpflichtet. Er muß also ein Interesse daran haben, daß Inhalt, Umfang und Qualität der von der Einrichtung zu erbringenden Leistungen bedarfsgerecht sind. Der Preis für die Leistungen (Entgelt) muß stimmen und er muß das Ergebnis wirtschaftlichen Handelns sein. Wirtschaftliches Handeln heißt, daß Leistungen effizient erbracht werden. Bloße Kostennachweise können hierfür nicht maßgeblich sein. Die Eigenverantwortung der Träger soll nach der Intention des Gesetzes gestärkt werden. Wirtschaftliche und sparsame Betriebsführung soll belohnt werden. Anreize zum wirtschaftlichen Handeln mit der Möglichkeit, einen Überschuß zu erzielen, sollen gegeben sein.

Auch die Kostenträger sind gehalten, dazu beizutragen, daß die Intention des Gesetzes zum Tragen kommt, ohne daß die bedarfsgerecht zu erbringende Hilfe davon beeinträchtigt wird. Der Zwang zur Einigung verliert, die Entscheidungen der Schlichtungsstellen gewinnen an Bedeutung. Kostenträger wie Einrichtungsträger müssen umdenken. Hierin liegen Chancen und Risiken der neuen gesetzlichen Regelung.

Die freigemeinnützigen Träger sollten ihre Chancen nutzen und versuchen, die Risiken zu minimieren. Dabei ist folgendes zu bedenken:

Grundkonzeption

Ziel des Gesetzgebers ist es, mit dem prospektiven Entgeltsystem die Eigenverantwortung zu stärken. Eine wirtschaftliche Betriebsführung soll belohnt werden. Der Träger der Einrichtung ist gefordert. Er verfügt für den Vereinbarungszeitraum über sichere Daten für seine unternehmerischen Planungen. Seine Chancen liegen darin, durch geeignete betriebswirtschaftliche Mittel und Methoden (Lean-Management, Straffung der Aufbau- und Ablauforganisation, Kosten-/ Nutzenanalysen, Controlling) Gelder zu erwirtschaften, die dazu dienen, die Leistungsfähigkeit der Einrichtung zu stärken. Ein nachträglicher Ausgleich ist ausgeschlossen. Erwirtschaftete Mittel kann der Träger behalten. Ein Ausgleich kann frühestens bei der Kalkulation des Entgeltes für einen künftigen Zeitraum erfolgen. Unternehmerische Fehleinschätzungen können so erst in der nächsten Wirtschaftsperiode ausgeglichen werden. Die Anreizfunktion zum wirtschaftlichen Handeln darf dabei jedoch nicht außer Betracht gelassen werden. Das Sparsamkeitsprinzip darf nicht dazu führen, daß das Ziel, wirtschaftlich effizienter zu arbeiten, uninteressant wird. Es müssen Regelungen getroffen werden, mit welchem Ziel und in welcher Weise Wirtschaftlichkeitsprüfungen erfolgen und in welchem Umfang erwirtschaftete Mittel im zukünftigen Vereinbarungszeitraum angerechnet werden. Der Träger der Einrichtung hat bei dem prospektiven Entgeltsystem das volle Betriebsrisiko. Ihm muß, wenn er dieses Risiko tragen soll, auch die Chance der Gewinnerzielung in angemessenem Umfang eingeräumt werden. Ist dies nicht der Fall, gerät das Verhältnis von Chancen und Risiken in die Schieflage.

Risiko Kostenentwicklung

Der Träger der Einrichtung ist mit dem Risiko einer unvorhersehbaren Kostenentwicklung konfrontiert. Dies gilt besonders für die Entwicklung der Personalkosten im Zuge von Tarifabschlüssen. Zu klären ist, was unter »unvorhersehbare wesentliche Veränderungen der Annahmen, die der Vereinbarung oder Entscheidung über die Entgelte zugrunde liegen« zu verstehen ist (§ 93 Abs. 5 BSHG). was heißt in diesem Zusammenhang »Wegfall der Geschäftsgrundlage?«

Tarifabschlüsse werden in der Regel mit nachträglicher Wirkung abgeschlossen. Ihre Auswirkungen sind zum Zeitpunkt der Vereinbarung der Entgelte in der Regel nicht vorhersehbar. Die Frage, ob für die nachträgliche Berücksichtigung von Tarifabschlüssen § 93 Abs. 5 BSHG herangezogen werden kann, ist derzeit offen. Denkbar ist die Vereinbarung von Orientierungsdaten, die bei der Festlegung des Entgeltes zu berücksichtigen sind, wobei das Risiko des Über- bzw. Unterschreitens die beiden Vereinbarungspartner tragen müssen. Sollen die Chancen, die im prospektiven Entgeltsystem liegen, tatsächlich greifen, muß eine Regelung des vorgenannten Inhalts zur Minimierung des Risikos einer nicht voraussehbaren Kostenentwicklung, insbesondere im Personalkostenbereich getroffen werden.

Leistungen

Die gesetzliche Neuregelung zielt auf Leistungsgerechtigkeit ab. Es gilt das Gebot: gleiches Entgelt für gleiche Leistung. Erforderlich ist ein Leistungskatalog. Seine Ausgestaltung richtet sich nach Art und Besonderheit der Einrichtung. Unstrittig ist wohl, daß ein solch differenziertes System den Zielen des § 93 BSHG eher gerecht wird als das bisherige Pflegesatzsystem. Die Entgelte müssen eine bedarfsgerechte Hilfe ermöglichen. Diese Anforderungen führen zwangsläufig zu einer größeren Transparenz für Einrichtungsträger, Kostenträger und Heimbewohner. Auch wenn sie durch die gesetzliche Neuregelung nicht unmittelbar betroffen sind, dürfen die Selbstzahler in diesem Zusammenhang nicht außer Betracht gelassen werden.

Dem differenzierten Leistungssystem muß ein differenziertes Entgeltsystem gegenüberstehen. Es wird bei der Aufgliederung in Pflegestufen nicht bleiben können. Auch im Bereich Wohnen und Unterkunft werden unterschiedliche Leistungen angeboten, die wohl ihren Niederschlag in dem Entgeltsystem finden müssen.

Das differenzierte Leistungs- und Entgeltsystem birgt für die Einrichtungsträger Chancen und Risiken in sich. In zunehmendem Maße werden in bestimmten Bereichen, z. B. in der Altenhilfe, andere Anbieter, insbesondere gewerblich betriebene Einrichtungen auf dem Markt tätig werden. Die freigemeinnützigen Träger werden sich in stärkerem Maße als bisher Methoden des Marketings bedienen müssen. Ein differenziertes Leistungs- und Entgeltsystem ist eine Grundbedingung für ein erfolgreiches Marketing.

Ein gewisses Risiko liegt darin, daß es im Gegensatz zum bisherigen Pflegesatzsystem mit dem Prinzip der Selbstkostendeckung bei einem differenzierten Leistungs- und Entgeltsystem möglicherweise schwieriger ist, Kostendeckung zu erreichen. Die Grundversorgung muß sichergestellt und Betriebseinrichtungen müssen vorgehalten werden, gleichgültig in welchem Umfang sie jeweils in Anspruch genommen werden. Die hierfür anfallenden Kosten müssen unter Beachtung der Grundsätze von Sparsamkeit und Wirtschaftlichkeit ihren Niederschlag in entsprechenden Entgelten finden. Zusatzleistungen können durch entsprechende Zusatzentgelte abgegolten werden. Die Inanspruchnahme der Leistungen kann nach Art und Umfang nicht hinreichend voraus bestimmt werden. Damit verbleibt ein gewisses Betriebsrisiko beim Träger der Einrichtung. Dieses Risiko kann auf Dauer nur getragen werden, wenn dem Träger gleichzeitig die Möglichkeit gegeben wird, durch wirtschaftliches Handeln Mittel zu erwirtschaften, die er auch zum Ausgleich solcher Risiken einsetzen kann.

Entgelte

Auch die kommunalen Einrichtungen werden in das Entgeltsystem nach § 93 Abs. 2 BSHG einbezogen. Die Entgelte kommunaler Einrichtungen müssen ebenfalls leistungsgerecht sein, eine bedarfsgerechte Hilfe ermöglichen und den Grundsätzen sparsamer und wirtschaftlicher Betriebsführung Rechnung tragen. Teilweise wurden kommunale Einrichtungen bisher offen oder versteckt aus Haushaltsmitteln subventioniert. Diese Handhabung entspricht nicht der Zielsetzung des neuen § 93 Abs. 2 BSHG. Wie kommunale Träger diesen Anforderungen nachkommen, bleibt ihnen überlassen. Denkbar ist der Weg der Ausgliederung durch die Schaffung eigener Betriebe.

Für die freigemeinnützigen Träger ist entscheidend, daß der Gesetzgeber mit der Neuregelung des § 93 BSHG »Waffengleichheit« zwischen den Anbietern unbeschadet deren Trägerschaft hergestellt hat. Hierin liegen Chancen für freigemeinnützige Träger. Entscheidend ist das Leistungsangebot und das hierfür zu entrichtende Entgelt. Die freigemeinnützigen Träger brauchen den Markt nicht zu scheuen, sie müssen allerdings Profil zeigen und glaubwürdig bleiben. An dieser Stelle ist noch einige Arbeit zu leisten. Gelingt es, Profil mit Leistung überzeugend zu vermitteln, kann die freie Wohlfahrtspflege dem Wettbewerb mit kommunalen, aber auch mit privaten Anbietern standhalten.

Nicht gewollt ist ein Verdrängungswettbewerb. Ein Wettbewerb unter gleichen Bedingungen kann für alle Beteiligten Anreiz zur Stärkung von Inhalt, Umfang und Qualität der Leistung sein. Voraussetzung ist allerdings die »Waffengleichheit«. Es muß sichergestellt werden, daß eine, auch versteckte Subventionierung kommunaler Einrichtungen künftig unterbleibt. Wird eine Gleichstellung nicht erreicht, bringt der zu erwartende Wettbewerb für die freigemeinnützigen Träger nicht unerhebliche Risiken mit sich. Freigemeinnützige Einrichtungen können auch beim prospektiven Entgeltsystem Wettbewerbsnachteile in der Finanzierung nicht ausgleichen.

Kontrollen

Der Gesetzgeber räumt dem Träger der Sozialhilfe ein Prüfungsrecht ein. Dieses ist beschränkt auf die Prüfung der Wirtschaftlichkeit und der Qualität der Leistungen. Unstrittig ist wohl, daß der Träger der Sozialhilfe die Möglichkeit haben muß zu prüfen, ob mit dem vereinbarten Entgelt auch tatsächlich eine bedarfsgerechte Leistung erbracht wird.

Offen ist die Frage nach Art und Umfang der Prüfung der Wirtschaftlichkeit im Einzelfall. Wirtschaftlich ist eine Leistung dann, wenn mit den gegebenen Mitteln der größtmögliche Erfolg oder mit dem geringsten Aufwand ein bestimmtes Ziel erreicht wird (Maximal- und Minimalprinzip). Die Effizienz der Leistungen steht auf dem Prüfstand. Die erforderlichen Unterlagen sind vom Träger der Einrichtung, der auch die notwendigen Auskünfte zu erteilen hat, vorzulegen. Die besonderen Umstände des Einzelfalles sind zu berücksichtigen. Durch Art und Umfang der Prüfung kann das vom Gesetzgeber gewollte Ziel, eine effiziente Leistung bei einem leistungsgerechten Entgelt sicherzustellen und gleichzeitig Anreize zum wirtschaftlichen Handeln zu geben, in Frage gestellt werden. Hierin liegt ein Risiko für den Einrichtungsträger.

Führt z. B. eine Prüfung zum Ergebnis, daß erzielte Gewinne im nächsten Vereinbarungszeitraum gänzlich abgeschöpft werden, ist dem Einrichtungsträger jeder Anreiz zu wirtschaftlichem Handeln genommen. Seiner Eigenverantwortung wird die Grundlage entzogen, dies wäre nicht im Sinne der gesetzlichen Neuregelung und auch nicht im Interesse des Trägers der Sozialhilfe. Es ist daher geboten, in den nach § 93 Abs. 2 BSHG abzuschließenden Prüfungsvereinbarungen Regelungen zu treffen, die sicherstellen, daß Art und Umfang der Prüfung auf die vom Gesetzgeber vorgegebenen Ziele und auf das im Einzelfall erforderliche Maß abgestellt werden.

Verfahrensregelung

Die Abwicklung des bisherigen Pflegesatzverfahrens ist zunehmend zeit- und arbeitsaufwendiger geworden. Es vergingen oft Monate, zuweilen auch Jahre, bis Pflegesatzvereinbarungen zustande kamen. Es steht zu erwarten, daß das Verfahren zur Vereinbarung von Entgelten schneller vonstatten gehen kann. Der Gesetzgeber hat dieser Erwartung Rechnung getragen, indem er für das Zustandekommen der Vereinbarung eine Frist von sechs Wochen festgelegt hat, nach deren Ablauf »die Schiedsstelle nach § 94 BSHG auf Antrag einer Partei unverzüglich über die Gegenstände, über die keine Einigung erreicht werden konnte, entscheidet«.

Hierin liegt für beide Seiten die Chance eines effizienten Verfahrens. Wie Schiedsstellen in bestimmten Sachfragen entscheiden, ist offen. Es ist zu befürchten, daß in gleicher Sache unterschiedliche Schiedsstellenentscheidungen getroffen werden. Der Verwaltungsrechtsweg kann langwierig sein. Das vom Gesetzgeber vorgeschlagene Verfahren birgt das Risiko in sich, daß schwierige Sachfragen unter Zeitdruck entschieden oder — bei Beschreiten des Rechtsweges — Entscheidungen auf die lange Bank geschoben werden. Das Risiko trifft beide Seiten. Die Praxis wird zeigen, ob es tragbar ist oder ob Änderungen im Verfahrensablauf angezeigt sind.

Zusammenfassung

Die gesetzliche Neuregelung räumt den freigemeinnützigen Einrichtungsträgern Chancen ein. Sie wahrzunehmen, liegt in der Hand der Einrichtungsträger, erfordert jedoch ein betriebswirtschaftliches Denken und Handeln, das ausgerichtet ist auf die Gewährung einer bedarfsgerechten Hilfe. Es kommt entscheidend auf die Leistung der Einrichtung an. Freigemeinnützige Träger haben sich bisher vorrangig mit Kostenproblemen beschäftigt. Sie werden sich künftig vorrangig mit den Fragen einer effizienten Leistungserbringung befassen müssen.

Den Chancen stehen Risiken gegenüber. Freigemeinnützige Träger müssen versuchen, die Risiken der gesetzlichen Neuregelung zu minimieren. Auch hier ist betriebswirtschaftliches Handeln geboten. Es liegt im Interesse der Träger der Sozialhilfe und der Einrichtungsträger, daß die Ziele der gesetzlichen Neuregelung umgesetzt werden. Die §§ 93 und 94 BSHG sind in Zusammenhang mit dem in § 10 BSHG und § 17 Abs. 3 SGB I normierten Gebot der Zusammenarbeit zwischen öffentlicher und freier Wohlfahrtspflege zu sehen. Chancen und Risiken dürfen nicht einseitig verteilt werden. Die Selbständigkeit der Einrichtungsträger in Zielsetzung und Durchführung der Arbeit darf nicht eingeschränkt werden. Im Mittelpunkt steht der Heimbewohner mit seinem Bedarf. Letztendlich liegt es im Interesse beider Seiten, darauf hinzuwirken, daß eine bedarfsgerechte Hilfe mit leistungsgerechten Entgelten bei sparsamer und wirtschaftlicher Betriebsführung erbracht werden kann.

Manfred Gutmann
Syndikus des Diakonischen Werkes

90332 Nürnberg

Vom bedarfsdeckenden zum prospektiven Pflegesatz

Maren Müller-Erichsen

Rückschau

In Hessen haben wir die Diskussion des Pflegesatzes bisher immer an einer 12er-Wohngruppe festgemacht. Allen Betreuerschlüsseln, wie 1:4,2 bzw. 1:3,94, wurde die 12er Wohngruppe zugrundegelegt. Man ist davon ausgegangen, daß — entsprechend dem Bereich Werkstatt für Behinderte — ein Gruppenleiter 12 behinderte Bewohner betreut.

Die Betreuungszeiten in den Wohnhäusern werden nach folgendem Beispiel berechnet:

				jährlich
I.	**Abzudeckende Stunden**	24 x 365		8.760,00 Std.
	davon abzuziehen:			
	Nachtzeit	9 x 365	./.	3.285,00 Std.
	225 Arbeitstage zu 8 Std.	8 x 225	./.	1.800,00 Std.
	Weg zur Arbeit und zurück an 225 Arbeitstagen je	2 x 1/2 Std.	./.	225,00 Std.
				3.450,00 Std.
	Nachtbereitschaft 2 Std. pro Nacht	2 x 365		730,00 Std.
	Summe:			4.180,00 Std.
II.	**Arbeitsleistung** einer Kraft pro Jahr	1.577 Std.		

III. **Gruppenschlüssel:** 4.180,00 : 1.577 Std. = 2,65 Mitarbeiter je 12er Gruppe

IV. **Personalschlüssel:** 12 : 2,65 = 1 : 4,5

In der oben aufgeführten Berechnung fehlen die Stunden für Teamgespräche, etwa 3 x 2 Std. je Woche = 312 Std. pro Jahr, Supervision mit 3 x 2 Std. x 20 Wochen = 120 Std. pro Jahr und etwa 180 Std. pro Jahr für Tagbetreuung bei Krankheit der Bewohner, d. h. es sind pro Jahr ca. 612 Stunden zusätzlich abzudecken.

In Hessen haben wir zur Zeit für eine 12er Gruppe einen Personalschlüssel in der Betreuung von 1:3,94 = drei Mitarbeiter als Grundausstattung. Das bedeutet, daß für 12 Bewohner ein Mitarbeiter im Dienst ist.

Genau wie in der WfB ist diese Personalbemessung im Wohnbereich nicht ausreichend, da sich der zu betreuende Personenkreis verändert hat. In den Wohnstätten leben heute behinderte Menschen, die weit mehr Hilfen benötigen als noch vor einigen Jahren, um überhaupt dort leben zu können.

Diese für bestimmte Bewohner notwendigen Hilfen haben wir in Hessen über die Position »Zusatzpersonal« bekommen. Mancher Bewohner hatte auf Grund einer derartigen Bewilligung einen persönlichen, »individuellen« Pflegesatz.

In manchen Einrichtungen wurde das notwendige Zusatzpersonal auf alle Bewohner umgelegt, d. h. es wurde Art und Weise sowie Aufwand der Betreuung in der Gruppe beschrieben, z. B. mit der Festsetzung, daß in jeder Schicht zwei Mitarbeiter anwesend sein müssen.

Zuzüglich zum eigentlichen Betreuungspersonal wurden in Hessen auf Basis einer 12er Gruppe

— 0,3 Stellenanteil für Leitung,
— 0,3 Stellenanteil für Verwaltung,
— 0,4 Stellenanteil für Hauswirtschaft,
— 0,25 Stellenanteil für die Hausmeisterfunktion und
— je 500 m² eine Reinigungskraft (für Gemeinschaftsräume und die Zimmer, die von den Bewohnern nicht selbst gereinigt werden können)

bewilligt.

In der Tabelle 1 (siehe Seite 371) sind die einzelnen Positionen eines (bisher zugrunde gelegten) Selbstkostenblattes aufgeführt, so daß auch die Anteile der Sachkosten ersichtlich sind.

In Zukunft wird kein Kostenträger in Hessen das Selbstkostenblatt mehr zur Festsetzung des Pflegesatzes heranziehen wollen. Es wird aber notwendig sein, daß jeder Einrichtungsträger diese einzelnen Positionen kennt, ihre Entwicklung — Steigerung und Absenkung — während des laufenden Haushaltsjahres begleitend beobachtet, um am Ende des Jahres nicht zu einem unvorhergesehenen Defizit zu kommen. Da der Anteil der Personalkosten sicher in fast allen — insbesondere kleinen Einrichtungen — bei 75—85 % liegt, wird es jetzt leider oft dazu kommen, daß Personal eingespart werden muß.

Die Träger der Wohneinrichtungen waren Ende der 80er, Anfang der 90er Jahre davon ausgegangen, daß sich der Personalschlüssel verbessern werde, einmal auf Grund des Personenkreises (Bewohner werden älter und auch schwerer behinderte Menschen fanden in den Wohnstätten einen Platz) und zum anderen, um die Qualität zu verbessern.

Der prospektive Pflegesatz

Nach den neuen Inhalten des § 93 Abs. 2 BSHG ist es jetzt unsere Aufgabe, die Qualität und die Standards zu beschreiben, die sich zukünftig mit Sicherheit hauptsächlich in der Personalbemessung niederschlagen.

Die *Leistungen,* die wir in den Wohnstätten anbieten, sind Leistungen zur Verselbständigung und Teilnahme am Leben in der Gemeinschaft, d. h. es handelt sich laut Dr. Gerhard Vigener, Vorsitzender der Bundesarbeitsgemeinschaft der überörtlichen Träger der Sozialhilfe, um Leistungen, für die *Eingliederungsentgelte* gezahlt werden müssen. Auf Grund der Schwere der Behinderung kann es hier ggf. zu einer Stufenbildung kommen, die sich in etwa an der Stufenbildung der Pflegeentgelte orientiert.

Auch schwer und schwerstbehinderte Menschen, die in Wohnhäusern leben, erhalten Eingliederungsentgelte. Sie »haben teil am Leben in der Gemeinschaft«, zumindest sind diese Angebote überwiegend.

Die Aufteilung in *Grundentgelte* (Hotelleistung) und *Pflegeentgelte* wird eher in der Altenhilfe Anwendung finden.

Unsere Aufgabe ist es jetzt, mit unserer Beschreibung der Qualität und des Standards nachzuweisen, daß es sich in den Wohnstätten um eine pädagogische Arbeit handelt, d. h. um Förderung zur Selbständigkeit.

Freizeitgestaltung und Begleitung dorthin gehören genauso zu den Aufgaben des Wohnbereichs wie das Gespräch und die notwendige persönliche Zuwendung an die einzelnen Bewohnerin, den einzelnen Bewohner.

Mit Hilfe verschiedener Methoden können wir die Zeiten messen, die ein Bewohner an Betreuung braucht, um angemessen leben zu können bzw. am »Leben in der Gemeinschaft« teilhaben zu können. Das beginnt mit den Hilfen und Anleitungen zur Körperpflege und bei der Nahrungsaufnahme und endet bei den Hilfen für die Psychohygiene. All diese Hilfen schlagen sich in den Personalkosten nieder.

Selbstkostenblatt 1992

			je Pflegetag DM	Anteil %
3	Pflegetage	4.238		
5	Abwesenheitstage	236		
	Abwesenheitstage %	100		
	Rechnerischer Ansatz für Bettengelder	236		
	Divisor	4.474		
4	Zahl der Normalbetten	12		
	Belegung	12,28		
6	Ausnutzungsgrad	102,15		
	Personalkosten			
	Leitung der Einrichtung	20.468,68	4,58	2,76
	Betreuung	458.725,30	102.53	61,91
	Verwaltung, Geschäftsführung	23.143,79	5,17	3,12
	Hauswirtschaft, Reinigung	72.323,13	16,17	9,76
	Hausmeister	14.543,78	3,25	1,96
	Honorare, Supervision, Konsiliararzt	3.007,27	0,67	0,41
	Berufsgenossenschaft	4.460,42	1,00	0,60
	Sonstiges	282,07	0,06	0,04
12	Personalkosten Gesamt	596.954,62	133,43	80,56
14	Nahrungsmittel	35.320,24	7,89	4,77
15	Gesundheitliche Betreuung	354,75	0,06	0,05
16	Allgemeine Betriebskosten	26.498,00	5,92	3,58
17	Instandhaltung	12.880,03	2,88	1,74
18	Ersatzanschaffung / GWG	1.380,41	0,31	0,19
19	Allg. Verwaltungskosten	20.081,54	4,49	2,71
20	Steuern, Abgaben, Versicherungen	5.436,51	1,22	0,73
21	Zinsen, Mieten, Pachten	35.000,39	7,82	4,72
22	Abschreibungen	12.180,00	2,72	1,64
23	Kulturelle Bedürfnisse	4.335,09	0,97	0,59
26	Sonstige Kosten	1.057,26	0,24	0,14
	Sachkosten Gesamt	154.524,22	34,54	20,85
29	Brutto-Gesamtkosten	751.478,84	167,97	101,41
	Erlösabzüge:			
35	Sachbezüge Personal	932,97	0,21	0,13
	Erlöse Fahrtkosten	8.750,70	1,96	1,18
39	Sonstige Erlösabzüge	635,28	0,14	0,09
42	Entschädigung Versicher.	159,47	0,04	0,02
45	Abzüge Gesamt	10.478,42	2,34	1,41
46	Selbstkosten	741.000,42	165,62	100,00

Sicher ist aber auch — das können wir nachlesen —, daß die Geldmittel, die jetzt zur Verfügung stehen, nicht ausreichend erhöht werden; sie wurden im Gegenteil durch die Spargesetze reduziert bzw. »gedeckelt«. Intelligente Lösungen für eine wirtschaftliche Betriebsführung sollen uns einfallen.

Das sollte uns alle beunruhigen und aktiv werden lassen, damit unsere Wohnhäuser nicht zu Bewahranstalten werden. Die Lebenshilfe hat in ihrem Grundsatzprogramm beschrieben, was es heißt, zu Hause zu sein (siehe auch Vorwort dieses Buches). Dafür müssen wir uns alle einsetzen, mit klaren Aussagen zu Qualität und Standards unserer Wohnangebote.

Maren Müller-Erichsen
Vorsitzende der Lebenshilfe Gießen und
Mitglied des Bundesvorstandes der Lebenshilfe
Grüninger Weg 26

35415 Pohlheim

Wohnformen aus Sicht des Sozialhilfeträgers und der Lebenshilfe

Dieser Beitrag dokumentiert die grundsätzlichen, in einigen entscheidenden Aspekten unterschiedlichen Positionen von Kostenträger und Lebenshilfe. Die nach wie vor gültige Stellungnahme der Lebenshilfe Nordrhein-Westfalen, der sich die Bundesvereinigung Lebenshilfe angeschlossen hat, bezieht sich auf die Anlage 2 der ersten Auflage der Empfehlung der BAG der überörtlichen Kostenträger von 1987 bzw. 1989, denn die zweite Auflage von 1993 ist ein unveränderter Nachdruck, nur an einer Stelle (Ziffer 7.1.2.1) wurde der Personalschlüssel von 1:4,5 auf 1:3,9 angehoben.

Wohnheim mit regelmäßigem Arbeits- und Betreuungsangebot an fünf Wochentagen in räumlich und organisatorisch getrennten Einrichtungen (Werkstattwohnheim)

*Bundesarbeitsgemeinschaft der überörtlichen Träger der Sozialhilfe**

Die folgenden Aussagen aktualisieren die »Empfehlungen zum Wohnheim für Behinderte« vom 24. 10. 1977 und nehmen Erfahrungen und neue Entwicklungen auf. Sie beschreiben schwerpunktmäßig das typische Wohnheimangebot für Geistig- und Mehrfachbehinderte als zahlenmäßig größte Gruppe der in teilstationären Einrichtungen — insbesondere in der Werkstatt für Behinderte — Beschäftigten.

1 Aufgabe

Das Wohnheim ist eine Einrichtung zur orts- und familiennahen Hilfe für Personen, die bislang bei teilstationärer Förderung zu Hause von ihren Angehörigen versorgt worden sind.

Im Einzugsbereich von Werkstätten für Behinderte und vergleichbaren teilstationären Einrichtungen ist das Wohnheim einschließlich Trainings- und Außenwohngruppen das stationäre Wohnangebot, sofern Wohnen in der Familie, in Wohngemeinschaften und Einzelwohnungen nicht möglich ist.

Aufgabe und Programm des Wohnheims ergeben sich aus den Wohn-, Betreuungs- und Freizeitbedürfnissen der Behinderten. Zum Programm gehören auch die Pflege und Entwicklung familiärer und anderer Außenkontakte und die Förderung von Beziehungen Außenstehender zu den Behinderten im Wohnheim.

Organisation und innere Gliederung des Wohnheimes orientieren sich an den Wohnformen der Nichtbehinderten. Wegen der Einzelheiten wird auf die Empfehlungen »Beschreibung der Wohnformen für Behinderte und sachliche Zuständigkeit« hingewiesen.

Das Wohnheim bietet Dauerwohnplätze; darüber hinaus soll es Plätze zum Wohntraining zur Befähigung zu einem möglichst selbständigen Wohnen in Außenwohngruppen, Wohngemeinschaften und selbständigen Wohnungen anbieten. Es sollte überdies die Möglichkeit für eine Kurzzeitunterbringung bieten.

Im Wohnheim soll der Behinderte in die Lage versetzt werden, ein möglichst selbständiges Leben zu führen. Der Behinderte soll soweit gefördert werden, daß er nach seinen individuellen Fähigkeiten und Kräften die Verrichtungen des täglichen Lebens im Wohnheim wahrnehmen kann. Hierzu gehört u.a.: Bettenmachen, Reinigung seines Wohnbereichs, Küchendienst sowie Gartenarbeit.

*) Dieser Text ist die Anlage 2 der Empfehlung »Wohnformen für Behinderte und sachliche Zuständigkeit nach dem Bundessozialhilfegesetz« der BAG üöT. Karlsruhe 1993.

H

Das Wohnheim hat eng mit den teilstationären Förderangeboten zu kooperieren. Die für den einzelnen Behinderten durchgeführten Maßnahmen sollten von beiden Einrichtungen abgestimmt werden. Vielfach wird das durch gemeinsame Trägerschaft von Werkstatt und Wohnheim gefördert.

2 *Personenkreis*

Das Wohnheim für Behinderte nimmt vor allem Geistig- und Mehrfachbehinderte im Berufsalter auf,

— die wegen ihrer Behinderung Hilfe in einer Anstalt, einem Heim oder gleichartigen Einrichtung bedürfen (§ 103 Abs. 4 BSHG)

— und in einer WfB, einer vergleichbaren teilstationären Einrichtung oder auf dem allgemeinen Arbeitsmarkt tätig sind

— und bei denen ärztliche Aufsicht und Behandlung oder ständige hochgradige Pflege nicht im Vordergrund stehen.

Unter diesen Voraussetzungen können auch körperlich oder seelisch Behinderte in das Wohnheim aufgenommen werden, wenn ihren besonderen Bedürfnissen Rechnung getragen werden kann.

Hilfe in einem Wohnheim kommt nur in Betracht, wenn der Behinderte trotz unterstützender ambulanter Hilfen weder in Gemeinschaft mit Angehörigen oder anderen Personen noch in anderen offenen Wohnformen leben kann. Aus einer Wohnheimbetreuung muß nicht ausscheiden, wer in einer WfB oder einer vergleichbaren teilstationären Einrichtung nicht mehr tätig sein kann, sofern das Wohnheim in der Lage ist, den Behinderten sachgerecht und ohne unvertretbaren Mehraufwand zu betreuen.

3 *Organisationsform*

Der Aufbau eines zentralen Heimbereichs als Kerneinheit hat sich bewährt. Die Kerneinheit des Wohnheimes muß den verschiedenartigen Aufgaben bei Aufnahme, Training und Dauerförderung von Bewohnern mit nach Art und Schwere unterschiedlichen Behinderungen gerecht werden und dabei Leistungsfähigkeit und Wirtschaftlichkeit verbinden. Diese Voraussetzungen sind bei einer Größenordnung von weniger als 24 Plätzen nicht erfüllt. Dies gilt erst recht, wenn in das Wohnheim Personen mit besonderen Betreuungsbedürfnissen aufgenommen werden. In der Regel wird die Kerneinheit in diesen Fällen größer sein müssen.

Das Wohnheim kann aus verschiedenen Gebäuden oder Gebäudekomplexen bestehen. Für die Kerneinheit muß jedoch eine unmittelbare räumliche Verbindung auf Grund eines abgestimmten Raumprogramms garantiert sein, um eine gruppenübergreifende Betreuung einzelner Bewohner entsprechend ihren besonderen Bedürfnislagen mit vertretbaren persönlichen und sächlichen Mitteln zu ermöglichen. Hinsichtlich der Anforderungen an die Organisation von Außenstellen wird auf Ziffer II 4.1 der Beschreibung der Wohnform für Behinderte und sachliche Zuständigkeit verwiesen.

Die Organisation des Wohnheimes bestimmt sich vor allem nach

3.1 den Bedürfnissen der Bewohner,

3.2 der Wirtschaftlichkeit und Leistungsfähigkeit der Einrichtung,

3.3 sowie der Tatsache, daß die Bewohner überwiegend außerhalb des Wohnheims beschäftigt sind und in dieser Zeit keiner Hilfe des Wohnheimes bedürfen.

Zu 3.1:

Die Bedürfnisse der Bewohner können sehr unterschiedlich sein. in Betracht kommen insbesondere

3.1.1 Möglichkeiten individueller Lebensgestaltung:

— Kommunikation nach Wahl,

— Privatleben,

— Bedürfnis nach Distanz zu Heimbewohnern und Betreuern,

— Differenzierung nach Alter und/oder Interessen.

H

3.1.2 Anerkennung und Geborgenheit in der Gemeinschaft;

3.1.3 Sicherung des persönlichen Hilfebedarfs:
- Deckung des persönlichen Pflegebedarfs,
- Betreuung und Pflege nach Ausscheiden aus der teilstationären Betreuung und bei anderweitig bedingtem Aufenthalt im Wohnheim während der Öffnungszeiten der teilstationären Einrichtung, z. B. wegen Krankheit, Urlaub u. a.

3.1.4 Möglichkeiten zur Differenzierung:
- Förderung durch unterschiedliche Fachkräfte,
- Aktivitätsangebote in der Freizeit.

3.1.5 Kontakte zu Nichtbehinderten:
- Kommunikation nach draußen,
- Wahrnehmung von Freizeitaktivitäten draußen,
- Einbeziehung Außenstehender.

Zu 3.2:

Kriterien zur Ermittlung der Leistungsfähigkeit und Wirtschaftlichkeit (zur Optimierung der am Funktionsablauf orientierten Raum- und Personalmittel) sind insbesondere:
- Wirtschaftliche Nutzung des Raumangebotes,
- wirtschaftliche Gestaltung des Personaleinsatzes,
- Betreuungskontinuität trotz Personalwechsels insbesondere in der Kerneinheit,
- sachgerechte Auslastung des Personals,
- Anordnung der einzelnen Räume zueinander (funktionales Raumprogramm),
- Gruppengröße.

4 Standort

Für die Standortwahl sind Integrationsfähigkeit und Infrastruktur des Umfelds sowie eine günstige Lage des Wohnheims zur WfB bestimmend. Eine unmittelbare Nachbarschaft von WfB und Wohnheim sowie eine Anhäufung von Institutionen gleicher oder ähnlicher Zielrichtungen im gleichen Wohngebiet ist möglichst zu vermeiden. Im einzelnen sind von Bedeutung:
- Bebauungssituation in der Nachbarschaft,
- Größe und vorgesehene Wohnformen des Heimes,
- Nutzung bestehender Baulichkeiten,
- Erreichbarkeit öffentlicher Einrichtungen und allgemeiner Freizeiteinrichtungen,
- Anbindung an den öffentlichen Nahverkehr,
- Entfernung zur WfB,
- Möglichkeit, die WfB selbständig zu erreichen,
- Kostenaufwand für einen evtl. erforderlichen Fahrdienst.

Wegen der Bedeutung der WfB für die Beschäftigung der Bewohner soll das Wohnheim im Nahbereich der WfB eingerichtet werden. Ein anderer Standort sollte nur gewählt werden, wenn dort mit der Errichtung einer Werkstatt/Zweigwerkstatt gerechnet werden kann.

5 Größe des Wohnheimes

5.1 Für die Bestimmung der Größe eines Wohnheimes (Kerneinheit, Außenwohngruppen usw.) sind zu berücksichtigen:

5.1.1 Aufgabenstellung

Bei der Festlegung der Größe des Wohnheimes für Behinderte sind die verschiedenen Aspekte, die sich aus der Aufgabe und Arbeit des Wohnheimes ergeben, weitgehend miteinander in Einklang zu bringen. Die einzelnen Zielwerte stellen an die Größenordnung eines Wohnheimes unterschiedliche Anforderungen. Das Ziel, einen für den Behinderten überschaubaren Lebensraum zu schaffen, seine Integration in die Umgebung möglichst intensiv zu erreichen, spricht für kleine Einheiten. Dagegen macht ein vielfältiges Betreuungs- und Freizeitangebot größere Einrichtungen erforderlich, weil erst in diesen in notwendigem Umfang fachlich differenziert werden kann.

5.1.2 Wirtschaftlichkeit

Die Wirtschaftlichkeit und Leistungsfähigkeit des Wohnheims stehen in engem Bezug zur Aufgabenstellung. Wenn im Wohnheim alle Behinderten im Sinne von oben Ziffer 2 aus dem Einzugsgebiet aufgenommen werden sollen und nicht nur ausgewählte Gruppierungen, ist eine bestimmte Größenordnung unverzichtbar.

So kann ein Tagesdienst mit vertretbarem wirtschaftlichem Aufwand nur eingerichtet werden, wenn die Zahl der tagsüber zu Betreuenden in etwa die Größe einer Gruppe erreicht. Ebenso können die bei einer Differenzierung vorzuhaltenden Sach- und Personalausstattungen nur wirtschaftlich genutzt werden, wenn sie jeweils für eine größere Zahl zu Betreuender benötigt werden.

Bei einem leistungsfähigen Wohnheim, das auch besonders betreuungsbedürftige Behinderte aufnimmt oder in dem aus der teilstationären Förderung Ausgeschiedene weiterhin betreut werden sollen, wird die notwendige Wirtschaftlichkeit bei weniger als 36 Plätzen (ohne Kurzzeitunterbringung) nicht erreicht werden können.

5.2 Differenzierung der Wohnformen

In dem Wohnheim sollte ein Verhältnis von etwa 2:1 zwischen Plätzen in der Kerneinheit und Plätzen in der Außenwohngruppe angestrebt werden. Hierbei ist jedoch zu berücksichtigen, daß in bestimmtem Umfang WfB-Beschäftigte in offenen Wohnformen mit ambulanten Betreuungsangeboten leben können. Für Kurzzeitmaßnahmen sollen Möglichkeiten vorgesehen sein.

5.3 Bedarf und Größe

Der Bedarf an Wohnheimplätzen ist in den einzelnen Regionen unterschiedlich. für jedes Einzugsgebiet einer WfB ist jedoch zur Sicherung der Orts- und Familiennähe mindestens ein Wohnheim erforderlich. Größe und Differenzierung des Wohnheims hängen vom Bedarf eines Einzugsgebietes ab.

5.4 Außenwohngruppe des Wohnheims (vergl. Ziffer II a 4.1 der Empfehlung)

Um den Anforderungen der Leistungsfähigkeit und Wirtschaftlichkeit zu genügen, ist für die Außenwohngruppe eine Mindestgröße unverzichtbar. Für die Betreuung der teilverselbständigten Bewohner ist in der Regel ein geringerer Personaleinsatz notwendig. Das bedeutet, daß die heimnotwendige Personalpräsenz sich auf eine größere Zahl von Betreuten erstrecken kann. Heimtypische Hilfe in besonderen Lebenslagen kann deshalb in Außenwohngruppen wirtschaftlich nur erreicht werden, wenn mindestens sechs Bewohner in einer Wohneinheit betreut werden können oder in kleineren Wohneinheiten, die auf Grund ihrer Lage zueinander keinen erhöhten Personalbedarf auslösen.

6 Raumprogramm

Die landeseigenen Raumprogramm-Richtlinien und Finanzierungsvoraussetzungen sind zu beachten.

6.1 Das Raumprogramm der Kerneinheit ist so zu gestalten, daß die Heimbewohner in Wohngruppen zusammenleben. Dabei wird ein Teil der Raumeinheit gemeinsam genutzt. In den Wohngruppen sind überwiegend Einzelzimmer, daneben auch Zweibettzimmer vorzusehen.

a) Räume der Gruppe

Erfahrungen in der Betreuung von Werkstattbeschäftigten haben gezeigt, daß Naßzellen sowie Waschbecken nur von Heimbewohnern mit entsprechendem Verselbständigungsgrad sinnvoll alleine genutzt werden können. Da dieser Personenkreis zunehmend außerhalb der Kerneinheit lebt, kommt nur für einen Teil der Wohnräume der Einbau von Waschbecken oder Naßzellen in Betracht. Deshalb sind geeignete Sanitäranlagen vorzusehen, die auch ein Gemeinschaftsbad umfassen. Anlage und Ausstattung dieser Sanitärräume müssen sowohl den Intimitätsschutz der Bewohner gewährleisten, als auch ergänzende Hilfen durch das Betreuungspersonal zulassen.

H

Im einzelnen ist die Abstimmung mit der Heimaufsicht erforderlich.

Ein Hausarbeitsraum und Besucher-WC in der Gruppe werden nicht für notwendig erachtet.

b) Allgemeine Räume

Je nach den Erfordernissen können vor allem vorgesehen werden:

- Küche bei Eigenverpflegung,
- ein Heimleiterzimmer (auch als Verwaltungsraum zu nutzen),
- ein Bereitschaftszimmer oder Arztraum,
- ein Gemeinschaftsraum (Mehrzweck- und Versammlungsraum mit Teeküche),
- Freizeit- und Hobbyräume (nach Möglichkeit im Keller — ein Therapieraum wird daneben nicht für erforderlich gehalten),
- ein Einzelzimmer zur vorübergehenden Nutzung (z. B. bei Krankheit),
- Abstell- und Vorratsflächen,
- WC-Anlagen für Gemeinschaftsbereich und Besucher.

Gemeinschafts- und Freizeiträume müssen für Rollstuhlfahrer benutzbar sein.

Die Gemeinschafts- und Freizeiträume sollen so gestaltet sein, daß sie von Bewohnern von Außengruppen oder freieren Wohnformen sowie von Nichtbehinderten gemeinsam mit den Bewohnern genutzt werden können.

c) Freiflächen

Angemessen große Außenflächen für Freizeitbeschäftigung und Erholung müssen in der Nähe vorhanden sein.

6.2 Das übrige Raumprogramm, insbesondere für Außenwohngruppe und Trainingswohnung, soll dem höheren Verselbständigungsgrad der Bewohner entsprechen und sich an den im Wohngeldgesetz bzw. sozialen Wohnungsbau enthaltenen Maßstäben orientieren.

7 Personal

7.1 Personalbedarf

7.1.1 Grundsätze

Der Personalbedarf richtet sich nach den Bedürfnissen der Heimbewohner unter Beachtung der wirtschaftlichen Mindestgröße und Differenzierung des Wohnheims. Er ist für die Kerneinheit und die Außenwohngruppen nach Art und Maß unterschiedlich. Werden in der Kerneinheit auch Personen mit besonderen Zuwendungsbedürfnissen betreut, ist der hierdurch ausgelöste besondere Bedarf zu berücksichtigen. Dies gilt auch für die Betreuung von Personengruppen, die während der Betriebszeit der teilstationären Betreuungseinrichtung im Wohnheim verbleiben.

Allgemeine Empfehlungen des Leistungsträgers orientieren sich an der durchschnittlichen Zuwendungsbedürftigkeit der Bewohner. Bezugsgröße für den Personalbedarf ist deshalb die Zahl der Bewohner.

Die nachstehenden Aussagen zum Personalbedarf beziehen sich nicht auf eine bestimmte tatsächliche Gruppengröße oder individuelle Gesamtgestaltung eines Wohnheims. In diesem Rahmen bleibt die Freiheit des Trägers in Zielsetzung und Durchführung uneingeschränkt. Diesem soll die Personaldisposition im konkreten Einzelfall obliegen.

7.1.2 Personalanhaltszahlen für das Werkstattwohnheim

7.1.2.1 Leitung und Betreuung

Für das Wohnheim ist ein Schlüssel von 1:3,9 für Leitung und Betreuung einschließlich Pflege und Nachtdienst regelmäßig angemessen, um ein differenziertes Wohnangebot zu gewährleisten.

Für den Wohnheimteil Außenwohngruppe ist dabei von einem Schlüssel von 1:6 auszugehen.

Im einzelnen bestimmen Art und Umfang der besonderen Zuwendungsbedürfnisse sowie die Zahl besonders zuwendungsbedürftiger Bewohner den für die konkrete Kerneinheit anzunehmenden Personalbedarf. Wenn ein differenziertes Wohnangebot nicht vorhanden ist, muß davon ausgegangen werden, daß die sonst differenziert Versorgten einheitlich in dem Gesamtwohnheim versorgt werden.

7.1.2.2 Verwaltung

Für die Verwaltung wird eine Personalanhaltszahl von 1:50 zugrunde gelegt. Bei Einrichtungen mit Zentralverwaltung sind die Kosten hierfür auf den Stellenschlüssel anzurechnen.

7.1.2.3 Hauswirtschaftsbereich

Für Wirtschafts-, Haus- und Küchenpersonal einschließlich Hausmeisterfunktion wird eine Anhaltszahl von 1:15 zugrunde gelegt. Werden Wirtschaftsdienste an Dritte vergeben oder zentral vorgehalten, werden die entstehenden Kosten auf die Personalanhaltszahl angerechnet.

7.1.2.4 Hilfsdienste

Für Zivildienstleistende, Vorpraktikanten oder Mitarbeiterinnen im freiwilligen sozialen Jahr kann eine Anhaltszahl von 1:15 ohne Anrechnung auf den Stellenplan zugrunde gelegt werden.

7.1.2.5 Medizinische Dienste

Da die medizinische Versorgung im Rahmen der Krankenversicherung abgedeckt ist, kann für Beratung durch Ärzte und/oder Psychologen nur in begründeten Ausnahmefällen Honorar übernommen werden.

7.2 Qualifikation und Eingruppierung des Personals

7.2.1 Leitung des Wohnheims

Je nach Größe der Einrichtung vorzugsweise Sozialpädagoge/Sozialarbeiter und vergleichbare Ausbildung. Bei Wohnheimen unter drei Wohngruppen auch Erzieher mit Zusatzausbildung oder Heilerziehungspfleger.

Eingruppierung: Laut Tarifvertrag je nach Aufgabe und Größe der Einrichtung, Ausbildung und beruflichem Werdegang Vergütungsgruppe VI b bis IV a.

7.2.2 Betreuungsdienst

Heilerziehungspfleger und vergleichbare Berufe, Krankenschwestern, Krankenpfleger, auch geeignete ungelernte Kräfte mit besonderem sozialen Engagement.

Eingruppierung: Nach Tarifvertrag VIII bis V c; bei der Eingruppierung ist darauf zu achten, daß es sich bei der Tätigkeit im Gruppendienst nicht um Tätigkeiten in heilpädagogischen Gruppen im Erziehungsdienst und auch nicht um Tätigkeiten von Angestellten in der Funktion von Sozialarbeitern im Sozialdienst handelt. Die Tätigkeit in der Gruppe wird vielmehr gekennzeichnet durch eine Mischung von Pflegerischem und Rehabilitativem.

7.2.3 Verwaltung

Bürogehilfe oder vergleichbare Ausbildung. Eingruppierung: Vergütungsgruppe VII bis VI b.

7.2.4 Wirtschaftsdienst

Bei den übrigen Mitarbeitern im Wirtschaftsdienst sind die tariflichen Bestimmungen des MIG zu beachten einschließlich der Bestimmungen zum Bewährungsaufstieg.

Stellungnahme zur Aktualisierung und Ergänzung der Empfehlung »Wohnformen für Behinderte« der BAG üöT

Landesverband Nordrhein-Westfalen der Lebenshilfe für geistig Behinderte e.V.

Sind die Aussagen auch in einzelnen Punkten als Fortschritt zu werten, so ist die Anlage 2 doch überwiegend sehr kritisch zu betrachten.

Ein eindeutiger Fortschritt gegenüber der Empfehlung von 1977 ist die Hervorhebung der Orts- und Familiennähe des Wohnheims. Dieser gemeinwesenintegrierte Ansatz wird von der Lebenshilfe ebenso begrüßt wie die Beschreibung des Wohnheims als Einrichtung, die neben Dauerwohnplätzen auch Plätze zum Wohntraining, zur Vorbereitung auf die Außenwohngruppe und auf andere selbständige Wohnformen sowie Möglichkeiten der Kurzzeitunterbringung anbietet.

Ebenfalls positiv zu werten ist der Vorrang der ambulanten Hilfen vor einer teilstationären oder stationären Aufnahme. Allerdings läßt die Formulierung vermuten, daß das Ausschöpfen ambulanter Hilfen bis zum äußersten gemeint ist. (»Hilfe in einem Wohnheim kommt nur in Betracht, wenn der Behinderte trotz unterstützender ambulanter Hilfen weder in Gemeinschaft mit Angehörigen oder anderen Personen noch in anderen offenen Wohnformen leben kann.« S. 304)

Der Vorrang ambulanter Hilfen darf nicht dazu führen, daß eine Familie bis an das Ende ihrer Belastungsgrenze geführt wird, um den Verbleib des behinderten Angehörigen zu ermöglichen. Außerdem läuft das dem von der Lebenshilfe geforderten Normalisierungsprinzip zuwider: Auch der geistig behinderte Mensch hat als Erwachsener das Recht, sich von seiner Familie zu lösen und aus dem Elternhaus auszuziehen, wenn er das wünscht — und nicht erst dann, wenn es unumgänglich geworden ist.

Bei den Ausführungen zur »Differenzierung der Wohnformen« ist der hohe Stellenwert der Außenwohngruppe hervorzuheben (5.2). Der Landesverband lehnt aber eine zahlenmäßige Festschreibung des Verhältnisses von Plätzen in der Kerneinheit und Plätzen in der Außenwohngruppe ab. Differenzierte Wohnformen können nur ein Angebot sein, das entsprechend der Bedürfnisse und Fähigkeiten der Bewohner/-innen wahrgenommen wird und nicht aufgrund einer festgesetzten Größenordnung. Der Landesverband fordert, daß endlich eine einheitliche finanzielle Regelung für Außenwohngruppen in Nordrhein-Westfalen gefunden und daß der notwendige Verwaltungskostenaufwand erstattet wird.

Die Ausführungen des Fachausschusses sind im höchsten Maße kritikwürdig bei der fast ausschließlichen Zuordnung der Wohneinrichtung zur WfB. Ihren deutlichsten Ausdruck findet diese in der Formulierung »Werkstattwohnheim« (Überschrift und 7.1.2). Die Koppelung eines Wohnheimplatzes mit einer Beschäftigung in der WfB, wie sie hier noch vorausgesetzt wird — und noch bei der Beschreibung des Personenkreises aufgeführt wird —, gibt es seit der Änderung der Ausgleichsabgabeverordnung nicht mehr.

Der Landesverband kritisiert auch, daß für eine Aufnahme nur Personen in Frage kommen sollen, »bei denen ärztliche Aufsicht und Behandlung oder ständige hochgradige Pflege nicht im Vordergrund stehen« (S. 304). Diese Formulierung ist zu eng gefaßt. Auch Menschen, die ärztlicher Aufsicht und Behandlung oder ständiger Pflege bedürfen, müssen in einer Wohnstätte Aufnahme und ein Zuhause finden und dürfen nicht in einer reinen Pflegeeinrichtung ohne Wohncharakter untergebracht werden. Eine Aufnahme sollte nur dann ausgeschlossen sein, wenn die Notwendigkeit der dauernden klinischen Überwachung gegeben ist oder eine hochgradige Selbst- und/oder Fremdgefährdung vorliegt.

Der Verbleib des Bewohners bzw. der Bewohnerin in der Wohnstätte nach Eintritt in den Ruhestand wird unter der Voraussetzung zugesagt, daß »das Wohnheim in der Lage ist, den Behinderten sachgerecht und ohne unvertretbaren Mehrauf-

H

wand zu betreuen.« (S. 304) Hier werden primär wirtschaftliche Faktoren zugrunde gelegt und der behinderte Mensch auf einen Wirtschaftsfaktor reduziert. Es kann nicht nur darum gehen, den behinderten Menschen »sachgerecht« zu betreuen, sondern ihm muß ein menschenwürdiges Leben ermöglicht werden. Welche Maßnahmen gelten dabei noch als vertretbarer Mehraufwand, welche Maßnahmen sind nicht vertretbar? Diese Formulierungen bedürfen der näheren Präzisierung.

Auch bei den Aussagen des Fachausschusses zur Größenordnung der Wohnheime dominieren wirtschaftliche Gesichtspunkte. Die Festschreibung der Mindestgröße von Wohnstätten auf 24 Plätze wird vom Landesverband abgelehnt. Unter dem Punkt »Organisationsform« ist ausgeführt, daß die Organisation des Wohnheimes sich auch vor allem nach den Bedürfnissen der Bewohner/-innen bestimmt. Wenn diese im Wohnheim in familienähnlichen Strukturen ein Zuhause finden sollen, müssen flexiblere, kleine und differenzierte Wohnangebote möglich sein.

In einer Wohnstätte mit besonders betreuungsbedürftigen Menschen geht der Fachausschuß sogar von mindestens 36 Plätzen aus, damit die »notwendige Wirtschaftlichkeit« gewährleistet ist. Die Frage der Tagesbetreuung kann jedoch nicht nur davon abhängig gemacht werden, ob der wirtschaftliche Aufwand vertretbar ist. Auch für nur eine/-n oder zwei Bewohner/-innen, die aus dem Arbeitsleben ausgeschieden und nun tagsüber in der Wohnstätte sind, müssen Formen der Tagesbetreuung gefunden werden.

Wurden in der »Empfehlung zum Wohnheim für Behinderte« von 1977 noch überwiegend Mehrbettzimmer und Einzelzimmer lediglich zu einem Anteil von 30 % vorgesehen, so lautet jetzt die Aussage des Fachausschusses zum Raumprogramm: »In den Wohngruppen sind überwiegend Einzelzimmer, daneben auch Zweibettzimmer vorzusehen« (S. 306). Wird hier auch gegenüber der Empfehlung von 1977 ein deutlicher Fortschritt erkennbar, so ist dieser noch nicht ausreichend. Einzelzimmer sind als Regelausstattung und Doppelzimmer als Ausnahme vorzusehen. Die Raumprogramme müssen entsprechend geändert werden.

Völlig unannehmbar ist, daß Waschbecken oder Naßzellen nur für einen Teil der Wohnräume in Betracht kommen, da diese nur von relativ selbständigen Heimbewohnern und -bewohnerinnen, die aber zunehmend außerhalb der Kerneinheit leben, sinnvoll alleine genutzt werden könnten (S. 306). Naßzelle oder ein Waschbecken gehören auch auf das Zimmer der Bewohner/-innen, die sich nicht allein waschen können. Das Recht des einzelnen auf seine Intimsphäre kann ein Gemeinschaftsbad nicht garantieren.

Der Landesverband erachtet im Gegensatz zum Fachausschuß einen Hausarbeitsraum in der Gruppe für notwendig. Neben einem zusätzlichen Verwaltungsraum zum Heimleiterzimmer ist ein Therapieraum unabdingbar. Es ist nicht einzusehen, wieso Freizeit- und Hobbyräume »nach Möglichkeit im Keller« unterzubringen sind. Freizeitaktivitäten sollten gerade nicht in dunklen, abgelegenen Räumen stattfinden, sondern in freundlicher, dem Wohnbereich angegliederter oder integrierter Umgebung.

In seinen Aussagen zum Hauswirtschaftsbereich war der Fachausschuß bisher von einem Personalschlüssel 1:12 bis 1:15 ausgegangen. In der vorliegenden Anlage wird dieser »Spielraum« nicht mehr gewährt, sondern eine Anhaltszahl von 1:15 zugrunde gelegt.

Zur Qualifikation des Personals stellt der Fachausschuß fest, daß »auch geeignete ungelernte Kräfte mit besonderem sozialen Engagement« für den Betreuungsdienst geeignet seien. Dieser Meinung kann sich der Landesverband nicht anschließen. An die Mitarbeiter/-innen der Wohnstätte werden vielfältige Anforderungen gestellt. Die Betreuung und Pflege schwerstbehinderter und pflegebedürftiger Menschen, die Begleitung alter Menschen beim Sterben bringen nicht nur psychische und physische Belastungen mit sich, sondern verlangen auch eine qualifizierte Ausbildung mit entsprechenden Fachkenntnissen.

H

Wohnen alter behinderter Menschen aus Sicht des Sozialhilfeträgers und der Lebenshilfe

Auch dieser Beitrag dokumentiert die grundsätzlichen, in einigen entscheidenden Aspekten unterschiedlichen Positionen von Kostenträger und Lebenshilfe zum Thema. Zum Verständnis der Texte und ihrer zeitlichen Abfolge einige Erklärungen:

Die Bundesvereinigung Lebenshilfe hat mit ihrer hier abgedruckten Stellungnahme und ihrem Brief bereits auf ein Arbeitsgruppenpapier, d. h. eine Vorform der hier dokumentierten Empfehlung reagiert. Diese endgültige Fassung der BAG üöT wurde gegenüber der Vorlage nur geringfügig verändert. Vor diesem Hintergrund sieht die Bundesvereinigung Lebenshilfe keine Veranlassung, von ihrer ursprünglichen kritischen Stellungnahme abzuweichen bzw. diese um weitere Hinweise zu ergänzen.

Lebenslanges Wohnen Behinderter in betreuten Wohnformen

*Bundesarbeitsgemeinschaft der überörtlichen Träger der Sozialhilfe**

Allgemeine Problemsituation

In den letzten Jahren sind die Wohnstätten für Behinderte, insbesondere für solche, die die Werkstatt für Behinderte besuchen, systematisch ausgebaut worden.

Nachdem zunächst die Vorstellung bestand, das Wohnen in den den Werkstätten für Behinderte (WfB) zugeordneten Wohnanlagen auf Personen zu begrenzen, die in der WfB oder auf dem allgemeinen Arbeitsmarkt tätig sind, besteht heute sozialpolitisch Übereinstimmung darüber, daß die Behinderten, die aus der WfB ausscheiden, nicht auch aus ihrer bisherigen Wohnsituation herausgelöst werden sollen. Sie sollen ihr gewohntes Wohnfeld nach Möglichkeit behalten.

Die Zahl derjenigen Behinderten, die aus der WfB ausscheiden, ist z. Z. noch gering.

Es stellt sich aber schon für diese die Frage, ob und ggf. welcher zusätzlichen Hilfen sie bedürfen, wenn ihr Leben während des Tages nicht mehr durch die Tätigkeit in der WfB geprägt wird.

Dabei sind neben den in einem Wohnheim bzw. Wohnheimverbund lebenden Behinderten auch diejenigen einzubeziehen, die selbständig, u. U. mit ambulanter Betreuung oder im Familienverbund leben.

Hilfebedarf

Aus der WfB scheiden einmal Behinderte aus, die die an sie in der WfB gestellten Forderungen wegen Verschlimmerung ihrer Leiden (verstärkter Auswirkung der Behinderungssymptome) nicht mehr erfüllen können. Hierzu gehören insbesondere solche mit Voralterungssymptomen, denen auch mit ergänzenden Hilfen in der WfB nicht ausreichend entgegengewirkt werden kann. Für sie ist es erforderlich, eine Tagesstrukturierung, die bisher in der WfB erfolgte, in anderer Weise sicherzustellen. Dabei geht es einmal darum, sie bei der Bewältigung ihrer täglichen Lebensbedürfnisse im gesamten Tagesablauf zu unterstützen, darüber hinaus aber auch zusätzliche aktivierende Impulse zu übermitteln.

Daneben kommen Behinderte in Betracht, die wegen Erreichung eines entsprechenden Alters aus dem Berufsleben, das die WfB für sie darstellt, ausscheiden. Auch diese bedürfen Unterstützung bei der Bewältigung des täglichen Lebens und besonderer Anregungen und Hilfen für eine sinnvolle Gestaltung der neugewonnenen Freizeit.

*) Beschluß der Mitgliederversammlung der BAG üöT am 22. 10. 1993 in Meiningen.

Für beide Gruppierungen ist ein gezieltes Programm zu gestalten, das in einem Plan für die Gestaltung der Tagesstruktur Ausdruck finden sollte. Bei dem Angebot sollte der Behinderte seiner Bedürfnislage entsprechend an Einteilung und Gestaltung der Tageszeit und insbesondere der Freizeit beteiligt werden, um darin seinen Lebensrhythmus zu finden. Dabei sollte die Festlegung von bestimmten Zeiten für Veranstaltungen, die der einzelne in seinen Tagesablauf einplanen kann, ebenso vorgesehen sein wie auch regelmäßige Kontakte nach außen und Teilnahme an Veranstaltungen außerhalb des Wohnheimbereichs.

Rechtliche Einordnung der notwendigen Maßnahmen

Rechtliche Zuordnung der Hilfen für vorzeitig aus der WfB Ausgeschiedene

Die Maßnahmen, die zur Unterstützung der Alltagsbewältigung erforderlich sind, sind in der Regel sozialhilferechtlich dem Bereich der Hilfe zur Pflege zuzuordnen. Bei den darüber hinausgehenden Fördermaßnahmen könnte es sich um Eingliederungshilfe oder um aktivierende Maßnahmen im Bereich der Hilfe zur Pflege handeln. Im Rahmen der Eingliederungshilfe können sie nicht unter die Maßnahmen nach § 40 Abs. 2 Bundessozialhilfegesetz (BSHG) fallen. Es geht bei diesen Maßnahmen nicht um solche zur Ausübung einer der Behinderung entsprechenden Beschäftigung. Das wird daraus deutlich, daß sie ja gerade aus einem solchen Beschäftigungsverhältnis, nämlich der WfB, ausscheiden mußten. Es handelt sich auch nicht um im einzelnen in § 40 Abs. 1 unter Ziffer 1 bis 8 BSHG aufgeführte Maßnahmen. Es handelt sich dabei auch nicht um eine Hilfe zur Teilnahme am Leben in der Gemeinschaft. Was hierunter in der Zielsetzung zu verstehen ist, ist in der Eingliederungshilfe-VO im einzelnen umschrieben. Die hier erforderlichen Maßnahmen sind den in § 19 Eingliederungshilfe-VO beispielhaft aufgezählten nicht verwandt, weil sie schwergewichtig nicht erforderlich sind, um den Behinderten Außenkontakte, vor allem mit Nichtbehinderten, zu ermöglichen.

Da § 40 Abs. 1 BSHG jedoch keine abschließende Aufzählung enthält, könnte es sich bei diesen Hilfen um eine nicht im einzelnen aufgezählte Eingliederungshilfeleistung handeln. In der Regel werden diese Maßnahmen aber dem Bereich der Hilfe zur Pflege, die der notwendigen Aktivierung der Behinderten dienen, zuzuordnen sein. Das gilt insbesondere dann, wenn sie in eine Gesamthilfe eingebettet sind, die schwergewichtig der Hilfe zur Pflege zuzuordnen ist, wie das bei der Hilfe im Wohnheim für nicht mehr in die WfB oder das Arbeitsleben gehende Behinderte zutrifft. Sie ordnen sich dann als Unterbestandteil in die Gesamthilfemaßnahme ein.

Für wegen Erreichen eines bestimmten Alters aus der WfB Ausgeschiedene

Behinderte, die ein Alter erreicht haben, in dem üblicherweise das Berufsleben endet — z. Z. etwa zwischen dem 60. und 65. Lebensjahr — haben die Berechtigung, die Tätigkeit in der WfB einzustellen. Für sie ist das Ziel der Eingliederungshilfemaßnahmen nach § 40 Abs. 2 BSHG gemäß § 39 Abs. 3 BSHG abgeschlossen. Bei ihnen sind Maßnahmen zur Tagesstrukturierung notwendig, und es sind ihnen wie den oben genannten Hilfen anzubieten.

Im einzelnen kann aber auch die Frage auftreten, ob ein Behinderter trotz Erreichen des 65. Lebensjahres weiter einen Anspruch gegen den Sozialhilfeträger auf Gewährung von Hilfe in einer WfB hat. Paragraph 40 Abs. 2 BSHG setzt voraus, daß es um Behinderte geht, bei denen wegen Art und Schwere ihrer Behinderung arbeits- und berufsfördernde Maßnahmen nach Abs. 1 mit dem Ziel der Eingliederung auf dem allgemeinen Arbeitsmarkt nicht in Betracht kommen. Bei Behinderten, die das 65. Lebensjahr vollendet haben, kommen aber allein wegen des Alters Eingliederungsmaßnahmen zur Förderung der Unterbringung auf dem allgemeinen Arbeitsmarkt nicht mehr in Betracht. Es fehlt bei ihnen also schon eine in § 40 Abs. 2 BSHG genannte Voraussetzung.

Darüber hinaus verweist § 40 Abs. 3 BSHG hinsichtlich der WfB ausdrücklich auf das

Schwerbehindertengesetz (SchwbG). Nach § 54 SchwbG ist die WfB eine Einrichtung zur Eingliederung in das Arbeitsleben. Die Tätigkeit in der WfB ist deshalb nur zu übernehmen, solange eine Eingliederung in das Arbeitsleben verfolgt wird. Da nach allgemeiner Auffassung die Berufsphase — soweit aus krankheitsbedingten Folgen nicht Sonderregelungen greifen — in einem Zeitraum endet, der etwa zwischen dem 62. und 65. Lebensjahr liegt, sind Maßnahmen der beruflichen Rehabilitation für über 65jährige in aller Regel nicht mehr notwendig und eine Kostenübernahme für derartige Maßnahmen kann mithin im Rahmen der Eingliederungshilfe nicht mehr erfolgen.

Hat ein Behinderter das 65. Lebensjahr vollendet und den Wunsch nach Weiterbeschäftigung in einer WfB, ist zu prüfen, welche Förderungsbedürfnisse er hat und wie diese sichergestellt werden können. Dabei kann der Sozialhilfeträger zu dem Ergebnis kommen, daß die notwendigen tagesstrukturierenden Maßnahmen, die im Rahmen des § 68 Abs. 2 BSHG erforderlich wären, in diesem Fall möglicherweise besser durch Verbleiben in der WfB erfüllt werden können. Wenn das gegenüber anderen tagesstrukturierenden Maßnahmen zu bejahen ist, kann eine Verlängerung der Tätigkeit in der WfB in Betracht kommen. Im übrigen wird aber auch zu prüfen sein, ob ein solcher Wunsch gemäß § 3 Abs. 2 BSHG erfüllt werden kann.

Planungsdaten zur Zahl der Betroffenen

Die Zahl der Behinderten, die aus der WfB ausscheiden und eine ergänzende tagesstrukturierende Betreuung benötigen, läßt sich ermitteln aus

a) der Altersstruktur der Werkstattbesucher,

b) dem Alter, in dem die Behinderten im Durchschnitt die WfB verlassen.

Zu a): Eine neuere bundesweite Erhebung über die Altersstruktur der Behinderten in der WfB liegt nicht vor. Nach der Erhebung für das Jahr 1987 waren 7,7 % der WfB-Beschäftigten über 50 Jahre alt. Nach der bayerischen Erhebung 1988 waren in Bayern 7,8 % der Behinderten über 50 Jahre alt. Im Landschaftsverband Rheinland betrug diese Zahl am 30. 9. 1990 7,36 %. Nach der Erhebung im Landeswohlfahrtsverband Baden waren dort am 31. 12. 1991 8,2 % der Behinderten über 50 Jahre alt.

Nach diesen von der Struktur her ähnlichen Zahlen kann man davon ausgehen, daß z. Z. etwa 8 % der WfB-Beschäftigten über 50 Jahre alt sind.

Zu b): Über die Frage, in welchem Durchschnittsalter die WfB-Beschäftigten aus der WfB ausscheiden, liegen gesicherte Erkenntnisse nicht vor. Zu berücksichtigen ist, daß einerseits in der WfB Behinderte bis zur Vollendung des 65. Lebensjahres und im Einzelfall eventuell auch darüber hinaus tätig sind und andererseits ein Teil der Behinderten wegen Voralterung auch schon mit Beginn ihres 5. Lebensjahrzehntes aus der Werkstatt ausscheiden. Danach kann man realistisch davon ausgehen, daß das durchschnittliche Ausgangsalter bei der WfB 58 Jahre beträgt. Das bedeutet, daß — nach Durchschnittsgrößen — spätestens in acht Jahren eine Anzahl in der Größenordnung der heute über 50jährigen die WfB verlassen wird. Das wären etwa 8 % der heute in der WfB Beschäftigten.

Da der Anteil von 8 % bei einer Werkstatt mit 120 Plätzen zehn Betroffene und bei einer Werkstatt mit 200 Plätzen 16 Betroffene umfaßt, kann man für die Zukunftsplanung davon ausgehen, daß in einem Zeitraum von acht bis zehn Jahren in allen Werkstätten eine Größenordnung erreicht wird, die die Größenordnung von mindestens einer Wohngruppe erreicht.

Nach den vorliegenden Erhebungen ist die überwiegende Zahl der über 60jährigen Werkstattbesucher im Wohnheim untergebracht. Es muß damit gerechnet werden, daß dieser Anteil, der z. Z. im Rheinland rund 75 % beträgt, in den nächsten Jahren zunehmen wird, weil Behinderte, die z. Z. außerhalb der Werkstatt leben, aber wegen fortschreitender Auswirkung ihrer Behinderung vor der Frage stehen, aus der Werkstatt auszuscheiden, wegen der mit der zunehmenden Auswirkung der Behinderung auch im selbständigen Wohnen oder bei den Familien, bei denen sie z.Z. leben, auf größere Probleme stoßen und von daher die Hilfe des Wohnheims in Anspruch nehmen werden. Nach alledem ist es erforderlich, bei der Gestaltung und Entwicklung von Förderungsmaßnahmen auf die Situation im Wohnheim abzustellen. Der Anteil der nicht im Wohnheim lebenden Behinderten wird im Hinblick auf die in den nächsten Jahren ohnehin nur verhältnismäßig kleine Zahl so gering sein, daß man sie für Grundsatzplanungsüberlegungen außer acht lassen kann. Für diese Einzelfälle ist man zunächst darauf angewiesen, individuelle Lösungen zu entwickeln.

Organisationsformen

Da die ganz überwiegende Zahl der aus der WfB Ausscheidenden bereits im Wohnheim/Wohnheimverbund leben, bietet es sich an, die für sie notwendigen Hilfen im Wohnheimverbund anzusiedeln. Auf Werkstätten sollte nicht zurückgegriffen werden. Dagegen spricht, daß die Betroffenen ja gerade aus dieser Institution ausgeschieden sind, für sie ein andersartiger Bedarf zu befriedigen ist. Dieser Bedarf steht in seiner inneren Struktur dem Wohnheim sehr viel näher als der Werkstatt. Hier kann die unterstützende Hilfe für die Bewältigung des täglichen Lebens am besten durchgeführt werden. Die ergänzenden notwendigen Fördermaßnahmen, die sich immer nur auf begrenzte Zeiträume des Tages erstrecken, müssen auf das gewohnte Umfeld abgestimmt werden. Dazu ist es notwendig, im Wohnheim hierfür geeigneten, besonderen Raum zur Verfügung zu haben.

Bei der Organisation der Fördermaßnahmen ist es erforderlich, den Betroffenen innerhalb des Wohnheimverbundes einen hierfür besonders ausgerichteten Wohnheimbereich auszuweisen. Das wird häufig zur Folge haben, daß sie ihre bisherige Gruppenzugehörigkeit wechseln. Sie verbleiben aber im Gesamtwohnheimverbund unter ihnen bekannten Kolleginnen und Kollegen und behalten den unmittelbaren Kontakt zu den übrigen Behinderten, die weiterhin in die Werkstatt gehen. Auf diese Weise wird gewährleistet, daß sie auch im Alter im Wohnheim in ihrer bisherigen allgemeinen Umgebung verbleiben und notwendige Veränderungen sich auf das Minimum beschränken.

Dabei muß planerisch, soweit die Voraussetzungen noch nicht gegeben sein sollten, darauf hingewirkt werden, daß die Wohnheime zur Betreuung älterer Behinderter zumindest in bestimmten Bereichen baulich und personell in den Stand versetzt werden, die Aufgaben wahrnehmen, die die Alten- und Pflegeheime für im Alter behindert werdende erfüllen. Eine Verlegung in die bestehenden Alters- und Pflegeeinrichtungen ist für alle Behinderte nicht einzuplanen.

Da die Zahl der zu betreuenden, aus der Werkstatt ausgeschiedenen Behinderten zumindest in den nächsten Jahren noch verhältnismäßig klein sein wird, ist es erforderlich, daß im Bereich einer Werkstatt bestehende verschiedene Wohnheime sich zur Erfüllung dieser Aufgabe zusammenschließen und dafür Sorge tragen, daß die Aufgabe der Betreuung dieser Behinderten konzentriert wird. Ferner sollten diese Einheiten auch den Behinderten offenstehen, die bei Angehörigen oder in sonstigen betreuten Wohnformen leben und einer ergänzenden Hilfe bedürfen.

Für diese — z. Z. noch — Einzelfälle muß im Einzelfall auch geprüft werden, ob die Möglichkeit besteht, für ihre tagesstrukturierenden Hilfen auf ortsnahe Einrichtungen der Altenhilfe zurückzugreifen und ihnen eventuell auch eine Förderung z. B. in Tagespflegeeinrichtungen für alte Menschen zu ermöglichen. Damit könnte auch den Anforderungen des § 17 SGB I Rechnung getragen werden.

Bei der z. Z. verhältnismäßig kleinen Zahl der Betroffenen wird es im Einzelfall nötig sein, Zwischenlösungen zu suchen, um die bestehenden Bedürfnisse sachgerecht zu decken. Diese sollten jedoch stets so angelegt werden, daß sie langfristig in eine Gesamtfördersituation im Wohnheimverbund eingegliedert werden können.

Personelle Voraussetzungen

Für die Tagesbetreuung im Wohnheim ist Personal erforderlich. Dabei muß darauf hingewirkt werden, daß hier Fachkräfte für die Altersbetreuung und -aktivierung mit einbezogen werden. Bei der Bemessung des Umfangs ist zu berücksichtigen, daß ein bestimmter Teil der notwendigen Leistungen von dem dem Wohnheim vorher zugeordneten Personal mit abgewickelt werden kann, weil sich etwa durch verlängerte Ruhezeiten der Betroffenen auch gewisse Entlastungen ergeben und die Wohnheime auch heute für die Betreuung der kranken Wohnheimbewohner in begrenztem Umfang eine Tagesbetreuung sicherstellen müssen, die in gewissem Umfang mit herangezogen werden könnte.

Stellungnahmen zur Vorlage der Arbeitsgruppe »Lebenslanges Wohnen«

Bundesvereinigung Lebenshilfe für geistig Behinderte e.V.

Brief an den Fachausschuß II BAG üöT — Auszug

Bezug: Entwurf einer Vorlage der Arbeitsgruppe »Lebenslanges Wohnen« in Verbindung mit dem Auszug aus dem Kurzprotokoll der Sitzung des Fachausschusses II vom 17.—19. 3. 1993

...

Gerne nehmen wir die Gelegenheit wahr, uns zum Entwurf der Arbeitsvorlage »Lebenslanges Wohnen Behinderter in betreuten Wohnformen« Stellung zu äußern und verweisen auf die beigefügte Stellungnahme von Frau Dr. Wendt vom Bereich IV »Recht und Sozialpolitik« unserer Bundeszentrale. Diese Stellungnahme wurde verfaßt, bevor uns Ihre Protokollnotiz erreichte.

Ergänzend dazu möchten wir anmerken, daß uns die Lektüre der Protokollnotiz in unseren Bedenken gegenüber der Arbeitsvorlage bestärkt hat. Dies gilt insbesondere für Ihre Protokollausführungen zu den sogenannten tagesstrukturierenden Maßnahmen.

Die Bundesvereinigung Lebenshilfe geht davon aus, daß dem alten Menschen mit geistiger Behinderung, der nicht mehr einer Tätigkeit im Produktionsbereich einer WfB nachgehen kann, tagsüber ein breit gefächertes Angebot von tagesstrukturierenden Maßnahmen im Rahmen der Eingliederungshilfe nach dem BSHG zur Verfügung gestellt werden muß.

Wo diese tagesstrukturierenden Maßnahmen angesiedelt sind, spielt dabei eine sekundäre Rolle. Hier sind entsprechende örtliche Gegebenheiten sowie individuelle Wünsche der betreffenden alten Menschen mit geistiger Behinderung ausreichend zu berücksichtigen.

Als geeignete Orte für tagesstrukturierende Maßnahmen kommen sowohl gemeindenahe Wohneinrichtungen — wie sie die Lebenshilfe bereits seit vielen Jahren in Trägerschaft führt und in denen der alte Mensch mit geistiger Behinderung sein Zuhause hat — in Betracht, als auch WfB mit ihrem Angebot an »ausgleitenden« bzw. altersspezifischen Tätigkeiten sowie als weitere Einrichtung sogenannte (Alten-)Tages- und Begegnungsstätten — möglichst mit integrativem Charakter — innerhalb der Wohngemeinde.

In diesem Zusammenhang ist es der Bundesvereinigung Lebenshilfe wichtig zu betonen, daß sich die tagesstrukturierenden Maßnahmen nicht auf eng begrenzte Aktivitäten einschränken lassen, z. B. einem Kaffeetrinken im Laufe des Tages, sondern sich als ein qualitativ angemessenes und umfassendes Programm von Aktivitäten auf freiwilliger Basis — entsprechend den Wünschen der alten Menschen mit geistiger Behinderung — darstellen.

Angebote solcher Art können aber nur von einem entsprechend qualifizierten Zusatzpersonal im Rahmen der Eingliederungshilfe für Behinderte nach dem BSHG geleistet werden.

Im Zusammenhang mit den von uns aufgeführten Argumenten verweisen wir insbesondere ... auf den Berichtsband unseres europäischen Symposiums von November 1992 mit dem Titel »Alt und geistig behindert«.

Die Bundesvereinigung Lebenshilfe würde es außerordentlich begrüßen, wenn die von ihr vorgetragenen Argumente im Rahmen der nächsten Sitzung des Fachausschusses II in Landshut entsprechend Berücksichtigung fänden.

Stellungnahme zum Papier BAG üöT, Arbeitsgruppe »Lebenslanges Wohnen«, Stand 22. 1. 1993

Es ist zu begrüßen, daß in diesem Papier ausdrücklich betont wird, daß Behinderte auch im Alter nicht aus ihrer bisherigen Wohnsituation herausgelöst werden sollen, sondern ihr gewohntes soziales Umfeld behalten sollen. Damit wird der ehemals praktizierten Koppelung von Wohnheim und Werkstatt eine endgültige Absage erteilt.

Nicht zugestimmt werden kann aber der rechtlichen Zuordnung dieser Hilfe als Hilfe zur Pflege. Die Betroffenen haben weiterhin einen Rechtsanspruch auf Eingliederungshilfe nach § 40 BSHG, und zwar je nach ihrem Bedarf und ihren Wünschen auch auf eine weitere Betreuung in der Werkstatt nach § 40 Abs. 2 BSHG. Dies ergibt sich daraus, daß die Eingliederungshilfe ohne Altersgrenze nach dem BSHG gewährt wird und die Rechtsprechung bestätigt hat, daß dies je nach der Besonderheit des Einzelfalls auch die Hilfe in der Werkstatt sein kann, selbst wenn die Altersgrenze der Rentenversicherung überschritten ist (Urteil VG München vom 18. 7. 1988 — Az: M 18 K 88.1487).

Paragraph 40 Abs. 2 BSHG wird von den überörtlichen Sozialhilfeträgern als Rechtsgrundlage abgelehnt, da die Betroffenen wegen ihres Alters aus dem Beschäftigungsverhältnis der Werkstatt ausscheiden müßten. Mit dieser Interpretation wird § 40 Abs. 2 BSHG zu eng ausgelegt — er ermöglicht nicht nur die Beschäftigung im Produktionsbereich, sondern »eine der Behinderung entsprechende Beschäftigung, insbesondere in einer Werkstatt für Behinderte«. Eine der Behinderung entsprechende Beschäftigung kann auch außerhalb des Produktionsbereiches in sogenannten »Rentnergruppen«, Gruppen für Schwerstbehinderte, Kreativgruppen o. ä. je nach den örtlichen Gegebenheiten und Bedürfnissen sein. Eine solche Beschäftigung muß altersgemäß angepaßt sein, es darf also keine Pflicht zur Ganztagsarbeit oder einen Leistungsdruck zur Erbringung eines wirtschaftlichen Ergebnisses mehr geben. Denkbar ist z. B., daß sich die Rentner überwiegend an den begleitenden Maßnahmen der Werkstatt beteiligen und ansonsten nur kleine Hilfsdienste je nach ihren Fähigkeiten erbringen.

Die BAG üöT verfolgt jedoch ein anderes Konzept, sie will lediglich den Personalschlüssel in den Wohnstätten für WfB-Rentner erweitern, die nach ihrer Vorstellung überwiegend nicht mehr in der WfB beschäftigt werden sollen. Hier muß die Möglichkeit einer offeneren Konzeption verfolgt werden, die vor allem dem Wunsch- und Wahlrecht der Betroffenen und dem Ziel ihrer altersgemäßen Förderung Rechnung trägt. Sie selbst sollen entscheiden, ob sie weiter in der Werkstatt bleiben oder im Wohnheim oder in einer ambulanten Tagesstätte betreut werden wollen, je nachdem, welches Rehabilitationsangebot ihnen vor Ort zur Verfügung gestellt werden kann.

Eine Rechtsgrundlage für die Eingliederungshilfe in unterschiedlicher Form bietet § 40 BSHG, sowohl für die Werkstatt in § 40 Abs. 2 als auch für das Wohnen in § 40 Abs. 1 Nr. 6 a und für eine Tagesförderstätte durch § 40 Abs. 1 Nr. 8. Es trifft nicht zu, wenn in dem Papier die Auffassung vertreten wird, die Hilfe nach § 40 Abs. 1 Nr. 8, Teilnahme am Leben in der Gemeinschaft, sei nicht

H

einschlägig für diesen Personenkreis, weil er in § 19 Eingliederungshilfe-VO, der diese Vorschrift inhaltlich näher umreißt, nicht erwähnt wird. Paragraph 19 will die Hilfen nicht abschließend aufzählen, dies ergibt sich aus der Formulierung »umfaßt vor allem«. Es wäre allerdings begrüßenswert, wenn sich der Verordnungsgeber entschließen würde, die Rechtsgrundlagen in § 19 um eine weitere Ziffer zu erweitern, die tagesstrukturierende Maßnahmen für behinderte Menschen vorsieht, die nicht mehr im Produktionsbereich einer WfB beschäftigt werden. Damit wäre sichergestellt, daß ein entsprechendes Angebot von tagesstrukturierenden Maßnahmen von den Einrichtungen für diesen Personenkreis vorgehalten werden sollte.

Die demgegenüber im Papier favorisierte Betreuung dieses Personenkreises ausschließlich in der Wohnstätte kann dazu führen, daß dieser Personenkreis nicht ausreichend gefördert wird, weil er im Rahmen der Hilfe zur Pflege nur noch hinsichtlich des körperlich Notwendigen versorgt wird, ohne eine weitere Eingliederung oder aktivierende Pflege zu erhalten, die darauf abzielt, bisher erlernte Fähigkeiten nutzen zu können.

Dazu ist es nach Meinung von Fachleuten unabdingbar, daß die Betroffenen einen Wechsel in ihrem Tagesablauf haben und sich nicht nur in ihrer Wohn-/Schlafumgebung befinden, sondern mit anderen Menschen und anderen Umgebungen weiterhin vertraut bleiben, die ihnen eine notwendige Abwechslung bieten.

Es ist zwar zu begrüßen, daß in dem Papier ausdrücklich ausgeschlossen wird, geistig Behinderte in normalen Altenheimen zu betreuen. Dies schließt aber nicht aus, in der kommunalen Altenplanung Tagesstätten für alte Menschen vorzusehen, in der auch geistig behinderte Menschen noch eine Tagesförderung außerhalb des Wohnheimes erhalten können. Es wäre positiv, wenn in diesem Bereich Modellvorhaben gefördert und ausgewertet werden könnten, die weitere Hinweise für die notwendige Sozialplanung für diesen Personenkreis geben könnten. Einen Hinweis auf schon existierende Modelle gibt die Schrift der Lebenshilfe »Alt und geistig behindert«, die im Verlag der Lebenshilfe erschienen ist.

Dr. Sabine Wendt
Leiterin des Fachgebiets
Öffentliches Recht und Sozialrecht
der Bundesvereinigung Lebenshilfe
Raiffeisenstraße 18

35043 Marburg

H

Haftungs- und Aufsichtsfragen in der Arbeit mit geistig behinderten Menschen

*Renate Heinz-Grimm**

Aus den verschiedensten Anlässen stellt sich bei der Betreuung geistig behinderter Menschen immer die Frage, was geschieht, wenn ein geistig behinderter Mensch einen Schaden verursacht, wer haftet, wer zahlt? Haftungsfragen können sowohl den geistig behinderten Menschen selbst als auch die Mitarbeiter der Einrichtung und den Einrichtungsträger betreffen. Im folgenden wird zum einen auf die rechtliche Position geistig behinderter Menschen, zum anderen auf die Frage der Aufsichtspflicht und Haftung und der entsprechenden Versicherungsmöglichkeiten eingegangen.

Position des geistig behinderten Menschen in der Rechtsordnung der BRD

Rechtsfähigkeit

Jeder Mensch ist mit Vollendung der Geburt rechtsfähig (§ 1 BGB), und zwar ohne Rücksicht auf sein Geschlecht, seine körperliche oder geistige Verfassung. Diese Rechtsfähigkeit ist weder entziehbar noch verzichtbar. Jedem Menschen stehen damit eine Vielzahl von Rechten zu, z. B. Ansprüche auf Sozialleistungen, Eigentümer von Vermögenswerten zu werden, zu erben usw.

Daneben ist von besonderer Bedeutung, daß jeder Mensch ohne jegliches persönliches Zutun Träger der vom Grundgesetz bestimmten Grundrechte ist. Oberster Grundsatz der Rechtsordnung in der BRD ist die in Art. 1 Grundgesetz (GG) festgelegte Bestimmung, daß *die Würde des Menschen unantastbar* ist. Sie zu schützen und zu bewahren ist Verpflichtung jeglichen staatlichen Handelns.

Art. 2 GG garantiert auch dem geistig behinderten Menschen die *freie Entfaltung seiner Persönlichkeit,* soweit er nicht die Rechte anderer oder die verfassungsmäßige Ordnung beeinträchtigt. Art. 2 GG fordert, bei jedem Eingriff in die Rechte des einzelnen den *Grundsatz der Angemessenheit der Mittel* zu berücksichtigen.

Art. 3 GG gebietet die *Gleichheit aller Menschen vor dem Gesetz.* Weiterhin steht auch dem geistig behinderten Menschen die *Glaubens- und Meinungsfreiheit* (Art. 4 und 5 GG) zu, er hat ein Recht auf Leben und körperliche Unversehrtheit, die Freiheit seiner Person ist unverletzlich (Art. 2 Abs. 2 GG).

Art. 20 Abs. 1 GG garantiert ein *Recht auf sozialstaatliche Behandlung* und nach Art. 103 GG hat vor Gericht jeder einen *Anspruch auf rechtliches Gehör.*

Rechtliche Handlungsfähigkeit geistig behinderter Menschen

Von der allgemeinen Rechtsfähigkeit zu unterscheiden ist die rechtliche Handlungsfähigkeit, d. h. die Fähigkeit, durch eigenes Handeln Rechtswirkungen hervorzurufen, über zustehende Rechte selbständig verfügen zu können, z. B. Verträge abzuschließen, einen Prozeß zu führen, aber auch in die Pflicht genommen zu werden, wie beispielsweise für einen Schaden zur Verantwortung gezogen werden zu können.

Die rechtliche Handlungsfähigkeit umfaßt die Geschäftsfähigkeit (§§ 104 ff. BGB) und die Deliktsfähigkeit (§ 827 ff. BGB).

Geschäftsfähigkeit

Nicht alle Menschen, die rechtsfähig sind, können ihre Rechte und Pflichten selbst wahrnehmen.

*) Zuerst erschienen in: Renate Heinz-Grimm u. a., Soziale Rechte geistig behinderter Menschen und ihrer Angehörigen. 2. Aufl. Marburg: Lebenshilfe-Verl. 1993, S. 160—174.

So ist für das Zustandekommen eines Vertrages Voraussetzung, daß zwei einander entsprechende Willenserklärungen abgegeben werden. Um zu einem wirksamen Vertrag zu führen, müssen diese Willenserklärungen von zwei geschäftsfähigen Personen stammen. Die Geschäftsfähigkeit richtet sich zum einen nach dem Lebensalter eines Menschen, zum anderen nach seinem geistigen Zustand.

Paragraph 104 Ziff. 1 BGB bestimmt, daß geschäftsunfähig ist, wer das 7. Lebensjahr noch nicht vollendet hat. Da gemäß § 105 BGB Willenserklärungen eines Geschäftsunfähigen nichtig sind, sind Kinder unter sieben Jahren nicht in der Lage, rechtsverbindliche Erklärungen abzugeben und selbständig Verträge abzuschließen.

Beschränkte Geschäftsfähigkeit

Minderjährige zwischen sieben und 18 Jahren sind beschränkt geschäftsfähig (§ 106 BGB). Sie können in gewissem Umfang selbständig Geschäfte vornehmen. Rechtlich wirksam wird ein derartiges Geschäft aber nur, wenn die gesetzlichen Vertreter, die Eltern, diesem vorher zugestimmt haben oder es nachträglich genehmigen (§§ 107, 108 BGB).

Zum Schutz der Minderjährigen ist in dieser Alters- und Entwicklungsstufe, in der sie nicht zuletzt aus erzieherischen Gründen schon im gewissem Umfang selbständig im eigenen Namen Geschäfte tätigen können, eine wirksame Kontrolle durch den gesetzlichen Vertreter vorgesehen.

Allerdings bedarf der beschränkt Geschäftsfähige für bestimmte Rechtsgeschäfte bzw. Verträge nicht mehr der Einwilligung seines gesetzlichen Vertreters. So können Minderjährige z. B. rechtswirksam über ihr Taschengeld verfügen, denn in der Überlassung dieser Mittel liegt bereits eine vorweggenommene Einwilligung (§ 110 BGB).

Uneingeschränkte Geschäftsfähigkeit

Mit Vollendung des 18. Lebensjahres tritt die Volljährigkeit und damit die uneingeschränkte Geschäftsfähigkeit ein (§ 2 BGB). Das Gesetz geht davon aus, daß in diesem Alter die nötige Kritik- und Urteilsfähigkeit, das erforderliche Entscheidungsvermögen, die notwendige Handlungsreife vorliegen, um aus freiem Willen sämtliche Rechtsgeschäfte selbständig abschließen und alle Rechte selbst wirksam wahrnehmen zu können. Dazu gehört auch die Verantwortlichkeit, für die Erfüllung von Verbindlichkeiten selbst einzustehen. In jedem Fall endet mit Vollendung des 18. Lebensjahres die elterliche Sorge und damit die Befugnis der Eltern, für das Kind rechtlich wirksame Erklärungen abzugeben.

Geschäftsunfähigkeit

Neben der anhand des Lebensalters vorgenommenen Abstufung bzw. Entwicklung der Geschäftsfähigkeit bestimmt § 104 Ziff. 2 BGB, daß geschäftsunfähig ist, »wer sich in einem die freie Willensbestimmung ausschließenden Zustand krankhafter Störung der Geistestätigkeit befindet, sofern nicht der Zustand seiner Natur nach ein vorübergehender ist«.

Nach dieser, noch aus der Entstehung des BGB gegen Ende des letzten Jahrhunderts stammenden Formulierung, ist eine krankhafte Störung der Geistestätigkeit gegeben, wenn ein Mensch zu einer selbständigen und vernünftigen Willensbildung nicht in der Lage ist. Das ist der Fall, wenn ihm die notwendige Kritik- und Urteilsfähigkeit fehlt, wenn er seine Entscheidungen nicht vernünftig abwägen und deren mögliche Folgen nicht in erforderlichem Ausmaß überblicken kann. Das Gesetz beschreibt hier die Ausnahme von der Regel, daß mit Erreichen der Volljährigkeitsgrenze allgemeine Geschäftsfähigkeit eintritt. Wenn ein Mensch aufgrund seines tatsächlichen Befindens zu rechtsgeschäftlichen Handlungen nicht in der Lage ist, gilt er trotz Volljährigkeit als faktisch geschäftsunfähig. In diesem Falle haben seine Willenserklärungen keine rechtliche Bedeutung, sie sind nichtig (§ 105 BGB). Ein faktisch geschäftsunfähiger volljähriger Mensch kann daher selbst keine Verträge abschließen.

Diese Form der tatsächlich vorliegenden Geschäftsunfähigkeit ist in der praktischen Arbeit mit geistig behinderten Menschen sehr bedeutsam, weil sie gewissermaßen ein Korrektiv darstellt, mit dessen Hilfe Vertragsabschlüsse, deren Tragweite der geistig behinderte Mensch nicht überblickt hat, und daraus resultierende Verbindlichkeiten beseitigt werden können. Es ist nicht so, daß mit dieser Vorschrift eine generelle Aussage oder Festlegung über die Geschäftsunfähigkeit volljähriger Menschen mit geistiger Behinderung getroffen worden wäre. Die Nichtigkeit eines Rechtsgeschäftes, an dem ein Mensch mit geistiger Behindertung beteiligt ist, wird vielmehr nur dann festgestellt, wenn der Behinderte selbst oder dessen Vertragspartner das Vorliegen von Geschäftsunfähigkeit im Zeitpunkt des Vertragsabschlusses behauptet und auch nachweisen kann. In einer gerichtlichen Auseinandersetzung werden jeweils die Umstände des Einzelfalles geprüft. Wer sich auf Geschäftsunfähigkeit beruft, hat diese zu beweisen, da die Rechtsordnung bei volljährigen Menschen von Geschäftsfähigkeit ausgeht.

Verantwortlichkeit und Haftung geistig behinderter Menschen

Haftungsfragen, die bei der Betreuung geistig behinderter Menschen auftreten, berühren ganz überwiegend den Bereich der zivilrechtlichen Schadensersatzpflicht und stehen in erster Linie im Zusammenhang mit begangenen Delikten.

Delikte im zivilrechtlichen Sinne sind unerlaubte Handlungen, die sich gegen die insbesondere in den §§ 823 ff. BGB genannten Rechtsgüter, wie z. B. Gesundheit, Freiheit und Eigentum richten. Das Begehen einer unerlaubten Handlung im zivilrechtlichen Sinne bewirkt einen Anspruch auf Schadensersatz desjenigen, der durch die Handlung geschädigt worden ist.

Eine unerlaubte Handlung kann von jedem Menschen begangen werden, also auch von Kindern oder Menschen mit geistiger Behinderung.

Eine Verpflichtung zum Schadensersatz begründen unerlaubte Handlungen regelmäßig aber nur dann, wenn das Verhalten des Täters auch als schuldhaft angesehen werden kann. Schuldhaft handelt, wer vorsätzlich oder fahrlässig einen Schaden verursacht.

Bei der Definition dieser beiden Schuldformen ergeben sich Abgrenzungsschwierigkeiten; grundsätzlich läßt sich folgendes sagen:

Mit *Vorsatz* handelt, wer die Schädigung als Folge seines Verhaltens voraussieht und die Pflichtwidrigkeit seines Verhaltens erkannt hat (bewußtes Wissen und Wollen). Vorsatz erfordert den Willen zur Verwirklichung eines vom Gesetz im einzelnen beschriebenen Tatbestandes, also z. B. den Willen zur Verletzung fremden Eigentums und darüber hinaus die Kenntnis der Umstände, die diesen Tatbestand ausmachen, etwa daß die Sache, die der Täter beschädigen will, eine fremde Sache ist.

Vorsätzlich handelt auch derjenige, der den als möglich erkannten rechtswidrigen Erfolg in Kauf nimmt.

Fahrlässig handelt jemand, der die Sorgfaltsanforderungen, zu denen er nach den Umständen verpflichtet ist, nicht erfüllt und deshalb nicht voraussieht, daß er einen rechtlich mißbilligten Erfolg herbeiführen wird.

Fahrlässig handelt auch derjenige, der die Folgen seiner Handlungsweise als möglich voraussieht, obwohl er sie nicht herbeiführen will, aber pflichtwidrig darauf vertraut, daß eine Rechtsgutverletzung nicht eintreten werde (»es wird schon gutgehen«).

Während im Strafrecht bei der Ermittlung des Fahrlässigkeitsvorwurfs die Sorgfaltsanforderungen von den individuellen Fähigkeiten des Täters abhängig gemacht werden, gilt im Zivilrecht ein vergröberter Fahrlässigkeitsbegriff. Im Zivilrecht geht es in erster Linie um Schadensersatz und nicht um Bestrafung: Die Frage der Verletzung der Sorgfaltspflicht wird daher danach beurteilt, ob der Betroffene sich so verhalten hat, wie ein allgemein gültiger Pflichtenmaßstab es verlangt. Fahrlässig handelt demzufolge, »wer die im Verkehr erforderliche Sorgfalt außer acht läßt« (§ 276 Abs. 1 BGB). Aus dieser Formulierung wird deutlich, daß es sich um ein objektives

Verschuldenskriterium handelt, das sich am intellektuellen Niveau und dem Kenntnisstand der einzelnen Personengruppe, der der Betreffende zuzurechnen ist, orientiert.

Schuldhaftes Handeln kann allerdings nur dann angenommen werden, wenn dem Handelnden die Rechtsgutverletzung als Folge einer fehlerhaften Willensbestimmung vorgeworfen werden kann. Man geht davon aus, daß die schadensstiftende Willensbestimmung von dem Handelnden vermeidbar gewesen sei. Die Frage, ob ein schuldhaftes Handeln vorliegt, hängt also entscheidend von der Annahme der Entscheidungs- oder Willensfreiheit ab.

Diese Verschuldensfähigkeit kann nur angenommen werden, wenn beim betreffenden Menschen die Fähigkeit bejaht werden kann, zwischen mehreren Alternativen wählen zu können.

Verschuldensfähigkeit (Deliktsfähigkeit)

Der Gesetzgeber hat in den §§ 827, 828 BGB bestimmt, wann die Verschuldensfähigkeit zu verneinen ist.

Nach § 828 Abs. 1 BGB ist nicht verantwortlich, wer das 7. Lebensjahr noch nicht vollendet hat.

Wer das 7., jedoch noch nicht das 18. Lebensjahr vollendet hat, gilt nach § 828 Abs. 2 BGB als nicht verantwortlich, wenn er bei der Begehung der schädigenden Handlung nicht die zur Erkenntnis der Verantwortlichkeit erforderliche Einsicht hatte. (Das gleiche gilt für taubstumme Menschen.)

Nach § 827 Abs. 1 BGB ist jemand, der in einem die freie Willensbildung ausschließenden Zustand krankhafter Störung der Geistestätigkeit oder im Zustand der Bewußtlosigkeit einem anderen Schaden zufügt, für den Schaden nicht verantwortlich.

Entscheidungskriterium ist bei der Frage nach der Verantwortlichkeit des volljährigen Schadensverursachers die krankhafte Störung der Geistestätigkeit, die es dem Betreffenden unmöglich macht, Entschließungen in bedeutendem Umfang von vernünftigen Erwägungen abhängig zu machen. Das Vorliegen derartiger Störungen wird bei schweren geistigen Behinderungen angenommen werden können. Andererseits berechtigen geistige Behinderungen, die weniger gravierend sind, nicht ohne weiteres zur Annahme der Deliktsunfähigkeit in diesem Sinne. Es ist wiederum eine Einzelfallprüfung erforderlich, ob der Schadensverursacher wegen seiner Behinderung die Rechtswidrigkeit seines Handelns nicht erkennen und sein Handeln nicht von vernünftigen Erwägungen abhängig machen konnte. Grundsätzlich kann man davon ausgehen, daß die zur Annahme der Verschuldensfähigkeit erforderliche Einsicht zu verneinen ist, wenn der Behinderte nicht eine geistige Entwicklung erreicht hat, die ihn fähig macht zu erkennen, daß er verpflichtet ist, in irgendeiner Weise für die Folgen seines Tuns einstehen zu müssen.

Andererseits wird die Deliktsfähigkeit zu bejahen sein, wenn die Einsichtsfähigkeit des Betreffenden für die Erkenntnis ausreicht, daß sein Verhalten irgendwelche Gefährdungen für die Rechtsgüter anderer mit sich bringt. Dies kann z. B. bei einem einfach strukturierten Delikt, etwa einer gezielt vorgenommenen Sachbeschädigung, wie Abbrechen eines Autoaußenspiegels o. ä., der Fall sein.

Ein direkter Bezug zur Geschäftsfähigkeit, also der Fähigkeit, wirksam Verträge abschließen zu können, ist bei der Frage der Haftungsfähigkeit nicht gegeben. Grundsätzlich können daher auch geistig behinderte Personen schadensersatzpflichtig sein.

Wer sich auf Deliktsunfähigkeit beruft, hat diese zu beweisen. Ob die geistige Behinderung für den Ausschluß der Verantwortlichkeit ausreicht, kann im Einzelfall nur mit Hilfe eines Sachverständigengutachtens ermittelt werden. Kann der geistig behinderte Mensch seine Deliktsunfähigkeit nicht beweisen, so ist er haftbar.

Gelingt dem geistig behinderten Menschen oder seinem gesetzlichen Vertreter der Nachweis der Deliktsunfähigkeit, also der Nachweis, daß er in bezug auf die begangene Handlung nicht die nötige Einsichtsfähigkeit besessen hat, so entfällt grundsätzlich die Haftungsverpflichtung.

Diesbezüglich gibt es eine Sondervorschrift, denn die Verwirklichung einer unerlaubten Handlung ohne Zurechnung eines Verschuldens kann gemäß § 829 BGB in bestimmten Fällen einen Ersatzanspruch aus Billigkeitsgründen auslösen. Paragraph 829 BGB läßt auch denjenigen für eine unerlaubte Handlung einstehen, der als verschuldensunfähig anzusehen ist, wenn er hinreichend vermögend ist, und der Geschädigte den Schaden nicht von einem Dritten, der zur Aufsicht über den Schädiger verpflichtet gewesen ist, ersetzt bekommen kann.

Aufsichts- und Betreuungspflicht

Da geistig behinderte Menschen nur selten für von ihnen verursachte Schäden zur Haftung verpflichtet sind, stellt sich die Frage nach den Pflichten bei der Aufsichtsführung für Mitarbeiter in Behinderteneinrichtungen und Einrichtungsträger. Die Aufsichtspflicht umfaßt grundsätzlich zwei Verpflichtungen, nämlich

— die Verpflichtung, Dritte vor Schäden zu bewahren, die ihnen von dem zu Beaufsichtigenden zugefügt werden können;
— den Aufsichtsbedürftigen selbst vor Schäden zu bewahren, die ihm durch sein eigenes Verhalten oder von außen drohen (Betreuungspflicht).

Aufsichtspflicht hat also das Ziel, den aufsichtsbedürftigen behinderten Menschen ebenso wie Dritte vor Schäden zu schützen

Wer haftet, wenn trotzdem Schäden eintreten?

In erster Linie kommen für eine Haftung Personen in Betracht, die kraft Gesetzes zur Aufsichtsführung über den Behinderten verpflichtet sind oder sich dazu vertraglich verpflichtet haben. Dies ergibt sich aus § 832 BGB:

> »1. *Wer kraft Gesetzes zur Führung der Aufsicht über eine Person verpflichtet ist, die wegen Minderjährigkeit oder wegen ihres geistigen oder körperlichen Zustandes der Beaufsichtigung bedarf, ist zum Ersatz des Schadens verpflichtet, den diese Person einem Dritten widerrechtlich zufügt. Die Ersatzpflicht tritt nicht ein, wenn er seiner Aufsichtspflicht genügt oder wenn der Schaden auch bei gehöriger Aufsichtsführung entstanden sein würde.*
>
> 2. *Die gleiche Verantwortlichkeit trifft denjenigen, welcher die Führung der Aufsicht durch Vertrag übernimmt.*«

Voraussetzungen für die Haftung von Aufsichtspersonen

Der Schaden muß von einer aufsichtsbedürftigen Person verursacht worden sein.

Da es sich bei der Haftung aus Aufsichtspflichtverletzung um eine Haftung für ein Unterlassen handelt, ist ein Anlaß zum Tätigwerden erforderlich. Dieser liegt in dem besonderen Aufsichtsbedürfnis, das gegebenenfalls vom Geschädigten nachgewiesen werden muß.

Aufsichtsbedürftig ist

— jeder Minderjährige, unabhängig vom Vorliegen einer Behinderung und davon, ob er im Einzelfall aufgrund seines Entwicklungsstandes überhaupt noch der Aufsicht bedarf. Die Aufsichtsbedürftigkeit besteht allein aufgrund der Minderjährigkeit, die individuelle Entwicklung hat Bedeutung für das Ausmaß der Aufsichtsführung.
— Ein Volljähriger ist nur aufsichtsbedürftig, wenn er wegen seines geistigen oder körperlichen Zustandes im Einzelfall beaufsichtigt werden muß. Dies hängt von der persönlichen Veranlagung, den individuellen Eigenarten, dem bisher eingeübten Verhalten, aber auch von den äußeren Umständen ab.

Die Aufsichtspflicht muß entweder kraft Gesetzes oder durch Vertrag bei der Aufsichtsperson liegen.

Aufsichtspflicht kraft Gesetzes

Kraft Gesetzes aufsichtspflichtig sind bei Minderjährigen in erster Linie die Eltern oder ein sorgeberechtigter Elternteil oder beispielsweise der Ausbilder oder Lehrer.

H

Eine gesetzliche Pflicht zur Aufsicht über Volljährige besteht grundsätzlich nur für einen Betreuer mit dem Wirkungskreis Personensorge, soweit Aufsichtsbedürftigkeit gegeben ist.

Die Aufsichtspflicht der Eltern endet normalerweise mit der Volljährigkeit des Kindes. Dies gilt auch dann, wenn das Kind weiterhin im Hause der Eltern lebt. Allerdings sind dadurch die Eltern nicht in jedem Falle gegen eine Inanspruchnahme durch Dritte abgesichert, falls ihr »erwachsenes Kind« diesen einen Schaden zufügt. In analoger Anwendung des § 832 BGB kann ausnahmsweise denjenigen, die auf das Verhalten des behinderten Menschen Einfluß nehmen können, eine der Aufsichtspflicht vergleichbare gesteigerte Sicherungspflicht zukommen.

Vertragliche Übernahme der Aufsichtspflicht

Nach § 832 Abs. 2 BGB ist derjenige, der die Aufsichtspflicht durch Vertrag übernimmt, ebenfalls zur Aufsichtsführung verpflichtet.

In Betracht kommen hier sowohl natürliche als auch juristische Personen, insbesondere Vereine oder Gesellschaften (GmbH) als Einrichtungsträger. Die Einrichtung, z. B. die Werkstatt für Behinderte oder die Wohnstätte schließt einen Vertrag mit dem aufgenommenen Behinderten und übernimmt damit die Aufsichtspflicht. Die Mitarbeiter der Einrichtung verpflichten sich wiederum durch ihre Arbeitsverträge gegenüber dem Arbeitgeber, die in der Einrichtung betreuten und beschäftigten behinderten Menschen entsprechend den Anweisungen des Trägers oder Einrichtungsleiters zu beaufsichtigen.

H

Die Rechtsträger oder Leiter der Einrichtungen übernehmen durch die Aufnahme des behinderten Menschen in ihre Einrichtung gleichzeitig auch vertraglich dessen Betreuung und sind somit auch zur Aufsichtsführung verpflichtet.

Der Vertrag für die Übernahme der Aufsicht muß weder eine besondere Form noch einen besonderen Inhalt haben.

Soweit die Aufsichtspflicht auf einen anderen übergeht, verbleibt dem ursprünglich Aufsichtsverpflichteten eine Restverantwortung, soweit er Einwirkungsmöglichkeiten behält. Er muß insbesondere Hinweise auf Verhaltensweisen des behinderten Menschen geben und sich nach dessen Verhalten erkundigen.

Aufsichtsperson ist diejenige, die direkt die Aufsicht wahrzunehmen hat. Dies können sowohl die fest angestellten Mitarbeiter in Einrichtungen als auch ehrenamtliche Mitarbeiter, z. B. bei Freizeiten sein.

Inhalt der Aufsichtspflicht

Paragraph 832 BGB spricht von »gehöriger Aufsichtsführung«. Was darunter zu verstehen ist, erläutert § 832 BGB nicht. Die Rechtsprechung formuliert dazu:

»Ob ein Aufsichtspflichtiger seiner Aufsichtspflicht genügt hat, richtet sich danach, ob er zur Verhinderung der Schädigung Dritter das getan hat, was von einem verständigen Aufsichtspflichtigen in seiner Lage und nach den Umständen des Einzelfalles vernünftigerweise und billigerweise verlangt werden konnte.« (BGH, Versicherungsrecht 1965, S. 137).

Für das *Maß der Aufsichtspflicht* sind also immer die gesamten Umstände des Einzelfalles entscheidend. Das Maß der gebotenen Aufsicht bestimmt sich nach Eigenart und Charakter des Aufsichtsbedürftigen. Die Grenzen der erforderlichen zumutbaren Maßnahmen richten sich danach, was verständige Aufsichtspflichtige nach vernünftigen Anforderungen tun müssen, um Schädigungen Dritter zu vermeiden. Es kommt darauf an, ob der Aufsichtspflichtige im konkreten Fall im Hinblick auf die zur widerrechtlichen Schadenszufügung führenden Umstände eine ausreichende Aufsicht geführt hat.

Diese Umschreibung der Aufsichtspflicht ist weitgehend unbestimmt. Die Anforderungen an die *konkrete Aufsichtsführung* müssen sich deshalb nach praktischen Kriterien, die unter anderem von der Rechtsprechung entwickelt wurden, richten.

— *Strenge* Anforderungen sind an die Aufsichtsführung zu stellen, etwa wenn die Gefahr von Schädigungen Dritter vorhersehbar ist, z. B.

weil der Aufsichtspflichtige weiß, daß der Aufsichtsbedürftige in einer bestimmten Situation bereits einmal einen entsprechenden Schaden angerichtet hat, oder daß der Betreffende im Besitz gefährlicher Gegenstände ist oder sich diese leicht beschaffen kann oder aber wegen der Schwere seiner Gebrechlichkeit sich im jeweiligen Bereich nicht ausreichend sicher bewegen kann. Dies kann insbesondere bei der Teilnahme am öffentlichen Straßenverkehr eine Rolle spielen. Grundsätzlich ist anzumerken, daß die Beaufsichtigung um so stärker sein muß, je weniger der Aufsichtsbedürftige zu sachgerechtem Verhalten oder Handeln willens oder in der Lage ist.

— *Geringere* Anforderungen an die Aufsichtspflicht sind entsprechend der Einsichtsfähigkeit und dem bisher eingeübten Verhalten des Aufsichtsbedürftigen zu stellen.

Bei der Aufsichtsführung sind auch *pädagogische Erwägungen* zu berücksichtigen. Die Erziehung und Hinwendung zu selbständigem und verantwortungsbewußtem Handeln schließt eine zu weitgehende Reglementierung der Lebensführung aus.

Von einem Aufsichtspflichtigen kann nur das ihm Zumutbare verlangt werden, d. h. auf keinen Fall ist er verpflichtet, den Aufsichtsbedürftigen auf Schritt und Tritt zu beobachten. Dies würde eine Überspannung seiner Pflichten bedeuten, aber auch eine Gängelei des Behinderten, insbesondere des volljährigen Behinderten, die allen Bemühungen einer Erziehung zur Selbständigkeit und einer Normalisierung zuwiderläuft. Auch der behinderte Mensch hat das Recht auf freie Entfaltung seiner Persönlichkeit, das nicht durch zu strenge Anforderungen an die Aufsichtspflicht beschnitten werden darf.

Darauf ist bei Anwendung der zu Gebote stehenden *Aufsichtsmöglichkeiten* zu achten. Als solche kommen in Betracht: Belehrung, Überwachung, Verbot, Unmöglichmachen der schadensgeeigneten Handlung. Welche im Einzelfall konkret erforderlich ist, hängt vom Maß der Aufsichtsbedürftigkeit und der Wahrscheinlichkeit eines Schadenseintritts und der möglichen Schwere des Schadens ab.

Die Anforderung an die Aufsichtspflicht läßt sich somit weitgehend konkretisieren, wenn auch die spezielle Würdigung des Einzelfalles nicht ganz verzichtbar ist. Bei der Würdigung spielen auch pädagogische Überlegungen eine Rolle, denn die Rechtsprechung geht davon aus, daß die Aufsicht zurücktreten kann, je weiter die Erziehung vorangeschritten ist.

Vom Einrichtungsträger zu treffende Maßnahmen

Die Verpflichtung, einen Schadenseintritt soweit wie möglich zu vermeiden, trifft nicht nur die konkrete Aufsichtsperson, sondern auch den Einrichtungsträger. Er ist zum einen verpflichtet, innerhalb der Einrichtung mögliche Gefahrenquellen zu vermeiden bzw. zu beseitigen, zum anderen müssen sich die verwendeten Geräte und Materialien in ordnungsgemäßem Zustand befinden. Dies gilt auch für die Arbeit in der WfB. Hier sind insbesondere die Arbeitsschutzbestimmungen zu beachten.

Grundsätzlich muß für die Betreuung ausreichend und fachlich geeignetes Personal vorhanden sein.

Es ist die Pflicht des Trägers der Einrichtung, einen umfassenden Dienst- und Organisationsplan aufzustellen, der eine genaue Aufgabenverteilung und konkrete Dienstanweisungen enthält. Der Träger der Einrichtung muß, um im Schadensfalle entlastet zu werden, außerdem durch Überwachung dafür sorgen, daß diese Anweisungen auch tatsächlich eingehalten werden.

Entlastung der Aufsichtsperson

Das Gesetz verschärft die Haftung Aufsichtspflichtiger über das für jedermann geltende Maß hinaus. Die Verschärfung besteht darin, daß dann, wenn die zu beaufsichtigende Person einem Dritten einen Schaden zugefügt hat, von Gesetzes wegen vermutet wird, daß

- der Aufsichtspflichtige seine Aufsichtspflicht verletzt hat;
- dies ursächlich für den eingetretenen Schaden war.

Das Gesetz unterstellt damit, daß bei Schädigungen Dritter durch zu beaufsichtigende Personen regelmäßig eine Aufsichtspflichtverletzung vorliegt. Der Aufsichtspflichtige muß zu seiner Entlastung nachweisen, daß er seiner Aufsichtspflicht genügt hat oder daß der Schaden auch bei gehöriger Aufsichtsführung entstanden sein würde.

Gelingt der Aufsichtsperson der »Entlastungsbeweis« nicht, so muß sie für die Rechtsfolgen der Aufsichtspflichtverletzung einstehen.

Paragraph 832 BGB setzt neben der Verletzung der Aufsichtspflicht voraus, daß der zu Beaufsichtigende einem Dritten den Schaden widerrechtlich, d. h. ohne Rechtfertigungsgründe zugefügt hat. Diese widerrechtliche Schadenszufügung muß den objektiven Tatbestand einer unerlaubten Handlung erfüllen. Dies sind vor allem Verletzungen des Lebens, des Körpers, der Gesundheit, der Freiheit, des Eigentums (§ 823 Abs. 1 BGB).

Auf Deliktsfähigkeit oder Verschulden des Aufsichtsbedürftigen kommt es dabei nicht an, denn es ist gerade Sinn und Zweck des § 832 BGB, dem Geschädigten auch dann zu Schadensersatz zu verhelfen, wenn der unmittelbare Verursacher deliktsunfähig ist.

Haftung

Haftbar ist derjenige, durch dessen Aufsichtspflichtverletzung die Schädigung eines Dritten verursacht wurde. Dies können zum Beispiel die Personen sein, die kraft Gesetzes die Aufsichtspflicht hatten. Fügt eine behinderte Person während ihres Aufenthalts in einer Einrichtung einem Dritten einen Schaden zu, so scheidet wohl in den meisten Fällen die Haftung der Eltern oder des Betreuers aus, da sie während der Betreuung in der Einrichtung praktisch keine Aufsichtsmöglichkeiten haben. Statt dessen kommen als Haftende diejenigen in Frage, die sich vertraglich zur Aufsichtsführung verpflichtet haben.

Haftbar kann sein

- der Mitarbeiter der Einrichtung, der zum Zeitpunkt der Schadenszufügung unmittelbar für die Betreuung der behinderten Person eingesetzt war, sofern ihm eine Aufsichtspflichtverletzung vorgeworfen werden kann;
- der Träger der Einrichtung, also z. B. ein Verein, eine GmbH oder ähnliches (bei einem eingetragenen Verein beschränkt sich die Haftung auf das Vereinsvermögen, bei einer GmbH auf das Gesellschaftsvermögen).

Die Haftung des Trägers tritt vor allem ein, wenn

- ein Organisationsverschulden vorliegt, also z. B. kein ausreichender Dienst- oder Organisationsplan aufgestellt worden ist, der die Zuständigkeiten der Mitarbeiter für bestimmte Aufgaben regelt;
- die Überwachung nicht ausreicht, d. h. Dienstpläne zwar aufgestellt, die Einhaltung der notwendigen Weisungen aber nicht in erforderlichem Umfang erfolgt ist;
- die Auswahl der Angestellten nicht mit der erforderlichen Sorgfalt geschehen ist, also ungeeignete Mitarbeiter eingestellt wurden.

Dies heißt aber nicht, daß Vereine sich etwa bei Freizeiten nicht der ehrenamtlichen Hilfe von pädagogisch ungeschultem, aber verantwortungsbewußten und im Umgang mit Kindern bzw. mit Behinderten erfahrenen Erwachsenen bedienen dürfen.

Neben dem Träger des Vereins kommt eine Haftung des Vorstandsmitgliedes in Betracht, das nach der Geschäftsverteilung des Vorstandes für die betreffende Einrichtung zuständig, d. h. mit der Überwachung beauftragt worden ist, sofern nachgewiesen werden kann, daß es nicht ordnungsgemäß für eine ausreichende Kontrolle der einzelnen Mitarbeiter der Einrichtung gesorgt hat. Unter derselben Voraussetzung haftet bei einer GmbH der Geschäftsführer.

Können bei einem Schadensfall mehrere Personen gleichzeitig zur Verantwortung herangezogen werden, so haften diese als Gesamtschuldner (§ 421 BGB), d. h. jeder kann für den gesamten Schaden herangezogen werden. Der Geschädigte, dem natürlich immer nur ein Ersatz in der Schadenshöhe zusteht, hat die Möglichkeit, sich an denjenigen unter den Haftenden zu halten, bei dem er, vor allem in finanzieller Hinsicht, die besten Aussichten auf Erfolg sieht.

Im Innenverhältnis wird zwischen den beteiligten Schuldnern ein Ausgleich erfolgen, d. h. der Schaden wird je nach Schwere des Verschuldens aufgeteilt (§ 426 BGB).

Welche Ersatzansprüche können gestellt werden?

Grundsätzlich hat der Ersatzpflichtige den Zustand wieder herzustellen, der ohne das schädigende Ereignis bestünde. Statt dieser Wiederherstellung kann in der Regel Ersatz in Geld verlangt werden.

Bei Sachschäden sind aber nicht nur Reparaturkosten, sondern auch ein Ausgleich für einen entsprechenden Minderwert der Sache zu ersetzen.

Bei Personenschäden umfaßt der Ersatzanspruch sowohl die Behandlungs- und Krankheitskosten wie auch einen eventuellen Gewinn- oder Verdienstausfall. Darüber hinaus kommt die Zahlung eines Schmerzensgeldes in Betracht (§ 847 BGB).

Haftungsverpflichtungen Behinderten gegenüber

Die Aufsichtspflicht erstreckt sich auch darauf, den Aufsichtsbedürftigen selbst vor Schäden zu bewahren, die ihm durch sein eigenes Verhalten oder von außen her drohen. Die gesetzliche Grundlage dafür gibt die Bestimmung des § 823 Abs. 1 BGB:

> *»Wer vorsätzlich oder fahrlässig das Leben, den Körper, die Gesundheit, die Freiheit, das Eigentum oder ein sonstiges Recht eines anderen widerrechtlich verletzt, ist dem anderen zum Ersatz des daraus entstandenen Schadens verpflichtet.«*

Nach dieser Vorschrift ist also derjenige zum Schadensersatz verpflichtet, der durch ein rechtswidriges Tun oder Unterlassen ein fremdes Rechtsgut schuldhaft verletzt. Das Unterlassen kann gerade in der Verpflichtung zur gehörigen Aufsichtsführung bestehen.

Kommt also ein behinderter Mensch aufgrund unzureichender Aufsichtsführung zu Schaden, z. B. einer Körperverletzung, so besteht auch hier eine Verpflichtung zum Schadensersatz.

Die Haftungs- und Ersatzpflicht ist in gleicher Weise, wie oben beschrieben, geregelt.

Strafrechtliche Folgen einer Verletzung der Aufsichtspflicht

Unabhängig von der zivilrechtlichen Haftung des Aufsichtspflichtigen ist eine möglicherweise gleichzeitig einhergehende strafrechtliche Verfolgung. Sie wird nur bei Unfällen mit Körperverletzung oder tödlichem Ausgang in Frage kommen, da nur hier Fahrlässigkeitsdelikte ausdrücklich bestraft werden. Durch die Polizei oder die Staatsanwaltschaft wird ein Ermittlungsverfahren eingeleitet, wenn aus dem Verlauf des Geschehens der Eindruck entsteht, daß der Unfall, das schädigende Ereignis, auf ungenügende Aufsichtsführung zurückzuführen ist.

Versicherungsmöglichkeiten

Die vorstehenden Ausführungen haben gezeigt, daß eine Verletzung der Aufsichtspflicht unter Umständen zu erheblichen Schadensersatzforderungen führen kann. Allen zur Aufsicht verpflichteten Personen ist daher zu raten, sich durch den Abschluß einer ausreichenden Haftpflichtversicherung wenigstens vor den finanziellen Folgen einer Aufsichtspflichtverletzung zu schützen.

Eltern können sich durch den Abschluß einer privaten Familien-Haftpflichtversicherung absichern. In ihr ist auch das behinderte Kind bis zum 18. Lebensjahr prämienfrei mit in den Versicherungsschutz einbezogen.

In den Allgemeinen Haftpflichtversicherungsbedingungen, die für alle Versicherungsunternehmen bindend sind, existiert keine Bestimmung, die einen Ausschluß geistig behinderter Menschen von der Versicherung beinhaltet.

Nach Vollendung des 18. Lebensjahres endet allerdings der Versicherungsschutz des Kindes in der Familien-Haftpflichtversicherung, sofern sich nicht eine Berufsausbildung anschließt. Bei geistig Behinderten gehört dazu auch unter anderem der Besuch des Trainingsbereichs einer WfB.

Es kann sich daher empfehlen, für volljährige geistig Behinderte eine eigene Haftpflichtversicherung abzuschließen oder die weitere Einbeziehung in der Familien-Haftpflichtversicherung mit dem Versicherungsunternehmen zu regeln. Dies ist selbst dann sinnvoll, wenn der Behinderte deliktsunfähig ist und für einen Schaden in der Regel nicht haftbar gemacht werden kann. Die Haftpflichtversicherung übernimmt nämlich nicht nur die Befriedigung berechtigter Schadensersatzansprüche Dritter, sondern kann auch dazu dienen, unbegründete Ansprüche abzuwehren. In einem Prozeß muß gegebenenfalls der geistig behinderte Mensch seine Deliktsunfähigkeit beweisen. Ist er haftpflichtversichert, so wird ein etwaiger Rechtsstreit in seinem Namen auf Gefahr und Kosten des Versicherungsnehmers durchgeführt, d. h. diese übernimmt die Kosten für die Prozeßführung und für das nötige Beweisverfahren.

In Einrichtungen ist es möglich, daß der Einrichtungsträger einen Gruppenversicherungsvertrag abschließt, und damit für alle in der Einrichtung betreuten Behinderten den nötigen Haftpflichtversicherungsschutz sicherstellt.

H

Betriebshaftpflichtversicherung

Der Träger einer Einrichtung kann sich durch den Abschluß einer Betriebshaftpflichtversicherung absichern.

Diese deckt auch den Leiter der Einrichtung sowie sämtliche dort tätigen Mitarbeiter, wenn sie wegen einer Aufsichtspflichtverletzung in Anspruch genommen werden.

Insbesondere im Bereich von Werkstätten für Behinderte hat der Einrichtungsträger auch die Möglichkeit, die Behinderten selbst in die Betriebshaftpflichtversicherung miteinzuschließen gegen solche Haftpflichtansprüche, die sich aus der Arbeit in der WfB ergeben.

Renate Heinz-Grimm
Leiterin des Fachgebiets Bürgerliches Recht
der Bundesvereinigung Lebenshilfe
Raiffeisenstr. 18

35043 Marburg

Literatur:

Bundesverband für Körper- und Mehrfachbehinderte e. V. (Hrsg.): Versicherungsschutz für behinderte Menschen. Düsseldorf.

CLAUSSEN; VENT (1987): Aufsichtspflicht und Aufsichtspflichtverletzung unter besonderer Berücksichtigung der Situation im Heim. Wissenschaftliche Informationsschriften der Arbeitsgemeinschaft für Erziehungshilfe e. V. — Bundesvereinigung. 2. Auflage. Hannover.

MÜNDER, J. (1990): Beratung, Betreuung, Erziehung und Recht. Münster: VOTUM Verlag.

SAHLINGER, U. (1992): Aufsichtspflicht und Haftung in der Kinder- und Jugendarbeit. 2. Auflage. Münster: VOTUM Verlag.

SCHMIDT, M. J. (1982): Die Aufsichtspflicht nach § 832 BGB. In: Zeitschrift Versicherungsrecht (VersR), S. 822 ff.

STORR, P. (1990): Die Aufsichtspflicht der Sozialarbeiter und Sozialpädagogen, Regensburg: Walhalla und Praetoria Verlag.

I Finanzielle Absicherung

I

Finanzierung eines Wohnheims

Handreichung für die Durchführung eines Antrags

*Siegmund Crämer**

Für den Bau, die Finanzierung und Unterhaltung eines Wohnheimes für geistig behinderte Menschen ist ausschließlich der jeweilige Träger verantwortlich, z. B. die örtliche Lebenshilfe, vertreten durch seinen Vorstand. Darin verwirklicht sich unser Prinzip der Selbsthilfe.

Landesverband und Bundesvereinigung sind weder mitwirkend noch mitverantwortlich, ausgenommen bei der Beantragung von Mitteln der Aktion Sorgenkind. Beide beschränken sich auf Information, Beratung und in besonderen Fällen auch auf Fürsprache.

Die Behörden sind am Finanzierungsprozeß beteiligt durch die

— Festsetzung von Richtlinien für die Planung und die Finanzierung,
— Beteiligung an der Finanzierung im Rahmen einer gesetzlichen Pflichtaufgabe oder als freiwillige Leistung,
— Genehmigung eines Heimbetriebes und dessen laufende Überwachung.

Finanzierungsträger

Behörden

Für die Finanzierung von Wohnheimen für geistig behinderte Menschen, die in Werkstätten für Behinderte (!) arbeiten, sind zuständig:

— Bundesministerium für Arbeit in Bonn mit 35 %
— Sozialministerium des jeweiligen Bundeslandes mit 35 %

Achtung: Es ist möglich, daß die Prozentsätze in den neuen Bundesländern etwas höher sind. Es kann auch sein, daß vom Sozialministerium zusätzlich noch 10 % aus den Mitteln der sogenannten Ausgleichsabgabe gezahlt werden. Beides ist beim Sozialministerium zu erfahren.

Der Landkreis ist für die Finanzierung nicht zuständig, da die Werkstätten und Wohnheime nicht zu seinen Pflichtaufgaben gehören. Er hat also auch kein Bewilligungsrecht.

Träger

Alle nicht aus öffentlichen Mitteln aufgebrachten Restkosten muß der Träger selbst finanzieren. Öffentliche Zuschüsse werden erst dann bewilligt, wenn der Träger nachweisen kann, daß er dazu in der Lage ist. Das geschieht durch den Nachweis von Eigenmitteln. Sie können bestehen aus:

Eigenkapital

Das sind alle Barmittel, über die der Verein als Eigentümer verfügt und die durch Beiträge, Spenden, Erbschaften, Bußgelder der Gerichte (wichtig: Strafrichter ansprechen!), sonstige Einkünfte zusammenkommen. Hierher gehört auch die Spende, die Ihnen eine Firma machen will.

In Ausnahmefällen zählen auch Darlehen und Kredite auf dem Kapitalmarkt als Eigenkapital, wenn sie vorher vom Finanzierungsträger anerkannt werden. das bedeutet dann in der Regel, daß Zins und Tilgung im Pflegesatz angerechnet werden dürfen.

Eigenleistung

Hierzu zählen alle Arbeiten von Eltern und Freunden, die beim Bauen erbracht werden, wenn sie durch den Architekten in ihrem Geld-

* Der nachfolgende Text entstand im Hinblick auf eine ganz konkrete Beratungssituation für einen noch jungen Ortsverein in einem der neuen Bundesländer. Ihm war von einer Gemeinde ein ehemaliges Schulgebäude übereignet worden, um darin ein Wohnheim für erwachsene geistig behinderte Menschen zu errichten.

wert errechnet sind und später auch tatsächlich erbracht werden.

Eigenmittelersatz

Ein Zuschuß der *Aktion Sorgenkind* wird im Finanzierungsplan als Ersatz für Eigenmittel angerechnet.

Zur Zeit zahlt sie 10 % der Gesamtkosten bis zur Höhe von 400.000,– DM.

Wenn diese 10 % weniger als 400.000 DM ausmachen, können Sie für die Differenz ein Darlehen auf dem Kapitalmarkt aufnehmen. Die Aktion Sorgenkind beteiligt sich dann mit 4 % an den Zinsen. Die restlichen Zinsen plus 2 % Tilgung müssen Sie aufbringen, können Sie aber u. U. im Pflegesatz anrechnen.

Genaue Auskunft können die Sachbearbeiterinnen der Bundesvereinigung Lebenshilfe geben.

Ihre tatsächlich notwendigen Eigenmittel werden also durch den Zuschuß der Aktion Sorgenkind um 10 % reduziert.

Obwohl Kreis und Gemeinde keine Leistungspflicht haben und deswegen auch kein Bewilligungsrecht, können sie sich freiwillig an der Finanzierung beteiligen, indem sie dem Träger auf Antrag Zuschüsse zur Aufbringung der Eigenmittel bewilligen. Daran müssen sie interessiert sein, weil sie so ihre soziale Infrastruktur kostengünstiger entwickeln können, als wenn sie die Einrichtung in die eigene Trägerschaft nehmen.

Die Sache hat jedoch einen Haken. Der Kreis oder die Gemeinde müssen in der Bewilligung ausdrücklich erklären, daß ihr Zuschuß für den Eigenkapitalanteil der örtlichen Lebenshilfe bestimmt ist. Tun sie das nicht, so rechnen Bund und Land diesen Zuschuß auf ihre Leistungen an und kürzen sie entsprechend um diesen Betrag. Dann gehen Sie leer aus.

Am besten wird davon eine Form der Zahlung vereinbart, die es ermöglicht, den Zuschuß von Kreis oder Gemeinde im Finanzierungsantrag erscheinen zu lassen, indem er Teil des Eigenkapitals wird.

Grundstücke und Gebäude

Grundstücke und Gebäude können als Eigenmittel anerkannt werden. Das ist von entscheidender Bedeutung für die Finanzierung. Dazu später mehr.

Finanzierungsbedingungen

Bund und Land haben für die Bewilligung von Zuschüssen Richtlinien erlassen, deren Beachtung erforderlich ist, wenn man keine finanziellen Nachteile erleiden will. Die wichtigsten will ich hier nennen:

Anerkennungsfähige Kosten

Kosten für den Bau eines Wohnheimes können nicht in beliebiger Höhe anerkannt werden, sondern nur bis zu einer bestimmten Grenze, die durch sogenannte Platzpauschalen markiert werden. In den alten Ländern betragen sie zur Zeit 110.000 DM für den Kauf und Ausbau sowie 7.500 DM für die Einrichtung.

Kosten, die darüber liegen, sind nicht zuschußfähig und müssen vom Träger selbst aufgebracht werden.

Achtung: Es kann sein, daß für die neuen Länder andere Pauschalen gelten, wenn die Baukosten niedriger sind als im Westen. Auskunft gibt das Sozialministerium. Vielleicht weiß aber auch schon der Landesverband Bescheid.

Diese Pauschale kann aber nicht automatisch zur Grundlage des Finanzierungsantrags gemacht werden. Man kann also nicht rechnen: 24 Plätze x 110.000 DM = 2.640.000 DM = Antragssumme. Die Antragssumme wird vielmehr durch die Kostenermittlung des Architekten nach DIN-Vorschriften berechnet. Anschließend muß sie noch vom Kostenträger als zuschußfähig anerkannt werden.

Der tatsächlich zuschußfähige Betrag kann also unter der Pauschale liegen. Das ist in jedem Falle günstiger, denn je niedriger die Gesamtkosten sind, um so niedriger ist der Eigenanteil, und um so höher schlägt der Wert der Gebäude prozentual zu Buche.

Nachfinanzierung

Ergeben sich nach Baubeginn höhere Kosten als die bewilligten, kann eine Nachfinanzierung erfolgen. Dabei können aber nur Kosten anerkannt werden, die entstanden sind durch:

- unvorhersehbare Ereignisse, z. B. Grundwasser in der Baugrube;
- Auflagen von Behörden während der Bauphase, z. B. Brandschutz oder Schutzbestimmungen in einem Wasserschutzgebiet;
- Steigerungen der Baupreise nach dem Bewilligungsdatum;
- Änderung des Bedarfs nach Baubeginn, z. B. durch besonderen Pflegebedarf eines neu hinzugekommenen Personenkreises, wie Rollstuhlfahrer oder Erweiterung der Platzzahl.

Alle übrigen Mehrkosten, z. B. durch nachträgliche Planänderung ohne Zustimmung der Kostenträger, gehen zu Lasten des Trägers. Es ist also sehr wichtig, in der Phase der Planung alle Kostenfaktoren genau zu ermitteln, damit der Finanzierungsantrag realistisch ist.

Anrechnung von Eigenmitteln

Alle Eigenmittel, die der Träger bereits vor der Bewilligung eines Finanzierungsantrages in ein Projekt investiert hat, können grundsätzlich nicht mehr als anrechnungsfähige Eigenmittel anerkannt werden. Der Zuschußgeber reduziert in diesem Falle die Gesamtkosten um den schon von ihnen geleisteten Betrag, und Sie müssen dann noch einmal Eigenkapital aufbringen.

Beispiel: Sie können am 1. 4. 92 durch einen günstigen Umstand sehr billig die Einrichtung für 100.000 DM einkaufen. Der Bewilligungsbescheid über eine Gesamtfinanzierung in Höhe von 1.500.000 DM trägt jedoch das Datum 2. 4. 92. In diesem Falle wird die anerkennungsfähige Summe auf 1.400.000 DM reduziert, und der bereits von Ihnen gezahlte Kaufpreis von 100.000 DM wird nicht mehr als Eigenkapital angerechnet. Diese Richtlinie müssen Sie unbedingt beachten, wenn Sie keinen Schaden erleiden wollen.

Anrechnung von Grundstücken und Gebäuden

Grundstücke und Gebäude, die schon vor Antragsbewilligung Eigentum des Trägers sind, können grundsätzlich nicht mehr als Eigenkapital anerkannt werden.

Aber auch bei einer Übereignung nach der Bewilligung kann eine Anerkennung als Eigenkapital gefährdet sein. Da das aber unter allen Umständen sichergestellt sein muß, habe ich mich in Bonn über ein geeignetes Verfahren vorinformiert und kann folgenden Weg vorschlagen:

1. Durch einen amtlichen Schätzer wird der Wert von Grundstück und Gebäude ermittelt. Er soll möglichst hoch angesetzt werden, denn entsprechend hoch ist dann das Eigenkapital.

2. Dieser Schätzwert wird im Finanzierungsantrag in voller (!) Höhe einmal auf der Kostenseite als Kosten des Erwerbs und dann noch einmal auf der Finanzierungsseite als Eigenkapital eingesetzt.

3. Die Gemeinde übereignet dann Grundstück und Gebäude erst nach dem Eingang des Bewilligungsbescheides als Schenkung, wobei sie ausdrücklich zur Bedingung macht, daß der Schätzwert in voller Höhe als Eigenkapital angerechnet wird. Unter Umständen muß diese Willensbekundung der Gemeinde schon beim Antragsverfahren vorliegen.

Grundsätzlich sollte schon zu Beginn der Finanzierungsverhandlungen ausdrücklich die Übereinstimmung mit dem Sozialministerium über dieses Verfahren hergestellt werden.

Finanzierungswege

Nachstehend beschreibe ich, wie man zur Bewilligung einer öffentlichen Finanzierung kommt.

Bewilligungsbehörden

Sozialministerium

Das Sozialministerium ist die federführende Bewilligungsbehörde für die Finanzierung, d. h. es ist von Anfang an Partner für alle Verhandlungen. Das Sozialministerium stellt dann seinerseits den Kontakt zum Bundesarbeitsministerium her und koordiniert mit diesem das Bewilligungsverfahren.

Kreisverwaltung

Für die Genehmigung des Bauplanes ist die Kreisverwaltung zuständig. Da dieser Bauplan aber zunächst einmal vom Sozialministerium als Fachbehörde auf seine Zuschußwürdigkeit überprüft werden muß, sollte der Antrag auf Baugenehmigung erst im Anschluß an die Genehmigung durch die Fachbehörde gestellt werden. Durch eine Bauvoranfrage kann man jedoch bereits in der Planungsphase Übereinstimmung mit der Bauverwaltung des Kreises herstellen.

Für Aufstellung einer genehmigungsfähigen Bau- und Kostenplanung braucht man einen fähigen Architekten. Er muß von Anfang an eingeschaltet sein. Verabreden Sie mit ihm, daß er seine Honorarforderungen erst nach der Bewilligung des Finanzierungsplanes stellt, damit Sie nicht mit Geld in Vorlage treten müssen.

Aktion Sorgenkind

Für den Zuschuß der Aktion Sorgenkind ist ein eigener Antrag zu stellen. Der Antragsweg geht über den Landesverband und von dort zur Bundesvereinigung der Lebenshilfe. Beide müssen ihn befürworten. Mit den Sachbearbeiterinnen der Bundesvereinigung kann das genaue Verfahren telefonisch vorbesprochen werden.

Finanzierungsantrag

Den Finanzierungsantrag kann man erst am Ende langer Verhandlungen erstellen, in denen seine einzelnen Modalitäten ausgehandelt werden. Er besteht aus Projektbeschreibung und Finanzierungsplan.

Projektbeschreibung

Die Projektbeschreibung muß darstellen, für welchen Personenkreis was zu welchem Zweck und welchem Umfang finanziert werden soll.

Die Planung verläuft in zwei Phasen, die zeitlich allerdings nicht nacheinander erfolgen, sondern weitgehend miteinander verflochten sind.

Die erste Phase, die Konzeptionsplanung, führt die konzeptionelle Grundentscheidung herbei, z. B. über

- Personenkreis,
- Platzbedarf
- Platzzahl,
- Gruppengröße,
- Wohnformen, z. B. Einzel- oder Mehrbettzimmer,
- zentrale Küchenversorgung oder Selbstversorgung der Gruppen,
- zentrale Wäscherei oder Gruppenwäscherei,
- Gemeinschaftsbäder oder Sanitärzellen pro Zimmer,
- Sonderbedarf für Schwerbehinderte (z. B. Aufzug, Behindertentoiletten usw.).

Für diese Grundentscheidungen gibt es in jedem Land Richtlinien. Sie legten z. B. genau fest, wie groß ein Zimmer mindestens sein muß und wie groß es höchstens sein darf. Ich nehme an, daß inzwischen jedes neue Bundesland eine solche Verordnung besitzt. Sollte das nicht der Fall sein, schlage ich die Empfehlungen der Bundesvereinigung vor, die natürlich Maximallösungen darstellen. Sie sollten aber auf jeden Fall bei der Planung Leitschnur sein.

Die zweite Phase setzt die konzeptionellen Grundsatzentscheidungen in ein Raumprogramm um. Hier geht es also um eine Auflistung aller Räume, die zur Realisierung der Konzeption erforderlich sind.

Achtung: Konzeption und Raumplan sollten schon gemeinsam mit dem Architekten und den Eltern erarbeitet werden. Sie stellen eine sehr schöne Arbeit dar, an der möglichst viele Eltern von Anfang an beteiligt sein sollten. Auf diese Weise entsteht eine starke Identifikation der Eltern mit ihrem Heim und ein Solidarisierungsprozeß, der später von großer Wichtigkeit ist, wenn einmal der Betrieb begonnen hat.

I

Nachdem Sie zunächst einmal Ihre eigenen Vorstellungen ermittelt haben, beginnen die Verhandlungen mit dem Sozialministerium über das Raumprogramm. Sie sollten möglichst am Ort erfolgen, da sie dort anschaulicher verlaufen können.

Sehr hilfreich ist in diesem Zusammenhang, wenn der Architekt schon in einer Bauskizze umrissen hat, wie Sie Ihre Vorstellungen in der Schule und auf dem Gelände umsetzen wollen. Daraus lassen sich dann auch schon erste Kostenschätzungen ableiten.

Wenn Übereinstimmung über das Raumprogramm erzielt ist, kann der Architekt in einer ersten Bauplanung die Kosten ermitteln. Darüber wird dann erneut mit dem Sozialministerium verhandelt, bis eine Übereinstimmung über die Höhe der zuschußfähigen Kosten erzielt worden ist. Danach kann der Finanzierungsantrag gestellt werden.

Finanzierungsantrag

Der Finanzierungsantrag enthält:

- Projektbeschreibung,
- Baubeschreibung,
- Bauplan,
- Kostenermittlung,
- Finanzierungsantrag.

Nachstehend will ich ein Modell für einen Finanzierungsplan entwerfen. Ich gehe dabei von folgenden Bedingungen aus:

- 24 Heimplätze

Finanzierungsplan für Erwerb, Ausbau und Einrichtung der ehemaligen Schule als Wohnheim für geistig behinderte Erwachsene

1	**Kosten**		
1.1	Erwerb des Schulgebäudes:		300.000 DM
1.2	Ausbau:		2.390.000 DM
1.3	Einrichtung		180.000 DM
Gesamtkosten:			**2.870.000 DM**
2	**Finanzierung**		
2.1	Öffentliche Zuschußgeber:		
	— Zuschuß des Bundesministeriums für Arbeit (35 %)	1.004.500 DM	
	— Zuschuß des Landessozialministeriums (35 %)	1.004.500 DM	2.009.000 DM
2.2	Eigenmittel:		
	— Eigenkapital	300.000 DM	
	— Eigenkapitalersatz der Aktion Sorgenkind durch:		
	— Zuschuß (10 %)	287.000 DM	
	Darlehen	113.000 DM	700.000 DM
Summe:			**2.709.000 DM**
ungedeckter Restbetrag:			161.000 DM

I

- volle Platzpauschale von 110.000 DM [inzwischen 120.000 DM; die Red.] für Bau und 7.500 DM für Einrichtung
- je 35 % Zuschuß von Bund und Land,
- Schätzwert von Gelände und Gebäude 300.000 DM.

Ich bin bei diesen Werten von den ungünstigsten Bedingungen ausgegangen. Wenn die Baukosten niedriger und die Zuschüsse von Bund und Land höher sind, was zu vermuten ist, ist Ihr Eigenkapitalanteil tatsächlich niedriger und damit günstiger.

Bei dem Rechenbeispiel (s. Tabelle Seite 409) müssen also noch 161.000 DM Eigenmittel aufgebracht werden, bevor ein Finanzierungsantrag gestellt werden kann, denn ohne Deckungsnachweis gibt es keine Bewilligung. Das kann geschehen durch:

- Nachweis von Eigenleistung durch Arbeit der Eltern,
- einen freiwilligen Zuschuß des Landkreises,
- Zuschuß durch »Hilfe für das behinderte Kind« (sehr geringe Mittel).

Ich denke jedoch, daß die tatsächlichen Kosten so niedrig sein werden, daß man das Eigenkapital mit dem Schätzwert von Grundstück und Gebäude und dem Zuschuß der Aktion Sorgenkind aufbringen kann.

Siegmund Crämer
Vorsitzender der Lebenshilfe Bad Dürkheim
Dr.-Kaufmann-Str. 12

67098 Bad Dürkheim

Investitionsfinanzierung gemeindenaher Wohneinrichtungen

Anmerkungen zur rechtlichen Situation und zu den investiven Förderungsmöglichkeiten aus öffentlichen Mitteln

Renate Heinz-Grimm, Klaus Kräling

In der Bundesrepublik Deutschland wurden seit Mitte der 60er Jahre bis heute ca. 700 gemeindenahe Wohnstätten mit knapp 15.000 Plätzen für erwachsene Menschen mit geistiger Behinderung geschaffen — davon viele in Trägerschaft örtlicher Lebenshilfe-Vereinigungen (vgl. Beitrag B 2, S. 21).

Bei den Wohnformen handelt es sich nach Definition der Lebenshilfe um kleine, pädagogisch geführte und inmitten eines Wohngebietes liegende Einrichtungen, die gemäß § 39 in Verbindung mit § 100 Bundessozialhilfegesetz (BSHG) vom überörtlichen Träger der Sozialhilfe als stationäre Eingliederungshilfe im Rahmen eines Pflegesatzes finanziert werden.

Ergänzt werden diese Wohneinrichtungen durch Formen des ambulant betreuten Einzel- und Gruppenwohnens. Hierbei handelt es sich um Wohnformen außerhalb von Einrichtungen und in finanzieller Zuständigkeit des örtlichen Sozialhilfeträgers gemäß § 99 BSHG, sofern durch Sozialhilferichtlinien keine zusätzliche Beteiligung des überörtlichen Sozialhilfeträgers geregelt ist. Diese Wohnformen sind jedoch — mit Ausnahme von Nordrhein-Westfalen — nicht Gegenstand der nachfolgenden Ausführungen.

Die beachtliche Entwicklung der Platzkapazitäten im Bereich des gemeindenahen Wohnens erwachsener Menschen mit geistiger Behinderung sollte jedoch nicht darüber hinwegtäuschen, daß die vorhandenen Angebote immer noch bei weitem nicht ausreichen.

Die Lebenshilfe geht davon aus, daß für die Hälfte aller geistig behinderten Menschen, die in Werkstätten für Behinderte arbeiten, ein Platz in einer gemeindenahen Wohneinrichtung benötigt wird. Auf der Grundlage der daraus folgenden Berechnungen ergibt sich für die Lebenshilfe ein Fehlbedarf an gemeindenahen Wohnplätzen von ca. 45.000 bis 50.000 Plätzen.

Diese Zahlen verdeutlichen sehr genau, daß Bund, Länder und Kommunen bei der Bereitstellung von Finanzmitteln zur Errichtung gemeindenaher Wohneinrichtungen für erwachsene Menschen mit geistiger Behinderung verstärkt in die Pflicht genommen werden müssen.

Aufgabenstellung

Der dringenden Notwendigkeit, Wohnplatzkapazitäten zu schaffen, stehen aber z. Z. politische Umstände entgegen:

- die rigorose Sparpolitik der öffentlichen Haushalte (vgl. 2. Gesetz zur Umsetzung des »Spar-, Konsolidierungs- und Wachstumsprogramms« vom 21. 12. 1993) sowie
- die Bestrebungen der Bundesregierung, ab 1992 zugunsten der neuen Bundesländer in den alten Bundesländern nur noch reduzierte Bundesmittel für den Bau gemeindenaher Wohneinrichtungen für erwachsene Menschen mit geistiger Behinderung in den kommenden Jahren zur Verfügung zu stellen (Bayerischer Landtag 1994; Beirat für die Rehabilitation der Behinderten 1991, 1992).

  Nach Auskunft des BMA werden ab 1994 Wohnstätten sowohl in den neuen als auch in den alten Bundesländern bei investiver Finanzierung aus Mitteln des Ausgleichsfonds wieder gleichbehandelt. Als Begründung wurde insbesondere darauf verwiesen, daß nicht unerhebliche Mittel, die für Projekte in den neuen Bundesländern vorgesehen waren, nicht angefordert worden sind. *Für die grundlegende Aufgabenstellung ergeben sich daraus aber keine Einschränkungen.*

Davon ausgehend ist es Ziel dieser Ausführungen, in erster Linie gemeinnützige Träger von Behinderteneinrichtungen darüber zu informieren,

— wie sich die Investitionsfinanzierung gemeindenaher Wohneinrichtungen für erwachsene Menschen mit geistiger Behinderung aus öffentlichen Mitteln auf Bundes-, Länder- und kommunaler Ebene z. Z. darstellt und
— welche alternativen bzw. zusätzlichen Mittel öffentlicher Haushaltstöpfe den Trägern der Behindertenhilfe sonst noch zur Verfügung stehen und von ihnen in Anspruch genommen werden können.

Bewußt ausgeklammert wurden Ausführungen zum Aspekt der Eigenmittelerhöhung. Diese Frage behandelt die Bundesvereinigung Lebenshilfe z. Z. in einer Projektgruppe »Schenkungen/Stiftungen zugunsten der Lebenshilfe«.

Aufgrund der Komplexität der Materie und der relativen Schnellebigkeit von Finanzierungserlassen und -richtlinien auf Bundes- und Länderebene war eine umfassende Gesamtdarstellung nicht zu leisten. Wir haben uns daher darauf beschränkt, einige wichtige Aspekte aufzuzeigen und Denkanstöße zu liefern, um somit den Trägern der Behindertenhilfe vor Ort wenigstens eine grobe Orientierungshilfe an die Hand geben zu können.

Ist-Stand der Investitionsfinanzierung aus öffentlichen Mitteln

Gesetzliche Grundlage der Finanzierung gemeindenaher Wohneinrichtungen für erwachsene Menschen mit geistiger Behinderung ist u. a. das Schwerbehindertengesetz (§§ 11, 12) in Verbindung mit der Ausgleichsabgabenverordnung.

Darüber hinaus sind — ohne auf die unterschiedliche Verwaltungsstruktur und Wohnstättensituation in den einzelnen Bundesländern näher einzugehen — als weitere Finanzierungsquellen für öffentliche Investitionskosten noch die Länder und Kommunen zu erwähnen.

Problemstellung

Da als investive Kostenträger gemeindenaher Wohneinrichtungen generell Bund, Länder und Kommunen in Frage kommen, führte die Lebenshilfe 1993 mit Hilfe der Landesgeschäftsführer/-innen eine verbandsinterne Umfrage durch. Sie wollte damit in Erfahrung bringen, wie sich die Bereitstellung öffentlicher Finanzmittel mit Blick auf die Schaffung von Wohnplätzen in der Bundesrepublik Deutschland z. Z. konkret darstellt.

Der Erhebungsbogen mit dem Titel »Investitionsfinanzierung von Wohnstätten für behinderte Erwachsene«* beinhaltete die beiden Fragen nach

— einer »typischen Finanzierung durch Bund, Land und Eigenmittel« sowie
— einer »atypischen Finanzierung durch Stiftungen und Eigenmittel«.

Als Ergebnis der Umfrage kann generell festgehalten werden, daß sich die öffentlichen Investitionsmittel in der Regel in den *alten Bundesländern* aufteilen in 40 % Bundesmittel; 40 % Landesmittel sowie 20 % Eigenmittel; hiervon möglicherweise 10 % Mittel der Deutschen Behindertenhilfe — Aktion Sorgenkind (AS).

Für die *neuen Bundesländer* ist den Angaben des BMA entsprechend folgende Finanzierung vorgesehen: 45 % Bund, 45 % Ländermittel sowie 10 % Eigenanteil.

Das Ergebnis der Lebenshilfe-Umfrage scheint diese Angaben aber nicht zu bestätigen, vielmehr zeigt sich, daß sich bezüglich der öffentlichen Zuschußmittel in Ostdeutschland kein einheitliches Bild ergibt.

Das Hauptproblem bestand nun darin, daß der Bund nach Aussagen des BMA 1992 und 1993 seinen 40%igen Anteil reduzieren wollte zugunsten

* Es wurden nur Wohneinrichtungen abgefragt, die gemäß § 39 in Verbindung mit § 100 BSHG vom überörtlichen Träger der Sozialhilfe als stationäre Eingliederungshilfe im Rahmen eines Pflegesatzes finanziert werden.

I

der Wohnstättenfinanzierung in den neuen Bundesländern und zu Lasten der Eigenmittel der Träger in den alten Bundesländern (Bayerischer Landtag 1994; Beirat für die Rehabilitation der Behinderten 1991, 1992).

Da die Träger gemeindenaher Wohneinrichtungen schon bei einer 40%igen Bezuschussung aus Bundesmitteln Schwierigkeiten hatten, ihren Eigenmittelanteil aufzubringen, ist dies angesichts der neuen Situation schlechterdings unzumutbar. Die öffentliche Hand kann hier nicht aus ihrer gesetzlichen Verpflichtung entlassen werden. Andererseits sind die Wohnstättenträger jetzt verstärkt gezwungen, sich nach alternativen öffentlichen Finanzquellen umzuschauen.

Finanzierungsüberblick bundes- und länderbezogener Investitionsmittel

Der Rücklauf der insgesamt 16 Erhebungsbögen der Lebenshilfe-Landesverbände war — insbesondere für die Beantwortung der Frage nach der »typischen Finanzierung« — aussagekräftig; dagegen konnten Informationen über »atypische Finanzierungen« nur aus wenigen Bundesländern ausgewertet werden.

Baden-Württemberg

Die typische Finanzierung in Baden-Württemberg sieht so aus, daß der Bund 40 %, das Land 10 % und der Landeswohlfahrtsverband 30 % der Finanzierungsmittel zur Verfügung stellen. Hinzu kommen 10 % Eigenmittel sowie 10 % Eigenersatzmittel durch AS. Als weitere Finanzierungsmöglichkeit gibt es die Variante: 40 % Bund, 30 % Land, 10 % Kommune, 10 % Eigenmittel, 10 % Eigenersatzmittel (AS).

Bayern

Pro Wohnstättenplatz gibt es derzeit ca. 26.000 bis 28.000 DM Staatsbaudarlehen; die Bundesmittel entsprechen in der Regel den Landesmitteln. Die AS-Zuschüsse belaufen sich auf 10 %.

Die Mittel der Ausgleichsabgabe betragen ungefähr 3.000 DM pro Platz. Die Zinsen für die aufgenommenen Fremdmittel sind gemäß Bayerischer Pflegesatzverordnung pflegesatzrelevant. Teilweise gibt es vom überörtlichen Träger der Sozialhilfe einen Zuschuß von 3 bis 10 % der Gesamtkosten.

Berlin

In Berlin wird die Finanzierung über die Mittel aus dem Wohnungsbauförderungsprogramm abgewickelt. Ebenso wird Wohnraum für Behinderte über den sozialen Wohnungsbau (siehe S. 343) geschaffen.

Die knappen Haushaltsmittel für investive Maßnahmen haben beispielsweise in den 80er Jahren zu folgendem Finanzierungsmodell geführt:

Ein der Lebenshilfe gehörendes Grundstück (erworben durch Eigenmittel/Spenden) wird im Wege des Erbbaurechts auf 99 Jahre an eine Bauträgergesellschaft gegeben mit der Verpflichtung, auf dem Grundstück ein Wohnheim für Behinderte zu bauen und einen Generalmietvertrag mit dem Grundstückseigentümer abzuschließen. Die eingehenden Erbpachteinnahmen werden nicht auf den Kostensatz angerechnet. Der Bauträger baut im Rahmen der Förderung des sozialen Wohnungsbaus nach Absprache der Planung mit der Lebenshilfe. Die so entstandene Wohnstätte mietet die Lebenshilfe als Generalmieter an. Die Kosten für die Ausstattung und die Vorlaufkosten (Personal- und Sachkosten) werden zu 100 % vom Land Berlin übernommen.

Brandenburg

Inwieweit derzeit Finanzierungsmöglichkeiten für den Wohnheimbau bestehen, ist nicht ersichtlich. Die Kostenübernahme für die Miete durch den Kostenträger ist z. Z. unproblematisch.

Das Land Brandenburg sieht im Rahmen seiner Mietwohnungsneubauförderung die Schaffung von 5 bis 10 % barrierefreier und rollstuhlgerechter Wohnungen vor. Im Rahmen der Mietwohnungsbaurichtlinie vom 3. Februar 1993 ist eine gezielte Sonderförderung von alten- und behindertengerechten Mietwohnungen vorgesehen. Wohngebäude in der Form von Wohnheimen werden allerdings nicht in diesem Rahmen gefördert.

Nähere Informationen sind erhältlich bei der Investitionsbank des Landes Brandenburg (ILB), Steinstr. 104—106, 14480 Potsdam, Tel.: (0331) 6457-332.

Bremen

Die Schaffung gemeindenaher Wohneinrichtungen ist ohne Drittmittel vom BMA nicht möglich. Der Bund stellt derzeit ca. 17,7 % zur Verfügung, die er aus Mitteln des Ausgleichsabgabefonds zahlt. Das Land stellt ca. 14,5 % zur Verfügung; Als Eigenmittel (inklusive Eigenersatzmittel) müssen 67,8 % aufgebracht werden.

Hamburg

Im Bundesland Hamburg existieren zwei Finanzierungsmodelle:

Modell I:
Eigenmittel und Fremdmittel/Kapitalmarkt und AS = 100 %. Die Prozentanteile variieren von Fall zu Fall.

Modell II:

	Bundesmittel/BMA/ Ausgleichsabgabefonds	ca. 40 %
+	Eigenmittel	10 %
+	Eigenersatzmittel (AS)	10 %
+	Restfinanzierung durch verbilligte Kredite der Wohnungsbaukreditanstalt Hamburg	Rest
		= 100 %

Hessen

Der Bund stellt 30 % (in wenigen Ausnahmefällen 40 %) , das Land Hessen auch 30 % zur Verfügung. Zwischen 10 und 30 %* gibt es vom Landeswohlfahrtsverband Hessen, die Kommunen haben sich bisher mit 0,5 bis 10 % an der Finanzierung beteiligt; zukünftige Förderungen sollen sich auf 10 % belaufen. Die Restfinanzierung bis zu 10 % geschieht durch AS sowie 10 bis 20 % Eigenmittel vom Wohnstättenträger.**

Bei der Schaffung von lebenslangen Wohnplätzen für behinderte Menschen ist eine Aufnahme in die Förderpläne für den sozialen Wohnungsbau anerkannt (siehe hierzu S. 343).

Für die atypische Finanzierung durch Stiftungen und Eigenmittel gibt es bei ca. 10%iger Förderung durch AS und einer Bereitstellung von 10 bis 20 % durch den Wohnstättenträger selbst in wenigen Ausnahmefällen auch die Möglichkeit, Wohnstättenplätze durch Zuschüsse und/oder Darlehen, z. B. der Stiftung Hilfswerk für das behinderte Kind, zu erhalten — auch anstelle nicht zu erlangender Eigenmittel.

Mecklenburg-Vorpommern

Das Land fördert i. d. R. einen Wohnstättenplatz in der Höhe von 90.000 bis 110.000 DM pro Platz. Der Wohnstättenträger sollte 20 % Eigenmittel ausweisen (Verhandlungsspielräume mit dem Sozialministerium gehen bis zu 10 % Eigenmittel).

Die Finanzierung des Wohnstättenplatzes ist Verhandlungsspielraum zwischen BMA und dem Land Mecklenburg-Vorpommern. Seit 1. Januar 1994 gibt es bei der Förderung von Wohnstätten für Behinderte eine Verordnung, die mit dem Bundesministerium für Raumordnung, Bauwesen und Städtebau abgestimmt wurde und sich an Grundrissen und Aufmaß der Wohnstätte pro Platz orientiert. Jeder Kostenträger erhält eine entsprechende Verfahrensregelung.

Niedersachsen

Der Bund stellt 30 % der Finanzierungsmittel zur Verfügung, das Land 30 %, die restlichen 40 % müssen als Eigenmittel vom Wohnstättenträger aufgebracht werden. In diesen Eigenmitteln sind 10 % AS enthalten sowie eventuelle freiwillige Leistungen der Kommunen, die aber immer geringer werden und maximal 10 % betragen können.

* Ausgehend von einem 10%igen Finanzierungsanteil des LWV-Hessen können sich die restlichen Prozentanteile wie folgt zusammensetzen: 10 % Hauptfürsorgestelle oder aber 10 bis 20 % werden dem Wohnstättenträger als Darlehen gegeben, mit 2 % Tilgungsrate (nicht pflegesatzwirksam) und Zinsleistung (nur diese pflegesatzwirksam).

** Aufgenommene Darlehen als eingesetzte Eigenmittel des Wohnstättenträgers können nicht pflegewirksam (weder Zinsen noch Tilgung) eingestellt und anerkannt werden.

Eine atypische Finanzierung durch Stiftungen und Eigenmittel (z. B. Kauf einer vorhandenen Altbausubstanz, Neubau) sieht so aus:

Aktion Sorgenkind:	10—30 %
Hilfswerk:	0—15 %
Eigenmittel:	10—40 %
Kapitalmarkt:	40—70 %
Land (bzw. Übernahme von Teilen der Zinsbelastung im Pflegesatz):	0—30 %
Kommunen (freiwillige Leistung):	0—10 %
	100 %

Der Zinszuschuß durch AS beträgt 3 % auf das aufgenommene Kapitalmarktdarlehen, wobei Annuitätendarlehen mit mindestens zwei von 100, Tilgungsdarlehen mit mindestens fünf von 100 zu tilgen sind. Die durch Zinszuschüsse geförderte Darlehenssumme beträgt maximal 600.000,— DM. Aus der Kombination der aufgeführten Finanzierungsmöglichkeiten ergibt sich in jedem Einzelfall eine unterschiedlich zusammengesetzte 100%ige Finanzierung.

Nordrhein-Westfalen

Der Bund stellt bisher 40 % zur Verfügung, das Land ebenso. Die restlichen 20 % setzen sich zusammen aus 10 % Eigenmittel und 10 % Eigenersatzmittel (AS). Für die Inneneinrichtung werden vom Bund 2.000 DM pro Platz zur Verfügung gestellt, vom Land ebenfalls. Die Kommunen beteiligen sich zum Teil an der Finanzierung.

Bei der *atypischen* Finanzierung gibt es verschiedene Kombinationsmöglichkeiten von AS-Mitteln, Mitteln der Stiftung Hilfswerk, der Stiftung Wohlfahrtspflege des Landes Nordrhein-Westfalen sowie der beiden Landschaftsverbände.

Nach Angaben des Lebenshilfe-Landesverbandes Nordrhein-Westfalen ergeben sich folgende zusätzliche Hinweise für NRW:

Im *Landschaftsverbandsbereich Rheinland* wurde »betreutes Wohnen« im Rahmen von Richtlinien bis zu 75 % vom Landschaftsverband bisher mitfinanziert. Bis 1996 aber wird der LVR aus der überregionalen Finanzierung aussteigen. Danach ist ausschließlich der örtliche Träger der Sozialhilfe für die Finanzierung zuständig (künftig ggf. die Pflegeversicherung).

Über den Bereich der üblicherweise in Anspruch genommenen Finanzierungsquellen wie BMA-Mittel, Landesmittel, Stiftungsgelder, Wohnungsbauförderungsmittel hinaus existieren in Nordrhein-Westfalen noch besondere Förderpläne zur Herauslösung geistig behinderter Menschen aus den Einrichtungen der Psychiatrie.

So gibt es z. B. im Bereich des *Landschaftsverbandes Westfalen-Lippe* das sogenannte »5-Millionen-Programm« bis zum Jahr 1997. Die »Lebenshilfe Wohnen-gGmbH« beteiligt sich mit mehreren Objekten hieran. Allein 1994 wurden 50 Wohnplätze geschaffen, weitere sind für die nächsten Jahre geplant.

Im Bereich des *Landschaftsverbandes Rheinland* existiert das sogenannte »70,5-Millionen-Programm«. Hierin werden Mittel aus der Auffangkonzeption des Landes und Sondermittel des Landschaftsverbandes kombiniert, d. h. es kann eine 100%ige Finanzierung — inklusive Grundstück — sichergestellt werden, um fehlplazierte Menschen mit geistiger Behinderung aus Einrichtungen der Psychiatrie herauszuholen. Einzelne örtliche Vereinigungen der Lebenshilfe sind daran beteiligt.

In Nordrhein-Westfalen hat der Landesverband der Lebenshilfe Nordrhein-Westfalen eine landesweite zentrale Bauberatung/Baubetreuung geschaffen, 1994 erfolgte die Gründung einer »Wohnungs- und Einrichtungsgesellschaft mbH«, die zahlreiche örtliche Vereinigungen einbezieht, um so eine wirtschaftliche Baubetreuung zu ermöglichen und mit Nachdruck und Lobbyarbeit dringend benötigte Wohnplätze zu schaffen.

Rheinland-Pfalz

Das übliche Bild: 40 % zahlt der Bund, 40 % das Land, die restlichen 20 % ergeben sich aus den 10 % der AS und den 10 % Eigenmittel. Die Kommunen beteiligen sich im Rahmen von Kannleistungen in der Regel nach Haushaltslage an der

Gesamtfinanzierung von Wohnstättenplätzen. Die Zinsen sind nicht pflegesatzwirksam.

Bei der atypischen Finanzierung finden sich verschiedene Kombinationsmöglichkeiten durch AS-Mittel, Gelder der Stiftung Hilfswerk und Eigenmittel. Außerdem gibt es bei Altbauten, die bis zu 500.000 DM kosten, Mittel des Landesamtes für Jugend und Soziales aus dem Ausgleichsabgabefonds in Höhe von bis zu 50 %, weitere 10 % stammen von AS, 10 % sind Eigenmittel; die Restmittel kommen vom Bund.

Saarland

Nach Auskunft von im Wohnstättenbereich tätigen Fachleuten übernimmt der Bund 40 % der Finanzierung, weitere 10 % gibt es aus Zuschüssen der Aktion Sorgenkind. Die Restfinanzierung geschieht über Eigenmittel oder aber Darlehen des Kapitalmarkts und je nach Haushaltslage auch über Zuschüsse des Landes (recht selten). Für die Inneneinrichtung werden pro Platz aus Bundesmitteln 3.000 DM bezahlt. Zinsen aus Landeszuschüssen sind pflegesatzrelevant.

Sachsen

Der Bund bringt 45 % der Finanzierungsmittel auf, ebensoviel das Land Sachsen; die restlichen 10 % sind entweder Eigenmittel oder aber Eigenersatzmittel (z. B. Aktion Sorgenkind).

Sachsen-Anhalt

Hier verteilen sich die Finanzquellen wie folgt: 40 % Bund (Mittel aus dem Ausgleichsabgabefonds), 40 % Land (entweder aus Haushaltsmitteln oder dem Sonderfonds »Ausgleichsabgabe«), 20 % Träger (inklusive Eigenersatzmittel wie z. B. Aktion Sorgenkind und Lotto/Toto). Drittmittelbezuschussung seitens der Landkreise bzw. Kommunen ist möglich.

Schleswig-Holstein

40 % stellt der Bund zur Verfügung, das Land Schleswig-Holstein ebensoviel. Die restlichen 20 % setzen sich aus 10 % AS-Anteil plus 10 % Eigenmittel zusammen abzüglich fallweise von den Kommunen zur Verfügung gestellter Gelder. Pro Platz werden von Bund und Land je 2.000 DM für die Ausstattung gezahlt. Die Zinsen der Landesmittel sind pflegesatzrelevant.

Es bieten sich auch hier Kombinationsmöglichkeiten der Finanzierung mit der Aktion Sorgenkind (10 %, max. 400.000 DM) oder der Stiftung Hilfswerk (30 %, max. 400.000 DM), ergänzt durch Eigenmittel, an. Zuschüsse werden bis zu einer Höchstgrenze von 400.000 DM gewährt.

Thüringen

Aus Mitteln der Ausgleichsabgabe stellt der Bund 40 % zur Verfügung, das Land Thüringen ebenfalls 40 %. Bei den restlichen 20 % handelt es sich um anteilige Eigenmittel bzw. Eigenersatzmittel (AS).

Investive Mittel auf kommunaler Ebene

Auf Ebene der Landkreise und Gemeinden stehen ebenfalls investive Mittel für die Schaffung neuer Wohnstättenplätze zur Verfügung, die vom Wohnstättenträger auf jeden Fall in die Überlegungen zur Gesamtfinanzierung einbezogen werden sollten. Eine solche Finanzierungsbeteiligung liegt durchaus im Interesse der Kommunen liegen, verbessert sich doch durch die Errichtung gemeindenaher Wohneinrichtungen für erwachsene Menschen mit geistiger Behinderung deren soziale Infrastruktur (s. Beitrag I 1, S. 331 ff.).

Leider konnten bei den Rückmeldungen der bereits erwähnten lebenshilfeinternen Umfrage 1993 keine ausreichenden Hinweise gefunden werden, die belegen, ob die Kommunen in allen Bundesländern ihren Verpflichtungen angesichts knapper werdender finanzieller Ressourcen auch wirklich nachkommen.

Allgemeine Finanzierungsmöglichkeiten

Neben der öffentlich gewährten Finanzierung stehen gemeinnützigen Vereinen — wie beispielsweise der Lebenshilfe — auch die allgemeinen Finanzierungsmöglichkeiten zur Beschaffung von Wohnraum zur Verfügung.

Finanzierung über den sozialen Wohnungsbau

Im Rahmen des sozialen Wohnungsbaus bietet der Staat eine Reihe von Finanzierungshilfen und Steuererleichterungen an. Ein intensives Einsteigen in den sozialen Wohnungsbau ist für behinderte Menschen unbedingt erforderlich. Denn Wohnungsbau ist in erster Linie Schaffung von Wohnraum und dies betrifft auch behinderte Menschen; deswegen sind Mittel aus dem sozialen Wohnungsbau unbedingt für sie nutzbar zu machen!

Dabei ist der Vorteil zu nutzen, daß bei der Förderung von Wohnungsbau auch anteilig Wohnstätten für behinderte Menschen mitgeplant und gebaut werden. Anteile für die Schaffung von Sonderwohnformen müssen vollständig ausgeschöpft werden. Die Förderung des öffentlichen sozialen Wohnungsbaus wird in den einzelnen Bundesländern unterschiedlich gehandhabt.

Bei sozialem Wohnungsbau ist zu beachten, daß die Zuschüsse nach einem bestimmten Zeitraum — acht Jahren — enden und dann das Problem der steigenden Mieten auftaucht. Dies kann zu einem finanziellen Problem werden, da die Mietkosten vom Sozialhilfeträger getragen werden müssen.

In den letzten Jahren haben sich in verschiedenen Städten Deutschlands Modelle entwickelt, bei denen die Träger der Behindertenhilfe — z. B. die Lebenshilfe — durch das Zuverfügungstellen von Kapital an gemeinnützige Wohnungsbaugesellschaften noch Neubauten möglich gemacht haben und im Gegenzug dafür Belegungsrechte für Wohnraum erhalten. Die so erworbenen Anrechte stehen von ihrem Umfang her im Verhältnis zur Kapitalmenge, die vom Wohnstättenträger für die Maßnahme zur Verfügung gestellt wurde.

Ein Beispiel ist der »Verfahrensvorschlag« des Vereins zur Förderung der Integration Behinderter (fib) in Marburg von 1993:

» 1. Die Träger der Behindertenhilfe der Region ermitteln den Bedarf an aus ihrer Sicht notwendigen neuen Wohnmöglichkeiten für geistig behinderte Menschen.

2. Der örtliche und überörtliche Sozialhilfeträger sowie das Sozialministerium legen daraufhin den Umfang einer gemeinsamen Wohnungsbauförderung für diese Region fest. Ziel ist es dabei, die üblicherweise für den Heimneubau eingesetzten Mittel für den normalen sozialen Wohnungsbau zu binden.

3. Deshalb werden die bewilligten Mittel der im kommunalen Auftrag tätigen gemeinnützigen Wohnungsbaugesellschaft zur Verfügung gestellt. Diese gibt im Gegenzug aus ihrem Bestand eine äquivalente Anzahl von Wohnplätzen zur Vergabe an den Personenkreis geistig behinderter Menschen frei. Gleichzeitig hat sie darauf zu achten, daß bei Neubauten ein (ausreichend) hoher Anteil behindertengerechter und -freundlicher Wohnungen entsteht.

4. Soweit nicht genügend Bewerbungen für auf diesem Wege geschaffene Wohnungen vorliegen, schlagen die Träger der Behindertenhilfe in der Region andere Personen vor.

5. Gleichzeitig haben die Träger der Behindertenhilfe der Region die Verpflichtung, nachzuweisen, daß sie in der Lage sind, die jeweils erforderlichen sozialpädagogischen und praktischen Hilfen zu sichern, um das Verbleiben der behinderten Menschen in ihren eigenen Wohnungen zu ermöglichen.

6. Zur Durchführung dieses Verfahrens werden entsprechende Verträge geschlossen:
   a) zwischen dem Land Hessen, dem Landeswohlfahrtsverband, der Kommune und der GeWoBau [Gemeinnützige Wohnungsbaugesellschaft, d. Red.] Marburg, was die Bereitstellung von Geldern bzw. entsprechendem Wohnraum betrifft,
   b) zwischen dem Land Hessen, dem Landeswohlfahrtsverband, der Kommune und den Trägern der Behindertenhilfe, was die Bereitstellung der entsprechenden Hilfen betrifft.

7. Der Nachweis des Bedarfs für eine Wohnung aus dem Bestand »ausschließlich für

I

den Personenkreis geistig behinderter Menschen« ist über den Nachweis der Hilfebedürftigkeit zu führen. In der Regel ergibt sich dies aus dem Schwerbehindertenausweis oder der Begutachtung der Gesundheitsämter und Krankenkassen.

8. Mietverträge sollten grundsätzlich mit den Bewohnerinnen und Bewohnern selbst abgeschlossen werden.
9. Ist eine behinderte Person auf Dauer nicht mehr auf fremde Hilfe zur Führung des eigenständigen Lebens angewiesen, sollte deren Wohnung aus dem Bestand gestrichen und das Belegungsrecht neu vergeben werden können [auch bei Menschen mit geistiger Behinderung? — Anm. d. Red.].
10. Das Belegungsrecht sollte demnach auch nicht fest auf bestimmten Wohnraum festgelegt werden, sondern immer nur dem Umfang nach im Bestand der Wohnungen festgelegt bleiben. Die Anzahl der durch den berechtigten Personenkreis belegten Wohnungen ist daher festzulegen und laufend zu überprüfen.«

Ausgleichsabgabefonds

Die Ausgleichsabgabeverordnung ist wichtig für die gemeindenahen Wohneinrichtungen für erwachsene Menschen mit geistiger Behinderung, weil die von den Arbeitgebern eingezogenen Mittel für investive Kosten auch zum Ausbau von entsprechenden Wohneinrichtungen verwendet werden. Dies sieht die zweite Schwerbehinderten-Ausgleichsabgabeverordnung in den §§ 30 Abs. 1 Nr. 6 und 31 Abs. 2 Nr. 6 vor. Die »Verfahrensregelung für die Förderung von Wohnstätten für Behinderte«, in Kraft getreten am 1. 1. 1994, herausgegeben vom BMA, ist als Anlage beigefügt.

Revolving-Fonds

In den alten Bundesländern besteht diese Praxis seit den 50er Jahren. Der Wiederaufbau und der zeitgemäße Ausbau sozialer Einrichtungen wäre ohne diese Bundesmittel nicht möglich gewesen. Die bewährte Praxis staatlicher Hilfe für die Freie Wohlfahrtspflege setzt der Bund jetzt in den neuen Bundesländern fort (siehe hierzu S. 346 f.).

Ideen für eine Finanzierung auf dem Kapitalmarkt

Grundsätzlich stehen alle üblichen Finanzierungsmöglichkeiten zur Verfügung. Am folgenden Beispiel sollen besondere Ideen aufgezeigt werden. Ein unveröffentlichtes Diskussionspapier der örtlichen Lebenshilfe-Vereinigungen Dillenburg, Gießen, Limburg und Wetzlar/Weilburg in Hessen von 1992, u. a. die Intention, mit Politikern auf Landes- und kommunaler Ebene ins Gespräch zu kommen, wird z. Z. auf verschiedenen Ebenen diskutiert. Daraus auszugsweise einige Finanzierungsideen:

1. Finanzierung eines Vorhabens durch Anteile aller öffentlich-rechtlichen Geldgeber (Bund, Land, Stadt, Landessozialamt, Hauptfürsorgestelle usw.) über eine öffentlich-rechtliche Grundkreditanstalt, unter Berücksichtigung einer *separaten* Beteiligung und Abwicklung der beizutragenden Eigenmittel des Trägers bzw. der an deren Stelle tretenden sonstigen Beteiligung (Deutsche Behindertenhilfe, Stiftungen und sonstige freie Träger).

   Vorgehensweise: Der Träger stellt gegenüber dem Ministerium für Frauen, Arbeit und Sozialordnung, Wiesbaden, als der federführenden Stelle den Bedarf an notwendigem Investitionsvolumen vor und begründet die beabsichtigte Baumaßnahme. Die baufachliche Prüfung erfolgt — wie bisher — durch die Bauberatungsstelle beim Finanzministerium Wiesbaden.

   Das Hessische Ministerium für Frauen, Arbeit und Sozialordnung beauftragt die öffentlich-rechtliche Grundkreditanstalt, die Anteile aller öffentlich-rechtlichen Geldgeber langfristig vorzufinanzieren und auch den späteren Tilgungsdienst abzuwickeln.

   Die Eigen- bzw. Eigenersatzmittel werden wie bisher durch den Bauträger erbracht und sind Bestandteil der Gesamtsumme.

2. Finanzierung eines Vorhabens durch Einschaltung einer öffentlich-rechtlichen Grundkreditanstalt für alle an der Verwirklichung beteiligten Stellen *einschließlich* der Eigen-

mittel des Trägers bzw. der an deren Stelle tretenden sonstigen Mittel (Deutsche Behindertenhilfe, Stiftungen und sonstige freie Träger). Der Kreditgeber verschafft sich als Sicherungsnehmer dingliche Sicherheiten für die Eigenmittel des Trägers bzw. der an deren Stelle tretenden Eigenersatzmittel durch Eintragung einer Grundbuchschuld auf vorhandene Projekte des Trägers. Diese Eintragung bedarf der Zustimmung aller hierfür beteiligten geldgebenden Stellen.

Vorgehensweise: Die Abwicklung kann wie in Beispiel eins beschrieben erfolgen — ergänzt durch die notwendig werdenden dinglichen Sicherheiten für die Eigenmittel bzw. Eigenersatzmittel des Trägers.

3. Vollfinanzierung eines Vorhabens durch ein Kreditinstitut vor Ort (Hausbank des Trägers bzw. sonstige Bank). Die Sicherstellung erfolgt banküblich gegen Eintragung einer Grundschuld auf vorhandene Projekte nach vorheriger Abstimmung mit den beteiligten geldgebenden Stellen bzw. durch Ausgabe von Schuldscheinen aller an der Finanzierung beteiligten öffentlich-rechtlichen Geldgeber.

   Vorgehensweise: Die Abwicklung kann wie oben beschrieben erfolgen — ergänzt durch notwendig werdende dingliche Sicherheiten bzw. Ausgabe von Schuldscheinen durch die beteiligten öffentlich-rechtlichen Geldgeber.

Gegen eine reine Kapitalmarktfinanzierung bestehen allerdings auch Bedenken, da eine solche Finanzierung nur gegen Sicherheiten erfolgt.

Allgemeine Gestaltungsmöglichkeiten

In den neuen Bundesländern übergeben Kreise und Städte bisher von ihnen betriebene Einrichtungen an freie Träger der Wohlfahrtspflege. Für die konkrete Übernahme sollte eine vertragliche Grundlage geschaffen werden. Für die Gestaltung im Einzelfall sind verschiedene Möglichkeiten denkbar. Bei der Übernahme ist zu unterscheiden, ob die Grundstücke und Gebäude in das Eigentum des Trägers übergehen oder ob es bei den bisherigen Eigentumsverhältnissen verbleibt.

Übernahme von Grundstücken im Wege des Erbbaurechtes

Der Abschluß von Erbbauverträgen bietet Einrichtungsträgern eine Möglichkeit, ohne den Einsatz von Eigenkapital Grundstücke übernehmen zu können und eine eigentumsähnliche Position zu erreichen.

Durch den Abschluß eines Erbbauvertrages (Verordnung über das Erbbaurecht vom 15. 1. 1919) erhält der Einrichtungsträger eine eigentumsähnliche Position. Er kann auf dem Grundstück neue Gebäude errichten oder vorhandene übernehmen. Die auf dem Grundstück errichteten Gebäude werden Eigentum des Erbbauberechtigten, das Grundstück selbst bleibt im Eigentum des ursprünglichen Eigentümers.

Der Abschluß eines Erbbauvertrages hat für den Einrichtungsträger den Vorteil, daß er leichter Zugang zu Krediten bekommt, da diese in der Regel grundbuchlich gesichert werden. Das Erbbaurecht kann in dieser Weise zur dinglichen Sicherung von Krediten dienen.

In der Regel wird ein Erbbaurecht auf 66 oder 99 Jahre vereinbart. Bei Betrieb einer sozialen Einrichtung sollte in jedem Fall eine der Kontinuität der Arbeit dienende Zeitspanne (zumindest 15 bis 20 Jahre) vereinbart werden.

Für die Überlassung des Grundstücks erhält der Eigentümer regelmäßig einen Erbbauzins. Da die Einrichtungsträger auf dem Grundstück soziale Einrichtungen betreiben, die in der Regel keine Gewinne erwirtschaften und der sozialen Versorgung dienen, und in den neuen Bundesländern häufig auch die Renovierung vorhandener Gebäude mit übernehmen, sollte ein Erbbauzins in symbolischer Höhe vereinbart werden oder aber sich im unteren Bereich bewegen. Da die Gemeinden, Kreise und Länder die Verantwortung haben, soziale Einrichtungen zur Verfügung zu stellen, können sie durch den Verzicht auf den Erbbauzins dieser Verantwortung gerecht werden. Da der Grundstückseigentümer häufig auch Kostenträger der Einrichtung sein wird und die Zahlungen für den Erbbauzins über die Kostensätze abrechenbar sind, erscheint eine solche Handhabung angebracht.

Übernahme im Wege der Schenkung

Die Möglichkeit, Einrichtungsträgern Grundstücke im Wege einer Schenkung zu überlassen, tritt hauptsächlich in den neuen Bundesländern auf. Gemeinden und Länder sind bereit, gemeinnützigen Organisationen Grundstücke und Gebäude zu überlassen, besonders wenn diese die Kosten der Renovierung und Erhaltung tragen.

Ist der bisherige Eigentümer bereit, dem Einrichtungsträger Grundstück und Gebäude im Wege der Schenkung zu übertragen, so erwirbt der Einrichtungsträger die rechtliche Stellung eines Eigentümers. Diese Rechtsposition wirkt sich positiv auf seine Kreditwürdigkeit aus, da die grundbuchliche Sicherung von Krediten erfolgen kann.

Ein Schenkungsvertrag über Grundstücke bedarf der notariellen Beurkundung. Bei der konkreten Vertragsgestaltung, insbesondere wenn es sich um veränderungs- und renovierungsbedürftige Gebäude handelt, sollte speziell auf die Ausgestaltung der Gewährleistung für Sach- und Rechtsmängel geachtet werden. Den Vertragsparteien steht hier ein erheblicher Gestaltungsspielraum zu. Für den Übernehmer ist es von Bedeutung, daß die Finanzierung der notwendigen Maßnahmen für Renovierung und Erhaltung der übernommenen Gebäude sichergestellt und daß der Betrieb der Einrichtung durch die Zusage von Pflegesatzzahlungen abgesichert wird.

Anmietung, Verpachtung, kostenlose Gebrauchsüberlassung

Mit einem schuldrechtlichen Vertrag, sei es Miet- oder Pachtvertrag oder ein Vertrag über kostenlose Gebrauchsüberlassung, kann die Übernahme von sozialen Einrichtungen ebenfalls geregelt werden. Bei diesen Vertragsformen erwirbt der Übernehmer kein Eigentum, sondern ein vertraglich gesichertes Nutzungsrecht.

Für die konkrete Vertragsgestaltung ist die Regelung der Vertragsdauer, der Kündigungsfristen, der übernommenen Renovierungsverpflichtungen, der Kooperation mit dem Eigentümer, der Absicherung des Besitzes und des Einstiegs in bestehende Verträge von besonderer Bedeutung. Für den Betrieb einer sozialen Einrichtung ist eine verläßliche Dauer des Vertrages wichtig. Die Erhaltung der Sache obliegt nach dem Gesetz dem Eigentümer; in der konkreten Vertragsgestaltung wird diese Verpflichtung aber meist auf den Nutzungsberechtigten, den Mieter, Pächter oder Übernehmer übertragen. Inwieweit sich daraus im Einzelfall Probleme ergeben können, ist anhand des jeweiligen Vertrages zu prüfen.

Die Finanzierung der Miet- bzw. Pachtkosten erfolgt in den neuen Bundesländern durch die Kostenträger. Die konkreten Erfahrungen bezüglich der Höhe der verlangten Mieten oder Pachtbeträge sind unterschiedlich. In Nordrhein-Westfalen liegen z. B. die anerkennungsfähigen Mietkosten weit unter der ortsüblichen Miete, so daß eine Anmietung in der Regel nicht in Frage kommt.

Verbesserungen in den neuen Bundesländern

Aufstockung des Revolving-Fonds

Das Bundesministerium für Familie und Senioren stellt in den Jahren 1991 bis 1994 100 Millionen Mark zusätzlich für den Aufbau von Einrichtungen der Freien Wohlfahrtspflege in den neuen Bundesländern zur Verfügung. Das Geld fließt dem sogenannten Revolving-Fonds zu, aus dem die Bank für Sozialwirtschaft zinslose Bundesdarlehen an soziale Einrichtungen der Spitzenverbände der Freien Wohlfahrtspflege vergibt.

Der Kapitalbestand des Revolving-Fonds wird 1991 bis 1994 von rund 238 Millionen Mark um jährlich 25 Millionen Mark aufgestockt. Die Rückflüsse des bestehenden Fonds werden als zinslose Darlehen ab sofort überwiegend und ab dem Jahre 2001 ausschließlich an Einrichtungen der Spitzenverbände in die neuen Länder fließen;

die neuen Mittel einschließlich ihrer Rückflüsse gehen bereits jetzt für denselben Zweck nur noch in die östlichen Bundesländer. Dabei wird die Tilgungsrate für Darlehen, die bis 1998 vergeben werden, in den ersten acht Jahren der Laufzeit auf zwei Prozent verringert, um den dortigen sozialen Einrichtungen die Inanspruchnahme der Bundesdarlehen zu erleichtern.

Der ursprüngliche Revolving-Fonds sah vor, nach dem 31. 12. 2000 keine Darlehen mehr zu vergeben. Dies wird angesichts des großen Sanierungsbedarfs und der Notwendigkeit des Aufbaus sozialer Einrichtungen im neuen Vertrag geändert. Die Laufzeit des Revolving-Fonds wird bis zum Jahre 2019 verlängert (Sozialpolitische Umschau, Nr. 559/1991 vom 16. 12. 1991).

Finanzierungen aus dem Revolving-Fonds schließen jedoch Finanzierungen aus anderen Bundesmitteln aus.

Ansprechpartner sind die Spitzenverbände der Freien Wohlfahrtspflege, die auch über die Rückzahlungskonditionen informieren können. Eine einheitliche Einschätzung, inwieweit Lebenshilfe-Vereinigungen von dem Fonds profitieren und ob die Zwischenschaltung der Spitzenverbände ein Problem darstellt, kann derzeit nicht gegeben werden.

Weitere Verbilligungen bei Grundstücksüberlassung und Miete

Das Bundesfinanzministerium weist darauf hin, daß Bundesvermögen, also beispielsweise Immobilien, in den neuen Bundesländern noch weiter verbilligt und z. T. unentgeltlich abgegeben werden bzw. noch günstiger vermietet werden sollen*.

- Die bisherigen Verbilligungssätze für Grundstücke für den sozialen Wohnungsbau, den Studentenwohnraumbau, für Altenheime, Pflegeheime, Altenwohnung sowie für Heime, Bildungseinrichtungen und Werkstätten für geistig und körperlich Behinderte, für Krankenhäuser und für Umschulungseinrichtungen sollen von (in der Regel) 50 % auf *80 % erhöht* werden.
- Auch die Verbilligungsmöglichkeiten bei mietweiser Überlassung sollen zu den jeweils für die Veräußerung geltenden Verbilligungssätzen erweitert werden, und zwar für Altenheime, Pflegeheime, Altenwohnungen, Heime und Bildungseinrichtungen sowie WfB, Beratungsstellen für Suchtgefährdete, Frauenhäuser, Einrichtungen der Jugendpflege sowie bei Grundstücken für Verwaltungszwecke.

Eine direkte Antragstellung auf Übernahme von Objekten beim Bundesvermögensamt hat sich als sinnvolles Vorgehen herausgestellt.

Fonds »Deutsche Einheit«

Durch das Gesetz zur Aufstockung des Fonds »Deutsche Einheit« wurden die jungen Länder von 1992 bis 1994 um insgesamt 31,3 Mrd. DM, davon 1992 um 5,9 Mrd. DM und 1993 um 11,5 Mrd. DM zusätzlich entlastet (Bundestags-Drucksache 12/2429, S. 18 f.). Es ist jedoch abzuklären, inwieweit und in welcher Höhe aus diesem Fonds die Länder und Kommunen konkret Finanzmittel für investive Maßnahmen im Bereich der Behindertenhilfe (z. B. Errichtung von Wohnstätten) bereitstellen, da der Fonds der grundlegenden Verbesserung der Infrastruktur dienen soll.

Mittel aus dem Fonds »Deutsche Einheit« werden teilweise für Renovierung bestehender Objekte in kommunaler Trägerschaft und auch bei Übergabe an freie Träger verwendet. Durch das Zweite Gesetz zur Umsetzung des Spar-, Konsolidierungs- und Wachstumsprogramms vom 21. 12. 1993 wurde das Bundesfinanzministerium ermächtigt, für das Sondervermögen zur Kassenverstärkung im Wege des Kredits Mittel bis zur Höhe von 3 Millionen DM zu beschaffen (Art. 6, Änderung des Gesetzes über die Einrichtung eines Fonds »Deutsche Einheit«).

* Pressemitteilung des Bundesfinanzministeriums vom 18. 10. 1992 zum Thema »Bundesvermögen in den neuen Bundesländern noch billiger«.

Finanzierungshilfen für Investitionen in Pflegeeinrichtungen

Im Kompromiß der Regierungskoalition und der SPD zur Pflegesicherung ist u. a. auch vereinbart worden, zur Finanzierung des Nachholbedarfs bei den Investitionen für ostdeutsche Pflegeeinrichtungen eine sogenannte Anschubfinanzierung von insgesamt 6,4 Milliarden DM in den Jahren zwischen 1995 und 2002 zur Verfügung zu stellen. Diese Vereinbarung ist in dem jetzt verabschiedeten Pflegeversicherungsgesetz (Art. 52) wie folgt umgesetzt worden: Der Bund gewährt den Bundesländern Berlin (nur Ost-Berlin), Brandenburg, Mecklenburg-Vorpommern, Sachsen, Sachsen-Anhalt und Thüringen in den Jahren 1995 bis 2002 Finanzhilfen in Höhe von jährlich 800 Millionen DM. Diese Finanzmittel dürfen nur für Investitionen in Pflegeeinrichtungen verwandt werden. Unter Pflegeeinrichtungen werden in diesem Zusammenhang sowohl ambulante Pflegedienste als auch teilstationäre Einrichtungen als auch vollstationäre Einrichtungen (insbesondere Altenheime und gemeindenahe Wohneinrichtungen) verstanden.

Pflegeeinrichtungen sind nach § 80 im Pflegeversicherungsgesetz allerdings nur Pflegedienste und Pflegeheime, die ihre Leistungen unter ständiger Verantwortung einer ausgebildeten Pflegefachkraft erbringen. Es ist zu befürchten, daß durch diese Voraussetzung Behinderteneinrichtungen, die sinnvollerweise nicht unter Leitung einer medizinisch-pflegerisch orientierten Kraft arbeiten, sondern unter Leitung einer pädagogisch orientierten Fachkraft, benachteiligt werden könnten. Einzelheiten dazu hängen vom Ergebnis der Verhandlungen mit den Pflegekassen sowie von der Ausgestaltung der Investitionsprogramme in den einzelnen Bundesländern ab. Diese Investitionsprogramme müssen in allen neuen Bundesländern bis spätestens zum 1. Oktober 1994 aufgestellt worden sein. In den Programmen sind inbesondere die Art und Zahl der Vorhaben, die für die Durchführung der Investitionsprogramme erforderlichen Finanzhilfen des Bundes, der Eigenanteil des jeweiligen Landes sowie die von den geförderten Pflegeeinrichtungen eingesetzten Eigen- und Fremdmittel aufzuführen. Es können nur Maßnahmen gefördert werden, die nach dem 1. Juni 1994 begonnen wurden.

Die Finanzhilfen dürfen nur für Investitionsmaßnahmen verwendet werden. Dazu zählen die Anschaffung, die Wiederbeschaffung, die Ergänzung und die Instandhaltung von Gebäuden und sonstigen abschreibungsfähigen Anlagegütern sowie die Erstausstattung mit den betriebsnotwendigen Wirtschaftsgütern. Die Mittel für diese Investitionsprogramme werden nach einem komplizierten Schlüssel im Jahr 1995 von den Pflegekassen und in den Jahren 1996 — 2002 vom Bund und den Ländern (insbesondere durch die eintretenden Einsparungen in der Kriegsopferversorgung und -fürsorge) aufgebracht werden.

Ungeklärte Probleme und politische Forderungen

Die Darstellung der verschiedenen Investitionsmöglichkeiten zeigt eine Reihe von Problemstellungen auf, die teilweise zu konkreten Forderungen führen:

- Bundesaktivitäten sind zur Finanzierung von gemeindenahen Wohneinrichtungen unbedingt weiterhin erforderlich. Lange Planungszeiten — häufig dauert es bis zu acht Jahren, ehe der geplante Wohnstättenbau realisiert werden kann — erweisen sich in der Praxis immer wieder als ein großes Problem, da eine Nachfinanzierung in der Regel nicht stattfindet.
- Hinzu kommt, daß bei Finanzierungen aus Mitteln des Ausgleichsabgabefonds immer noch das leidige Problem der Koppelung von WfB- und Wohnstättenplätzen auftaucht. Obwohl die im Frühjahr 1988 novellierte Fassung der Ausgleichsabgabeverordnung zum Schwerbehindertengesetz bereits eine entsprechende Neuregelung beinhaltet, die in ihrer praktischen Konsequenz die Koppelung aufhebt, gibt es immer noch Probleme beim Verbleib eines alten Menschen mit geistiger Behinderung in der bisherigen Wohneinrich-

tung bei Eintritt in den Ruhestand*. Überdies macht es Schwierigkeiten, bei Anwesenheit alter Menschen mit geistiger Behinderung die gemeindenahen Wohneinrichtungen entsprechend personell und sächlich aufzustocken.

- Überdies ist anzumerken, daß es wenig direkte Einflußmöglichkeiten auf den Ausgleichsabgabefonds gibt. In diesem Zusammenhang sei darauf hingewiesen, daß bei Finanzierung über den Bund die langen politischen Wege mitberücksichtigt werden müssen.
- Die Finanzierung seitens der Bundesländer muß ebenfalls erhalten bleiben, Länder sind in einer vorrangigen Verpflichtung.
- Um langfristig eine Sicherstellung gemeindenahen Wohnraumbaus auch für Menschen mit geistiger Behinderung zu erreichen, ist ein Haushaltstitel im Sozialministerium anzustreben. Zwischen dem Sozialhilfeträger und dem Sozialministerium muß eine Einigung hinsichtlich der Kostenbeteiligung erfolgen. Es sollte eine Sicherheit bestehen, daß Mietkosten in jedem Falle über den Pflegesatz finanziert werden. Denkbar wäre auch, die Tilgungsraten mit einzubeziehen. Weiter ist auch darüber nachzudenken, ob Regelungen für den Ankauf von Häusern — statt Neubauten — sinnvoll sind.

Renate Heinz-Grimm
Leiterin des Fachgebiets Bürgerliches Recht
im Bereich Recht und Sozialpolitik der
Bundesvereinigung Lebenshilfe

Klaus Kräling
Leiter des Fachgebiets Wohnen der
Bundesvereinigung Lebenshilfe
Raiffeisenstr. 18

35043 Marburg

Literatur- und Quellenverzeichnis

Bayerischer Landtag (Hrsg.) (1994): Schriftliche Anfrage der Abgeordneten Scheel (Die GRÜNEN) vom 19. 11. 1993 und Antwort der Staatsministerien für Arbeit und Sozialordnung, Familie, Frauen und Gesundheit. Drucksache 12/13982 vom 10. 1. 1994 bzw. 13. 1. 1994.

Beirat für die Rehabilitation der Behinderten (1991, 1992): Protokolle der 44. und 45. Sitzung am 10. 12. 1991 und 11. 3. 1992 in Bonn.

Bundesfinanzministerium (1992): Bundesvermögen in den neuen Bundesländern noch billiger. Pressemitteilung vom 18. 10. 1992.

Bundesvereinigung Lebenshilfe für geistig Behinderte e.V (Hrsg.) (1992): Gemeindenahes Wohnen; Konzeption, Planung und Realisierung. Marburg: Lebenshilfe-Verlag.

Bundesvereinigung Lebenshilfe für geistig Behinderte e.V. (Hrsg.) (1987): Humanes Wohnen — seine Bedeutung für das Leben geistig behinderter Erwachsener; Bericht der 10. Studientagung der Bundesvereinigung Lebenshilfe vom 11. bis 14. November 1981 in Aachen. 2., unveränd. Aufl. Marburg: Lebenshilfe-Verlag. (Große Schriftenreihe; 5)

Finanzierungshilfen der Bundesregierung 1992 (1992): Bonn.

Landschaftsverband Rheinland (1992): Für Schwerstbehinderte fehlen Heimplätze. Laufende Kosten für Behindertenheime im Rheinland bereits über eine Milliarde. In: Pressedienst des LVR, 7/92.

Landesverband der Lebenshilfe Nordrhein-Westfalen (Hrsg.) (1992): Erhebliche Kürzung der Bundesmittel für den Wohnstättenbau. In: Forum Lebenshilfe, H. 2.

Presse- und Informationsamt der Bundesregierung (Hrsg.) (1991): 100 Millionen DM für die Freie Wohlfahrtspflege in den neuen Ländern. In: Sozialpolitische Umschau, Nr. 559/1991 vom 16. 12. 1991, Bonn.

* Aktuellen Äußerungen des Kostenträgers Landschaftsverband Westfalen-Lippe zufolge wird aus Kostengründen die Errichtung regionaler Wohnstätten für den Personenkreis etwa der alten Menschen mit geistiger Behinderung, die tagsüber nicht mehr einer Tätigkeit in einer WfB nachgehen, diskutiert. Dies würde das lebenslange Wohnrecht alter Menschen mit geistiger Behinderung erneut in Frage stellen.

I

Serviceteil (Wo erhalte ich was?)

Der folgende Überblick ist das Ergebnis einer Umfrage von Januar 1994 bei den zuständigen Ministerien des Bundes und der Länder.

Bundesregierung:

Bundesmittel	**Herausgeber**
Finanzierungshilfen der Bundesregierung 1993	Bundesministerium der Finanzen, Öffentlichkeitsarbeit, Graurheindorfer Str. 108, 53111 Bonn
Bau- und Wohnfibel	Presse- und Informationsamt der Bundesregierung, Welckerstr. 11, 53113 Bonn, 8. Auflage, Stand: Juli 1993
So hilft der Staat beim Bauen	Bundesministerium für Raumordnung, Bauwesen und Städtbau, Deichmanns Aue, 53179 Bonn, Stand: August 1993

Bundesländer:

Baden-Württemberg

Keine Angaben!

Bayern

Diskussion über eine Neuordnung des Verfahrens für die Förderung von Wohnheimen für Behinderte aus Bundes- und Landesmitteln	Bayerisches Staatsministerium für Arbeit, Familie und Sozialordnung, München 1993, Winzererstr. 9, 80797 München

Berlin

Merkblatt zum Kommunalkreditprogramm	Kreditanstalt für Wiederaufbau, Palmengartenstr. 5—9, 60325 Frankfurt a. M. Deutsche Ausgleichsbank, Wielandstraße 4, 53173 Bonn Berliner Industriebank AG, Landecker Str. 2—3, 14199 Berlin
Ergänzung zum Merkblatt Kommunalkreditprogramm	Berliner Industriebank AG

Brandenburg

Richtlinie zur Förderung des Neubaus sowie des Aus- und Umbaus von selbstgenutztem Wohneigentum (EigenheimbauR)	Amtsblatt für Brandenburg, Nr. 13, 9. 2. 1993, Minister des Innern des Landes Brandenburg

I

Planen und Bauen für alte und behinderte Menschen	Ministerium für Stadtentwicklung, Wohnen und Verkehr des Landes Brandenburg, Referat Öffentlichkeitsarbeit, Dortustr. 30—34, 14467 Potsdam
Merkblatt: KfW-Wohnraum-Modernisierungsprogramm (allgemein) Beilage zur Wohnungswirtschaftliche Informationen (WI) 34/93 vom 26. 8. 1993	Gesamtverband der Wohnungswirtschaft (GdW), Bismarckstr. 7, 50672 Köln

Bremen

Neufassung der Verwaltungsordnung zur Förderung des sozialen Wohnungsbaues in der Freien Hansestadt Bremen (Wohnungsbauförderungsbestimmungen-WfB) vom 20. 11. 1992	Amtsblatt der Freien Hansestadt Bremen, Nr. 42, Juni 1993, Senatskanzlei Bremen, Rathaus
Merkblatt über die vertraglich vereinbarte Förderung von Mietwohnungen im Lande Bremen — 3. Förderungsweg —	Amt für Wohnung und Städtebauförderung, Freie Hansestadt Bremen, Breitenweg 24/26, 28195 Bremen, Stand: September 1992
Darstellung der Förderungsmöglichkeiten für den Wohnungsbau im Lande Bremen mit öffentlichen oder nichtöffentlichen Förderungsmitteln	Amt für Wohnung und Städtebauförderung, Freie Hansestadt Bremen, Stand: Januar 1993
Vorlage zur Sitzung der Deputation für Soziales vom 27. 5. 1993 zu §§ 3, 3a BSHG	Der Senator für Gesundheit, Jugend und Soziales, Freie Hansestadt Bremen

Hamburg

Keine Angaben!

Hessen

Keine Angaben!

Mecklenburg-Vorpommern

Richtlinien für die Gewährung von Förderungsmitteln zur Schaffung von eigengenutzten Eigentumsmaßnahmen sowie Miet- und Genossenschaftswohnungen (WoBauRL), Stand: 23. 12. 1992	Amtsblatt für Mecklenburg-Vorpommern, Nr. 5, Dezember 1992

Niedersachsen

Wohnungsbauprogramm 1993	Niedersächsisches Ministerialblatt, Jg. 43 (48), Hannover 1993, S. 205—224
Wohnungsbauprogramm 1994	Niedersächsisches Ministerialblatt, November 1993

I

Wohnungsbauförderung	Niedersächsisches Sozialministerium, Referat Presse- und Öffentlichkeitsarbeit, Postfach 141, 30001 Hannover, Stand: März 1993
Vereinbarung über die Förderung von Mietwohnungen mit Baudarlehen/Aufwendungs-/Zinszuschüssen	Niedersächsisches Sozialministerium, Hannover, Stand: 1994

Nordrhein-Westfalen

Förderung von zusätzlichen Baumaßnahmen bei der Neuschaffung von Wohnraum für Schwerbehinderte	Ministerium für Bauen und Wohnen des Landes NRW — WfB 1984 — in der Fassung von 1994, Postfach, 40190 Düsseldorf

Rheinland-Pfalz

Mietwohnungsbauförderung 1994	Ministerium der Finanzen, Kaiser-Friedrich-Str. 1, 55116 Mainz, Stand: Januar 1994
Förderung von Wohneigentum 1994	Ministerium der Finanzen, Kaiser-Friedrich-Str. 1, 55116 Mainz, Stand: Januar 1994
Richtlinien für Hilfen zur Beschaffung, Ausstattung und Erhaltung einer behinderungsgerechten Wohnung nach § 22 der Zweiten Verordnung zur Durchführung des Schwerbehindertengesetzes (SchwbAV) vom 28. 3. 1988 (BGBl. I S. 484)	Ministerium für Arbeit, Soziales, Familie und Gesundheit, Postfach 31 80, 55021 Mainz, Stand: November 1993

Saarland

Wie finanziere ich den Bau meines Hauses?	Arbeitskammer des Saarlandes, Abteilung Presse und Information, Fritz-Dobisch-Straße 6—8, 66111 Saarbrücken, Juni 1992
Richtlinien des Ministeriums für Frauen, Arbeit, Gesundheit und Soziales für Hilfen zum behindertengerechten Wohnen	Gemeinsames Ministerialblatt Saarland, Fr.-Josef-Röder-Str. 23, 66119 Saarbrücken Stand: März 1993

Sachsen

Landesprogramm 1994 zur Wiedergewinnung, Erhaltung, Erneuerung und Erweiterung von Mietwohnungen (Mietwohnungsprogramm)	Sächsisches Staatsministerium für Soziales, Gesundheit und Familie, Albertstr. 10, 01097 Dresden

Sachsen-Anhalt

Richtlinien über die Gewährung von Zuwendungen zur Förderung von alten- oder behindertengerechten Wohnungen in Sachsen-Anhalt 1993	Ministerium für Raumordnung, Städebau und Wohnungswesen, Postfach 36 25, 39011 Magdeburg, Sachsen-Anhalt

Richtlinien über die Gewährung von Zuwendungen für die Neuschaffung von selbstgenutzten Eigenheimen bzw. den Ersterwerb von neugeschaffenen, selbstgenutzten Eigenheimen und Eigentumswohnungen in Sachsen-Anhalt 1994	dito
Schleswig-Holstein	
Wohnungsbauförderung in Schleswig-Holstein für Schwerbehinderte (GdB ab 50) und Gleichgestellte	Der Innenminister des Landes Schleswig-Holstein, Postfach 11 33, 24100 Kiel, Stand: März 1994
Förderprogramme für den Haus- und Wohnungsbau 1994	Investitionsbank Schleswig-Holstein, Fleethörn 29—31, 24103 Kiel
Thüringen	
Keine Angaben!	

*Anlage: Verfahrensregelung für die Förderung von Wohnstätten für Behinderte**

Zur Vereinfachung und Beschleunigung des Förderverfahrens für vom Bundesministerium für Arbeit und Sozialordnung gemeinsam mit den Bundesländern geförderte Wohnstätten für Behinderte soll die abschließende baufachliche Stellungnahme auf Vorschlag des Bundesministeriums für Arbeit und Sozialordnung vom Bundesministerium für Raumordnung, Bauwesen und Städtebau möglichst umfassend auf die zuständigen Oberfinanzdirektionen übertragen werden.

Vereinfachung des Verfahrens der baufachlichen Stellungnahme

Hinsichtlich der abschließenden baufachlichen Stellungnahme ist wie folgt zu verfahren:

1. Für die Projekte, für die das Land erklärt, daß die nachstehend genannten Höchstwerte und baulichen Standards eingehalten werden, delegiert das Bundesministerium für Raumordnung, Bauwesen und Städtebau die abschließende baufachliche Stellungnahme auf Vorschlag des Bundesministeriums für Arbeit und Sozialordnung auf die OFD.
2. Werden die nachstehend genannten Höchstwerte und/oder bauliche Standards nicht eingehalten, die dadurch entstehenden Mehrkosten jedoch ausschließlich vom jeweiligen Land finanziert, delegiert das Bundesministerium für Raumordnung, Bauwesen und Städtebau auf Vorschlag des Bundesministeriums für Arbeit und Sozialordnung die abschließende baufachliche Stellungnahme auf die OFD.
3. Werden Höchstwerte und/oder bauliche Standards nicht eingehalten und soll sich der Bund an den dadurch entstehenden Mehrkosten beteiligen, werden die Projekte in Koordinierungsgesprächen abgestimmt und dem Bundesministerium für Raumordnung, Bauwesen und Städtebau zur abschließenden baufachlichen Stellungnahme vorgelegt.
4. Wenn die OFD bei ihrer baufachlichen Prüfung nach Nr. 1 eine Überschreitung der

* Dieses Papier wurde gemeinsam vom Bundesministerium für Arbeit und Sozialordnung sowie vom Bundesministerium für Raumordnung, Bauwesen und Städtebau erarbeitet. Veröffentlich am 30. 8. 1993.

Höchstwerte und/oder der baulichen Standards feststellt, wird die bereits durch das Bundesministerium für Raumordnung, Bauwesen und Städtebau ausgesprochene Delegierung aufgehoben. Das Projekt wird dem Bundesminsiterium für Raumordnung, Bauwesen und Städtebau zur abschließenden baufachlichen Stellungnahme vorgelegt. Gleichzeitig erhält der koordinierende Zuwendungsgeber Durchdruck des Vorlageberichtes.

Höchstwerte und Standards

Für das vereinfachte Verfahren nach Abschnitt I gelten folgende Höchstwerte und bauliche Standards:

1. Flächenhöchstwerte

40 qm NGF nach DIN 277 pro Person für gehfähige Behinderte,
50 qm NGF nach DIN 277 pro Person für Rollstuhlfahrer.

Innerhalb der Wohnstätten sind Mischungen der Flächen für Rollstuhlfahrer und Gehfähige möglich, die in der Planung zum Ausdruck kommen müssen. Falls für Rollstuhlfahrer geplante Zimmer durch Gehfähige belegt werden sollen, muß insoweit eine Doppelbelegung erfolgen.

2. Bauliche Standards

a) Einhaltung des Verhältnisses von einem Kubikmeter umbauten Raums zu einem Quadratmeter Bruttogrundfläche von 3,5:1;

b) mehrhüftige, vorzugsweise zweihüftige Grundrißlösung;

c) Nutzung konstruktionsbedingter Dach- und Kellerräume im Rahmen des Raumprogramms;

d) Balkone und Terrassen nur vor Gemeinschaftsräumen;

e) Nachweis der Wirtschaftlichkeit für außergewöhnliche und/oder alternative technische Anlagen bei Vorlage der Antrags- und/oder Bauunterlagen.

3. Baukosten/Kostenhöchstwerte

Es gelten die Kostenhöchstwerte pro Quadratmeter Nettogrundfläche für Wohnheime unter Ausschluß der Kostengruppen 1., 2. und 6. nach DIN 276, Stand Juni 1993.

Um dem bestehenden Baupreisgefälle Rechnung zu tragen, werden die Kostenhöchstwerte für den jeweiligen Zuständigkeitsbereich der Oberfinanzdirektionen oder eines Landes festgestellt. Der jeweilige Kostenhöchstwert wird aus dem Mittelwert der indizierten Baupreise von Wohnheimen oder vergleichbaren Objekten der letzten fünf Jahre mit der Indexbasis 1985 = 100 ermittelt. Die Oberfinanzdirektion teilt dem Bundesministerium für Raumordnung, Bauwesen und Städtebau den Kostenhöchstwert mit. Danach legt das Bundesministerium für Raumordnung, Bauwesen und Städtebau dem Bundesministerium für Arbeit und Sozialordnung eine Liste der anerkannten Kostenhöchstwerte vor.

Für die neuen Bundesländer wird während der nächsten Jahre hilfsweise auf den Durchschnittswert zurückgegriffen, der sich aus den von den Oberfinanzdirektionen der alten Bundesländer mitgeteilten Werten ergibt.

Die Regelung tritt mit Wirkung vom 1. Januar 1994 in Kraft.

Aktion Sorgenkind — Förderungshinweise zum Bereich Wohnstätten

Bundesvereinigung Lebenshilfe für geistig Behinderte

Gefördert werden grundsätzlich nur Maßnahmen und Einrichtungen freier gemeinnütziger Träger. Zuwendungen werden gegeben für

- Neu- und Erweiterungsbauten,
- Kauf von Häusern und Grundstücken,
- Umbauten und Modernisierungsmaßnahmen.

Außerdem gibt es jeweils Mittel für Inventar.

Die *Zuschußhöhe* ist auf eine Höchstsumme von 400.000,— DM begrenzt. Bei der Schaffung neuer Plätze beträgt sie bis zu 10 % der Gesamtkosten, wenn öffentliche Zuschüsse gewährt werden. Findet keine Erweiterung der Platzkapazität statt, beträgt sie bis zu 30 % der Gesamtkosten.

Darüber hinaus ist noch die Vergabe eines Zinszuschusses von derzeit 3 % auf Kapitalmarktdarlehen möglich (Obergrenze: 600.000,— DM). Dafür gibt es entsprechende Richtlinien.

Die Zuschüsse werden bei Beträgen über 200.000,— DM in Jahresraten ausbezahlt.

Wichtig: Anträge ohne Eigenmittel können nicht vorgelegt werden. Vorhaben, die vor Antragstellung begonnen bzw. abgeschlossen wurden, können nicht bezuschußt werden.

Anträge an die Deutsche Behindertenhilfe — Aktion Sorgenkind e.V. — auf Gewährung von Zuschüssen sind über den jeweiligen Spitzenverband zu stellen. Die erforderlichen Unterlagen schicken wir gern zu.

Stand: November 1994

Sachgebiet Aktion Sorgenkind
der Bundesvereinigung Lebenshilfe
Raiffeisenstr. 18

35043 Marburg

I

Hinweise zu Hilfen auf dem Wohnungsmarkt

*Bundesvereinigung Lebenshilfe für geistig Behinderte**

Wohngeld

Wohngeld wird auf Antrag, auch in den neuen Bundesländern, als Zuschuß zu den Kosten für Wohnraum gezahlt. Auf Wohngeld besteht ein Rechtsanspruch. Es wird in den neuen Bundesländern nach dem Wohngeldsondergesetz (WoGSoG) und in den alten Bundesländern nach dem Wohngeldgesetz (WoGG) gezahlt.

Ob und wieviel gezahlt wird, hängt ab von der Zahl der zum Haushalt zählenden Familienmitglieder, dem Familieneinkommen und der Höhe der monatlichen Miete oder Belastung, die bis zu einer bestimmten Höchstgrenze berücksichtigt wird.

Wohngeld soll bei geringem Einkommen die Kosten des Wohnens finanziell tragen helfen. Es kann zum einen als Mietzuschuß für die Miete einer Wohnung gewährt werden, zum anderen als Lastenzuschuß für Eigentümer von Eigentumswohnungen oder Eigenheimen, wenn die Miete oder Belastung bestimmte Höchstbeträge nicht übersteigt.

Bei der Berechnung des Familieneinkommens wird ein Freibetrag von jährlich 3.000,— DM abgesetzt, wenn ein behindertes Familienmitglied zum Haushalt gehört, das einen Grad der Behinderung von 100 % hat oder von wenigstens 80 %, wenn der Schwerbehinderte häuslich pflegebedürftig im Sinne des § 69 Abs. 3 Satz 1 BSHG ist (§ 16 Abs. 2 Satz 1, Nr. 1 WoGG, § 11 a Abs. 1, Nr. 2 WoGSoG).

Ein Freibetrag von 2.400,— DM wird abgesetzt bei einem Grad der Behinderung von 80 % bis unter 100 % oder von 50 % bis unter 80 %, wenn der Schwerbehinderte häuslich pflegebedürftig im Sinne des § 69 Abs. 3 Satz 1 BSHG ist (§ 16 Abs. 2, Satz 1, Nr. 2 WoGG).

Diese Regelung gilt in den neuen Bundesländern nicht.

Erreichen die Einnahmen des Schwerbehinderten nicht die Höhe der genannten Freibeträge, so ist der maßgebliche Freibetrag bei der Ermittlung des Jahreseinkommens des Familienmitglieds abzusetzen, das die höchsten zu berücksichtigenden Einnahmen hat (§ 16 Abs. 2, Satz 2 WoGG, § 11 a Abs. 2 WoGSoG).

Auch Heimbewohner können Wohngeld erhalten. Bei ihnen werden beim Wohnen in einem Einzelzimmer 20 % und beim Wohnen in einem Mehrbettzimmer 15 % der gesamten Unterbringungskosten als zuschußfähige Miete angesetzt (§ 7 Wohngeldverordnung, WoGV).

Nähere Auskünfte erteilen die Stadt- und Gemeindeverwaltungen, Ämter für Wohnungswesen.

Berücksichtigung Behinderter beim Wohnungsbau

Für einkommensschwächere Familien mit Kindern besteht die Möglichkeit, im Wege des sozialen Wohnungsbaus Förderungsmittel zu erhalten, z.B. zinslose oder zinsverbilligte Baudarlehen und Familienzusatzdarlehen. Voraussetzung dafür ist, daß das Jahresgesamteinkommen der zum Haushalt gehörenden Personen bestimmte Einkommensgrenzen nicht übersteigt.

Die Einkommensgrenze beträgt 21.600,— DM jährlich; sie erhöht sich um 10.200,— DM für den zweiten und weitere 8.000,— DM für jeden weiteren zur Familie des Wohnungssuchenden zu rechnenden Angehörigen (§ 25 Abs. 1, Satz 2 II. Wohnungsbaugesetz, WoBauG). Bei jungen Ehepaaren erhöht sich die Einkommensgrenze bis zum Ablauf des 5. Kalenderjahres nach dem Jahr der

*) Zuerst veröffentlicht in HEINZ-GRIMM, R. u.a.: Soziale Rechte geistig behinderter Menschen und ihrer Angehörigen. 2., wesentl. überarb., erw. und aktualisierte Auflage. Marburg: Lebenshilfe-Verlag 1993, S. 30—33.

I

Eheschließung um 8.400,— DM, wenn keiner der Ehegatten das 40. Lebensjahr vollendet hat (§ 25 Abs. 1 Satz 3 II. WoBauG).

Für die übrigen Schwerbehinderten erhöht sich die Einkommensgrenze um je 4.200,— DM (§ 25 Abs. 1, Satz 4 II. WoBauG).

Für Personen mit einem Grad der Behinderung von wenigstens 80 % erhöht sie sich um je 9.000,— DM.

Diese Einkommensgrenzen gelten grundsätzlich auch für die Ausstellung eines Wohnberechtigungsscheines zum Bezug einer öffentlich geförderten Mietwohnung.

Bei der Gewährung öffentlicher Mittel erhalten Bauherren mit Kindern, die zum Familienhaushalt gehören, ein Familienzusatzdarlehen, das für Bauherren mit einem Kind 2.000,— DM, für Bauherren mit zwei Kindern 4.000,— DM, für Bauherren mit drei Kinder 7.000,— DM beträgt. Für jedes weitere Kind erhöht sich das Darlehen um 5.000,— DM. Gehört zum Familienhaushalt ein Schwerbehinderter, so erhöht sich das Familienzusatzdarlehen um je 2.000,— DM (§45 Abs. 1 II. WoBauG).

Öffentliche Mittel sollen nur für den Bau von Wohnungen innerhalb bestimmter Grenzen zur Verfügung gestellt werden, nämlich für Familienheime mit einer Wohnung bis zum 130 qm, für Familienheime mit 2 Wohnungen bis zu 200 qm, für eigengenutzte Eigentumswohnungen bis zu 120 qm und für andere Wohnungen in der Regel bis zu 90 Quadratmeter.

Für Schwerbehinderte dürfen die vorgeschriebenen Wohnraumgrößen angemessen überschritten werden (§ 39 Abs. 1 II. WoBauG).

Sind wegen der Behinderung des Familienmitgliedes zusätzliche Baumaßnahmen, z. B. der Einbau einer Rampe oder eines behindertengerechten Bades, erforderlich, so kann ein Baudarlehen bis 20.000,— DM bewilligt werden. Auf dieses Baudarlehen besteht kein Rechtsanspruch. Die Bewilligung richtet sich nach den Wohnungsbauförderungsbestimmungen der einzelnen Länder. Nähere Auskunft erteilen dazu die Wohnungsbauförderungsämter der Gemeinden oder Landkreise.

Bei Überschreitung der oben genannten Einkommensgrenze um nicht mehr als 40 % können Bauherren Darlehen zu günstigen Konditionen erhalten. Auch die Bewilligung dieser Mittel richtet sich nach den Wohnungsbauförderungsbestimmungen der Länder.

Abschließend sei darauf hingewiesen, daß unabhängig von der obengenannten staatlichen Förderung Sozialhilfeträger, Rehabilitationsträger — mit Ausnahme der Krankenkassen — und Hauptfürsorgestellen zinslose Darlehen, Zuschüsse und Beihilfen für behindertengerechte Wohnungen leisten können.

Literatur

IBALD; TRAUSCHIES, WISCHNIOWSKY (1991): Das Wohngeld. 2. Auflage. Bonn: Verlag Deutsches Volksheimstättenwerk.

STADLER; GUTEKUNST; FROSTER (1993): Wohngeldgesetz. Kommentar. 32. Ergänzung. Stuttgart: R. Boorberg Verlag.

I

J Bauliche Aspekte

J

Heimmindestbauverordnung (HeimMindBauV)*

Erster Teil
Gemeinsame Vorschriften

§ 1
Anwendungsbereich

Einrichtungen im Sinne des § 1 Abs. 1 des Heimgesetzes, die in der Regel mindestens sechs Personen aufnehmen, dürfen nur betrieben werden, wenn sie die Mindestanforderungen der §§ 2 bis 29 erfüllen, soweit nicht nach den §§ 30 und 31 etwas anderes bestimmt wird.

§ 2
Wohn- und Pflegeplätze

Wohnplätze (§§ 14, 19) und Pflegeplätze (§ 23) müssen unmittelbar von einem Flur erreichbar sein, der den Heimbewohnern, dem Personal und den Besuchern allgemein zugänglich ist.

§ 3
Flure und Treppen

(1) Flure, die von Heimbewohnern benutzt werden, dürfen innerhalb eines Geschosses keine oder nur solche Stufen haben, die zusammen mit einer geeigneten Rampe angeordnet sind.

(2) In Pflegeheimen und Pflegeabteilungen müssen die Flure zu den Pflegeplätzen so bemessen sein, daß auf ihnen bettlägerige Bewohner transportiert werden können.

(3) Flure und Treppen sind an beiden Seiten mit festen Handläufen zu versehen.

§ 4
Aufzüge

In Einrichtungen, in denen bei regelmäßiger Benutzung durch die Bewohner mehr als eine Geschoßhöhe zu überwinden ist oder in denen Rollstuhlbenutzer in nicht stufenlos zugänglichen Geschossen untergebracht sind, muß mindestens ein Aufzug vorhanden sein. Art, Größe und Ausstattung des Aufzugs müssen den Bedürfnissen der Bewohner entsprechen.

§ 5
Fußböden

Fußbodenbeläge der von Heimbewohnern benutzten Räume und Verkehrsflächen müssen rutschfest sein.

§ 6
Beleuchtung

(1) Die Lichtschalter müssen ohne Schwierigkeiten zu bedienen sein.

(2) In Treppenräumen und Fluren muß bei Dunkelheit die Nachtbeleuchtung in Betrieb sein.

(3) In Wohn-, Schlaf- und Gemeinschaftsräumen müssen Anschlüsse zum Betrieb von Leselampen vorhanden sein. In Schlafräumen müssen diese Anschlüsse den Betten zugeordnet sein.

§ 7
Rufanlage

Räume, in denen Pflegebedürftige untergebracht sind, müssen mit einer Rufanlage ausgestattet sein, die von jedem Bett aus bedient werden kann.

§ 8
Fernsprecher

In den Einrichtungen muß in jedem Gebäude mindestens ein Fernsprecher vorhanden sein, über den die Bewohner erreichbar sind und der von nicht bettlägerigen Bewohnern ohne Mithören Dritter benutzt werden kann.

---

*) Verordnung über bauliche Mindestanforderungen für Altenheime, Altenwohnheime und Pflegeheime für Volljährige in der Neufassung vom 3. Mai 1983, BGBl I, S. 551 ff.

J

§ 9
Zugänge

(1) Wohn-, Schlaf- und Sanitärräume müssen im Notfall von außen zugänglich sein.

(2) In Pflegeheimen und Pflegeabteilungen müssen die Türen zu den Pflegeplätzen so breit sein, daß durch sie bettlägerige Bewohner transportiert werden können.

§ 10
Sanitäre Anlagen

(1) Badewannen und Duschen in Gemeinschaftsanlagen müssen bei ihrer Benutzung einen Sichtschutz haben.

(2) Bei Badewannen muß ein sicheres Ein- und Aussteigen möglich sein.

(3) Badewannen, Duschen und Spülaborte müssen mit Haltegriffen versehen sein.

(4) In Einrichtungen mit Rollstuhlbenutzern müssen für diese Personen geeignete sanitäre Anlagen in ausreichender Zahl vorhanden sein.

§ 11
Wirtschaftsräume

Wirtschaftsräume müssen in der erforderlichen Zahl und Größe vorhanden sein, soweit die Versorgung nicht durch Betriebe außerhalb des Heimes sichergestellt ist.

§ 12
Heizung

Durch geeignete Heizanlagen ist für alle Räume, Treppenräume, Flure und sanitäre Anlagen eine den Bedürfnissen der Heimbewohner angepaßte Temperatur sicherzustellen.

§ 13
Gebäudezugänge

Die Eingangsebene der von den Bewohnern benutzten Gebäude einer Einrichtung soll von der öffentlichen Verkehrsfläche stufenlos erreichbar sein. Der Zugang muß beleuchtbar sein.

Zweiter Teil
Besondere Vorschriften

Erster Abschnitt
Altenheime und gleichartige Einrichtungen

§ 14
Wohnplätze

(1) Wohnplätze für eine Person müssen mindestens einen Wohnschlafraum mit einer Wohnfläche von 12 qm, Wohnplätze für zwei Personen einen solchen mit einer Wohnfläche von 18 qm umfassen. Wohnplätze für mehr als zwei Personen sind nur ausnahmsweise mit Zustimmung der zuständigen Behörde, Wohnplätze für mehr als vier Personen sind nicht zulässig. Für die dritte oder vierte Person muß die zusätzliche Wohnfläche wenigsten je 6 qm betragen.

(2) Für die Berechnung der Wohnflächen nach Absatz 1 gelten § 42 Abs. 2 Satz 1 erster Halbsatz, § 43 und § 44 Abs. 1 der Zweiten Berechnungsverordnung entsprechend. Wintergärten und ähnliche nach allen Seiten geschlossenen Räume (§ 44 Abs. 1 Nr. 2) werden nicht angerechnet.

(3) Wohnplätze für bis zu zwei Personen müssen über einen Waschtisch mit Kalt- und Warmwasseranschluß verfügen. Bei Wohnplätzen für mehr als zwei Personen muß ein zweiter Waschtisch mit Kalt- und Warmwasseranschluß vorhanden sein.

§ 15
Funktions- und Zubehörräume

(1) In jeder Einrichtung müssen mindestens vorhanden sein:

1. ausreichende Kochgelegenheiten für die Bewohner,
2. ein Abstellraum für die Sachen der Bewohner,
3. in Einrichtungen mit Mehrbettzimmern ein Einzelzimmer im Sinne des § 14 zur vorübergehenden Nutzung durch Bewohner,

4. ein Leichenraum, wenn nicht eine kurzfristige Überführung der Leichen sichergestellt ist.

(2) Besteht die Einrichtung aus mehreren Gebäuden, müssen die Anforderungen nach Absatz 1 Nr. 1 und 3 in jedem Gebäude erfüllt werden.

§ 16
Gemeinschaftsräume

(1) Die Einrichtung muß mindestens einen Gemeinschaftsraum von 20 qm Nutzfläche haben. In Einrichtungen mit mehr als 20 Bewohnern muß eine Nutzfläche von mindestens 1 qm je Bewohner zur Verfügung stehen.

(2) Bei der Berechnung der Fläche nach Absatz 1 können Speiseräume, in Ausnahmefällen auch andere geeignete Räume und Flure, insbesondere Wohnflure, angerechnet werden. Treppen, sonstige Verkehrsflächen, Loggien und Balkone werden nicht berücksichtigt.

§ 17
Therapieräume

In jeder Einrichtung muß ein Raum für Bewegungstherapie oder Gymnastik vorhanden sein, wenn nicht geeignete Gymnastik- und Therapieräume in zumutbarer Entfernung außerhalb der Einrichtung von den Heimbewohnern regelmäßig benutzt werden können. Gemeinschaftsräume nach § 16 können dafür verwendet werden.

§ 18
Sanitäre Anlagen

(1) Für jeweils bis zu acht Bewohner muß im gleichen Geschoß mindestens ein Spülabort mit Handwaschbecken vorhanden sein.

(2) Für jeweils bis zu 20 Bewohner muß im gleichen Gebäude mindestens eine Badewanne oder eine Dusche zur Verfügung stehen.

(3) In den Gemeinschaftsbädern der Pflegeabteilungen sind die Badewannen an den Längsseiten und an einer Stirnseite freistehend aufzustellen.

Zweiter Abschnitt
Altenwohnheime und gleichartige Einrichtungen

§ 19
Wohnplätze

(1) Wohnplätze für eine Person müssen mindestens einen Wohnschlafraum mit einer Wohnfläche von 12 qm, ferner eine Küche, eine Kochnische oder einen Kochschrank umfassen und über einen Sanitärraum mit Waschtisch mit Kalt- und Warmwasseranschluß und Spülklosett verfügen. Bei Wohnplätzen für zwei Personen muß die Wohnfläche des Wohnschlafraumes oder getrennter Wohn- und Schlafräume mindestens 18 qm betragen.

(2) Für Wohnplätze mit mehr als zwei Personen gilt § 14 Abs. 1 Satz 2 und 3, Abs. 3 Satz 2 entsprechend.

(3) Bei der Berechnung der Wohnflächen nach Absatz 1 gilt § 14 Abs. 2 entsprechend.

§ 20
Gemeinschaftsräume

(1) Paragraph 16 gilt entsprechend mit der Maßgabe, daß je Heimbewohner Gemeinschaftsraum von mindestens 0,75 qm Nutzfläche zur Verfügung stehen muß.

(2) Sind in zumutbarer Entfernung außerhalb der Einrichtung geeignete Räume zur Gestaltung des gesellschaftlichen und kulturellen Lebens vorhanden, die den Bewohnern der Einrichtung regelmäßig zur Verfügung stehen, können sie auf die Gemeinschaftsräume angerechnet werden.

§ 21
Funktions- und Zubehörräume

In jeder Einrichtung müssen mindestens vorhanden sein:

1. ein Abstellraum für die Sachen der Heimbewohner,
2. besondere Wasch- und Trockenräume zur Benutzung durch die Heimbewohner.

§ 22
Sanitäre Anlagen

Für jeweils bis zu 20 Bewohner muß im gleichen Gebäude mindestens eine Badewanne oder eine Dusche zur Verfügung stehen.

Dritter Abschnitt
Pflegeheime für Volljährige und gleichartige Einrichtungen

§ 23
Pflegesätze

(1) Pflegeplätze müssen mindestens einen Wohnschlafraum mit einer Wohnfläche von 12 qm für einen Bewohner, 18 qm für zwei, 24 qm für drei und 30 qm für vier Bewohner umfassen. Wohnschlafräume für mehr als vier Bewohner sind nicht zulässig.

(2) Bei der Berechnung der Wohnflächen nach Absatz 1 gilt § 14 Abs. 2 entsprechend.

§ 24
Funktions- und Zubehörräume

(1) Funktions- und Zubehörräume müssen in ausreichender Zahl vorhanden und den Besonderheiten der Pflegebedürftigkeit angepaßt sein.

(2) Paragraph 15 Abs. 1 Nr. 2 bis 4, Abs. 2 in Verbindung mit Abs. 1 Nr. 3 gilt entsprechend. Außerdem müssen Schmutzräume und Fäkalienspülen in erforderlicher Zahl vorhanden sein.

§ 25
Gemeinschaftsräume

Paragraph 20 Abs. 1 gilt entsprechend. Die Nutzflächen müssen jedoch so angelegt sein, daß auch Bettlägerige an Veranstaltungen und Zusammenkünften teilnehmen können.

§ 26
Therapieräume

Paragraph 17 gilt entsprechend.

§ 27
Sanitäre Anlagen

(1) Für jeweils bis zu vier Bewohner müssen in unmittelbarer Nähe des Wohnschlafraumes ein Waschtisch mit Kalt- und Warmwasseranschluß und für jeweils bis zu acht Bewohner ein Spülabort vorhanden sein.

(2) Für jeweils bis zu 20 Bewohner müssen im gleichen Gebäude mindestens eine Badewanne und eine Dusche zur Verfügung stehen.

(3) Ist dauernd bettlägerigen Bewohnern die Benutzung sanitärer Anlagen nur in der Geschoßebene ihres Wohnschlafraumes möglich, so muß die nach Absatz 2 geforderte Anzahl an Badewannen und Duschen in dem jeweiligen Geschoß vorgehalten werden.

(4) Paragraph 18 Abs. 3 gilt entsprechend.

Vierter Abschnitt
Einrichtungen mit Mischcharakter

§ 28
Einrichtungen mit Mischcharakter

Sind Teile einer Einrichtung mehreren Einrichtungsarten im Sinne des § 1 Abs. 1 des Heimgesetzes zuzuordnen, so sind auf diese Teile die Anforderungen der Verordnung für die ihnen jeweils entsprechende Einrichtungsart anzuwenden.

Dritter Teil
Einrichtungen für behinderte Volljährige

§ 29
Einrichtungen für behinderte Volljährige

(1) In Einrichtungen für behinderte Volljährige sind bei der Anwendung der Verordnung die besonderen Bedürfnisse der Bewohner, die sich insbesondere aus Art und Schwere der Behinderungen ergeben, zu berücksichtigen. Von Anforderungen der Verordnung kann insoweit abgewichen werden.

(2) Als gleichartige Einrichtungen im Sinne des ersten und zweiten Abschnitts des zweiten Teils der Verordnung gelten auch Einrichtungen für behinderte Volljährige.

Vierter Teil
Fristen und Befreiungen

§ 30
Fristen zur Angleichung

(1) Erfüllen Einrichtungen, die bei Inkrafttreten dieser Verordnung im Betrieb, im Bau oder im baureifen Planungsstadium sind, die Mindestanforderungen der §§ 2 bis 29 nicht, so hat die zuständige Behörde zur Angleichung an die einzelnen Anforderungen angemessene Fristen einzuräumen. Die Frist für die Angleichung darf zehn Jahre vom Inkrafttreten der Verordnung an nicht überschreiten. Sie kann bei Vorliegen eines wichtigen Grundes verlängert werden.

(2) Für andere als die in Absatz 1 Satz 1 genannten Einrichtungen kann die zuständige Behörde auf Antrag angemessene Fristen zur Erfüllung einzelner Anforderungen nach dieser Verordnung einräumen. Die Fristen dürfen fünf Jahre vom Zeitpunkt der Anzeige nach § 7 des Heimgesetzes an nicht überschreiten. Sie können in besonders begründeten Ausnahmefällen verlängert werden.

§ 31
Befreiungen

(1) Ist dem Träger einer Einrichtung die Erfüllung der in den §§ 2 bis 29 genannten Anforderungen technisch nicht möglich oder aus wirtschaftlichen Gründen nicht zumutbar, kann die zuständige Behörde auf Antrag ganz oder teilweise Befreiung erteilen, wenn die Befreiung mit den Interessen und Bedürfnissen der Bewohner vereinbar ist.

(2) Der Träger einer Einrichtung ist vom Zeitpunkt der Antragstellung bis zur Entscheidung über den Antrag für die beantragten Tatbestände von der Verpflichtung zur Angleichung vorläufig befreit.

Fünfter Teil
Ordnungswidrigkeiten und Schlußbestimmungen

§ 32
Ordnungswidrigkeiten

Ordnungswidrig im Sinne des § 17 Abs. 2 Nr. 1 des Heimgesetzes handelt, wer vorsätzlich oder fahrlässig entgegen § 1 eine Einrichtung betreibt, in der

1. die Mindestanforderungen an die Wohnplätze nach § 2, § 14 Abs. 1 oder 3 oder § 19 Abs. 1 oder 2 oder die Mindestanforderungen an die Pflegeplätze nach den §§ 2 oder 23 Abs. 1 nicht erfüllt sind,
2. Rufanlagen nach § 7 oder Fernsprecher nach § 8 nicht vorhanden sind,
3. die Wohn-, Schlaf- oder Sanitärräume entgegen § 9 Abs. 1 im Notfall nicht von außen zugänglich sind,
4. die Funktions- und Zubehörräume oder sanitären Anlagen nach § 15 Abs. 1 Nr. 2 oder 4, § 18 Abs. 1 oder 2, § 21, § 22, § 24 Abs. 1 oder § 27 Abs. 1 bis 3 nicht vorhanden sind,
5. die Gemeinschaftsräume nach § 16 Abs. 1, § 20 Abs. 1 oder § 25 Satz 1 nicht vorhanden sind,
6. die Therapieräume nach § 17 oder § 26 nicht vorhanden sind.

§ 33
Nichtanwendung von Vorschriften

Mit Inkrafttreten der Verordnung sind folgende Vorschriften, soweit sie Vorschriften über Mindestanforderungen für die Räume, Verkehrsflächen und sanitäre Anlagen enthalten, auf die Einrichtungen nach § 1 nicht mehr anzuwenden:

1. die Verordnung des Wirtschaftsministeriums des Landes Baden-Württemberg über den gewerbsmäßigen Betrieb von Altenheimen, Altenwohnheimen und Pflegeheimen (Heimverordnung — Heim VO —) vom 25. Februar 1970 (Gesetzblatt für Baden-Württemberg, S. 98),

2. die Verordnung des Bayerischen Staatsministeriums für Wirtschaft und Verkehr über den gewerbsmäßigen Betrieb von Altenheimen, Altenwohnheimen und Pflegeheimen (Heimverordnung — HeimVO —) vom 23. August 1968 (Bayerisches Gesetz- und Verordnungsblatt, S. 319),
3. die Verordnung des Senats von Berlin über Mindestanforderungen und Überwachungsmaßnahmen gegenüber gewerblichen Altenheimen, Altenwohnheimen und Pflegeheimen für Volljährige vom 3. Oktober 1967 (Gesetz- und Verordnungsblatt für Berlin, S. 1457).
4. die Verordnung des Senators für Wirtschaft und Außenhandel der Freien Hansestadt Bremen über den gewerbsmäßigen Betrieb von Altenheimen, Altenwohnheimen und Pflegeheimen (Heimverordnung — HeimVO —) vom 30. April 1968 (Gesetzblatt der Freien Hansestadt Bremen, S. 95),
5. die Verordnung des Senats der Freien und Hansestadt Hamburg über den gewerbsmäßigen Betrieb von Altenheimen, Altenwohnheimen und Pflegeheimen (Heimverordnung) vom 29. Oktober 1968 (Hamburgisches Gesetz- und Verordnungsblatt, S. 248),
6. die Verordnung des Hessischen Ministers für Arbeit, Volkswohlfahrt und Gesundheitswesen über den gewerbsmäßigen Berieb von Altenheimen, Altenwohnheimen und Pflegeheimen (Heimverordnung — HeimVO —) vom 7. Oktober 1996 (Gesetz- und Verordnungsblatt für das Land Hessen, S. 195),
7. die Verordnung des Niedersächsischen Ministers für Wirtschaft und Verkehr über den gewerbsmäßigen Betrieb von Altenheimen, Altenwohnheimen und Pflegeheimen (Heimverordnung — HeimVO —) vom 3. Oktober 1968 (Niedersächsisches Gesetz- und Verordnungsblatt, S. 129),
8. die Verordnung des Landes Nordrhein-Westfalen über den gewerbsmäßigen Betrieb von Altenheimen, Altenwohnheimen und Pflegeheimen (Heimverordnung — HeimVO —) vom 25. Februar 1969 (Gesetz- und Verordnungsblatt des Landes Nordrhein-Westfalen, S. 142),
9. die Verordnung des Landes Rheinland-Pfalz über den gewerbsmäßigen Betrieb von Altenheimen, Altenwohnheimen und Pflegeheimen (Heimverordnung — HeimVO —) vom 25. Juli 1969 (Gesetz- und Verordnungsblatt für das Land Rheinland-Pfalz, S. 150),
10. die Verordnung des Landes Saarland über den gewerbsmäßigen Betrieb von Altenheimen, Altenwohnheimen und Pflegeheimen (Heimverordnung — HeimVO —) vom 1. April 1969 (Amtsblatt des Saarlandes, S. 197) und
11. die Verordnung des Ministers für Wirtschaft und Verkehr des Landes Schleswig-Holstein über den gewerbsmäßigen Betrieb von Altenheimen, Altenwohnheimen und Pflegeheimen (Heimverordnung — HeimVO —) vom 22. April 1969 (Gesetz- und Verordnungsblatt für Schleswig-Holstein, S. 89).

§ 34
Berlin-Klausel

Diese Verordnung gilt nach § 14 des Dritten Überleitungsgesetzes in Verbindung mit § 24 des Heimgesetzes auch im Lande Berlin.

Planung und Realisierung einer Wohnstätte

*Bundesvereinigung Lebenshilfe**

Die Einrichtung gemeindenaher gruppengegliederter Wohnformen für Menschen mit geistiger Behinderung erfordert wichtige Vorüberlegungen grundsätzlicher Art; dazu kommt eine Fülle von Planungen und Antragsverfahren, die sich nach dem jeweiligen Vorhaben unterscheiden.

Bevor mit der Planung einer gruppengegliederten Wohnform begonnen werden kann, muß den Trägern der Folgekosten der kurz- und mittelfristige Platzbedarf (Befragungsaktion, Erhebung in Tageseinrichtungen, Hausbesuche u. a.) nachgewiesen werden. Hierbei haben persönliche Anmeldungen bzw. Anmeldungen durch Eltern Priorität. Der Bedarf kann zusätzlich untermauert werden durch die Beschreibung der unzureichenden Wohnplatzsituation in der Region.

Will ein Träger damit beginnen, Wohnplätze einzurichten, muß er dem überörtlichen Sozialhilfeträger im Rahmen einer Projektbeschreibung sein Konzept vorstellen.

Die Abstimmung des Konzeptes mit den Eltern (z. B. mit Hilfe einer schriftlichen Umfrage und Unterschriftenliste) ist außerordentlich wichtig und sollte vor der Verhandlung mit dem überörtlichen Sozialhilfeträger vorgenommen werden. Mögliche Fragestellungen können hierbei sein: »Wie stellen wir uns die Wohnung des Sohnes oder der Tochter vor? Soll er/sie in einer gruppengegliederten Wohnform, in einer Gruppenwohnung oder in einer Wohngemeinschaft wohnen?« Vor einer Entscheidung sollten Eltern/Angehörige die bestehenden Wohneinrichtungen, deren Mitarbeiter und Bewohner kennenlernen.

Die Lebenshilfe ermutigt alle Eltern, ihre Vorstellungen im Namen ihres Sohnes/ihrer Tochter darzustellen und sich nicht von Kosten-Nutzen-Aspekten beeinflussen zu lassen, denn bundesweit werden die Träger der Sozialhilfe für größere Einrichtungen plädieren, weil sie »angeblich« kostengünstiger zu führen sind. Einzelne Erfahrungen beweisen das Gegenteil.

Die Betreuungskosten für den einzelnen behinderten Menschen haben keinen Einfluß auf die Größe der Wohneinrichtung, auch das muß dem Kostenträger klar gemacht werden.

Nach der internen Diskussion und Abwägung des Bedarfs muß entschieden werden, ob Wohnraum gebaut, gekauft oder angemietet werden soll. Welche Entscheidung auch immer getroffen wird, — es ist sinnvoll, diese möglichst frühzeitig mit den Trägern der Sozialhilfe abzusprechen:

— eventuell gibt es ein günstiges Angebot eines Grundstückes oder
— es werden günstige Häuser angeboten (z. B. in den neuen Bundesländern) oder
— insbesondere bei dringendem Bedarf, aber auch im Rahmen einer vorhandenen Wohngesamtkonzeption besteht die Möglichkeit der Anmietung von Wohnungen.

Bei allen Vorhaben gilt der Grundsatz, daß Kosten — etwa für einen Architekten — erst übernommen werden, wenn der Auftrag zur Planung (Antragstellung) durch das Sozialministerium erteilt ist. Werden im voraus Architekten hinzugezogen und das Projekt scheitert, muß der Träger diese Kosten zahlen!

Wesentliche Faktoren, die die bauliche Konzeption der Wohnformen für geistig behinderte Menschen mitbestimmen, sind:

— Größe und Anzahl der unterschiedlich erforderlichen gruppengegliederten Wohnformen (vordringlicher Bedarf, späterer Bedarf);
— Art der Behinderung der Bewohner (geistig behinderte Menschen, Körperbehinderte, mehrfach Behinderte u. a.);
— Lage des Grundstücks und seiner Nachbarschaft;

---

*) Auszug aus der Empfehlung »Gemeindenahes Wohnen« der Bundesvereinigung Lebenshilfe.

— Neu- oder Altbau mit entsprechendem Um- und Ausbau;
— Auflagen der Kostenträger;
— Auflagen baurechtlicher Art (Bauaufsicht, Bebauungspläne u. ä.).

Schon bei der Klärung der Planungsunterlagen und bei der Suche nach dem passenden Grundstück ist es unerläßlich, einen erfahrenen Architekten oder Planungsträger beratend hinzuzuziehen. Diese Beratung bindet den Träger aber nicht, diesem den späteren Auftrag für die Entwurfsplanung zu erteilen.

Die künftige Nachbarschaft sollte mit Mitteln der Öffentlichkeitsarbeit (z. B. lokale Presse) informiert werden. Oft gibt es nur unklare, womöglich angstbesetzte Vorstellungen von Menschen mit geistiger Behinderung, denen durch sachliche Informationen entgegengewirkt werden kann.

Lage der gruppengegliederten Wohnformen

Sie sollten
— möglichst in vorhandenen oder ausgewiesenen Wohngebieten liegen,
— nicht in unmittelbarer Nähe einer Werkstatt für Behinderte errichtet werden und
— eine verkehrsgünstige Lage haben (kurze Wege zu öffentlichen Verkehrsmitteln, möglichst auch zu Marktplatz, Kirche, Post, Sportplatz, Turnhalle, Schwimmbad, Theater, Kino, Café, Restaurant, Geschäften, Grünanlagen u. a.).

Die Lage einer gemeindenahen gruppengegliederten Wohnform wird mitbestimmt von ihrer erforderlichen Größe.

Um die erforderliche Grundstücksgröße innerhalb eines Wohngebietes zu erhalten, ist ggf. zu prüfen, ob das Zusammenlegen von Nachbargrundstücken oder Nachbarhäusern zu der gewünschten Größe führt. Neben der bebauten Fläche für das Gebäude sind auch noch Freiflächen für Garten und Terrasse zu berücksichtigen.

Der Wert eines Grundstücks wird auch bestimmt durch:
— Lage zu den Himmelsrichtungen,
— Aussicht in Garten oder Landschaft,
— Einsehbarkeit von Nachbargrundstücken,
— Lärm- oder Staubbelästigung,
— bindende Bauvorschriften u. a.

Das Verhalten der zukünftigen Nachbarschaft, die mögliche Gefahr einer Isolation oder gar Ablehnung der Bewohner muß erwogen werden.

Neubau

Menschen mit geistiger Behinderung sollten — ihren Möglichkeiten entsprechend — an der Planung beteiligt werden.

Vorplanung

Sie ist vorwiegend vom Träger in Verbindung mit dem Architekten zu klären.

Hierzu gehören die
— Aufstellung des Raumprogramms nach der erforderlichen Platzzahl, wobei hier auch die Sozialhilfeträger miteinzubeziehen und Erfahrungen anderer Träger gemeindenaher gruppengegliederter Wohnformen zu berücksichtigen sind;
— Wahl der Grundstücke unter Berücksichtigung der oben beschriebenen Punkte.

Nur anhand eines konkreten Grundstückes läßt sich eine Vorplanung erstellen, können die Kosten ermittelt und Finanzierungspläne ausgearbeitet werden. Der Kauf des Grundstücks darf erst vorgenommen werden, wenn Einvernehmen mit den Trägern der Sozialhilfe erzielt wurde.

Bestehende Auflagen für das in Betracht gezogene Grundstück bzw. Haus müssen erfragt werden
— bei der Bauaufsicht (Bauordnungsamt, baurechtliche Fragen u. a.) und
— beim Planungsamt (Einsicht in den Bebauungsplan und seine Anlagen; prüfen, ob die Erschließung des Grundstücks, z. B. Versorgung, Entsorgung, gesichert ist).

Im Hinblick auf später zu errichtende Wohnformen sollte geprüft werden, ob diese sich in regionaler Nähe realisieren lassen, so daß langfristig ein Wohnverbund gebildet werden kann.

Ist ein Grundstück als geeignet befunden worden, erstellt der Architekt nach der Planungsvorbereitung die Vorplanung mit einer Kostenschätzung. Anhand dieser Unterlagen — ergänzt durch Quadratmeter- und Kubikmeterberechnung — ist die Genehmigungsfähigkeit dieser Planung und die Finanzierung mit den zuständigen Behörden zu klären und ein Finanzierungsplan auzustellen.

Finanzierungs- und Genehmigungsverfahren

Diese sind überwiegend vom Architekten in Verbindung mit dem Träger zu erstellen. Dem gesamten Antrag muß ein Orientierungsantrag vorausgehen, mit dem die eigentliche Finanzierung gesichert wird. Ihm müssen — entsprechend den Richtlinien der einzelnen Bundesländer — beigefügt werden:

- Bedarfsermittlung und Begründung,
- Raumprogramm,
- Erläuterungsbericht,
- Übersichtsplan,
- Lageplan im Maßstab 1:500,
- Grundrisse,
- Ansichten,
- Schnitte im Maßstab 1:100,
- Nutzenflächenberechnung,
- Berechnung des umbauten Raumes,
- Kostenschätzung,
- Ermittlung der Platzkosten,
- Finanzierungsplan.

Den eigentlichen Bau- und Finanzierungsunterlagen beizufügen sind dann:

- amtlicher Lageplan,
- Grundbuchauszug,
- Bauzeichnung im Maßstab 1:100,
- Bestätigung der Bauaufsichtsbehörde über die Genehmigungsfähigkeit des Projektes oder die erteilte Baugenehmigung,
- Baubeschreibung,
- Berechnung des umbauten Raumes,
- Berechnung von Nutzflächen,
- Kostenberechnung und Finanzierungsplan.

Die Kostenaufstellung als Voraussetzung für den Finanzierungsplan umfaßt:

- Grundstückspreis mit Erschließungskosten
- Gebäudekosten,
- Errichtung der Außenanlagen,
- Baunebenkosten,
- Ausstattung.

Der Finanzierungsplan setzt sich in der Regel aus Eigenmitteln des Trägers (10—20 % der Kosten), Zuschüssen und Darlehen zusammen. Falls Eigenmittel nicht vorhanden sind (Grundstück, Spenden u. a.), können sie ggf. durch Darlehen ersetzt werden. Manche gruppengegliederten Wohnformen wurden zu 100 % aus Zuschüssen und Darlehen finanziert.

Nach Vorklärung der Grundstücks-, Bau- und Finanzierungsfragen erhält der Architekt mit den Sonderfachleuten für Statik u. a. den weiteren Auftrag für die Entwurfsplanung und für die Erstellung der Bauvorlage zur Vorlage beim Bauaufsichtsamt. Hierzu sind erforderlich:

- Pläne im Maßstab 1:100
- amtlicher Lageplan,
- Baubeschreibung,
- Kubikmeterberechnung,
- statische Berechnung.

Nach Abschluß der bauaufsichtlichen Prüfung wird die Baugenehmigung erteilt (Bauschein mit Auflagen). Erst wenn diese erteilt ist und die Bewilligungsbescheide aller Sozialhilfeträger vorliegen, darf mit den Bauarbeiten begonnen werden!

Von Bundesland zu Bundesland gibt es unterschiedliche Regelungen. Im allgemeinen wird die Finanzierung mit dem jeweiligen Sozialministerium abgesprochen.

J

Bauausführung, Abrechnungs- und Verwendungsnachweis

Dieser Teil ist vorwiegend vom Architekten auszuführen. Nach Abschluß des Genehmigungsverfahrens beginnt die Phase der Bauausführung. Hierzu wird der Auftrag an den Architekten bzw. Planungsträger erweitert:

- Ausführungsplanung, unter Berücksichtigung der Bedingungen und Auflagen der genehmigten Antragsunterlagen des Bauaufsichtsamtes und der Kostenträger;
- Erstellen von Ausschreibungsunterlagen für die einzelnen Gewerbe (Handwerker u. a.);
- Einholen der Angebote: »öffentliche« oder »beschränkte« Ausschreibungen sind üblich (in der Regel muß gemäß den Bewilligungsbedingungen öffentlich ausgeschrieben werden)
- Vergabe der Arbeit. Hierbei werden in der Regel schriftliche Verträge mit den einzelnen Firmen abgeschlossen, worin verbindlich Preise, Baubeginn, Liefer- und Montagezeiten u. a. vereinbart werden. Die heimische Wirtschaft sollte nach Möglichkeit berücksichtigt werden (Spenden, Kenntnis der Leistungsfähigkeit, spätere Verfügbarkeit der Handwerker u. a.).

Das Richtfest bei Fertigstellung des Rohbaus bietet eine willkommene Möglichkeit, auch mit Hilfe der Presse den Neubau vorzustellen. Neben den Bauleuten und den beteiligten Behörden (Geldgebern) können auch die zukünftigen Bewohner und die Nachbarn zum Richtspruch eingeladen werden.

Nach der Fertigstellung und dem Bezug des Hauses ist die Phase der Abrechnung aller Bauarbeiten noch nicht abgeschlossen; sie dauert für den Architekten und den Träger noch etwa ein halbes Jahr, bis zur Vorlage der Schlußabrechnung.

Der Verwendungsnachweis besteht im wesentlichen aus der Auflistung aller getätigten Ausgaben, die zum Erstellen und Einrichten der gruppengegliederten Wohnform erforderlich war. Hierzu müssen der Prüfungsbehörde alle Rechnungen mit Überweisungsbelegen eingereicht werden. Bei der Prüfung wird darauf geachtet, daß die gewährten Zuschüsse oder Darlehen im Sinne der Antragsstellung und nach den Bewilligungsbedingungen verwendet wurden. Überschreitungen sind zu begründen, z. B. Preiserhöhungen, unvorhersehbare Probleme.

Ankauf und Umbau

Es gilt im wesentlichen der gleiche Antragsweg wie bei der Errichtung neuer gruppengegliederter Wohnformen (siehe hierzu: Neubau S. 368).

Vorhandene Gebäude liegen oft günstiger als neue Baugrundstücke. Tauglichkeit und Wirtschaftlichkeit von Grundstück und Gebäude sind zu prüfen und ggf. nachzuweisen. Hier ist z. B. besonders auf die Größe des Hauses, die Grundrißaufteilung und die notwendigen Umbauten (Heizung, Installation, Schall- und Wärmeisolierung, Brandschutz) zu achten.

Das angebotene Objekt sollte rechtzeitig mit Vertretern der am Verfahren beteiligten Dienststellen geprüft und besichtigt werden (z. B. Heimaufsicht und Brandschutz). Die bei einer Begehung abgesprochenen und protokollierten Vereinbarungen sind dem Gesamtantrag beizufügen.

Der Grundstückspreis und der Wert eines zum Umbau geeigneten Gebäudes wird oft in die Gesamtfinanzierung der gruppengegliederten Wohnform miteinbezogen.

Anmietung

In vielen örtlichen Lebenshilfe-Vereinigungen wird aus konzeptionellen bzw. finanziellen Überlegungen heraus die Anmietung von geeigneten Wohnobjekten erfolgreich praktiziert. Die Anmietung bietet sich insbesondere in Gebäuden des Sozialen Wohnungsbaus für Wohngemeinschaften und zum Einzelwohnen an.

Im letzteren Fall sind die Bewohner und Bewohnerinnen oft die Anmieter im Rahmen des ambulant betreuten Wohnens.

Anhang

Hinweise

Mitglieder von Gremien zum Bereich Wohnen

Liebe Leserinnen, liebe Leser,

die Bundesvereinigung Lebenshilfe hat zum Thema »Wohnen von Menschen mit geistiger Behinderung« zwei Gremien eingerichtet, nämlich den Fachausschuß Wohnen, dem Eltern und Fachleute aus dem Bereich des gemeindenahen Wohnens angehören, sowie einen Beirat, der von Bewohnerinnen und Bewohnern gemeindenaher Wohneinrichtungen gebildet wird. Wenn Sie wissen möchten, wer aus Ihrem Umfeld bzw. aus Ihrem Bundesland in beiden Gremien vertreten ist, um sich evtl. mit Anregungen, aber auch mit Fragen und Problemen an diese Personen wenden zu können, erfragen Sie die Adressen bitte bei der Bundesvereinigung Lebenshilfe für geistig Behinderte, Fachgebiet Wohnen, Raiffeisenstraße 18, 35043 Marburg, Tel.: (0 64 21) 4 91—152 oder 4 91—155.

Anschriften von Wohnangeboten

Im Rahmen ihres LIESA-Programms (**L**ebenshilfe **I**nformationssystem **E**inrichtungen und **S**onstige **A**ngebote) hat die Bundesvereinigung Lebenshilfe für geistig Behinderte e. V. ein Adressverzeichnis der Einrichtungen und sonstigen Angebote der Lebenshilfe in Deutschland zusammengestellt. Es umfaßt folgende Einzelverzeichnisse:

1. Frühförderstellen
2. Kinderkrippen
3. Kindergärten
4. Sonderschulen/Tagesbildungsstätten
5. Tagesförderstätten
6. **Werkstätten für Behinderte (WfB) ***
7. **Wohnangebote ***
8. **Familienentlastende Dienste (FED) ***
9. Beratungsstellen
10. Bewegung, Spiel und Sport
11. Freizeit
12. Fortbildung
13. Elterngruppen
14. Sonstige Angebote

Die zum Zeitpunkt der Drucklegung dieses Buches vorhandenen Verzeichnisse sind mit einem * gekennzeichnet. Bestellungen richten Sie bitte an: Lebenshilfe-Verlag Marburg, Verlag der Bundesvereinigung Lebenshilfe für geistig Behinderte e. V., Raiffeisenstraße 18, 35043 Marburg (Vertrieb).

Videofilme zum Thema Wohnen

Alle nachfolgend beschriebenen Filme können gegen eine Schutzgebühr bei der Bundesvereinigung Lebenshilfe für geistig Behinderte e.V., Raiffeisenstr. 18, 35043 Marburg, Tel.: (06421) 491-0 angefordert werden.

Wenn man älter wird — Geistig Behinderte vor dem Ruhestand

Was geschieht mit geistig behinderten Menschen im Alter? Ist ihnen zuzumuten, die ihnen vertrauten Wohnstätten zu verlassen, wenn sie aus gesundheitlichen Gründen nicht mehr in einer Werkstatt arbeiten können, wie es gesetzliche Bestimmungen vorsehen?

Dieser Frage geht die Dokumentation Werner Geifrigs nach; am Beispiel eines 43jährigen Mannes, der in einer WfB in München arbeitet, wird die Problematik verdeutlicht. Seine Stellungnahme sowie die seiner Mutter, der Vorsitzenden der Lebenshilfe und der Leiterin des Sozialhilfevereins runden den Bericht ab.

Technische Daten: VHS-Format, Dauer: 30 min., Hrsg./Herst.: AG Behinderte in den Medien.

Geschichten von behinderten Menschen in München

In diesem Film werden verschiedene Projekte zur Förderung der Belange behinderter Mitmenschen in München vorgestellt. Neben statistischen Angaben über Arbeitsplätze, Sozialwohnungen und Wohnheimplätze der behindertenfreundlichen Stadt München, wird anhand einer Trainings-Wohngruppe in München-Neuhausen ein Einblick in die Arbeit von integrationsfördernden Arbeits- und Betreuungsformen gewährleistet.

Technische Daten: VHS-Format, Dauer: 30 min., Produktion: AG Behinderte in den Medien.

Wohnen wie Ihr — Wohnformen für geistig Behinderte

An Beispielen der Wohnstätten der Lebenshilfe München werden unterschiedliche Wohnformen vorgestellt. Besondere Beobachtung findet dabei das Zusammenleben in geschlossenen Wohngruppen.

Der Film beobachtet die Mitglieder einer solchen Wohngruppe bei ihren alltäglichen Arbeiten und Besorgungen, zeigt die Organisation des Miteinanderlebens, aber auch die individuelle Gestaltung der Freizeit.

Technische Daten: VHS-Format, Dauer: 30 min., Produktion: AG Behinderte in den Medien.

«Kommt doch mal rein!« — Leben im Wohnheim von-Dessel-Str. 15 der Lebenshilfe Lüneburg

Die Lebenshilfe Lüneburg unterhält seit 1975 Wohnstätten, die in einem Wohnverbund zusammengeschlossen sind. Die Wohnstätte in der von-Dessel-Str. 15 besteht seit 1982; in ihr leben vier Gruppen von jeweils acht bis zehn Personen im Alter zwischen 18 und 50 Jahren. Jede dieser Gruppen wird von zwei bis drei Mitarbeitern betreut.

Der Film schildert das Alltagsleben in der Wohnstätte; das gemeinsame Frühstück, die Vorbereitungen zum Verlassen des Hauses, die Organisation der anfallenden Hausarbeiten und die Möglichkeiten der individuellen Freizeitgestaltung.

Technische Daten: VHS-Format, Dauer: 40 min., Produktion: Lebenshilfe Lüneburg.

Hoffnungsvolle Menschen

Der Film versucht zu vermitteln, daß »Anderssein« etwas ganz Normales und Selbstverständliches, geistige Behinderung nur eine mögliche

Form ist, anders zu sein, die ebensowenig wie andere spezifische Merkmale eines Menschen Anlaß zu Diskriminierungen sein dürfen.

Vier Menschen mit geistiger Behinderung werden kurz vorgestellt: ein 4jähriges Mädchen, ein 12jähriger Junge, ein 22jähriger junger Mann und eine 59 Jahre alte Frau. Verknüpft mit den Schicksalen dieser Menschen werden die Aufgaben, Möglichkeiten und Forderungen der Lebenshilfe beschrieben, wird die Bedeutung der Arbeit verschiedener Einrichtungen (Kindergarten, Schule, Werkstätte, Wohnstätte) verdeutlicht.

Technische Daten: VHS-Format, Dauer: 18 min., Produktion: Lebenshilfe Österreich.

Wohnnest Münster — ein zweites Zuhause auf Zeit

Der Film behandelt ein durchaus alltägliches Problem geistig behinderter Menschen und ihrer Angehörigen: Was passiert, wenn ein Elternteil kurzfristig ausfällt, wenn Notsituationen entstehen und wie kann dem vorgebeugt werden?

Eine Lösungsmöglichkeit ist ein Kurzzeitheim wie das »Wohnnest« der Lebenshilfe Münster. Neben der Beschreibung des Tagesablaufs und der gezielten pädagogischen Förderung dokumentieren Elterninterviews den Bedarf an solchen Angeboten.

Technische Daten: VHS-Format, Dauer: 30 min., Hrsg./Herst.: Bundesvereinigung Lebenshilfe.

»Leben so normal wie möglich«

Die filmische Umsetzung des Grundsatzprogramms der Lebenshilfe. Der in modernster Video-Technik (D-3 digital) aufgenommene Film dokumentiert den Alltag geistig behinderter Menschen und will dazu beitragen, Unkenntnis, Barrieren und Berührungsängste abzubauen. An Beispielen aus den Bereichen Frühförderung und Vorschulalter, Schule, Arbeit, *Wohnen und Freizeit* zeigt der Film die besonderen Bedürfnisse von Menschen mit geistiger Behinderung auf und stellt die Förder- und Hilfsangebote der Lebenshilfe von der Geburt bis ins Alter vor.

»Integration« und »Selbstbestimmung« sind die Leitmotive des in den verschiedensten Lebenshilfe-Einrichtungen in München, Landshut, Dresden, Hofheim, Gießen und Marburg gedrehten Streifens. Er möchte ein Sprachrohr sein für alle Menschen mit geistiger Behinderung und ihnen Mut machen, immer mehr selbst das Wort zu ergreifen und sich für ihre eigenen Interessen einzusetzen.

Technische Daten: VHS-Format, Dauer: 35 min., Hrsg./Herst.: Bundesvereinigung Lebenshilfe für geistig Behinderte e.V., Kaufpreis: DM 85,— zuzüglich Versandkosten.

Literaturauswahl*

ANDERSON, D. J.; LAKIN, K. Ch.; HILL, B. K. (1992): Social integration of older persons with mental retardation in residential facilities. In: American journal on mental retardation, H. 5, S. 488—501.

ANDRITZKY, M.; STELLE, G. (Hrsg.) (1983): Lernbereich Wohnen. Didaktisches Sachbuch zur Wohnumwelt vom Kinderzimmer bis zur Stadt. Grundlagen, Materialien, Lernbeispiele. Reinbek: Rowohlt.
Bd. 1: Historische Wohnweisen, polit-ökonomische Bedingungen, Wohnraum und Wohnung, Wohnverhalten. 374 S.
Bd. 2: Wohnhaus und Wohnumgebung, Umweltgestalt, Architektur und Siedlungsform, Wohnen auf dem Land. 446 S.

ANGLIN, B. (1981): They never asked for help. A study on the needs of elderly retarded people in Metro Toronto. Maple, Ontario: Belsten Publishing, 61 S.

Arbeitsgemeinschaft Wohnplätze für behinderte Menschen (1990): Wohnen mit behinderten Menschen. Gemeinwesenintegrierte Wohnformen in Wien; 4. und 5. Dezember 1989; Symposium; Tagungsbericht. Wien. 190 S.

Arbeitskreis für Behindertenfragen (1991): Wohnen von Menschen mit Behinderungen. Öffentliche Anhörung am 23. und 24. November 1990 in Oldenburg. Oldenburg: Ziese Verl., 210 S.

BADER, I. (1986): Alte geistig behinderte Menschen im Heim. Lebensgeschichte, Bedürfnisse und Möglichkeiten zur individuellen Lebensgestaltung im Alter. In: Geistige Behinderung H. 4, S. 271—279.

BANK-MIKKELSEN, N. E. (1972): Das Normalisierungsprinzip. In: Sozialpädagogik 6, S. 265 ff.

BANK-MIKKELSEN, N. E.; International League of Societies for Persons with Mental Handicap (1991): Living conditions for people with mental handicap. A document prepared by the ILSMH Committee on Housing and Environmental Concerns under the chairmanship of Niels Erik Bank-Mikkelsen. Brüssel, 24 S.

Bayerisches Staatsministerium für Arbeit und Sozialordnung, Familien, Frauen und Gesundheit (Hrsg.) (1994): Selbständiges Wohnen behinderter und alter Menschen; ein Tagungsbericht. München, 138 S.

BEGAB, M. J. (1987): Aging and mental Retardation. Extending the continuum. Washington: American Association on Mental Retardation. 187 S. (Monographs of the American Association on Mental Deficiency, 9)

Behinderte in Familie, Schule und Gesellschaft: Themenheft 1/1989: Bauen und Wohnen. 44 S.

BERNARD, J. (1982): Normalisierung, Integration geistig behinderter Menschen durch alternative Wohnmodelle. In: Behinderte in Familie, Schule und Gesellschaft, H. 1, S. 31—37.

BERNARD, J.; HOVORKA, H.; Projektteam (1986): Demonstrativplanungsvorhaben zum Wohnen geistig behinderter Menschen. Projektbericht in 2 Bänden. Wien: Institut für Soziales Design. Bd. 1, 441 S., Bd. 2, 438 S.

BERNARD, J.; HOVORKA, H.; SCHAFFRANEK, W.; Institut für Soziales Design, Entwicklung und Forschung (1991): Normalisierung. Zur Entwicklung integrativer Wohn- und Lebenszusammenhänge geistig und mehrfach behinderter Menschen in Österreich; unter besonderer Berücksichtigung des »Wiener Programms«; Forschungsprojekt ...; Endbericht. Wien: Institut für Soziales Design, 492 S.

BOLLINGER, Ch. u. a. (1984): Ein Weg zu einem selbständigen Leben — Die Wohnschule Bad Dürkheim. In: Geistige Behinderung, H. 3, Praxisteil, 24 S.

BONDERER, E. (Hrsg.) (1992): Von der Verwahrung zur sozialen Integration geistig behinderter Menschen in Psychiatrischen Kliniken. Luzern: Ed. SZH/SPC d. Schweizer. Zentralstelle für Heilpädagogik, 178 S.

*) Da beabsichtigt ist, die Literaturliste laufend fortzuschreiben, freuen wir uns über jeden ergänzenden Hinweis aus dem Nutzerkreis.

Bozen / Landesassessorat für Sozial- und Gesundheitswesen (1989): Wohnen und Freizeit für Menschen mit Behinderung = Forme abitative e tempo libero per handicappati. Studientagung : Tagungsbericht = Convegno di studi = Atti del convegno. Bozen, 180 S.

BRILL, K.-E. (Hrsg.) (1988 a): Betreutes Wohnen. Neue Wege in der psychiatrischen Versorgung: mit kurz kommentierter Bibliographie deutschsprachiger Literatur. 1. Aufl. München: AG SPAK-Publikationen, 267 S. (Materialien der AG SPAK, 89)

BRILL, K.-E. (Hrsg.) (1988 b): Betreutes Wohnen. Arbeitsmaterialien: Finanzierungen, Empfehlungen, Richtlinien; Adressenverzeichnis der Träger und Arbeitskreise. Mit Beitr. zu sozial- und mietrechtlichen Fragen. 1. Aufl. München: AG SPAK-Publikationen, 133 S. (Materialien der AG SPAK, 90)

Bundesarbeitsgemeinschaft der Freien Wohlfahrtspflege (1992): Aktuelle Pflegesatzfragen im Heimbereich. Freigemeinnützige Positionen zur notwendigen Sicherung wirtschaftlicher und leistungsfähiger Einrichtungen. Bonn, 44 S.

Bundesarbeitsgemeinschaft der überörtlichen Träger der Sozialhilfe (1994): Wohnformen für Behinderte und sachliche Zuständigkeit nach dem Bundessozialhilfegesetz. Karlsruhe, 45 S.

Bundesminister für Familie und Senioren (Hrsg.) (1993): Der Heimbeirat. Merkblatt über die Mitwirkung der Heimbewohner in Angelegenheiten des Heimbetriebs. Bonn, 43 S.

Bundesministerium für Jugend, Familie und Gesundheit (Hrsg.) (1985): Integration und Autonomie behinderter Menschen. Abschlußbericht der wissenschaftlichen Begleitforschung 1980 bis 1983. Wiss. Leitung: Otto Speck. Durchführung: Saskia Kluss u. Rupert Unger. Stuttgart u. a.: Kohlhammer, 193 S. (Schriftenreihe des Bundesministers für Jugend, Familie und Gesundheit, Bd. 172)

Bundesministerium für Raumordnung, Bauwesen und Städtebau (Hrsg.) (1985): Bereitstellung von Behindertenwohnungen. Bedarfsgerechte und wirtschaftliche Verfahren, Behindertenwohnungen bereitszustellen. Bonn, 90 S. (Schriftenreihe 04 Bau- und Wohnforschung)

Bundesministerium für Raumordnung, Bauwesen und Städtebau (Hrsg.) (1992): Wohnberatung für ältere Menschen. Bonn.

Bundesministerium für Raumordnung, Bauwesen und Städtebau (Hrsg.) (1989): Wohnungen für ältere Menschen. Planung und Ausstattung — Hilfsmittel. 3. Auflage. Bonn, 49 S.

Bundesvereinigung Lebenshilfe für geistig Behinderte e.V. (Hrsg.) (1985): Hilfen für alte und alternde geistig behinderte Menschen. 2. unveränd. Aufl. Marburg: Lebenshilfe-Verlag, 78 S. (Große Schriftenreihe, 10)

Bundesvereinigung Lebenshilfe für geistig Behinderte e.V. (Hrsg.): Aufgabenbereiche der Mitarbeiter in Wohnstätten für geistig Behinderte, Marburg: Lebenshilfe-Verlag, 11 S. (Sonderdruck)

Bundesvereinigung Lebenshilfe für geistig Behinderte e.V. (Hrsg.) (1992): Drohender Betreuungsnotstand in der Behindertenhilfe. Ergebnisse einer 1991 durchgeführten Umfrage in Werkstätten und Wohnstätten für Behinderte, Marburg: Lebenshilfe-Verlag, 111 S.

Bundesvereinigung Lebenshilfe für geistig Behinderte e.V. (Hrsg.) (1993): Alt und geistig behindert. 2. Aufl. Marburg: Lebenshilfe-Verlag, 256 S. (Große Schriftenreihe, 26)

Bundesvereinigung Lebenshilfe für geistig Behinderte e.V. (Hrsg.) (1992 a): Gemeindenahes Wohnen: Konzeption, Planung und Realisierung. Marburg: Lebenshilfe-Verlag, 16 S. (Sonderdruck)

Bundesvereinigung Lebenshilfe für geistig Behinderte e.V. (Hrsg.) (1991): Grundsatzprogramm der Lebenshilfe. Verabschiedet auf der Mitgliederversammlung der Lebenshilfe am 9./10. November 1990 in Marburg. Marburg: Lebenshilfe-Verlag, 64 S.

Bundesvereinigung Lebenshilfe für geistig Behinderte e.V. (Hrsg.) (1987): Humanes Wohnen — seine Bedeutung für das Leben geistig behinderter Erwachsener. Bericht der 10. Studientagung der Bundesvereinigung Lebenshilfe vom 11. bis 14. November 1981 in Aachen.

2. unveränd. Aufl., Marburg: Lebenshilfe-Verlag, 289 S. (Große Schriftenreihe, 5)

Bundesvereinigung Lebenshilfe für geistig Behinderte e.V. (Hrsg.) (1992 b): Qualitätsbeurteilung und -entwicklung von Wohneinrichtungen für Menschen mit geistiger Behinderung. Bericht über eine Fachtagung der Bundesvereinigung Lebenshilfe. 1. Aufl. Marburg: Lebenshilfe-Verlag, 176 S.

Bundesvereinigung Lebenshilfe für geistig Behinderte e.V. (Hrsg.): Selbständigkeitstraining in Wohnstätten für geistig Behinderte. Marburg: Lebenshilfe-Verlag, 8 S. (Sonderdruck)

CARROLL, V. (1988): Umstrukturierung einer Wohnstätte. Vom Wohnheim zur Wohnanlage mit betreuten Wohngruppen. In: Geistige Behinderung, H. 1, Praxisteil. 32 S.

COHEN, J. S. (Hrsg.); G. Allan Roeher Institute (1990): Hey, we 're getting old. A monograph on aging and mental retardation. Downsview, Ontario, 88 S.

Connecticut / Department of Mental Retardation (1989): A guide to program quality review of homes and residences. Field test edition S. l., 69 S.

CHRISTIE, N. (1992): Jenseits von Einsamkeit und Entfremdung. Gemeinschaften für außergewöhnliche Menschen. Stuttgart: Verl. Freies Geistesleben, 167 S.

DAVIDS, S.; NACHTIGÄLLER, U.; STORM, H. (1983): Da werd ick mal jefördert ... Betreute Wohngruppen für erwachsene geistig und körperlich Behinderte in Berlin. Abschlußbericht des Projektes Wohngruppen für Behinderte. Berlin, 294 S.

Deutsche Vereinigung für die Rehabilitation Behinderter (1994): Altenpolitik für Behinderte im Seniorenalter. Konsequenzen und Empfehlungen für Praxis und Politik. Bericht über die Fachkonferenz des Bundesministeriums für Familie und Senioren am 29. und 30. März 1993 in Bonn. ... S.

Deutsches Institut für Normung (1984): Bauen für Behinderte und alte Menschen. Normen, Vorschriften (Bauwesen 25). 1. Aufl. Berlin, Köln: Beuth; Wiesbaden, Berlin: Bauverl., 126 S. (DIN-Taschenbuch, 199)

Deutsches Zentrum für Altersfragen (1982): Report on the situation of the elderly in the Federal Republic of Germany. Berlin, 85 S.

Diakonisches Werk Baden (Hrsg.) (1988): Wohnliche Versorgung schwer und mehrfach behinderter Menschen im städtischen Bereich. Expertengespräch beim Verein für Gemeindediakonie und Rehabilitation Mannheim am 10. 3. 1987. Karlsruhe, 100 S.

Diakonisches Werk der Evangelischen Kirche in Deutschland (Hrsg.) (1988): Rechtliche Stellung der Behinderten in Werkstätten für Behinderte und in Wohnheimen bei Werkstätten für Behinderte. 1. Aufl. Stuttgart: Verlagswerk der Diakonie, 45 S. (Schriftenreihe der Diakonie — Recht, 1)

DÖRNER, K. (Hrsg.) (1991): Aufbruch der Heime. Gütersloh: J. v. Hoddis.

DRESCHER, R. (Red.); Verband Evangelischer Einrichtungen für Menschen mit Geistiger und Seelischer Behinderung (1992): Aufnahme von Menschen mit geistiger Behinderung ins Heim. Handreichung zur Begleitung von Angehörigen geistig behinderter Menschen im Übergang von der Familie in die Institution. 1. Aufl. Stuttgart, 28 S. (Orientierungshilfe der Diakonie)

DÜRR, E. (1979): Wohnen — Anmerkungen zu einem Lebensbereich geistig behinderter Erwachsener. In: Zur Orientierung, H. 3, S. 252—272.

EISENMEIER, K. (1992): Die Sozialgestalt der Lebensgemeinschaft Sassen-Richthof. Ein Versuch. Schlitz-Sassen: Eisenmeier, 48 S.

EISENRING, J.-J. (1987): Merkmale des Alterungsprozesses bei Patienten mit Down- Syndrom. In: Geistige Behinderung, H. 1, S. 38—40.

ELTZNER, E.; ROTH, N.; Verband Ev. Einrichtungen für Menschen mit Geistiger und Seelischer Behinderung; Verband Kath. Einrichtungen für Lern- und Geistigbehinderte (1993): Aufnahme als Ausnahme. Dokumentation und Analyse von Aufnahmeanfragen in der Behindertenhilfe im Zeitraum von 1986 bis 1991. Freiburg: Lambertus, 56 S.

ERN, M. (1993): Förderung und Integration entwicklungs- und altersbehinderter Senioren durch Tagesstrukturierung. Thema 87 des Kuratoriums Deutsche Altershilfe. Köln.

ERN, M. (1992): Wege der Annäherung an die Lebenssituation von älterwerdenden und alten Menschen mit geistiger Behinderung. Aachen: Mainz, 347 S.

Evangelisches Diakoniewerk Gallneukirchen (1991): Wohnen für Menschen mit einer geistigen Behinderung. Vorträge; 19. Martinstift-Symposium 1991. Gallneukirchen, 79 S.

FISCHER, U. (Hrsg.) (1994): Wohnen im Stadtteil für Erwachsene mit schwerer geistiger Behinderung. Reutlingen: Diakonie-Verl., 236 S.

GRIMM, R. (1991): Die therapeutische Gemeinschaft in der Heilpädagogik. Das Zusammenwirken von Eltern und Heilpädagogen. Stuttgart: Verl. Freies Geistesleben, 138 S.

GRUNEWALD, K. (1981): Die geistig Behinderten in Schweden. Stockholm.

Gustav-Werner-Stiftung zum Bruderhaus (Hrsg.) (1989): Wer behindert wen — wie können Behinderte in die Gesellschaft integriert werden? Dokumentation zu einem Symposium am 6. und 7. Oktober 1988. Reutlingen: Gustav-Werner-Stiftung, 198 S.

HAACK, G. (1989): Wandel der Altersstruktur geistig behinderter Menschen. Von den Auswirkungen auf die Gesamtversorgung am Beispiel der Region Wilhelmshaven. In: Geistige Behinderung, H. 3, S. 203—208.

HARTMANN-KREIS, S. (1994): Betreuungspersonal als Träger des Normalisierungskonzepts. Eine Studie über die Handlungsorientierung des Personals in Wohneinrichtungen für Erwachsene mit geistiger Behinderung. In: Sonderpädagogik, H. 1, S. 24—33.

HAVEMAN, M. J. (1990): Erhöhte Lebenserwartung für Menschen mit geistiger Behinderung. Erfahrungen aus den Niederlanden. In: Geistige Behinderung, H. 3, S. 197—206.

HÖSS, H. (1983): Die vier Ebenen des Wohnens im offenen Bereich. Konzept einer Realisierung für geistig Behinderte. In: Geistige Behinderung, H. 2, S. 136—141.

HOLM, Ch. (1984): Wohngruppen für schwerst mehrfach behinderte Menschen. Alternative zu Großeinrichtungen. In: Das Band, H. 3, S. 7—12.

HUG, G. (1984): Lebensgestaltung im Wohnheim Staufen. In: Schweizerische Heilpädagogische Rundschau, H. 10, S. 221—231.

Institut für soziales Design (Hrsg.) (1981): Wohnstätten für erwachsene geistig Behinderte. Wien, München: Jugend und Volk, 824 S.

Institut für Sozialrecht, Ruhr-Universität Bochum (Hrsg.) (1975): Richtlinien für die Errichtung von Wohnstätten für erwachsene geistig Behinderte. Bochum, 668 S.

Interessengemeinschaft Sassen (Hrsg.) (1981): »Ein Dorf arbeitet ...«. Freiburg, 28 Bl.

JANCAR, J. (1988): Monograph on medical aspects of aging in the mentally handicapped. Bristol, 48 Bl.

JANICKI, M. P. (Hrsg.) (1985): Aging and developmental disabilities. Issues and approaches. Baltimore, London: Brookes, 427 S.

JANTZEN, W. (1980): Zur pädagogischen Funktion des Wohnens. In: JANTZEN, W.: Geistig behinderte Menschen und gesellschaftliche Integration. Bern u. a.: Huber, S. 58—77. (Arbeiten zur Theorie und Praxis der Rehabilitation in Medizin, Psychologie und Sonderpädagogik, Bd. 23)

JASPERT, B. (Hrsg.) (1990): Familie, Wohnstätte, Gemeinde. Versuche, soziales und religiöses Leben Behinderter und Nichtbehinderter zu verknüpfen. In Zusammenarbeit mit der Bundesarbeitsgemeinschaft Seelsorge in der Bundesvereinigung Lebenshilfe für geistig Behinderte e.V. 1. Aufl. Hofgeismar, 105 S. (Hofgeismarer Protokoll, 270)

KAPPEL, B.; WETHEROW, D. (1986): People caring about people — the Prairie Housing Cooperative = un soutien mutuel — la coopérative de logement des Prairies. In: entourage, H. 4, S. 37—42.

KEARNY, G. M.; KRISHNAN, V. H. R.; LONDHE, R. L. (1993): Characteristics of elderly people with a mental handicap living in a mental handicap hospital: a descriptive study.

In: The British journal of developmental disease 1, S. 31—50.

KIRCHHOFF, G. (1993): Menschen mit geistiger Behinderung in Wohnfamilien. Aachen, 297 S.

KLAUSS, Th. (1987): Verwahren oder fördern? Die Aufgaben des Psychologen im Heim für geistig Behinderte. München, Basel: Reinhardt, 180 S.

KLAUSS, Th. (1990): Zehn Jahre Kurzzeitheim M. Bedeutung und Funktion eines Modellprojekts der Behindertenhilfe. In: Geistige Behinderung, H. 3, S. 182—196.

KLAUSS, Th. (1993): Trennung auf Zeit. Die Bedeutung eines Kurzzeitheimes und anderer Institutionen für Familien mit geistig behinderten Kindern. Heidelberg: HVA, Ed. Schindele, 308 S.

KLAUSS, Th.; WERTZ-SCHÖNHAGEN, P. (1992): Behinderte Menschen in Familie und Heim. Grundlagen der Verständigung und Möglichkeiten der Kooperation zwischen Eltern und Betreuern. Weinheim: Juventa Verl., 326 S.

KÖNIG, A. (1991): Ist Qualität meßbar? Qualitätserfassung von Einrichtungen für Menschen mit geistiger Behinderung nach dem PASSING-Verfahren von Wolfensberger. In: Geistige Behinderung, H. 3, S. 240—249.

KRÄLING, K. (1993): Die Situation in Wohneinrichtungen der Lebenshilfe. Ergebnisse einer Umfrage. In: Bundesvereinigung Lebenshilfe für geistig Behinderte e.V. (Hrsg.): Alt und geistig behindert. Marburg: Lebenshilfe-Verlag, S. 49—59.

KRÄLING, K. (1993): Ein Leben lang auf Hilfe angewiesen. Zur Lebenssituation alter Menschen mit geistiger Behinderung. In: Altenpflege, H. 3, S. 172—179.

KRÄLING, K. (1990 a): Selbständigere und neuere Wohnformen für erwachsene Menschen mit einer geistigen Behinderung. In: Fachdienst der Lebenshilfe, Nr.3, S. 4—9.

KRÄLING, K. (1990 b): Was verstehen wir unter Wohnstätten für erwachsene Menschen mit geistiger Behinderung? In: JASPERT, B. (Hrsg.): Familie, Wohnstätte, Gemeinde. Hofgeismar, S. 8—32.

KRÄLING, K. (1989): Zur Situation älter werdender und alter Menschen mit einer geistigen Behinderung in gemeinwesenintegrierten Wohnformen (Wohnstätten). In: Arbeitsgemeinschaft Wohnplätze für behinderte Menschen (Hrsg.): Symposium »Wohnen mit behinderten Menschen«, Tagungsbericht. Wien, S. 150—166.

LANDESMAN, Sh.; VIETZE, P.M.; BEGAB, M. J. (Hrsg.) (1987): Living environments and mental retardation. Proceedings of a conference in the series on mental retardation. Washington: American Association on Mental Retardation, 495 S.

Landeswohlfahrtsverband Hessen (1991): Betreutes Wohnen für behinderte Menschen in Hessen. Eine Dokumentation des Landeswohlfahrtsverbandes Hessen. 3., neubearb. Aufl. Kassel, 46 S.

Landeswohlfahrtsverband Württemberg-Hohenzollern (Hrsg.) (1993): Der ältere geistig behinderte Mensch. Konzepte und Erfahrungen. Stuttgart.

Landesbausparkasse Rheinland-Pfalz (Hrsg.) (1992): Barrierefrei — Ein praktischer Ratgeber für alle Menschen in jedem Alter. 2. überarbeitete Auflage. Mainz.

Landschaftsverband Rheinland, Hauptfürsorgestelle Köln, Abteilung Sozialhilfe (1991): Geistig Behinderte im Alter. Auf der Suche nach geeigneten Wohn- und Betreuungsformen. Pulheim: Rheinland-Verlag, 103 S.

Landschaftsverband Rheinland (1991): Neue Nachbarn. Psychiatrie und Heilpädagogik. Köln: Rheinland-Verlag GmbH in Komm. bei Habelt, 109 S. (Schriften der Abteilung Gesundheitspflege, 1)

Lebenshilfe für Behinderte Detmold e.V. (Hrsg.) (1993): Alterungsprozesse bei Menschen mit geistiger Behinderung. Fachtagung des Deutschen Paritätischen Wohlfahrtsverband Landesverband e.V. in Zusammenarbeit mit dem DPWV-Landesverband NRW e.V. Detmold: Verlag der Lebenshilfe Detmold.

Lebenshilfe für geistig Behinderte, Landesverband Niedersachsen (Hrsg.) (1988): Wohnen Behinderter. Wohnstätte, Wohnheim, Wohngruppe, Wohnung. Hannover, 50 S.

Lebenshilfe für geistig Behinderte, Landesverband Nordrhein-Westfalen (Hrsg.) (1989): Informationen für Elternbeiräte in Wohnstätten. Köln. (Sammelmappe mit mehreren Sonderdrucken)

Lebenshilfe für geistig Behinderte e.V. (Gießen) (1993): »Wir gehören auch dazu!« Integration schwerstbehinderter Menschen in ein Wohnverbundsystem und tagesstrukturierende Angebote; Fachtagung vom 21. 1. 1993 in Pohlheim-Garbenteich, Limeswerkstatt; Tagungsbericht. Gießen, 48 S.

Lebenshilfe Österreich (1993): »Schwerpunkt: Menschenrechte«. Bedeutung für Menschen mit geistiger Behinderung in Österreich im Europa der Zukunft; 16. bis 18. Okt. 1992, Linz; Tagungsbericht des »Forum '92«. Wien, 183 S.

Lebenshilfe Österreich; Projektgruppe Alter und Geistige Behinderung (1992): »... ich werde älter ...«. Begleitung des Alterns bei Menschen mit geistiger Behinderung ; Arbeitsbehelf für Mitarbeiter, Eltern und Funktionäre. 1. Aufl. Wien, 62 S.

LICHARZ, W.; LUTZE, P.; SCHÄDLER, J. (Hrsg.) (1985): Mit geistig behinderten Menschen zusammenleben. Frankfurt a.M.: Haag + Herchen, 60 S. (Arnoldhainer Texte, Bd. 40)

LORD, J.; HEARN, Ch.; Centre for Research and Education in Human Services (1987): Return to the community. The process of closing an institution. Ontario: Kitchener, 1985.

LÜPKE, K. v. (1994): Zusammen-Leben und Arbeiten von Menschen mit und ohne Behinderung. Essen: Klartext-Verl.

MAHLKE, W.; SCHWARTE, N. (1992): Wohnen als Lebenshilfe. Ein Arbeitsbuch zur Wohnfeldgestaltung in der Behindertenhilfe. 2., unveränd. Aufl. Weinheim u. a.: Beltz, 196 S. (Beltz-Praxis)

MAIR, H.; HOHMEIER, J. (Hrsg.) (1993): Wohnen und soziale Arbeit. Zwischen Unterbringung und Eingliederung. Opladen: Leske und Budrich, 168 S.

MEYER-JUNGCLAUSSEN, V. (1984): Wohnen geistig behinderter Erwachsener in den USA. In: Geistige Behinderung, H. 2, S. 122—126.

MÜHL, H. (1984): Wohnen unter pädagogischem Aspekt. In: Einführung in die Geistigbehindertenpädagogik. Stuttgart u. a.: Kohlhammer, S. 141—145 und 185—188.

MULICK, J. A.; MEINHOLD, P. M. (1992): Analyzing the impact of regulations on residential ecology. In: Mental retardation, H. 3, S. 151—162.

Niedersächsisches Sozialministerium (Hrsg.) (1993): Orientierungsrahmen und Empfehlungen zur Altenpolitik in Niedersachsen. Bericht der Fachkommission Altenpflege. Hannover.

Niedersächsisches Sozialministerium (Hrsg.) (1993): Leitlinien und Empfehlungen zur Behindertenpolitik in Niedersachsen. Bericht der Fachkommission Behinderte. Hannover.

NIRJE, B. (1975): Das Normalisierungsprinzip und seine Wirkung auf den Behinderten. In: Lebenshilfe, H. 2, S. 65—71.

Österreichisches Komitee für Sozialarbeit (Hrsg.) (1987): Leitbilder zum Wohnen geistig behinderter Menschen in Österreich. Unter besonderer Berücksichtigung der Gemeinwesenintegration. Wien, 134 S.

PIEDA, B.; SCHULZ, S. (1990 a): Wohnen Behinderter. Literaturstudie. Bonn, 128 S. (Schriftenreihe des Bundesministers für Jugend, Familie, Frauen und Gesundheit, 2.451)

PIEDA, B.; SCHULZ, S. (1990 b): Wohnen Behinderter. Berichtsband. Bonn, 216 S. (Schriftenreihe des Bundesministers für Jugend, Familie, Frauen und Gesundheit, 2.452)

PIETZNER, C. (Hrsg.) (1991): Camphill. Fünfzig Jahre Leben und Arbeiten mit Seelenpflegebedürftigen Menschen. Stuttgart: Verlag Freies Geistesleben, 173 S.

Pro Infirmis: Themenheft, 1/1990: Besser als schöner wohnen.

QUACK, W.; KRATZMEIER, H. (Hrsg.) (1987): Daheim statt im Heim. Servicehaus, alternative Wohnform für Behinderte und Senioren.

Heidelberg: Verlag für Medizin Fischer, 64 S. (Schriftenreihe »Hilfe zur Selbsthilfe«, 5)

RAPP, N. (Hrsg.) (1992): Behinderte Menschen im Alter. Freiburg: Lambertus, 244 S.

ROTEGARD, L.; u. a. (1983): Enivironmental characteristics of residental facilities for mentally retarded persons in the United States. In: American Journal of Mental Deficiency, H 7, S. 49—56.

RÜGGEBERG, A.; Bundesminister für Jugend, Familie und Gesundheit (Hrsg.) (1985): Autonom leben — Gemeindenahe Formen und Beratung, Hilfe und Pflege zum selbständigen Leben von und für Menschen mit Behinderungen. Überblick auf internationale Ansätze und Modelle und die Situation in der Bundesrepublik. Stuttgart u. a.: Kohlhammer, 559 S. (Schriftenreihe des Bundesministers für Jugend, Familie und Gesundheit, Bd. 173)

RUITER, J. M. de (1990): Altwerden als Vollendung des Daseins. Erfahrungen aus den Niederlanden. In: Geistige Behinderung, H. 1, S. 30—39.

RUNDE, P.; RICHTER, S.; SCHIEMANN, U.;. Behörde für Arbeit, Jugend und Soziales (1981): Wohnstätten für Behinderte (Anstalten, Heime, Wohnungen, Wohngemeinschaften) in der Freien und Hansestadt Hamburg. Hamburg, 248 S.

SCHÄFER-BUDDENKOTTE, M.; THIELKING, H.; GROMANN-RICHTER, P. (Hrsg.) (1989): »Ich wohne hier!« Individuelle Wohnraumgestaltung für geistig und mehrfach behinderte Menschen. Projektbericht: Vorbereitung des Auszuges aus der Klinik Blankenburg, Verein für Innere Mission in Bremen — Psychosoziale Hilfen. 116 S.

SCHMIDT-BAUMANN, W.; Lebenshilfe Harburg (1994): Heimverzeichnis. Wohnheime, Internate, Anstalten, Wohngruppen, Dauer- und Kurzzeitheime für Behinderte. 7. Aufl. Buchholz. 479 S.

SCHWAB, K.; SEGER, R.; STEIGER, E. (1983): Miteinander wohnen. In: Handbuch zu neuen Wohnformen von Behinderten und Nichtbehinderten. Bern: Puls-Wissen, 140 S.

Schweizerische Vereinigung der Elternvereine für Geistig Behinderte (1982): Was wird aus den geistig Behinderten, wenn ihre Eltern nicht mehr da sind? Biel, 30 S.

Schweizerische Vereinigung der Elternvereine für Geistig Behinderte (1983): Aufgaben und Verantwortung des Personals von Institutionen für geistig Behinderte — Ein Dialog zwischen Eltern und Fachleuten. Biel, 24 Bl.

Schweizerische Vereinigung der Elternvereine für Geistig Behinderte (1993): Der alternde geistig behinderte Mensch. Biel, 82 S. (Tagungsberichte 1992)

SELTZER, M. M.; KRAUSS, W.; TSUNEMATSU, N. (1993): Adults with down syndrome and their aging mothers: diagnostic group differences. In: American journal on mental retardation, H. 5, S. 496—508.

SHEA, J. R. (1992): From standards to compliance, to good services to quality lives: is this how it works? In: Mental retardation, H. 3, S. 143—150.

SHENNAN, V. (1983): A home of their own. London: Souvenir Press, 171 S. (Human horizon series)

SIMMEN, R. (1984): Behindertenheime im Wandel: Bedrohung oder Chance? In: Vierteljahresschrift für Heilpädagogik und ihre Nachbargebiete, H. 2, S. 162—172.

STÜHRENBERG, Th. (1986): Überlegungen zum Wohnen Schwerstbehinderter. In: Behindertenzeitschrift, H. 5, S. 78—84.

Sozialamt Stuttgart (Hrsg.) (1989): Wohnen geistig Behinderter. Referate und Diskussionsbeiträge bei der Arbeitsgemeinschaft für Behindertenhilfe Stuttgart am 5. Dezember 1988 im Rathaus. Stuttgart, 49 S.

TAUBE, K. (1994): Ertötung aller Selbstheit. Das anthroposophische Dorf als Lebensgemeinschaft mit geistig Behinderten. München: AG SPAK, 230 S. (Materialien der AG SPAK, 117)

Theodor-Fliedner-Werk (Hrsg.) (1986): Das Dorf. Eine neue Wohnform für Behinderte und Nichtbehinderte. Mülheim a. d. Ruhr.

THESING, Th. (1990): Betreute Wohngruppen und Wohngemeinschaften für Menschen mit einer geistigen Behinderung. Freiburg: Lambertus, 202 S.

THEUNISSEN, G. (1988): Zur Weiterentwicklung des Konzepts der heilpädagogischen Heime im Rheinland. In: Geistige Behinderung, H. 1, S. 25—34.

THEUNISSEN, G. (1993): Integration auf dem Prüfstand — Wohnformen für geistig behinderte Erwachsene aus systemökologischer Sicht. In: Vierteljahresschrift für Heilpädagogik und ihre Nachbargebiete, H. 1, S. 9—19.

THOMAE, I. (1982): Die Situation älterer und alter geistig behinderter Menschen. In: Geistige Behinderung, H. 1, S. 44—51.

THOMAE, I.; FRYERS, T.; International League of Societies for Persons with Mental Handicap (1982): Alter und geistige Behinderung. Ein Grundsatzdokument. Brüssel: ILSMH, 8 S.

VANIER, J. (1983): Gemeinschaft. Ort der Versöhnung und des Festes. Salzburg: Müller, St. Peter, 241 S. (Bericht über die Arche-Bewegung)

Verein zur Förderung der Integration Behinderter (fib e.V.) (Hrsg.) (1991): Ende der Verwahrung?! Perspektiven geistig behinderter Menschen zum selbständigen Leben. München: AG-SPAK.

WEDEKIND, R.; CONRADT, B.; MUTH, Th.; Bundesminister für Gesundheit (Hrsg.) (1994): Wege der Eingliederung geistig behinderter Menschen aus Psychiatrischen Kliniken in ein Leben so normal wie möglich. Abschlußbericht der Begleitforschung zur Eingliederung geistig behinderter Menschen aus Psychiatrischen Kliniken, Heilpädagogischen Heimen und Einrichtungen in Hessen und im Rheinland. Baden-Baden: Nomos, 286 S.

WENNBERG, K. (1993): Sozialpolitik für Behinderte im Seniorenalter. In: BIM, H. 4 und 5.

WIELAND, H. (Hrsg.); BEERMANN, M. (Mitarb.) (1987): Geistig behinderte Menschen im Alter. Theoretische und empirische Beiträge zu ihrer Lebenssituation in der Bundesrepublik Deutschland, in Österreich und in der Schweiz. Heidelberg: Ed. Schindele, 192 S.

WOLFENBERGER, W. (1991): Der neue Genozid an den Benachteiligten, Alten und Behinderten. Gütersloh: Hoddis im Förderkreis Wohnen — Arbeit — Freizeit e.V., 137 S.

ZRIBI, G.; SARFATY, J.; Centre Technique National d'Etudes et de Recherches sur les Handicaps et les Inadapations (1990): Handicap mental et vieillissement. Paris: Secrétariat d'Etat aux Handicapés et aux Accidentés de la Vie, 123 S.